国学经典

国学经典文库 图文珍藏版

马肇基◎主编

线装书局

目　录

诗词经典

兵学经典

图文珍藏版

道学经典

诗词经典

导读

　　诗词是阐述心灵的文学艺术,中国是诗的国度,词的王国。

　　诗是一种主情为主的文学体裁,它以抒情或者叙事、说理的方式,高度凝练,集中地反映社会生活,用丰富的想象、富有节奏感、韵律美的语言和分行排列的形式来抒发思想情感。诗是有节奏、有韵律并富有感情色彩的一种语言艺术形式,也是世界上最古老、最基本的文学形式。中国诗起源于先秦,鼎盛于唐代。唐诗代表了中国诗歌的最高水平,艺术成就达到了登峰造极的地步。唐代诗坛百花齐放,生机盎然,堪称空前绝后,繁荣无比。

　　词,又称曲子词、长短句、诗余,是配合宴乐乐曲而填写的歌诗,词牌是词的调子的名称,不同的词牌在总句数、句数,每句的字数、平仄上都有规定。中国词起源于隋唐,流行于宋代。宋词已达到了"无意不可入,无事不可言"的辉煌境界,是中国古代韵文之精华,是中国古典文化宝库中一颗耀眼的明珠。

　　诗词在当今现代社会生活中,得以继承和发展,它传统形式中的情味意味韵味更能使人接受,它是汉语特有的魅力和功能,这是其他任何语言所没有和不能的,也是任何语言翻译不了的。因此,中国传统诗词文化是世界文化文学上最独特而美好的表现形式和文学遗产。

唐诗

【导语】

一代有一代之文学,诗歌作为唐代的主要文学形式,在唐朝二百八十九年间发展到了高度成熟的阶段,诸体完备,名家辈出,流派众多。至今流传下来的诗作有五万多首,可考的诗人有两千八百余人。在唐诗的普及和流播过程中,历代唐诗选本难以胜数,其中流传最广、在中国民间影响最大的是《唐诗三百首》。著名学者钱钟书先生曾在他的诗集序言中回忆《唐诗三百首》对自己的影响:"余童时从先伯父与先君读书,经、史、古文而外,有《唐诗三百首》,心焉好之。独索冥行,渐解声律对偶。"(钱钟书:《槐聚诗存·序》,生活·读书·新知三联书店 2002 年版)而作家王蒙在《非常中国》中赞道:"最能表达汉语汉字的特色的,我以为是中国的旧诗。一个懂中文的华人,只要认真读一下《唐诗三百首》,他或她的心就不可能不中国化了。"

五言古诗

【题解】

五言古诗,又称五言古风,简称"五古",古体诗的一种,形成于汉、魏时期。每句字数为五个,每篇句数不拘,不求对仗,但一般遵守"拈二"原则,即每句的第二个字要尽量依照粘对原则。平仄和用韵比较自由,可用仄声韵,也可转韵。其内容"非指言时事,即感伤己遭"(胡震亨)。五言古诗篇幅短者,一般直赋其情或比兴寄托,较长者可叙事、议论、抒情。风格以高古、雄浑、有风骨为正。

五言古诗在唐代较为流行,唐人的五古笔力豪纵,气象万千,其代表作家有李白、杜甫、王维、孟浩然、韦应物等。

张九龄

张九龄(678~740),一名博物,字子寿,韶州曲江(今广东韶关)人。长安二年(702)中进士。张九龄守正嫉邪,敢言直谏,被视为开元贤相。有《曲江张先生文集》二十卷传世,《全唐诗》存其诗三卷。

张九龄的诗作,最为人称道的是他的五言古诗,词旨冲融,委婉深秀,上追汉魏而下开盛唐;尤其是《感遇》十二首,感事寄兴,历来与陈子昂的《感遇》三十八首并称。明胡震亨在《唐音癸签》中说:"张曲江五言以兴寄为主,而结体简贵,选言清泠,如玉磬含风,晶盘盛露,故当于尘外置赏。"清沈德潜在《唐诗别裁集》中说:"唐初五言古渐趋于律,风格未遒。陈正字(子昂)起衰而诗品始正,张曲江继续而诗品乃醇。"清管世铭在《读雪山房唐诗钞序例》中说:"张曲江襟情高迈,有遗世独立之意,《感遇》诸诗,与子昂称岱、华矣。"

感遇① 二首

张九龄

兰叶春葳蕤②，桂华秋皎洁③。
欣欣此生意④，自尔为佳节⑤。
谁知林栖者⑥，闻风坐相悦⑦。
草木有本心，何求美人折⑧。

【注释】 ①原诗共有十二首，作于唐开元二十五年(737)张九龄被贬为荆州长史时。本诗借歌咏兰草和桂花抒发自己不慕权贵、不求名利的高尚情操。②兰：即兰草，古人视兰草为香草，用来比喻高洁的操守。葳蕤：指草木枝叶茂盛的样子。③桂华：即桂花，也是香草。古人常以"兰桂"连称。皎洁：明净。④欣欣：欣欣向荣，指草木蓬勃茂盛。生意：即生机。⑤自尔：从此。佳节：指春秋二季因为有了兰桂而成了最好的季节。⑥林栖者：指山林隐士。⑦闻风：指沐浴在兰桂的芬芳里。坐：因。悦：爱，赏。⑧"草木"二句：春兰和秋桂竞相开放，吐露芬芳是它们的天性，并不是为了取悦于人，让人们摘取欣赏的。作者以此比喻自己要遵从美好的天性，行芳志洁，而不求人赏识，博取名利。本心，本质，天性。

江南有丹橘①，经冬犹绿林②。
岂伊地气暖③，自有岁寒心④。
可以荐嘉客⑤，奈何阻重深。
运命惟所遇，循环不可寻⑥。
徒言树桃李，此木岂无阴⑦。

【注释】 ①橘为嘉木，屈原曾作《橘颂》，称赞它志向高洁。此诗是作者借歌咏丹橘，来倾诉遭受排挤的愤懑心情，进而表达自己坚贞不屈的态度。丹橘：红橘。②经冬：经过了整个冬天。犹：尚，还。③岂：难道。伊：那里，此指江南。④岁寒心：据《论语·子罕》，孔子有"岁寒，然后知松柏之后凋也"之语，后用以比喻节操坚贞。此指橘具有耐寒的本性。⑤荐：赠给。⑥"运命"二句：人的命运只能随境遇的起伏沉降而定，循环往复，其中的道理没法预料追寻。运命，犹言命运。⑦"徒言"二句：只听有人说种桃树、李树，能得其蔽，能吃其果实，难道这橘树就没有绿荫吗？树桃李，《韩诗外传》记载，赵简子说："春树桃李，夏得阴其下，秋得食其实。"树，种植。阴，同"荫"。

李 白

李白(701~762)，字太白，号青莲居士。祖籍陇西成纪(今甘肃秦安)，出生于中亚碎叶城(今吉尔吉斯斯坦托克马克城)。五岁时随父迁回四川绵州彰明(今属四川江油)。二十五岁出蜀漫游，仗剑任侠，访道学仙，纵酒赋诗，结交文友，狂放个性和天赋诗才闻名遐迩。贺知章见到他的《蜀道难》诗，称之为"谪仙人"。天宝元年(742)，李白应诏入京,供奉翰林,受到唐玄宗特殊的礼遇,但唐玄宗只是把他当作一个清客。天宝三年(744)春天,因权贵谗毁,被玄宗"赐金放还"。至洛阳,与杜甫、高适相会,同游梁宋、齐鲁。安史之乱中,李白隐卧庐山;永王李璘东巡,被召至幕中。至德二年(757),李璘谋乱兵败,李白受牵连,流放夜郎(今贵州桐梓),途中遇赦而回。宝应元年(762)在其族叔当涂令李阳冰处病逝。

李白

李白是个天才的诗人。杜甫称赞他"白也诗无敌,飘然思不群"(《春日忆李白》)、"笔落惊风雨、诗成泣鬼神"(《寄李十二白二十韵》)。王安石曾用李白本人的诗句形容他的诗"清水出芙蓉,天然去雕饰"(宋胡仔《苕溪渔隐丛话》前集卷五)。裴敬更说他"为诗格高旨远,若在天上物外,神仙会集,云行鹤驾,想见飘然之状"(《翰林学士李公墓碑》)。黄庭坚体会他的诗"如黄帝张乐于洞庭之野,无首无尾,不主故常,非墨人椠工所可拟议"(《题李白诗草后》)。

李白诗以乐府、绝句最为杰出。明李攀龙说:"太白古乐府,窈冥惝恍,纵横变幻,极才人之致。"(见明王世贞《艺苑卮言》)明胡震亨说:"太白于乐府最深,古题无一弗拟,或用其本意,或翻案另出新意,合而若离,离而实合,曲尽拟古之妙。"(《唐音癸签》)明陆时雍称之为"想落意外,局自变生,真所谓'驱走风云,鞭挞海岳'。其殆天授,非人力也"(《诗境总论》)。李白的绝句被李攀龙称作"实唐三百年一人"(明王世贞《艺苑卮言》)。明胡应麟说他"绝句超然自得,冠古绝今"(《诗薮》)。这是因为在诸体诗中,乐府歌行和绝句较少拘束,最适合李白展示其豪迈纵逸的天才。今有《李太白全集》行世,《全唐诗》编其诗二十五卷。

下终南山过斛斯山人宿置酒①

李白

暮从碧山下,山月随人归。
却顾所来径②,苍苍横翠微③。
相携及田家④,童稚开荆扉⑤。
绿竹入幽径,青萝拂行衣⑥。
欢言得所憩⑦,美酒聊共挥⑧。
长歌吟松风⑨,曲尽河星稀⑩。
我醉君复乐,陶然共忘机⑪。

【注释】 ①这是一首访友诗,将下山之景、田家之幽和友人间的乐饮酣歌描写得情景如画。终南山:为秦岭的主峰之一,在今陕西西安市南,是著名的隐居地。过:拜访,访问。斛斯山人:指复姓斛斯的山中隐士。②却顾:回头望。③翠微:山坡上草木翠绿茂盛。④及:至,到。田家:农家。此指斛斯山人之家。⑤童稚:小孩子。荆扉:用小树枝编成的院门,指柴门。⑥青萝:即松萝,一种悬垂的绿色植物。⑦憩:休息。⑧挥:指举杯畅饮。⑨松风:指古琴曲《风入松》。⑩河星稀:银河中星光稀微,此指天快亮了。⑪忘机:忘却世俗机巧之心。

月下独酌①

李白

花间一壶酒,独酌无相亲。
举杯邀明月,对影成三人②。
月既不解饮③,影徒随我身。
暂伴月将影④,行乐须及春。
我歌月徘徊,我舞影零乱。
醒时同交欢,醉后各分散。
永结无情游⑤,相期邈云汉⑥。

【注释】 ①原诗有四首,此为第一首。以月下独饮为背景,想象以"月"与"影"为伴,抒发孤独无知音的苦闷。酌:喝酒。②三人:指李白自己、月亮和人的影子。③不解饮:不会饮酒。④将:和。⑤无情游:忘情的游乐。⑥相期:相约。邈:远。云汉:银河。此指天上的仙境。

春 思①

李白

燕草如碧丝,秦桑低绿枝②。
当君怀归日,是妾断肠时。
春风不相识,何事入罗帏③。

【注释】 ①此诗为闺情诗,描写春天将临,秦地少妇思念远戍燕地的丈夫之苦。②"燕草"二句:燕地的草嫩绿如丝时,秦中的桑树早已茂盛,枝条也低垂了,说明两地时序不同。燕,今河北一带,诗中征人所在地。秦,今陕西一带。③罗帏:丝织的帏帐。此指女子的闺房。

杜 甫

杜甫(712~770),字子美。原籍襄阳(今湖北襄樊),其十三世祖杜预,乃京兆杜陵(今陕西西安市长安区东北)人,故杜甫自称"杜陵布衣"。曾祖时迁居巩县(今河南巩义市)。杜审言之孙。杜甫曾居长安城南少陵附近,故又尝自称"少陵野老",世称"杜少陵"。开元二十三年(735)举进士落第,游齐、赵。天宝三载(744)与李白、高适同游梁宋、齐鲁间。十载(751),进《三大礼赋》,为唐玄宗称赞,命待制集贤院。十五载(756)得授右卫率府胄曹参军。安史之乱中,被困长安。至德二年(757)赴凤翔,拜左拾遗。乾元元年(758)为华州司功。因饥年,于第二年弃官入蜀,在成都营草堂,后称"杜甫草堂"。宝应元年(762)蜀乱,流亡梓州、阆州,两年后得归成都。故人严武镇蜀,表荐杜甫为节度参谋、检校工部员外郎。后世因称"杜工部"。大历五年(770)病死于湘中。

杜甫是古代最伟大的诗人,被称为"诗圣";其诗因能全面反映当时的政治、军事、社会情况,故世称"诗史",后人以之与李白并称"李杜"。韩愈曰:"李杜文章在,光焰万丈长。"(《调张籍》)元稹曰:"至于子美,盖所谓上薄风骚,下该沈宋,言夺苏李,气吞曹刘,掩颜谢之孤高,杂徐庾之流丽,尽得古今之体势,而兼今人之所独专矣。……则诗人以来,未有如子美者。"(《唐故检校工部员外郎杜君墓系铭并序》)秦观曰:"于是杜子美者,穷高妙之格,极豪逸之气,包冲淡之嗓,兼峻洁之姿,备藻丽之态,而诸家之作所不及焉。"(《韩愈论》)胡应麟曰:"盛唐一味秀丽雄浑,杜则精粗、巨细、巧拙、新陈、浅深、浓淡、肥瘦靡不毕具,参其格调,实与盛唐大别。其能荟萃前人在此,滥觞后世亦在此。且言理近经,叙事兼史,尤诗家绝睹。"(《诗薮》)李维桢曰:"昔人云诗至子美集大成,不为四言,不用乐府旧题,虽唐调时露,而能得风雅遗意。七言歌行扩汉魏而大之,沉郁瑰琦,巨丽超逸。五言律体裁明密,规模宏远,比耦精严,音节调畅;七言律称是。至于长律,阖辟驰骤,变化错综,未可端倪,冠绝古今矣。"(《雷起部诗选序》)今有《杜工部集》二十卷、《补遗》一卷行世,《全唐诗》编其诗十九卷。

望　岳①

杜甫

岱宗夫如何②,齐鲁青未了③。
造化钟神秀④,阴阳割昏晓⑤。
荡胸生层云⑥,决眦入归鸟⑦。
会当凌绝顶,一览众山小⑧。

【注释】　①此诗作于开元二十四年(736)杜甫游齐、赵时,由望岳而生登临之想,表现了青年杜甫壮志凌云的气概和抱负。岳:指东岳泰山。②岱宗:即泰山。因泰山别称岱山,位居五岳之首,故称岱宗。③齐鲁:春秋时,齐国在泰山之北,鲁国在泰山之南。后泛指山东一带为齐鲁。青:指泰山青翠的山色。未了:不尽,无穷无尽之意。④造化:大自然。钟:聚集。⑤阴:山北为阴,即山之背阴面。阳:山南为阳,即山之向阳面。割:分割。昏晓:山北背日故曰昏,山南向日故曰晓。⑥荡胸生层云:意为山中云气吞吐,涤荡胸襟。⑦决眦:睁大眼睛。决:裂开。眦,眼眶。⑧"会当"二句:表达了作者昂扬向上,积极进取,欲攀登绝顶俯视一切的豪情。会当,终将,定要。凌,登上。绝顶,即泰山的最高峰。一览众山小,此句出自《孟子·尽心上》"登泰山小天下"。这是孔子的理想。

赠卫八处士①

杜甫

人生不相见,动如参与商②。
今夕复何夕③,共此灯烛光。
少壮能几时,鬓发各已苍。④
访旧半为鬼⑤,惊呼热中肠⑥。
焉知二十载⑦,重上君子堂⑧。
昔别君未婚,儿女忽成行。
怡然敬父执⑨,问我来何方。
问答未及已⑩,儿女罗酒浆⑪。
夜雨剪春韭,新炊间黄粱⑫。
主称会面难,一举累十觞⑬。
十觞亦不醉,感子故意长⑭。
明日隔山岳,世事两茫茫。

【注释】 ①此诗作于乾元二年(759),杜甫为华州司功参军时。时逢战乱,又遇荒年,老友相逢,感慨万千。卫八处士:姓卫,行八,名不详。处士,隐士。②动如:动不动就像。动,动辄,往往。参与商:即参星与商星。参星居西方,商星居东方,天各一方,一星升起,一星落下,永不能相见。③今夕复何夕:语出《诗经·唐风·绸缪》:"今夕何夕,见此良人。"④苍:灰白色。⑤访旧:打听老朋友的消息。半为鬼:多半人已死去。⑥热中肠:内心激动。⑦焉知:哪知。⑧君子:指卫八处士。⑨怡然:和悦的样子。父执:父亲的好友。⑩未及已:还没有说完。⑪罗酒浆:摆酒设筵。⑫新炊:新做的饭。间:掺和。黄粱:黄小米。⑬累:接连。十觞:指好多杯。⑭子:指卫八处士。故意:老友的情意。

梦李白二首①

杜甫

其一

死别已吞声,生别常恻恻②。
江南瘴疠地③,逐客无消息④。
故人入我梦,明我长相忆⑤。
恐非平生魂,路远不可测⑥。
魂来枫林青⑦,魂返关塞黑⑧。
君今在罗网⑨,何以有羽翼⑩?

落月满屋梁,犹疑照颜色⑪。

水深波浪阔,无使蛟龙得⑫。

【注释】 ①乾元元年(758)李白因参加永王李璘(玄宗第十六子)的军事行动,系浔阳狱,长流夜郎(今贵州桐梓县),第二年遇赦而归。此二首诗作于乾元二年(759)杜甫流寓秦州时。此时杜甫尚不知李白赦还,忧念成梦,成此二诗。②"死别"二句:意谓生离比死别更让人伤痛。吞声,饮泣,泣不成声之意。已,只,止。恻恻,悲痛的样子。③瘴疬地:南方湿热蒸郁,是易于致病之地。瘴疬,指瘴气瘟疫。④逐客:被放逐的人,这里指李白。⑤明:知晓。⑥路远不可测:意谓担心李白在途中遭遇不测。⑦枫林:宋玉《楚辞·招魂》:"湛湛江水兮上有枫。"此指李白所在的南方地区。枫,指枫香树。⑧关塞:指杜甫所在的秦陇地区。⑨在罗网:指李白获罪流放,如鸟在罗网之中。罗网,原为捕鸟的工具,此指法网。⑩何以有羽翼:语出《胡笳十八拍》"焉得羽翼兮将汝归"句。⑪犹疑:隐约。颜色:指李白之容颜。⑫"水深"二句:祝福李白,道路艰险,万分小心,别再遭人陷害。

其二

浮云终日行,游子久不至①。

三夜频梦君,情亲见君意②。

告归常侷促③,苦道来不易④。

江湖多风波,舟楫恐失坠⑤。

出门搔白首,若负平生志。

冠盖满京华⑥,斯人独憔悴⑦。

孰云网恢恢,将老身反累⑧。

千秋万岁名,寂寞身后事⑨。

【注释】 ①"浮云"二句:语出《古诗十九首》"浮云蔽白日,游子不顾反"诗意。浮云,飘浮不定的云。游子,在此指李白。②情亲:情意亲厚。③告归:告辞。侷促:不安的样子。④苦道:反复诚恳地诉说。⑤"江湖"二句:化用《汉书·贾谊传》"若夫经制不定,是犹度江河,亡维楫,中流而遇风波,船必覆矣"之意。楫,划船的用具,此指船。恐失坠,只怕翻船落水。⑥冠盖:冠冕与车盖,在此指达官贵人。⑦斯人:此人,指李白。憔悴:困苦萎靡的样子。⑧"孰云"二句:谁说天道公正,名满天下的李白到老了却还被不幸牵累。网恢恢,老子《道德经》有"天网恢恢,疏而不漏"句,谓天理宏大公正,谁也不能逃脱。⑨"千秋"二句:李白之名能千古流传,却无补于身后寂寞之悲。身后,死后。

王 维

王维(701~761),字摩诘,祖籍太原祁县(今属山西晋中市)人,后迁居蒲州河东(今山西永济)。开元九年(721)进士,当过右拾遗、左补阙、给事中等职。安史之乱后,虽因曾任伪职而被贬官,但不久复为太子左庶子、中书舍人、给事中;上元元年

(760)为尚书右丞,世称"王右丞"。

王维多才多艺,诗文、书画、音乐无不精通,这使他的诗作既富音律之韵,又多绘画之美。唐殷璠评论道:"维诗词秀调雅,意新理惬,在泉为珠,着壁成绘,一字一句,皆出常境。"(《河岳英灵集》)宋苏轼则说:"味摩诘之诗,诗中有画;观摩诘之画,画中有诗。"(《书摩诘蓝田烟雨图》)王维又笃志奉佛,晚年在退朝之余,焚香默坐,以诵禅为事。因而他的诗作极富禅趣,尤其是其山水田园诗,"意趣幽闲,妙在文字之外"(明许学夷《诗源辨体》),"读之身世两忘,万念俱寂"(明胡应麟《诗薮》)。这都使王维的诗表现出"澄澹精微"(司空图《与李生论诗书》)、"淳古淡泊"(宋欧阳修《书梅圣俞稿后》)的特色。

王维诗兼众体,尤擅长五言律绝,当时就有"天下文宗"(《代宗皇帝批答手敕》)之誉;与孟浩然齐名,被视作盛唐山水田园诗派的代表,世称"王孟"。王维死后,代宗命人辑其遗文,编成《王维集》十卷,另请赵殿成撰有《王右丞集笺注》。《全唐诗》编其诗四卷。

送綦毋潜落第还乡①

王维

圣代无隐者②,英灵尽来归③。
遂令东山客④,不得顾采薇⑤。
既至金门远⑥,孰云吾道非⑦?
江淮度寒食,京洛缝春衣⑧。
置酒长安道,同心与我违⑨。
行当浮桂棹⑩,未几拂荆扉⑪。
远树带行客,孤城当落晖⑫。
吾谋适不用,勿谓知音稀⑬。

【注释】 ①此诗是诗人送友人归乡的赠行诗。綦毋潜:字孝通,盛唐诗人。落第:应试不中。②圣代:当代的美称。③英灵:杰出的人才。④东山客:指隐士。东晋时谢安曾隐居会稽东山,故后世称隐居者为"东山客"。⑤采薇:周武王灭商后,孤竹君之子伯夷、叔齐兄弟不食周粟,采薇于首阳山。薇:指野菜。此后遂以"采薇"代指隐居。⑥金门远:此喻落第。金门,金马门,汉宫门名。汉代征召英才时,令贤士待诏金马门。此处指代朝廷。⑦吾道非:《史记·孔子世家》记载,孔子出游,被困于陈蔡之间,对弟子说:"吾道非耶? 吾何为至此?"子贡答:"夫子之道至大也,故天下莫能容夫子。"此句是对綦毋潜的安慰。⑧"江淮"二句:这是推测说,綦毋潜由京返乡的途中,在洛阳自缝春衣在江淮过寒食节。江淮,长江、淮水。这是綦毋潜回乡必经之路。寒食,节名,古时以清明前一日或二日为寒食节,当日不得举火。京洛,洛阳。⑨违:分离,分别。⑩行当:即将,将要。浮桂棹:指乘船。桂棹,语出《离骚》:"桂棹兮兰枻。"指用桂木做的船桨,后泛指船。⑪未几:没过多久。荆扉:用荆条做的门,即柴门。⑫当：对着。⑬"吾谋"二句：安慰綦毋潜，偶然失利不必挂心，来日方长，还是有人会赏识你的才华的。吾谋适不用，《左传·文公十三年》载，秦大夫绕朝说："子无谓秦无人，吾谋适不用也。"此处是说，綦毋潜的才华未被考官所赏识。知音稀，《古诗十九首》中《西北有高楼》有"不惜歌者苦，但伤知音稀"之句。知音，原指通晓音律的人，后亦称知己好友为"知音"。

送　别①

王维

下马饮君酒②，问君何所之③。
君言不得意④，归卧南山陲⑤。
但去莫复问，白云无尽时。

【注释】　①这是一首送别仕途受挫归隐终南山友人的诗，对友人的归隐不无羡慕向往。②饮君酒：请君喝酒。饮，请别人喝。③何所之：往什么地方去。④不得意：指仕途遭际不顺，无法展示才华。⑤南山：指终南山。陲：边。

渭川田家①

王维

斜阳照墟落②，穷巷牛羊归③。
野老念牧童，倚杖候荆扉④。
雉雊麦苗秀⑤，蚕眠桑叶稀⑥。
田夫荷锄至⑦，相见语依依。
即此羡闲逸⑧，怅然吟式微⑨。

【注释】　①此诗以自然的笔触描写了乡村黄昏的山水田园景象，寄托向往之情，抒发宦海沉浮的彷徨。渭川：渭水。②墟落：村庄。③穷巷：深巷。④荆扉：柴门。⑤雉雊：野鸡鸣叫。⑥蚕眠：蚕成长时，在蜕皮前，不食不动，似睡眠样，称"蚕眠"。⑦荷：扛着。⑧即此：就这样，此指所见上述的农家情景。羡闲逸：羡慕闲散安逸的生活。⑨怅然：失意的样子。式微：《诗经·邶风》有《式微》一篇，咏服役者思归之情，有"式微，式微，胡不归"句。王维取其思归之意，表达去官归隐田园的愿望。

孟浩然

孟浩然(689~740)，襄州襄阳(今湖北襄樊)人。早年隐居鹿门山，开元间入长安，应试不第。开元二十五年(737)入荆州长史张九龄幕为从事，次年归里。二十八年(740)病卒。孟浩然虽终身是个布衣，但当时的诗名却很大。唐殷璠曰："浩然诗文文采丰茸，经纬绵密，半遵雅调，全削凡体。"(《河岳英灵集》)他的诗冲澹清远，"出语洒落，洗脱凡近，读之浑然省净，而采秀内映，虽悲感谢绝，而兴致有馀"(明徐献忠何景明称他的诗"秀雅不及王(维)，而闲澹颇自成局"(明胡震亨撰《唐音癸签》引)。沈德潜说："襄阳诗从静悟得之，故语淡而味终不薄，此诗品也。"(《唐诗别裁集》)孟浩然最擅长做五言诗，"天下称其尽美"(王士源《孟浩然集序》)。明谢榛称赞说："浩然五言古诗近体清新高妙，不下李杜。"(《四溟诗话》)明胡应麟说："孟五言不甚拘偶者，自是六朝短古，加以声律，便觉神韵超然。"(《诗薮》)明许学夷称"浩然五言律兴象玲珑，风神超迈"，"乃盛唐最上乘"(《诗源辨体》)。今有《孟浩然诗集》三卷传世，《全唐诗》编其诗二卷。

秋登兰山寄张五①

孟浩然

北山白云里，隐者自怡悦②。
相望试登高，心随雁飞灭③。
愁因薄暮起④，兴是清秋发。
时见归村人，沙行渡头歇⑤。
天边树若荠⑥，江畔洲如月⑦。
何当载酒来⑧，共醉重阳节⑨。

【注释】　①此诗描写清秋登高忆友的情景。兰山：一作"万山"，在今湖北襄阳区，山上多兰草，故名"兰山"。张五：当是张谭，永嘉人，官至刑部员外郎，与王维相善，长于书画。②"北山"二句：化用晋陶弘景《诏问山中何所有赋诗以答》"山中何所有，岭上多白云。只可自怡悦，不堪持赠君"诗意。北山：即上文所提"兰山""万山"。因山在襄阳区北，故称北山。隐者：孟浩然自称。③灭：消失。④薄暮：太阳将落山之时。⑤沙行：在沙地上行走。渡头：渡口。⑥天边树若荠：远看天边的树像荠菜一般细小。荠，荠菜，一种野菜，茎高数寸，叶可食用。⑦洲：水中的小沙丘。⑧何当：何时能够。⑨重阳节：旧以阴历九月九日为重阳节，在这一天民间有登高、赏菊、饮酒等习俗。

夏日南亭怀辛大①

孟浩然

山光忽西落，池月渐东上②。
散发乘夕凉③，开轩卧闲敞④。
荷风送香气，竹露滴清响。
欲取鸣琴弹，恨无知音赏⑤。
感此怀故人，终宵劳梦想。

【注释】　①此诗由夏夜乘凉所见的自然景观巧妙过渡到怀念老友，景情相生。辛大：其人未详，但却是孟

孟浩然像

浩然的老朋友。②池月:映在池水中的月亮。③散发:披散开头发。古人在正式场合要束发戴冠,闲时就松开头发,披散下来。④轩:窗。闲敞:宽绰幽静的地方。⑤知音:相传春秋时钟子期能听出伯牙琴声中《高山》《流水》之曲意,伯牙称之为知音。后以之比喻知心朋友。

宿业师山房待丁大不至①

孟浩然

夕阳度西岭,群壑倏已暝②。
松月生夜凉,风泉满清听。
樵人归欲尽,烟鸟栖初定③。
之子期宿来④,孤琴候萝径⑤。

【注释】 ①此诗描写诗人在山中等候友人的情景。宿:过夜,住宿。业师:名字叫业的僧人。山房:山中的屋舍,此指僧房。丁大:即丁凤,排行老大,生平不详,是诗人的朋友。②壑:山谷。倏:忽然。暝:昏暗。③烟鸟:暮霭中的飞鸟。④之子:此人。期:约定。⑤萝径:长满悬垂植物的小路。

王昌龄

王昌龄(约694~约757),字少伯,京兆万年(今陕西西安)人。开元十五年(727)进士,授秘书省校书郎。二十二年(734)登博学宏词科,授汜水尉。后曾先后被贬为江宁尉和龙标尉,故世称"王江宁"或"王龙标"。安史之乱中,被亳州刺史闾丘晓所杀。王昌龄在开元、天宝年间诗名极著,有"诗家夫子王江宁"之称。殷璠编《河岳英灵集》,选入王诗达十六首,居诸家之首,并云:"元嘉以还,四百年后,曹、刘、陆、谢风骨顿尽。顷有太原王昌龄、鲁国储光羲颇从厥迹。且两贤气同体别,而王稍声峻。"王昌龄做得最好的是七绝。明王世贞说:"七言绝句,王江宁与太白争胜毫厘,俱是神品。"(《艺苑卮言》)王世懋也说盛唐七绝"惟青莲、龙标二家诣极"(《艺圃撷馀》)。清王夫之说:"七言绝句,唯王江宁能无疵颣。"(《姜斋诗话》)沈德潜形容王昌龄绝句"深情幽怨,意旨微茫,令人测之无端,玩之不尽,谓之唐人《骚》语可"(《唐诗别裁集》)。今《全唐诗》编其诗四卷。

丘 为

丘为(约703~约798),嘉兴(今属浙江)人。累试不第,归山读书数年。天宝二年(743)进士及第。累官太子右庶子,以左散骑常侍致仕,九十六岁卒。丘为与王维、刘长卿友善,时相唱和。明唐汝询评他的诗"未免染吴音,然亦清倩不凡"(《唐诗解》)。《全唐诗》存其诗十三首。

寻西山隐者不遇①

丘为

绝顶一茅茨②,直上三十里。
扣关无僮仆③,窥室惟案几。
若非巾柴车④,应是钓秋水⑤。
差池不相见⑥,黾俛空仰止⑦。
草色新雨中,松声晚窗里。
及兹契幽绝⑧,自足荡心耳⑨。
虽无宾主意,颇得清净理。
兴尽方下山,何必待之子⑩。

【注释】 ①此诗写攀山访友不遇却意外悟得纯任自然的玄理。②茅茨:草屋。③扣关:敲门。④巾柴车:盖上了帷幔、构造简陋的车子,指隐士用的车。后引申为乘车行之意。语见自晋陶渊明《归去来兮辞》:"或命巾车,或棹孤舟。"又见江淹《拟陶》诗"日暮巾柴车"句。⑤钓秋水:在秋水中垂钓。《庄子·秋水》载庄子钓于濮水,不接受楚国官职事,后指隐居。⑥差池:原为参差不齐。此指我来你往,交叉而错过之意。⑦黾俛:踌躇不定的样子。仰止:敬慕、仰望。语自《诗经·小雅·车章》:"高山仰止,景行行止。"⑧契,惬意、融洽之意。⑨荡心耳:指山中美景使感官与心胸涤荡清净。⑩"兴尽"二句:语出《世说新语·任诞》,晋王徽之雪夜乘船到剡溪访友戴逵,至其门不入而返。人问其故,答曰:"吾本乘兴而来,兴尽而返,何必见戴?"待,等待。之子,此人。指西山隐者。

綦毋潜

綦毋潜(生卒年不详),字孝通,虔州南康(今江西赣县)人。开元十四年(726)进士及第,当过宜寿尉、校书郎、右拾遗、著作郎。天宝末年归隐。綦毋潜与张九龄、孟浩然、储光羲、高适、卢象等友善,与李颀、王维唱和诗尤多。唐殷璠评他的诗"屹峷峭蒨足佳句,善写方外之情"(《河岳英灵集》)。宋严羽在《沧浪诗话》中将他列为"大名家"。《全唐诗》收其诗一卷。

春泛若耶溪①

綦毋潜

幽意无断绝②,此去随所偶③。
晚风吹行舟,花路入溪口。
际夜转西壑④,隔山望南斗⑤。
潭烟飞溶溶⑥,林月低向后,

生事且弥漫⑦,愿为持竿叟⑧。

【注释】 ①此诗描绘春夜泛舟若耶溪的幽美情趣和感受。若耶溪:即越溪,在今浙江绍兴市东南若耶山下,相传为越国美女西施浣纱处,故又名浣纱溪。②幽意:指隐居之心。③偶:二人相遇。④际夜:至夜,到了夜晚。⑤南斗:即天上的星座名,因在北斗之南,故称。⑥溶溶:形容暮霭迷濛。⑦生事:指世间之事。弥漫:渺茫混沌之意。⑧持竿叟:即钓鱼翁。

常 建

常建(生卒年里不详),开元十五年(727)进士及第,曾任盱眙尉。后仕途失意,往来山林幽隐之地。常建之诗在当时极受推重。殷璠在《河岳英灵集》中评论说:"其旨远,其兴僻,佳句辄来,惟论意表。"刘辰翁形容常诗"情景沉冥,不类著色"(《唐诗品汇》)。灵慧雅秀、轻隽幽玄是其诗的特点。有《常建诗集》一卷,《全唐诗》录其诗一卷。

宿王昌龄隐居①

常建

清溪深不测,隐处惟孤云②。
松际露微月,清光犹为君。
茅亭宿花影,药院滋苔纹③。
余亦谢时去④,西山鸾鹤群⑤。

【注释】 ①这首诗作于辞官归隐途中,夜宿挚友入仕前居所,触景生情。王昌龄:字少伯,盛唐著名诗人,他与常建是同榜进士。②隐处:隐居之处。③药院:种着芍药的庭院。滋:生。④余:我。谢时:摆脱世俗之累。⑤鸾鹤群:与鸾鸟、仙鹤为伍。

岑 参

岑参(717~770),祖籍南阳(今属河南),后徙居荆州江陵(今属湖北)。天宝三年(744)进士。八年(749)入安西节度使高仙芝幕为掌书记。十年(751)回长安。十三年(754)又入安西北庭节度使封常清幕为节度判官。至德二年(757)入朝为右补阙。宝应元年(762)又入幕府,为关西节度判官。大历元年(766)以殿中侍御史随剑南西川节度使杜鸿渐入蜀。以嘉州刺史终,世称"岑嘉州"。

岑参"早岁孤贫,能自砥砺,遍览史籍,尤工缀文"(杜确《岑嘉州诗集序》)。同时,他"累佐戎幕,往来鞍马烽尘间十馀载,极征行离别之情"(辛文房《唐才子传》),所以,他创作了许多描绘边塞风光、生活的诗作,与高适并称为盛唐边塞诗派的代表,世称"高岑"。殷璠评论其边塞诗曰:"语奇体峻,意亦造奇。"(《河岳英灵集》)徐献忠论曰:"嘉州诗一以风骨为主,故体裁峻整,语亦造奇,持意方严,竟鲜落韵。"(《唐诗品》)奇峭苍峻是岑诗的特点。他最擅长五古、七古,胡应麟称赞其五古"清新奇逸,大是俊才"(《诗薮》),施补华称其七古"劲骨奇翼,如霜天一鹗,故施之边塞最宜"(《岘佣说诗》)。有《岑嘉州集》七卷行世,《全唐诗》编其诗四卷。

与高适薛据登慈恩寺浮图①

岑参

塔势如涌出②,孤高耸天宫。
登临出世界③,蹬道盘虚空④。
突兀压神州⑤,峥嵘如鬼工⑥。
四角碍白日⑦,七层摩苍穹⑧。
下窥指高鸟,俯听闻惊风。
连山若波涛,奔走似朝东。
青槐夹驰道⑨,宫观何玲珑⑩。
秋色从西来,苍然满关中。
五陵北原上⑪,万古青濛濛⑫。
净理了可悟⑬,胜因夙所宗⑭。
誓将挂冠去⑮,觉道资无穷⑯。

【注释】　①此诗作于天宝十一年(752)秋,岑参与高适、薛据、桂甫、储光羲五人同登慈恩寺塔。五人都有诗记其事,现惟薛诗佚失。高适:字达夫,一字仲武,渤海蓚(今河北景县)人,唐诗人。薛据:河东宝鼎人,开元进士,历任县令、司议郎、水部郎中等,终老于终南山别业。慈恩寺浮图:即今陕西西安大雁塔,为唐高宗永徽三年(652)唐僧玄奘所建。慈恩寺,在今西安市,是唐高宗做太子时,在贞观二十年(646)为其母文德皇后建造的,故以慈恩为名。浮图,梵语"佛陀"的音译,印佛塔。②涌出:语本《法华经·见宝塔品》:"佛前有七宝塔,……从地涌出,住在空中。"此处意谓塔突起于平地。③出世界:走出尘世。世界,佛语,世指时间,界指空间,连用指宇宙。④蹬道:梯级,指塔内阶梯石道。⑤突兀:高耸的样子。神州:指中国。《史记·邹衍传》:"中国名曰赤县神州。"⑥峥嵘:高峻的样子。如鬼工:意谓非人力所能为。⑦碍:遮挡。⑧摩:挨、擦,即"直接"意。⑨驰道:指皇帝车驾专用的御道。⑩宫观:指皇帝的宫殿。玲珑:灵巧精致。⑪五陵:指汉代五个皇帝的陵墓:高祖长陵、惠帝安陵、景帝阳陵、武帝茂陵、昭帝平陵。⑫濛濛:苍润、茂盛的样子。⑬净理:佛家清净的佛理。了:明白。⑭胜因:佛语,指善因善缘。夙:平素,向来。宗:信奉。⑮挂冠:辞官。⑯觉道资无穷:此句是说,佛理中的善根功德对人的帮助是无穷尽的。觉道,正悟之大道,即佛道。资,意谓以善根功德资助自身。

元　结

元结(719~772),字次山,自号元子、猗玗子、漫郎、聱叟等。汝州鲁山(今河南鲁山)人。天宝十三年(754)举进士。安史之乱中,为右金吾兵曹参军、山南东道节度参谋,击讨史思明。唐代宗时,拜著作郎,后两度出任道州刺史,颇有政声。后又迁容州刺史,当过御史中丞。大历七年(772)病死于旅舍。

元结是盛唐著名的文学家。他的文章"笔力雄健,意气超拔"(欧阳修《集古录跋尾》),为古文运动之先驱。他的诗歌自创一格,"欲质不欲野,欲朴不欲陋,欲拙不欲固"(湛若水《元次山集序》),"以真朴自立门户"(贺贻孙《诗筏》)。尤其是他在道州所做的《悯农诗》《舂陵行》《贼退示官事》等诗,以忧道悯世之思,"质实无华,最为淳古"(许学夷《诗源辨体》),开中唐元、白诗风。元结著述颇富,惜散佚亦多。后人辑有《元次山文集》十卷,《全唐诗》编其诗二卷。

贼退示官事①并序

元结

癸卯岁,西原贼入道州②,焚烧杀掠,几尽而去③。明年,贼又攻永破邵④,不犯此州边鄙而退⑤。岂力能制敌欤?盖蒙其伤怜而已。诸使何为忍苦征敛⑥?故作诗一篇,以示官吏。

昔年逢太平,山林二十年。
泉源在庭户⑦,洞壑当门前。
井税有常期⑧,日晏犹得眠⑨。
忽然遭世变⑩,数岁亲戎旃⑪。
今来典斯郡⑫,山夷又纷然⑬。
城小贼不屠,人贫伤可怜。
是以陷邻境,此州独见全⑭。
使臣将王命⑮,岂不如贼焉。
今被征敛者,迫之如火煎⑯。
谁能绝人命,以作时世贤⑰?
思欲委符节⑱,引竿自刺船⑲。
将家就鱼麦⑳,归老江湖边。

【注释】 ①唐代宗广德元年(763)癸卯年十二月,"西原蛮"攻陷道州。次年五月,元结任道州刺史。七月,"西原蛮"又攻破永州,但没有犯道州而去。朝廷派来的催征官吏却又来横征暴敛。元结感慨百姓贫困,不愿同流合污,故赋诗明志。贼:指对抗官府者。②西原贼:指今广西西原地区的少数民族。因当时少数民族反对压迫,多次起义,与朝廷对抗,起义者被贬称为"贼"。道州:在今湖南道县。③几:几乎。④永:永州,在今湖南零陵县。邵:邵州,在今湖南邵阳市。⑤此州:指道州。边鄙:边境。⑥使:官吏。何为:为什么。⑦户:门。⑧井税:指田赋。常期:一定的日期。⑨晏:晚。⑩世变:指安史之乱。⑪数岁:好几年。亲戎旃:指亲自参与战事。元结于乾元二年(759)任山南东道节度参谋,参加对叛军作战。戎旃,军中营帐。⑫典斯郡:指任道州刺史。典,治理。⑬山夷:山居的少数民族,即指"西原蛮"。⑭见全:得以保全。⑮使臣:指朝廷派来催征的官吏。将:奉。⑯迫:逼迫。⑰"谁能"二句:谁能断绝了百姓的生路,还被称作当今的贤臣呢?⑱委符节:即弃官。委,弃。符节,古代将官受任时的凭证,是用玉、金属和竹等做成的,在上面刻上字从中分之,各取一半,有事时则相合以为信。古时使臣出行须持符节,唐时刺史也持符节。⑲刺船:撑船。⑳将家:携带着全家。就鱼麦:意谓隐居乡间。

韦应物

　　韦应物(约737~约792),京兆万年(今陕西西安)人。天宝年间为玄宗侍卫,后入太学读书,历任洛阳丞、京兆府功曹、比部员外郎、滁州刺史等。贞元元年(785)为江州刺史,三年(787)为左司郎中,四年(788)出任苏州刺史。故世称"韦江州""韦左司"或"韦苏州"。

　　韦应物交游广泛,诗名颇著。李肇称:"其为诗驰骤建安以还,各得其风韵。"(《唐国史补》)白居易说:"韦苏州歌行,才丽之外,颇近兴讽。其五言诗,又高雅闲澹,自成一家之体。"(《与元九书》)何良俊曰:"左司性情闲远,最近风雅,其恬澹之趣,不减陶靖节。唐人中,五言古诗有陶、谢遗韵者,独左司一人。"(《四友斋丛说》)许学夷评曰:"其源出于渊明,以萧散冲淡为主。"(《诗源辨体》)他诸体皆工,而以五言古体为最出色,与王维并称为"五言之宗匠"(张戒《岁寒堂诗话》)。纪昀评曰:"其诗七言不如五言,近体不如古体。五言古体源出于陶,而熔化于三谢,故真而不朴,华而不绮。"(《四库全书总目》)今存《韦应物集》十卷,《全唐诗》编其诗十卷。

郡斋雨中与诸文士燕集①

韦应物

兵卫森画戟②,燕寝凝清香③。
海上风雨至,逍遥池阁凉。
烦疴近消散④,嘉宾复满堂。
自惭居处崇⑤,未睹斯民康⑥。
理会是非遣,性达形迹忘⑦。
鲜肥属时禁⑧,蔬果幸见尝。
俯饮一杯酒,仰聆金玉章⑨。
神欢体自轻,意欲凌风翔。
吴中盛文史⑩,群彦今汪洋⑪。
方知大藩地,岂曰财赋强⑫。

　　【注释】　①此诗作于贞元五年(789)韦应物在苏州刺史任上,表现了诗人作为当时东南诗坛领袖的气度。郡斋:指官署中的房舍。燕集:饮酒聚会。②森:众多,密集。画戟:有刻饰的古兵器。此指官署中的仪仗。③燕寝:卧室。凝清香:指所焚之香在屋里缭绕。④烦疴:即烦闷。疴,疾病。⑤崇:高。⑥斯民:百姓。康:安乐。⑦

国学经典文库

国学经典

诗词经典

图文珍藏版

"理会"两句:意谓领悟事物的情理就能排遣是非,性情旷达就能不拘世俗。理会,领悟事物之通理。遣,排遣,消释。性达,个性旷达。形迹,指世间俗务。⑧鲜肥:此指荤腥之食物。时禁:古代正月、五月、九月禁止杀生,称为时禁。此诗中宴会正当五月时禁,不能食荤,只能吃素。⑨聆:听。金玉章:指诸文人的篇章。⑩吴中:苏州的古称,此指苏州地区。盛文史:文史之学昌盛。⑪彦:美士,才德杰出的人。⑫"方知"二句:方才知道苏州之所以被称为大郡,不仅仅是因为物产赋税收入比别的郡强,而且人文荟萃,学术昌明。大藩地,指大郡。藩,王侯封地称藩。

初发扬子寄元大校书①

韦应物

凄凄去亲爱②,泛泛入烟雾。
归棹洛阳人③,残钟广陵树④。
今朝此为别,何处还相遇。
世事波上舟,沿洄安得住⑤。

【注释】 ①此诗作于大历九年(774)韦应物客游江汉返程时,描写与友人离别的情景。初发:启程。扬子:渡口名,在今江苏江都市南。元大:其人未详。校书:官名,校书郎的省称。②去:离别。亲爱:指好友。③棹:桨,也引申指船。洛阳人:去洛阳之人,即韦应物自称。④广陵:即今江苏扬州市。⑤沿:顺流。洄:逆流。

寄全椒山中道士①

韦应物

今朝郡斋冷②,忽念山中客。
涧底束荆薪③,归来煮白石④。
欲持一瓢酒,远慰风雨夕。
落叶满空山,何处寻行迹⑤。

【注释】 ①此诗作于韦应物滁州刺史任上,描写清秋寂寞,风雨怀人。全椒:今安徽省全椒县,唐时属滁州。山:指全椒县西三十里的神山。宋王象之《舆地纪胜》记载:"神山在全椒县西三十里,有洞极深。唐韦应物《寄全椒山中道士》诗,此即道士所居也。"②郡斋:指官署中的房舍。③束:捆。荆薪:柴草。④白石:典出葛洪《神仙传》卷二:"白石先生者,中黄大人弟子也。……不肯修升天之道,但取不死而已,不失人间之乐。……常煮白石为粮,因就白石山居,时人故号曰'白石先生'。"此借喻全椒山中道士。⑤"欲持"四句:本想执酒上山慰问,但风雨中的神山满是落叶,不知到何处去寻道士的踪迹。

国学经典文库

国学经典

唐诗

图文珍藏版

长安遇冯著①

韦应物

客从东方来，衣上灞陵雨②。
问客何方来？采山因买斧③。
冥冥花正开④，飏飏燕新乳⑤。
昨别今已春⑥，鬓丝生几缕⑦？

【注释】 ①此诗作于大历十一年(776)春冯著自关东来长安时，于平易中写出朋友间深挚的情谊。冯著：河间(今河北河间)人，曾任洛阳尉、左补阙，与韦应物友善，多有唱酬。②灞陵：即霸陵，汉文帝陵墓，在今西安市东，因地处霸上而得名。③采山因买斧：此句有归隐山林之意。采山，进山采樵。④冥冥：昏暗。形容下雨。⑤飏飏：形容飞翔。燕新乳：此指初生之燕。⑥昨别：上一年冬，冯著到过长安，故言。⑦鬓丝：鬓间白发。

送杨氏女①

韦应物

永日方戚戚②，出行复悠悠③。
女子今有行④，大江溯轻舟⑤。
尔辈苦无恃⑥，抚念益慈柔。
幼为长所育⑦，两别泣不休。
对此结中肠，义往难复留⑧。
自小阙内训⑨，事姑贻我忧⑩。
赖兹托令门⑪，任恤庶无尤⑫。
贫俭诚所尚⑬，资从岂待周⑭。
孝恭遵妇道，容止顺其猷⑮。
别离在今晨，见尔当何秋⑯。
居闲始自遣⑰，临感忽难收⑱。
归来视幼女，零泪缘缨流⑲。

【注释】 ①此诗作于建中兴元年间韦应物任滁州刺史任上，是送女出嫁时的叮嘱训诫。杨氏女：指嫁到杨家的女儿。此女为韦应物之长女。②永日：整天。戚戚：伤悲的样子。③悠悠：形容路途遥远。④女子今有行：语本《诗经·邶风·泉水》："女子有行，远父母兄弟。"行，指出嫁。⑤溯：逆水而行。⑥尔辈：你们。指韦应物的孩子们。无恃：指母逝失去依靠。韦应物妻于大历十二年(777)去世。恃，依靠。⑦幼为长所育：此句下作者自注曰："幼女为杨氏所抚育。"⑧义往：指长女到了婚嫁年龄，应该出嫁。⑨阙内训：指自幼丧母，缺乏闺中妇德的教诲。⑩事姑：侍奉婆婆。贻我忧:意谓我担心她侍姑不周。贻,留。⑪托:托付。令门:有名望的好人家。⑫任:信任。恤:体恤,关怀。庶:庶几,差不多。无尤:没有过失。⑬尚:推崇。⑭资从:嫁妆。周:完备。⑮容止:指仪容、行为举止。猷:规矩。⑯尔:你,指长女。何秋:哪一年。⑰自遣:自我排解。⑱临感:临别时的伤感。难收:不能控制。⑲零泪:流泪。缘:沿着。缨:系在下巴下的帽带。

柳宗元

柳宗元

柳宗元(773~819),字子厚,祖籍河东(今山西永济)人,故世称"柳河东"。贞元九年(793)登进士第。十四年(798)登博学宏词科,曾当过监察御史。永贞元年(805)因参与王叔文革新,被贬为永州司马。元和十年(815)召还京师,又出为柳州刺史,四年后卒于任上。人称"柳柳州"。

柳宗元是唐代古文大家,与韩愈同为古文运动的主将,世称"韩柳"。他又工于诗,苏轼评其诗曰:"发纤秾于简古,寄至味于澹泊"(《书黄子思诗集后》);又说:"所贵于枯澹者,谓其外枯而中膏,似澹而实美,渊明、子厚之流是也。"(《东坡题跋·评韩柳诗》)方回评曰:"柳柳州诗精绝工致,古体尤高。"(《瀛奎律髓汇评》)后人评诗常把他与韦应物并称为"韦柳",但苏轼和严羽都认为,柳宗元的古诗在韦应物之上,尤其是他在永州、柳州期间的山水之作,"高者逼陶、阮"(刘克庄《后村诗话》),"句澹雅而味深长"(魏庆之《诗人玉屑》)。今有《柳河东集》三十卷行世,《全唐诗》编其诗四卷。

晨诣超师院读禅经①

柳宗元

汲井漱寒齿,清心拂尘服②。
闲持贝叶书③,步出东斋读。
真源了无取④,妄迹世所逐⑤。
遗言冀可冥,缮性何由熟⑥?
道人庭宇静⑦,苔色连深竹。
日出雾露馀,青松如膏沐⑧。
澹然离言说⑨,悟悦心自足⑩。

【注释】 ①此诗是柳宗元被贬为永州司马时所作,抒写读经的感想。诣:到。超师:法名为超的僧人。禅经:即佛经。②"汲井"二句:意谓井水漱口,可以清心;穿衣时掸去灰尘,可以去垢;内外清洁,方可读佛经。汲井,从井中打水。清心,内心清静。服,穿衣。③贝叶书:即佛经。因古印度僧人常用贝多罗树叶写经,故称。④真源:指

佛家的真谛。⑤妄迹:虚妄之事,即指世俗事务。逐:追求。⑥"遗言"二句:对佛经中的遗言,我还有希望能够心领神会,却不知道通过什么途径使我的本性修炼到精熟完满的程度。遗言,指佛家先贤的遗言。此指佛经中语。冀,希望。冥,暗合,指心悟。缮性,修养本性。熟,精熟。⑦道人:有道之人,此指超师。⑧"日出"二句:青松经雨露晨雾滋润后,在阳光的照耀之下,像油脂洗过一样润泽。膏,油脂。⑨澹然:形容心境宁静。离言说:难以用言语来表达。⑩悟悦:悟道之乐。足:满足。

溪　居①

柳宗元

久为簪组束②,幸此南夷谪③。
闲依农圃邻④,偶似山林客⑤。
晓耕翻露草,夜傍响溪石⑥。
来往不逢人,长歌楚天碧⑦。

【注释】　①此诗是柳宗元被贬永州时所作,描写闲居的佳境。溪居:指柳宗元在永州零陵的冉溪边筑的屋舍。②簪组:官吏的冠饰,此处用指为官生涯。束:束缚。③南夷:古时对南方少数民族的贬称。此指永州地区。谪:贬官。④农圃:农田。⑤偶似:有时好像。⑥响溪石:船桨碰溪石所发出的响声。⑦楚天:指永州,因永州古属楚地之故。

五古乐府

乐府,最初指古代音乐官署。据《汉书·礼乐志》记载,汉武帝开始建立乐府,掌管朝会宴飨、道路游行时所用的音乐,兼采集民间诗歌和乐曲。乐府作为一种诗体,最初就是指乐府官署所采集、创作的乐歌。后来魏晋至唐代可以入乐的诗歌和后人仿效乐府古题的作品也称为"乐府诗",简称"乐府"。宋元以后的词、散曲和剧曲,因配合音乐,有时也称乐府。因此,乐府诗是古体诗中依据其源流及与音乐的关系所划分出的一种类别。其字数、句数和格律都没有严格的要求。

五言古诗与五古乐府,虽然在发生学上别有系统,但二者在句式和字数上有类似之处,即都要求每句五个字,句数长短不拘。而按照乐府曲调来说,五古乐府既有沿用乐府旧题写时事以抒发自己情感的,也有模仿民歌以写男女恋情的,还有"悲如蛩螫"(姜夔《白石道人诗说》)的吟体。

塞上曲①

王昌龄

蝉鸣空桑林②,八月萧关道③。

出塞入塞寒,处处黄芦草。
从来幽并客④,皆共尘沙老。
莫学游侠儿⑤,矜夸紫骝好⑥。

【注释】 ①此为写幽、并健儿的边塞诗。塞上曲:为唐新乐府辞,出自汉乐府《出塞》《入塞》,属横吹曲辞。此题一作"塞下曲"。②空桑林:指秋天桑林叶落,变得空疏。③萧关:在今宁夏原州区东南。④幽并客:幽州和并州的人。幽、并二州在今河北、山西和陕西一部分,此概指燕赵之地。⑤游侠儿:指重义气、以勇武驰骋天下的人。⑥矜夸:夸耀。紫骝:古骏马名。此指骏马。

塞下曲①
王昌龄

饮马度秋水,水寒风似刀。
平沙日未没,黯黯见临洮②。
昔日长城战③,咸言意气高④。
黄尘足今古⑤,白骨乱蓬蒿⑥;

【注释】 ①这是一首具有非战意味的边塞诗。塞下曲:唐新乐府辞,属横吹曲辞。②黯黯:隐隐约约的样子。临洮:在今甘肃省岷县,唐时为边防要地。古长城西边的起点。③长城战:指开元二年(714)唐军在临洮和吐蕃的战争。④咸:都。⑤足:充满。今古:从古至今。⑥蓬蒿:野草。

关山月①
李白

明月出天山②,苍茫云海间。
长风几万里,吹度玉门关③。
汉下白登道④,胡窥青海湾⑤。
由来征战地⑥,不见有人还。
戍客望边邑⑦,思归多苦颜。
高楼当此夜⑧,叹息未应闲。

【注释】 ①关山月为古乐府名,本为诉离别之苦。李白用此题写边塞戍士思归及闺中思夫的内容。②天山:此指甘肃境内祁连山。③玉门关:故址在今甘肃省敦煌西,为唐时边关,是通西域的关塞要道。④汉:指汉朝。下:出兵之意。白登:白登山,在今山西省大同市东。据《汉书》记载,汉高祖亲征匈奴,曾被困于白登山。⑤胡:此指吐蕃。青海湾:指青海湖,在今青海省西宁附近。⑥由来:从来。⑦戍客:守边将士。⑧高楼:指在高楼中的远征边塞将士的妻子。

长干行①

李白

妾发初覆额②，折花门前剧③。

郎骑竹马来④，绕床弄青梅⑤。

同居长干里，两小无嫌猜。

十四为君妇，羞颜未尝开⑥。

低头向暗壁，千唤不一回。

十五始展眉⑦，愿同尘与灰⑧。

常存抱柱信，岂上望夫台⑨。

十六君远行，瞿塘滟滪堆⑩。

五月不可触⑪，猿声天上哀⑫。

门前迟行迹，一一生绿苔。

苔深不能扫，落叶秋风早。

八月蝴蝶黄，双飞西园草。

感此伤妾心，坐愁红颜老。

早晚下三巴⑬，预将书报家⑭。

相迎不道远⑮，直至长风沙⑯。

【注释】　①此诗代商人妇自白，回忆其与夫君青梅竹马的童年，抒发盼君早归的急切和挚爱。长干行：乐府《杂曲歌辞》旧题，本为江南一带民歌，内容多写男女恋情。长干，地名，古时建业（今江苏南京市）有长干里，处秦淮河南岸，地近长江。《舆地纪胜》："江东谓山陇之间曰干，金陵五里有山冈，其间平地民庶杂居，有大长干、小长干、东长干，并是地名。"②妾：古代妇女自称。③剧：游戏。④郎：古代妻子对丈夫的称呼。竹马：儿童游戏时，把竹竿当马骑，即称竹马。⑤床：井栏杆。弄：玩。⑥羞颜未尝开：指结婚后的害羞之意还没有释解。⑦展眉：指懂得人事，不再害羞。⑧愿同尘与灰：意谓愿与丈夫同生共死。⑨"常存"二句：表达对夫妻情爱的坚信不疑。抱柱信，典出《庄子·盗跖》，相传古代尾生和一女子约会于桥下，到时女子未来，而潮水已至，尾生坚持不去，抱桥柱而被淹死。此后用来比喻信守诺言、忠贞不贰。望夫台，古时传说有丈夫久出不归，妻子在台上眺望，久而成石，此台称望夫台。⑩瞿塘：瞿塘峡，长江三峡之一，在今重庆市奉节县。滟滪堆：瞿塘峡口的一块大礁石。⑪五月不可触：指船只不要碰到礁石。阴历五月江水上涨，滟滪堆被江水淹没，往来船只极易触礁。《太平寰宇记》中民谣有"滟滪大如襆，瞿塘不可触"句。⑫猿声天上哀：瞿塘峡两岸，高山耸立，山中群猿啼声凄厉，船行其间，闻猿啸之声似在天上。⑬下三巴：指丈夫离开三巴顺流而下。三巴，巴郡、巴东、巴西统称三巴，地在今重庆市东部。⑭书：家信。⑮不道远：不嫌远。⑯长风沙：地名，在今安徽省安庆东长江边，地险水急。

孟　郊

　　孟郊(751～814),字东野,湖州武康(今浙江德清)人,郡望平昌(今山东安丘)。贞元十四年(798)登进士第,当过溧阳尉、水陆转运从事、大理评事。元和九年(814)暴疾卒。孟郊生性孤直,不谐世媚俗,一生穷困潦倒,却刻意吟诗,到了"刿目鉥心,刃迎缕解,钩章棘句,掐擢胃贤"(韩愈《贞曜先生墓志铭》)的地步。

　　他的诗"蹇涩穷僻,琢削不假,真苦吟而成"(魏泰《临汉隐居诗话》),"横空盘硬语,妥帖力排奡"(韩愈《荐士》)。张为《诗人主客图》把他列为"清奇僻苦主",苏轼将他与贾岛并称为"郊寒岛瘦"(《祭柳子玉文》)。但大家最喜欢的却还是孟郊为数不多的平易自然的作品,如《游子吟》《列女操》《结爱》等。传有《孟东野诗集》十卷,《全唐诗》编其诗十卷。

游子吟①

孟郊

慈母手中线,游子身上衣。
临行密密缝,意恐迟迟归。
谁言寸草心,报得三春晖②。

　　【注释】　①此题下有自注:"迎母溧上作。"可知此诗是孟郊为溧阳县尉时,迎养母亲时所做的。吟:诗体之一。②"谁言"二句:谁说儿女微薄的孝心能报答得了阳光般温暖的母爱呢? 寸草心,指小草生出的嫩芽,又象征儿女的孝心。寸草,小草。三春晖,指春天的阳光,也象征母爱。三春,春天。因春季有三个月,故称。

七言古诗

　　七言古诗,又称七言古风,简称"七古",一般是对七言古诗和歌行的统称。作为古体诗的一种,七言古诗起源于汉代民间歌谣,甚至更早。每句字数一般为七个,但也并不绝对如此,只要诗中多数句子是七个字就可以,每篇句数不拘。七言古诗是中国古典诗歌的主要形式之一,其形式活泼、体裁多样、句法和韵脚的处理较为自由,而且富有极强的抒情、叙事的表现力。尤其是其中篇幅较长者,容量较大,用韵也非常灵活。

　　现在公认最早、最完整的七古是曹丕的《燕歌行》。南北朝时期,鲍照致力于七古创作,将之发展成一种充满活力的诗体。唐代七古气象宏放,手法多样,深沉开阔,代表诗人有李白、杜甫、韩愈、李颀、岑参等。

陈子昂

　　陈子昂(661～702),字伯玉,梓州射洪(今属四川)人。文明元年(684)登进士第,

国学经典文库

国学经典

唐诗

图文珍藏版

当过麟台正字、右卫胄曹参军、右拾遗。世称"陈正字"或"陈拾遗"。圣历元年(698)辞官回乡,被县令段简陷害,死于狱中。陈子昂是初唐诗歌革新的先驱,他反对齐梁诗风,提倡复兴"汉魏风骨"。刘克庄评曰:"陈拾遗首唱高雅冲淡之音,一扫六代之纤弱。"(《后村诗话》)高棅盛赞为:"继往开来,中流砥柱,上遏贞观之微波,下决开元之正派。"(《唐诗品汇·五言古诗叙目》)他的《感遇诗》三十八首"尽削浮靡,一振古雅"(胡应麟《诗薮》),"词旨幽邃,音节豪宕"(朱熹《斋居感兴二十首序》),直追阮籍《咏怀》,以至于方回极称《感遇诗》三十八首为唐诗"古体之祖"(《瀛奎律髓汇评》)。今有《陈伯玉文集》十卷行世,《全唐诗》编其诗二卷。

登幽州台歌①

陈子昂

前不见古人,后不见来者。
念天地之悠悠②,独怆然而涕下③。

【注释】 ①此诗是万岁通天初年(696),陈子昂随军北征契丹,登台而作。其诗意本《楚辞·远游》:"惟天地之无穷兮,哀人生之长勤。往者余弗及兮,来者吾不闻。步徙倚而遥思兮,怊惝恍而乖怀。"慨叹人生短暂,宇宙无穷。幽州台:即蓟北楼,又叫蓟丘、燕台,相传是燕昭王为招揽人才而筑的黄金台,故址在今北京市。幽州,郡名,治所蓟,在今北京大兴区。②悠悠:无穷无尽的样子。③怆然:伤感悲凉的样子。涕:眼泪。

李颀

李颀(生卒年不详),赵郡(今河北赵县)人,居住颍阳(今河南登封)。开元二十三年(735)进士,当过新乡尉,后弃官隐居颍阳。他交游广泛,与王昌龄、崔颢、高适、岑参、王维、綦毋潜等著名诗人都有交往,诗名颇著。

殷璠评论李颀的诗"发调既清,修辞亦绣,杂歌咸善,玄理最长"(《河岳英灵集》)。贺贻孙认为:"唐李颀诗虽近于幽细,然气骨则沉壮坚老。"(《诗筏》)他最擅七言,胡应麟把他与高适、岑参、王维并称,形容为"音节鲜明,情致委折,浓纤修短,得衷合度"(《诗薮》)。他的七律更是大受称誉,陆时雍称其"诗格清炼,复流利可诵,是摩诘以下第一人"(《唐诗镜》)。王士禛更说:"唐人七言律,以李东川、王右丞为正宗。"(《师友诗传录》)今存《李颀诗集》,《全唐诗》存其诗三卷。

古 意①

李颀

男儿事长征②,少小幽燕客③。

賭胜马蹄下④，由来轻七尺⑤。

杀人莫敢前⑥，须如猬毛磔⑦。

黄云陇底白云飞，未得报恩不得归。

辽东小妇年十五⑧，惯弹琵琶解歌舞⑨。

今为羌笛出塞声⑩，使我三军泪如雨。

【注释】　①此诗为写幽燕客立功边关雄心和思乡之情的边塞诗。古意：即拟古诗。②事长征：从军远征。③幽燕：泛指今辽宁、河北一带，在唐时为边境地区。④赌胜：逞强争胜。⑤轻七尺：意谓不惧怕死亡。七尺，七尺之躯，此谓生命。⑥杀人莫敢前：奋勇杀敌，使敌人不敢近前。⑦须如猬毛磔：意谓胡须如刺猬毛一样纷张，以形容形貌威猛。猬毛磔，语本《晋书·桓温传》，称桓温姿貌威武，"眼如紫石棱，须作猬毛磔"。猬，刺猬。磔，张开。⑧小妇：少妇。⑨解：擅长之意。⑩羌笛：据说笛出于羌中，故称。

送陈章甫①

李颀

四月南风大麦黄，枣花未落桐叶长。

青山朝别暮还见，嘶马出门思旧乡。

陈侯立身何坦荡②，虬须虎眉仍大颡③。

腹中贮书一万卷，不肯低头在草莽。

东门沽酒饮我曹④，心轻万事如鸿毛。

醉卧不知白日暮，有时空望孤云高。

长河浪头连天黑，津吏停舟渡不得⑤。

郑国游人未及家⑥，洛阳行子空叹息⑦。

闻道故林相识多⑧，罢官昨日今如何⑨。

【注释】　①此诗是李颀送陈章甫罢官还乡之作。陈章甫：楚人，开元中进士。②陈侯：对陈章甫的尊称。③虬须：蜷曲的胡须。大颡：宽额。④酤酒：买酒。饮：使喝，作动词。我曹：我辈，我们。⑤津吏：管理渡口的小官。⑥郑国游人：指陈章甫。河南春秋时属郑国，陈曾在河南居住了很久。⑦洛阳行子：作者自指。因李颀曾任新乡县尉，地近洛阳。⑧故林：故乡。⑨昨日：犹言过去。

夜归鹿门歌①

孟浩然

山寺钟鸣昼已昏②，渔梁渡头争渡喧③。

人随沙岸向江村，余亦乘舟归鹿门。

鹿门月照开烟树④，忽到庞公栖隐处⑤。

岩扉松径长寂寥⑥,唯有幽人自来去⑦。

【注释】 ①此诗写夜归一路所见,抒发企慕古贤的情怀。鹿门:山名,在今湖北省襄阳。据《后汉书·庞公传》载,东汉时庞德公在鹿门山采药,是著名的隐者。孟浩然追慕先贤高致,也在此地隐居。②昼已昏:指天色已近黄昏。③渔梁:地名,指渔梁洲,在今湖北省襄樊境内。《水经注·沔水》载:"沔水中有鱼梁洲,庞德公所居。"④开烟树:指月光下,原先烟幕缭绕下的树木渐渐显现出来。⑤庞公:即庞德公。⑥岩扉:指山岩相对如门。⑦幽人:隐者,孟浩然自称。

梦游天姥吟留别①
李白

海客谈瀛洲②,烟涛微茫信难求③。
越人语天姥④,云霓明灭或可睹。
天姥连天向天横,势拔五岳掩赤城⑤。
天台四万八千丈,对此欲倒东南倾⑥。
我欲因之梦吴越,一夜飞度镜湖月⑦。
湖月照我影,送我至剡溪⑧。
谢公宿处今尚在⑨,绿水荡漾清猿啼。
脚著谢公屐⑩,身登青云梯⑪。
半壁见海日⑫,空中闻天鸡⑬。
千岩万壑路不定,迷花倚石忽已暝⑭。
熊咆龙吟殷岩泉⑮,慄深林兮惊层巅⑯。
云青青兮欲雨,水澹澹兮生烟⑰。
列缺霹雳⑱,丘峦崩摧⑲。
洞天石扉⑳,訇然中开㉑。
青冥浩荡不见底㉒,日月照耀金银台㉓。
霓为衣兮风为马㉔,云之君兮纷纷而来下㉕。
虎鼓瑟兮鸾回车㉖,仙之人兮列如麻。
忽魂悸以魄动㉗,怳惊起而长嗟㉘。
惟觉时之枕席㉙,失向来之烟霞㉚。
世间行乐亦如此,古来万事东流水。
别君去兮何时还,且放白鹿青崖间㉛,
须行即骑访名山。
安能摧眉折腰事权贵㉜,使我不得开心颜。

【注释】 ①此诗以写梦中佳境留别友人,表达遭谗离京,意欲寻仙的愤懑。天姥:山名。天姥山在今浙江天台县、嵊州市和新昌县之间,为道教七十二福地之第十六福地,相传是因闻天姥歌声而得名。自六朝时起,天姥山就成为游览的胜地,并传

说曾有仙人居其中。吟：诗体名，是歌行体中的一种。此诗又题作《别东鲁诸公》。②海客：来自海上的人。瀛洲：古代传说东海中以蓬莱、方丈、瀛洲为海上三仙山，山中多居仙人。③微茫：隐约迷离，形容海上烟雾缥缈、波涛天际的样子。④越人：指当地人。天姥山古属越地。⑤拔：超越。五岳：东岳泰山、南岳衡山、西岳华山、北岳恒山、中岳嵩山合称五岳。掩：压倒。赤城：山名。赤城山为仙霞岭支脉，正与天姥山相对，据说山色皆赤，故称赤城。⑥"天台"二句：天台山虽高，但在天姥山面前，却像要向东南倾倒。上四句都是"越人语天姥"的内容。天台，即天台山，在今浙江天台县，天姥山东南面。四万八千丈，极言山之高。⑦"我欲"二句：我听了越人的话，夜间梦游吴越之地，梦魂飞到镜湖，见到湖中之月。镜湖，即鉴湖，在今浙江绍兴。⑧剡溪：水名。即曹娥江上游，在今浙江嵊州市。⑨谢公：即谢灵运。他曾游过天姥山，投宿剡溪。有《登临海峤与从弟惠连》诗曰："暝投剡中宿，明登天姥岑。"⑩谢公屐：据《南史·谢灵运传》记载，谢灵运曾为登山专门制作了一种木屐，上山去其前齿，下山去其后齿，世称"谢公屐"。⑪青云梯：指陡峭的山石级。语本谢灵运《登石门最高顶》"惜无同怀客，共登青云梯"。⑫半壁：半山腰。⑬天鸡：《述异记》说桃都山上有大树，树上有天鸡，日出照临此树，天鸡就开始鸣叫，于是天下的鸡都随之报晓。⑭暝：昏黑。⑮殷：震动。⑯慄：恐惧。巅：山顶。⑰澹澹：水波闪动的样子。⑱列缺：闪电。霹雳：雷鸣。扬雄《羽猎赋》："霹雳列缺，吐火施鞭。"⑲丘峦：山峰。⑳洞天：道家所谓神仙居处。石扉：石门。㉑訇然：轰然巨响。㉒青冥：天空。㉓金银台：神仙宫阙。语本郭璞《游仙诗》"神仙排云出，但见金银台"。㉔霓：彩虹。㉕云之君：指云神。《楚辞·九歌》中有《云中君》篇。㉖鼓瑟：弹瑟。瑟，古代的一种弦乐器。鸾：仙鸟。㉗魂悸以魄动：即魂魄悸动。悸，动。㉘恍：恍然。长嗟：长叹。㉙觉时：醒来时。㉚向来：刚才。㉛白鹿：《楚辞·哀时命》有"浮云雾而入冥兮，骑白鹿而容与"句，王逸注曰："言已与仙人俱出，……乘云雾骑白鹿而游戏也。"以后诗人咏游仙时，白鹿即为游仙坐骑。㉜摧眉折腰：低头哈腰。

金陵酒肆留别①

李白

风吹柳花满店香，吴姬压酒劝客尝②。
金陵子弟来相送，欲行不行各尽觞③。
请君试问东流水，别意与之谁短长④。

【注释】　①此诗是李白离开金陵，东游扬州前留赠友人之作。金陵：今江苏南京市。酒肆：酒店。②吴姬：指酒店侍女，因金陵古属吴地，故称吴姬。压酒：取酒。酿就新酒，须压酒槽取之，故称压酒。③尽觞：干杯。④"请君"二句：请你问一问东流的江水，离别的情意与这水比起来，谁短谁长。

宣州谢朓楼饯别校书叔云①
李白

弃我去者昨日之日不可留，乱我心者今日之多烦忧。

长风万里送秋雁，对此可以酣高楼②。

蓬莱文章建安骨③，中间小谢又清发④。

俱怀逸兴壮思飞，欲上青天揽明月⑤。

抽刀断水水更流，举杯销愁愁更愁。

人生在世不称意，明朝散发弄扁舟⑥。

【注释】 ①此诗是天宝末年李白在宣州饯别族权时所作，以谢朓比李云，抒写在世不称意的苦闷。宣州：在今安徽宣城市。谢朓：字玄晖，阳夏（今河南太康）人，南朝时齐诗人。谢朓楼：谢朓任宣州太守时所建，又称北楼，唐时改名叠嶂楼。校书叔云：李白族叔，名李云，曾任秘书省校书郎。②酣：畅饮。③蓬莱文章建安骨：此为称赞李云的文章。蓬莱文章，此指李云的文章。因李云任秘书省校书郎，专事校订图书，故借蓬莱做比喻。蓬莱，《后汉书·窦章传》记载，东汉学者称朝廷藏书楼东观为"蓬莱山"，因为传说海上仙山蓬莱藏有"幽经秘籍"。此处借指李云所在的秘省。建安骨，建安风骨。汉末建安年间，曹操父子和建安七子所作诗文苍劲刚健，史称"建安风骨"。④小谢：谢朓。后人把他与谢灵运并称，称谢灵运"大谢"，称谢朓"小谢"。清发：清新秀发。此处是李白自比小谢。⑤览：通"揽"，摘取。⑥散发：古人平时都束发戴帽，闲散时松开头发，称散发。后因其有不受冠冕拘束之意，引申出弃官归隐之意。又因头发披散零乱，便有了疏狂放纵的意味。扁舟：小船。

走马川行奉送封大夫出师西征①
岑参

君不见走马川行雪海边②，平沙莽莽黄入天③。

轮台九月风夜吼④，一川碎石大如斗，

随风满地石乱走。

匈奴草黄马正肥⑤，金山西见烟尘飞⑥，

汉家大将西出师⑦。

将军金甲夜不脱，半夜军行戈相拨⑧，

风头如刀面如割。

马毛带雪汗气蒸，五花连钱旋作冰⑨，

幕中草檄砚水凝⑩。

虏骑闻之应胆慑⑪，料知短兵不敢接⑫，

车师西门伫献捷⑬。

【注释】 ①此诗当作于天宝十三年(754)九月,极力铺张自然环境的险恶以反衬大军的一往无前。走马川:地名,在北庭川,今新疆古尔班通古特。行:古诗体裁之一。封大夫:指封常清,蒲州猗氏(今山西临猗)人。天宝年间任北庭都护、伊西节度使、瀚海军使,调岑参任安西、北庭节度判官,军府驻轮台。因封常清曾任御史大夫,故称封大夫。西征:封常清于天宝十三年率军对突厥西叶护阿布思叛军余部用兵,一月之内,受降而归。②雪海:山区名,为今新疆吉木萨尔县南之天山,因常年雨雪,雪峰层叠,故称雪海。③莽莽:浩渺无边的样子。④轮台:在今新疆库车县东。封常清驻军于此,岑参亦常居于此。⑤匈奴草黄马正肥:据《汉书·匈奴传》记载,秋天草黄马肥时,匈奴人常侵汉境劫掠。⑥金山:即阿尔泰山,在今新疆北部和蒙古人民共和国西部。此指敌军侵犯的方向。⑦汉家大将:指封常清。⑧戈相拨:指戈与铠甲互相碰击。⑨五花连钱旋作冰:马鬃和马身上的雪与汗被冷风一吹很快冻成了冰。五花,即五花马。唐人剪马鬃成花状,三瓣称三花,五瓣称五花。连钱,指马身上斑驳如钱的花纹。旋,随即。⑩草檄:起草军中征讨文书。⑪慑:惧怕。⑫料知短兵不敢接:敌人不敢短兵相接地战斗。短兵,指刀剑之类的短兵器。⑬"车师":古国名,唐时为北庭都护府治所北庭城。伫:站着等待。

白雪歌送武判官归京①

岑参

北风卷地白草折②,胡天八月即飞雪③。
忽如一夜春风来,千树万树梨花开。
散入珠帘湿罗幕,狐裘不暖锦衾薄④。
将军角弓不得控⑤,都护铁衣冷犹着⑥。
瀚海阑干百丈冰⑦,愁云惨淡万里凝。
中军置酒饮归客⑧,胡琴琵琶与羌笛。
纷纷暮雪下辕门⑨,风掣红旗冻不翻⑩。
轮台东门送君去⑪,去时雪满天山路⑫。
山回路转不见君,雪上空留马行处。

【注释】 ①此诗与《轮台歌》作于同时,描写边地八月飞雪的奇丽景象,抒发送别武判官的无尽离思。白雪歌:乐府琴曲有《白雪歌》。判官:官名。唐时节度使、观察使下掌书记之官吏。武判官:其人不详。②白草:因西域牧草秋天变白,故称。③胡天:此处指西域的气候。④衾:被子。⑤角弓:以兽角为装饰的硬弓。控:拉弦。⑥都护:官名。唐时曾设安西等六大都护府,每府有大都护,管理行政事务。铁衣:护身铁甲衣。着:穿。⑦瀚海:即大沙漠。阑干:犹言纵横交错的样子。⑧中军:主帅所在的军营。此指主帅营帐。⑨辕门:军营之门。⑩风掣红旗冻不翻:红旗因被冰雪冻住,风吹也不能使它拂动。掣,拽动。⑪轮台:轮台县,北庭都护府治所。⑫天山:唐时称伊州、西州以北一带山脉为天山。

古柏行①

杜甫

孔明庙前有老柏②,柯如青铜根如石③。
霜皮溜雨四十围④,黛色参天二千尺⑤。
君臣已与时际会,树木犹为人爱惜⑥。
云来气接巫峡长,月出寒通雪山白⑦。
忆昨路绕锦亭东⑧,先主武侯同閟宫⑨。
崔嵬枝干郊原古⑩,窈窕丹青户牖空⑪。
落落盘踞虽得地⑫,冥冥孤高多烈风⑬。
扶持自是神明力,正直原因造化功⑭。
大厦如倾要梁栋,万牛回首丘山重⑮。
不露文章世已惊⑯,未辞剪伐谁能送⑰。
苦心岂免容蝼蚁,香叶曾经宿鸾凤⑱。
志士仁人莫怨嗟,古来材大难为用。

【注释】 ①此诗作于唐代宗大历元年(766),以古柏礼赞追念孔明,亦以自喻自伤。古柏:指夔州(今重庆市奉节县)诸葛庙前的古柏。②孔明庙:诸葛孔明庙有三处;一在定军山(今陕西勉县);一在成都,为武侯祠,附刘备庙中;一在夔州,与刘备庙分立。此指夔州孔明庙。③柯:枝干。④霜皮溜雨:树皮白而光滑。四十围:极言其粗。围,合抱曰围。⑤黛色:青黑色。二千尺:极言其高。⑥"君臣"二句:刘备、孔明君臣遇合,有德于民,人们怀念他们因而对树木更加爱惜。与时,因时。际会,遇合。此处用召伯甘棠之典。《左传·定公九年》:"《诗》曰:'蔽芾甘棠,勿剪勿伐,召伯所茇。'思其人犹爱其树,况用其道而不恤其入乎?"⑦"云来"二句:白天云来,云气与巫峡相接;夜晚月出,寒气来自雪山。此处形容柏树气象。雪山,岷山主峰,在四川松潘。⑧路绕锦亭东:因武侯祠在草堂东面,故去武侯祠必绕道而行。锦亭,杜甫在成都的草堂有亭,因草堂近锦江,故称锦亭。⑨閟宫:神宫,指祠庙。⑩崔嵬:高大的样子。⑪窈窕:幽深的样子。丹青:绘画。⑫落落:指树独立挺拔的样子。盘踞:语自《西京杂记》载中山王《文木赋》:"或如龙盘虎踞。"此指古柏雄壮。得地:得其所在。⑬冥冥:高空深远的样子。⑭"扶持"二句:古柏经烈风而长存,自是神明着意扶持;其挺拔正直,是因为造物主赋予它力量。神明力、造化功,皆指自然的力量。⑮万牛回首丘山重:语自鲍照诗:"丘山不可胜。"此言古柏重如丘山,万牛也拉不动。⑯不露文章:指古柏不炫耀自己的花纹之美。文章,指古柏华美的花纹。⑰未辞剪伐谁能送:古柏虽不避砍伐,可又有谁能采送。比喻栋梁之材虽想为世所用,但无人引荐。⑱"苦心"二句:古柏的根茎虽难免遭蝼蚁侵害,但其枝叶上曾有鸾凤栖宿过。苦心,柏心味苦。蝼蚁,蝼蛄蚂蚁,喻小人。鸾凤,鸾鸟凤凰,喻贤人。

观公孙大娘弟子舞剑器行并序①

杜甫

　　大历二年十月十九日，夔府别驾元持宅②，见临颍李十二娘舞剑器③，壮其蔚跂④。问其所师，曰："余公孙大娘弟子也。"开元三载⑤，余尚童稚⑥，记于郾城观公孙氏舞剑器浑脱⑦，浏漓顿挫，独出冠时⑧。自高头宜春、梨园二伎坊内人⑨，洎外供奉⑩，晓是舞者，圣文神武皇帝初⑪，公孙一人而已。玉貌锦衣，况余白首⑫，今兹弟子，亦匪盛颜⑬。既辨其由来，知波澜莫二⑭，抚事慷慨⑮，聊为《剑器行》⑯。往者吴人张旭⑰，善草书书帖，数常于邺县见公孙大娘舞西河剑器⑱，自此草书长进⑲。豪荡感激，即公孙可知矣⑳。

　　　　昔有佳人公孙氏，一舞剑器动四方。
　　　　观者如山色沮丧㉑，天地为之久低昂㉒。
　　　　爛如羿射九日落㉓，矫如群帝骖龙翔㉔。
　　　　来如雷霆收震怒㉕，罢如江海凝清光㉖。
　　　　绛唇珠袖两寂寞㉗，晚有弟子传芬芳。
　　　　临颍美人在白帝㉘，妙舞此曲神扬扬。
　　　　与余问答既有以㉙，感时抚事增惋伤㉚。
　　　　先帝侍女八千人㉛，公孙剑器初第一㉜。
　　　　五十年间似反掌㉝，风尘澒洞昏王室㉞。
　　　　梨园子弟散如烟，女乐馀姿映寒日㉟。
　　　　金粟堆前木已拱㊱，瞿塘石城草萧瑟㊲。
　　　　玳弦急管曲复终㊳，乐极哀来月东出。
　　　　老夫不知其所往，足茧荒山转愁疾㊴。

【注释】　①此诗是唐代宗大历二年（767）杜甫在夔州观剑器舞时"感时抚事"之作。公孙大娘：开元年间著名的舞蹈艺人，能为《邻里曲》《西河剑器浑脱》等舞。剑器：唐代"健舞"之一，属"武舞"，舞者穿戎装，执剑。②夔府：贞观十四年（640），夔州曾设督府，故夔州又称夔府，在今重庆市奉节县。别驾：官名，刺史佐官。元持：人名，其人不详。③临颍，在今河南临颍县。④蔚跂：形容其舞姿矫健凌厉。⑤开元三载："三"一作"五"。⑥童稚：年幼。开元三载（715）时杜甫四岁；开元五载时为六岁。⑦郾城：在今河南郾城区。浑脱：原指一种帽子。唐太宗时，赵国公长孙无忌用乌羊毛做成浑脱毡帽，人多效之，称"赵公浑脱"。后演变成舞，也属"武舞"。⑧冠时：冠绝一时。⑨高头：前头，指在皇帝跟前。宜春、梨园：指唐玄宗时设于宫内的皇家歌舞班子。伎坊：教坊，或称"内供奉"，教演音乐歌舞的机构。《雍录》卷九记载："开元二年，置教坊于蓬莱宫，上自教法曲，谓之梨园子弟。……至天宝中，即东宫置宜春北苑，命宫女数百人为梨园弟子。"⑩洎：及。外供奉：设于宫外的外教坊。⑪圣文神武皇帝：唐玄宗的尊号。⑫"玉貌"二句：想起当年公孙大娘容貌美丽、衣着华艳，今已不

⑭"既辨"二句：既然明白了她的师承，那她的舞技与公孙大娘也没有差别。波澜莫二，指一脉相承。⑮抚事：回忆往事。⑯聊：姑且。⑰张旭：唐代书法家，最善草书，有"草圣"之名。⑱数：多次。邺县：地名，在今河南安阳县。西河剑器：剑器舞中的一种。⑲草书长进：草书书法大有进步。⑳"豪荡"二句：张旭的书法从公孙大娘那里受到感染，则公孙大娘的舞技就可想见了。㉑观者如山：指观众众多。色沮丧：失色之意。㉒低昂：起伏动荡。㉓爚：闪光貌。羿射九曰：传说帝尧时，天上十日并出，草木焦枯。后尧命羿射落九日。㉔矫：飞腾貌。群帝：天上众仙。骖龙翔：驾龙飞翔。㉕来：指上场。雷霆：指鼓声如雷鸣。㉖罢：指下场。清光：指剑闪寒光。㉗绛唇珠袖两寂寞：公孙大娘人与舞都亡逝了。绛唇，红唇。此指公孙大娘其人。珠袖，此指舞蹈。㉘临颍美人：指李十二娘。白帝：白帝城，在夔州。㉙既有以：有根由，即序中所说"既辨其由来"。㉚感时抚事：感于今事，追忆往昔。㉛先帝：指唐玄宗。㉜初：本。㉝五十年间：指自开元三载至大历二年，其间有五十余年。似反掌：形容岁月迅速流逝。㉞风尘澒洞：指安史之乱。澒洞，形容弥漫无际。㉟女乐馀姿：指李十二娘的舞姿有开元歌舞的神韵。寒日：杜甫观舞作诗正值十月。㊱金粟堆：即金粟山，在今陕西蒲城县东北，唐玄宗陵泰陵即在山上。木已拱：墓前所栽种之树已有合抱一般粗了。㊲瞿塘石城：即白帝城。夔州近瞿塘峡。㊳玳弦：玳瑁制的弦乐器。急管：节奏急促的管乐之声。㊴"老夫"二句：离开元持宅，我不知该往何处去，脚上生茧走不快，可仍像在荒山行路一样，担心走得太快。这里比喻恋恋不忍离去。老夫，杜甫自指。

石鱼湖上醉歌 并序①

元结

漫叟以公田米酿酒②，因休暇则载酒于湖上，时取一醉。欢醉中，据湖岸引臂向鱼取酒③，使舫载之④，遍饮坐者。意疑倚巴丘酌于君山之上⑤，诸子环洞庭而坐⑥，酒舫泛泛然触波涛而往来者，乃作歌以长之⑦。

> 石鱼湖，似洞庭，
> 夏水欲满君山青。
> 山为樽⑧，水为沼⑨，
> 酒徒历历坐洲岛。
> 长风连日作大浪，不能废人运酒舫⑩。
> 我持长瓢坐巴丘⑪，酌饮四座以散愁。

【注释】①此诗极写酒兴之豪，放浪之中实有苦衷。石鱼湖：在今湖南道县东，因湖中有大石，状如游鱼而得名。元结任道州刺史时，常到石鱼湖饮酒赋诗。其《石鱼湖上作》诗序云："漫泉南山，有独石在水中，状如游鱼。鱼凹处，修之可以贮酒。水涯四匝，多欹石相连。石上，人堪坐。水能浮小舫载酒，又能绕石鱼回流，乃命湖目'石鱼湖'。"②漫叟：元结之自号。③引臂：伸臂。向鱼取酒：在石鱼上有凹处，可以贮酒,故称。④舫:小船。石鱼湖上,水绕石鱼回流,故饮酒时,用小船载酒,绕石而行,遍饮同游之人。⑤疑:就好像。巴丘:即巴陵,洞庭湖岸边山名。君山:又名洞庭山,在洞庭湖中。⑥洞庭:此指洞庭湖(一说指石鱼湖)。⑦长:助兴之意。⑧樽:酒器的一种。⑨沼:即池,此指酒池。⑩废:阻止。⑪长瓢:长柄的舀酒器。

韩　愈

　　韩愈(768~824),字退之,河南河阳(今河南孟州市)人,郡望昌黎(今属河北),故世称"韩昌黎"。贞元八年(792)登进士第,当过宣武军节度使观察推官、监察御史。因上疏触怒权贵,被贬为阳山令。元和元年(806)召为国子博士,历任都官员外郎、比部郎中、中书舍人、刑部侍郎等职。十四年(819)因谏迎佛骨获罪,被贬为潮州刺史。穆宗即位后,征为国子祭酒,历兵部侍郎、京兆尹、吏部侍郎。长庆四年(824)卒。世称"韩吏部"或"韩文公"。

韩愈像

　　韩愈是中唐古文运动的领袖,也是当时的文坛盟主,其古文被苏轼誉为"文起八代之衰"(《韩文公庙碑》)。韩愈的诗歌吸收古文的章法、句式,"以文为诗"(《后山诗话》引苏轼语),因而表现出"骋驾气势,崭绝崛强"(高棅《唐诗品汇》)的特色。张戒评曰:"退之诗大抵才气有馀,故能擒能纵,颠倒崛奇,无施不可。放之则如长江大河,澜翻汹涌。滚滚不穷;收之则藏形匿影,乍出乍没,姿态横生,变怪百出。"(《岁寒堂诗话》)同时,为了出奇制胜、别开生面,韩愈诗喜用险韵、奇字、古句、方言,钱良择评曰:"唐自李杜崛起,尽翻六朝窠臼,文章能事已尽,无可变化矣。昌黎生其后,乃尽废前人之法,而创为奇辟拙拗之语,遂开千古未有之面目。"(《唐音审体》)所以苏轼认为"诗格之变自退之始"(《王直方诗话》引)。方东树评韩诗"笔力强,造语奇,取境阔,蓄势远,用法变化而深严",可谓概括了其特点。今有《昌黎先生集》四十卷及《外集》行世,《全唐诗》编其诗十卷。

山　石①
韩　愈

山石荦确行径微②,黄昏到寺蝙蝠飞。
升堂坐阶新雨足,芭蕉叶大支子肥③。
僧言古壁佛画好,以火来照所见稀④。
铺床拂席置羹饭,疏粝亦足饱我饥⑤。
夜深静卧百虫绝,清月出岭光入扉⑥。
天明独去无道路⑦,出入高下穷烟霏⑧。
山红涧碧纷烂漫⑨,时见松枥皆十围。

当流赤足踏涧石，水声激激风生衣。

人生如此自可乐，岂必侷促为人靰⑩。

嗟哉吾党二三子⑪，安得至老不更归⑫。

【注释】 ①此诗作于贞元十七年（801）韩愈在洛阳惠林寺时，描写游山寺的所遇、所见、所闻、所感。②荦确：险峻不平的样子。微：狭窄。③支子：即栀子，夏天开白花。④稀：模糊，少见。⑤疏粝：糙米饭。⑥扉：门。⑦无道路：意指随处闲走，不择路径。⑧烟霏：指云雾。⑨山红：指山花红艳。涧碧：指涧水碧绿。⑩侷促：约束之意。为人靰：形容被人所控制。靰，马络头。⑪吾党二三子：意谓我的几个志趣相投的朋友。吾党，语出《论语·公冶长》："吾党之小子简狂。"二三子，语出《论语·述而》："二三子以我为乎？"⑫不更归：即再不归。更，再。

渔　翁①

柳宗元

渔翁夜傍西岩宿②，晓汲清湘燃楚竹③。

烟销日出不见人，欸乃一声山水绿④。

回看天际下中流，岩上无心云相逐⑤。

【注释】 ①此诗作于柳宗元被贬永州司马期间，以写渔翁写景，寄托超脱心绪。②傍：靠。③汲：打水。清湘：指湘江。楚竹：楚地之竹。因永州古属楚国，故称。④欸乃：摇桨发出的声音。唐时湘中有渔歌《欸乃曲》，有人也认为此处指船歌。⑤无心云相逐：语本陶渊明《归去来辞》"云无心以出岫"，指任意飘荡的云。

白居易

白居易（772~846），字乐天，祖籍太原（今属山西），居于下邽（今陕西渭南），生于郑州新郑县（今河南新郑市）。贞元十六年（800）登进士第，历任秘书省校书郎、左拾遗、京兆府户曹参军等职，为翰林学士。元和十年（815）因上书请急捕刺杀宰相武元衡凶手，遭当权者嫉恨，被贬为江州司马。穆宗即位后，召为尚书司门员外郎。以后当过主客郎中、知制诰、中书舍人、杭州刺史、苏州刺史、刑部侍郎、河南尹、太子宾客等。会昌二年（842）以刑部尚书致仕。白居易晚年皈依佛教，吟咏自适，自号"醉吟先生""香山居士"。

白居易以诗著称，早年与元稹齐名，称"元白"。晚年与刘禹锡齐名，称"刘白"。元和年间提倡新乐府，主张作诗"辞质而径""言直而切""事核而实""体顺而肆"（《新乐府序》），影响深远。他的作品"自擅天然，贵在近俗"（蔡絛《西清诗话》），"看是平易，其实精纯"（赵翼《瓯北诗话》），"言浅而思深，意微而词显"（薛雪《一瓢诗话》）。他的七言古诗以《长恨歌》《琵琶行》最著名。赵翼认为白居易"即无全集，而二诗已自不朽"（《瓯北诗话》）。后世把白居易和元稹的这类七言长篇叙事歌行称作"长庆体"（林昌彝《射鹰楼诗话》）。张为《诗人主客图》把白居易列为"广大教化主"。胡应麟认为："唐诗文至乐天，自别是一番境界、一种风流。"(《题白乐天集》)现有《白氏长庆集》七十五卷,《全唐诗》编其诗三十九卷。

长恨歌①

白居易

汉皇重色思倾国②,御宇多年求不得③。
杨家有女初长成,养在深闺人未识。
天生丽质难自弃,一朝选在君王侧④。
回眸一笑百媚生,六宫粉黛无颜色⑤。
春寒赐浴华清池⑥,温泉水滑洗凝脂⑦。
侍儿扶起娇无力,始是新承恩泽时⑧。
云鬓花颜金步摇⑨,芙蓉帐暖度春宵⑩。
春宵苦短日高起,从此君王不早朝。
承欢侍宴无闲暇,春从春游夜专夜。
后宫佳丽三千人,三千宠爱在一身。
金屋妆成娇侍夜⑪,玉楼宴罢醉和春。
姊妹弟兄皆列土⑫,可怜光彩生门户⑬。
遂令天下父母心,不重生男重生女⑭。
骊宫高处入青云⑮,仙乐风飘处处闻。
缓歌慢舞凝丝竹,尽日君王看不足⑯。
渔阳鼙鼓动地来⑰,惊破《霓裳羽衣曲》⑱。
九重城阙烟尘生⑲,千乘万骑西南行⑳。
翠华摇摇行复止㉑,西出都门百馀里㉒。
六军不发无奈何㉓,宛转蛾眉马前死㉔。
花钿委地无人收㉕,翠翘金雀玉搔头㉖。
君王掩面救不得,回看血泪相和流。
黄埃散漫风萧索,云栈萦纡登剑阁㉗。
峨眉山下少人行㉘,旌旗无光日色薄㉙。
蜀江水碧蜀山青,圣主朝朝暮暮情。
行宫见月伤心色㉚,夜雨闻铃肠断声㉛。
天旋地转回龙驭㉜,到此踌躇不能去㉝。
马嵬坡下泥土中,不见玉颜空死处㉞。
君臣相顾尽沾衣㉟,东望都门信马归㊱。
归来池苑皆依旧,太液芙蓉未央柳㊲。
芙蓉如面柳如眉,对此如何不泪垂?

春风桃李花开日,秋雨梧桐叶落时。
西宫南内多秋草㊳,落叶满阶红不扫。
梨园弟子白发新㊴,椒房阿监青娥老㊵。
夕殿萤飞思悄然㊶,孤灯挑尽未成眠。
迟迟钟鼓初长夜,耿耿星河欲曙天㊷。
鸳鸯瓦冷霜华重㊸,翡翠衾寒谁与共㊹?
悠悠生死别经年㊺,魂魄不曾来入梦。
临邛道士鸿都客㊻,能以精诚致魂魄㊼。
为感君王辗转思㊽,遂教方士殷勤觅㊾。
排空驭气奔如电㊿,升天入地求之遍。
上穷碧落下黄泉[51],两处茫茫皆不见。
忽闻海上有仙山,山在虚无缥缈间。
楼阁玲珑五云起[52],其中绰约多仙子[53]。
中有一人字太真[54],雪肤花貌参差是[55]。
金阙西厢叩玉扃[56],转教小玉报双成[57]。
闻道汉家天子使,九华帐里梦魂惊[58]。
揽衣推枕起徘徊,珠箔银屏迤逦开[59]。
云鬓半偏新睡觉[60],花冠不整下堂来。
风吹仙袂飘飘举[61],犹似霓裳羽衣舞。
玉容寂寞泪阑干[62],梨花一枝春带雨[63]。
含情凝睇谢君王[64],一别音容两渺茫。
昭阳殿里恩爱绝[65],蓬莱宫中日月长[66]。
回头下望人寰处[67],不见长安见尘雾。
惟将旧物表深情,钿合金钗寄将去[68]。
钗留一股合一扇,钗擘黄金合分钿[69]。
但教心似金钿坚,天上人间会相见。
临别殷勤重寄词[70],词中有誓两心知:
七月七日长生殿[71],夜半无人私语时。
在天愿作比翼鸟,在地愿为连理枝[72]。
天长地久有时尽,此恨绵绵无尽期!

【注释】 ①此诗作于元和元年(806),白居易时任盩厔县尉。这是一首咏叹唐玄宗与杨贵妃爱情悲剧的长篇叙事诗。②汉皇:此指唐玄宗李隆基。唐人常以汉武帝指唐玄宗,又以武帝之宠李夫人喻玄宗之宠杨贵妃。倾国:据《汉书·外戚传》载,李延年(李夫人之兄)歌曰:"北方有佳人,绝世而独立。一顾倾人城,再顾倾人国。"意谓佳人美色能倾动全城、全国。后以"倾城""倾国"来比喻佳人美貌,或代称美人。③御宇:治理天下。④"一朝"以上四句:杨贵妃小名玉环,蒲州永乐(今山西永济)人,蜀州司户杨玄琰之女。因父早死,养于叔父杨玄珪家。开元二十三年(735)封为唐玄宗之子寿王李瑁之妃。二十八年，玄宗命她出家为女道士，改名太真。天宝四年（745），册封为贵妃。诗中所写并不符合事实，这是白居易为唐玄宗隐讳。⑤六宫粉黛：指后宫中所有的妃嫔。颜色：姿色。⑥华清池：即骊山（在今陕西临潼）上的华清宫中，为温泉。⑦凝脂：指白嫩柔滑的肌肤。《诗经·卫风·硕人》有"肤如凝脂"句。⑧承恩泽：指得到皇帝的宠幸。⑨云鬓：指女人浓密卷曲如云的鬓发。金步摇：一种缀有垂珠的头钗，因步行则垂珠摇动，故称。据宋人乐史《杨太真外传》记载，玄宗于定情之夕亲手给玉环插上一枝"丽水镇库紫磨金琢成步摇"。⑩芙蓉帐：上绣并蒂莲花的幔帐。⑪金屋：据《汉武故事》载，汉武帝幼时，看上姑母长公主之女阿娇，曾说："若得阿娇作妇，当作金屋贮之。"后用金屋指宠姬之居。⑫列土：分封土地。杨贵妃被册封后，其大姐封韩国夫人，三姐封虢国夫人，八姐封秦国夫人；族兄杨铦封鸿胪卿，杨锜任侍御史，杨钊（国忠）为右丞相，封魏国公。⑬可怜：可羡。⑭"遂令"二句：当时有歌谣曰："生女勿悲酸，生男勿喜欢"，"男不封侯女作妃，看女却为门上楣"。⑮骊宫：指骊山华清宫。⑯尽日：一整天。看不足：看不够。⑰渔阳鼙鼓：指安禄山起兵渔阳叛乱事。渔阳，唐郡名，在今河北蓟州区一带。鼙鼓，骑马所用的战鼓。安禄山为平卢、范阳、河东三镇节度使，天宝十四年（755）起兵范阳（渔阳郡为范阳节度使所辖八郡之一），反叛朝廷。⑱《霓裳羽衣曲》：唐代著名舞曲。西凉节度使杨敬述献西域乐曲，唐玄宗据以改编而成。⑲九重城阙：指京城长安。烟尘：尘土与烽火骤起，指战火逼近。⑳千乘万骑：指跟随唐玄宗的大队人马。天宝十五年（756），安禄山破潼关，唐玄宗带着杨贵妃出逃西南。乘，指车。㉑翠华：皇帝仪仗中用翠鸟羽毛装饰的旗帜。此指皇帝车驾。㉒百余里：马嵬坡在今陕西兴平市，距长安约百余里路。㉓六军：皇帝卫队。不发：不肯前进。唐玄宗行至马嵬坡，卫队哗变，请杀杨国忠和杨贵妃，以泄天下之愤，玄宗无奈从之，杀杨国忠，令杨贵妃自缢。㉔宛转：委婉委屈的样子。蛾眉：指美貌女子，此指杨贵妃。㉕花钿：嵌珠玉的花形头饰。委地：扔在地上。㉖翠翘：形似翠鸟尾的首饰。金雀：黄金制成的凤形首饰。玉搔头：即玉簪子。㉗云栈：直入云霄的栈道。关中入蜀，必走栈道。萦纡：指栈道曲折迂回。剑阁：在大小剑山之间，地势极险，为南栈道的一部分，在今四川剑阁县东北。㉘峨眉山：在今四川峨眉县。此处泛指蜀中之山。㉙日色薄：日光惨淡。㉚行宫：皇帝出行时所住之处。㉛夜雨闻铃：据唐人郑处诲《明皇杂录·补遗》记载，唐玄宗"初入斜谷，霖雨涉旬，于栈道雨中闻铃音，隔山相应。上既悼念贵妃，采其声为《雨淋铃》曲以寄恨焉。"铃：此指栈道铁索上所挂铃铛。㉜天旋地转：指时局好转。肃宗至德二年（757）十月，唐军收复长安。回龙驭：指此年十二月唐玄宗回京。龙驭，皇帝车驾。㉝此：指马嵬坡。踌躇：徘徊留连。㉞空死处：只见死的地方。据《新唐书·后妃传》载，唐玄宗回京，经马嵬坡，派人以礼改葬贵妃，见其香囊犹在，不胜悲切。㉟沾衣：流泪。㊱都门信马：任马驰去。㊲太液：汉长安有太液池；唐太液池在大明宫北。未央：汉未央宫，故址在今西安市。此处借指唐朝宫苑。芙蓉：荷花。㊳西宫南内：西宫指太极宫，故址在今西安市以北故宫城内。南内即南宫，指兴庆宫，故址在今西安市东南。唐玄宗回京后，先住南内；后迁居西宫，被软禁。㊴梨园弟子：唐玄宗通晓音乐，曾亲自教习音乐于梨园,习艺者即称梨园弟子。㊵椒房:指后宫。汉时后妃宫中,取椒粉涂墙,因其香可避恶气,且温暖,故称。阿监:宫中女官。青娥:青春少女。㊶悄然:兴味索然。㊷耿耿:明亮的样子。星河:银河。㊸鸳鸯瓦:两片瓦上下合扣称鸳鸯瓦。霜华:霜花。㊹翡翠衾:绣有翡翠鸟的锦被。据说翡翠鸟雌雄相随而行。㊺经年:整年。㊻临邛:今四川邛崃市。鸿都:汉代洛阳北官门名。此借指长安。临邛道士和鸿都客指同一人,意谓从四川来到长安的道士。㊼致魂魄:把杨贵妃的魂灵招来。据《太平广记》卷二十引《仙传拾遗》里说,此道士叫杨通幽,会招魂之术,"役命鬼神,无不立应"。㊽辗转思:反复思念。㊾方士:即道士。秦汉时称方士,好讲神仙方术。㊿排空驭气:驾着云气横飞过天空。(51)碧落:道家所说东方第一层天叫碧落,此指天堂。黄泉:地下极深处,此指地府。(52)五云:五色祥云。(53)绰约:姿态柔美的样子。(54)太真:杨玉环出家时道号。(55)参差:好像,差不多。(56)金阙、玉扃:道家说,天堂上有上清官,左金阙、右玉扃。扃,门户。此处金阙指金碧辉煌的仙官,玉扃指玉制的门。(57)小玉:相传吴王夫差之女名小玉,死后成仙。双成:相传西王母侍女董双成。此处皆喻指杨太真之侍女。(58)九华帐:绣着百花图案的帷帐。(59)珠箔:珠帘。银屏;银制屏风。迤逦:形容连续不断。(60)新睡觉:刚睡醒。(61)袂:衣袖。(62)泪阑干:眼泪纵横。(63)梨花一枝春带雨:以梨花带雨形容美人雪白的脸上挂着泪珠。(64)凝睇:定睛凝视。谢:告诉。(65)昭阳殿:汉宫殿名,为汉成帝皇后赵飞燕得宠时所居之官。此指杨贵妃生前居处。(66)蓬莱宫:蓬莱相传为海上仙山。蓬莱宫即指仙宫。(67)人寰:人世间。(68)钿舍:镶金花的盒子。(69)"钗留"二句:把金钗和钿盒连同钗上的金饰和盒上的钿(金花)一起折断,杨太真留下一半,叫道士带给玄宗一半。钗留一股,金钗有两股,留下其中的一股。合一扇,盒子有底有盖,分开则成两扇,留下其中的一扇。擘,用手中间分开或折断。(70)重:反复。(71)长生殿:在华清宫中,为祭神之宫,一名集灵殿。七月七日:相传此日牛郎、织女在天上鹊桥相会,故古代妇女在此日穿针,称为"乞巧"。(72)"在天"二句:这是二人私语誓词。比翼鸟,名鹣鹣,据说生于南方,雌雄双飞双宿,常用来比喻夫妇。连理枝,不同根的树木,其枝叶同生在一起,称连理枝。

琵琶行[1]并序

白居易

元和十年,余左迁九江郡司马[2]。明年秋,送客湓浦口[3],闻舟中夜弹琵琶者。听其音,铮铮然有京都声[4]。问其人,本长安倡女[5],尝学琵琶于穆、曹二善才[6]。年长色衰,委身为贾人妇[7]。遂命酒使快弹数曲[8],曲罢悯然[9]。自叙少小时欢乐事,今漂沦憔悴,转徙于江湖间[10]。余出官二年[11],恬然自安[12];感斯人言[13],是夕始觉有迁谪意[14]。因为长歌以赠之,凡六百一十二言[15],命曰《琵琶行》。

浔阳江头夜送客[16],枫叶荻花秋瑟瑟[17]。

主人下马客在船,举酒欲饮无管弦[18]。

醉不成欢惨将别[19],别时茫茫江浸月。

忽闻水上琵琶声，主人忘归客不发㉑。
寻声暗问弹者谁㉑，琵琶声停欲语迟㉒。
移船相近邀相见，添酒回灯重开宴㉓。
千呼万唤始出来，犹抱琵琶半遮面。
转轴拨弦三两声㉔，未成曲调先有情。
弦弦掩抑声声思㉕，似诉平生不得志。
低眉信手续续弹㉖，说尽心中无限事。
轻拢慢捻抹复挑㉗，初为霓裳后六幺㉘。
大弦嘈嘈如急雨㉙，小弦切切如私语㉚。
嘈嘈切切错杂弹，大珠小珠落玉盘。
间关莺语花底滑㉛，幽咽流泉水下滩㉜。
水泉冷涩弦凝绝，凝绝不通声渐歇。
别有幽愁暗恨生，此时无声胜有声。
银瓶乍破水浆迸，铁骑突出刀枪鸣㉝。
曲终收拨当心画㉞，四弦一声如裂帛㉟。
东船西舫悄无言，唯见江心秋月白。
沉吟放拨插弦中，整顿衣裳起敛容㊱。
自言本是京城女，家在虾蟆陵下住㊲。
十三学得琵琶成，名属教坊第一部㊳。
曲罢常教善才服㊴，妆成每被秋娘妒㊵。
五陵年少争缠头㊶，一曲红绡不知数㊷。
钿头银篦击节碎㊸，血色罗裙翻酒污㊹。
今年欢笑复明年，秋月春风等闲度。
弟走从军阿姨死㊺，暮去朝来颜色故㊻。
门前冷落车马稀，老大嫁作商人妇。
商人重利轻别离，前月浮梁买茶去㊼。
去来江口守空船，绕船明月江水寒。
夜深忽梦少年事，梦啼妆泪红阑干㊽。
我闻琵琶已叹息，又闻此语重唧唧㊾。
同是天涯沦落人，相逢何必曾相识。
我从去年辞帝京，谪居卧病浔阳城。
浔阳地僻无音乐，终岁不闻丝竹声㊿。
住近湓城地低湿，黄芦苦竹绕宅生。
其间旦暮闻何物，杜鹃啼血猿哀鸣。
春江花朝秋月夜，往往取酒还独倾[51]。
岂无山歌与村笛，呕哑嘲哳难为听[52]。
今夜闻君琵琶语，如听仙乐耳暂明。

莫辞更坐弹一曲^⑤，为君翻作琵琶行^⑤。

感我此言良久立，却坐促弦弦转急^⑤。

凄凄不似向前声^⑤，满座重闻皆掩泣。

座中泣下谁最多，江州司马青衫湿^⑤。

【注释】 ①题一作《琵琶引》。此诗叙写琵琶女身世，描摹琵琶曲，抒发沦落天涯的感伤。②左迁：即贬官。汉制以右为上，故贬官又称左迁，后世沿用。九江郡：即诗中指到的浔阳、江州，治所在今江西九江。司马：原为刺史下的武职佐吏，此时已变成安置贬官的闲职。③湓浦口：湓水入长江处。湓水，今称龙开河，源于江西青盆山，至九江入长江。④铮铮然：形容乐声铿锵洪亮。京都声：有长安乐手演奏的韵味。⑤倡女：以歌舞演奏为业的乐伎。⑥善才：名手。⑦委身：出嫁之意。贾人：商人。⑧命酒：命人置办酒席。快弹：尽情弹奏。⑨悯然：伤感的样子。⑩转徙：辗转迁移。⑪出官：即贬官之意。⑫恬然：平静悠闲的样子。⑬斯人：此人。⑭迁谪意：被贬逐的感觉。⑮六百一十二言：此诗实为六百一十六字。⑯浔阳江：长江在今九江市附近的一段。⑰瑟瑟：风吹草木之声。⑱管弦：管乐器与弦乐器，此指音乐。⑲惨：指情绪暗淡。⑳发：启程。㉑暗问：低声问。㉒欲语迟：想说又迟疑了没说。㉓回灯：指添油拨芯，使灯重新明亮。㉔转轴：即定弦。轴，指琵琶上调整琴弦松紧的木把手。㉕掩抑：指琵琶声低沉压抑。㉖信手：随手。㉗拢、捻：弹琵琶的左手指法，拢是按弦内拢，捻是按弦左右揉。抹、挑：弹琵琶的右手用拨子的指法，抹是向左弹，挑是向右弹。㉘霓裳：《霓裳羽衣曲》。六幺：本作"录要"，又叫"绿腰"，为京都流行的曲子。㉙大弦：琵琶弦有粗细，最粗的称大弦，音低而沉。㉚小弦：最细的弦，音尖而细。㉛间关莺语花底滑：形容乐声流畅轻快，如同莺声从花下滑过。间关，鸟鸣声。㉜幽咽流泉水下滩：形容乐声涩咽沉重，如同泉水滞留在滩石之下。水下滩，一作"水下难"。㉝"银瓶"二句：形容乐声暂歇后突然发出激烈的声音。银瓶，汲水瓶。乍，突然。㉞拨：弹琵琶用的拨片。当心画：用拨片扫过几根弦，以示结束。㉟裂帛：指乐声如撕裂帛的声音。㊱敛容：指琵琶女从音乐中恢复过来，脸色重又严肃矜持。㊲虾蟆陵：在长安东南，为歌女聚居之处。据说此地原为汉儒董仲舒墓，门人过此须下马，故称"下马陵"，后讹为"虾蟆陵"。㊳教坊：唐代掌管音乐、歌舞、杂技艺人的机构。第一部：第一队，意指最优秀的演奏队。㊴曲罢常教善才服：形容演奏技艺高超。教，使得。㊵妆成每被秋娘妒：自己貌美，被同行嫉妒。秋娘，唐代歌舞伎的通称。㊶五陵年少：指豪门子弟。五陵是长安城外五个汉代皇帝的陵墓所在地，为豪门贵族居住区。缠头：赠送的锦帕绫罗。艺伎演出时以锦缠头，客人便以缠头之锦为赠礼，后成为专送歌舞伎的礼物，称"缠头彩"。㊷红绡：红色的丝织品。㊸钿头银篦：镶嵌金丝的银篦子。击节碎：因打拍子而打碎了。㊹血色：鲜红色。㊺阿姨：鸨母。㊻颜色故：姿色衰老。㊼浮梁：在今江西景德镇，唐时为茶叶集散地。㊽妆泪红阑干：泪水流过带着脂粉的脸，红泪纵横。㊾唧唧：叹息声。㊿丝竹：管乐和弦乐。51独倾：独饮。52呕哑嘲哳：形容乐声杂乱刺耳。53更坐：再请坐下。54翻：依曲作辞。55却坐：退回坐下。促弦：拧紧弦子。56凄凄：形容乐声凄婉。向前：刚才。57青衫：唐时八、九品文官着青衣。白居易为江州司马,品级是最低的九品将仕郎,故穿青衫。

李商隐

李商隐(813~858),字义山,号玉谿生,怀州河内(今河南沁阳)人。大和年间,为天平节度使令狐楚赏识,辟为巡官,并亲授骈文。开成二年(837)因令狐楚之子令狐绹之荐,登进士第。令狐楚死后,为泾原节度使王茂元掌书记,并娶王女为妻。时牛、李党争激烈,令狐父子为牛党,王茂元属李党,牛党恶其背恩而排挤他,故李商隐坎壈终身。以后当过弘农尉、秘书省正字、京兆尹掾曹、节度判官、盐铁推官等。

李商隐是晚唐诗坛之巨擘,"欲取一人备晚唐之数,定在此君"(牟愿相《小澥草堂杂论诗》)。李商隐与杜牧齐名,人称"小李杜"。他又与温庭筠、段成式以骈文著名,三人皆行十六,故时号"三十六体"。王安石以为"唐人知学老杜而得其藩篱,唯义山一人而已"(《蔡宽夫诗话》)。其诗"感事托讽,运意深曲"(方回《瀛奎律髓》),"造意幽深,律切精密"(高棅《唐诗品汇》),"高华典丽,音韵缠绵"(陈明善《唐八家诗钞·例言》),"微婉顿挫,使人荡气回肠"(翁方纲《石洲诗话》)。李商隐之七律、七绝最受人称道,其七律"襞绩重重,长于讽喻,中有顿挫沉着可接武少陵者"(沈德潜《唐诗别裁集》),其七绝"寄托深而措词婉,实可空百代无其匹"(叶燮《原诗》)。吴乔评曰:"于李、杜、韩后,能别开生路、自成一家者,唯李义山一人。"(《围炉诗话》)今有《李义山诗集》六卷,《全唐诗》编其诗三卷。

韩　碑[1]
李商隐

元和天子神武姿[2],彼何人哉轩与羲[3]。
誓将上雪列圣耻[4],坐法宫中朝四夷[5]。
淮西有贼五十载[6],封狼生貙貙生罴[7]。
不据山河据平地,长戈利矛日可麾[8]。
帝得圣相相曰度[9],贼斫不死神扶持[10]。
腰悬相印作都统[11],阴风惨澹天王旗[12]。
愬武古通作牙爪[13],仪曹外郎载笔随[14]。
行军司马智且勇[15],十四万众犹虎貔[16]。
入蔡缚贼献太庙[17],功无与让恩不訾[18]。
帝曰汝度功第一,汝从事愈宜为辞[19]。
愈拜稽首蹈且舞[20],金石刻画臣能为[21]。
古者世称大手笔[22],此事不系于职司[23]。
当仁自古有不让[24],言讫屡颔天子颐[25]。
公退斋戒坐小阁[26],濡染大笔何淋漓[27]。
点窜尧典舜典字,涂改清庙生民诗[28]。

文成破体书在纸㉙，清晨再拜铺丹墀㉚。
表曰臣愈昧死上㉛，咏神圣功书之碑。
碑高三丈字如斗，负以灵鳌蟠以螭㉜。
句奇语重喻者少㉝，谗之天子言其私㉞。
长绳百尺拽碑倒，粗砂大石相磨治㉟。
公之斯文若元气，先时已入人肝脾㊱。
汤盘孔鼎有述作，今无其器存其辞㊲。
呜呼圣王及圣相㊳，相与烜赫流淳熙㊴。
公之斯文不示后，曷与三五相攀追㊵。
愿书万本诵万遍㊶，口角流沫右手胝㊷。
传之七十有二代，以为封禅玉检明堂基㊸。

【注释】 ①韩碑：指韩愈所作《平淮西碑》。唐宪宗元和十二年（817）十月，丞相裴度率军讨平反叛的淮西藩镇吴元济，节度使李愬雪夜入蔡州，生擒吴元济。十二月，诏命韩愈撰《平淮西碑》。因碑文中突出了裴度之功，引起李愬的不满。因李愬妻是唐安公主之女，故得入宫向宪宗陈述碑文不实。于是诏令磨去韩愈碑文，命翰林学士段文昌重撰勒石。比较两篇碑文，韩碑比较客观地评述了裴度与李愬在战争中的作用和功绩，且文学价值也远胜段碑。李商隐支持韩愈的观点，在诗中推崇韩碑，称赞君圣相贤。②元和天子：指唐宪宗。元和，宪宗的年号。③彼何人哉：语出《孟子·滕文公》：“舜何人也，予何人也。”轩与羲：轩指轩辕氏黄帝，羲指伏羲氏。此泛指三皇五帝。④列圣耻：指宪宗之前的几个皇帝在平叛战争中的失败。唐自安史之乱以后，藩镇多有叛乱，君王蒙受耻辱。⑤法宫：皇帝处理政事的宫殿。朝四夷：接受四方边远之地使节的朝见。⑥五十载：自唐代宗宝应元午（762）李忠臣任淮西节度使，镇蔡州（今河南汝南）起，经过李希烈、陈仙奇、吴少诚、吴少阳至吴元济的割据，达五十余年。⑦封狼：大狼。貙、罴：皆为猛兽，用来比喻藩镇凶狠残暴，几代相承。⑧“不据”二句：藩镇自恃兵强将勇，不必据山河之险，竟然在平原地区公然对抗朝廷。日可麾，典出《淮南子·览冥训》：“鲁阳公与韩构战酣，日暮，援戈而挥之，日为之反三舍。”麾，同“挥”。此处用来比喻对抗朝廷军队，反叛作乱。⑨度：指裴度。⑩贼斫不死：当时宰相武元衡、御史中丞裴度坚决主张出兵平定淮西，而节度使王承宗、李师道则要求赦免吴元济，以避免战事，朝中斗争激烈。元和十年（815）六月，李师道派刺客暗杀武元衡和裴度，武身死非命，而裴受伤，侥幸未死，后任为宰相。斫，砍。神扶持：天神保佑之意。宪宗得知裴度未死，说：“度得全，天也。”⑪都统：指行营都统，为讨伐藩镇军队的军事首领。当时裴度率军出征，以宰相之名，兼彰义军节度使、淮西宣慰招讨处置使。因韩弘为淮西行营都统，就只称宣慰处置使。事实上，仍行使都统之权。⑫阴风：秋风。天王旗：皇帝的旗帜。裴度赴淮西时，已是秋天，宪宗亲临通化门送行。⑬愬：指邓随节度使李愬。武：指淮西都统韩弘之子韩公武。古：指鄂岳观察便李道古。通：指寿州团练使李文通。此四人皆为裴度的部将。牙爪：即爪牙，即得力助手之意。⑭仪曹外郎：仪曹，指礼部郎中。外郎，当时司勋员外郎李正封、都官员外郎冯宿、礼部员外郎李宗闵都随军出征,任书记。⑮行军司马:指以太子右庶子的身份为军中行军司马的韩愈。⑯貔:貔貅,传说中的猛兽。⑰入蔡:十月十五日,李愬攻入蔡州;十七日,擒吴元济。献太庙:吴元济被押解至京,献于太庙,后斩于独柳树。⑱功无与让恩不訾:裴度之功自然当仁不让,而皇帝的恩遇也不可估量。裴度回朝,加金紫光禄大夫、弘文馆大学士,赐勋上柱国,封晋国公。訾,估量。⑲"帝曰"二句:以皇帝语入诗。从事,州郡长官的幕僚都称从事。韩愈时为行军司马,也可称从事。宜为辞,应该写文章。指韩愈奉诏撰《平淮西碑》。⑳稽首:叩头。㉑金石刻画:指为钟鼎碑碣而写的歌功颂德之文。㉒大手笔:典出《晋书·王珣传》,王珣梦见有人给他如椽大笔,醒来对人说:"此当有大手笔事。"后用指朝廷重要的诏令文书,也可代指著名的作家。㉓不系于职司:与职司不相干。职司,指以撰写文章为职业的翰林。㉔当仁自古有不让:语出《论语·卫灵公》:"当仁不让于师。"韩愈《进撰平淮西碑文表》曰:"兹事至大,不可以轻属人。"即有当仁不让之意。以上四句是韩愈之语,意为写碑文正是我的擅长,这种朝廷重要的文章,自古以来就称大手笔,不能让一般的翰林撰写,我正愿意承担。㉕言讫:说完。屡颔天子颐:天子频频点头。颔,原指下巴,后用作点头之意。颐,面颊。㉖公:指韩愈。斋戒:原指祭祀前表示虔诚的仪式。此处形容韩愈写文章前的郑重严肃的态度。㉗濡染大笔何淋漓:形容韩愈写文章酣畅淋漓。㉘"点窜"二句:韩愈的碑文追慕古代典诰雅颂之意。点窜,运用之意。尧典、舜典,都是《尚书》的篇名。涂改,也是运用之意。清庙、生民,《诗经》中的篇名。㉙破体:行书的一种。又一说,韩愈之文意韵独创,破当时之文体。㉚再拜:一种礼节。丹墀:皇宫内涂红漆的台阶。㉛表:指韩愈所作《进撰平淮西碑文表》。臣愈昧死上:引用表中的话。古时臣下上书多用此语,以示敬畏。昧死,冒死。㉜灵鳌:即灵龟。蟠:盘旋。螭:神龙。古时碑石下雕大龟以负碑,碑上刻着盘旋的龙纹作装饰。㉝喻者:读懂碑文的人。㉞谗之天子言其私:指李愬之妻进宫向皇帝述说碑文不实之事。㉟"长绳"二句:指皇帝命推倒韩碑,磨去文字,让段文昌重撰碑文事。㊱"公之"二句:韩愈的碑文早已深入人心。公,指韩愈。斯文,这篇碑文。元气,不可伤损的天然之气。㊲"汤盘"二句:意谓韩碑就像汤盘孔鼎一样,器物虽已不存,但文字能流传下去。汤盘,商汤沐浴之盘,其铭文见《礼记·大学》。孔鼎,孔子祖先正考父之鼎,其铭文见《左传·昭公七年》。有述作,指盘鼎上都有文字。㊳圣王:指唐宪宗。圣相:指裴度。㊴相与:互相。烜赫:显耀。淳熙:耀眼的光辉。㊵"公之"二句:韩碑如果不能流传后世,那宪宗的功绩又如何与三皇五帝相承接。示后,让后人看见。曷,怎么。三五,指三皇五帝。㊶书:抄写。㊷胝:印老茧。此用作动词,起老茧。㊸"传之"二句:韩碑就像封禅时明堂的基石一样,一代代地流传下去。七十二代,《史记·封禅书》:"古者封泰山、禅梁父者七十二家。"封禅,古时帝王称扬功业的祭祀仪式。封,在泰山筑坛祭天。禅,在梁父山辟基祭地。玉检,封禅书的封套。明堂,天子接见诸侯、举行祭祀的场所。

七古乐府

七古乐府,每首诗,除大多数句子为七个字外,句数长短不拘。既有沿用乐府旧题写边塞军旅生活的,也有承古意,用古调却能创为新声的,还有唐代的新乐府辞。

高　适

高适(约700~765),字达夫,一字仲武。渤海蓨(今河北省景县)人,居住在宋中(今河南商丘一带)。少孤贫,爱交游,有游侠之风。天宝八载(749),经睢阳太守张九皋推荐,应举中第,授封丘尉。十一载,因不忍"鞭挞黎庶"和不甘"拜迎官长"而辞官,又一次到长安。次年入陇右河西节度使哥舒翰幕为掌书记。安史之乱后,曾任淮南节度使、彭州刺史、蜀州刺史、剑南节度使等职,广德中以左散骑常侍封渤海侯,世称"高常侍"。永泰元年(765年)卒,赠礼部尚书,谥号忠。高适是盛唐时期"边塞诗派"的领军人物,与岑参并称"高岑"。其诗"多胸臆语,兼有气骨"(唐殷璠《河岳英灵集》),不尚雕饰,以七言歌行最富特色。大多写边塞生活,"豪壮中写出暇整气象"(明钟惺《唐诗归》),"雄浑悲壮"是其边塞诗的突出特点。有《高常侍集》等传世,《全唐诗》编其诗四卷。

燕歌行[①]并序
高适

开元十六年,客有从元戎出塞而还者[②],作《燕歌行》以示适。感征戍之事,因而和焉[③]。

汉家烟尘在东北[④],汉将辞家破残贼。
男儿本自重横行[⑤],天子非常赐颜色[⑥]。
扰金伐鼓下榆关[⑦],旌旗逶迤碣石间[⑧]。
校尉羽书飞瀚海[⑨],单于猎火照狼山[⑩]。
山川萧条极边土[⑪],胡骑凭陵杂风雨[⑫]。
战士军前半死生[⑬],美人帐下犹歌舞。
大漠穷秋塞草衰,孤城落日斗兵稀[⑭]。
身当恩遇常轻敌[⑮],力尽关山未解围。
铁衣远戍辛勤久[⑯],玉箸应啼别离后[⑰]。
少妇城南欲断肠,征人蓟北空回首[⑱]。
边风飘飘那可度[⑲],绝域苍茫更何有。
杀气三时作阵云[⑳],寒声一夜传刁斗[㉑]。
相看白刃血纷纷,死节从来岂顾勋[㉒]?
君不见沙场争战苦,至今犹忆李将军[㉓]。

【注释】 ①此诗描写塞北征战之苦,礼赞士卒的爱国忘身精神。燕歌行:乐府旧题,属《相和歌·平调曲》,为曹丕所创,多写边塞苦寒或思妇征夫的内容。②元戎:主帅。一作"御史大夫张公",指河北节度副使张守珪。据《旧唐书·张守珪传》记载,开元二十六年(738),张守珪之部伍战败,张却反称大胜。③和:作诗相答。④汉家:唐时人常以汉喻唐。此指唐朝。烟尘:指烽火,泛指边警。⑤横行:在疆场纵横驰骋。⑥非常:破格。赐颜色:给予恩遇。⑦拟:击打。金:指钲,一种行军乐器。伐:击。榆关:山海关。⑧逶迤:连绵不绝的样子。碣石:山名,在今河北昌黎。此泛指东北滨海地区。⑨校尉:武将官名。此处泛指将领。羽书:插羽毛表示万分紧急的文书。瀚海:大沙漠。⑩单于:古代匈奴首领。此泛指敌方首领。狼山:一在今内蒙古乌拉特旗,一在河北易县。此泛指敌军活动地区。⑪极边土:直到边境的尽头。⑫凭陵:侵凌、冲击。⑬半死生:战死和生还者各占一半。⑭斗兵稀:还能战斗的士兵已很少。⑮恩遇:朝廷的恩典。轻敌:蔑视敌军。⑯铁衣:铠甲,此借指远征战士。⑰玉箸:比喻眼泪,此借指闺中少妇。⑱蓟北:在今天津蓟州区,此泛指边境。⑲边风飘飘那可度:无法借风向家乡传递悲患。度,过。⑳杀气三时作阵云:白天杀气腾腾,化作阵地上的云,历久不散。三时,指一天的早、午、晚三时。㉑刁斗:军中铜制饮具,夜间用以巡夜打更。㉒死节从来岂顾勋:战士为国捐躯,难道是为了功名利禄?死节,为国家而死。顾勋,因军功而获得功名利禄。㉓李将军:指西汉名将李广。李广号飞将军,镇守边境,与士卒同甘共苦,匈奴数年不敢犯境。

古从军行①

李颀

白日登山望烽火,黄昏饮马傍交河②。
行人刁斗风沙暗③,公主琵琶幽怨多④。
野云万里无城郭,雨雪纷纷连大漠。
胡雁哀鸣夜夜飞,胡儿眼泪双双落⑤。
闻道玉门犹被遮,应将性命逐轻车⑥。
年年战骨埋荒外,空见蒲萄入汉家⑦!

【注释】 ①此乃拟古之作,描写塞外征戍的苦情,表达非战思想。从军行:古乐府《相和歌辞·平调曲》旧题,多写军旅生活。②饮:使喝,作动词。交河:在今新疆吐鲁番,唐时为安西都护府治所。③行人刁斗风沙暗:风沙弥漫,行人只能听见刁斗打更声。刁斗,古代军中铜制饮具,夜间用以打更。④公主琵琶:汉武帝时,江都王女细君远嫁乌孙国王昆弥,为消除旅途愁闷,让乐工带上多种乐器,为"马上之乐",琵琶亦是其中之一。⑤胡儿:在胡地的将士。⑥"闻道"二句:听说玉门关还关闭着,不能回家,只能跟着将军去拼命。玉门,玉门关,在今甘肃敦煌西,为古时通西域之要道。遮,拦阻。据《史记·大宛传》记载,汉武帝时命李广利攻大宛取汗血马,战不利,李广利请求罢兵。汉武帝大怒,派臣关闭玉门关,断其归路,说:"军有敢入,斩之。"轻车,

国学经典文库

国学经典

唐诗

图文珍藏版

老将行①

王维

少年十五二十时,步行夺得胡马骑②。
射杀山中白额虎③,肯数邺下黄须儿④。
一身转战三千里,一剑曾当百万师。
汉兵奋迅如霹雳⑤,虏骑奔腾畏蒺藜⑥。
卫青不败由天幸⑦,李广无功缘数奇⑧。
自从弃置便衰朽,世事蹉跎成白首⑨。
昔时飞箭无全目⑩,今日垂杨生左肘⑪。
路傍时卖故侯瓜⑫,门前学种先生柳⑬。
苍茫古木连穷巷,寥落寒山对虚牖⑭。
誓令疏勒出飞泉⑮,不似颍川空使酒⑯。
贺兰山下阵如云⑰羽檄交驰日夕闻⑱。
节使三河募年少⑲,诏书五道出将军⑳。
试拂铁衣如雪色㉑,聊持宝剑动星文㉒。
愿得燕弓射大将㉓,耻令越甲鸣吾君㉔。
莫嫌旧日云中守㉕,犹堪一战立功勋㉖。

【注释】 ①此篇为新乐府辞,咏一久经沙场的老将仍壮心不已,一心为国立功。②胡马:匈奴人的马。据《史记·李将军列传》记载,汉名将李广曾被匈奴所擒,夺胡马而归。③白额虎:事见《晋书·周处传》。晋名将周处年轻时为乡里除三害,入南山射杀白额虎(三害之一)。④肯数:"岂让"之意。邺下:曹操为魏王时,定都于邺,在今河北临漳县西南。黄须儿:即曹彰,曹操第二子。他性格慷慨刚猛,善骑射,曾远征乌丸,大胜而归。因胡须黄,故曹操称为"黄须儿"。"肯数"以上四句是写老将年轻时英勇激烈。⑤霹雳:疾雷声。此处形容军兵作战迅猛。⑥蒺藜:本为带刺的植物,此指铁蒺藜,对阵时用作障碍物。⑦卫青:汉之名将,以征伐匈奴而至大将军。天幸:上天保佑之意。事见《史记·卫将军骠骑列传》。卫青姐姐的儿子霍去病出兵匈奴时,曾领兵深入匈奴境内,却能不受损失,多立战功,实有天幸。此本霍去病事,王维称卫青,是因卫、霍往往并称之故。⑧数奇:运数不偶,即不吉利、不走运之意。此事见《史记·李将军列传》。李广戍边多年,屡立战功,却始终没有封侯。随卫青出征时,汉武帝认为他年高,暗示卫青不要让李广出战,怕不吉利。"李广"以上六句是说,老将在边塞英勇善战,但因不走运,总无大功。⑨蹉跎:虚度岁月之意。白首:白发满头,指年老。⑩无全目:鲍照《拟古》诗有"惊雀无全目"句,李善注引《帝王世纪》,后羿善射,曾与吴贺出游。吴贺要后羿射雀之左目,羿却误中右目,引为终身憾事。但羿之射术,却令人称颂。后以无全目来比喻射术精湛,能使鸟雀双目不全。⑪今日垂杨生左肘:老将年老,肘下肌肉松垂,如肉瘤一般。垂杨生左肘,典出《庄子·至乐》:"支离叔与滑介叔观于冥伯之丘,昆仑之虚,黄帝之所休。俄而柳生其左肘,其意蹶蹶然恶之。"柳,"瘤"之假借字,肉瘤之意。古时杨、柳常合称并用,故王维在此处用"垂杨"代指"柳"。⑫路傍时卖故侯瓜:喻老将之家贫。故侯瓜,典出《史记·萧相国世家》。召平本为秦之东陵侯,后为平民,因家贫,种瓜自养。瓜味甘美,世称"东陵瓜"。⑬门前学种先生柳:喻老将闲散,欲学归隐。先生柳,陶渊明弃官隐居,因门前有五棵柳树,自号"五柳先生"。⑭虚牖:敞开的窗。⑮誓令疏勒出飞泉:此句典出《后汉书·耿弇传》。后汉将军耿弇出兵疏勒城,匈奴围之,绝城下涧水。耿弇在城中挖井十五丈,仍不见水,叹道:"闻昔贰师将军(李广利)拔佩刀刺山,飞泉涌出;今汉德神明,岂有穷哉!"便向井祈祷,果然得水。匈奴解围而去。疏勒,汉疏勒城,在今新疆什噶尔。⑯颖川空使酒:事见《史记·魏其武安侯列传》:汉将军灌夫,颖川颖阳(今河南许昌)人,为人刚直。得势后使酒骂人,得罪丞相田蚡而被杀。使酒,纵酒使气。"不似"以上十句是说,老将被弃用后,虚度岁月,年老家贫,孤寂无靠,但仍心怀壮志,愿为国立功。⑰贺兰山:在今宁夏西北部,唐时为前线。⑱羽檄:军中加急文书。⑲节使:使臣。古时使者持天子符节,以为信物,故称节使。三河:汉时以河东、河内、河南为三河,辖境在今山西西南部和河南北部一带。⑳五道出将军:典出《汉书·常惠传》:"本始一年,……汉大发十五万骑,五将军分道出。"此即谓将军带兵分五路出击。㉑铁衣:盔甲。㉒聊:且。动星文:指剑上七星纹饰闪光流动。相传春秋时伍子胥所用宝剑上有七星,价值连城。后人常以七星形容宝剑。㉓燕弓:古时燕地所产的弓以坚劲著名,故硬弓又称燕弓。㉔聊令越甲鸣吾君:老将抱定必死的决心。越甲,越国军队。鸣吾君,惊扰我的国君。此句事见《说苑·立节》。越国军队攻到齐国,雍国子狄请求自杀。齐王问其故,他答道:"今越甲至,其鸣吾君也。"便刎颈而死。越军听说,解甲而退。㉕莫嫌旧日云中守:老将希望复出,被委以重任。旧日云中守,指汉名将魏尚。事见《汉书·冯唐传》。汉文帝时,魏尚为云中太守,体恤将士,身先士卒,匈奴不敢犯境,但却因小过失被削职罚作苦役。冯唐为此在汉文帝前分说原委,文帝当天即令冯唐持节赦免魏尚,仍为云中太守。云中,汉郡名,治所在今内蒙古托克托。㉖"犹堪"以上十句:老将听说边事紧急,朝廷派军出征,愿意复出立功,为国而战。

桃源行①

王维

渔舟逐水爱山春,两岸桃花夹古津②。
坐看红树不知远③,行尽青溪忽值人。
山口潜行始隈隩④,山开旷望旋平陆⑤。

遥看一处攒云树⑥，近入千家散花竹⑦。
樵客初传汉姓名，居人未改秦衣服⑧。
居人共住武陵源⑨，还从物外起田园⑩。
月明松下房栊静⑪，日出云中鸡犬喧。
惊闻俗客争来集⑫，竞引还家问都邑⑬。
平明闾巷扫花开⑭，薄暮渔樵乘水入。
初因避地去人间⑮，更问神仙遂不还。
峡里谁知有人事，世中遥望空云山。
不疑灵境难闻见⑯，尘心未尽思乡县。
出洞无论隔山水，辞家终拟长游衍⑰。
自谓经过旧不迷⑱，安知峰壑今来变。
当时只记入山深，青溪几度到云林。
春来遍是桃花水⑲，不辨仙源何处寻。

【注释】 ①此为新乐府，咏《桃花源记》故事。原题下注"时年十九"。桃源：即陶渊明《桃花源记》所述之桃源。②津：溪流。③红树：指桃花林。④隈隩：山崖弯曲处。⑤旷望：即远望。旋：忽然。⑥攒：聚集。⑦散花竹：花与竹散布各处。⑧"樵客"二句：即用《桃花源记》"自云先世避秦时乱，率妻子邑人来此绝境，不复出焉"和"不知有汉，无论魏晋"文意。樵客初传汉姓名，桃源中人第一次听说汉朝的名字。樵客，打柴人。此指桃源中人。⑨武陵源：指武陵溪水之源头，即桃花源。⑩物外：世外。⑪房栊：窗户。⑫俗客：指武陵渔人。⑬都邑：指居人原来的家乡。⑭平明：天刚亮。⑮避地：为避乱而寄迹他方。去：离。⑯灵境：仙境。⑰游衍：游乐。⑱自谓：自以为。⑲桃花水：即桃花汛。春天桃花盛开时节，雨水不断，河水涨溢。

蜀道难①

李白

噫吁嚱②，危乎高哉！
蜀道之难,难于上青天！
蚕丛及鱼凫,开国何茫然③。
尔来四万八千岁④,不与秦塞通人烟⑤。
西当太白有鸟道⑥,可以横绝峨眉巅⑦。
地崩山摧壮士死,然后天梯石栈方钩连⑧。
上有六龙回日之高标⑨,下有冲波逆折之回川⑩。
黄鹤之飞尚不得过,猿猱欲度愁攀缘⑪。
青泥何盘盘⑫,百步九折萦岩峦⑬。
扪参历井仰胁息⑭,以手抚膺坐长叹⑮。
问君西游何时还⑯,畏途巉岩不可攀⑰。

但见悲鸟号古木[18]，雄飞从雌绕林间。

又闻子规啼夜月[19]，愁空山。

蜀道之难，难于上青天，使人听此凋朱颜[20]。

连峰去天不盈尺[21]，枯松倒挂倚绝壁。

飞湍瀑流争喧豗[22]，砯崖转石万壑雷[23]。

其险也若此，嗟尔远道之人胡为乎来哉[24]！

剑阁峥嵘而崔嵬[25]，一夫当关，万夫莫开。

所守或匪亲，化为狼与豺[26]。

朝避猛虎，夕避长蛇，

磨牙吮血，杀人如麻[27]。

锦城虽云乐[28]，不如早还家。

蜀道之难，难于上青天，侧身西望长咨嗟[29]。

【注释】 ①《蜀道难》原为乐府《相和歌·瑟调曲》的旧题，备言蜀道之险阻。李白承古意，用古调，却能创为新声。全诗险难与奇伟交融，形成雄健奔放的气势。蜀道：指入四川的山路。②噫吁嚱：惊叹声。③"蚕丛"二句：蜀国开国史事，久远难知。蚕丛、鱼凫，皆是传说中古蜀国的国王。茫然，渺茫难知。④尔来：自那时以来。四万八千岁：极言时间长久，并非实指。⑤秦塞：秦地。今陕西一带。⑥太白：太白山，秦岭主峰。鸟道：指极险窄的山路，仅容鸟飞过。⑦横绝：横渡。峨眉巅：峨眉山顶。⑧"地崩"二句：据《蜀王本纪》《华阳国志·蜀志》记载，相传秦惠王赠五美女给蜀王，蜀王派五丁力士迎回，走至梓潼，见一大蛇入穴中，五力士共拉蛇尾使出，忽然山崩，力士、美女皆压死。从此山分五岭，秦蜀之间通道始得以开通。此二句即咏其事。天梯，此指陡峭山路。石栈，山险处凿石架木筑成的通道。⑨上有六龙回日之高标：意谓蜀中山极高，连六龙日车也被阻挡，只能回车。六龙回日，相传羲和驾六龙、载日神，每日由东而西驶之。高标，指高山。⑩回川：迂曲的河流。⑪"黄鹤"二句：状言山之高险。黄鹤，即指黄鹄，最善高飞。猿猱，统指猿猴一类。⑫青泥：青泥岭，入蜀要道，在今陕西略阳。盘盘：形容盘旋曲折。⑬萦岩峦：指曲折的山路在山峦中回绕。萦，绕。⑭扪参历井：是说因山路极高，可以摸到天上的星宿。参和井都是天上的星宿。古时以星宿分野，来划分地上区域。参为蜀的分野，井为秦的分野。胁息：屏住呼吸。⑮膺：胸部。⑯西游：因蜀在秦之西，故入蜀称西游。⑰畏途：令人可畏的艰险之途。巉岩：险峻山岩。⑱号：悲鸣。⑲子规：杜鹃鸟，相传是蜀帝杜宇魂魄所化，蜀中最多，鸣声悲哀。⑳凋朱颜：容颜衰老。㉑去：离。盈：满。㉒飞湍：飞下的急流。喧豗：喧闹声。㉓砯崖转石：指水在峭岸岩石上往复冲击。砯，水击岩石。万壑雷：指水击岩石在山谷中发出惊雷声。壑，山谷。㉔嗟：感叹词。尔：你。胡为乎来哉：为什么啊要来呀！㉕剑阁：即剑门关，为川北门户，在今四川剑阁县北。地在两山之间，易守难攻。峥嵘而崔嵬：山峦险峻的样子。㉖"所守"二句：如果守关之人不是可靠良善之人，那就同遇着豺狼一样。或：如果。匪亲：不是可靠的人。㉗"杀人"以上四句：行于蜀道，既要躲避毒蛇猛兽，还要防备杀人强盗。㉘锦城：今四川成都。古时以产锦闻名,故称锦城,或锦官城。㉙咨嗟:叹息。

长相思二首①

李白

其一

长相思,在长安。
络纬秋啼金井阑②,微霜凄凄簟色寒③。
孤灯不明思欲绝,卷帷望月空长叹。
美人如花隔云端④,上有青冥之长天⑤,
下有渌水之波澜⑥。
天长地远魂飞苦,梦魂不到关山难⑦。
长相思,摧心肝⑧。

【注释】 ①李白所作《长相思》共三首,此处选了两首。均咏闺中少妇对远戍丈夫的相思之苦。长相思:古代乐府中属《杂曲歌辞》,多以"长相思"起首,末以三字作结,咏男女相思缠绵之意。②络纬:一种昆虫,又叫莎鸡,俗称纺织娘。金井阑:精致的井边栏杆。③簟:竹席。④美人:指所思念的人。⑤青冥:高远的青天。⑥渌水:清水。⑦关山难:指道路艰险难行。⑧摧:伤。

其二

日色欲尽花含烟①,月明如素愁不眠②。
赵瑟初停凤凰柱③,蜀琴欲奏鸳鸯弦④。
此曲有意无人传,愿随春风寄燕然⑤,
忆君迢迢隔青天⑥。
昔时横波目⑦,今作流泪泉。
不信妾肠断,归来看取明镜前⑧。

【注释】 ①花含烟:花丛中绕缭着水雾。②素:白绢。③赵瑟:相传古时赵国人善于弹瑟,故此称赵瑟。凤凰柱:刻成凤凰形状的瑟柱。④蜀琴:据说蜀中桐木适宜做琴,故古诗中好琴往往称作蜀琴。⑤燕然:燕然山,又名杭爱山,在今蒙古国中部。此指丈夫征戍之地。⑥迢迢:形容道途遥远。⑦横波目:秋波流动的眼睛。⑧"不信"二句:你要不信我为你相思断肠,你回家时在明镜前就看看我的容颜(怎样憔悴)。

行路难①

李白

金樽清酒斗十千②,玉盘珍羞直万钱③。

停杯投箸不能食④,拔剑四顾心茫然。

欲渡黄河冰塞川,将登太行雪满天⑤。

闲来垂钓坐溪上,忽复乘舟梦日边⑥。

行路难,行路难,

多歧路,今安在?

长风破浪会有时⑦,直挂云帆济沧海⑧。

【注释】 ①李白此题下原有三首,这是第一首。写辞官还家放浪江湖的愤懑和彷徨。行路难:乐府《杂曲歌辞》之旧题,以言世路艰难以及离别伤悲为内容。②金樽:指精美的酒器。斗十千:一斗酒值十千钱,极言酒好价高。此用曹植《名都篇》"归来宴平乐,美酒斗十千"之语。③珍羞:珍贵的菜肴。直:值。④箸:筷子。⑤太行:太行山。⑥"闲来"二句:用两个典故,比喻人生遇合无常。垂钓坐溪上,传说姜太公未遇周文王时,曾在渭水磻溪垂钓。乘舟梦日边,传说伊尹见商汤前,曾梦见乘舟经过日月边。⑦长风破浪:据《宋书·宗悫传》记载,宗悫在回答叔父宗炳志向是什么的提问时,答道:"愿乘长风破万里浪。"⑧云帆:此指大海中的航船。济:渡。沧海:大海。

将进酒①

李白

君不见黄河之水天上来,奔流到海不复回。

君不见高堂明镜悲白发,朝如青丝暮成雪②。

人生得意须尽欢,莫使金樽空对月③。

天生我材必有用,千金散尽还复来。

烹羊宰牛且为乐,会须一饮三百杯④。

岑夫子,丹丘生⑤,

将进酒,杯莫停。

与君歌一曲,请君为我倾耳听。

钟鼓馔玉何足贵⑥,但愿长醉不愿醒。

古来圣贤皆寂寞,唯有饮者留其名。

陈王昔时宴平乐,斗酒十千恣欢谑⑦。

主人何为言少钱⑧,径须沽取对君酌⑨。

五花马,千金裘⑩,

呼儿将出换美酒⑪,与尔同销万古愁。

【注释】 ①此诗借酒抒怀,诗人以睥睨权贵、弃绝世俗的气概在醉乡中实现对不如意现实的超越。将进酒:是乐府《鼓吹曲·汉铙歌》的旧题,本以欢宴饮酒放歌为内容。将,请。②"朝如"以上四句:意谓岁月易逝,人生易老。青丝,黑发。③金樽:指精美的酒器。④会须:正当。⑤岑夫子:即岑勋,南阳人。丹丘生:即元丹丘。二人都是李白之友。⑥钟鼓馔玉:泛指富贵豪华的生活。钟鼓,富贵人家宴会时用的乐器。馔玉,吃精美的饮食。馔,吃喝。⑦"陈王"二句:化用曹植《名都篇》中句:"归来宴平乐,美酒斗十千。"陈王,指三国魏之曹植,被封陈王。平乐,指平乐观。斗酒十千,一斗酒值十千钱。极言酒好。恣,任意。欢谑,欢笑。⑧何为:为什么。⑨沽取:买来。⑩五花马:指名贵的马。唐开元、天宝时,好马的鬃毛都被剪成花瓣形,三瓣称三花,五瓣称五花。千金裘:名贵的皮衣。《史记·孟尝君传》:"孟尝君有一狐白裘,直千金,天下无双。"⑪将出:取出。

兵车行①

杜甫

车辚辚②,马萧萧③,
行人弓箭各在腰④。
爷娘妻子走相送⑤,尘埃不见咸阳桥⑥。
牵衣顿足拦道哭,哭声直上干云霄⑦。
道傍过者问行人⑧,行人但云点行频⑨。
或从十五北防河⑩,便至四十西营田⑪。
去时里正与裹头⑫,归来头白还戍边。
边庭流血成海水,武皇开边意未已⑬。
君不闻汉家山东二百州⑭,千村万落生荆杞⑮。
纵有健妇把锄犁,禾生陇亩无东西⑯。
况复秦兵耐苦战⑰,被驱不异犬与鸡⑱。
长者虽有问⑲,役夫敢申恨⑳?
且如今年冬,未休关西卒㉑。
县官急索租㉒,租税从何出?
信知生男恶㉓,反是生女好。
生女犹得嫁比邻㉔,生男埋没随百草㉕。
君不见青海头㉖,古来白骨无人收,
新鬼烦冤旧鬼哭,天阴雨湿声啾啾㉗!

【注释】 ①此诗当作于天宝十年(751)。天宝九年六月,哥舒翰攻克吐蕃石堡城,但唐军死伤数万人。十二月,关西游奕使王难得又与吐蕃交战。战争使内郡凋敝,民不聊生,杜甫作诗讥刺之。②辚辚:车行声。③萧萧:马鸣声。④行人:行役之人。⑤妻子:妻子和儿女。⑥咸阳桥:在咸阳西南渭水上,秦汉时称"便桥",为出长安西行必经之地。⑦干:冲。⑧过者:杜甫自称。⑨点行:按户籍依次点名,强行征调。频:多次。以下是行人的答话。⑩十五:十五岁。防河:亦称防秋,即调集军队守御河西,以防吐蕃于秋季侵犯骚扰。⑪四十:四十岁。营田:屯田,戍边时期战时作战,平时种田。⑫里正:唐时每百户为一里,设里正一人,管理农桑、赋役、户籍等事。与裹头：古时人以皂罗三尺裹头做头巾。因应征者年纪太小，故里正替他裹头。⑬武皇开边意未已：有讽刺唐玄宗黩武之意。武皇，指汉武帝。此隐喻唐玄宗。开边，开拓边境。意未已，没有停止的想法。⑭山东：指华山以东。二百州：唐于潼关以东凡设二百一十七州。⑮荆杞：荆棘等灌木丛。⑯无东西：指庄稼长得不成行列，难辨东西。⑰秦兵：即关中之兵，最善勇战。⑱被驱：被役使。⑲长者：行人对杜甫的尊称。⑳役夫：行人自称。敢：岂敢。㉑"且如"二句：指关西游弈使王难得征兵攻吐蕃事。休，罢。关西卒，函谷关以西的士卒，即秦兵。㉒县官：古时天子称县官。此指朝廷。㉓信知：真的明白。㉔比邻：近邻。㉕生男埋没随百草：生男从军，战死疆场，埋没于野草之中。㉖青海头：青海边。唐时与吐蕃大战，多于青海附近。㉗天阴：古人以为天阴则能闻鬼哭。啾啾：象声词，呜咽哭声。

丽人行①

杜甫

三月三日天气新②，长安水边多丽人③。
态浓意远淑且真④，肌理细腻骨肉匀⑤。
绣罗衣裳照暮春，蹙金孔雀银麒麟⑥。
头上何所有，翠微匎叶垂鬓唇⑦。
背后何所见，珠压腰衱稳称身⑧。
就中云幕椒房亲⑨，赐名大国虢与秦⑩。
紫驼之峰出翠釜⑪，水精之盘行素鳞⑫。
犀箸厌饫久未下⑬，鸾刀缕切空纷纶⑭。
黄门飞鞚不动尘，御厨络绎送八珍⑮。
箫鼓哀吟感鬼神，宾从杂遝实要津⑯。
后来鞍马何逡巡⑰，当轩下马入锦茵⑱。
杨花雪落覆白蘋⑲，青鸟飞去衔红巾⑳。
炙手可热势绝伦㉑，慎莫近前丞相嗔㉒。

【注释】　①此诗作于天宝十二年（753）春，讽刺杨国忠兄妹骄奢淫逸。②三月三日：此日为上巳日，古时人们到水边祓除不祥，称"修禊"。后演变为春日郊游的一个节日。③长安水边：此指曲江，在长安城东南，为唐时京都人们的游赏之地。④态浓：梳妆浓艳。意远：神情高雅。淑且真：娴静和端庄。⑤肌理细腻：即皮肤细嫩柔滑。骨肉匀：体态匀称。⑥蹙金孔雀：用金线绣成的孔雀。蹙，一种刺绣方法。银麒麟：用银线绣成的麒麟。⑦翠微：青翠色。匎叶：匎彩花叶。匎彩为妇女的头饰。鬓唇：鬓边。⑧珠压腰衱：即裙带上缀有珠子，下垂而压住后襟，不被风掀动，使之称身合体。"珠压"以上一段写丽人容妆服饰之华贵。腰衱，即裙带。衱，衣服后襟。⑨就中：唐人习语，即其中之意。云幕：云幕般的帐幕。椒房亲：本指皇后亲戚，此指杨家亲戚。时杨贵妃位同皇后，故称。椒房，汉代皇后所居以椒和泥涂壁，取其温暖而有香气。后以椒房代称皇后。⑩赐名：指赐封号。《旧唐书·杨贵妃传》："太真有姊三人，皆有才貌，玄宗并封国夫人之号：长曰大姨，封韩国，三姨封虢国，八姨封秦国，并承恩泽，出入宫掖，势倾天下。"⑪紫驼之峰：即驼背隆起的肉。唐时贵族有道菜，称"驼峰炙"。翠釜：精致华美的锅。⑫水精之盘：水晶盘。素鳞：白色的鱼。⑬犀箸：犀牛角制的筷子。厌饫：饱食生腻。⑭鸾刀：切肉用的带小铃的刀。缕切：细细地切肉。空纷纶：白忙一场。"鸾刀"以上四句写杨氏外戚家饮食之精。⑮"黄门"二句：写杨氏外戚深得皇帝宠爱。黄门，指宦官。飞鞚，飞马。不动尘，形容马快如飞，尘土不扬。御厨，天子之厨。八珍，本《周礼·天官·膳夫》"珍用八物"语，此指各种珍贵菜肴。⑯宾从：宾客侍从，此指杨氏的门下人。杂遝：纷乱。实要津：占满了各个重要的职位。⑰后来鞍马：最后来到的那匹马，此指杨国忠。逡巡：原为徘徊缓行之意，此为趾高气扬，顾盼自得之意。⑱锦茵：锦绣地毯。⑲杨花雪落覆白蘋：据《埤雅》："世说杨花入水化为浮萍。"大萍称蘋。故杨花和白蘋同源，此处以杨花谐杨姓，暗喻杨国忠与虢国夫人兄妹苟合。又北魏胡太后与杨白花私通，白花惧祸降梁，胡太后思之，作"杨白华歌"，有"杨花飘荡落南家""愿衔杨花入窠里"之诗句。此处借用此事，暗喻杨家淫乱事。⑳青鸟飞去衔红巾：暗指杨氏兄妹传情达意。青鸟，神话中为西王母传递消息的神鸟。后用指男女之间的信使。红巾，妇人所用的红手帕。㉑炙手可热：形容气焰灼人。㉒丞相：指杨国忠。天宝十一年，杨国忠为右丞相，兼领四十余使。嗔：恼怒。

五言律诗

五言律诗，简称"五律"，近体诗的一种。源于五言古体，起源于南北朝，成熟于唐初。格律严密，每首八句四韵或五韵，每句五个字，中间两联必须对仗，第二、四、六、八句押韵，首句可押可不押，五言律诗首句不入韵是正格，入韵为变格。通常押平声韵。其押韵的音韵标准为中古音韵系统，即南北朝至隋唐时期汉语的话音。根据其平仄，定格为四式：首句仄起不入韵式、首句仄起入韵式、首句平起不入韵式、首句平起入韵式。

五言律诗是最具唐诗"丰神情韵"（钱钟书《谈艺录》）的诗歌体裁。一般是对社会现实、自然景物和内心世界的表现，融情入景，侧重于客观观照。五律是唐人应制、应试以及日常生活中普遍采用的诗歌体裁。唐代五律名家数不胜数，以王昌龄、王维、孟浩然、李白、杜甫、刘长卿成就为大。

望月怀远①

张九龄

海上生明月，天涯共此时②。
情人怨遥夜③，竟夕起相思④。

灭烛怜光满⑤，披衣觉露滋⑥。

不堪盈手赠⑦，还寝梦佳期⑧。

【注释】 ①这首羁旅诗以悬想妻子思念自己的情状来写游子的相思深情。怀远：思念远方之人。②"海上"二句：意谓海上明月升起，远在天涯之人此时此刻正和我一样望月思人。③情人：有情谊之人。遥夜：长夜。④竟夕：整夜。⑤怜：爱。光满：月光满照。指月色皎洁，浩渺无边。⑥滋：滋生。⑦不堪：不能。盈手：满手，指把月光捧满手中。⑧还寝：回去睡觉。佳期：指相会的好日子。

王　勃

王勃(650~676)，字子安，绛州龙门(今山西河津)人。乾封元年(666)应幽素科举及第。当过朝散郎、沛王府侍读、虢州参军。上元二年(675)去交趾探望父亲，归来渡海时溺水受惊而卒。王勃自幼聪慧，早有文名，与杨炯、卢照邻、骆宾王并称"初唐四杰"，而王勃最为杰出。王勃诗有"高华"(陆时雍《诗镜总论》)之誉，胡应麟称其五律"兴象宛然，气骨苍然，实首启盛、中妙境"(《诗薮》)。有《王子安集》十六卷，《全唐诗》编其诗二卷。

杜少府之任蜀州①

王勃

城阙辅三秦②，风烟望五津③。

与君离别意，同是宦游人④。

海内存知己，天涯若比邻⑤。

无为在歧路，儿女共沾巾⑥。

【注释】 ①这是一首送别诗，写得旷达豪爽。杜少府：其人不详。少府，即县尉的通称，主缉捕盗贼。之任：赴任。蜀州：在今四川崇州市。一作"蜀川"。②城阙：指都城长安。辅：护持。三秦：西楚霸王项羽灭秦后，曾将其旧地分为雍、塞、翟三国，称三秦。此处指今陕西一带。③五津：四川灌县至犍为一段岷江上有五个渡口，为白华津、万里津、江首津、涉头津、江南津，称五津。此指蜀州一带。④宦游人：在外做官之人。⑤比邻：近邻。古代以五家为"比"。⑥"无为"二句：意谓不要在分手的路上，像小儿女一样哭哭啼啼。无为，不要。歧路，分手的路上。沾巾，指流泪。

骆宾王

骆宾王(约627~约684)，字观光，婺州义乌(今属浙江)人。显庆年间，为道王李元庆属官。高宗咸亨年间，从军塞上。后返京当过武功主簿、长安主簿、侍御史。不久获罪下狱，贬为临海(今浙江天台)丞，世称"骆临海"。光宅元年(684)从徐敬业讨武则天，所作《讨武曌檄》，四方传诵。兵败被杀(一说投江而死。又一说逃亡后削发为僧)。骆宾王诗文兼长，与王勃、杨炯、卢照邻并称"初唐四杰"。魏庆之称其诗"格高旨远,若在天上物外,神仙会集,云行鹤驾,想见飘然之状"(《诗人玉屑》)。他长于七言歌行,五律也时有佳作。吴之器称其"五言气象雄杰,构思精沉,含初苞盛,卓然鲜俪。七言缀锦贯珠,汪洋洪肆。《帝京》《畴昔》特为擅长,《灵妃》《艳情》尤极凄靡。虽本体间有离合,抑亦六代之遗则也"(《骆丞列传》)。有《骆宾王文集》十卷行世,《全唐诗》编其诗三卷。

在狱咏蝉①并序

骆宾王

余禁所禁垣西②,是法厅事也③,有古槐数株焉。虽生意可知,同殷仲文之古树④;而听讼斯在,即周召伯之甘棠⑤。每至夕照低阴,秋蝉疏引⑥,发声幽息⑦,有切尝闻⑧。岂人心异于曩时⑨,将虫响悲于前听⑩?嗟乎!声以动容,德以象贤。故洁其身也,禀君子达人之高行⑪;蜕其皮也⑫,有仙都羽化之灵姿⑬。候时而来,顺阴阳之数⑭;应节为变⑮,审藏用之机⑯。有目斯开,不以道昏而昧其视⑰;有翼自薄⑱,不以俗厚而易其真⑲。吟乔树之微风⑳,韵姿天纵;饮高秋之坠露,清畏人知㉑。仆失路艰虞㉒,遭时徽缠㉓。不哀伤而自怨,未摇落而先衰。闻蟪蛄之流声㉔,悟平反之已奏;见螳螂之抱影,怯危机之未安㉕。感而缀诗㉖,贻诸知己㉗。庶情沿物应,哀弱羽之飘零;道寄人知,悯余声之寂寞。非谓文墨,取代幽忧云尔㉚。

　　西陆蝉声唱㉛,南冠客思深㉜。

　　不堪玄鬓影㉝,来对白头吟㉞。

　　露重飞难进,风多响易沉㉟。

　　无人信高洁,谁为表予心㊱。

【注释】　①此诗作于狱中,借咏蝉的高洁喻自己不肯同流合污的节操。在狱:唐高宗仪凤三年(678),骆宾王任侍御史,因上疏进谏,被诬下狱。②禁所:囚牢。③法厅事:意谓在此听讼断案。厅事,即听事。④殷仲文之古树:东晋殷仲文见大司马桓温府中槐树,叹道:"此树婆娑,无复生意。"后借以叹不得志。⑤周召伯之甘棠:据说周代召伯巡行民间,为不扰劳百姓,在甘棠下听讼断案,后人相戒不要损伤此树。⑥疏引:稀疏不绝的蝉鸣。⑦幽息:气息清幽。⑧有切尝闻:这是曾经听到过的最凄切的蝉鸣。切,凄切。⑨曩时:前时。⑩将:或者,抑或。⑪"故洁其身也"二句:古人以为蝉餐风饮露,不居巢中,随季候而生死,故有清廉俭信之美德高致。⑫蜕:指蝉自幼虫变为成虫时要蜕壳。⑬仙都羽化:道教中常以蝉蜕喻指飞升成仙。⑭阴阳之数:犹指自然界的规律。⑮应节为变:根据季节改变自己的形态,指蝉蜕。节,季节。⑯藏用:《论语·述而》:"用之则行,舍之则藏。"指士人的出仕与归隐。此处是用蝉的两种生存形态来做比喻。⑰"有目斯开"二句:睁开眼睛,不因为世道黑暗而遮住自己的视线。斯,语助词。⑱自薄:指蝉能飞,却甘愿淡泊寡欲。⑲不以俗厚而易其真:不因为世风淫靡而改变自己的本色。⑳乔树:高大的树木。㉑清畏人知:语本《晋书·胡威传》:荆州刺史胡质忠义清廉,晋武帝问其子胡威:"卿孰与父清?"胡威答曰:"臣不如也。臣父清恐人知,臣清恐人不知。"此处用指品德高洁。㉒仆:自称。失路:指仕途受挫。艰虞:忧郁。㉓徽纆:绑犯人的绳索。此指被囚禁。㉔螗蛄:即寒蝉。㉕"悟平反之已奏"以下四句:虽然自己的冤狱已经奏请平反,但对手仍跃跃欲试,企图加害,自己尚未转危为安。螳螂之抱影,据《说苑·正谏》,蝉居高饮露,螳螂委身以捕蝉。此指仍有人要陷害自己。怵,担忧。㉖缀诗:作诗。㉗贻:赠送。㉘庶:希冀之意。情沿物应:情感与自然界中事物相对应。㉙弱羽:指蝉。㉚取代幽忧:即倾诉幽忧之意。云尔:如此而已。㉛西陆:指秋天。司马彪《续汉书》有"日行西陆谓之秋"句。西陆为二十八宿中的昴宿。㉜南冠:《左传·成公九年》记楚钟仪戴南冠被囚于晋军,后以南冠代指囚徒。㉝玄鬓:指蝉。古代妇女梳鬓发如蝉翼状,称蝉鬓。此处反过来以蝉鬓称蝉。㉞《白头吟》:古乐府名,传说是汉代卓文君因丈夫司马相如再娶而写的,曲调哀怨。㉟"露重"二句:因露重则蝉飞不快,风大则蝉鸣声易被风声掩盖,比喻仕途艰难,阻力重重。㊱予:我。

杜审言

杜审言(约645~708),字必简,祖籍襄阳(今湖北襄樊),迁居巩县(今属河南巩义市)。"诗圣"杜甫的祖父。高宗咸亨元年(670)擢进士第,当过隰城尉、洛阳丞。武后圣历元年(698)因事被贬为吉州司户参军,后又被武则天召见,授著作左郎。中宗神龙元年(705)因依附张易之而被流放岭南,次年赦归,为国子监主簿、修文馆直学士。杜审言善诗、工书翰,与李峤、崔融、苏味道并称"文章四友"。其五言律诗"体自整栗,语自雄丽"(许学夷《诗源辨体》)、"浑厚有馀"(陆时雍《诗境总论》)、"句律极严"(陈振孙《直斋书录解题》),"开诗家齐整平密一派门户"(钟惺《唐诗归》),对近体诗的成熟是有贡献的。《全唐诗》存其诗一卷。

和晋陵陆丞早春游望①

杜审言

独有宦游人,偏惊物候新②。
云霞出海曙,梅柳渡江春③。
淑气催黄鸟④,晴光转绿蘋⑤。
忽闻歌古调⑥,归思欲沾巾⑦。

【注释】 ①陆丞曾作《早春游望》诗赠给当时在江阴市的杜审言,杜作此诗和之。写自己宦游异乡的思归心绪。晋陵:县名,在今江苏常州。陆丞:姓陆的县丞,其人不详。②"独有"二句:只有在外做官的人,才会对自然界中季节景物的变化感到格外的惊异。宦游人,在外做官的人。物候,指在不同季节里自然界的景物变化。③"云霞"二句:云霞从海上升起,那正是曙色初露;梅柳间的绿意从江南渡到江北,那是春天已经到来。④淑气催黄鸟:春天的气息使黄莺叫得更欢。淑气,指春天的和暖气息。黄鸟,黄莺。⑤晴光转绿蘋:晴明的春光在绿色的水草间流转浮动。绿蘋,指水中绿色的水草。⑥古调:此指陆丞的诗篇。⑦沾巾:指眼泪沾湿衣巾。

沈佺期

沈佺期(约656~713),字云卿,相州内黄(今属河南)人。上元二年(675)登进士第。当过协律郎、考功员外郎等。神龙元年(705)因依附张易之而流放驩州(今越南荣市),后又召为起居郎、修文馆直学士、中书舍人等。官至太子詹事,世称"沈詹事"。沈佺期擅诗文,与宋之问被时人并称"沈宋"。他长于五、七言律诗,靡丽清宛,"高华典重"(吴乔《围炉诗话》),被张说推为当时第一(刘𫓹《隋唐嘉话》)。同时,由于沈、宋律诗格律谨严,故对律诗的定型是有贡献的,辛文房说:"至佺期、之问,又加靡丽,迥忌声病,约句准篇,著定格律,遂成近体。……谓唐诗变体,始自二公。"(《唐才子传》)有明人辑《沈詹事诗集》七卷,《全唐诗》编其诗三卷。

杂 诗①
沈佺期

闻道黄龙戍②,频年不解兵③。
可怜闺里月,长在汉家营④。
少妇今春意,良人昨夜情⑤。
谁能将旗鼓⑥,一为取龙城⑦。

【注释】 ①《杂诗》原为三首,此为其三。为边塞诗,虽也咏闺怨征苦,但凄怨中仍含有积极进取之心。②黄龙戍:唐代边塞,在今辽宁开原市西北。③频年:多年。解兵:休战撤兵。④汉家营:指唐军营。汉家,实指唐朝。⑤良人:古时妇女对丈夫的尊称。⑥将旗鼓:指率军出征。⑦一为取龙城:一为,一举。龙城,匈奴名城,原址在今蒙古人民共和国。据《汉书·武帝本纪》载,元光五年(130),车骑将军卫青在龙城大败匈奴,后龙城多用指敌方要地。此句化用此典。比喻出征敌方,一战而捷。

宋之问

宋之问(约656~712),一名少连,字延清,虢州弘农(今河南灵宝)人,一说汾州(今山西汾阳)人。高宗上元二年(675)进士,曾当过洛州参军、尚方监丞等。神龙元年(705)因攀附张易之而贬为泷州参军。后起为鸿胪主簿、考功员外郎等。不久,又因受贿贬为越州长史。睿宗即位,再贬钦州。唐玄宗先天年间,赐死于桂州。宋之问和沈佺期一样长于文词,时称"沈宋"。其诗多为宫廷应制之作,"平正典重,赡丽精严"(胡应麟《诗薮》)。与沈佺期相比,他的律诗较为"精硕""缜密",对律诗的定型起到了规范的作用。今有明人辑《宋学士集》九卷,《全唐诗》编其诗三卷。

题大庚岭北驿①

宋之问

阳月南飞雁②,传闻至此回。
我行殊未已③,何日复归来。
江静潮初落,林昏瘴不开④。
明朝望乡处,应见陇头梅⑤。

【注释】　①此诗为宋之问神龙五年(705)遭贬岭南,途经大庚岭时所作,以南雁北归有日反衬诗人南行无已的愁思。大庚岭:在今江西大余县。②阳月:阴历十月。③殊未已:还没到终点。④瘴:南方山林中湿热郁蒸之气。⑤陇头梅:大庚岭上多梅,又称梅岭,因此地气候湿暖,故作者十月过岭,即见梅花盛开。又据《荆州记》载,东汉陆凯从江南给长安的范晔寄梅花一枝,并赠诗曰:"折梅逢驿使,寄与陇头人。江南无所有,聊寄一枝春。"此处用此典,寄托思念都城之情。

王　湾

王湾(生卒年不详),洛阳(今属河南)人。太极元年(712)进士及第。开元初,为荥阳主簿。曾参与校理群书,编成《群书四部录》。后官洛阳尉。王湾词翰早著,其《次北固山下》被殷璠誉为"诗人以来,少有此句"(《河岳英灵集》)。今仅存诗十首,载《全唐诗》卷一五五。

次北固山下①

王湾

客路青山下②,行舟绿水前。
潮平两岸阔③,风正一帆悬④。
海日生残夜,江春入旧年⑤。
乡书何处达⑥,归雁洛阳边⑦。

【注释】　①题又作《江南意》。此诗写节候变化引动乡思。次:停宿。北固山:在今江苏镇江市长江南岸,与金山、焦山合称"京口三山"。②客路:远行的路。③潮平:指潮水上涨与两岸齐平。阔:一作"失"。④风正:指风正对着帆吹,顺风之意。一帆:孤舟。⑤"海日"二句:意谓海上涌起一轮红日,但四周仍是残夜;江上已有春意,但旧年还未过完。⑥乡书:家信。⑦归雁洛阳边:意谓希望归雁能把我的家信捎到故乡洛阳去。归雁,古时相传鸿雁可以传书。

破山寺后禅院①

常建

清晨入古寺,初日照高林。
曲径通幽处,禅房花木深②。
山光悦鸟性,潭影空人心③。
万籁此皆寂④,惟闻钟磬音。

【注释】 ①这是一首游破山寺的题壁诗。破山寺:即兴福寺,在今江苏常熟虞山北麓。②禅房:僧房。③空人心:使人心空明洁净。④万籁:各种声音。籁,从孔穴里发出的各种声音,泛指声音。

寄左省杜拾遗①

岑参

联步趋丹陛②,分曹限紫微③。
晓随天仗入④,暮惹御香归⑤。
白发悲花落,青云羡鸟飞。
圣朝无阙事⑥,自觉谏书稀。

【注释】 ①此诗作于乾元元年(758),岑参为右补阙,与杜甫一样,都是谏官。此诗在表面颂圣中含蓄悲愤。左省:即门下省,因在宣政殿门左,故称左省。杜拾遗:杜甫,时任门下省左拾遗。②联步:即连步。趋:小步走。丹陛:天子宫殿前的台阶漆成红色,称丹陛,又称"丹墀"。③分曹:时岑参为右补阙,属中书省,因在宣政殿门右,故称右省。而杜甫则为左拾遗,属左省。二人上朝时分站左右两边,称分曹。曹,官署。紫微:此指宣政殿。本为星名,古人以紫微星为天帝之居,后转指皇帝之居。④天仗:天子仪仗。⑤御香:天子宫殿所点之香。⑥阙事:缺失之事。

赠孟浩然①

李白

吾爱孟夫子②,风流天下闻。
红颜弃轩冕③,白首卧松云④。
醉月频中圣⑤,迷花不事君⑥。
高山安可仰⑦,徒此揖清芬⑧。

【注释】 ①此诗为孟浩然归南山时,李白送行之作。孟浩然:唐代大诗人,李白之友。②孟夫子:指孟浩然。③红颜:指青壮年。弃轩冕:指轻视仕宦。轩,车。冕,礼帽。古时高官才能乘轩戴冕。④卧松云:稳居于山林白云之间。⑤醉月:对月醉酒。中圣:指醉酒。典出《三国志·魏书·徐邈传》。尚书郎徐邈醉酒,有人来问事,他答道:"中圣人。"曹操得知,大怒。度辽将军鲜于辅解释道:"平日醉客谓酒清者为圣人,浊者为贤人。"⑥迷花:留恋自然花草。这里指隐居。⑦高山安可仰:语本《诗经·小雅·车辖》:"高山仰止,景行行止。"用以比喻孟浩然品行之高洁。⑧徒此:惟此。揖:致敬之意。清芬:指高洁的节操。

渡荆门送别①

李白

渡远荆门外,来从楚国游②。
山随平野尽,江入大荒流③。
月下飞天镜④,云生结海楼⑤。
仍怜故乡水⑥,万里送行舟。

【注释】 ①此诗作于开元十四年(726),李白沿长江出蜀东下时。描绘出一幅渡荆门的长江长轴山水图,将深挚乡思与远游壮怀水乳交融。荆门:荆门山,在今湖北宜都市北,长江南面,为楚蜀交界之地。②楚国:长江出荆门,即属古时楚国之地,故称。③"山随"二句:意谓山随着平原的出现渐渐远去消失,大江汇入旷野中,从容流去。大荒,广阔的原野。④月下飞天镜:江中月影,如同空中飞下的天镜。⑤海楼:海市蜃楼,为云气折射出的各种景象。⑥怜:爱。故乡水:指从四川流来的水。因诗人从小生活在四川,故称。

送友人①

李白

青山横北郭②,白水绕东城。
此地一为别,孤蓬万里征③。
浮云游子意④,落日故人情⑤。
挥手自兹去⑥,萧萧班马鸣⑦。

【注释】 ①此诗写送别却充满诗情画意和豁达乐观。②郭:外城。③蓬:蓬草。蓬草随风飞转,漂泊无定,古诗中常用以比喻远行者。④浮云:因浮云四处飘荡,古诗中也用以形容游子漂泊。⑤落日:落日下山,如同与人告别。⑥自兹:从此。⑦萧萧班马鸣:双方分别时,主客之马也萧萧长鸣,似有离群之憾。萧萧,马叫声。班马,离群的马。

夜泊牛渚怀古①

李白

牛渚西江夜②,青天无片云。

登舟望秋月，空忆谢将军③。
余亦能高咏，斯人不可闻④。
明朝挂帆去⑤，枫叶落纷纷。

【注释】　①此题下原注：此地即谢尚闻袁宏咏史处。李白借谢尚、袁宏事，寄寓怀才不遇的感慨。牛渚：牛渚山，在今安徽当涂县。②西江：从南京至江西一段长江，古时称西江。牛渚即在其间。③空忆：徒然追忆。谢将军：即谢尚，东晋时阳夏（今河南太康）人，官镇西将军。谢尚守牛渚时，曾于秋夜泛舟赏月，遇袁宏正诵《咏史》诗，音词俱妙，因此大为赞赏，并邀来交谈，直至天明。自此袁宏声名日著，后为大官。④斯人：此人，指谢尚。⑤挂帆：指乘船。

春　望①
杜甫

国破山河在②，城春草木深③。
感时花溅泪④，恨别鸟惊心⑤。
烽火连三月⑥，家书抵万金⑦。
白头搔更短⑧，浑欲不胜簪⑨。

杜甫像

【注释】　①此诗作于至德二年（757）三月，杜甫在长安城时。时安禄山叛军占领长安，杜甫身陷贼中，国破家亡，内心极其痛苦。②国破：指长安沦陷。山河在：山河依旧。③草木深：草木茂盛。④感时花溅泪：感于国事，见花而落泪。⑤恨别鸟惊心：家人分离，闻鸟鸣而心惊。⑥烽火：时安史叛军正与唐军在各地激战，烽火不息。⑦家书：家信。⑧白头：白发。⑨浑欲不胜簪：这里说，因头白短少，简直插不了簪了。浑，简直。不胜簪，古时男子用簪束发。

月　夜①
杜甫

今夜鄜州月②，闺中只独看③。
遥怜小儿女，未解忆长安④。
香雾云鬟湿，清辉玉臂寒⑤。
何时倚虚幌⑥，双照泪痕干。

【注释】　①天宝十五年（756）五月，杜甫携家避难于鄜州。八月，只身投奔肃宗，途中被叛军俘获，陷于长安。此诗即杜甫在长安因思念住在鄜州的家人而作的。②鄜州：今陕西富县。③闺中：此处指妻子。④"遥怜"二句：儿女还小，还不懂思念在长安的父亲。⑤"香雾"二句：写妻子在月下思念自己的情景。清辉，指月光。⑥"何时"二句：

国学经典文库

国学经典

诗词经典

图文珍藏版

什么时候我们能团圆重聚,拭干泪痕,共享同一地的月色。虚幌,透明的帷幔。

天末怀李白①

杜甫

凉风起天末,君子意如何②。
鸿雁几时到③,江湖秋水多。
文章憎命达④,魑魅喜人过⑤。
应共冤魂语⑥,投诗赠汨罗⑦。

【注释】 ①此诗作于乾元二年(759)流寓秦州时。杜甫得知李白流放夜郎,但尚未知晓他已遇赦而归,写此诗同情其遭遇,表达怀想之情。天末:天边。秦州地处边塞,故称天末。②君子:指李白。③鸿雁:比喻音信。④文章憎命达:好文章都是在命运艰难时才写出来的。⑤魑魅喜人过:要提防山神鬼怪把你吃了,这是要李白提防小人陷害。魑魅,山神鬼怪。夜郎偏远,多魑魅。⑥冤魂:指屈原。屈原无罪被放,投汨罗江而死。李白被流放,与屈原相似,不为生者理解,可与死者共语。⑦汨罗:汨罗江,在今湖南湘阴县。

旅夜书怀①

杜甫

细草微风岸,危樯独夜舟②。星垂平野阔③,月涌大江流④。名岂文章著⑤,官应老病休⑥。飘飘何所似⑦,天地一沙鸥。

【注释】 ①此诗作于永泰元年(765)五月。正月,杜甫辞严武幕。四月,严武卒。五月,杜甫携家离开成都,乘舟东下,经渝州(今重庆)、忠州(今忠县)途中,作此诗,以写景展示诗人漂泊无依的境况和情怀。②危樯:高耸的樯杆。③星垂平野阔:因平野广阔,故天边星辰遥挂如垂。④月涌大江流:大江奔流,江中明月也随之涌动。⑤名岂文章著:自己的名气难道是因文章而昭著的吗?⑥官应老病休:自己的官职想必因老病而罢了。⑦飘飘:形容漂泊不定。

登岳阳楼①

杜甫

昔闻洞庭水,今上岳阳楼。
吴楚东南坼,乾坤日夜浮②。
亲朋无一字,老病有孤舟③。
戎马关山北④,凭轩涕泗流⑤。

【注释】 ①此诗作于大历三年(768)冬,杜甫出峡,漂泊至岳州,登岳阳楼而望故乡,成此感怀之作。岳阳楼:湖南岳阳城西门城楼,下临洞庭湖。唐张说出守岳州时所筑,为登临胜地。②"吴楚"两句:写洞庭湖之广大,跨有吴楚,包涵日月。吴楚东南坼,意谓吴在湖之东,楚在湖之南,两地以洞庭湖为分界。坼,分裂。乾坤,指日月。《水经注·湘水》:"洞庭湖水广圆五百馀里,日月若出没其中。"③老病:杜甫此时五十七岁,身患多种疾病。孤舟:杜甫携家乘船出蜀,一路漂泊。④戎马关山北:此时北方战事频繁,唐军正与吐蕃激战。⑤凭轩:靠着栏杆。涕泗:眼泪鼻涕。

辋川闲居赠裴秀才迪①

王维

寒山转苍翠,秋水日潺湲②。
倚杖柴门外,临风听暮蝉。
渡头馀落日,墟里上孤烟③。
复值接舆醉④,狂歌五柳前⑤。

【注释】 ①此诗写闲居之乐和对友人的深切情谊。辋川:河名,在今陕西蓝田终南山下,宋之问建有别墅。王维晚年得此别墅隐居,与裴迪唱和。秀才:古时泛称士子为秀才。②潺湲:水徐缓流淌的样子。③墟里:村落。陶渊明《归园田居》有"暧暧远人村,依依墟里烟"之句,即此句所本。④接舆:春秋时隐士陆通,字接舆,楚国人,曾狂歌避世。此处指裴迪。⑤五柳:陶渊明因其住宅旁有五株柳树而自号"五柳先生",曾作《五柳先生传》。此处王维自比陶渊明。

山居秋暝①

王维

空山新雨后,天气晚来秋。
明月松间照,清泉石上流。
竹喧归浣女②,莲动下渔舟。
随意春芳歇③,王孙自可留④。

【注释】 ①此诗作于王维居辋川时期,以诗情画意的山水寄托诗人高洁的情怀。暝:天黑。②浣女:洗衣女。③春芳:春天的芳菲。歇:消歇、逝去。④王孙:《楚辞·招隐士》:"王孙游兮不归,春草生兮萋萋。……王孙兮归来,山中兮不可以久留。"原为招隐士出山之词。王维在此处反用其意,说任春芳消逝,而美好的秋色让王孙(王维自指)自可以留居于山中。

归嵩山作①

王维

清川带长薄②,车马去闲闲③。流水如有意,暮禽相与还。荒城临古渡,落日满秋山。迢递嵩高下④,归来且闭关⑤。

【注释】 ①此诗作于王维辞官、隐居嵩山时,描写归隐途中所见的景色和内心的怅惘。嵩山:在今河南登封市,史称中岳。②川:河流。薄:草木丛生之处。③闲闲:从容自在的样子。④迢递:遥远的样子。嵩高:即指嵩山。⑤闭关:闭门谢客之意。

终南山①
王维

太乙近天都②,连山到海隅③。白云回望合,青霭入看无④。分野中峰变⑤,阴晴众壑殊⑥。欲投人处宿⑦,隔水问樵夫⑧。

【注释】 ①此诗作于开元二十九年(741)王维隐居终南山时,以移步换形手法写出终南山的无穷奇景。②太乙:亦作太一,终南山主峰,又用作终南山之别名。天都:指唐都城长安。③海隅:海角。④“白云”二句:意谓山中的云雾变幻不定。霭,雾气。⑤分野中峰变:终南山中峰盘踞不止一州之地,成为分隔不同州郡的分界,此极言山域之广大。⑥阴晴众壑殊:各个山谷中的阴晴都不同。殊,不同。⑦人处:有人居住处。⑧樵夫:打柴人。

终南别业①
王维

中岁颇好道②,晚家南山陲③。兴来每独往,胜事空自知④。行到水穷处⑤,坐看云起时。偶然值林叟⑥,谈笑无还期⑦。

【注释】 ①开元二十九年(741),王维曾隐居终南山。此诗即作于这一时期。写随缘任运的禅趣和闲适。终南:终南山,唐都城长安附近。别业:野墅。②中岁:中年。③晚:晚近,即近日。家:安家。南山:即指终南山。陲:边。④胜事:佳事,快意之事。空:只。⑤水穷处:水尽头。⑥值:遇。林叟:山林野老。⑦无还期:忘了回家的时间。

临洞庭上张丞相①
孟浩然

八月湖水平②,涵虚混太清③。气蒸云梦泽,波撼岳阳城④。欲济无舟楫⑤,端居耻圣明⑥。坐观垂钓者,徒有羡鱼情⑦。

【注释】 ①此诗一题《望洞庭湖赠张丞相》。开元二十一年(733),张九龄为相,作者以此诗相赠,有乞仕之意。洞庭:洞庭湖。张丞相:指张九龄。②湖水平:八月江汛,湖水涨满,故说“平”。③涵虚:水气弥漫。太清:天空。④“气蒸”二句:形容水势之浩荡。云梦泽:古时有“云”“梦”二泽,在今湖北南部、湖南北部的长江沿岸一带低洼地区,后大部分淤成陆地。今洞庭湖即为古云梦泽的一部分。岳阳城:在今湖南岳阳,洞庭湖东岸。⑤欲济无舟楫:意谓自己要出仕而无人引荐。济,渡水。舟楫,指船。古时也用之比作贤臣。楫,橹。⑥端居耻圣明:自己在圣明之世闲居,实感有愧。端居,安居。⑦"坐观"二句:典出《淮南子·说林训》:"临河而羡鱼,不如归家织网。"意谓与其在河边羡慕别人钓到鱼,不如回家织网来捕鱼。作者化用此典,说自己有心出仕(羡鱼情),可无人引荐,也只能坐观他人(垂钓者)。

岁暮归南山①

孟浩然

北阙休上书②,南山归敝庐。
不才明主弃③,多病故人疏。
白发催年老,青阳逼岁除④。
永怀愁不寐,松月夜窗虚。

【注释】 ①诗题一作《归终南山》。作于开元十六年(728),时孟浩然进京应进士落第。南山:此指岘山,因在襄阳城南,故称。孟浩然隐居的园庐就在附近。②北阙:指皇帝的居处,因宫殿坐北朝南,故名。也代称皇帝。③明主:指当今皇帝。④青阳:指春天。《尔雅》有"春为青阳,一曰发生"。因春天气清而温阳,故称。岁除:旧俗在腊月三十击鼓驱疫,称"逐除"。后以年终之日为岁除。

过故人庄①

孟浩然

故人具鸡黍②,邀我至田家。
绿树村边合③,青山郭外斜④。
开轩面场圃⑤,把酒话桑麻⑥。
待到重阳日⑦,还来就菊花。

【注释】 ①这是一首写农家闲适恬淡情景的田园诗。过:探访。故人:老朋友。②鸡黍:语出《论语·微子》"杀鸡为黍而食之"。后指农家丰盛的饭菜。③合:环绕之意。④郭:外城,指城墙。⑤轩:此指窗。场圃:打谷场和菜园子。⑥桑麻:泛指农事。⑦重阳日:指阴历九月九日重阳节,旧时有登高饮菊花酒之风俗。

留别王维①

孟浩然

寂寂竟何待,朝朝空自归。欲寻芳草去②,惜与故人违③。当路谁相假④,知音世所稀⑤。只应守寂寞,还掩故园扉⑥。

【注释】 ①此诗作于开元十七年(729),孟浩然欲隐居,告别好友王维。②寻芳草:隐居山林之意。③违:别离。④当路:当权者。假:相助之意。⑤知音:指知心朋友。⑥还掩故园扉:意谓闭门不仕。扉,门。

早寒有怀①

孟浩然

木落雁南渡②,北风江上寒。
我家襄水曲③,遥隔楚云端④。
乡泪客中尽,孤帆天际看。
迷津欲有问⑤,平海夕漫漫⑥。

【注释】 ①诗题一作《江上思归》。此诗写作者思乡情切,又无可奈何之意。②木落:树叶飘落。③襄水:汉水流经襄阳,称襄水。④楚云:襄阳古属楚国。遥望家乡,被云阻隔,故称楚云。⑤迷津欲有问:典出《论语·微子》,孔子周游列国时,曾让子路向长沮、桀溺问路,遭二人讥讽,以为入世不如隐居好。津,渡口。⑥平海:平阔的水面。

刘长卿

刘长卿(？~约790),字文房,宣城(今属安徽)人,郡望河间(今河北献县)。天宝年间登进士第。至德年间当过长洲尉、海盐令,不久被贬为南巴尉。广德年间为监察御史,大历中当过转运使判官、知淮西、鄂岳转运留后,不久又被贬为睦州司马。德宗时才擢为随州刺史。刘长卿在肃宗、代宗期间诗名颇著,尤善五言诗,自诩“五言长城”。高仲武评论道:“诗体虽不新奇,甚能炼饰,大抵十首以上,语意稍同,于落句尤甚,思锐才窄也。”(《中兴间气集》)张戒称其“笔力豪赡,气格老成,……‘长城’之目,盖不徒然”(《岁寒堂诗话》)。方回形容其诗“细淡而不显焕,当缓缓味之”(《瀛奎律髓》),顾磷称其诗“雅畅清夷,中唐独步”(《批点唐音》)。所以人们往往把他作为盛唐与中唐的分野,胡应麟称其诗“自成中唐,与盛唐分道矣”(《诗薮》)。陆次云说:“文房在盛、晚转关之时,最得中和之气。”(《唐诗善鸣集》)有《刘长卿集》十卷,《全唐诗》编其诗五卷。

寻南溪常道士①

刘长卿

一路经行处,莓苔见屐痕②。
白云依静渚③,芳草闭闲门。
过雨看松色④,随山到水源。
溪花与禅意,相对亦忘言⑤。

【注释】 ①此题一作《寻常山南溪道人隐居》,又作《寻南溪常山道人隐居》。此诗写寻隐者不遇而悟道的禅趣。常道士:或为"常山道人"之误,而非实姓常。②屐痕:指足迹。屐,木鞋。③渚:水中小洲。④过雨:遇雨。⑤相对亦忘言:此句化用陶渊明《饮酒》诗意:"此中有真意,欲辨已忘言。"

新年作①

刘长卿

乡心新岁切②,天畔独潸然③。
老至居人下,春归在客先④。
岭猿同旦暮,江柳共风烟。
已似长沙傅⑤,从今又几年。

【注释】 ①此诗约作于建中元年(780)。时刘长卿被贬潘州(今广东茂名)南巴尉已三年。写身居异地佳节思乡的伤感。②乡心:思乡之心。③潸然:流泪的样子。④"老至"二句:人已老了,但被贬小官,居于人下;春天已归去,而自己尚未回去。⑤长沙傅:西汉贾谊被贬为长沙王太傅三年。

钱 起

钱起(约710~约782),字仲文,湖州(今属浙江)人。天宝九载(750)进士,当过秘书省校书郎、司勋员外郎、祠部员外郎、考功郎中等。与卢纶、韩翃、吉中孚、司空曙、苗发、耿湋、崔峒、李端、夏侯审合称"大历十才子",又与郎士元合称"钱郎"。钱起诗多饯别应酬之作,大历中声名甚著。据《南部新书》记载:"大历来,自丞相以下出使作牧,无钱起、郎士元诗祖送者,时论鄙之。"高仲武作《中兴间气集》选钱起为第一人,并称其诗"体格新奇,理致清赡","文宗右丞,许以高格;右丞没后。员外为雄。"纪昀评曰:"大历以还,诗格初变,开宝浑厚之气渐远渐漓,风调相高,稍趋浮响。升降之关,十子实为之职志。起与郎士元,其称首也。然温秀蕴藉,不失风人之旨,前辈典型,犹有存焉。"(《四库全书总目》)今有《钱考功集》十卷,《全唐诗》编其诗四卷。

送僧归日本①

钱起

上国随缘住②,来途若梦行。
浮天沧海远③,去世法舟轻④。
水月通禅寂⑤,鱼龙听梵声⑥。
惟怜一灯影⑦,万里眼中明。

【注释】 ①此诗为送赠日本僧人而作,语多褒扬。唐时,日本曾派僧人来中国留学,两国交流密切。②上国:指唐王朝。随缘:佛家语,指佛应众生之缘而施教化。③浮天:形容小船如浮于天际。④法舟:特指佛船。⑤水月:佛典《智度论》:"解了诸法,如幻如焰,如水中月。"佛教中比喻一切事物像水中月一样虚幻。禅寂:佛教中指清寂的心境。⑥鱼龙:泛指水族。梵声:诵经声。⑦灯:佛教以灯能以明破暗,用以比喻佛法。此处以船灯喻禅灯,意为最爱佛法。

谷口书斋寄杨补阙①

钱起

泉壑带茅茨②,云霞生薜帷③。
竹怜新雨后④,山爱夕阳时。
闲鹭栖常早,秋花落更迟。
家僮扫萝径⑤,昨与故人期⑥。

【注释】 ①此诗写招引友朋聚会,突出一种闲雅的情趣。谷口:在今陕西泾阳县西北。杨补阙:其人不详。补阙,谏官,专向皇帝规谏举荐。②壑:山谷。茅茨:草屋,指题中的书斋。③薜帷:成片如帷帐的薜荔。薜,薜荔,常绿灌木。语本《楚辞·九歌·湘夫人》:"网薜荔兮为帷。"④怜:爱。⑤萝:爬蔓常绿灌木,古时常与薜合称,曰薜萝。⑥故人:老友,指杨补阙。期:约定。

淮上喜会梁州故人①

韦应物

江汉曾为客②,相逢每醉还。
浮云一别后,流水十年间。
欢笑情如旧,萧疏鬓已斑③。
何因不归去,淮上有秋山④。

【注释】 ①此诗写故友相逢悲喜交集的情景。淮上:淮河边。梁州:今陕西南郑县。故人:老朋友。②江汉:即汉江。③萧疏:形容头发零落、稀少。斑:斑白。④"何因"二句:为什么不回乡去,是因为淮上有秋山之美景值得留恋。

赋得暮雨送李胄①

韦应物

楚江微雨里②,建业暮钟时③。
漠漠帆来重,冥冥鸟去迟④。
海门深不见⑤,浦树远含滋⑥。
相送情无限,沾襟比散丝⑦。

【注释】 ①此诗以暮雨写离情,景语中渗透黯然神伤之情。赋得:古时文人分题作诗,分到的诗题称"赋得"。此诗题"暮雨",故作"赋得暮雨"。李胄:生平不详。②楚江:指属古楚国境内的一段长江。③建业:今江苏南京市。④冥冥:形容天色昏黑,也形容雨密。⑤海门:指长江入海处。⑥浦树:指江边的树木。⑦沾襟:比喻眼泪。散丝:指密雨。晋代张协《杂诗》有"密雨如散丝"句。

韩 翃

韩翃(生卒年不详),字君平,南阳(今属河南)人。天宝十三载(754)登进士第,先后当过淄青节度使和汴宋节度使的幕僚。建中初年,德宗赏其《寒食》诗,御批驾部郎中、知制诰,官终中书舍人。韩翃为"大历十才子"之一,尤擅七绝。高仲武评曰:"韩员外诗,匠意近于史,兴致繁富,一篇一咏,朝士珍之,多士之选也。"并形容其诗如"芙蓉出水"(《中兴间气集》)。王士禛称其七绝"蕴藉含蓄,意在言外"(《带经堂诗话》)。有《韩君平集》八卷,《全唐诗》编其诗三卷。

酬程近秋夜即事见赠①

韩 翃

长簟迎风早②,空城澹月华③。
星河秋一雁,砧杵夜千家④。
节候看应晚,心期卧已赊⑤。
向来吟秀句⑥,不觉已鸣鸦⑦。

【注释】 ①此诗为酬答程近所赠《秋夜即事》之作,在摹写秋景中抒发朋友间的深情。程近:其人不详。②簟:竹席。③月华:月光。④砧杵:指捣衣,以备寒衣。砧,捣衣石。杵,捣衣棒。⑤心期:指朋友间心心相印。《南史·向柳传》:"我与士逊心期久矣,岂可一旦以势利处之?"赊:迟。⑥秀句:佳句,对程近诗的美称。点明题中的"酬"字。⑦鸣鸦:指天亮时的乌鸦叫声。

刘眘虚

刘眘虚(生卒年不详),字全乙,洪州新吴(今江西奉新)人。开元间进士,当过弘文馆校书郎。为人淡泊,与王昌龄、孟浩然友善。殷璠称其诗"情幽兴远,思苦语奇;忽有所见,便惊众听"(《河岳英灵集》)。王士禛称其诗"超远幽复,在王、孟、王昌龄、常建、祖咏伯仲之间"(《渔洋诗话》)。《全唐诗》存其诗一卷。

阙 题①

刘眘虚

道由白云尽,春与青溪长。
时有落花至,远随流水香。

闲门向山路②。深柳读书堂。
幽映每白日,清辉照衣裳③。

【注释】　①阙题:题原缺。此诗写作者在山中的闲居生活。②闲门:开着的门。③清辉:指白日之光。

戴叔伦

　　戴叔伦(732~789),字次公,一字幼公,润州金坛(今属江苏)人。先后当过湖南转运留后、东阳令、抚州刺史、容州刺史等。晚年上表请为道士。有诗名,高仲武称"其诗体格虽不越中(格),然'廨宇经山火,公田没海潮',亦指事造形。其骨稍软,故诗家少之"(《中兴间气集》)。徐献忠评其诗"情旨馀旷,而调颇促急","虽工于斫炼,而寡于华要矣"(《唐诗品》)。《全唐诗》编其诗二卷。

江乡故人偶集客舍①
戴叔伦

天秋月又满,城阙夜千重②。
还作江南会,翻疑梦里逢。
风枝惊暗鹊③,露草泣寒虫。
羁旅长堪醉④,相留畏晓钟。

【注释】　①此诗咏与故乡老友偶遇之事。②城阙:宫门前的望楼。此借指长安。③风枝惊暗鹊:曹操《短歌行》有"月明星稀,乌鹊南飞。绕树三匝,何枝可依"句。此句暗用其意,寓思乡之情。④羁旅:犹漂泊。

卢　纶

　　卢纶(748~约799),字允言,河中蒲(今山西永济)人。大历间考进士不中,因文才受宰相元载赏识而当了阌乡尉,以后任过秘书省校书郎、昭应令、检校户部郎中等。为"大历十才子"之一。在代宗、德宗朝,诗名颇著,文宗尤爱其诗。《旧唐书·卢简求传》称:"大历中,诗人李端、钱起、韩翃辈能为五言诗,而辞情捷丽,纶作尤工。""在大历十才子中,号为翘楚"(《吴礼部诗话》引时天彝《唐百家诗选评》)。尤其是他的《塞下曲》六首,劲健爽捷,"有盛唐之音"(贺裳《载酒园诗话又编》)。有《卢户部诗集》十卷,已佚。《全唐诗》编其诗五卷。

送李端①
卢纶

故关衰草遍②,离别正堪悲。
路出寒云外,人归暮雪时。

少孤为客早③,多难识君迟④。

掩泣空相向⑤,风尘何所期⑥。

【注释】 ①这是一首送别好友的诗。李端:字正己,赵州(今河北赵县)人。大历十才子之一。②故关:故乡。这里指送别之地。③少孤:指自己早年丧父。《孟子·梁惠王》:"幼而无父曰孤。"为客:古人称离开家乡谋生或做官为"做客"。④君:指李端。⑤空:徒然。⑥风尘:指时世纷乱。何所期:何时能再相会。

李 益

李益(748~约827),字君虞,郑州(今属河南)人,郡望陇西姑臧(今甘肃武威)。大历四年(769)进士。曾几度入节度使幕府为从事,随军出征边塞。元和年间入朝,先后任过都官郎中、中书舍人、秘书少监、集贤学士判院事、右散骑常侍。大和间以礼部尚书致仕。李益在当时就诗名卓著,令狐楚选《御览诗》,以李益诗为集中之最。据说他"每作一篇,为教坊乐人以赂求取,唱为供奉歌词"(《旧唐书》本传)。他诸体皆工,其"五言古,多六朝体,效永明者,酷得其风神","七言古,气格绝类盛唐","五言律,气格亦胜,……可配开、宝","七言绝,开、宝而下,足称独步"(许学夷《诗源辨体》)。他的边塞诗很著名,"多抑扬激厉悲离之作,高适、岑参之流也"(辛文房《唐才子传》)。其七言绝句为中唐一绝,气韵风骨,直追李白、王昌龄。胡应麟称:"七言绝开元以下,便当以李益为第一。"(《诗薮》)今有《李益集》二卷行世,《全唐诗》编其诗二卷。

喜见外弟又言别①

李益

十年离乱后,长大一相逢。

问姓惊初见,称名忆旧容。

别来沧海事②,语罢暮天钟。

明日巴陵道③,秋山又几重。

【注释】 ①此诗作于安史之乱后。写乱世的离合聚散情景。外弟:表弟。②沧海事:典出葛洪《神仙传》:"麻姑自说云:接待以来,已见东海之为桑田。"后以沧海桑田比喻世事变迁。③巴陵:唐郡名,在今湖南岳阳。

司空曙

司空曙(生卒年不详),字文初,一字文明,广平(今河北永年)人。大历初中进士,当过右拾遗、长林丞、检校水部郎中,官终虞部郎中。司空曙为"大历十才子"之一,其诗"属调幽闲,终篇调畅"(辛文房《唐才子传》),"婉雅闲淡,语近性情"(胡震亨《唐音癸签》)。有《司空曙诗集》(一作《司空文明集》)二卷,《全唐诗》编其诗二卷。

云阳馆与韩绅宿别①

司空曙

故人江海别,几度隔山川。

乍见翻疑梦②,相悲各问年③。孤灯寒照雨,深竹暗浮烟。更有明朝恨④,离杯惜共传⑤。

【注释】 ①此诗写旅途中与老友乍逢又别的帐恨。云阳:县名,在今陕西泾阳县。馆:驿站馆舍。韩绅:一作"韩升卿",疑即韩绅卿。韩愈有叔父名韩绅卿,曾任泾阳县令。宿别:同宿后告别。②翻:反。③问年:询问几年来的情况。④明朝恨:指明早离别之恨。⑤共传:传杯共饮。

喜外弟卢纶见宿①

司空曙

静夜四无邻,荒居旧业贫②。

雨中黄叶树,灯下白头人。

以我独沉久③,愧君相见频。

平生自有分④,况是蔡家亲⑤。

【注释】 ①此诗写荒村独居喜见亲人的情景。外弟:表弟。卢纶:中唐诗人。见宿:来住宿。"见"一作"访"。②旧业:原有的家产。③沉:沉沦。④分:缘分。⑤蔡家亲:指表亲。晋大将羊祜是蔡邕的外孙,因有功被封爵,而他却要求将爵位转赐给表兄弟蔡袭。蔡家亲一作"霍家亲",亦指表亲。因西汉霍去病是卫青姐姐的儿子。

贼平后送人北归①

司空曙

世乱同南去,时清独北还②。

他乡生白发,旧国见青山③。

晓月过残垒,繁星宿故关④。

寒禽与衰草,处处伴愁颜。

【注释】 ①此诗写送友人还乡的心境。贼平:指安史之乱被平定。②时清:时世安定。③旧国:故乡。④"晓月"二句:想象友人北归途中的艰辛。残垒,废弃的营垒。故关,旧的关口。

刘禹锡

刘禹锡(772~842),字梦得,洛阳(今属河南)人。贞元九年(793)进士,当过太子校书、监察御史等。永贞间，参与王叔文革新活动，宪宗立，贬连州刺史，再贬朗州司马，后又当过播州、夔州、和州刺史。大和初，入朝为主客、礼部郎中，充集贤殿直学士，复出为苏州、汝州、同州刺史。开成初年，为太子宾客、分司东都。后改秘书监分司，加检校礼部尚书。世称"刘宾客"。

刘禹锡诗才卓著，白居易推之为"诗豪"，称其诗"其锋森然，少敢当者"（《刘白唱和集解》）。胡震亨称："其诗气该今古，词总华实，运用似无甚过人，却都惬人意，语语可歌。"（《唐音癸签》）胡应麟形容其七律"骨力豪劲"（《诗薮》），杨慎则说："元和以后，诗人之全集可观者数家，当以刘禹锡为第一。"（《升庵诗话》）刘禹锡的民歌体组诗很有特色，尤以《竹枝词》最受称道，苏轼誉为"奔轶绝尘，不可追也"，黄庭坚称"词意高妙"（俱见《豫章黄先生集》卷二十六引）。有《刘梦得文集》四十卷，《全唐诗》编其诗十二卷。

蜀先主庙①
刘禹锡

天地英雄气②，千秋尚凛然。
势分三足鼎③，业复五铢钱④。
得相能开国⑤，生儿不象贤⑥。
凄凉蜀故妓，来舞魏宫前⑦。

【注释】 ①此诗是刘禹锡任夔州刺史时，过先主庙而作的怀古诗。蜀先主：指三国时蜀主刘备。蜀先主庙在夔州，印今重庆市奉节县。②天地英雄：据《三国志·蜀书·先主传》记载，曹操曾与刘备饮酒论英雄，说："今天下英雄，惟使君与操耳！"此处专指刘备的英雄气概。③三足鼎：刘备建立蜀汉，与魏、吴三分天下，成鼎足之势。④业复五铢钱：意谓刘备的事业是要复兴汉室。五铢钱，汉时通行货币，为汉武帝所立，新莽代汉时，曾废止不用；光武帝兴汉，重铸五铢钱，天下称便。⑤得相：指刘备得诸葛亮辅佐，建立蜀汉政权，立诸葛亮为丞相。⑥生儿不象贤：意谓刘备之子刘禅不能谨守父业。象贤，效法先人的好榜样。⑦"凄凉"二句：据《三国志·蜀书·后主传》注引《汉晋春秋》中记载，魏灭蜀后，蜀主刘禅至洛阳，被封为安乐县公。魏太尉司马昭与之宴饮，专请蜀国的女乐歌舞表演，旁人皆为之感伤，而刘禅却嬉笑自若，乐不思蜀。此二句慨叹先主艰苦创业，而后主昏庸亡国。

张籍

张籍（约766~约830），字文昌，吴郡（今江苏苏州）人，后迁居和州乌江（今安徽和县）。贞元十五年（799）进士，当过太常寺太祝、秘书省秘书郎、水部员外郎、主客郎中、国子司业等职，世称"张水部"或"张司业"。张籍工诗，尤以乐府诗最受人称道。白居易赋诗称颂张籍"尤工乐府诗，举代少其伦""风雅比兴外，未尝著空文"（《读张籍古乐府诗》）。周紫芝甚至说："唐人作乐府诗者甚多，当以张文昌为第一。"

(《竹坡诗话》)刘放称其乐府"清丽深婉"(《中山诗话》),贺贻孙则评曰"深秀古质",但又觉得"边幅稍狭"(《诗筏》)。由于诗风与王建相近,宋代人常以"张王"并称。有《张司业集》八卷,《全唐诗》编其诗五卷。

没蕃故人①

张籍

前年戍月支②,城下没全师③。
蕃汉断消息,死生长别离。
无人收废帐④,归马识残旗。
欲祭疑君在,天涯哭此时。

【注释】 ①此诗是为作者怀念在唐蕃战争中失踪的老朋友而作。没:消失。蕃:吐蕃,古代藏族建立的政权。②戍:此指出征。月支:又作月氏,汉西域国名,此借指吐蕃。③没:覆灭。④废帐:指废弃的营帐。

草①

白居易

离离原上草②,一岁一枯荣。
野火烧不尽,春风吹又生。
远芳侵古道③,晴翠接荒城④。
又送王孙去,萋萋满别情⑤。

【注释】 ①此诗以咏草写离情,并蕴含生命不止的感悟。此题一作《赋得古原草送别》。据说此诗为白居易十六岁时所作。但此说仅为传闻,并不可靠。②离离:形容草茂盛。③远芳:指远处的绿草。④晴翠:指晴空下的青山。⑤"又送"二句:化用《楚辞·招隐士》"王孙游兮不归。春草生兮萋萋"之意。王孙,指远行之游子。萋萋,形容草茂盛。

杜 牧

　　杜牧(803~853),字牧之,京兆万年(今陕西西安)人。大和二年(828)登进士第,为弘文馆校书郎。后曾在江西观察使、宣歙观察使、淮南节度使为幕僚。在朝中当过监察御史、左补阙、史馆修撰等官。会昌间,先后为黄州、池州、睦州刺史。大中年间,为司勋员外郎、史馆修撰、吏部员外郎。又复出为湖州刺史。官终中书舍人。杜牧是晚唐文学大家,古文、诗赋、书画无一不精。他作诗力求"苦心为诗,唯求高绝,不务奇丽,不涉习俗,不今不古,处于中间"(杜牧《献诗启》)。当时人评其诗"情致豪迈,人号为'小杜',以别杜甫"(《新唐书》本传)。宋人评其诗"风调高华,片言不俗"(蔡絛《蔡伯衲诗评》),"豪而艳,有气概,非晚唐人所能及也"(陈振孙《直斋书录解题》)。

因为晚唐诗风柔靡,杜牧力矫其弊,"恐流于平弱,故措词必拗峭,立意必奇辟"(赵翼《瓯北诗话》)。徐献忠评其诗"含思悲凄,流情感慨,下语精切,含声圆整,而抑扬顿挫之节尤其所长"(《唐诗品》)。有《樊川文集》二十卷,《全唐诗》编其诗八卷。

旅　宿①

杜牧

旅馆无良伴,凝情自悄然②。
寒灯思旧事,断雁警愁眠③。
远梦归侵晓④,家书到隔年⑤。
沧江好烟月,门系钓鱼船。

【注释】　①此诗写旅途的寂寞之感。②悄然:指心情忧郁。③断雁:离群之雁。此指离雁的鸣叫。警:惊醒。④远梦归侵晓:因距家遥远,梦魂归家也要到天破晓时才能到达。侵晓,破晓。⑤家书:家信。

许　浑

许浑(生卒年不详),字用晦,一字仲晦,润州丹阳(今属江苏)人。大和六年(832)进士,任当涂令。后当过监察御史,润州司马,睦州、郢州刺史。许浑多作律诗,尤工于七律,在晚唐"以精密俊丽见称"(徐献忠《唐诗品》)。《宣和书谱》评曰:"浑作诗似杜牧,俊逸不及而美丽过之。"其七律诗圆熟工巧,"格律匀称,工夫极细"(周咏棠《唐贤小三昧集续集》),田雯曰:"声调之熟,无如浑者。"(《古欢堂集杂著》)故为后世学诗者奉为样板。有自编《丁卯集》三卷,《全唐诗》编其诗十一卷。

秋日赴阙题潼关驿楼①

许浑

红叶晚萧萧,长亭酒一瓢②。
残云归太华③,疏雨过中条④。
树色随关迥⑤,河声入海遥。
帝乡明日到⑥,犹自梦渔樵⑦。

【注释】　①此诗写赴京述职考选将近都城时的心境。阙:宫门前的望楼,此处代指都城长安。潼关:在今陕西潼关县。驿楼:即驿站。②长亭:此泛指路边亭舍。古时大道旁十里设一长亭,五里设一短亭,作为旅客休歇之所,与驿站有共同之处。③太华:即华山。此处为与附近的少华山相区别。故称太华。④中条:据《括地志》,蒲州河东县雷首山,一名中条山,在今山西永济市,处于太行山与华山之间。⑤迥:远。⑥帝乡:指都城长安。⑦渔樵:捕鱼打柴,指隐居生活。

蝉①

李商隐

本以高难饱,徒劳恨费声②。
五更疏欲断,一树碧无情③。
薄宦梗犹泛④,故园芜已平⑤。
烦君最相警⑥,我亦举家清⑦。

【注释】　①此诗是作者借孤穷悲鸣之寒蝉,寄寓自己穷困潦倒、漂泊无依的悲愤心情。②"本以"二句:蝉身居高树,难以饱腹,虽然恨声悲鸣,却也只是徒劳。高难饱,古人认为,蝉是栖息高树,餐风饮露的,故说"高难饱"。③"五更"二句:寒蝉悲鸣彻夜,至五更时,稀疏几声,已近断绝,而绿树则无动于衷,无情相待。④薄宦:官职卑微。梗犹泛:典出《战国策·齐策》:土偶人对桃梗说:"今子东国之桃梗也,刻削子以为人,降雨下,淄水至,流子而去,则子漂漂者将何如耳。"后以梗泛比喻漂泊无依。梗,树枝。⑤故园芜已平:故园已荒芜,透露出欲归不得的意蕴。芜已平,杂草丛生,已平膝没胫,覆盖了田园。⑥君:指蝉。警:提醒。⑦举家清:全家清贫。"清"字又有操守清高之意。

风　雨①

李商隐

凄凉《宝剑篇》②,羁泊欲穷年③。
黄叶仍风雨,青楼自管弦④。
新知遭薄俗,旧好隔良缘⑤。
心断新丰酒⑥,销愁斗几千⑦?

【注释】　①此诗是作者自伤身世,慨叹飘零沦落,怀才不遇的苦闷,当作于大中十一年(857)游江东时。②《宝剑篇》:一名《古剑篇》。唐代名将郭震所作,借宝剑埋尘喻才士沦落飘零,抒发抑郁不平之气。郭震少有大志,武则天闻其名,征见,令录旧文,震献《古剑篇》,得以升擢。③羁泊:羁旅漂泊。穷年:终年。④"黄叶"二句:自己如风雨中黄叶般飘零,而豪富之家却在歌舞取乐。仍,更。青楼,指富家高楼。⑤"新知"二句:新知遭受世俗的非难,旧友也良缘阻隔,关系疏远。新知,新交的知己。薄俗,浅薄世俗。旧好,旧日的好友。⑥心断新丰酒:自己再不会有马周那样的幸遇了。心断,犹绝望。新丰酒,典出《新唐书·马周传》:马周游长安,宿新丰旅店,遭店主慢待,便取酒独饮。后马周得唐太宗赏识,授监察御史。⑦销愁斗几千:想用新丰美酒消愁,又不知道这酒值多少钱了。斗几千,一作"又几千"。王维《少年行》有"新丰美酒斗十千"一句,言酒价极贵。

落　花①

李商隐

高阁客竟去②,小园花乱飞。
参差连曲陌③,迢递送斜晖④。
肠断未忍扫,眼穿仍欲归⑤。
芳心向春尽⑥,所得是沾衣⑦。

【注释】　①此诗借落花以寓慨身世。②竟:终于。③参差:形容花影之错落迷离。曲陌:弯曲的小路。④迢递送斜晖:花瓣在夕阳下随风飘得很远。迢递,遥远的样子。斜晖,斜阳。⑤眼穿仍欲泪:望眼欲穿盼来了春天,可春天仍要归去。⑥芳心:指花,又指惜花之心。⑦沾衣:眼泪。

凉　思①

李商隐

客去波平槛②,蝉休露满枝③。
永怀当此节④,倚立自移时⑤。
北斗兼春远⑥,南陵寓使迟⑦。
天涯占梦数⑧,疑误有新知⑨。

【注释】　①此诗是李商隐寓使南陵时,怀人思归之作。②槛:栏杆。③蝉休:蝉停止鸣叫,指夜深了。④永怀:长久思念。节:季节。此指秋季。⑤移时:季节更替。⑥北斗兼春远:友人远在北斗星下,与逝去的春天一样遥远。兼,与。⑦南陵:唐宣城县(今安徽宣城市)。寓使:因出使而流寓异地。⑧占梦:即圆梦,据梦中见闻预测人事吉凶。数:多次。⑨疑误:错误地怀疑。

北青萝①

李商隐

残阳西入崦②,茅屋访孤僧。
落叶人何在,寒云路几层。
独敲初夜磬③,闲倚一枝藤④。
世界微尘里⑤,吾宁爱与憎⑥。

【注释】　①此诗写作者在北青萝访孤僧事。北青萝:地名,在王屋山中。②崦:指崦嵫山。《山海经》里记载,崦嵫山是日落之地。③初夜:夜之初。磬:寺庙中的一种钵状铜乐器。④藤:藤制手杖。⑤世界微尘里:此句是说,大千世界都在小小的微尘之中,为佛家常语。《法华经》:"譬如有经卷,书写三千大千世界事,全在微尘中。"

⑥宁:为什么。爱与憎:《愣严经》曰:"人在世间,直微尘耳,何必拘于憎爱而苦此心也。"

温庭筠

温庭筠(约801~约870),本名岐,字飞卿,太原祁(今山西祁县)人。才情敏捷,每入试,八叉手而成八韵,人号"温八叉"。因恃才傲物,放浪不羁,又好讥权贵,故屡试不第,仕途坎坷,仅当过隋县尉、方城尉等小官,官终国子助教,世称"温助教"。温庭筠诗与李商隐齐名,时号"温李"。为诗华艳绮丽,"调多清逸,语多闲婉"(许学夷《诗源辨体》)。其乐府歌行"似学长吉"(胡震亨《唐音癸签》),近体诗则颇近李商隐。贺裳评论其诗较公允:"大抵温氏之才,能瑰丽而不能澹远,能尖新而不能雅正,能矜饰而不能自然;然警慧处,亦非流俗浅学所易及。"(《载酒园诗话又编》)有《温飞卿集》七卷,别集一卷。《全唐诗》编其诗九卷。

送人东游①
温庭筠

荒戍落黄叶②,浩然离故关③。
高风汉阳渡,初日郢门山④。
江上几人在,天涯孤棹还。
何当重相见⑤,樽酒慰离颜⑥。

【注释】 ①东游:一作"东归"。此诗为送友人还乡的送别之作。②荒戍:废弃的营垒。③故关:指故乡。④"高风"二句:在汉阳渡下船,乘着秋日之高风,到太阳刚升起时,就到了郢门山了。汉阳渡,在今湖北蔡甸区。郢门山,即荆门山,在今湖北宜都市北、长江南面。⑤何当:何时。⑥樽酒:即杯酒。樽,古时盛酒之具。

马　戴

马戴(生卒年不详),字虞臣,曲阳(今江苏东海)人。会昌四年(844)登进士第。大中年间,在太原军幕府为掌书记,后又贬为朗州龙阳尉。官终太学博士。马戴与姚合、贾岛等诗人友善,他的诗"优游不迫,沉着痛快"(辛文房《唐才子传》),"在晚唐诸人之上"(严羽《沧浪诗话》)。马戴尤长五律,"不坠盛唐风格"(杨慎《升庵诗话》),"直可与盛唐诸贤侪伍"(翁方纲《石洲诗话》)。有《马戴诗》一卷,《全唐诗》编其诗二卷。

楚江怀古①
马戴

露气寒光集,微阳下楚丘②。

猿啼洞庭树③，人在木兰舟④。

广泽生明月⑤，苍山夹乱流。

云中君不见⑥，竟夕自悲秋⑦。

【注释】　①题下原有诗三首，此为其一。作于宣宗初年贬龙阳尉途经洞庭时。借怀古写莫名的烦愁。楚江：此指湘江。②楚丘：楚地之山。③洞庭：洞庭湖，在湖南北部。④木兰舟：木兰木制的舟。《述异记》载："木兰洲在浔阳江中，多木兰树，七里洲中有鲁班刻木兰为舟，舟至今在洲中。"《楚辞》中多有"兰舟"之称。⑤广泽：广大的水域，指洞庭湖。⑥云中君：《楚辞·九歌》有《云中君》一篇，为祭祀云神之作。此即指云神。⑦竟夕：终夜。

张　乔

张乔（生卒年不详），字伯迁，池州（今安徽贵池）人。咸通年间应进士举，其诗擅场。与许棠、郑谷等被誉为"咸通十哲"。黄巢兵起后，归隐九华山。《唐摭言》中称其"诗句清雅，复无与伦"。胡震亨谓其"吟价颇高，如《听琴》之幽淡，《送许棠》之惊耸，亦集中翘英"（《唐音癸签》）。有《张乔诗集》二卷，《全唐诗》编其诗二卷。

书边事①
张乔

调角断清秋②，征人倚戍楼③。

春风对青冢④，白日落梁州⑤。

大漠无兵阻，穷边有客游。

蕃情似此水，长愿向南流⑥。

【注释】　①此诗是作者游边塞时所作。书：写。边：边地。②调角：吹角。角，军中乐器。③戍楼：兵士戍防的城楼。④青冢：指昭君墓，在今内蒙古呼和浩特西南。据说塞外草枯，只有昭君墓上草色青青，故又名青冢。⑤梁州：在今陕西南郑。此泛指边塞地域。⑥"蕃情"二句：以南流之水比喻蕃情，希望吐蕃能长久地归附中央政权。蕃情，指吐蕃人的心情。蕃，指吐番，古代藏族建立的地方政权。

崔　涂

崔涂（生卒年不详），字礼山，睦州桐庐（今属浙江）人。光启四年（888）登进士第。他家境贫寒，一生四处漂泊，因而其诗多羁旅离怨之作。辛文房称其诗"深造理窟，端能竦动人意；写景状怀，往往宣陶肺腑"（《唐才子传》）。他的律诗较佳，徐献忠谓"音节虽促，而兴致颇多；身遭乱梗，意殊凄怅。虽喜用古事，而不见拘束"（《唐诗品》）。有《崔涂诗》一卷，《全唐诗》编其诗一卷。

除夜有怀①

崔涂

迢递三巴路②,羁危万里身③。
乱山残雪夜,孤独异乡人。
渐与骨肉远④,转于僮仆亲。
那堪正飘泊,明日岁华新⑤。

【注释】　①此诗一题作《巴山道中除夜书怀》。此诗写客中度除夕的离愁乡思。除夜:除夕之夜。②迢递:形容遥远。三巴:古称巴郡、巴东、巴西为三巴,在今四川东部。③羁危:指流落于危险的蜀道上。④骨肉:指家中亲人。⑤明日岁华新:意为明天就是新年了。岁华,年华。

杜荀鹤

　　杜荀鹤(846~904),字彦之,号九华山人,池州石埭(今安徽石台)人。累举进士不第,归隐山中。大顺二年(891)登进士第,当过主客员外郎、知制诰,充翰林学士。杜荀鹤有诗名,辛文房曰:"荀鹤苦吟,平生所志不遂,晚始成名,况丁乱世,殊多忧惋思虑之语,于一觞一咏,变俗为雅,极事物之情,足丘壑之趣,非易能及者也。"(《唐才子传》)胡震亨形容其诗"以衰调写衰代,事情亦真切"(《唐音癸签》)。有《杜荀鹤文集》三卷,《全唐诗》编其诗三卷。

春宫怨①

杜荀鹤

早被婵娟误,欲妆临镜慵②。
承恩不在貌③,教妾若为容④。
风暖鸟声碎,日高花影重。
年年越溪女,相忆采芙蓉⑤。

【注释】　①此诗一说是周朴所作。作者借咏宫怨,寄托自己幽寂郁闷之情。②"早被"二句:因貌美而入宫中却耽误了青春,连梳妆镜都懒得照了。婵娟,容貌美丽。慵,懒。③承恩:指得皇帝宠爱。④若为容:怎样梳妆打扮。⑤"年年"二句:西施由浣女而入宫为妃,倒是那些女伴,年年想起一同采芙蓉的快乐。越溪女,指西施。《方舆胜览》:若耶溪,一名越溪,西施采莲于此。王维《西施咏》有"朝为越溪女,暮作吴官妃"。此指与西施一起浣纱的女伴。芙蓉,荷花。

韦　庄

　　韦庄(约836~910),字端己,京兆杜陵(今陕西西安)人,韦应物四世孙。乾宁元年(894)进士,授校书郎。曾奉使入蜀。天复元年(901)再度入蜀,后协助王建称帝,任左散骑常侍、判中书门下事、吏部侍郎、平章事。韦庄在晚唐诗坛是最好的诗人之一,"体近雅正"(胡震亨《唐音癸签》),"律诗虽不甚雄,亦是可讽"(《唐诗选脉会通评林》唐汝询语),"绝句在唐末诸人之上"(许学夷《诗源辨体》)。韦庄景仰杜甫,故其部分诗作"颇似老杜笔力"(余成教《石园诗话》)。韦庄也是晚唐五代重要词人,花间派之代表,与温庭筠齐名,史称"温韦"。有《浣花集》十卷,《全唐诗》编其诗六卷。

章台夜思①

韦庄

清瑟怨遥夜,绕弦风雨哀。
孤灯闻楚角②,残月下章台。
芳草已云暮,故人殊未来③。
乡书不可寄④,秋雁又南回⑤。

【注释】 ①此诗是韦庄在长安时思念远在越中的亲人而作的。章台:故址在今陕西长安,汉时此地为游览胜地。②楚角:楚地曲调的角声。因韦庄思念南方的亲人。故听到的角声也恍然认为奏的是南方的曲调。③故人:老友。殊:绝。④乡书:家信。⑤秋雁又南回:古时有鸿雁传书的传说,此句是羡秋雁能南归,而悲家信之不能寄。

皎　　然

皎然(约720~约800),俗姓谢,字清昼,湖州长城(今浙江长兴)人。开元天宝间应进士试未第,失意出家,居润州长干寺。后居湖州杼山妙喜寺。交游广泛,诗名颇著。其诗"清机逸响,闲淡自如"(胡震亨《唐音癸签》),"极于缘情绮靡,故辞多芳泽;师古兴制,故律尚清壮"(于頔《释皎然杼山集序》)。故而在唐代诗僧中,皎然是最为杰出的。他还撰有《诗式》五卷,为系统的诗论专著,总结了中国古典诗歌创作和评论的一些重要原则。有《杼山集》(一作《皎然集》)十卷,《全唐诗》编其诗七卷。

寻陆鸿渐不遇①

皎然

移家虽带郭②,野径入桑麻。
近种篱边菊,秋来未著花。
扣门无犬吠,欲去问西家。
报道山中去③,归来每日斜。

【注释】 ①此诗为访迁居好友而不遇所作。陆鸿渐:陆羽,字鸿渐,竟陵(今湖北天门)人。隐居苕溪,著有《茶经》。后被奉为茶神。②带郭:指乡间靠近城墙之地。郭,城墙。③报道:回答道。

七言律诗

七言律诗,简称"七律",近体诗的一种,源于七言古体。起源于南北朝,成熟于唐初,至杜甫臻至炉火纯青。格律严密,每首八句四韵或五韵,每句七个字,中间两联必须对仗,第二、四、六、八句押韵,首句可押可不押,七言律诗首句入韵为正格,不入韵是变格。通常押平声韵。其押韵的音韵标准为中古音韵系统,即南北朝至隋唐时期汉语的语音。根据其平仄,定格为四式:首句平起入韵式、首句平起不入韵式、首句仄起入韵式、首句仄起不入韵式。

七言律诗则是最具宋诗"筋骨思理"(钱钟书《谈艺录》)的诗歌体裁,也是中国古典诗歌最成熟的一种体裁,为唐以后历代文人最为倾心,可以充分表达诗人强烈的主观感受。有唐一代,七律圣手有王维、杜甫、李商隐、刘长卿等。

崔 颢

崔颢(约704~754),汴州(今河南开封)人。开元十一年(723)进士及第。曾入河东军幕,后任太仆寺丞、司勋员外郎。崔颢"名重当时"(《新唐书·杜佑传》),其诗"气格奇俊,声调倩美"(徐献忠《唐诗品》),边塞之作"风骨凛然"(殷璠《河岳英灵集》),其乐府歌行富赡委婉,情致真切。尤其是《黄鹤楼》诗,极负盛名,严羽评为唐人七律之首(《沧浪诗话》)。有《崔颢诗》一卷,《全唐诗》编其诗一卷。

黄鹤楼①
崔颢

昔人已乘黄鹤去②,此地空馀黄鹤楼。
黄鹤一去不复返,白云千载空悠悠。
晴川历历汉阳树③,芳草萋萋鹦鹉洲④。
日暮乡关何处是⑤?烟波江上使人愁。

【注释】 ①此诗写登黄鹤楼之所见及引发的乡愁,被誉为题黄鹤楼之绝唱。黄鹤楼:在今湖北武汉黄鹤山西北黄鹤矶上,面江而立。传说是因仙人王子安乘黄鹤路经此地而得名。②昔人:指传说中的仙人。③历历:分明的样子。汉阳:在今武昌西北,与黄鹤楼隔江相望。④萋萋:草茂盛的样子。鹦鹉洲:长江中的小沙洲,在武汉市西南长江中,相传因东汉祢衡曾作《鹦鹉赋》而得名。⑤乡关:故乡。

祖 咏

祖咏(生卒年不详),洛阳(今属河南)人。开元十二年(724)进士。颇有文名,与王维、储光羲、王瀚等唱和。所作多山水田园诗,凝练精致。殷璠评其诗"剪刻省净,用思尤苦,气虽不高,调颇凌俗"(《河岳英灵集》)。有《祖咏诗》一卷,《全唐诗》编其诗一卷。

望蓟门①

祖咏

燕台一去客心惊②,笳鼓喧喧汉将营③。
万里寒光生积雪,三边曙色动危旌④。
沙场烽火侵胡月⑤,海畔云山拥蓟城⑥。
少小虽非投笔吏⑦,论功还欲请长缨⑧。

【注释】　①此诗是祖咏唯一的一首边塞诗,勾画蓟门的山川形胜,写出雄伟阔大的意象。蓟门:蓟门关,在今北京市。②燕台:即幽州台。一名蓟北楼。相传燕昭王在此筑黄金台以招揽天下贤士。③汉将营:指唐将军营。④三边:古称幽、并、凉三州为三边。危旌:高扬的旗帜。⑤胡月:指边地之月。⑥海畔:因蓟门关地近渤海,故称海畔。蓟城:即蓟门关。⑦投笔吏:典出《后汉书·班超传》。班超原为抄写文书的小吏,一天投笔叹道:"大丈夫无它志略,犹当效傅介子、张骞立功异域,以取封侯,安能久事笔研间乎?"⑧论功:指论功封赏。请长缨:典出《汉书·终军传》。终军出使南越,对汉武帝说:"愿受长缨,必羁南越王而致之阙下。"即说用一根长绳把南越王牵来。此句与上句表达愿从军报国的志向。

崔　曙

崔曙(? ~739),一作崔署,原籍博陵(今河北安平),寓居宋州(今河南商丘)。开元二十六年(738)进士及第,为河内尉。有诗名,与薛据友善。殷璠选其诗六首入《河岳英灵集》,并评论曰:"署诗多叹词要妙,清意悲凉,送别、登楼,俱堪泪下。"有《崔曙集》一卷,《全唐诗》存其诗一卷。

九日登望仙台呈刘明府①

崔曙

汉文皇帝有高台,此日登临曙色开。
三晋云山皆北向②,二陵风雨自东来③。
关门令尹谁能识④,河上仙翁去不回⑤。
且欲近寻彭泽宰⑥,陶然共醉菊花杯⑦。

【注释】　①此诗为重阳怀古投赠之作。九曰:指九月九日重阳节,古时有登高赏菊之旧俗。《西京杂记》卷三:"九月九日,佩茱萸、食蓬饵、饮菊花酒,令人长寿。"望仙台:汉文帝所筑,在今陕西峡县。据《神仙传》记载:"河上公授文帝《老子》而去,失所在,帝于西山筑台望之。"刘明府:其人不详。明府,县令的尊称。②三晋:战国时晋国被韩、赵、魏三家所分,后称此三国为三晋,地属今山西、河南北部、河北西部地区。③二陵:殽山的南陵北陵合称二陵,在今河南洛宁县北。据《左传·僖公十三年》记载,南陵是夏后皋之墓,北陵是周文王避风雨之所在。④关门令尹:此即指关尹子,名喜,为函谷关掌关门的官吏。据说老子至关,关尹子留他著书,成《道德经》授之。后关尹子也随他而去。⑤河上仙翁:即河上公,晋人葛洪把他写入《神仙传》中。⑥彭泽宰:指陶渊明。他曾任彭泽县令,因不愿为五斗米折腰,挂冠而去。此处借指刘明府。⑦共醉菊花杯:据《南史·隐逸传》记载,陶渊明辞官后,家贫,九九重阳节时无酒,便在屋边菊丛中久坐,逢王宏送酒至,大醉而归。

送魏万之京①

李颀

朝闻游子唱骊歌②,昨夜微霜初度河。
鸿雁不堪愁里听,云山况是客中过③。
关城曙色催寒近④,御苑砧声向晚多⑤。
莫见长安行乐处,空令岁月易蹉跎⑥。

【注释】 ①此诗为送别之作,除写离情还致良友规勉之意。魏万:又叫魏颢,上元初登第,诗人,曾为李白集作序,为李白之友。之:往。②游子:指魏万。离歌:告别之歌。③况是:更何况是。客中:客游四方途中。④关城:指潼关城。⑤御苑:皇家宫苑,此指长安城。砧声:捣衣声。⑥"莫见"二句:不要因为长安城是行乐之地,就让岁月白白浪费掉。蹉跎,虚度。

积雨辋川庄作①

王维

积雨空林烟火迟②,蒸藜炊黍饷东菑③。
漠漠水田飞白鹭,阴阴夏木啭黄鹂④。
山中习静观朝槿⑤,松下清斋折露葵⑥。
野老与人争席罢⑦,海鸥何事更相疑⑧。

【注释】 ①此诗描写雨后辋川庄清幽的景色和纯朴的生活。积雨:久雨。庄:别墅。②烟火迟:因久雨后,故烟火之燃徐缓。③藜:一种野菜。黍:黄米。饷东菑:把饭送到东边新开的田地里。菑,新开一年的土地。④夏木:大树。⑤习静:道家静坐守一的方法。观朝槿:静观槿花,可以体悟人生短暂、荣枯无常之理。朝槿,木槿花早开午谢,故称朝槿。⑥清斋:素食之意。《旧唐书·王维传》载:"维弟兄俱奉佛,居常素食,不茹荤血,晚年长斋,不衣文彩。"露葵:葵菜有"百菜之主"之称。此指新鲜蔬菜。⑦野老:王维自称。争席罢:是说自己已没有倨傲损人之心,已与世无争。争席,典出《庄子·寓言》。杨朱倨傲骄矜,自见老子之后,学会了谦恭礼敬,人们也敢于与他争座席了。⑧海鸥何事更相疑:我已无好胜损人之心,海鸥为什么还怀疑我呢?海鸥,典出《列子·黄帝》。有海边好鸥者,每天与海鸥相亲。后其父要他捉海鸥来玩,第二天,海鸥再也不与他亲近了。

蜀　相①

杜甫

丞相祠堂何处寻?锦官城外柏森森②。
映阶碧草自春色③,隔叶黄鹂空好音④。
三顾频烦天下计⑤,两朝开济老臣心⑥。
出师未捷身先死⑦,长使英雄泪满襟!

【注释】　①此诗是杜甫于上元元年(760)初到成都游武侯祠时所作。蜀相:指诸葛亮。刘备在蜀即帝位后,以诸葛亮为丞相。②锦官城:成都别名,古代成都以产锦著名,设专官管理,故称。武侯祠在成都城南门外,晋代李雄在成都称王时所建。③自春色:自呈春色。④空好音:空作好音。⑤三顾:诸葛亮隐居襄阳隆中,刘备三请方出。顾,访问。频烦,多次烦劳。⑥两朝:指蜀汉刘备、刘禅两朝。开济:指诸葛亮佐刘备开国,助刘禅继业。⑦出师:出兵伐魏。建兴十二年(234),诸葛亮兴师伐魏,出斜谷据五丈原,与魏司马懿相拒百余日。八月,病死军中。

客　至①

杜甫

舍南舍北皆春水②,但见群鸥日日来。
花径不曾缘客扫,蓬门今始为君开③。
盘飧市远无兼味④,樽酒家贫只旧醅⑤。
肯与邻翁相对饮⑥,隔篱呼取尽馀杯⑦。

【注释】　①原诗自注:"喜崔明府相过。"过:访问。此诗是杜甫在上元二年(761)作于成都草堂。写客人来访的村野日常生活细事,流露出真率、闲适的情怀。客:指崔明府。唐人称县令为明府。②舍:指草堂。③"花径"二句:意谓来宾稀少,也写客来欣悦之情。缘客扫,因为有客来而打扫。④盘飧:泛指菜肴。飧,熟菜。市远:远离集市。无兼味:指菜少。兼味,多种味道。⑤樽:酒器。旧醅:隔年陈酒。⑥肯:能否之意。⑦呼取:唤来。尽馀杯:一同干杯。

野　望①

杜甫

西山白雪三城戍②,南浦清江万里桥③。

海内风尘诸弟隔④，天涯涕泪一身遥。
惟将迟暮供多病，未有涓埃答圣朝⑤。
跨马出郊时极目⑥，不堪人事日萧条⑦。

【注释】　①诗作于上元二年(761)。此诗写野望所见和忧家忧国的愁绪。②西山：即雪岭，在成都西面，终年积雪，是岷山主峰。三城：指松(今四川松潘)、维(故城在今四川理县西)、保(故城在理县新保关西北)三州。此三城为蜀边要镇，为防吐蕃侵犯，有兵戍守。③清江：锦江，在城外南郊。万里桥：在成都城南，相传诸葛亮送费祎访问吴国时说："万里之行，始于此桥。"故名。④风尘：指战乱不息。诸弟隔：与诸弟分隔。杜甫有四弟，此时唯杜占随他入蜀，另三弟散在各地。⑤"惟将"二句：只有将不多的余生交给时时发作的各种疾病了，却没有一点点报答国家。迟暮，时杜甫五十岁，故称迟暮。多病，时杜甫身患肺病、疟疾、头风等多种疾病。涓埃，一点点、丝毫。涓为细流，埃为微尘。⑥极目：放眼远望。⑦人事：世事。

闻官军收河南河北①

杜甫

剑外忽传收蓟北②，初闻涕泪满衣裳。
却看妻子愁何在③？漫卷诗书喜欲狂④。
白日放歌须纵酒⑤，青春做伴好还乡⑥。
即从巴峡穿巫峡，便下襄阳向洛阳⑦。

【注释】　①此诗作于广德元年(763)春，杜甫在梓州(今四川三台县)。这一年正月，史思明之子史朝义兵败而死，其部将田承嗣、李怀仙归降，河南、河北地区相继收复，安史之乱终于结束。此诗叙写闻听光复蓟北的喜悦和还乡的愉快。②剑外：剑门以南地区称剑外，即蜀地。收：收复。蓟北：河北北部地区。③却看：回头看。妻子：妻子儿女。④漫卷：随手卷起。⑤放歌：放声歌唱。纵酒：纵情饮酒。⑥青春：明媚春色。⑦"即从"二句：这是杜甫想象中的还乡路线。巴峡，指在今重庆嘉陵江之巴峡，俗称"小三峡"。巫峡，三峡之一，在今重庆市巫山县。襄阳，今湖北襄阳区。杜甫先世为襄阳人。洛阳，杜甫家在洛阳。"洛阳"句下原注云："余有田园在东京。"

阁　夜①

杜甫

岁暮阴阳催短景②，天涯霜雪霁寒宵③。
五更鼓角声悲壮④，三峡星河影动摇⑤。
野哭几家闻战伐⑥，夷歌数处起渔樵⑦。
卧龙跃马终黄土⑧，人事音书漫寂寥⑨。

【注释】　①此诗是大历元年(766)冬，杜甫寓居夔州西阁时所作。抒写伤乱思乡之慨。②阴阳：指日月。短景：冬季日短，故称短景。③霁寒宵：指雪后寒冷的夜空十分晴朗。霁，雨过天晴曰霁。④鼓角：更鼓与号角。⑤三峡星河影动摇：银河星辰之影随三峡之水而摇动。一写江中夜景，另亦暗喻战乱未已。三峡，长江之瞿塘峡、巫峡、西陵峡。夔州之东即为瞿塘峡。星河，银河。古时认为天上星辰位置动摇往往是有战事的征兆。⑥野哭几家闻战伐：从几家野哭声中能感到战争的存在。战伐，指此时蜀中崔旰、郭英义、杨子琳等的混战。⑦夷歌：当地少数民族之歌。起渔樵：起于渔人樵夫之中。即渔樵都唱夷歌，足见夔州之偏远。⑧卧龙：诸葛亮又号卧龙先生。跃马：指公孙述。公孙述在西汉末年乘乱据蜀，称白帝。晋左思《蜀都赋》有"公孙跃马而称帝"句。二人在夔州都有祠庙。⑨人事音书：指仕途生涯与亲朋消息。漫寂寥：任其寂寞寥落。

咏怀古迹五首①

杜甫

其一

支离东北风尘际，漂泊西南天地间②。
三峡楼台淹日月，五溪衣服共云山③。
羯胡事主终无赖④，词客哀时且未还⑤。
庾信平生最萧瑟，暮年诗赋动江关⑥。

【注释】　①此是杜甫作于大历元年（766）的一组七律连章诗，五首分咏五处古迹，一指江陵的庾信宅，二指归州（今湖北秭归）的宋玉宅，三指归州的昭君村，四、五分指夔州的先主庙和武侯祠。杜甫由古迹而追怀古人，又由古人而抒发一己之怀抱。②"支离"二句：指作者在安史之乱期间，逃离长安，入蜀往来漂泊。支离，流离之意。东北风尘际，指安史之乱时期。③"三峡"二句：意谓作者在三峡、五溪地区都居住过。楼台，泛指房屋。淹日月，指滞留多日。五溪，指雄溪、樠溪、酉溪、沅溪、辰溪，在今鄂贵交界处，为古代少数民族所居住。《后汉书·南蛮传》："武陵五溪蛮，皆槃瓠之后。……织绩木皮，好五色衣服。"④羯胡：指安禄山，亦指反南朝梁的侯景。无赖：狡猾可恶之意。⑤词客：指庾信，也指自己。哀时：感伤时事。未还：指漂泊异乡，不能回家。⑥"庾信"二句：梁朝诗人庾信，字子山，新野（今属河南）人，梁元帝时出使北周，被留不归，常怀乡国之思。作《哀江南赋》曰："将军一去，大树飘零；壮士不还，寒风萧瑟。提挈老幼，关河累年。"有《伤心赋》："对玉关而羁旅，坐长河而暮年。"此处作者把安禄山叛唐比作梁朝侯景叛梁，把自己的乡国之思比作庾信之哀思故乡。

其二

摇落深知宋玉悲①，风流儒雅亦吾师②。
怅望千秋一洒泪，萧条异代不同时③。

国学经典文库

国学经典

诗词经典

图文珍藏版

江山故宅空文藻,云雨荒台岂梦思④。
最是楚宫俱泯灭,舟人指点到今疑⑤。

【注释】 ①宋玉:战国楚人,其所作《楚辞·九辩》:"悲哉,秋之为气也,萧瑟兮草木摇落而变衰。"深知:指杜甫十分理解宋玉悲秋之原因。②风流儒雅:指宋玉的气度和才学。③"帐望"二句:慨叹与宋玉异代相隔近千年,而萧条之感却是相同的。④"江山"二句:宋玉故宅空,只留下盖世文章,所作《高唐赋》难道只是说梦,而没有讽劝君王之意吗?故宅,指宋玉宅。空文藻,枉留下文采。云雨荒台,宋玉曾作《高唐赋》:昔先王尝游高唐,梦见一妇人曰:"妾巫山之女也。"王因幸之。去而辞曰:"妾在巫山之阳,商丘之岨,旦为行云,暮为行雨;朝朝暮暮,阳台之下。"阳台山,在今重庆市巫山县。岂梦思,难道是梦中的思绪。⑤"最是"二句:最叫人感慨的是,当年的楚宫今天都已片瓦不存,船夫们驾船经过这里,指点旧址,还有怀疑。

其三

群山万壑赴荆门①,生长明妃尚有村②。
一去紫台连朔漠③,独留青冢向黄昏④。
画图省识春风面,环珮空归月夜魂⑤。
千载琵琶作胡语,分明怨恨曲中论⑥。

【注释】 ①荆门:荆门山。《水经·江水注》:"江水东历荆门虎牙之间。荆门山在南,上合下开,其状似门。"②明妃:王昭君,汉元帝时宫人;晋时为避司马昭名讳而改称明妃。尚有村:昭君村在归州东北四十里,唐时还留有昭君故居遗址,故说"尚有村"。③紫台:帝王之宫。朔漠:北方沙漠。④青冢:即昭君墓,在今内蒙古呼和浩特西南。汉元帝时,朝廷与匈奴和亲,把宫人王昭君嫁给匈奴呼韩邪单于,从此再也没有回来,死在沙漠匈奴中。⑤"画图"二句:靠画图怎么能知道昭君的美貌呢?使得昭君葬身沙漠,只有魂魄随着月夜归来。省识,认识。春风面,指美貌。据《西京杂记》载:"元帝后宫既多,使画工图形,按图召幸之。宫人皆略画工,昭君自恃其貌,独不肯与,工人乃丑图之,遂不得见。后匈奴入朝求美人,上案图以昭君行。及去,召见,貌为后宫第一。帝悔之,而重信于外国,故不复更人。乃穷案其事,画工毛延寿弃市。"环珮,指妇女的装饰品,此借指昭君。⑥"千载"二句:千年来流传的《昭君怨》虽然是胡人音乐的风格,但曲中幽怨怅恨的乡思还是听得很清楚的。相传王昭君在匈奴曾作怨思之歌,后人名为《昭君怨》。作胡语,琵琶为西域胡人乐器,所秦皆为胡音。曲中论,曲中所倾诉之意。

其四

蜀主窥吴幸三峡①,崩年亦在永安宫②。
翠华想像空山里③,玉殿虚无野寺中④。
古庙杉松巢水鹤⑤,岁时伏腊走村翁⑥。
武侯祠屋常邻近⑦,一体君臣祭祀同⑧。

【注释】 ①蜀主:指刘备。窥吴:对东吴有企图。幸:旧称帝王驾临曰幸。②崩:旧称帝王死亡曰崩。永安宫:三国蜀汉章武二年(222),刘备率蜀军经三峡攻东吴,被陆逊击溃,退至鱼复(今重庆市奉节)白帝城,改鱼复为永安,建永安宫居之,次年四月病死。③翠华:皇帝的仪仗。④玉殿:此句下有原注:"殿今为卧龙寺,庙在宫东。"则唐时永安宫已变成荒凉的寺庙了。⑤巢:筑窝。水鹤:鹤为水鸟,故称。⑥岁时:一年中的节日。伏腊:古代两种祭祀的名称,伏在六月,腊在十二月。"岁时"以上四句是说,当年刘备在此建宫驻跸的情景依稀还能想见,而现在玉殿已不复存在,变成山间寺庙了。鹤鸟在寺旁林中建窝筑巢,每逢节日还有老乡来这里祭祀。⑦武侯祠:诸葛亮封武乡侯,其武侯祠与先主庙相邻。⑧一体君臣:刘备诸葛亮君臣和谐,视如一体。祭祀同:一同接受后人的祭祀。

其五

诸葛大名垂宇宙,宗臣遗像肃清高①。
三分割据纡筹策,万古云霄一羽毛②。
伯仲之间见伊吕③,指挥若定失萧曹④。
运移汉祚终难复,志决身歼军务劳⑤。

【注释】 ①宗臣:为后世所敬仰的重臣。《三国志·蜀志·诸葛亮传》注引张俨《默记》:"亦一国之宗臣,霸主之贤佐也。"肃清高:为其清高的节操而肃然起敬。②"三分"二句:诸葛亮以其出色的谋略导致了三分天下,他就像千百年来仅见的鸾凤翱翔在云霄。三分割据,指魏蜀吴三国鼎立。纡筹策,周密的筹划谋略。羽毛,指鸾凤。③伯仲之间:意谓不相上下。伊吕:指商之伊尹和周之吕尚,皆为辅佐贤主开基立国的名相。④失萧曹:意谓萧曹有所不及。萧曹,指辅佐汉高祖的萧何、曹参,皆一代名臣。⑤"运移"二句:不可抗拒的气运转移,再不护佑汉朝,诸葛亮终究难以复兴汉室,虽然他志向坚定,但终因军务繁杂,积劳成疾,不治而亡。运,指气运。汉祚,指汉朝的国统。祚,帝位。身歼,死亡。

长沙过贾谊宅①

刘长卿

三年谪宦此栖迟②,万古惟留楚客悲③。
秋草独寻人去后,寒林空见日斜时④。
汉文有道恩犹薄⑤,湘水无情吊岂知⑥。
寂寂江山摇落处⑦,怜君何事到天涯⑧。

【注释】 ①刘长卿曾两度被贬,此诗当作于贬谪江西以后,以吊古而自伤。贾谊宅:西汉贾谊曾被贬为长沙王太傅。据《太平寰宇记》称,贾谊宅在县南六十步。②三年谪宦:贾谊为长沙王太傅三年。栖迟:逗留。③楚客:指贾谊。④寒林空见日斜时:据《史记·屈原贾生列传》记载,贾谊在长沙时,有鸮飞入居室,自以为不祥,乃作《鹏鸟赋》,有"庚子日斜兮,鹏集予舍"和"野鸟入室兮,主人将去"之句。作者在此处化用其语,即景写心。⑤汉文:汉文帝,他虽有明君之称,仍不能重用贾谊。⑥岂知:哪里知道。贾谊渡湘水时,曾作赋吊屈原。⑦摇落:秋景荒凉。⑧君:作者自指。到天涯:指被贬到极远的地方。

自夏口至鹦鹉洲夕望岳阳寄源中丞①

刘长卿

汀洲无浪复无烟②,楚客相思益渺然③。
汉口夕阳斜渡鸟④,洞庭秋水远连天。
孤城背岭寒吹角⑤,独树临江夜泊船。
贾谊上书忧汉室,长沙谪去古今怜⑥。

【注释】 ①此诗作于刘长卿被贬,途经汉水时,抚景感怀。夏口:今湖北武昌。鹦鹉洲:在今武汉西南长江中,因东汉祢衡在此做《鹦鹉赋》而得名。岳阳:今属湖南。源中丞:即源休,曾任御史中丞,后贬岳州(今湖南岳阳)。②汀洲:指鹦鹉洲。③楚客:作者自指。④汉口:汉水入长江处。⑤孤城:指汉阳城。⑥"贾谊"二句:用贾谊故事。西汉贾谊心系汉室,向汉文帝上书,言辞激烈,被贬为长沙王太傅。此处,刘长卿自比贾谊,内心凄苦。

赠阙下裴舍人①

钱起

二月黄鹂飞上林②,春城紫禁晓阴阴③。
长乐钟声花外尽④,龙池柳色雨中深⑤。
阳和不散穷途恨⑥,霄汉常悬捧日心⑦,
献赋十年犹未遇⑧,羞将白发对华簪⑨。

【注释】 ①此诗为诗人赴京求官献诗裴舍人以期荐引之作。阙下:即宫阙之下,此指朝廷。裴舍人:其人不详。舍人,中书舍人,专掌草诏传旨之职。②上林:上林苑,秦汉时皇家官苑,在今陕西西安市。此指唐宫苑。③紫禁:指皇宫。古时星象学家把天上紫微星座比作皇帝居处,故有称皇宫为"紫宫"。又皇宫禁卫森严,非人可随意出入,又称"宫禁"。合二称即为"紫禁"。④长乐:长乐宫为汉宫殿名,此借指唐宫。花外尽:指钟声在花丛中渐渐消散。⑤龙池:在唐宫中,唐中宗时因称有云龙之祥,故名。⑥阳和:仲春之气。此处喻天子布施恩泽。⑦霄汉:指云空。捧日心:典出《三国志·魏书·程昱传》裴注。程昱年轻时曾梦见自己双手捧日。曹操得知,对他说:"卿当终为吾腹心。"昱原名立,曹操在其上加"日",改为昱。此处指效忠皇帝之心。⑧献赋:向皇帝献辞赋,以示忠诚。古代文人常以献赋为仕途捷径。⑨华簪:指高官华美的冠饰。此指裴舍人。簪，指官吏的冠饰。

寄李儋元锡①

韦应物

去年花里逢君别，今日花开又一年。
世事茫茫难自料，春愁黯黯独成眠②。
身多疾病思田里，邑有流亡愧俸钱③。
闻道欲来相问讯④，西楼望月几回圆⑤。

【注释】①此诗当作于韦应物为滁州刺史任上。因春愁而怀友寄赠。李儋：武威（今甘肃武威）人，曾任殿中侍御史。元锡：字君贶，曾任淄王傅。二人皆韦应物之友。②黯黯：形容心情郁闷。③邑：指滁州属境。流亡：逃亡之灾民。俸钱：指自己所得的薪金。④问讯：探问消息，此为探望之意。⑤西楼：指滁州西楼。

同题仙游观①

韩翃

仙台初见五城楼②，风物凄凄宿雨收③。
山色遥连秦树晚，砧声近报汉宫秋④。
疏松影落空坛静，细草香生小洞幽。
何用别寻方外去⑤，人间亦自有丹丘⑥。

【注释】①此诗描写秋雨后道观的清虚悠远。仙游观：道士潘师正在嵩山逍遥谷所立之道观。②五城楼：据《史记·封禅书》记载："黄帝时为五城十二楼，以候神人于执期，命曰迎年。"后人以"五城楼""十二楼"为神仙之居处。此处即指仙游观。③宿雨：经夜之雨。④砧声：捣衣声。汉宫：也指唐宫。⑤方外：即世外仙居。⑥丹丘：传说中神仙所居，昼夜常明。

皇甫冉

皇甫冉（约717~约770），字茂政，润州丹阳（今属江苏）人，郡望安定（今甘肃泾州）。天宝十五载（755）进士，当过无锡尉、左拾遗、左补阙等。皇甫冉诗名早著，与弟皇甫曾齐名。张九龄爱其所作，称"清颖秀拔，有江、徐之风"。高仲武评其诗"巧于文字，发调新奇，远出情外"（《中兴间气集》）。有《皇甫冉诗集》三卷，《全唐诗》编其诗二卷。

春　思①

皇甫冉

莺啼燕语报新年,马邑龙堆路几千②?

家住层城临汉苑③,心随明月到胡天④。

机中锦字论长恨⑤,楼上花枝笑独眠。

为问元戎窦车骑,何时返旆勒燕然⑥?

【注释】　①此诗写新春时闺中妻子思念征戍在外的丈夫。②马邑:边城名,在今山西朔县西北。龙堆:即白龙堆,在今新疆。③层城:指京城。因京城分内外两层,故称。汉苑:此指唐时皇宫。④胡天:指丈夫征戍之地,即上文马邑、龙堆。⑤机中锦字:典出《晋书·窦滔传》。苻坚时,窦滔为秦州刺史,被徙流沙。其妻苏蕙能文,思念窦滔,织锦为回文诗寄给他,共二百余首,循环反复,皆成文意。机,指织机。锦字,即回文诗。⑥"为问"二句:借东汉窦宪故实,表达盼望丈夫早日立功凯旋的心情。元戎,主将。窦车骑,指东汉车骑将军窦宪。返旆,班师。勒,刻石。燕然,燕然山,即今蒙古国杭爱山。窦宪为车骑将军,大破匈奴,登燕然山,刻石而归。

晚次鄂州①

卢纶

云开远见汉阳城,犹是孤帆一日程②。

估客昼眠知浪静③,舟人夜语觉潮生④。

三湘愁鬓逢秋色⑤,万里归心对月明⑥。

旧业已随征战尽⑦,更堪江上鼓鼙声⑧。

【注释】　①此诗作于安史之乱之后,卢纶做客鄱阳途中,夜泊武昌之时,即景抒怀,寓伤老、思归、厌战的感慨。次:留宿。鄂州:今湖北武汉市武昌。②孤帆:指船。③估客:商人。④舟人:船家。⑤三湘:漓湘、潇湘、蒸湘之总称,在今湖南境内。卢纶此去鄱阳,由武昌南下即入湖南。愁鬓:指鬓发因愁思而变白。⑥归心:思乡之心。⑦旧业:原有的家产。征战:指安史之乱。⑧鼓鼙声:战鼓声。

登柳州城楼寄漳汀封连四州刺史①

柳宗元

城上高楼接大荒②,海天愁思正茫茫。

惊风乱飐芙蓉水③,密雨斜侵薜荔墙④。

岭树重遮千里目,江流曲似九回肠⑤。

共来百越文身地⑥,犹自音书滞一乡⑦。

【注释】 ①唐顺宗永贞元年(805),柳宗元因参加王叔文集团政治革新失败,与刘禹锡等八人一起被贬为州郡司马,史称"八司马"。唐宪宗元和十年(815),其中的五人又另有任命:柳宗元为柳州刺史,韩泰为漳州刺史,韩晔为汀州刺史,陈谏为封州刺史,刘禹锡为连州刺史。此诗是柳宗元初到任时,寄赠其他四人的。柳州:在今广西。漳州:在今福建。汀州:今福建长汀。封州:今广东封川。连州:今广东连州市。②大荒:旷野。③惊风:狂风。飐:吹动。芙蓉水:指生长着荷花的河流。④薜荔墙:爬满薜荔的城墙。薜荔,蔓生植物,又称木莲。⑤九回肠:语本司马迁《报任安书》"肠一日而九回",比喻愁绪萦绕心中。⑥百越:指岭南少数民族地区。文身地:意指蛮荒之地。文身,在身上刺花纹,据古书记载,此地少数民族"文身断发"。⑦音书:音信。滞:阻隔。

西塞山怀古①

刘禹锡

王濬楼船下益州,金陵王气黯然收②。
千寻铁锁沉江底③,一片降幡出石头④。
人世几回伤往事,山形依旧枕寒流⑤。
从今四海为家日,故垒萧萧芦荻秋⑥。

【注释】 ①此诗作于长庆四年(824)由夔州调任和州刺史,途经西塞山时。是一首咏晋、吴兴亡事迹的怀古诗。西塞山:在今湖北大冶市,为长江中流要塞,三国时东吴曾在此设防。②"王濬"二句:王濬出兵益州,吴国都城的王气便黯然消散,国运将终。王濬,字士治,弘农湖县(今河南灵宝)人,官益州刺史。楼船,晋咸宁五年(279),王濬奉晋武帝之命,为伐吴造战船,船上以木为城,起楼。每船可容二千人。益州,今四川成都。太康元年(280),王濬率船队从益州出发,顺流而下,征伐东吴。金陵王气,金陵即建业,今南京市。相传战国楚威王时,有人见此地有王气,埋金以镇之,故名金陵。东吴也以金陵为都城。黯然,形容伤神。③千寻:形容长。寻,古时八尺为一寻。铁锁:为防守晋国战船的进攻,吴国在江面上拉起铁锁,横绝江面,但被王濬用大火烧断。④降幡:降旗。石头:石头城,在今江苏江宁,为吴都的屏障。王濬率军攻入石头城,吴主孙皓亲至营门投降。⑤寒流:指长江。⑥"从今"二句:在今天唐代一统天下的时代,旧日的营垒都荒废遗弃了,只剩下瑟瑟芦荻、萧萧秋风了。四海为家,四海为一家所有,即天下统一之意。故垒,旧日的营垒。

元 稹

元稹(779~831),字微之,别字威明,河内(今河南洛阳)人。贞元九年(793)以明经登第,十八年举书判拔萃科,授秘书省校书郎。元和元年(806)又登制举甲科,授左拾遗。后当过监察御史、通州司马、虢州长史、膳部员外郎、祠部郎中、中书舍人等。长庆二年(822)由工部侍郎拜相。大和五年(831)以武昌节度使卒于任所。元稹与白居易为至交，一起倡导新乐府运动，唱和极多，"擅名一时，天下称为'元白'，学者翕然，号'元和诗'"（顾陶《唐诗类选后序》）。其乐府诗遵循"美刺"传统，最为警策。而流传最广的则是其悼亡诗和艳诗，《才调集》选载达五十九首之多，足见影响之大。虽在后世多受诟病，但却受人喜爱。今有《元氏长庆集》六十卷行世，《全唐诗》编其诗二十八卷。

遣悲怀三首①

元稹

其一

谢公最小偏怜女②，自嫁黔娄百事乖③。
顾我无衣搜荩箧④，泥他沽酒拔金钗⑤。
野蔬充膳甘长藿⑥，落叶添薪仰古槐⑦。
今日俸钱过十万⑧，与君营奠复营斋⑨。

【注释】　①题一作《三遣悲怀》，是元稹追悼妻子的三首诗作。元稹原配韦丛，字茂之，生五人而仅存一女，死于元和四年（809）七月，仅二十七岁。此首回忆婚后贫苦生活。②谢公：指东晋宰相谢安。谢安最偏爱其侄女谢道韫。韦丛之父韦夏卿，官至太子少保，死后赠左仆射，亦为宰相之位，韦丛为其幼女。此处以谢安比作韦夏卿。怜：爱。③黔娄：为春秋时齐国贫士，其妻最贤。此处元稹用以自比。乖：不顺利。④顾：看。荩箧：草编箱子。⑤泥：软语央求。沽酒：买酒。⑥藿：豆叶。⑦薪：柴禾。仰：依靠。⑧俸钱：官吏的薪金。此时元稹已官监察御史。⑨营奠：置办祭品。营斋：请僧人斋会，超度亡灵。

其二①

昔日戏言身后意②，今朝都到眼前来。
衣裳已施行看尽③，针线犹存未忍开。
尚想旧情怜婢仆④，也曾因梦送钱财⑤。
诚知此恨人人有，贫贱夫妻百事哀⑥。

【注释】　①此首抒写诗人丧妻后无法驱遣的悲痛。②身后意：有关死后的话。③施：施舍与人。行看尽：看着就要没有了。④尚想旧情怜婢仆：想起与你的旧情，对你以前的侍女仆从都格外关怀。⑤也曾因梦送钱财：也曾因为梦到了你，就去施舍钱财，为你做好事超度亡灵。⑥贫贱夫妻：元稹与韦丛共同生活时，境况贫困，故称。

其三①

闲坐悲君亦自悲，百年多是几多时②。
邓攸无子寻知命③，潘岳悼亡犹费词④。

同穴窅冥何所望⑤，他生缘会更难期⑥。
唯将终夜长开眼⑦，报答平生未展眉⑧。

【注释】　①此首由哀余生、疑来生引发百年长恨，哀思无尽。②百年多是几多时：就算多至百年又有多少时间呢。③邓攸无子：晋河东太守邓攸，字伯道，战乱中曾保侄舍子，后终无子，时人叹道："天道无知，使伯道无儿！"韦丛曾生五人，仅存一女，故元稹如此慨叹。寻知命：眼看到了知天命之年。④潘岳悼亡：晋人潘岳为大文学家，妻子死后，作《悼亡》诗三首，世所传诵。费词：浪费笔墨，意谓多说无用。⑤同穴：指夫妻死后合葬一处。窅冥：形容渺茫深远。⑥他生缘会：指再世里有缘重会，仍为夫妻。期：期待，期望。⑦终夜长开艰：传说中鳏鱼的眼睛终夜不闭，而无妻之人又称鳏夫。此处用作长鳏不娶之意。事实上，元稹在韦丛死后两年就纳安氏为妾，六年后，又娶裴氏，"终夜长开眼"，实为一时冲动之词。⑧未展眉：没有快乐。此指韦丛一生都过着清贫生活。

无　题①
李商隐

昨夜星辰昨夜风，画楼西畔桂堂东②。
身无彩凤双飞翼，心有灵犀一点通③。
隔座送钩春酒暖④，分曹射覆蜡灯红⑤。
嗟余听鼓应官去，走马兰台类转蓬⑥。

【注释】　①此题下原有诗二首，作于李商隐做秘书省校书郎时。此为其一，写一场聚会的经过。至于其主旨则很难考证，历代诸说争论，了无定见。②"昨夜"二句：写聚会的时间、地点。画楼、桂堂，指富丽的屋舍。③"身无"二句：虽然身无双翼，飞越阻隔，但两心都如灵犀般一脉相通。灵犀，旧说犀牛角为灵异之物，中间有一条白纹贯通上下。④送钩：又叫"藏钩"，一种游戏，人分两队，一队传递一钩，令另一队猜钩所在，猜不中则罚。⑤分曹射覆：分两队互相猜。射覆，也是一种游戏，猜盖在器皿下的东西。⑥"嗟余"二句：比喻自己为官，像蓬草遇风一样身不由己。听鼓应官，唐时，官府五更二点击鼓召集官员。兰台，即指秘书省。转蓬，指随风吹转的飞蓬。

无　题二首①
李商隐

其一

来是空言去绝踪②，月斜楼上五更钟。
梦为远别啼难唤③，书被催成墨未浓④。
蜡照半笼金翡翠，麝熏微度绣芙蓉⑤。
刘郎已恨蓬山远，更隔蓬山一万重⑥。

【注释】 ①此题下原为四首,此处录前二首。这一首是写情人远别后的思念之情。②来是空言去绝踪:归来重逢已成空言,人去之后再无消息。③梦为远别啼难唤:积思成梦,梦中却为远别而悲啼,但远别之人却唤不回来。④书被催成墨未浓:墨还没磨浓就急急地写了给情人的书信。⑤"蜡照"二句:写室内华美的陈设,透出寂寥的气氛,是主人在追忆往昔的欢乐。半笼,半映。金翡翠,指有金翡翠花纹的被子。麝,指麝香。度,透过。绣芙蓉,绣以芙蓉图案的帐子。⑥"刘郎"二句:刘郎已恨仙凡路隔,仙境渺不可及,而我与情人更远隔万重蓬莱山,相会杳不可期。刘郎,典出刘义庆《幽明录》,东汉永平中,刘晨、阮肇入天台山采药,遇二仙女邀至仙府,留半年返故里,子孙已七世。后重入天台,踪迹渺然。后以此事用作人仙相恋以及艳遇之典。刘郎即指刘晨。蓬山,蓬莱山,传说中的海上仙山。

其二①

飒飒东风细雨来②,芙蓉塘外有轻雷③。
金蟾啮锁烧香入,玉虎牵丝汲井回④。
贾氏窥帘韩掾少,宓妃留枕魏王才⑤。
春心莫共花争发,一寸相思一寸灰⑥。

【注释】 ①此诗写闺中女子之情思和相思无望之痛苦。②飒飒:风声。③芙蓉塘:即荷塘。轻雷:隐约的雷声。④"金蟾"二句:涵意隐晦,用清人朱彝尊之说,是说,锁虽坚固,但香气依然能透过;井虽深,但井绳一样能打上水来。金蟾啮锁,形容锁的形状。金蟾,因蟾善闭气,古人用蟾来装饰锁。啮,咬。玉虎,井上的辘轳。丝,指井绳。汲井,从井中打水。⑤"贾氏"二句:贾氏爱韩寿是因为他年少美貌,宓妃爱曹植是因为他才华出众。贾氏,典出《世说新语》。晋人韩寿美貌,被贾充辟为掾。贾充之女从窗格中见韩寿,爱上了他,私与之通。后贾充得知,便把女儿嫁给了韩寿。韩掾,韩寿。掾,僚属。少,年轻。宓妃,典出《文选洛·神赋》李善注。曹植曾求娶甄逸之女而未成,后甄氏为曹丕皇后,被郭后谗死。黄初年间,曹植入朝,曹丕取出甄后玉镂金带枕,曹植见之泣下。曹丕便把枕送给曹植。植返回时停于洛水,忽见一女子来,赠以在家时所用枕,自言即甄氏,遂欢会。后隐身不见。曹植遂作《洛神赋》。此事为后人附会。宓妃,即洛神,相传为伏羲之女。留枕,此指幽会。魏王,指曹植,他曾为魏东阿王。才,才华。曹植是历史上有名的才子。⑥"春心"二句:不要让春心和春花一同萌发生长,否则相思之情焰会把一切都烧成灰烬。

无　题①

李商隐

相见时难别亦难②,东风无力百花残。
春蚕到死丝方尽③,蜡炬成灰泪始干④。
晓镜但愁云鬓改⑤,夜吟应觉月光寒。

蓬山此去无多路，青鸟殷勤为探看⑥。

【注释】 ①此诗所咏，历代说法不一。有人说是怀念朋友的，有人说是写给心爱的女人的。今天看来，其曲折缠绵的情感，更像首爱情诗。②相见时难别亦难：曹丕《燕歌行》有"别日何易会何难"，曹植《当来日大难》有"别易会难，各尽杯觞"。此句更进一层，因相会难，故离别也难。③春蚕到死丝方尽：南朝乐府《西曲歌·作蚕丝》有"春蚕不应老，昼夜常怀丝。何惜微躯尽，缠绵自有时"句，"丝"字与"思"谐音双关。此句化用其意。④蜡炬成灰泪始干：蜡炬，蜡烛。杜牧《赠别》有"蜡烛有心还惜别，替人垂泪到天明"句，此句化用其意。⑤晓镜：清晨照镜。云鬓改：指头发由黑变白。⑥"蓬山"二句：对方所居之地离这儿不远，希望有信使为我传递消息。蓬山，蓬莱山，传说中的海上仙山。青鸟，西王母的神禽。据《汉武故事》记载，西王母见汉武帝时，先有青鸟临殿前报信。后人常以青鸟为信使。探看，打听打听看。

苏武庙①

温庭筠

苏武魂销汉使前②，古祠高树两茫然。
云边雁断胡天月③，陇上羊归塞草烟。
回日楼台非甲帐④，去时冠剑是丁年⑤。
茂陵不见封侯印⑥，空向秋波哭逝川⑦！

【注释】 ①此为写苏武事迹的怀古诗。苏武：西汉人，字子卿。汉武帝天汉元年（前100）出使匈奴，被扣留逼降，始终不屈，乃流放至北海（今贝加尔湖）牧羊，达十九年，历尽艰苦，忠心不渝。汉昭帝时，与匈奴和亲，汉使臣与匈奴交涉，苏武方得回国，至长安已是始元六年（前81）春了。后拜典属国，专掌少数民族事务。②苏武魂销汉使前：苏武见到汉昭帝派来的使节时万分激动。③雁断：指音讯不通。汉使向匈奴询问苏武时，匈奴诡称苏武已死。后有人教汉使对单于说，汉帝射雁，在雁足上得苏武之亲笔信，称在某泽中。单于这才承认苏武尚在。④回日楼台非甲帐：回国的时候，汉武帝已死，楼台宫殿已非当时出国时的样子。甲帐，据《汉武故事》记载，汉武帝以琉璃、殊玉、宝石等为帷帐，分为甲帐和乙帐，甲帐居神，乙帐自居。

⑤去时冠剑是丁年：当年出使的时候，冠冕佩剑的人正当壮年。丁年，壮年。汉制，男子二十岁至五十岁须服徭役，谓之丁年。旧题李陵《答苏武书》有"丁年奉使，皓首而归"之句。⑥茂陵不见封侯印：苏武不能在汉武帝在世时见到他，得到封侯之赏。茂陵，汉武帝陵墓，在今陕西兴平市。此代指汉武帝。⑦逝川：《论语·子罕》："子在川上曰：逝者如斯夫！"后以逝川比喻流逝的岁月。

薛　逢

薛逢（生卒年不详），字陶臣，蒲州河东（今山西永济）人。会昌元年（841）登进士第，授秘书省校书郎，后当过万年尉、侍御史、尚书郎、给事中等，官终秘书监。薛逢以才名著于当时,辛文房谓其"天资本高,学力亦赡,故不甚苦思,而自有豪逸之态。第长短皆率然而成,未免失浅露俗"(《唐才子传》)。诗以七律为工,胡震亨评论曰:"长歌似学白氏,虽以此得名,未如七律多警。"(《唐音癸签》)《全唐诗》存其诗一卷。

宫 词①

薛逢

十二楼中尽晓妆,望仙楼上望君王②。
锁衔金兽连环冷③,水滴铜龙昼漏长④。
云髻罢梳还对镜⑤,罗衣欲换更添香。
遥窥正殿帘开处,袍袴宫人扫御床⑥。

【注释】 ①此诗写宫妃望幸不得的寂寞和顾影自怜。②"十二楼"二句:一大早皇宫中的妃嫔们都打扮好,盼望着皇帝的临幸。十二楼,《史记·封禅书》记载方士所云:"黄帝时为五城十二楼,以候神人于执期,命曰迎年。"后以"五城楼""十二楼"指仙人之居处。此处把皇帝比作仙人,即指皇宫。望仙楼,唐宫中楼名,武宗会昌五年(841)修建,此非实指,意同"十二楼"。③金兽连环:宫门上铜制的兽头形的门环。④铜龙:指铜制龙形的滴漏,是古时的计时器,水从龙口滴下,观刻度以知时。昼:白天。⑤罢梳:梳妆完毕。⑥袍袴宫人:指穿袍套裤的宫女。短袍绣裤是当时宫女的装束。御床:皇帝睡的龙床。

秦韬玉

秦韬玉(生卒年不详),字中明(一作仲明),湖南人。屡试不第,后交通宦官,为神策军判官。随唐僖宗入蜀,为工部侍郎。中和二年(882)。特赐进士及第。秦韬玉"有词藻,工歌吟,恬和浏亮"……每作人必传诵(辛文房《唐才子传》)。胡震亨也称其诗"调似李山甫,《咏平》押'髯'字诗,尤矫痴可喜"(《唐音癸签》)。《全唐诗》存其诗一卷。

贫 女①

秦韬玉

蓬门未识绮罗香②,拟托良媒益自伤。
谁爱风流高格调③,共怜时世俭梳妆④。
敢将十指夸针巧⑤,不把双眉斗画长⑥。
苦恨年年压金线⑦,为他人作嫁衣裳。

【注释】 ①此诗是作者借贫女自伤身世,来倾诉自己的抑郁心情。②蓬门:蓬草编的门,指贫女破败之居。绮罗香:指富贵女子的服装。③风流:举止潇洒。高格调:指气质品格超群。④怜:爱。时世:当代。俭梳妆:俭朴的打扮。唐文宗曾下诏:"禁高髻,俭妆,去眉开额。"白居易《时世妆》也将"腮不施朱,面无粉"作为当时流行的俭妆。⑤敢将十指夸针巧:意谓贫女精于刺绣。⑥不把双眉斗画长:意谓贫女貌美。斗:争。⑦压金线:指刺绣。

五言绝句

　　五言绝句,简称"五绝",既包括五言律绝,也包括五言古绝,前者属于近体诗的一种,而后者则属于古体诗的一种。五绝起源于汉,一般认为南朝陈徐陵《玉台新咏》中的四首古绝句是目前所见收录最早的五言古绝。古人作诗一般以四句为一个意思的完结,所以单独四句诗便称为绝句。五言绝句,每首四句,每句五个字,通首比兴,婉而多讽。五言律绝则四句二韵或三韵,平仄、押韵均有要求。依据平仄,其定格有四式:首句仄起不入韵式、首句仄起入韵式、首句平起不入韵式、首句平起入韵式。

　　唐代绝句率真自然,名家有李白、王维、孟浩然、刘长卿等人。

鹿　柴①

王维

空山不见人,但闻人语响。
返影入深林②,复照青苔上。

　　【注释】　①王维有《辋川集》,收诗二十首,前有序,举孟城坳、华子冈、鹿砦、竹里馆等二十景,每景一诗,并有裴迪的同咏。此诗写山林幽趣。鹿砦:用带枝杈树木搭成的栅栏,形似鹿角,故名。这是王维辋川别业中的一景。柴,通"寨""砦",木栅栏。②返影:落日返照。

相　思①

王维

红豆生南国②,春来发几枝。
愿君多采撷③,此物最相思。

　　【注释】　①此诗以咏物而咏人,有因物而寄相思之意。②红豆:相思木所结之子,又名相思子,产于亚热带地区。相传相思子圆而红,昔有人死于边塞,其妻思之,哭于树下而卒,因以为名。③采撷:采摘。

杂　诗①

王维

君自故乡来,应知故乡事。

来日绮窗前②,寒梅著花未③?

　　【注释】　①原题下有三首,此为其二。以淡绝口吻写思乡之切,宛然如画。②来日:来的时候。绮窗:镂花之窗。③著花:开花。

裴　迪

　　裴迪(生卒年不详),关中(今陕西)人。早年与王维、崔兴宗隐居终南山,后于辋川与王维唱和。上元年间入蜀州,与杜甫友善。其诗多五绝,咏田园山水,淡雅清逸。王士禛称王维、裴迪"辋川唱和,工力悉敌"(《唐人万首绝句选评·凡例》),管世铭也认为他的"辋川唱和不失为摩诘劲敌"(《读雪山房唐诗钞·凡例》)。《全唐诗》存其诗二十九首。

宿建德江①

孟浩然

　　移舟泊烟渚②,日暮客愁新。
　　野旷天低树,江清月近人。

　　【注释】　①此诗作于诗人漫游吴越时,约在开元十六年(728)后,写羁旅之思。建德江:新安江流经建德县(今浙江建德市)的一段。②烟渚:暮烟笼罩的小洲。

春　晓①

孟浩然

　　春眠不觉晓②,处处闻啼鸟。
　　夜来风雨声,花落知多少。

　　【注释】　①此诗以春睡醒觉的片段写出喜春、惜春的生活情味。②不觉晓:不知道天亮了。

静夜思①

李白

　　床前明月光,疑是地上霜。
　　举头望明月②,低头思故乡。

　　【注释】　①诗题一作《夜思》,作年不详。此诗以"月光"与"霜"之间所形成的错觉写游子思乡之情。②望明月:晋《清商曲辞·子夜四时歌·秋歌》:"仰头看明月,寄情千里光。"

八阵图①

杜甫

功盖三分国②,名成八阵图。
江流石不转③,遗恨失吞吴④。

【注释】 ①此诗作于大历元年(761),杜甫初到夔州之时。借评述孔明表明自己的识见。八阵图:诸葛亮所布八阵共有四处,以夔州为最著名。八阵即天、地、风、云、飞龙、翔鸟、虎翼、蛇盘。②功盖三分国:诸葛亮佐蜀,三分天下,成盖世之功。三分国,即魏、蜀、吴三国鼎立。③江流石不转:八阵之石虽经江水冲激,仍屹立不动。石不转,八阵在夔州西南江边,聚石成堆,纵横棋布,夏季为水所淹,冬季水退则现。④遗恨失吞吴:此处说法不一:一解作以失策于吞吴为恨。诸葛亮本意在联吴抗曹,故不赞成刘备兴兵伐吴,猇亭大败,以为失策。一解作以未能灭吴为恨。诸葛亮立志灭吴伐魏,复兴汉室,本有灭吴之心,而刘备未能成功,以此为恨。一解作以不能用八阵图制吴为恨。三说中,以第一说较为合理。

王之涣

王之涣(688~742),字季凌,祖籍晋阳(今山西太原),后徙居绛郡(今山西新绛)。当过衡水主簿和文字尉,为官清正。王之涣"慷慨有大略,倜傥为异才"(靳能《唐故文安郡文安县太原王府君墓志铭并序》)。曾游边地,是唐代著名边塞诗人之一。所作边塞诗"传乎乐章,布在人口"(同上),辛文房称其"为诗情致雅畅,得齐梁之风"《唐才子传》)。《全唐诗》存其诗六首。

登鹳雀楼①

王之涣

白日依山尽,黄河入海流。
欲穷千里目,更上一层楼。

【注释】 ①此诗抒写登高望远的豪迈之情。鹳雀楼:在蒲州(今山西永济)西南城上,因常有鹳雀栖其上而得名。

送灵澈①

刘长卿

苍苍竹林寺②,杳杳钟声晚③。
荷笠带斜阳④,青山独归远。

【注释】 ①此诗以写景而写送别,似一幅有声画。灵澈:唐著名诗僧,本姓汤,生于会稽,后出家,号灵澈,字源澄。②竹林寺:在今江苏镇江南。③杳杳:形容钟声幽远。④荷:背着。

送上人①
刘长卿

孤云将野鹤②,岂向人间住。
莫买沃洲山③,时人已知处。

【注释】 ①此诗为一首送别之作,意谓:若想当孤云野鹤,就该隐居。但不能去沃洲山这种名山,这会让人知道你的居处。上人:佛教称具备德智善行的人,后用作对僧人之尊称。此指灵澈。②此句用张祜《寄灵澈诗》"独树月中鹤,孤舟云外人"之意,形容上人之清高。③沃洲山:在今浙江新昌。相传晋代名僧支遁曾居此;道家第十二福地。

秋夜寄丘员外①
韦应物

怀君属秋夜②,散步咏凉天。
空山松子落,幽人应未眠③。

【注释】 ①此诗作于韦应物任苏州刺史任上,时丘丹正在临平山中学道。此诗以秋夜独吟怀想未眠的幽人,诗意空灵。丘员外:指丘丹,嘉兴(今浙江嘉兴)人,曾任仓部员外郎。②属:适逢。③幽人:指学道的丘丹。

李 端

李端(生卒年不详),字正己,赵郡(今河北赵县)人。大历五年(770)登进士第,授秘书省校书郎。以病辞官,隐居终南山草堂寺。建中中为杭州司马。李端为"大历十才子"之一,为诗工捷,辛文房言其"诗更高雅,于才子中名响铮铮"(《唐才子传》)。胡震亨称其"七字俊语亮节,开口欲佳"(《唐音癸签》)。有《李端诗集》三卷,《全唐诗》编其诗三卷。

听 筝①
李端

鸣筝金粟柱②,素手玉房前③。
欲得周郎顾,时时误拂弦④。

【注释】 ①此诗写一弹筝女郎为吸引情郎聆赏,故意将曲子弹错。筝:拨弦乐器,古为十二弦,后十三弦。②金粟柱:桂木做的柱。古称桂为金粟,柱为琴筝上系弦

王 建

　　王建(约766~?),字仲初,颍川(今河南许昌)人。贞元间,先后入淄青、幽州幕为从事,元和间佐岭南、荆南节度使幕,后当过太府寺丞、秘书郎、陕州司马。王建与张籍早年为同窗,后为挚友,诗风相近,世称"张王",其乐府古诗也称"张王乐府",为人称道。高棅评曰:"大历以还,古声逾下,独张籍、王建二家,体制相似,稍复古意。或旧曲新声,或新题古义,词旨通畅,悲欢穷泰,慨然有古歌谣之遗风。"(《唐诗品汇》)严羽称:"张籍、王建之乐府,我所深取耳。"(《沧浪诗话》)王建因与宦官王守澄联宗,而尽得宫中之情,因作《宫词》百首,脍炙人口,被视为"宫词名家"(葛立方《韵语阳秋》)。有《王建集》八卷(一作十卷),《全唐诗》编其诗六卷。

新嫁娘词①
王建

三日入厨下②,洗手做羹汤。
未谙姑食性③,遣遣小姑尝。

　　【注释】　①此题下原有三首,此为其二。此诗写纯朴的民间风俗人情。②三日入厨下:按古代风俗,婚后三天叫"过三朝",新娘要下厨房做菜。③谙:熟悉。姑:指婆婆。食性:口味。

权德舆

　　权德舆(761~818),字载之,天水略阳(今甘肃秦安)人,居润州丹阳(今江苏丹阳)。先后当过太常博士、司勋郎中、中书舍人,礼部、吏部、兵部、户部侍郎,礼部和刑部尚书等职,掌诰九年,三知贡举,位历卿相,在贞元、元和间名重一时。其为文博雅弘正,时人奉为宗匠。其诗多五言,"词致清深,华彩巨丽,言必合雅,情皆中节"(张荐《答权载之书》),"有绝似盛唐者"(严羽《沧浪诗话》)。有《权德舆集》五十卷,《全唐诗》编其诗十卷。

玉台体①
权德舆

昨夜裙带解②,今朝蟢子飞③。
铅华不可弃④,莫是藁砧归⑤。

　　【注释】　①此题下,权德舆原作诗十二首,此为其十一,咏闺情。玉台体:南朝陈徐陵编《玉台新咏》十卷,选古代艳情诗作,后世称之为玉台体。②裙带解:指裙带不解自开。章云仙《唐诗注疏》有"裙带解,主应夫归之兆"。③蟢子:一种蜘蛛,又名喜蛛。因嬉、喜谐音,而引为吉兆。胡震亨《唐音癸签》卷二十云:"俗说:裙带解,有酒食;蟢子缘人衣,有喜事。其来盖远。"④铅华:脂粉。⑤莫是:莫不是之意。藁砧:古时妇女称丈夫的隐语。藁砧都是切割用的垫具,切时用铁,即铡刀。因铁、夫谐音而生此意。

江　雪①
柳宗元

千山鸟飞绝,万径人踪灭。
孤舟蓑笠翁②,独钓寒江雪。

【注释】　①此诗作于柳宗元被贬永州司马期间,写极寥廓的背景中的孤舟蓑芏翁,隐含诗人凄苦、倔强的心志。②蓑笠:穿蓑衣,戴斗笠。蓑衣是一种棕编成的雨衣。

张　祜

张祜(约792~约854),字承吉,南阳(今河南邓州市)人,寓居姑苏(今江苏苏州)。早年漫游江湖。屡举进士不第。曾先后以诗投谒李愿、李翘、韩愈、裴度、白居易等,终无成。大和五年(831),令狐楚表荐之,并献其诗,被抑退。与杜牧相得,多有唱和。张祜素有诗名,令狐楚评其诗"研机甚苦,搜象颇深;辈流所推,风格罕及"(《进张祜诗册表》)。徐献忠评其诗"长于模写,不离本色,故览物品游,往往超绝,可谓五言之匠也"(《唐诗品》)。其所作宫体诗声调谐美,婉绝可思。有《张承吉文集》十卷行世,《全唐诗》编其诗二卷。

何满子①
张祜

故国三千里②,深宫二十年。
一声《何满子》③,双泪落君前!

【注释】　①此题下原有二首,此为第一首,写宫女之怨。题又作《宫词》。②故国:故乡。③何满子:又作《河满子》,乐府曲名。据白居易《听歌六绝句》之五《何满子》一诗自注说:"开元中,沧州有歌者何满子,临刑进此曲以赎死,上意不免。"后以其名命曲,曲调哀婉悲切。它也为舞曲名。苏鹗《杜阳杂编》记载,唐文宗时,"宫人沈阿翘为帝舞《何满子》,调辞风态,率皆宛畅。"张祜又有一诗《孟才子叹》,序中说,唐武宗病重临终前,问宠姬孟才人今后怎么办,孟才人指着笙囊说:"请以此就缢。"又说:"妾尝艺歌,愿对上歌一曲,以泄其愤。"于是,"乃歌一声《何满子》,气亟立殒"。

武宗让医生看视,医生说:"脉尚温而肠已断。"张祜听知其事,作《孟才人叹》诗:"偶因歌态咏娇嚬,传唱宫中十二春。却为一声《何满子》,下泉须吊旧才人。"

登乐游原①

李商隐

向晚意不适②,驱车登古原。
夕阳无限好,只是近黄昏。

【注释】 ①此诗以登高远览,抒发迟暮之感、沉沦之痛。乐游原:又名乐游苑、乐游阙,本为汉宣帝所立乐游庙。地处长安东南,登高可眺望全城。②不适:不快。

贾 岛

贾岛(779~843),字浪仙,一作阆仙,自称碣石山人,范阳幽都(今北京市)人。初为僧,法名无本,后还俗。累举进士不第,当过遂州长江主簿、普州司仓参军等。贾岛作诗以苦吟著名,诗境奇僻寒峭,与孟郊齐名,苏轼有"郊寒岛瘦"(《祭柳子玉文》)之喻。司空图评曰:"贾浪仙诚有警句,视其全篇,意思殊馁,大抵附于蹇涩,方可致才。"(《与李生论诗书》)其诗对晚唐、五代、宋影响较大。有《长江集》十卷,《小集》三卷,《全唐诗》编其诗四卷。

寻隐者不遇①

贾岛

松下问童子②,言师采药去。
只在此山中,云深不知处。

【注释】 ①此诗一题《访羊尊师》,孙革作。此诗以问答体写访友不遇。②童子:指隐者之弟子。

渡汉江①

宋之问

岭外音书绝②,经冬复立春。
近乡情更怯,不敢问来人③。

【注释】 ①宋之问张易之事而被贬岭南,于神龙二年(706)逃归洛阳。此诗作于途经汉水时,以白描手法写特定时间、环境中的特殊心态。此诗原题李频作,误。汉江:汉水。②岭外:指岭南。书:信。③来人:指从家乡来的人。

金昌绪

金昌绪(生卒年不详),余杭(今浙江杭州)人。大中以前在世,生平无考。《全唐诗》仅有其诗一首,即脍炙人口的《春怨》。

春　怨①
金昌绪

打起黄莺儿,莫教枝上啼。
啼时惊妾梦②,不得到辽西③。

【注释】　①一题作《伊州歌》。此为一首闺怨诗,丈夫从军在外,少妇梦中与之相会,却被黄莺惊醒。②妾:古时女子自称。③辽西:辽河以西,为丈夫从军之地。

西鄙人

西鄙人,天宝时西北边境人,姓名事迹无考。所作《哥舒歌》收入《全唐诗》。

哥舒歌①
西鄙人

北斗七星高②,哥舒夜带刀③。
至今窥牧马④,不敢过临洮⑤。

【注释】　①此为西北边地人民怀念哥舒翰的诗歌。哥舒:指哥舒翰,唐玄宗时大将,曾大败吐蕃,威名甚著,使之不敢西进。他曾任陇右节度使兼河西节度使,积功封西平郡王。②北斗七星:即北极星。古人常以之喻指人君或威望很高的人。③夜带刀:指哥舒翰严守边防,枕戈待旦。④窥:偷视。牧马:古代北方少数民族常南下牧马劫掠,后用之以称其侵边。⑤临洮:在今甘肃岷县。

五绝乐府

五绝乐府,句式和字数与五言绝句类似,或拟用江南民歌的乐府旧题写男女恋情及闺怨,或以唐代的新乐府辞写边塞生活。

长干行二首①
崔颢

其一

君家何处住,妾住在横塘②。
停船暂借问③,或恐是同乡。

【注释】　①崔颢此题下原有四首诗,此选前二首。以青年男女邂逅水上相互问

国学经典文库

国学经典

唐诗

图文珍藏版

答写其相悦之情。长干行:乐府《杂曲歌辞》旧题,本为江南一带民歌。长干:地名,古时建业(今江苏南京市)有长干里,在秦淮河南,地近长江。②横塘:地名,在今南京市西南,与长干里相近。③借问:请问。

其二

家临九江水①,来去九江侧。
同是长干人,生小不相识②。

【注释】 ①九江:泛指长江下游。②生小:从小。

玉阶怨①

李白

玉阶生白露,夜久侵罗袜②。
却下水精帘③,玲珑望秋月④。

【注释】 ①此题为乐府《楚调曲》的旧题,李白拟作,写闺怨。②侵罗袜:露水打湿了丝织袜子。③水精帘:即水晶所制帘子。④玲珑:澄澈明亮的样子。

塞下曲①四首

卢纶

其一

鹫翎金仆姑②,燕尾绣蝥弧③。
独立扬新令④,千营共一呼。

【注释】 ①塞下曲:唐新乐府辞,属《横吹曲》,源出《出塞》《入塞》曲。一题作《张仆射塞下曲》。题下原有六首,此选前四首。此首写将军的装束气概。②鹫:鹰的一种,体形较大。翎:鸟尾上长羽毛,可制箭翎。金仆姑:箭名。《左传·庄公十一年》:"乘丘之役,公以金仆姑射南官长万。"此指箭。③燕尾:指旗上飘带。蝥弧:旗名。《左传·隐公十一年》:"颍考叔取郑伯之旗蝥弧以先登。"④扬:传达。

其二①

林暗草惊风②,将军夜引弓③。
平明寻白羽,没在石棱中④。

【注释】 ①此诗写将军黑夜射虎的神勇。②林暗草惊风:写猛虎出现之状。③引弓:拉弓④"平明"两句:用李广事。《史记·李将军列传》:"广出猎,见草中石,以为虎而射之,中石没镞,视之,石也。"平明,天刚亮。白羽,指箭。因箭上装有鸟羽,故称。石棱,石之边角。

其三①

月黑雁飞高,单于夜遁逃②。

欲将轻骑逐,大雪满弓刀。

【注释】 ①此诗写雪夜闻警追击的场面。②单:于:匈奴首领之称。遁:逃避。

其四①

野幕敞琼筵②,羌戎贺劳旋③。

醉和金甲舞④,雷鼓动山川⑤。

【注释】 ①此诗写野外军帐祝捷的欢欣场景。②野幕:指野地里的营帐。敞:开设。琼筵:指盛宴。③羌戎:对西北少数民族的泛指。此指被征服而归附的部族。贺劳:庆贺慰劳。旋:凯旋。④和:穿戴着。金甲:铠甲。⑤雷鼓:即擂鼓。

江南曲①

李益

嫁得瞿塘贾②,朝朝误妾期③。

早知潮有信④,嫁与弄潮儿⑤。

【注释】 ①此诗以嗔怨写商人妇对丈夫的挚情。江南曲:乐府《相和歌》旧调,源自江南民歌,多写男女恋情。②瞿塘:长江三峡有瞿塘峡,在今重庆市奉节县。瞿塘贾:指经长江入蜀经商的商人。贾,商人。③妾:古代妇女的谦称。④潮有信:指潮水涨落有固定的时候。信,信期,约定的归期。⑤弄潮儿:据《元和郡县志》卷二十五记载,每年八月十八日人们观浙江潮时,总有渔家子弟溯涛触浪,称之为弄潮。

七言绝句

七言绝句,简称"七绝",既包括七言律绝,也包括七言古绝,前者属于近体诗的一种,而后者则属于古体诗的一种。七绝起源于六朝,在齐梁时期成型,初唐阶段成熟。七言绝句,每首四句,每句七个字,其章法往往是一、二句正说,三、四句转折,从而使全诗婉曲回环,韵味无穷。七言律绝则四句二韵或三韵,平仄、押韵均有要求。依据平仄,其定格有四式:首句仄起不入韵式、首句仄起入韵式、首句平起不入韵式、首句平起入韵式。唐代绝句气象高远,名家有李白、王昌龄、杜牧、刘禹锡、李商隐等人。

贺知章

贺知章(659~744),字季真,会稽永兴(今浙江萧山)人,早年移居山阴(今浙江绍兴)。武后证圣元年(695)擢进士第,又登超拔群类科,授四门博士。曾做过太子宾客、秘书监。天宝二年(743)上疏请为道士,求还乡里。至乡不久而卒。贺知章早年就以文词知名，与包融、张旭、张若虚并称"吴中四士"。他的诗歌以《回乡偶书》和《咏柳》最为有名。贺知章性格疏放不羁，晚年自号"四明狂客"；又好饮酒，与李白、张旭等合称"饮中八仙"。《全唐诗》存其诗一卷。

回乡偶书①

贺知章

少小离家老大回，乡音无改鬓毛衰②。
儿童相见不相识，笑问客从何处来。

【注释】 ①此诗作于天宝三年（744）贺知章辞官还乡时，时已八十六岁了。此诗截取诗人久客返乡的生活场景，表达感触万千的心情。②衰：稀疏。

张 旭

张旭（生卒年不详），字伯高，吴郡（今江苏苏州）人。天宝年间当过金吾长史，故世称"张长史"。张旭最善草书，唐文宗时，诏以李白歌诗、裴旻剑舞、张旭草书为"三绝"。他又嗜酒，是"饮中八仙"之一，每每大醉后号呼狂奔，下笔挥洒，或以头濡墨而书，变化无穷，如有神助，时人称其为"张颠"。他的诗做得也不错，明杨慎在《升庵诗话》中称"清逸可爱"，与贺知章、包融、张若虚合称"吴中四士"。今存诗十首，《全唐诗》存其诗六首。

桃花溪①

张旭

隐隐飞桥隔野烟，石矶西畔问渔船②。
桃花尽日随流水，洞在清溪何处边？

【注释】 ①此诗承陶渊明《桃花源记》之事，加以发挥。桃花溪：在今湖南桃源县西南，源自桃花山。②矶：水边突出的岩石。

九月九日忆山东兄弟①

王维

独在异乡为异客，每逢佳节倍思亲。
遥知兄弟登高处，遍插茱萸少一人②。

【注释】 ①此诗作于王维十七岁时。当时他在长安，家乡蒲州（今山西永济）在华山之东，故称家乡兄弟为山东兄弟。以浅切的语言写出佳节异乡为异客的孤独、凄惶感受。九月九日：重阳节。山东：指华山以东。②"遥知"二句：遥想兄弟们一定都登高插茱萸，只我一人还在异乡。茱萸，一种有浓香的植物。据《风土记》载，古时在重阳节有登高饮菊花酒、佩戴茱萸以避祸驱邪的风俗。

芙蓉楼送辛渐[①]

王昌龄

寒雨连江夜入吴,平明送客楚山孤[②]。
洛阳亲友如相问,一片冰心在玉壶[③]。

【注释】　①此诗当作于王昌龄官江宁丞时。据殷璠《河岳英灵集》卷下记载,王昌龄晚年"晚节不矜细行,谤议沸腾,再历遐荒",正是此时。王昌龄此诗正是要向亲友表明自己的清白。芙蓉楼:为唐代润州(今江苏镇江)之西北角楼。辛渐:其人不详。②平明:天刚亮。楚山:润州春秋时属吴地,战国时属楚地,故称楚山,与上句"吴"互文。③冰心在玉壶:此用以表明自己心地纯洁。语有所本:陆机《汉高祖功臣颂》有"心若怀冰"句,鲍照《白头吟》有"清如玉壹冰"句,姚崇《冰壶诫序》云:"内怀冰清,外涵玉润,此君子冰壶之德也。"俱用以比喻君子之品格。

闺　怨[①]

王昌龄

闺中少妇不知愁,春日凝妆上翠楼[②]。
忽见陌头杨柳色[③],悔教夫婿觅封侯[④]。

【注释】　①此诗以春光反衬闺中少妇的孤清、寂寞和怨悔。②凝妆:盛妆。③陌头:道边。④觅封侯:为封侯而从军。

王　翰

王翰(生卒年不详),字子羽,并州晋阳(今山西太原)人。

景云元年(710)进士及第,为张嘉贞、张说所礼重,当过秘书正字、驾部员外郎、汝州长史、道州别驾等。王翰恃才豪健,能文善诗,善写边塞生活,以《凉州词》最著名。张说评其所作"有如琼杯玉斝,虽烂然可珍,而多有玷缺"(《大唐新语》引)。辛文房称其诗"多壮丽之词"(《唐才子传》)。有《王翰集》十卷,已佚。《全唐诗》存其诗一卷。

凉州曲[①]

王翰

蒲萄美酒夜光杯[②],欲饮琵琶马上催[③]。
醉卧沙场君莫笑,古来征战几人回。

【注释】　①此诗是描写出征情景的边塞诗。凉州曲:又作《凉州词》,唐乐府名。

据《乐府诗集》引《乐苑》说，它是开元年中西凉府都督郭知运进献给朝廷的。凉州：在今甘肃武威。②蒲萄美酒：西域盛产葡萄，酿成美酒，汉武帝时已传入中国。夜光杯：据《海内十洲记》记载，周穆王时，西域曾进献白玉制作的"光明照夜"的"夜光常满杯"。这里借以形容酒杯的晶莹精致。③琵琶：据刘熙《释名·释琵琶》说，琵琶是马上弹奏的乐器。催：弹奏。

送孟浩然之广陵①

李白

故人西辞黄鹤楼②，烟花三月下扬州③。
孤帆远影碧空尽，惟见长江天际流。

【注释】 ①此诗写楼头送别，怅望之情，俱在言外。孟浩然：盛唐诗人。之：往。广陵：今江苏扬州。②故人：老友，指孟浩然。③烟花三月：繁花浓丽的春天。

下江陵①

李白

朝辞白帝彩云间，千里江陵一日还②。
两岸猿声啼不住，轻舟已过万重山。

【注释】 ①此诗又题《早发白帝城》。白帝城在今四川奉节县。诗作于乾元二年（759），李白因永王李璘事而流放夜郎，行至白帝城而遇赦，故乘船返江陵，一日千里可谓欢快心情的写照。江陵：在今湖北江陵县。②千里江陵一日还：盛弘之《荆州记》曰："有时朝发白帝，暮到江陵，其间千二百里，虽乘奔御风，不为疾也。"

逢入京使①

岑参

故园东望路漫漫，双袖龙钟泪不干②。
马上相逢无纸笔，凭君传语报平安。

【注释】 ①此诗作于天宝八年（749）岑参前往安西时，写故园难归的乡思酸辛。②龙钟：被泪水沾湿的样子。

江南逢李龟年①

杜甫

岐王宅里寻常见②，崔九堂前几度闻③。
正是江南好风景，落花时节又逢君。

【注释】　①此诗作于大历五年(770)春,杜甫少时曾听李龟年唱过歌,此时在潭州(今湖南长沙)重逢,即作此诗相赠。江南:指长江、湘水一带。李龟年:唐时著名音乐家,善歌,开元、天宝年间颇负盛名,得玄宗优遇。安史之乱后,流落江南,每逢良辰胜景,为人歌数曲,座中无不掩泪罢酒。②岐王宅:在洛阳尚善坊。岐王,李范,睿宗之子,玄宗之弟。喜爱文学,好结纳文士。寻常:平常。③崔九堂:崔涤有宅在洛阳遵化里。崔九,即崔涤,玄宗宠臣,常出入禁中。杜甫少时"出游瀚墨场",常于岐王、崔九的宅第中出入,见过李龟年。

滁州西涧①
韦应物

独怜幽草涧边生②,上有黄鹂深树鸣。
春潮带雨晚来急,野渡无人舟自横。

【注释】　①此诗作于建中四年(783)春,韦应物为滁州刺史时。此诗是写春游西涧赏景和晚雨野渡所见的山水诗。西涧:在滁州(今安徽滁县)城西,俗称上马河。②独怜:只爱。

张　　继

张继(生卒年不详),字懿孙,襄州(今湖北襄阳)人。天宝十二载(753)登进士第。大历间当过检校祠部员外郎,在洪州掌管财赋。张继的诗"诗体清迥,有道者风"(高仲武《中兴间气集》),"诗情爽激,多金玉音"(辛文房《唐才子传》)。有《张继诗》一卷,《全唐诗》存其诗一卷。

枫桥夜泊①
张继

月落乌啼霜满天,江枫渔火对愁眠②。
姑苏城外寒山寺③,夜半钟声到客船。

【注释】　①此诗写旅人夜泊枫桥的景象和感受。枫桥:本名"封桥",园张继诗而相沿为"枫桥",在今江苏苏州市西郊。②江枫渔火对愁眠:因愁绪而未入眠的人只能与江枫、渔火相对。江枫,江边枫树。③姑苏:苏州的别称,因城西南有姑苏山而得名。寒山寺:寺在枫桥边,相传因唐名僧寒山、拾得曾在此居住而得名。

枫桥夜泊

寒　食①
韩翃

春城无处不飞花②，寒食东风御柳斜③。
日暮汉宫传蜡烛④，轻烟散入五侯家⑤。

【注释】　①此诗描绘寒食节景象和改火习俗。寒食：古代以冬至后一百零五天
为寒食节，约在清明节前二天，其时禁火，吃寒食。寒食禁火是古代"改火"习俗的延
续，每年春天，灭旧火，用新火，除旧迎新。②飞花：初春柳絮纷飞，称飞花。③御柳：
指皇宫之柳。④汉宫：指唐宫。传蜡烛：寒食节时，据唐制，须由宫廷取新火，由蜡烛
以赐群臣。⑤五侯：《汉书·元后传》载，汉成帝时封王谭等五个外戚为侯，称"五
侯"。此处指豪门贵族。

刘方平

刘方平(生卒年不详)，河南(今河南洛阳)人。天宝中举进士不第；曾入军幕，也
怀才不遇，故退居颍水、汝水之滨，终身不仕。工诗，为李颀、萧颖士所赞颂。辛文房
评其诗"多悠远之思，陶写性灵，默会风雅，故能脱略世故，超然物外"(《唐才子传》)。
有《刘方平诗》一卷，《全唐诗》存其诗一卷。

月　夜①
刘方平

更深月色半人家②，北斗阑干南斗斜③。
今夜偏知春气暖，虫声新透绿窗纱④。

【注释】　①此诗描写春夜的静谧、虫鸣的欢快，写景幽深，含情言外。②半人家：
半个庭院。指月亮已西斜，只能照亮半个院落。③阑干：形容星斗横斜。南斗：即斗
宿，二十八宿之一，位于北斗之南，故称。④新透：初透。

春　怨①
刘方平

纱窗日落渐黄昏，金屋无人见泪痕②。
寂寞空庭春欲晚，梨花满地不开门。

【注释】　①此题原有诗二首，此为其一。这是一首宫怨诗。②金屋：指华丽的宫
殿。《汉武故事》记载，汉武帝少年时喜欢其表妹阿娇，说："若得阿娇作妇，当作金屋
贮之。"

柳中庸

柳中庸(？～775)，名淡，以字行，蒲州虞乡(今山西永济)人。天宝中受学于萧颖士，后居江南。曾诏授洪府户曹，不就。与陆羽、李端等友善。工诗，乔亿称其七绝"体源于乐府"，"而五言轻艳，殆不减梁、陈间人"(《大历诗略》)。《全唐诗》存其诗十三首。

征人怨①
柳中庸

岁岁金河复玉关②，朝朝马策与刀环③。
三春白雪归青冢④，万里黄河绕黑山⑤。

【注释】　①此诗写征人久戍边塞不能还乡之怨。征人：指征戍边塞的将士。②岁岁金河复玉关：意谓年年战争不断。金河，即黑河，在今内蒙古呼和浩特市南，唐时属匈奴辖地。玉关，即玉门关。③朝朝马策与刀环：意谓每天都有战斗。马策，马鞭。刀环，指刀。④三春白雪归青冢：指三月阳春，仍有白雪，状此地之苦寒。三春，三月阳春。青冢，指昭君墓，在今内蒙古呼和浩特市西南。⑤万里黄河绕黑山：意谓此地还应是大唐帝国的疆土。黑山，即杀虎山，在今呼和浩特市东南。

顾　况

顾况(约727～约820)，字逋翁，自号华阳山人。苏州(今属江苏)人。至德二载(757)进士，当过新亭、永嘉的监盐官和大理寺司直、秘书省著作佐郎等。晚年归隐茅山。顾况性诙谐放任，有诗名，长于歌行。皇甫湜称其诗"偏于逸歌长句，骏发踔厉，往往若穿天心，出月胁，意外惊人语非寻常所能及"(《唐故著作佐郎顾况集序》)。严羽评曰："顾况诗多在元、白之上，稍有盛唐风骨处。"(《沧浪诗话》)今有《顾华阳集》三卷行世，《全唐诗》编其诗四卷。

宫　词①
顾况

玉楼天半起笙歌②，风送宫嫔笑语和③。
月殿影开闻夜漏④，水精帘卷近秋河⑤。

【注释】　①此题下原为五首，此为其二，也是一首咏宫怨的诗。②天半：形容玉楼之高。③和：喧闹之意。④闻夜漏：半夜里听着漏滴滴水声。漏，古代滴水(或沙)计时器。⑤水精帘：水晶帘。秋河：即银河。

夜上受降城闻笛①

李益

回乐烽前沙似雪②,受降城外月如霜。
不知何处吹芦管③,一夜征人尽望乡④。

【注释】 ①此诗写边塞月夜,芦管引乡思。受降城:唐中宗景龙二年(708),朔方军总管张仁愿为出击突厥,在黄河以北筑东、西、中三座受降城。此指西城,在今宁夏灵武。②回乐烽:指回乐城附近的烽火台。回乐城故址在今宁夏灵武西南。③芦管:以芦叶所做的笛子。④征人:指远征的将士。

乌衣巷①

刘禹锡

朱雀桥边野草花②,乌衣巷口夕阳斜。
旧时王谢堂前燕,飞入寻常百姓家③。

【注释】 ①此诗是《金陵五题》的第二首。此诗写乌衣巷的现状,将抚今吊古的感慨寄寓景物描写中。乌衣巷:在今南京市区东南。自东晋至唐代,乌衣巷一直是王、谢两大世家的居处。②朱雀桥:秦淮河上的浮桥,在六朝都城金陵正南朱雀门外,为交通要道。花:开花。③"旧时"二句:王、谢世家的旧宅子现已成为普通的民居了。寻常,平常。

朱庆馀

朱庆馀(生卒年不详),名可久,以字行,越州(今浙江绍兴)人。宝历二年(826)进士,授秘书省校书郎,迁协律郎。其诗受张籍赞赏,由是知名,与贾岛、姚合、顾非熊等唱和。徐献忠称其诗"文有精思,词有调发,意匠所遣,纵横得意"(《唐诗品》)。有《朱庆馀诗》一卷,《全唐诗》存其诗二卷。

宫中词①

朱庆馀

寂寂花时闭院门②,美人相并立琼轩③。
含情欲说宫中事,鹦鹉前头不敢言。

【注释】 ①诗题一作《宫词》。此诗以细节写森严宫禁中宫女的怨思。②花时:春暖花开时节。③琼轩:装饰富丽的长廊。

近试上张水部^①

朱庆馀

洞房昨夜停红烛^②，待晓堂前拜舅姑^③。
妆罢低声问夫婿，画眉深浅入时无^④。

【注释】 ①此题又作《闺意献张水部》。这是一首以新妇自比的求荐诗。近试：临近考试。张水部：指张籍，他曾任水部员外郎。水部，工部四司之一，掌水道事。②停：置放。③舅姑：公婆。④入时：时髦。

将赴吴兴登乐游原^①

杜牧

清时有味是无能^②，闲爱孤云静爱僧。
欲把一麾江海去^③，乐游原上望昭陵^④。

【注释】 ①大中四年（850），杜牧由吏部员外郎出任湖州刺史，行前登乐游原告别。吴兴：今浙江吴兴。乐游原：为长安城南登临游览之处，为长安最高处。因西汉时汉宣帝在此建乐游苑，故名。②清时有味是无能：此句是说，当此清平之世，正当有所作为，我却有如此闲情，那是因为自己无能啊。③把：持。一麾：语本颜延之《五君咏》"屡荐不入官，一麾乃出守"句。麾，指旌旗。此处用指出任外省官吏。江海：此指湖州。因湖州临太湖、近海滨，故称。④昭陵：唐太宗陵墓，在今陕西礼泉县九嵕山。

赤　壁^①

杜牧

折戟沉沙铁未销，自将磨洗认前朝^②。
东风不与周郎便，铜雀春深锁二乔^③。

【注释】 ①这是一首咏史诗。赤壁：在今湖北武昌赤矶山，一说在今湖北蒲圻县赤壁山。建安十三年（208），孙权、刘备联军大败曹操，史称"赤壁之战"。②"折戟"二句：断戟沉埋沙里，还未腐蚀掉，我拿起来洗干净，认出是前代的遗物。折戟，断戟。将，拿起。③"东风"二句：如果没有东风助周郎一臂之力，那么天姿国色的二乔怕会被幽闭在铜雀台上了。东风，赤壁大战时，曹操兵多势强，东吴都督周瑜用黄盖火攻之策，趁着东南风，用火船冲击曹军，大获全胜。周郎，指周瑜。铜雀，台名。曹操在邺城（今河北临漳县）建铜雀台，高十丈，极尽富丽。楼顶有大铜雀，故名。曹操把自己的宠姬歌妓尽贮台中，以娱晚景。二乔，指东吴美女大乔、小乔。大乔为孙策之妇，小乔为周瑜之妇。

泊秦淮①

杜牧

烟笼寒水月笼沙,夜泊秦淮近酒家。
商女不知亡国恨②,隔江犹唱后庭花③。

【注释】 ①此诗抚景感事,有亡国之忧。秦淮:秦淮河,长江下游支流,穿过金陵(今江苏南京市)而入长江。时秦淮河两岸酒家林立,纸醉金迷,为寻欢作乐之所。②商女:指在商人船上的扬州歌女。③后庭花:即《玉树后庭花》,为陈朝末代皇帝陈后主(叔宝)所作乐府新曲。陈后主耽于声色,寻欢作乐,终至亡国。后人以此曲为亡国之音。

遣　怀①

杜牧

落魄江湖载酒行②,楚腰纤细掌中轻③。
十年一觉扬州梦,赢得青楼薄幸名④。

【注释】 ①杜牧年轻时曾在扬州放浪冶游,颇受责备,后反省前事而作此诗。②落魄:漂泊之意。③楚腰纤细掌中轻:此句是说,喜爱那些体态轻盈、腰肢纤细、能歌善舞的美女。楚腰,典出《韩非子·二柄》:"楚灵王好细腰,而国中多饿人。"此处借喻美人细腰。掌中轻,典出《飞燕外传》,说汉成帝皇后赵飞燕体轻,能在掌中起舞。④青楼:歌楼妓院。薄幸:薄情负心。

秋　夕①

杜牧

银烛秋光冷画屏②,轻罗小扇扑流萤③。
天阶夜色凉如水④,卧看牵牛织女星⑤。

【注释】 ①此诗一题王建作。向被认作为宫词,写宫女秋夜冷落寂寥的心情。②银烛秋光冷画屏:意谓秋夜中烛光照在画屏上,透出凉意。银烛,白蜡烛。③轻罗:轻薄丝织品。④天阶:指皇宫里的台阶。⑤牵牛织女:相传牵牛、织女二星原为地上夫妇,因得罪天庭,被招回天上,隔于银河两端,相望而不相及。

夜雨寄北①

李商隐

君问归期未有期,巴山夜雨涨秋池②。

何当共剪西窗烛,却话巴山夜雨时③。

【注释】 ①此诗是李商隐入东川节度使柳仲郢幕时所作,写给朋友的。它又题作《夜雨寄内》,即是写给北方妻子的,但有人反对此说。②巴山:今四川、陕西、湖北交界处的大巴山。这里泛指四川东部的山。③"何当"两句:是设想重逢时的情景。何当,何时。却话,回忆、追溯过去而谈起。却,回溯。

瑶　池①

李商隐

瑶池阿母绮窗开②,黄竹歌声动地哀③。
八骏日行三万里④,穆王何事不重来?

【注释】 ①此诗假借《穆天子传》故事,讽刺唐王学仙服药之虚妄无稽。②瑶池阿母绮窗开:意谓西王母在瑶池开窗等待穆王。瑶池阿母,据《穆天子传》记载,周穆王西游昆仑山,与西王母会宴于瑶池。临别时,西王母作歌,希望穆王"将子毋死,尚能复来"。穆王表示,三年后再来相会。阿母,即西王母。绮窗,雕饰精丽的窗户。③黄竹歌声动地哀:借以暗示周穆王已死。黄竹,地名。《穆天子传》记载,周穆王在黄竹路上见风雪冻死人,便作诗哀之。④八骏:相传周穆王有赤骥、华骝等八匹骏马。

瑶瑟怨①

温庭筠

冰簟银床梦不成②,碧天如水夜云轻。
雁声远过潇湘去③,十二楼中月自明④。

【注释】 ①这是一首闺怨诗。瑶瑟:瑟的美称。②冰簟:凉席。银床:指月光照临的床。③潇湘:水名,印潇水、湘江,在今湖南境内。此处用刘禹锡《潇湘神》诗意:"楚客欲听瑶瑟怨,潇湘深夜月明时。"④十二楼:《史记·封禅书》中记方士曾说:"黄帝时为五城十二楼,以候神人于执期,命曰迎年。"此处以十二楼喻指闺楼。

郑　畋

郑畋(825~883),字台文,荥阳(今属河南)人。会昌二年(842)登进士第,历任秘书省校书郎、刑部员外郎、中书舍人。僖宗时为兵部侍郎、中书侍郎、兼礼部尚书、集贤殿大学士。郑畋文学优赡,尤擅制诰,亦有诗名,诗以《马嵬坡》最为著名。有《玉堂集》五卷,《凤池稿草》《续凤池稿草》各三十卷,均佚。《全唐诗》存其诗十六首。

马嵬坡①

郑畋

玄宗回马杨妃死②,云雨难忘日月新③。

终是圣明天子事,景阳宫井又何人④。

【注释】 ①此诗咏玄宗与杨贵妃事,意在翻案。马嵬:在今陕西兴平市。唐天宝十四载安禄山反,次年玄宗仓皇奔蜀,过马嵬驿,赐杨贵妃死,葬于此。②回马:指叛乱平定后,唐玄宗从蜀地返回长安。③云雨:宋玉《高唐赋》述楚王梦遇巫山神女,神女自称"旦为朝云,暮为行雨"。后用指帝王艳遇及男女欢会。日月新:指唐肃宗即位后,中兴唐室。④景阳宫井:即景阳井,又称胭脂井,在今南京。陈后主闻隋兵攻入都城,偕宠妃张丽华、孔贵嫔逃匿于井内,终被俘获。

韩 偓

韩偓(约842~约915),字致尧(一作致光),自号玉山樵人。京兆万年(今陕西西安)人。龙纪元年(889)进士,当过左拾遗、翰林学士、中书舍人、兵部侍郎等,受唐昭宗信任。后为朱全忠排挤而贬为濮州司马、邓州司马。晚年入闽投靠王审知。韩偓十岁能诗,其姨父李商隐曾赠诗,有"雏凤清于老凤声"之句。诗多伤时叹世之作,"忠愤之气,时时溢于语外。性情既挚,风骨自遒"(《四库全书总目》)。又作艳诗,成《香奁集》,"词致婉丽"(薛季宣《香奁集叙》),"丽而无骨"(《彦周诗话》引高秀实语)。有《韩翰林诗集》(或名《玉山樵人集》)行世,《全唐诗》编其诗四卷。

已 凉①

韩 偓

碧阑干外绣帘垂,猩色屏风画折技②。
八尺龙须方锦褥③,已凉天气未寒时。

【注释】 ①此题下原有诗二首,此为第一首。全诗以秋天室内陈设烘托闺客的秋思。②猩色:如猩猩血的颜色,指红色。折技:画花卉的一种技法,画枝而不带根。③龙须:此指龙须草织成之席。

金陵图①

韦 庄

江雨霏霏江草齐②,六朝如梦鸟空啼③。
无情最是台城柳④,依旧烟笼十里堤。

【注释】 ①此题一作《台城》,原有诗二首,此为其二,乃作者吊古伤今之作。金陵:今江苏南京市。②霏霏:雨细密的样子。③六朝:指吴、东晋、宋、齐、梁、陈六朝。金陵为此六朝的都城。④台城:为六朝建业城的旧址,在南京市鸡鸣山麓,玄武湖边。

陈 陶

陈陶(约803~约879),字嵩伯,长江以北人。初举进士不第。大和中南游江南、岭南。大中中隐居洪州西山,与蔡京、贯休往还,以读书、种兰、饮酒、赋诗为事。工诗,长于乐府。其事亦多与南唐另一陈陶相混,宋以后人常混二人为一人。有《陈嵩伯诗集》一卷行世,《全唐诗》编其诗二卷,其中都混有南唐陈陶及他人作品。

陇西行①

陈陶

誓扫匈奴不顾身,五千貂锦丧胡尘②。
可怜无定河边骨③,犹是春闺梦里人。

【注释】 ①题下原有诗四首,此为其二。写战争给百姓带来的痛苦和灾难。陇西行:古乐府《相和歌辞·瑟调曲》旧题。②"誓扫"二句:用汉李陵故事。李陵为击败匈奴,率步卒不足五千人深入沙漠,为诱兵之计。但因救兵不至,死伤殆尽。貂锦,汉羽林军着貂裘锦衣。此处指将士。③无定河:源出内蒙古鄂尔多斯,流经陕西,汇入黄河。

张　泌

张泌(生卒年不详),字子澄,淮南(今安徽寿县)人。在南唐李后主时,当过句容尉、监察御史、内史舍人等。擅诗词,其词收入《花间集》,其诗收入《才调集》。《全唐诗》编其诗一卷。

寄　人①

张泌

别梦依依到谢家②,小廊回合曲阑斜③。
多情只有春庭月,犹为离人照落花。

【注释】 ①此题下原有诗二首,此为其一,写梦寄人,表现入骨相思。②谢家:此指情人所居之处。唐人常以萧娘、谢娘称所爱之人。③回合:回环。

杂　诗①

无名氏

近寒食雨草萋萋②,著麦苗风柳映堤③。
等是有家归未得,杜鹃休向耳边啼④。

【注释】 ①此诗写有家未归者的愁思。②寒食:清明节前两天为寒食节。③著:吹拂。④杜鹃:杜鹃鸟,又名子规,旧说其啼鸣婉,如叫"不如归去",最能动思乡人之旅思。

七绝乐府

七绝乐府,句式和字数与七言绝句类似,既有用乐府古题,亦有自创的乐府曲牌,还有当时的唐教坊曲调。内容则写闺怨,写边塞生活,或写唐时社会生活。

渭城曲①
王维

渭城朝雨浥轻尘②,客舍青青柳色新。
劝君更尽一杯酒,西出阳关无故人③。

【注释】 ①此诗以清景写别情,风味隽永。诗题一作《送元二使安西》。元二,其人不详。安西:指唐安西都护府,治所在今新疆库车。诗题又作《赠别》《阳关》。此诗《乐府诗集》列入《近代曲辞》。王维作诗,后谱成曲,有《阳关三叠》之名。②渭城:秦时名咸阳县,汉时改名渭城,治所在今陕西咸阳市东北。浥:湿润。③阳关:汉置边关,因在玉门关南,故称阳关,故址在今甘肃敦煌西南。

秋夜曲①
王维

桂魄初生秋露微②,轻罗已薄未更衣③。
银筝夜久殷勤弄④,心怯空房不忍归。

【注释】 ①此为乐府《杂曲歌辞》。题下原有二诗,此为其二,咏闺怨。有题此首为王涯作,第一首为张仲素作。今检《王右丞集》无此诗。其他唐诗选本均属王涯作。②桂魄:指月亮。据《酉阳杂俎》载,月中桂树高五百丈,故常将月与桂联系起来。③轻罗:轻薄的丝织衣服。更衣:指换上厚暖的衣服。④弄:弹奏。

长信怨①
王昌龄

奉帚平明金殿开②,暂将团扇共徘徊③。
玉颜不及寒鸦色,犹带昭阳日影来④。

【注释】 ①此题又作《长信秋词》,原有五首,此其三,写宫怨。长信怨:乐府《相和歌·楚调曲》。据《汉书》记载,班婕妤入宫后,深得汉成帝宠爱,但后因赵飞燕而失宠。婕妤害怕赵飞燕加害,请求到长信宫供养太后。②奉帚:执帚洒扫。据《汉书·外戚传》载,班婕妤在长信宫作赋自伤,有"共洒扫于帷幄兮,永终死以为期"句。平明:天刚亮。金殿:指长信宫。③团扇:相传班婕妤作《团扇诗》,有"弃捐箧笥中,恩情中道绝"句,以团扇比喻自己失宠被弃。④"玉颜"二句:意谓寒鸦从昭阳宫飞来,还带着太阳的光彩,而自己失宠憔悴,比不上寒鸦的颜色。玉颜,指班婕妤之容颜。昭阳,昭阳宫,为赵飞燕之妹赵合德所居,亦受汉成帝宠爱。日影,指阳光,又暗喻皇帝的恩幸。

出　塞^①
王昌龄

秦时明月汉时关^②,万里长征人未还^③。
但使龙城飞将在^④,不教胡马度阴山^⑤。

【注释】　①此题下原为二首,此为其一。此诗即景怀古,思慕古代名将,暗讽边将不得其人。出塞:乐府古题,属《横吹曲》。②秦时明月汉时关:此句为互文见意,是说,明月仍是秦汉时的明月,边关仍是秦汉时的边关。③万里长征:指在万里之遥长久地戍边。④龙城飞将:此处合用二典。龙城,《汉书·卫青传》载,汉车骑将军卫青出击匈奴至龙城,斩首数百。龙城为汉时匈奴祭天处,在今蒙古人民共和国境内。也泛指边关。飞将,《史记·李将军列传》载,汉名将李广为右北平太守时,勇猛善战,匈奴称其为"汉之飞将军"。此处泛指古代边塞立功的名将。⑤胡马:此指北方少数民族。阴山:在今内蒙古中部。

清平调^①三首
李白

其一

云想衣裳花想容^②,春风拂槛露华浓^③。
若非群玉山头见,会向瑶台月下逢^④。

【注释】　①清平调:此为乐府曲牌名,为李白所创。又作《清平调辞》。此首以花暗喻人,写杨贵妃如仙之美。②云想衣裳花想容:云彩想变做她的衣裳,花朵想变做她的容颜,极喻杨贵妃之美。③露华:带露之花。④"若非"两句:赞美杨贵妃的美貌,只有在天上仙界中才会见到。群玉山,据《山海经》说,群玉之山为西王母所居之处。会,终应。瑶台,据《拾遗记》说,昆仑山有瑶台,为西王母之宫。

其二^①

一枝红艳露凝香,云雨巫山枉断肠^②。
借问汉宫谁得似^③,可怜飞燕倚新妆^④。

【注释】　①此首以巫山、神女和汉宫飞燕衬托杨贵妃之美。②"一支"二句:意谓楚王神女巫山云雨的传说终是虚幻,真比不上杨贵妃受唐玄宗的宠爱,如牡丹花承雨露滋润,让人羡慕。③借问:请问。④可怜:可爱。飞燕:指赵飞燕。她初为宫女,因貌美,能歌善舞,为汉成帝所宠爱,后立为皇后。倚:依靠。

其三①

名花倾国两相欢②,常得君王带笑看。

解释春风无限恨③,沉香亭北倚栏杆④。

【注释】 ①此首写沉香亭唐玄宗与杨贵妃赏花情景。②名花:指牡丹花。唐朝贵族特别看重牡丹。白居易《买花》:"一丛深色花,十户中人赋。"倾国:指杨贵妃。《汉书·外戚传》引《李延年歌》:"北方有佳人,绝世而独立。一顾倾人城,再顾倾人国。"③解释春风无限恨:君王所爱的名花和美人,能释解心中所有的愁闷怅恨,使之心情舒畅。解释,消释。④沉香亭:在唐兴庆宫图龙池东。

出　塞①

王之涣

黄河远上白云间②,一片孤城万仞山③。

羌笛何须怨杨柳④,春风不度玉门关⑤。

【注释】 ①题又作《凉州词》。此为写成边将士思乡之情的边塞诗。②黄河远上:又有作"黄沙直上"。③万仞:形容极高。仞,古代八尺为一仞。④羌笛:据说笛子出于西羌,故称羌笛。杨柳:笛子古曲中有《折杨柳枝》,词曰:"上马不捉鞭,反拗杨柳枝。下马吹横笛,愁杀行客儿。"由于古人有临别折柳送行的习俗,故《折杨柳枝》曲也成为怀乡怨别的曲调。⑤玉门关:故址在今甘肃敦煌西,为古时通西域要道。

杜秋娘

杜秋娘,唐时金陵(今江苏南京市)人,原为节度使李锜妾,善唱《金缕衣》。后入宫,为唐宪宗所宠。穆宗立,为皇子保姆。皇子被废,杜秋娘回故乡,穷老无依。

金缕衣①

杜秋娘

劝君莫惜金缕衣,劝君惜取少年时。

花开堪折直须折②,莫待无花空折枝。

【注释】 ①题又作《劝少年》。此诗主旨颇有歧解,或解为劝人惜取光阴,或解为及时行乐,或解为妓家以花柳自比。此诗词气明爽,令人百读不厌。金缕衣:唐教坊曲调名,《乐府诗集》编入《近代曲辞》。②直须:就须。

宋词

【导语】

　　诗有唐宋之分,故历来选诗者鲜有将注重意趣之唐诗与注重理趣之宋诗揽入同一部诗选中者。词则不同,词作为一个晚近出现的文体,萌芽于唐代,成长于五代,至两宋始成熟结实,完成其生命周期。唐宋词之间血脉贯通,故历来选词者并不把唐词、宋词划然分开,大多唐宋兼收,若《花庵词选》《草堂诗馀》之类。但是,宋词作为词史之荦荦大端,自然有其自足之存在,因而宋词的断代选本,亦代不乏编,自宋代曾慥《乐府雅词》启其端绪,至上疆村民之《宋词三百首》,已蔚然可观。

　　龙榆生《选词标准论》:"晚清词人,颇喜选录,以寄其论词宗尚。各矜手眼,比类观之,亦可见当时词坛趋向。"晚清词家选本如陈廷焯之《云韶集》和《词则》,樊增祥之《微云榭词选》,谭献之《箧中词》,冯煦之《宋六十一家词选》,梁令娴、麦孟华之《艺蘅馆词选》,况周颐之《蕙风簃词选》,这些选本或初具纲目,或并未完稿,或虽已编成,但影响甚微,只有上疆村民之《宋词三百首》,及今八十余年而影响不衰。

　　《宋词三百首》编者上疆村民,为朱祖谋号。朱祖谋(1857~1931),原名孝臧,字古微,浙江归安人,因世居归安埭溪渚上疆山麓,故号"上疆村民",又号沤尹。光绪九年(1883)进士,历官国史馆协修、会典馆总纂总校、翰林院侍讲、礼部侍郎。光绪三十年(1894),于广东学政任上辞官归隐苏州。朱氏早年工诗,四十岁始专力词学,遂成为近代词学宗师,与王鹏运、况周颐、郑文焯并称清季词学四大家。其词作《疆村语业》,"海内奉为圭臬"(吴梅语)。所编刻《疆村丛书》,汇集唐、五代、宋、金、元词总集五种,别集一百六十二家,精审严校,洵为善本。《宋词三百首》为疆村老人晚年编订。张尔田《词林新语》云:"归安朱疆村,词学宗师。方其选三百首宋词时,辄携钞帙,过蕙风簃,寒夜啜粥,相与探论。继时风雪甫定,清气盈宇,曼诵之声,直充闾巷。"可知,此选并非疆村老人独任其事,其间亦有况周颐、张尔田等人的切磋裁定之功,堪称是一部凝聚了近代词坛精英们心力的扛鼎之作。

赵 佶

　　赵佶(1082~1135),即宋徽宗,神宗第十一子,1100~1125 年在位。传位给长子赵桓(宋钦宗)后,被尊为教主道君太上皇帝。靖康二年(1127),金兵攻陷汴京,他与钦宗一起被俘入金,后因死于五国城(今黑龙江省依兰县)。赵佶精通诗词、书画、音乐、歌吹,多才多艺。但政治上昏聩,重用奸臣,导致亡国。现存词十七首,早年词风浓艳,晚期情调凄凉。

燕山亭①北行见杏花

　　裁剪冰绡②,打叠数重,淡着燕脂匀注③。新样靓妆④,艳溢香融,羞杀蕊珠宫女⑤。

易得凋零,更多少、无情风雨。愁苦。闲院落凄凉,几番春暮。

凭寄离恨重重,这双燕,何曾会人言语⑥。天遥地远,万水千山,知他故宫何处。怎不思量,除梦里、有时曾去。无据⑦。和梦也、新来不做⑧。

【注释】 ①《词苑丛谈》卷六:"徽宗北辕后,赋《燕山亭》杏花一阕,哀情哽咽,仿佛南唐李主,令人不忍多听。"清宋荦《题宋徽宗竹禽图》:"春风艮岳罢朝时,蠢尔微禽费睿思。肠断燕山亭子畔,杏花新燕又题词。""燕山亭"一作"宴山亭"。《词律》:"此调本名《燕山亭》,恐是燕国之'燕',《词汇刻》作'宴山亭',非也。"这首词通过写杏花的凋零,借以自悼。上片描写杏花,运笔极其细腻,好似在做工笔画。下片抒写离恨衷情,层层深入,愈转愈深,愈深愈痛。②冰绡:轻薄洁白的绢。这里指杏花花瓣像白色薄绡。唐王勃《七夕赋》:"停翠梭兮卷霜縠,引鸳杼兮割冰绡。"③燕脂:同"胭脂"。匀注:涂抹均匀。④靓妆:艳丽的装扮。鲍照《代朗月行》:"靓妆坐帷里,当户弄清弦。"⑤蕊珠宫:道教经典中所说的仙宫。周邦彦《汴都赋》:"蕊珠、广寒、黄帝之宫,荣光休气,瞳胧往来。"赵佶信奉道教,自号教主道君皇帝。⑥会:理解。⑦无据:无所依凭。宋谢懋《蓦山溪》词:"飞云无据,化作冥蒙雨。"⑧和:连。

钱惟演

钱惟演(962~1034),字希圣,临安(今浙江省杭州市)人。吴越王钱俶之子,入宋,历官知制诰、翰林学士、工部尚书、枢密使等。博学能文,曾参与修撰《册府元龟》。尤工诗,与杨亿、刘筠号"江东三虎",领袖西昆诗派。今存词二首。

木兰花①

城上风光莺语乱②。城下烟波春拍岸。绿杨芳草几时休③,泪眼愁肠先已断④。
情怀渐觉成衰晚。鸾镜朱颜惊暗换⑤。昔年多病厌芳尊⑥,今日芳尊惟恐浅。

【注释】 ①木兰花,为唐教坊曲名,宋人所填木兰花,皆名为玉楼春。据《花间集》分析,《木兰花》与《玉楼春》原为两调,自《尊前集》误刻后,宋人相沿,率多混填。惟演暮年有汉东(今湖北钟祥)之谪,此调即当时所作,词极凄婉。②莺语乱:莺的叫声此起彼伏。辛弃疾《锦帐春》(春色难留)有"燕飞忙,莺语乱"句,应为借用惟演成语。③绿杨芳草几时休:笔意追慕李后主《虞美人》"春花秋月何时了?往事知多少"句。④泪眼愁肠先已断:范仲淹《御街行》"柔肠已断无由醉,酒未到先成泪",与此句笔意相似。⑤鸾镜朱颜惊暗换:鸾镜,镜子的美称。《艺文类聚》卷九十引南朝宋范泰《鸾鸟诗》序云:罽宾王获一鸾鸟,三年不鸣。夫人悬镜于鸾鸟之前,欲使其见同类而后鸣。不想鸾鸟睹镜中影则愈悲,哀鸣不已,不久即亡。故诗词中多以鸾镜表现临镜而生悲。朱颜惊暗换,用李后主《虞美人》"雕栏玉砌应犹在,只是朱颜改"句意。⑥尊:同"樽"。酒杯。

范仲淹

范仲淹(989~1052),字希文,吴县(今江苏省苏州市)人。大中祥符八年(1015)

图文珍藏版

进士,官至枢密副使、参知政事。积极推行"庆历新政",曾提出十项政治改革方案。其词清丽而豪健,气势恢宏。《疆村丛书》收《范文正公诗馀》一卷,《全宋词》据《中吴纪闻》卷五补辑一首。魏泰《东轩笔录》谓仲淹守边日,作《渔家傲》数阕,皆以"塞下秋来"为首句,颇述边镇之劳苦,今只存"衡阳雁去"一首。

范仲淹像

渔家傲①

塞下秋来风景异。衡阳雁去无留意②。四面边声连角起③。千嶂里。长烟落日孤城闭④。

浊酒一杯家万里。燕然未勒归无计⑤。羌管悠悠霜满地。人不寐。将军白发征夫泪。

【注释】 ①此调始见于北宋晏殊,因词中有"齐揭调,神仙一曲渔家傲",因以"渔家傲"作调名。这是一首边塞词,起片写边塞景物,寒风萧瑟,满目荒凉。下片词人自抒怀抱,战争没有取得胜利,还乡之计是无从谈起的,然而要取得胜利,更为不易。继而由自己而及征夫,总收全词。爱国激情,浓重乡思,兼而有之,构成了将军与征夫复杂而又矛盾的情绪。这种情绪主要是通过全词景物的描写,气氛的渲染,婉曲地传达出来,情调苍凉而悲壮。②衡阳:位于今湖南省。其旧城之南有回雁峰,状如雁之回旋。相传雁飞至此,不再南飞。③边声:指边境上羌管、胡笳、画角等音乐声音。汉李陵《答苏武书》:"吟啸成群,边声四起。"④孤城闭:杜甫《题忠州龙兴寺所居院壁》有"孤城早闭门"句。⑤燕然:即杭爱山,在今蒙古人民共和国境内。据《后汉书》载,东汉窦宪领兵出塞,大破北匈奴,登燕然山,刻石记功,宣扬汉朝威德。勒:刻石记功。

苏幕遮①怀旧

碧云天,黄叶地。秋色连波,波上寒烟翠。山映斜阳天接水。芳草无情②,更在斜阳外。

黯乡魂③,追旅思。夜夜除非,好梦留人睡。明月楼高休独倚。酒入愁肠,化作相思泪。

【注释】 ①苏幕遮,为唐教坊曲名。唐慧琳《一切经音义》卷四十一"苏莫遮"条:"'苏莫遮',西域胡语也,正云'飒磨遮'。此戏本出西龟兹国,至今犹有此曲。此国浑脱、大面、拔头之类也。"《唐会要》卷三十四《论乐》:(神龙)二年三月,并州清源县尉吕元泰上疏曰:"比见都邑城市,相率为浑脱,骏马胡服,名为苏莫遮。旗鼓相当,军阵之势也;腾逐喧噪,战争之象也;锦绣夸竞,害女工也;征敛贫弱,伤政体也;胡服相效,非雅乐也;浑脱为号,非美名也。安可以礼仪之朝,法戎虏之俗;军阵之势,列庭

国学经典文库

国学经典

宋词

图文珍藏版

阙之下。窃见诸王,亦有此好,自家刑国,岂若是也。"可见,此曲流传中国当在唐中宗之前。据吕元泰的描述,此曲最早应属军乐。至宋,词家用此调度新曲。又名鬓云松令、云雾敛。范仲淹的这首词上片写秾丽阔远的秋景,暗透乡思;下片直抒思乡情怀。纵观全词,词人将阔远之境、秾丽之景与深挚之柔情完美地统一在一起,显得柔而有骨,深挚而不流于颓靡。②芳草无情:据《穷幽记》载,小儿坡上草很旺盛,裴晋公经常散放几只白羊于其中,并说:"芳草无情,赖此装点。"温庭筠《经西坞偶题》:"摇摇弱柳黄鹂啼,芳草无情人自迷。"③黯:黯然失色。"黯乡魂"暗用江淹《别赋》"黯然销魂"语。

御街行①秋日怀旧

纷纷坠叶飘香砌②。夜寂静、寒声碎。真珠帘卷玉楼空③,天淡银河垂地。年年今夜,月华如练,长是人千里④。

愁肠已断无由醉。酒未到、先成泪。残灯明灭枕头敧⑤,谙尽孤眠滋味⑥。都来此事,眉间心上,无计相回避⑦。

【注释】 ①此调首见柳永《乐章集》,因宋杨湜《古今词话》收无名氏词有"听孤雁声嘹唳"句,因此又名"孤雁儿"。这是一首怀人之作,其间洋溢着一片柔情。上片描绘秋夜寒寂的景象,下片抒写孤眠愁思的情怀,由景入情,情景交融。②香砌:铺有落花的台阶。③真珠:即珍珠。④长是人千里:谢庄《月赋》有"隔千里兮共明月"句。⑤敧:倾斜。⑥谙尽:犹言尝尽。谙,熟悉。⑦眉间心上,无计相回避:李清照《一剪梅》"此情无计可消除,才下眉头,却上心头"句当化用此句。

张　先

张先(990~1078),字子野,乌程(今浙江省湖州市)人。天圣八年(1030)进士,曾任嘉禾判官,知渝州、虢州,以尚书都官郎中致仕。为人风趣幽默,晚年常与蔡襄、苏轼等名士唱酬。他善写清新含蓄的小令,又创作了大量慢词长调,情真意切,细腻深婉。初以《行香子》词有"心中事,眼中泪,意中人"之句,人称为"张三中"。后又自举平生所得意的三首词:"云破月来花弄影"(《天仙子》),"娇柔懒起,帘幕卷花影"(《归朝欢》),"柔柳摇,坠轻絮无影"(《剪牡丹》)。世称"张三影"。著有《张子野词》。

千秋岁①

数声鶗鴃②。又报芳菲歇。惜春更把残红折。雨轻风色暴③,梅子青时节。永丰柳④,无人尽日飞花雪⑤。

莫把幺弦拨⑥。怨极弦能说。天不老,情难绝⑦。心似双丝网,中有千千结。夜过也,东窗未白凝残月。

【注释】 ①唐教坊大曲有"千秋乐"调。据《旧唐书》卷八:"(开元十七年)百僚表请以每年八月五日为千秋节,王公已下献镜及承露囊,天下诸州咸令燕乐,休暇三日……"《新唐书》卷二十二《礼乐志》:"千秋节者,玄宗以八月五日生,因以其日名节,而君臣共为荒乐,当时流俗多传其事以为盛。其后巨盗起,陷两京,自此天下用兵不息,而离宫苑囿遂以荒堙,独其余声遗曲传人间,闻者为之悲凉感动。""千秋乐"调可能就是从宫中流传到坊间的乐调,经宋人翻为新曲。又名"千秋节""千秋万岁"。张先这首词写悲欢离合之情,声调激越,极尽曲折幽怨之能事。上片完全运用描写景物来烘托、暗示美好爱情横遭阻抑的沉痛之情。下片主人公表示了反抗的决心,"心似双丝网,中有千千结",在这个情网里,他们是通过千万个结,把彼此牢牢地系住,谁想破坏它都是徒劳的。②教声鹧鸪:鹧鸪亦作"鶗鴃",即杜鹃。张衡《思玄赋》:"恃己知而华予兮,鶗鴃鸣而不芳。"李善注:"《临海异物志》曰:'鶗鴃,一名杜鹃,至三月鸣,昼夜不止,夏末乃止。'"③风色:即风势。韩偓《江行》诗:"舟人偶语忧风色,行客无聊罢昼眠。"④永丰柳:唐时洛阳永丰坊西南角荒园中有垂柳一株被冷落,白居易赋《杨柳枝词》,以喻家妓小蛮,后传入乐府,遍流京师。后园以"永丰柳"泛指园柳,比喻孤寂无靠的女子。⑤无人尽日飞花雪:白居易《杨柳枝词》有"永丰西角荒园里,尽日无人属阿谁"句。花雪,指柳絮。⑥幺弦:琵琶的第四弦。借指琵琶。⑦天不老,情难绝:化用李贺《金铜仙人辞汉歌》"天若有情天亦老"句,言天无情。

一丛花①

伤高怀远几时穷。无物似情浓。离愁正引千丝乱,更东陌、飞絮濛濛。嘶骑渐遥②,征尘不断,何处认郎踪。

双鸳池沼水溶溶。南北小桡通③。梯横画阁黄昏后,又还是、斜月帘栊。沉恨细思,不如桃杏,犹解嫁东风④。

【注释】 ①据《词谱》,"一丛花"调以苏轼《一丛花》(今年春浅腊侵年)为正体。其实在苏轼之前,张先这首《一丛花》就已流传很广了。宋人范公偁《过庭录》记载:张先子野郎中《一丛花》,一时盛传。欧永叔尤爱之,恨未识其人。子野家南地,以故至都谒永叔,闻者以通,永叔倒屣迎之曰:"此乃'桃杏嫁东风'郎中。"东坡守杭,子野尚在,尝预宴席,有《南乡子》词,末句云:"闻道贤人聚吴分,试问,也应傍有老人星。"盖年八十余矣。张先的这首《一丛花》是一首闺怨词,写一位女子独处深闺的相思与愁恨。上片用倒叙的手法着意渲染女主人公的愁绪。下片写相思无奈的"沉恨"和空虚。整首词紧扣"伤高怀远",从登楼远望回忆,收归近处池沼、眼前楼阁,最后收拍到自身,由远而近,次第井然。②骑:名词。乘坐的马。③桡:船桨。此指船。④嫁东风:李贺《南园十三首》之一:"可怜日暮嫣香落,嫁于春风不用媒。"《全唐诗》收庾传素《木兰花》:"是何芍药争风彩,自共牡丹长作对。若教为女嫁东风,除却黄莺难匹配。"可见以花为女,嫁于东风,唐人已作此想。

晏 殊

晏殊(991~1055),字同叔,临川(今江西省抚州市)人。七岁能属文,以神童应召试,赐同进士出身。三十岁拜翰林学士;庆历二年(1042)官同中书门下平章事,兼枢密使。晏殊"文章赡丽,应用不穷,尤工诗,闲雅有情思"(《宋史》本传)。其词擅长小令,是婉约派代表作家,其词风流旖旎,时有真情流露。有《珠玉词》三卷。

浣溪沙①

一曲新词酒一杯。去年天气旧亭台。夕阳西下几时回。

无可奈何花落去,似曾相识燕归来②。小园香径独徘徊③。

【注释】 ①浣溪沙,唐教坊曲名,张泌词有"露浓香泛小庭花"句,名"小庭花";贺铸名"减字浣溪沙",韩淲词有"芍药酴醾满院春"句,名"满院春";有"东风拂槛露犹寒"句,名"东风寒";有"一曲西风醉木犀"句,名"醉木犀";有"霜后黄花菊自开"句,名"霜菊黄";有"广寒曾折最高枝"句,名"广寒枝";有"春风初试薄罗衫"句,名"试香罗";有"清和风里绿阴初"句,名"清和风";有"一番春事怨啼鹃"句,名"怨啼鹃"。这首词上片通过叠印时空,交错换位,进行了变与不变的哲学思考;下片则巧借眼前景物,着重写眼前的感伤。全词语言流转,明白如话,清丽自然,意蕴深沉,启人神智,耐人寻味。②无可奈何花落去,似曾相识燕归来:萧纲《春日》诗:"欲道春园趣,复忆春时人。春人竟何在,空爽上春期。独念春花落,还似昔春时。"两者立意相似。晏殊另有诗《假中示判官张寺丞王校勘》:"元巳清明假未开,小园幽径独徘徊。春寒不定斑斑雨,宿醉难禁滟滟杯。无可奈何花落去,似曾相识燕归来。游梁赋客多风味,莫惜青钱万选才。"可见是晏殊的得意之作,只是不知先有诗,还是先有词。③香径:落花满径,留有芬芳,故云香径。唐戴叔伦《游少林寺》诗:"石龛苔藓积,香径白云深。"

浣溪沙①

一向年光有限身②。等闲离别易销魂③。酒筵歌席莫辞频。

满目山河空念远④,落花风雨更伤春。不如怜取眼前人⑤。

【注释】 ①这是一首伤别词,所写的并非一时所感,也非一人一事,而是反映了作者对人生的认识:年光有限,世事难料;空间和时间的距离即难以逾越,加之美好事物总难追寻,不如立足现实,牢牢地抓住眼前的一切。②一向:片刻。向,同"晌"。③等闲:平常。销魂:谓心灵震荡,如魂飞魄散。形容极度哀愁感伤。④满目山河空念远:由唐李峤《汾阴行》诗"山川满目泪沾衣"句化出。念远,思念远方友人。⑤怜:爱怜。唐《会真记》载崔莺莺诗:"还将旧来意,怜取眼前人。"此句亿用其意。

清平乐①

红笺小字②。说尽平生意。鸿雁在云鱼在水③。惆怅此情难寄。

斜阳独倚西楼。遥山恰对帘钩。人面不知何处,绿波依旧东流④。

【注释】 ①王灼《碧鸡漫志》:"清平乐,《松窗录》云:开元中,禁中初种木芍药,得四本,红、紫、浅红、通白繁开,上乘照夜白,太真妃以步辇从,李龟年手捧檀板押众乐前,将歌之。上曰:焉用旧词为? 命龟年宣翰林学士李白,立进《清平调》词三章,上命梨园弟子约格调,抚丝竹,促龟年歌。太真妃笑领歌意甚厚。张君房《脞说》指此为《清平乐》曲。按:明皇宣白进《清平调》,乃是令白于《清平调》中制词。盖古乐取声律高下合为三,曰清调、平调、侧调,此谓三调。明皇止令就择上两调偶,不乐侧调故也。况白词七字绝句,与今曲不类,而《尊前集》亦载此三绝句,止目曰《清平调》,然唐人不深考,妄指此三绝句耳。此曲在越调,唐至今盛行。今世又有黄钟宫、黄钟商两音者,欧阳炯称白有应制《清平乐》四首,往往是也。"复据《词谱》,《花庵词选》名"清平乐令",张辑词有"忆着故山萝月"句,名"忆萝月";张翥词有"明朝来醉东风"句,名"醉东风"。这首词为怀人之作。词中寓情于景,以淡景写浓愁,言青山常在,绿水长流,而自己爱恋着的人却不知去向;虽有天上的鸿雁和水中的游鱼,它们却不能为自己传递书信,因而惆怅万端。②红笺:红色笺纸。③鸿雁在云鱼在水:暗含鱼雁传书之意。《全唐诗》收张泌《生查子》:"鱼雁疏,芳信断,花落庭阴晚。"④人面不知何处:语本崔护《题都城南庄》诗"人面不知何处去,桃花依旧笑春风"。

木兰花①

池塘水绿风微暖。记得玉真初见面②。重头歌韵响铮琮③,入破舞腰红乱旋④。

玉钩阑下香阶畔⑤。醉后不知斜日晚。当时共我赏花人⑥,点检如今无一半⑦。

【注释】 ①这首词上下两片对照来写,以上片场面之热烈反衬下片眼前的凄清与孤独,怀旧之情自然流露出来。结句由虚入实,感情沉着,情韵杳渺。②玉真:玉人,美人。③重头:词的上下片声韵节拍完全相同的称重头。铮琮:形容金属撞击时所发出的声音。④入破:指乐声骤变为繁碎之音。乱旋:谓舞蹈节奏加快。⑤玉钩:指新月。鲍照《玩月城西门廨中》诗:"蛾眉蔽珠栊,玉钩隔琐窗。"李白《挂席江上待月有怀》诗:"倏忽城西郭,青天悬玉钩。"⑥赏花人:欣赏歌舞美色之人。⑦点检:犹言算来。

踏莎行①

小径红稀,芳郊绿遍。高台树色阴阴见②。春风不解禁杨花,濛濛乱扑行人面③。

翠叶藏莺,朱帘隔燕。炉香静逐游丝转④。一场愁梦酒醒时,斜阳却照深深院。

【注释】　①这首词写暮春景色，上片写郊外景色，下片写院内景象，最后以"斜阳却照深深院"作结，闲愁淡淡，难以排解。②阴阴见：树木葱郁茂密，现出幽暗之色。见，同现。李商隐《燕台诗》之《夏》："前阁雨帘愁不卷，后堂芳树阴阴见。"③濛濛：纷杂貌。④游丝：飞扬在空中的蜘蛛等虫类的丝。

韩　缜

韩缜(1019~1097)，字玉汝，雍丘(今河南杞县)人。庆历二年(1042)进士，官至尚书右仆射、兼中书侍郎。今存《凤箫吟》词一首，咏芳草以留别，当时天下盛传。

凤箫吟①

锁离愁，连绵无际，来时陌上初熏②。绣帏人念远，暗垂珠泪，泣送征轮③。长亭长在眼，更重重、远水孤云。但望极楼高，尽日目断王孙④。

消魂。池塘别后，曾行处、绿妒轻裙。恁时携素手⑤，乱花飞絮里，缓步香茵。朱颜空自改，向年年、芳意长新。遍绿野，嬉游醉眠，莫负青春。

【注释】　①凤箫吟又名《凤楼吟》《芳草》，以韩缜词为正体。这是一首咏物词，借咏芳草以寄托离情别绪。上片写游子即将远征，女子垂泪相送，想日后征人远去，只留下思妇，危楼远眺，目断平芜。下片写别后触目伤怀，意兴索然，深恐美人迟暮，芳意不成。整首词咏草，却不着一草字，借句用典，却全无雕琢痕迹。②陌上：田间的小路上。熏：同"薰"，散发香气。江淹《别赋》："闺中风暖，陌上草熏。"③征轮：远行人乘坐的车子。唐王维《观别者》诗："挥泪逐前侣，含凄动征轮。"④王孙：即王孙草。⑤恁时：那时。

宋祁

宋祁(998~1061)，字子京，祖居安陆(今属湖北省)，徙居雍丘(今河南省杞县)。天圣二年(1024)与兄庠同登进士第，奏名第一。章献太后以为弟不可先兄，乃擢庠为第一，置祁第十，号称"大小宋"。累官至工部尚书、翰林学士承旨。曾参与修撰《新唐书》，著有《宋景文公集》。他以《木兰花》(又名《玉楼春》)词中"红杏枝头春意闹"句享誉词坛，人称"红杏尚书"。王国维称道其《木兰花》"'红杏枝头春意闹'，着一'闹'字而境界全出"(《人间词话》)。其词多写个人生活琐事，语言工丽。近人赵万里辑有《宋景文公长短句》一卷。

木兰花①春景

东城渐觉风光好。縠皱波纹迎客棹②。绿杨烟外晓寒轻，红杏枝头春意闹。

浮生长恨欢娱少。肯爱千金轻一笑③。为君持酒劝斜阳，且向花间留晚照④。

【注释】　①这是一首惜春词。上片极力渲染盎然的春意，富有灵性的水波，如丝如烟的绿杨,"喧闹"于枝头的红杏,一派烂漫的春光。下片转而感叹春光易逝,良辰难驻,斜阳晚照,劝酒花间,情绪略显低沉。这与古人燃烛照花,秉烛夜游,取径相同,似不必以"及时行乐"责备古人。从写法上讲,于极盛处略抒愁思,全词意脉方显波澜。②縠皱:绉纱似的波纹。③肯爱千金轻一笑:意即怎么肯爱惜金银而轻视欢乐的生活呢。千金一笑,据《艺文类聚》卷五十七引东汉崔骃《七依》云:"酒酣乐中,美人进以承宴,调欢欣以解容。四顾百万,一笑千金。"盖宴席中侑酒美女难得笑颜,后遂用"一笑千金"形容歌姬舞女娇美的形象与动人的笑容。④且向花间留晚照:化用李商隐《写意》诗"日向花间留返照"句

欧阳修

欧阳修(1007~1072),字永叔,号醉翁,晚号六一居士。吉州永丰(今属江西省)人,天圣八年(1030)进士。官至枢密副使、参知政事。曾参与修撰《新唐书》《新五代史》。他是北宋诗文革新运动的领袖,属于"唐宋八大家"之一。他奖掖后进,王安石、曾巩及苏洵、苏轼、苏辙等都得其举荐与指导。擅长写词:或写恋情醉歌,缠绵婉曲;或绘自然美景,富于情韵。风格深婉而清丽。词集有《六一词》《近体乐府》《醉翁琴趣外编》等。

欧阳修像

采桑子①

群芳过后西湖好,狼藉残红②。
飞絮濛濛。垂柳阑干尽日风③。
笙歌散尽游人去④,始觉春空。
垂下帘栊。双燕归来细雨中。

【注释】 ①据《词谱》,唐教坊曲有《杨下采桑》,《采桑子》调名本此。《采桑子》的另名如下:南唐李煜词名《丑奴儿令》,冯延巳词名《罗敷媚歌》,贺铸词名《丑奴儿》,陈师道词名《罗敷媚》。这首词是欧阳修组词《采桑子》十首中的第四首,描写的是颍州西湖的暮春景象。上片以"残红""飞絮""垂柳"点出时令,末句着一"风"字,始将这些片段景物连成一片。下片写人去春空,着一"空"字,便觉真味隽永,西湖之好,正在于此。西湖之美并不仅止于此,末句"双燕归来",使西湖之美于空幽之外,平添几分灵动。②狼藉:纵横散乱貌。③阑干:纵横散乱貌,交错杂乱貌。岑参《白雪歌送武判官归京》:"瀚海阑干百丈冰,愁云惨淡万里凝。"④笙歌:奏乐唱歌。

蝶恋花①

庭院深深深几许。杨柳堆烟,帘幕无重数。玉勒雕鞍游冶处。楼高不见章台路②。

雨横风狂三月暮③。门掩黄昏,无计留春住。泪眼问花花不语。乱红飞过秋千去④。

【注释】 ①这是一首闺怨词,描写了一位独守深闺的少妇极其苦闷的心情。上片写女子生活的处境,整日禁锢于深宅大院之中,而负心的夫君,则终日游荡于歌楼妓馆,这是一桩不幸的婚姻。下片抒写少妇的心情,风雨无情,留春不住,使少妇想到自己易逝的芳年,情思绵邈,意境深远。②章台路:汉朝长安有章台街,歌妓居之。唐朝许尧佐有《章台柳传》,后人因以章台为歌妓聚居之地。③雨横:雨下得猛。④泪眼问花花不语:唐严恽《惜花》:"春光冉冉归何处,更向花前把一杯。尽日问花花不语,为谁零落为谁开。"

木兰花①

别后不知君远近。触目凄凉多少闷。渐行渐远渐无书,水阔鱼沉何处问②。
夜深风竹敲秋韵③。万叶千声皆是恨。故敧单枕梦中寻,梦又不成灯又烬④。

【注释】 ①这首词描写了闺中思妇深沉凄婉的离愁别恨。上片写别后音讯渐无,心中顿生牵念,因而触目生愁。下片写夜不成寐,梦难成,而灯已烬,凄苦至极。②鱼沉:意谓没有信使来。③秋韵:即秋声。庾信《咏画屏风诗》之十一:"急节迎秋韵,新声入手调。"④烬:化成灰烬。

浪淘沙①

把酒祝东风。且共从容②。垂杨紫陌洛城东③。总是当时携手处,游遍芳丛④。
聚散苦匆匆。此恨无穷。今年花胜去年红。可惜明年花更好,知与谁同。

【注释】 ①浪淘沙,唐教坊曲名。原与七言绝句形式相似,白居易《白氏长庆集》收有《浪淘沙》词六首,其中第六首有"却到帝都重富贵,请君莫忘浪淘沙"句。刘禹锡也写过此体。双调小令《浪淘沙》为南唐后主李煜创制,《词谱》即以李词为正体。这是一首伤时惜别之作。明道元年(1032)春,欧阳修与友人梅尧臣洛阳城东旧地重游,有感而作,感叹人生聚散无常。上片追忆昔时与友人欢聚的良辰美景,把酒赏花,意气轩昂。下片写与朋友别后的无限的离恨。其中末句"知与谁同",以诘问作结,浓重的孤寂之感,使人不忍卒读。②"把酒"二句:唐司空图《酒泉子》词有"黄昏把酒祝东风,且从容"。此化用其句。从容,流连盘桓。③紫陌:指京城郊外的道路。刘禹锡《元和十一年自朗州召至京戏赠看花诸君子》诗:"紫陌红尘拂面来,无人不道看花回。"④芳丛:花丛。晏殊《凤衔杯》词:"凭朱槛,把金卮。对芳丛、惆怅多时。"

青玉案①

一年春事都来几。早过了、三之二。绿暗红嫣浑可事②。绿杨庭院,暖风帘幕,有个人憔悴。

买花载酒长安市。又争似、家山见桃李③。不枉东风吹客泪。相思难表，梦魂无据，惟有归来是。

【注释】　①调名出自东汉张衡《四愁诗》："美人赠我锦绣段，何以报之青玉案。"《词谱》以贺铸《青玉案》(凌波不过横塘路)为正体，故又名《横塘路》等。这首词表现了词人暮春思归的满怀愁绪。上片写词人面对大好春光，却斯人独憔悴。下片继而解释憔悴的原因：春已尽而家难回，托梦还乡，不如遽然归去。下片立意颇似韦庄《菩萨蛮》："琵琶金翠羽，弦上黄莺语，劝我早归家，绿窗人似花。"②浑可事：宋人方言，意谓算不了啥事。③争似：怎能比得上。

聂冠卿

聂冠卿(988~1042)，字长孺，新安(今安徽省歙县)人。大中祥符五年(1012)进士，庆历元年(1041)以兵部郎中知制诰拜翰林学士。今存《多丽》词一首，才情富丽，盖北宋慢词始于此篇，在词史上有重要地位。

多　丽①李良定公席上赋

想人生，美景良辰堪惜。问其间、赏心乐事，就中难是并得②。况东城、凤台沙苑③，泛晴波、浅照金碧。露洗华桐，烟霏丝柳④，绿阴摇曳，荡春一色⑤。画堂迥、玉簪琼佩⑥，高会尽词客。清欢久、重燃绛蜡⑦，别就瑶席⑧。

有翩若轻鸿体态⑨，暮为行雨标格⑩。逞朱唇、缓歌妖丽，似听流莺乱花隔。慢舞萦回，娇鬟低嚲，腰肢纤细困无力⑪。忍分散、彩云归后，何处更寻觅。休辞醉，明月好花，莫谩轻掷⑫。

【注释】　①据《词谱》卷三十七："多丽"亦名"绿头鸭""陇头泉"，宋元人少有填此体者。又据《词苑丛谈》卷一：多丽词牌名缘于张均妓名。《说郛》卷一一九下引《辨音录》：张均妓多丽，弹琵琶曲，项上有高丽丝结，赵诗争夺，致伤二指。晁补之曾经用这一词牌表现"轻盈弹琵琶"。据吴曾《能改斋漫录》卷十六，这首词为聂冠卿赋于李良定公席上。蔡襄时知泉州，寄定公书云："新传《多丽》词，述宴游之娱，使病夫举首增叹耳。"另蔡襄《端明集》卷八诗《客有至京师言诸公春间多会于元伯园池因念昔游辄形篇咏》有句"清游胜事传京下，多丽新词到海边"。可见，聂冠卿《多丽》词写成不久，就已远近传播开了。这首词和白居易《三月三目袚禊洛滨》诗，在谋篇上有异曲同工之妙，可参看。②就中难是并得：谢灵运《拟邺中诗序》："天下良辰、美景、赏心、乐事，四者难并。"美景、良辰、赏心、乐事，此四者正是本词的结撰之处。③凤台：华美的台榭。刘向《列仙传·萧史》："萧史者，秦穆公时人也。善吹箫，能致孔雀白鹤于庭。穆公有女，字弄玉，好之。公遂以女妻焉……公为作凤台，夫妇止其上。"南朝宋鲍照《升天行》："凤台无还驾，箫管有遗声。""沙苑"一作"沁苑"。④霏：笼罩。⑤荡春一色：即春色浩荡。⑥迥：高。⑦重燃绛蜡：重新点起绛色的蜡烛。意谓良辰欢会,不觉已至深夜。⑧瑶席:美味的酒宴。⑨轻鸿:代指女子轻盈的体态。吴文英《声声慢》(云深山坞)"恨玉奴,消瘦飞趁轻鸿"句意相似。⑩暮为行雨标格:宋玉《高唐赋》言巫山之女"旦为朝云,暮为行雨"。标格,风范、风度。苏轼《荷华媚·荷花》词:"霞苞电荷碧,天然地、别是风流标格。"意谓眼前女子有仙女风度。⑪"逞朱唇"至"困无力"句:白居易《三月三日祓禊洛滨》诗:"舞急红腰软,歌迟翠黛低。"两相对比,可以看出,词中的语句显然点化了白居易的诗句。嚲,低垂的样子。⑫"忍分散"至"莫谩轻掷"句:与前引白居易诗"夜归何用烛,新月凤楼西",结缕处正同。晏几道《临江仙》(梦后楼台高锁)"当时明月在,曾照彩云归",可以合观。谩,白白地。

柳　永

　　柳永(约987~约1060),初名三变,改名永,字耆卿,因排行第七,人称"柳七"。崇安(今属福建省)人。景祐元年(1034)进士,历任睦州团练推官、余杭令、定海晓峰盐场监官、泗州判官、太常博士,终官屯田员外郎,世称"柳屯田"。政治上不得志,虽奔走干谒已见于词篇,仍未得重用,遂流连于歌楼妓馆,"忍把浮名换了浅斟低唱"。在词学史上柳永有两大贡献:其一是推广慢词长调,用来铺写城市风光、承平气象,或抒发离情别绪,题材广阔,音律谐婉,时出隽语,对后世影响深远。其二是独辟蹊径,旧调翻新;俗语入词,俗事入词。《宋史》无传,事迹散见笔记、方志。善为诗文,"皆不传于世,独以乐章脍炙人口"(《清波杂志》卷八)。所著《乐章集》凡一百五十余曲。其词自成一派,世称"屯田蹊径""柳氏家法"。《避暑录话》卷三记西夏归朝官语:"凡有井水饮处,即能歌柳词",可见柳词影响之大。

雨霖铃①

　　寒蝉凄切②。对长亭晚,骤雨初歇。都门帐饮无绪③,留恋处、兰舟催发④。执手相看泪眼,竟无语凝噎⑤。念去去、千里烟波,暮霭沉沉楚天阔⑥。

　　多情自古伤离别。更那堪、冷落清秋节。今宵酒醒何处⑦,杨柳岸、晓风残月。此去经年⑧,应是良辰、好景虚设⑨。便纵有、千种风情,更与何人说。

【注释】　①雨霖铃,又作雨淋铃,唐教坊曲名。据王灼《碧鸡漫志》引《明皇杂录》及《杨妃外传》记载:安史之乱爆发后,唐玄宗避乱入蜀,初入斜谷,霖雨弥目,栈道中闻铃声。玄宗方悼念贵妃,采其声为雨淋铃曲以寄托哀思。后由伶人张微(野狐)演奏,流传于世。又据《唐诗品汇》卷五十二引《明皇别录》记载:"泊至德中,复幸华清宫,从宫嫔御皆非昔人,帝于望京楼令张微奏此曲,不觉凄怆流涕,其曲后入法部。"唐诗人崔道融《羯鼓》:"华清宫里打撩声,供奉丝簧束手听。寂寞銮舆斜谷里,是谁翻得雨淋铃。"以雨霖铃事入诗的唐诗还有若干首,可见,玄宗翻制雨霖铃曲调事,广为唐人所知。雨霖铃又作雨霖铃慢,双调。王灼《碧鸡漫志》云:"今双调雨霖铃慢,颇极哀怨,真本曲遗声。"柳永的这首词,是一首著名的别情词,描写词人离开汴京与心爱的人难舍难分的痛苦心情。②寒蝉:秋蝉之谓。陆佃《埤雅》卷八:"立秋之节,初五日凉风至,次五日白露降,后五日寒蝉鸣。"③帐饮:于郊外搭起帐篷,摆宴送行。江淹《别赋》:"帐饮东都,送客金谷。"《海录碎事》卷六:"野次无宫室,故曰帐饮。"④兰舟:在古诗词中,常用兰舟极言舟之华贵。梁任昉《述异记》卷下:"木兰川在浔阳江中,多木兰树。昔吴王阖闾植木兰于此,用构宫殿也。七里洲中有鲁班刻木兰为舟,舟至今在洲中。诗家云木兰舟出于此。"⑤执手相看泪眼,竟无语凝噎:江淹《别赋》:"造携手而衔泪,各寂寞而伤神。"(文字据四部丛刊宋本《江文通集》)可以对读。⑥"念去去"至"楚天阔"句:可看唐代诗人黄滔《旅怀寄友人》"一船风雨分襟处,千里烟波回首时"。去去,不断远去,越走越远。楚天,江南楚地的天空。⑦今晓酒醒何处:言以酒去愁,酒醒更愁。李璟《应天长》:"昨夜更阑酒醒,春愁过却病。"周邦彦《关河令》:"酒已都醒,如何消永夜。"句意相似。⑧经年:年复一年。⑨应是良辰、好景虚设:言若无相爱的人陪伴,美好的光景就等于虚设。类似的意思,柳永在其他词作中反复表现过多次。《慢卷紬》:"对好景良辰,皱着眉儿,成甚滋味。"《应天长》中也说:"把酒与君说:恁好景佳辰,怎忍虚设。"

蝶恋花①

伫倚危楼风细细。望极春愁,黯黯生天际②。草色烟光残照里。无言谁会凭阑意。

拟把疏狂图一醉③。对酒当歌④,强乐还无味⑤。衣带渐宽终不悔。为伊消得人憔悴⑥。

【注释】 ①蝶恋花,为唐教坊曲名。本名为鹊踏枝。晏殊取梁简文帝萧纲诗句"翻阶蛱蝶恋花情"改作今名。又名黄金缕、凤栖梧、卷珠帘、江如练等。这是一首怀远之作,词人登高望远,独倚危栏,任思念在心头滋生,终无悔意。②望极春愁,黯黯生天际:黯黯春愁,生于天际。黯黯,意为伤心忧愁的样子。以黯黯言春愁有韦应物《寄李儋元锡》诗:"世事茫茫难自料,春愁黯黯独成眠。"另,"薄暮起瞑愁"是古诗中一个常见的主题,此处言日暮时分,心生春愁。前人有不少类似的诗句,唐人张祜《折杨柳枝》:"伤心日暮烟霞起,无限春愁生翠眉。"《鹤林玉露》引唐人赵嘏诗云:"夕阳楼上山重迭,未抵春愁一倍多。"③疏狂:豪放而不受拘束。白居易《代书诗寄微之》:"疏狂属年少,闲散为官卑。"朱敦儒《鹧鸪天·西都作》词:"我是清都山水郎,天教懒慢带疏狂。"④对酒当歌:语出曹操《短歌行》"对酒当歌,人生几何"。⑤强乐:勉强作乐。《二程遗书》卷十八:"勉强乐不得,须是知得了,方能乐得。"⑥"衣带渐宽"以下两句:"衣带渐宽"化自《古诗十九首》中"相去日已远,衣带日已缓"。柳词中的这两句言为思念而憔悴,虽憔悴而不悔,较之《古诗十九首》又更进一层。冯延巳《蝶恋花》有"日日花前常病酒,不辞镜里朱颜瘦"句,两相比较,意虽有相似,但境界、气象已是不同。王国维《人间词话》将这两句作为"古今之成大事业大学问"的第二重境界,看重的正是柳永在这首词中所创造的锲而不舍、执着如一的精神境界。消得,犹言值得。唐人崔涂《夷陵夜泊》:"一曲巴歌半江月,便应消得二毛生。"柳永《尾犯》:"一种劳心力,图利禄殆非长策。除是恁,点检笙歌,访寻罗绮消得。"

采莲令①

月华收②,云淡霜天曙③。西征客、此时情苦。翠娥执手送临歧④,轧轧开朱户⑤。千娇面、盈盈伫立⑥,无言有泪⑦,断肠争忍回顾。

一叶兰舟,便恁急桨凌波去⑧。贪行色、岂知离绪⑨。万般方寸,但饮恨,脉脉同谁语⑩。更回首、重城不见,寒江天外,隐隐两三烟树。

【注释】 ①《文献通考》卷一百四十六:宋朝循旧制,教坊凡四部。皇帝曲宴游幸,教坊所奏乐凡十八调四十大曲,其中第九调为双调,其中有曲,名为"采莲"。可知"采莲令"亦本于教坊曲。此调为孤调,仅存柳永词一首。这是一首别情词,词中描写了一对有情人惜别时的缠绵,及别后细密的情思。其间景语情语错落编织,不辨彼此,情韵悠远。②月华收:言月已落,而天将明。月华,月光、月色。南朝梁江淹《杂体诗·效王微〈养疾〉》:"清阴往来远,月华散前墀。"③云淡霜天曙:孟浩然有句"微云淡河汉,疏雨滴梧桐",一时叹为清绝。张元幹《芦川词》:"月淡霜天,今夜空清坐。"句意与此仿佛。曙,天明。④临歧:行至岔路口。古诗中常用"歧路"表现朋友分别的场景。王勃《送杜少府之任蜀州》:"无为在歧路,儿女共沾巾。"高适《别韦参军》:"丈夫不作儿女别,临歧涕泪沾衣巾。"皆是。⑤轧轧:象声词。开门声。⑥千娇面、盈盈伫立:柳永《玉女摇仙佩》"争如这多情,占得人间,千娇百媚"。盈盈,言女子体态轻盈。《古诗十九首》:"盈盈楼上女,皎皎当窗牖。"⑦无言有泪:柳永《雨霖铃》中"执手相看泪眼,竟无语凝噎",意同此。⑧凌波:在水面上行走。汉庄忌《哀时命》:"势不能凌波以径度兮,又无羽翼而高翔。"⑨行色:行旅出发前后的情状、气派。刘因《临江仙》:"行色匆匆缘底事,山阳梅信相催。"⑩脉脉同谁语:《古诗十九首》中有"盈盈一水间,脉脉不得语"句,此处化用此句。

少年游①

长安古道马迟迟②。高柳乱蝉嘶③。夕阳岛外④,秋风原上,目断四天垂⑤。归云一去无踪迹⑥。何处是前期。狎兴生疏⑦,酒徒萧索,不似去年时。

【注释】 ①少年游,最早见于晏殊的《珠玉词》,因其中有"长似少年时"句,于是以"少年游"取为调名。又名小阑干、玉蜡梅枝。这首词可能是柳永晚年之作,词以"少年游"为名,对少年快意的光阴却不着一字,只是从衰飒、颓唐的晚景写入,有追思,有悔恨,有迷惘。②长安古道马迟迟:长安古道向来是追名逐利之途,自古而今,车轮辐辏,从不稍歇。陈德武《望海潮》:"长安古道长亭,叹马蹄不住,车辙难停。"杨慎《瑞龙吟》:"记曲江池上,长安古道,多少愁落愁开,风横雨暴,沉吟无语时,把朱阑靠。"据考,柳永曾有长安之行。马迟迟:言人心萧散失意之至。白居易《立秋日登乐游园》:"独行独语曲江头,回马迟迟上乐游。萧飒凉风与衰鬓,谁教计会一时秋。"③乱蝉嘶:即乱蝉噪。不用鸣、吟、唱来形容蝉的叫声,而着一个"嘶"字,说明词人心境的烦躁。元稹《哭子十首》(其一):"独在中庭倚闲树,乱蝉嘶噪欲黄昏。"④岛外:犹方外、世外,具体说可以是京城、闹市之外,抽象说可以是世俗礼法之外。罗隐《出试后投所知》:"岛外音书应有意,眼前尘土渐无情。"齐己《道林寺居寄岳麓禅师二首》(其一):"山袍不称下红尘。各是闲居岛外身。"贯休《题一上人经阁》:"岛外何须去,衣如藓亦从。但能无一事,即是住孤峰。"⑤秋风原上,目断四天垂:原,为长安南郊的乐游原。唐时为长安士女游赏的胜地。李白《登乐游园望》诗:"独上乐游园,四望天日曛。"其后一句与"目断四天垂"摹画相似。梅尧臣《闻永叔出守同州寄之》:"访古寻碑可销日,秋风原上足麒麟。"此"秋风原上"指的就是乐游原。⑥归云一去无踪迹:参见晏几道《鹧鸪天》"凭谁问取归云信,今在巫山第几峰"。⑦狎兴:狎游的兴致。

玉蝴蝶①

望处雨收云断,凭阑悄悄,目送秋光。晚景萧疏②,堪动宋玉悲凉。水风轻、蘋花渐老③;月露冷、梧叶飘黄。遣情伤。故人何在,烟水茫茫。

难忘。文期酒会④,几孤风月⑤,屡变星霜⑥。海阔山遥,未知何处是潇湘⑦。念双燕、难凭远信,指暮天、空识归航。黯相望,断鸿声里,立尽斜阳。

【注释】 ①又名玉蝴蝶慢,此调有小令、长调两体,小令始于温庭筠,见《花间集》;长调始于柳永,见《乐章集》。在柳永的词作中,男女恋情是最常见的一种抒情形态。这首《玉蝴蝶》呈现给我们的却是不同于浅斟低唱的另一种感情,即友情。正如晓川《影殊词话》中所云:这首词,"凄怆之怀,衰飒之景,交相融注,所感甚大。不止于偎红倚翠矣"。②萧疏:有寂寞、凄凉之意。③蘋花:夏秋季开的一种白色小花。④文期酒会:指文人雅集。⑤孤:辜负。⑥星霜:星辰运转,一年一循环,寒霜秋降,一年一轮回。一星霜即一年。⑦潇湘:古水名,在今湖南省。此借指所思之处。

八声甘州①

对潇潇、暮雨洒江天,一番洗清秋。渐霜风凄紧②,关河冷落③,残照当楼。是处红衰翠减④,苒苒物华休⑤。惟有长江水,无语东流。

不忍登高临远,望故乡渺邈⑥,归思难收⑦。叹年来踪迹,何事苦淹留。想佳人、妆楼颙望⑧,误几回、天际识归舟⑨。争知我、倚阑干处,正恁凝愁⑩。

【注释】 ①《甘州》为唐教坊大曲,杂曲中也有《甘州子》,属边塞曲。《八声甘州》是从大曲《甘州》改制而成,由于整首词共八韵,故称《八声甘州》,尽管规模比大曲《甘州》小了很多,但仍属慢词。这首词通过描写羁旅行役之苦,表达了强烈的思归情绪,语浅而情深。开头两句写雨后江天,澄澈如洗。复由苍莽悲壮,而转入细致沉思。下片词人推己及人,本是自己登高远眺,却偏想故园之闺中人,应也是登楼望远,伫盼游子归来。整首词结构细密,写景抒情融为一体,以铺叙见长。②霜风:刺骨的寒风。庾信《卫王赠桑落酒奉答》诗:"霜风乱飘叶,寒水细澄沙。"③关河:泛指关塞河川。《后汉书·荀彧传》:"此实天下之要地,而将军之关河也。"④红衰翠减:指花凋叶落。李商隐《赠荷花》:"此花此叶长相映,翠减红衰愁煞人。"⑤苒苒:渐渐。物华休:景物凋残。⑥渺邈:遥远。⑦归思:归家的心情。⑧颙望:举首凝望。唐李赤《望夫山》诗:"颙望临碧空,怨情感离别。"⑨天际识归舟:此句化自谢朓《之宣城郡出新林浦向板桥》:"江路西南永,归流东北骛。天际识归舟,云中辨江树。"⑩恁:如此。

竹马子①

登孤垒荒凉,危亭旷望,静临烟渚。对雌霓挂雨②,雄风拂槛③,微收残暑。渐觉一叶惊秋④,残蝉噪晚,素商时序⑤。览景想前欢,指神京、非雾非烟深处。

向此成追感,新愁易积,故人难聚。凭高尽日凝伫。赢得消魂无语⑥。极目霁霭霏微⑦,暝鸦零乱,萧索江城暮⑧。南楼画角,又送残阳去。

【注释】 ①宋叶梦得《石林词》中又名竹马儿。这首词是词人漫游江南时抒写的离情别绪之作,起片写古垒残壁与酷暑新凉,抒写了壮士悲秋的感慨,景象雄浑苍凉。次片由写景转向抒情,表现了思念故人的痛苦情绪。全词意脉相承,严谨含蓄。②雌霓:虹双出,色鲜艳者为雄,色暗淡者为雌,雄曰虹,雌曰霓。③雄风:猛烈的风。宋玉《风赋》:"此所谓大王之雄风也。"④一叶惊秋:《淮南子·说山》有"见一叶落而知岁之将暮"。⑤素商:秋日。因为秋色尚白,音属商,故名。梁元帝《纂要》:"秋曰素商,亦曰高商。"⑥赢得:剩得。消魂:即销魂。江淹《别赋》:"黯然销魂者,唯别而已矣。"⑦霁霭:晴天的烟雾。⑧萧索:萧条。

王安石

王安石(1021~1086),字介甫,号半山,抚州临川(今属江西省)人。"唐宋八大家"之一。庆历二年(1042)进士。神宗朝,召为翰林学士兼侍讲;熙宁二年(1069)除参知政事,次年拜相,推行变法革新。在一片声讨中罢相、复相、再罢相。晚年退居江宁,潜心于学术。曾封荆国公,世称王荆公。他的"新学"在当时有很大影响。他的散文简洁明快,精于说理;诗则关注现实,好发议论,其"集句诗"别具一格。写词不多,却很精彩,洗尽五代以来绮靡词风。《疆村丛书》收《临川先生歌曲》一卷,《补遗》一卷。

桂枝香①

登临送目②。正故国晚秋③,天气初肃④。千里澄江似练⑤,翠峰如簇。归帆去棹残阳里⑥,背西风、酒旗斜矗。彩舟云淡,星河鹭起⑦,画图难足。

念往昔、繁华竞逐。叹门外楼头⑧,悲恨相续⑨。千古凭高,对此谩嗟荣辱。六朝旧事随流水⑩,但寒烟、衰草凝绿。至今商女,时时犹唱,《后庭》遗曲⑪。

【注释】 ①五代王定保《唐摭言》卷三:"裴思谦状元及第后,作红笺名纸十数,诣平康里,因宿于里中。诘旦,赋诗曰:'银釭斜背解鸣珰,小语偷声贺玉郎。从此不知兰麝贵,夜来新惹桂枝香。'"据《填词名解》,《桂枝香》调名即本于此。因张辑词有"疏帘淡月"句,所以又名《疏帘淡月》。这首词为荆公晚年退居金陵,凭览怀古之作。上片写景,斜阳映照,帆风樯影,酒肆青旗,好一幅故国晚秋图。下片感叹六朝相继覆亡的史实。结语用商女犹唱《后庭花》一典,振起全篇,嗟叹之意,千古弥永。②送目:注视。南朝齐王融《和南海王殿下咏秋胡妻诗》之五:"送目乱前华,驰心迷旧婉。"③故国:指金陵,今江苏南京。④肃:肃杀。形容秋高气爽。⑤千里澄江似练:谢朓《晚登三山还望京邑》有"余霞散成绮,澄江静如练"句。⑥棹:船桨。此以"归帆去棹"指代来往船只。⑦星河:银河。比喻长江。⑧门外楼头:语本杜牧《台城曲》诗"门外韩擒虎,楼头张丽华",这里借隋将灭陈,泛指六朝的终结。⑨悲恨相续:指南朝各朝代相继覆亡。⑩六朝:指吴、东晋、宋、齐、梁、陈。⑪《后庭》遗曲:陈后主作《玉树后庭花》曲,其词靡丽哀怨,后人称之为"亡国之音"。杜牧《夜泊秦淮》诗有"商女不知亡国恨,隔江犹唱后庭花"句。

千秋岁引①

别馆寒砧②,孤城画角。一派秋声入寥廓③。东归燕从海上去,南来雁向沙头落。楚台风④,庾楼月⑤,宛如昨。

无奈被些名利缚。无奈被他情担阁⑥。可惜风流总闲却。当初谩留华表语⑦,而今误我秦楼约。梦阑时⑧,酒醒后,思量着。

【注释】 ①《词谱》以王安石这首词为正调。复据《词谱》:《高丽史·乐志》作《千秋岁令》,李冠词名《千秋万岁》。这首词通过对秋景的赋写,抒发了曾被名利耽搁了的归隐之志。上片写秋景,下片言情。结句处又宕开一笔,说梦回酒醒的时候,每每思量此情此景。此可视为作者历尽沧桑后的幡然省悟。②别馆:客馆。寒砧:寒秋的捣衣声。砧,捣衣石。诗词中常用以描写秋景的冷落萧条。唐沈佺期《古意呈补阙乔知之》诗:"九月寒砧催木叶,十年征戍忆辽阳。"③寥廓:旷远,广阔。④楚台风:据宋玉《风赋》载,楚王游于兰台,有风飒然而来,楚王披襟而当之。⑤庾楼月:《世说新语·容止》载,庾亮镇守武昌,曾与佐吏于秋夜登南楼吟咏。后以庾楼泛指楼阁。此云庾亮南楼之月。⑥担阁:耽误。⑦谩:白白地。华表语:据《搜神后记》载,辽东人丁令威学仙得道,化鹤归来,落在城门华表柱上,有青年欲射之,鹤盘旋空中,唱道:"有鸟有鸟丁令威,去家千年今日归。城郭如旧人民非,何不学仙冢累累。"⑧阑:尽。

王安国

王安国(1030~1076),字平甫,抚州临川(今属江西省)人。王安石弟。赐进士出身,官至大理寺丞、集贤校理。其政见与安石不合,其诗文语出惊人。

清平乐①春晚

留春不住。费尽莺儿语。满地残红宫锦污②,昨夜南园风雨③。

小怜初上琵琶④。晓来思绕天涯。不肯画堂朱户⑤,春风自在杨花。

【注释】 ①这首词为惜春之作。上片写景,莺语间关,却留春不住,徒留下一窗风雨,满地残红。下片由惜春、惜花引入惜人。歌女小怜,技艺初成,弦语铮铮,可使闻者夜不成寐,她本可以依附权贵,享尽荣华,然而她的理想却在深宅大院之外的大自然里。结合上下两片,词人似乎在告诉我们:春之难留亦如小怜之难留,如果说春之难留带给人的是感伤,那么面对去意已决的小怜,人们只有欣羡。②宫锦:宫中所制的锦缎。③南园:泛指园圃。晋张协《杂诗》之八:"借问此何时,胡蝶飞南园。"④小怜:指齐后主宠妃冯小怜,善弹琵琶。⑤画堂朱户:达官贵人的家。

晏几道

晏几道(1038~1110),字叔原,号小山,抚州临川(今属江西省)人。晏殊第七子。由恩荫入仕,曾任太常寺太祝。熙宁七年(1074)受郑侠案株连而入狱;获释后曾任颖昌府许田镇监官、开封府推官等。他出身名门贵族却仕途坎坷,困顿潦倒又疏狂孤傲。他的词多写一见钟情的爱恋与一厢情愿的凄苦,缠绵悱恻又伤感无奈,使小令的艺术技巧臻于炉火纯青。与其父晏殊齐名,世称"二晏"。有《小山词》一卷。

临江仙①

梦后楼台高锁,酒醒帘幕低垂。去年春恨却来时。落花人独立,微雨燕双飞②。

记得小蘋初见③,两重心字罗衣④。琵琶弦上说相思⑤。当时明月在,曾照彩云归⑥。

【注释】 ①这是一首感旧怀人之作。词之上片写"春恨",描绘梦后酒醒、落花微雨的情景。下片写相思,追忆"初见"及"当时"的情状,表现词人苦恋之情、孤寂之感。词人怀人的同时,也抒发了人世无常、欢娱难再的淡淡哀愁。②"落花"二句:语本五代翁宏《春残》诗"又是春残也,如何出翠帏。落花人独立,微雨燕双飞"。③小蘋:歌妓的名字。④心字罗衣:用一种心字香熏过的罗衣。这里含有深情蜜意的双关意思。⑤琵琶弦上说相思:与白居易《琵琶行》"低眉信手续续弹,说尽心中无限事"取意相同。⑥彩云归:李白《宫中行乐词》有"只愁歌舞散,化作彩云飞"句。又,白居易《简简吟》:"大都好物不坚牢,彩云易散琉璃脆。"

蝶恋花①

梦入江南烟水路。行尽江南,不与离人遇。睡里消魂无说处。觉来惆怅消魂误。

欲尽此情书尺素②。浮雁沉鱼③，终了无凭据。却倚缓弦歌别绪。断肠移破秦筝柱④。

【注释】 ①上片写梦中无法寻觅到离人。"烟水路"三字写出江南景物特征，梦境尤为优美。下片写书信无从寄出，寄了也得不到回音。相思之情，无可弥补、无法表达，只好倚弦寄恨，无奈恨深弦急促，移遍筝柱不成调。②尺素：古人将书信写在尺许长的绢帛上，故以尺素代指书信。③浮雁沉鱼：古人认为鱼、雁能够传书，雁浮鱼沉，书信便无从传递。④移破：移遍。秦筝：古秦地所用的一种弦乐器。岑参《秦筝歌送外甥萧正归京》诗："汝不闻秦筝声最苦，五色缠弦十三柱。"

蝶恋花①

醉别西楼醒不记。春梦秋云，聚散真容易②。斜月半窗还少睡。画屏闲展吴山翠③。

衣上酒痕诗里字④。点点行行，总是凄凉意。红烛自怜无好计。夜寒空替人垂泪⑤。

【注释】 ①这首词为离别感忆之作。上片回忆醉别西楼，醒后却浑然不记。只有斜月半窗，映照画屏。词人不觉感叹，人生聚散如春梦秋云，顷刻间消逝，无影无踪。下片写词人酒醒后，意绪烦乱，检点故人旧物，徒增凄凉，唯有红烛垂泪相伴。②春梦秋云，聚散真容易：化用乃父晏殊《木兰花》"长于春梦几多时，散似秋云无觅处"词意。而晏殊则化用白居易《花非花》诗："来如春梦不多时，去似秋云无觅处。"③吴山翠：指画屏上描绘的江南风景。④酒痕：酒滴的痕迹。岑参《奉送贾侍御史江外》诗："荆南渭北难相见，莫惜衫襟着酒痕。"⑤夜寒空替人垂泪：化用杜牧《赠别》"蜡烛有心还惜别，替人垂泪到天明"诗意。

鹧鸪天①

彩袖殷勤捧玉钟②。当年拼却醉颜红③。舞低杨柳楼心月，歌尽桃花扇底风。

从别后，忆相逢。几回魂梦与君同。今宵剩把银缸照④，犹恐相逢是梦中⑤。

【注释】 ①唐五代词中无此调，首见于宋祁之作，至晏几道多为此调。《词苑丛谈》云，调名取自唐郑嵎"春游鸡鹿塞，家在鹧鸪天"诗句。但杨慎《词品》认为此说未必确实。因贺铸词中有"化出白莲千叶花"句，故名《千叶莲》，又因其有"梧桐半死清霜后"句，又名《半死桐》等。这首词写恋人久别重逢后的喜悦。上片追忆初次相见的情景。女子的殷勤劝酒，词人的拼却一醉，以及花前月下的歌舞，所有这一切驻留在记忆深处，历久弥新。下片写别后相思，以及意外的重逢。通篇词情婉丽，读来沁人心脾。②彩袖：代指歌女。玉钟：酒杯。③拼却：甘愿，不顾。④剩把：尽把。银缸：银白色的烛台。⑤"今宵"二句：从杜甫《羌村》诗"夜阑更秉烛，相对如梦寐"两句化出。

生查子①

金鞭美少年,去跃青骢马②。牵系玉楼人,绣被春寒夜。
消息未归来,寒食梨花谢。无处说相思,背面秋千下③。

【注释】　①生查子,唐教坊曲名,敦煌曲子词中有此调。该调文人词当以晚唐诗人韩偓为最早。《词苑丛谈》云:"查,古槎字,张骞乘槎(往天河)事也。"聊备一说。又名《陌上郎》《梅和柳》《楚云深》《愁风月》等。这首词抒写了女主人公的相思怀人之情。词之上片写少年出游,下片写闺中相思,词中通过环境、景物描写来烘托人物的感情。②青骢马:毛色青白相杂的骏马。③背面秋千下:化用李商隐诗《无题二首》其一"十五泣春风,背面秋千下"。

生查子①

关山魂梦长,塞雁音书少。两鬓可怜青②,只为相思老。
归傍碧纱窗,说与人人道③。真个别离难,不似相逢好。

【注释】　①这首词刻画了一位痴心公子的痴情痴语。上片摹写这位痴公子离家远游的经历,满篇皆是怨情:埋怨关山归梦长,埋怨家中音书少,埋怨白发只为相思生。下片这位痴公子期待爱人入梦,在梦中也还是埋怨:离别真的很难熬,相逢的日子真是好。②青:白色。③人人:为宋时口语,指所爱的人。欧阳修《蝶恋花》词:"翠被双盘金缕凤。忆得前春,有个人人共。"

清平乐①

留人不住。醉解兰舟去。一棹碧涛春水路。过尽晓莺啼处。
渡头杨柳青青。枝枝叶叶离情②。此后锦书休寄③,画楼云雨无凭④。

【注释】　①这是一首离情词。上片女子殷殷挽留,男子乘醉而别,都是为情。碧涛晓莺,应是女子意中之幻,而非男子眼前之景。过片两句方是女子眼前之景,杨柳青青,枝叶关情,景语情语,打成一片。末两句,陡然转折,以怨写爱,因多情而生绝望,绝望恰表明不忍割舍之情怀。②"渡头杨柳青青"二句:从刘禹锡《竹枝词》"杨柳青青江水平,闻郎江上唱歌声。东边日出西边雨,道是无情却有情"中化出。③锦书:即锦字书。《晋书》载,前秦窦滔妻苏蕙寄给丈夫锦字回文诗。后多用以指情书。④云雨无凭:用宋玉《高唐赋》写神女的典故,指行踪不定。

阮郎归①

旧香残粉似当初。人情恨不如。一春犹有数行书。秋来书更疏②。

衾凤冷③，枕鸳孤④。愁肠待酒舒。梦魂纵有也成虚⑤。那堪和梦无。

【注释】 ①《神仙记》云："刘晨、阮肇入天台山采药，遇二仙女，留住半年，思归甚苦。既归，则乡邑零落，经已十世。"调名本此。又名《碧桃春》《醉桃源》《濯缨曲》《宴桃源》等。这首词抒写思妇积思成怨的幽怀别绪。上片起首两句将物与人比照来写，物仍故物，香犹故香，而离去之人的感情，却经不起考验，逐渐淡薄，今不如昔了。下片转而叙述女子夜间的愁思，抒写其处境的凄凉、相思的痛苦。②疏：少。③衾凤：绣着凤凰的被子。④枕鸳：绣有鸳鸯的枕头。⑤梦魂：离开肉体的灵魂。唐刘希夷《巫山怀古》诗："颓想卧瑶席，梦魂何翩翩。"晏几道《鹧鸪天》词："春悄悄，夜迢迢，碧云天共楚宫遥。梦魂惯得无拘检，又踏杨花过谢桥。"

虞美人①

曲阑干外天如水②。昨夜还曾倚。初将明月比佳期。长向月圆时候、望人归。

罗衣着破前香在。旧意谁教改。一春离恨懒调弦。犹有两行闲泪、宝筝前。

【注释】 ①虞美人，原为唐教坊曲名，后用为此调。原本用于吟咏项羽宠妃虞姬，调名也由此而来。这首词为怀人怨别之作。上片描述女主人公倚阑望月、盼人归来之情。下片抒写女子不幸被弃之恨，与上片的真诚信托、痴情等待形成强烈的反差。②天如水：语本柳永《二郎神》词"乍露冷风清庭户，爽天如水，玉钩遥挂"。可参看唐赵嘏《江楼旧感》："独上江楼思悄然，月光如水水如天。同来望月人何处，风景依稀似去年。"

苏 轼

苏轼（1037~1101），字子瞻，号东坡居士，眉山（今四川省眉山市）人。与其父苏洵、其弟苏辙并称"三苏"，同属"唐宋八大家"之列。嘉祐二年（1057）进士，曾任凤翔府签判。熙宁二年（1069）王安石变法，苏轼在改革主张与策略上持不同政见，被视为旧党。自请离开朝廷，出任杭州通判，转知密州、徐州、湖州。政敌以东坡讥讽朝政的罪名发动"乌台诗案"，元丰二年（1079）苏轼经牢狱之灾后被贬为黄州团练副使。哲宗继位后被召回朝廷，任翰林学士、知制诰。元祐四年（1089）出知杭州，转知颍州、扬州；元祐七年（1092）再召回京，历任礼部尚书、兵部尚书。绍圣元年（1094）再受党争牵累，被贬往惠州、儋州。建中靖国元年（1101）遇赦北归途中病死在常州。苏轼一生坎坷，总成为党争的牺牲品。但他始终关心民生疾苦，关注朝政大局。苏轼才华横溢，在诗文辞赋、书法绘画诸多方面都取得辉煌成就，逐渐形成清新淡雅与雄浑奔放并存的风格，又奖掖后进，产生深远影响。苏轼词被认为是豪放派代表，实则风格多样，题材广泛，个性鲜明，超凡脱俗。他"以诗为词"，一洗绮罗香泽之态；声韵谐婉，但不拘泥于音律；语言清新，兼采史传、口语；调名之外，创立标题、小序。他把诗文革新的成果推广到词的领域，为宋词的发展开拓出一片新天地。苏词版本很多，重要的有宋绍兴间傅干《注坡词》、元延祐间《东坡乐府》，《疆村丛书》本始创编年，《全宋词》

收苏轼词最为完备。

水调歌头①

丙辰中秋,欢饮达旦,大醉。作此篇,兼怀子由②。

明月几时有③,把酒问青天。不知天上宫阙,今夕是何年④。我欲乘风归去,惟恐琼楼玉宇⑤,高处不胜寒。起舞弄清影,何似在人间。

转朱阁,低绮户⑥,照无眠。不应有恨,何事长向别时圆。人有悲欢离合,月有阴晴圆缺,此事古难全。但愿人长久,千里共婵娟⑦。

【注释】 ①《历代诗馀》卷五十八:"《水调》,隋唐时曲名。《水调歌》者,一曲之名。如称《河传》曰《水调河传》。蜀王衍泛舟阆中,亦自制《水调银汉曲》是也。歌头,又曲之始音,如《六州歌头》《氐州第一》之类。姜夔填此词名为《花犯》《念奴》,吴文英名为《江南好》,皆此调也。一名《凯歌》。"复据《词谱》卷二十三:"《水调》,乃唐人大曲。凡大曲有歌头,此必裁截其歌头,另倚新声也。"这是一首广为传颂的中秋词。上片表现词人由超尘出世到热爱人生的思想活动,侧重写天上。下片融写实为写意,化景物为情思,表现词人对人世间悲欢离合的解释,侧重写人间。词人俯仰古今变迁,感慨宇宙流转,渗入了浓厚的哲学意味,揭示了睿智的人生理念。宋胡仔《苕溪渔隐丛话》后集卷三十九:"中秋词,自东坡《水调歌头》一出,余词尽废。"②丙辰中秋:宋神宗熙宁九年(1076)八月十五日。子由:作者之弟苏辙,字子由。③明月几时有:借用李白《把酒问月》"青天有月来几时?我今停杯一问之"诗意。④不知天上宫阙,今夕是何年:《周秦行记》载牛僧孺诗"香风引到大罗天,月地云阶拜洞仙。共道人间惆怅事,不知今夕是何年"。天上宫阙,指月宫。⑤琼楼玉宇:想象月宫中晶莹瑰丽的楼台殿阁。⑥低绮户:月光移入彩绘雕花的门窗。⑦婵娟:指代明月。末二句化用谢庄《月赋》"隔千里兮共明月"句。

水龙吟① 次韵章质夫杨花词②

似花还似非花,也无人惜从教坠。抛家傍路,思量却是,无情有思③。萦损柔肠,困酣娇眼,欲开还闭。梦随风万里,寻郎去处,又还被、莺呼起④。

不恨此花飞尽,恨西园、落红难缀。晓来雨过,遗踪何在,一池萍碎⑤。春色三分,二分尘土,一分流水。细看来,不是杨花,点点是离人泪。

【注释】 ①调名取自李白诗《宫中行乐词八首》其三:"笛奏龙吟水,箫鸣凤下空。"《词谱》以苏轼这首词为正调。这是东坡少有的婉约风格的咏物词作。词人藉暮春之际"抛家傍路"的杨花,化"无情"之花为"有思"之人,"直是言情,非复赋物",幽怨缠绵而又空灵飞动地抒写了带有普遍性的离愁。王国维《人间词话》:"咏物之词,自以东坡《水龙吟》为最工。"②章质夫:名楶,字质夫,浦城(今属福建省)人。曾作《水龙吟》咏杨花,苏轼依章词原韵唱和,故称"次韵"。③无情有思:前代诗人,有的说杨花无情,如韩愈《晚春》诗"杨花榆荚无才思"。有的说杨花有情,如杜甫《白丝行》诗"落絮游丝亦有情"。④"梦随"三句:唐金昌绪《春怨》"打起黄莺儿,莫教枝上啼。啼时惊妾梦,不得到辽西"句意相似。⑤萍碎:苏轼自注:"杨花落水为浮萍,验之信然。"此说并无科学根据,是词人的误解。

念奴娇①赤壁怀古②

大江东去,浪淘尽、千古风流人物。故垒西边,人道是、三国周郎赤壁③。乱石穿空,惊涛拍岸,卷起千堆雪。江山如画,一时多少豪杰。

遥想公瑾当年,小乔初嫁了④,雄姿英发⑤。羽扇纶巾⑥,谈笑间、樯橹灰飞烟灭。故国神游⑦,多情应笑我,早生华发。人生如梦,一樽还酹江月⑧。

【注释】 ①宋王灼《碧鸡漫志》:念奴娇,元微之《连昌宫词》云:"力士传呼觅念奴,念奴潜伴诸郎宿。"自注云:"念奴,天宝中名倡,善歌。每岁楼下酺宴,万众喧溢。严安之、韦黄裳辈,辟易不能禁,众乐为之罢奏。上遣高力士大呼楼上曰:'欲遣念奴唱歌,使二十五郎吹小管逐,看人能听否?'皆悄然奉诏。岁幸温汤,时巡东洛,有司潜遣从行而已。"《天宝遗事》云:"念奴有色,善歌,宫伎中第一,帝尝曰:'此女眼色媚人。'又云:'念奴每执板当席,声出朝霞之上。'"今大石调《念奴娇》,世以为天宝间所制曲,予固疑之,然唐中叶渐有今体慢曲子。而近世有填连昌辞入此曲者,后复转此曲入道调宫,又转入高宫大石调。这是一首怀古词作,也是宋代豪放词的代表之作。上片即景抒情,将读者带入历史的沉思之中,唤起人们对人生的思索,气势恢宏,笔大如椽。下片刻画周瑜的丰姿潇洒、韶华似锦、年轻有为,足以令人艳羡。继而感慨身世,言生命短促,人生无常,深沉、痛切地发出了年华虚掷的悲叹。②赤壁怀古:宋神宗元丰五年(1082)七月在黄州(今湖北省黄冈市)游赤壁矶后作。③周郎:三国时吴将周瑜,字公瑾。吴主孙策授以"建威中郎将"时年仅二十四岁,吴中呼为周郎。④小乔:据《三国志》载,周瑜从孙策攻皖,得乔公二女,皆国色也。策自纳大乔,瑜纳小乔。⑤英发:神采焕发。⑥羽扇纶巾:据《演繁露》载,诸葛亮与司马懿将决战于渭水边,诸葛亮扎着葛布制作的头巾,摇着白色羽毛扇,指挥三军。后以此形容儒将的装束,表现其指挥若定,潇洒从容。此处指周瑜。⑦神游:心神向往,如亲游其境。《列子·黄帝》:"昼寝而梦游于华胥氏之国。华胥氏之国在弇州之西,台州之北,不知斯齐国几千万里,盖非舟车足力之所及,神游而已。"南朝梁沈约《谢齐竟陵王教撰〈高士传〉启》:"迹屈岩廊之下,神游江海之上。"⑧酹:以酒洒地,表示祭奠。

卜算子①黄州定惠院寓居作②

缺月挂疏桐,漏断人初静③。谁见幽人独往来④,飘渺孤鸿影。

惊起却回头,有恨无人省。拣尽寒枝不肯栖,寂寞沙洲冷。

【注释】 ①清万树《词律》云:唐骆宾王诗用数目名,人谓之卜算子。宋黄庭坚词有"似挟着，卖卜算"句。词调名称盖缘于此。又名《百尺楼》《楚天遥》。《词谱》以苏轼《卜算子》"缺月挂疏桐"为正体，所以《缺月挂疏桐》也是《卜算子》又名。词中借月夜孤鸿这一形象托物寓怀，表达了词人孤高自许、蔑视流俗的心境。黄庭坚评此词道："语意高妙，似非吃烟火食人语，非胸中有万卷书，笔下无一点尘俗气，孰能至此！"②黄州：今湖北省黄冈市。③漏断：漏壶水已滴尽，表示夜深。④幽人：隐居之人。苏轼《定惠院寓居月夜偶出》诗："幽人无事不出门，偶逐东风转良夜。"

临江仙①

夜饮东坡醒复醉，归来仿佛三更。家童鼻息已雷鸣。敲门都不应，倚杖听江声。长恨此身非我有②，何时忘却营营③。夜阑风静縠纹平④。小舟从此逝，江海寄余生。

【注释】　①东坡黄州之贬第三年，深秋之夜于雪堂畅饮，醉后返归临皋。这首词正是写当时的情景。上片以动衬静，以有声衬无声，家僮如雷的鼻息和远处的江声，衬托出夜静人寂的境界，从而烘托出词人心事之浩茫和心情之孤寂。下片以一种透彻了悟的哲理思辨，表达出一种对出处去留，无所适从的困惑和对人生的无限感伤，读来震撼人心。②长恨此身非我有：据《庄子》载，舜问于丞曰："道可得而有乎？"丞曰："汝身非汝有也，汝何得有夫道。"此借指仕宦之人不自由。③营营：为功名利禄奔波。唐张九龄《上封事》："欲利之心，日夜营营。"④縠纹：指细微的水波。苏轼《和张昌言喜雨》："禁林夜直鸣江濑，清洛朝回起縠纹。"

江城子①乙卯正月二十日夜记梦②

十年生死两茫茫。不思量。自难忘。千里孤坟③，无处话凄凉。纵使相逢应不识，尘满面、鬓如霜④。

夜来幽梦忽还乡。小轩窗。正梳妆。相顾无言，惟有泪千行。料得年年肠断处，明月夜、短松冈。

【注释】　①清李良年《词家辩证》："南唐张泌有《江城子》二阕。"五代欧阳炯用此调填词，词中有"如西子镜，照江城"句，犹含本意。唐词为单调，宋人演为双调。又名《江神子》《村意远》《水晶帘》等。夫妻生死永诀，转瞬十载，不需思量，只因时时忆念。最可悲的是，这对恩爱夫妻面对的不只是幽冥之隔，更有空间的阻隔。身处密州的苏轼，却不能到妻子的坟前祭奠、倾诉，一个"孤"字，多少凄凉。下片记梦，羁縻于宦海的词人，只能梦中还乡，见到久别的妻子，还是十年前的模样，久别重逢当有千言万语，而词人当此之时，只有泪流满面。整首词凄情满怀，"有声当彻天，有泪当彻泉"（陈师道语）。②乙卯正月：本篇为宋神宗熙宁八年（1075）正月，作者在密州悼念亡妻王弗而作。王弗，眉州青神人。十六岁嫁与苏轼，二十七岁时病亡。从王弗逝世（1065）到作者作此词正好十年。③千里孤坟：此时作者在密州（今山东省诸城市），王弗葬于眉山东北(今四川省彭山区)苏洵夫妇墓旁,两地相距何止千里。④鬓如霜:言两鬓斑白。白居易《闻龟儿咏诗》:"莫学二郎吟太苦,才年四十鬓如霜。"

贺新郎①

乳燕飞华屋②。悄无人、桐阴转午③,晚凉新浴。手弄生绡白团扇,扇手一时似玉。渐困倚、孤眠清熟。帘外谁来推绣户,枉教人、梦断瑶台曲④。又却是、风敲竹。

石榴半吐红巾蹙⑤。待浮花、浪蕊都尽,伴君幽独。秾艳一枝细看取⑥,芳心千重似束。又恐被、西风惊绿。若待得君来向此,花前对酒不忍触。共粉泪、两簌簌⑦。

【注释】 ①清毛先舒《填词名解》谓此调为苏轼首创。因苏词中有"晚凉新浴"句,故名《贺新凉》,后误"凉"为"郎",调名盖本此。又名《金缕曲》《金缕歌》《金缕词》《风鼓竹》《乳燕飞》《貂裘换酒》等。这是一首抒写闺怨的双调词,上片写美人,下片掉转笔锋,专咏榴花,借花取喻,时而花人并列,时而花人合一。作者赋予词中的美人、榴花以孤芳高洁、自伤迟暮的品格和情感,这两个美好的意象中渗透进自己的人格和感情。词中写失时之佳人,托失意之情怀;以婉曲缠绵的儿女情肠,寄慷慨郁愤的身世之感。②乳燕飞华屋:宋赵彦卫《云麓漫抄》卷四:"东坡长短句《贺新郎》词云:'乳燕飞华屋'尝见其真迹,乃'栖华屋'。"③转午:天已到午后。④瑶台:传说中神仙居住的地方。⑤蹙:褶皱。⑥秾艳:艳丽。⑦簌簌:坠落貌。

黄庭坚

黄庭坚(1045~1105),字鲁直,号山谷,又号涪翁,洪州分宁(今江西省修水县)人。治平四年(1067)登进士第,官至起居舍人;晚年一再遭贬。他是"苏门四学士"之一。诗与苏轼齐名,并称"苏黄",被奉为"江西诗派"创始人。书法亦有盛名。黄庭坚的词,早期多写艳情,格调不高,晚年亦有疏宕豪健之词,然佳作不多,当时与秦观齐名,并称"秦黄"。本集附词一卷,另有《山谷琴趣外编》三卷单行,收入《疆村丛书》。

黄庭坚像

鹧鸪天①

坐中有眉山隐客史应之和前韵,即席答之。

黄菊枝头生晓寒。人生莫放酒杯干。风前横笛斜吹雨,醉里簪花倒着冠。

身健在,且加餐②。舞裙歌板尽清欢。黄花白发相牵挽③,付与时人冷眼看④。

【注释】 ①此为宴席间互相酬唱之作。上片是劝酒之辞,劝别人,也劝自己到酒中去求安慰,到醉中去求欢乐。下片则是对世俗的侮慢与挑战。整首词词人采取自乐自娱、放浪形骸、侮世慢俗的方式来发泄心中郁结的愤懑与不平,对现实中的政治迫害进行调侃和抗争,体现了词人挣脱世俗约束的理想。②加餐:《古诗十九首》有

"弃捐勿复道,努力加餐饭"句。李白《代佳人寄翁参枢先辈》:"直是为君餐不得,书来莫说更加餐。"③黄花:同黄华,指未成年人。白发:指老年人。④冷眼:轻蔑的眼光。

定风波① 次高左藏使君韵

万里黔中一漏天②。屋居终日似乘船。及至重阳天也霁。催醉。鬼门关外蜀江前③。

莫笑老翁犹气岸④。君看。几人黄菊上华颠。戏马台南追两谢⑤。驰射。风流犹拍古人肩⑥。

【注释】 ①这首词为词人贬谪黔州期间的作品。上片首二句写黔中气候,以明贬谪环境之恶劣。下三句一转,重阳放晴,登高痛饮。久雨得晴,又适逢佳节,可谓喜上加喜,遂逼出"催醉"二字。过片三句承上意写重阳簪菊的风俗,以老翁自居的词人也将黄花插上满是白发的头上,这种不入俗眼的举止,现出一种不服老的气概。最后三句是高潮,词人不但饮酒赏菊,还要骑马射箭,其气概直追古时的风流人物。②黔中:四川一带。漏天:天似泄漏一般,比喻雨水多。③鬼门关:古代关名。④气岸:气概。李白《流夜郎赠辛判官》诗:"气岸遥凌豪士前,风流肯落他人后。"⑤戏马台:在徐州,项羽所筑。两谢:指晋宋间文学家谢灵运和其族兄谢瞻,两人均有《九日从宋公戏马台集送孔令诗》。⑥拍肩:比肩,追踪的意思。郭璞《游仙诗》:"右拍洪崖肩。"

秦 观

秦观(1049~1100),字少游,一字太虚,号淮海居士。高邮(今属江苏省)人。少有才名,研习经史,喜读兵书。熙宁十年(1077),往谒苏轼于徐州,次年作《黄楼赋》,苏轼以为"有屈、宋姿"。元丰八年(1085)进士,元祐初,任秘书省正字,兼国史院编修;晚年一再遭贬。他是"苏门四学士"之一,其诗清新婉丽;词多写恋情和身世之慨,语工而入律,情韵兼胜,哀艳动人,曾因《满庭芳》词赢得"山抹微云君"雅号。他毕生追随苏氏兄弟,而词风不学东坡,独创一格,以秀丽含蓄取胜,情调略嫌柔弱与凄凉。有单刻本《淮海居士长短句》三卷行世,后收入《疆村丛书》。

望海潮①

梅英疏淡,冰澌溶泄②,东风暗换年华。金谷俊游③,铜驼巷陌④,新晴细履平沙。长记误随车⑤。正絮翻蝶舞,芳思交加。柳下桃蹊,乱分春色到人家。

西园夜饮鸣笳⑥。有华灯碍月,飞盖妨花。兰苑未空,行人渐老,重来是事堪嗟⑦。烟暝酒旗斜。但倚楼极目,时见栖鸦。无奈归心,暗随流水到天涯。

【注释】 ①调见柳永《乐章集》。钱塘自古为观海潮的胜地,调名大约取意于此。为《词苑丛谈》卷七:"柳耆卿与孙相何为布衣交,孙知杭,门禁甚严,耆卿欲见之不得,作《望海潮》词,往诣名妓楚楚曰:'欲见孙相,恨无门路,若因府会,愿朱唇歌之,若问谁为此词,但说柳七。'中秋夜会,楚宛转歌之,孙即席迎耆卿预坐。"这是一首怀旧之作。起片写初春景色:梅花渐落,河冰溶解,春天悄悄来了。继而写旧时游踪:前年上巳,适值新晴,游赏幽美名园,漫步繁华街道,缓踏平沙,快意无似。下片从美景而及饮宴,通宵达旦,尽情欢畅。"兰苑"二句,暗中转折,追忆前游,是事可念,而"重来"旧地,则"是事堪嗟",感慨至深。而今酒楼独倚,只见烟暝旗斜,暮色苍茫,既无飞盖而来之俊侣,也无鸣筝夜饮之豪情,极目所至,所见唯有栖鸦。当此之时,归兮之心自然涌上心头。②冰澌:冰块。③金谷:金谷园。晋石崇所建别墅名园,常在此园中招待宾客,饮宴游玩。④铜驼:汉代洛阳街名。街道两侧有铜驼相对立,故名。⑤长记误随车:语出韩愈《游城南十六首》的《嘲少年》:"直把春偿酒,都将命乞花。只知闲信马,不觉误随车。"以及张泌的《浣溪沙》:"晚逐香车入凤城,东风斜揭绣帘轻,慢回娇眼笑盈盈。消息未通何计是?便须佯醉且随行,依稀闻道太狂生。"则都可作误随车的注释。⑥西园夜饮鸣筝:暗指元祐三年苏轼、秦观等十七人在驸马都尉王诜家西园雅集之事。曹植《公燕》诗:"清夜游西园,飞盖相追随。明月澄清景,列宿正参差。"⑦是事:事事,每件事。

八六子①

倚危亭。恨如芳草,萋萋刬尽还生②。念柳外青骢别后,水边红袂分时③,怆然暗惊④。

无端天与娉婷⑤。夜月一帘幽梦,春风十里柔情⑥。怎奈向、欢娱渐随流水,素弦声断⑦,翠绡香减⑧,那堪片片飞花弄晚,濛濛残雨笼晴。正销凝⑨。黄鹂又啼数声。

【注释】 ①调见《尊前集》中杜牧的作品。杜词全词八韵,以六字句为主,调名可能取自此意。因秦观词有"黄鹂又啼数声"句,故又名《感黄鹂》。这首词抒写别后相思之苦。上片径由情入,一个"恨"字,如天风海雨,忽然而来。下片回溯别前之欢,追忆离后之苦,感叹现实之悲,委婉曲折,道尽心中一个"恨"字。②刬:铲除。李煜《清平乐》:"离恨恰如春草,更行更远还生。"③红袂:红色衣袖。④怆然:悲伤貌。⑤娉婷:姿态美好貌。⑥"夜月"二句:借用杜牧《赠别》诗句"娉娉袅袅十三余,豆蔻梢头二月初。春风十里扬州路,卷上珠帘总不如"。⑦素弦声断:意谓分别后无心弹琴。⑧翠绡香减:意谓分别后懒于修饰。⑨销凝:因伤感而凝思出神。此二句化用杜牧《八六子》末句:"正销魂,梧桐又移翠阴。"

满庭芳①

山抹微云②,天连衰草,画角声断谯门③。暂停征棹,聊共引离尊。多少蓬莱旧事,空回首、烟霭纷纷。斜阳外,寒鸦万点,流水绕孤村④。

消魂。当此际,香囊暗解⑤,罗带轻分⑥。谩赢得、青楼薄幸名存⑦。此去何时见也,襟袖上、空惹啼痕。伤情处,高城望断,灯火已黄昏。

【注释】　①这首词写离情别绪。上片从绘景入笔,摹画离别场景,远山淡云,衰草接天,画角声声,此景已属凄清,当此离别之际,尤觉不忍。词人于"山""云"之间着一"抹"字,出语新奇,别有意趣。继而转入叙事,引出饯别场景,并以景衬意,斜阳寒鸦,流水孤村,喻别后前程之迷惘。下片"消魂"二字,当空而来,拎出伤别题旨。以下数句直赋情事,坦陈心迹,一气贯之,酣畅淋漓。结句以景语收煞,含蓄萦回,韵味深长。②抹:涂抹。词人另有《泗州东城晚望》诗:"林梢一抹青如画,应是淮流转处山。"两者可参看。③谯门:建有瞭望楼的城门。④寒鸦万点,流水绕孤村:直接用隋炀帝断句诗"寒鸦千万点,流水绕孤村。"⑤香囊:古代男子有佩香荷包风尚。⑥罗带轻分:意谓分离。古人用罗带结成同心结象征相爱。⑦"谩赢得"句:语本杜牧《遣怀》诗"十年一觉扬州梦,赢得青楼薄幸名"。

踏莎行①郴州旅舍

雾失楼台,月迷津渡②。桃源望断无寻处③。可堪孤馆闭春寒④,杜鹃声里斜阳暮。

驿寄梅花⑤,鱼传尺素⑥。砌成此恨无重数。郴江幸自绕郴山,为谁流下潇湘去。

【注释】　①这首词为词人贬谪郴州时所写。词中抒写了词人流徙僻远之地的凄苦失望之情和思念家乡的怅惘之情。上片以写景为主,描写了词人谪居郴州登高怅望时的所见和谪居的环境,但景中有情,表现了他苦闷迷惘、孤独寂寞的情怀。下片以抒情为主,写他谪居生活中的无限哀愁,偶尔也情中带景。②津渡:渡口。③桃源:陶渊明《桃花源记》所写的理想境界。杜甫《春日江村》:"茅屋还堪赋。桃源自可寻。"④可堪:哪堪。⑤驿寄梅花:《太平广记》引《荆州记》曰:"陆凯与范晔为友,在江南寄梅花一枝诣长安与晔,并赠诗云:'折梅逢驿使,寄与陇头人。江南无所有,聊赠一枝春。'"⑥鱼传尺素:蔡邕《饮马长城窟行》诗有"客从远方来,遗我双鲤鱼。呼儿烹鲤鱼,中有尺素书"。两句指亲朋书信。

浣溪沙①

漠漠轻寒上小楼。晓阴无赖似穷秋②。淡烟流水画屏幽。

自在飞花轻似梦,无边丝雨细如愁。宝帘闲挂小银钩③。

【注释】　①这是一首抒写淡淡春愁的词作。上片写景,漠漠轻寒,似雾如烟,春阴寒薄,使人感到郁闷无聊。环顾室内,画屏闲展:烟霭淡淡,流水轻轻。词作至此,眼前之景,画中之境,意中之情,三者交汇,亦幻亦真,亦虚亦实。下片正面描写春愁,飞花袅袅,飘忽不定;细雨如丝,迷迷蒙蒙,一派愁绪无边的景象。结语处提振全篇,帘外愁境、帘内愁人,交相呼应,不言愁而愁自现。②穷秋:深秋。③宝帘:即珠帘。

鹧鸪天①

枝上流莺和泪闻。新啼痕间旧啼痕。一春鱼雁无消息②,千里关山劳梦魂③。
无一语,对芳尊。安排肠断到黄昏。甫能炙得灯儿了④,雨打梨花深闭门。

【注释】 ①这首词的作者归属有争议,今暂归秦观名下。上片起句"枝上",《草堂诗馀》《历代诗馀》《词律》俱作"枕上"。若以下文之"啼痕""梦魂"和观,当以"枕上"为佳。上片径直抒情,抒情主人公园游子不归,杳无音信,遂积思成梦,梦中片刻的相聚,换来的却是梦醒后整夜的涕泪。拂晓时分,闻流莺鸣唱,感春日将尽,叹流年易逝,复又垂泪。下片写思妇终日面对相思的煎熬。把酒无语,独对黄昏,青灯枯坐,暗自垂泪。②鱼雁:代指书信。③千里关山劳梦魂:李白《长相思》有"天长路远魂飞苦,梦魂不到关山难"。④甫:刚刚。炙:烧。

晁端礼

晁端礼(1046~1113),名一作元礼,字次膺,祖居清丰,徙家彭门(今江苏省徐州市)。熙宁六年(1073)进士,两为县令,得罪上官而废徙。后以承事郎为大晟府协律,未及就职而卒。名作《绿头鸭》最为清婉。王灼谓其词"源流从柳氏来","有佳句","病于无韵"(《碧鸡漫志》卷二)。有词集《闲斋琴趣外篇》六卷。

绿头鸭①

晚云收,淡天一片琉璃。烂银盘、来从海底②,皓色千里澄辉。莹无尘、素娥淡伫③,静可数、丹桂参差④。玉露初零⑤,金风未凛,一年无似此佳时。露坐久、疏萤时度,乌鹊正南飞⑥。瑶台冷,阑干凭暖,欲下迟迟。

念佳人、音尘别后,对此应解相思。最关情、漏声正永,暗断肠、花阴偷移。料得来宵,清光未减,阴晴天气又争知。共凝恋、如今别后,还是隔年期。人强健,清尊素影,长愿相随。

【注释】 ①这首词写中秋赏月并寄远怀人。上片写月,晚云收尽,天空里现出一片琉璃般的色彩。接着,海底涌出了月轮,放出无边的光辉,继而描写月下的景色,美景良辰,使人流连。下片悬想远方佳人,同沐月色,一样相思,漏声相接、花影移动,料想明天夜月,清光未必减弱,至于是阴是晴,谁能预料呢?歇拍三句,与苏轼"但愿人长久,千里共婵娟"立意相同。有不尽之情,无衰飒之感。②烂银盘、来从海底:语本卢仝《月蚀》诗"烂银盘从海底出,出来照我草屋东"。烂银,指月光。③素娥:嫦娥。④丹桂:传说月亮中有桂树。⑤玉露:秋露。杜甫《秋兴八首》:"玉露凋伤枫树林,巫山巫峡气萧森。"⑥乌鹊正南飞:化用曹操《短歌行》"月明星稀,乌鹊南飞"。

赵令畤

赵令畤(1051~1134)，初字景贶。改字德麟，自号聊复翁，宋太祖次子燕王德昭玄孙。元祐中签书颍州公事。时苏轼为知州，荐其才于朝。后坐元祐党籍，被废十年。绍兴初，袭封安定郡王，卒赠开府仪同三司。其词善于抒情，凄婉感伤。有赵万里辑《聊复集》一卷。

蝶恋花①

欲减罗衣寒未去。不卷珠帘②，人在深深处③。红杏枝头花几许④。啼痕止恨清明雨。

尽日沉烟香一缕⑤。宿酒醒迟⑥，恼破春情绪。飞燕又将归信误⑦。小屏风上西江路。

【注释】　①这是一首闺中怀人之作。上片着重写闺中人不可名状的愁绪，约略可析为三层：春已至，而寒意未消，欲减衣，而时令不许，这是一层；春寒料峭，致使珠帘不卷，人困深闺，不得漫步庭园，这是一层；红杏满枝，繁花怒放，本可以尽情赏玩，不曾想清明时节，绵绵春雨，使得落红满地，一片狼藉，这又是一层。下片写闺中人终日独对香烟一缕，寂寞冷清、百无聊赖可想而知。枯坐愁城，无法排遣，唯有借酒浇愁，恨深酒多，以致一时难醒。经过层层渲染，至结片处，方揭出万愁之源：本希望春燕能给她带来远人消息，结果却是"飞燕又将归信误"，只留下她空对屏风，怅望不已。②不卷珠帘：王昌龄《西官春怨》："西宫夜景百花香，欲卷珠帘春恨长。"③人在深深处：语出欧阳修《蝶恋花》"庭院深深深几许"句。④红杏枝头花几许：化用宋祁《木兰花》"红杏枝头春意闹"句。⑤沉烟香：即点燃的沉香。⑥宿酒：隔夜残存的酒，残醉。⑦飞燕又将归信误：古有飞燕传书的故事。

张　耒

张耒(1054~1114)，字文潜，号柯山，楚州淮阴(今属江苏省)人。熙宁六年(1073)举进士，官至起居舍人。曾出知颍、汝二州，贬黄州。他是"苏门四学士"之一，诗风平易淡然。词不多见，清新婉丽，与秦观相近。赵万里辑为《柯山诗馀》一卷。

风流子①

木叶亭皋下，重阳近、又是捣衣秋。奈愁人庾肠②，老侵潘鬓③，谩簪黄菊，花也应羞④。楚天晚、白蘋烟尽处，红蓼水边头⑤。芳草有情，夕阳无语，雁横南浦，人倚西楼。

玉容知安否，香笺共锦字⑥，两处悠悠。空恨碧云离合，青鸟沉浮⑦。向风前懊恼，芳心一点，寸眉两叶，禁甚闲愁。情到不堪言处，分付东流。

【注释】　①风流子，原为唐教坊曲名。据《词苑丛谈》，调名出自《文选》。《文选》刘良注曰：风流，言其风美之声流于天下，子者，男子之通称也。《花间集》收孙光宪《风流子》三首,不过规制要小,至宋才演为慢词。这是一首羁旅怀人之作。上片落笔写景,首先点明季节,时近重阳,捣衣声声,催人乡思,愁绪萦绕心中,白发现于鬓角,遥望楚天日暮,白蘋尽头,红蓼深处,芳草有情,夕阳无语,雁阵横南浦而翱翔,远客倚西楼而怅惘。下片抒情,过片点明所思之人,揭示词旨所在。继而写游子对闺中人的怀想。并推己及人,设想闺中人怀念游子时的痛苦情状。结句:相思至极,欲说还休;反不如将此情付于东逝之水。②庾肠:北周庾信初仕梁,后出使西魏,被留,羁旅北方,思念故乡,作《愁赋》。后以此典为思乡之愁肠。明邢雉山《宴赏·燕山重九》套曲:"只恐怕老侵潘鬓,愁入庾肠,枉自惭衰朽。"③潘鬓:西晋潘岳说自己三十二岁就有白头发了。后以此典为中年鬓发初白的代词。④谩簪黄菊,花也应羞:苏轼《吉祥寺赏牡丹》:"人老簪花不自羞,花应羞上老人头。"黄庭坚《南乡子》:"花向老人头上笑,羞羞。白发簪花不解愁。"⑤红蓼:古称辛莱。能使人想起离家之苦。⑥香笺:书信。锦字:即锦字书。⑦青鸟:指信使。

晁补之

晁补之(1053~1110),字无咎,号归来子,济州巨野(今属山东省)人。"苏门四学士"之一。元丰二年(1079)进士,累官至礼部郎中。早年受苏轼赞赏,故其词风亦接近东坡,每有健句豪语,气象雄俊,但不如东坡词之旷达。有词集六卷,名《晁氏琴趣外篇》。

水龙吟① 次韵林圣予惜春

问春何苦匆匆,带风伴雨如驰骤②。幽葩细萼③,小园低槛,壅培未就④。吹尽繁红,占春长久。不如垂柳。算春常不老,人愁春老,愁只是、人间有。

春恨十常八九⑤。忍轻孤、芳醽经口⑥。那知自是,桃花结子⑦,不因春瘦。世上功名,老来风味,春归时候。最多情犹有。尊前青眼,相逢依旧。

【注释】 ①这首词抒写惜春的情怀。上片起首先表达一般惜春之意,春去匆匆,携风带雨,吹落香花嫩蕊、满枝繁红,委实可惜,却也有当初鹅黄嫩绿的垂柳,于今已长的密可藏鸦。四序代谢,春去复来,春常不老,所老者,只是愁春之人。下片写排解春愁的方法。春愁春恨不可免,不如借酒遣愁。排解春愁,还须从根本上下功夫,其实,春归原不必愁,春红谢了,是为了结实,人生一世,也是如此,由壮年进入暮年,自有老来风味,不变的只有:老友相逢,青眼依旧,举杯畅饮,莫负良辰。②驰骤:疾速。③葩:草木的花。④壅培:培土。⑤春恨十常八九:辛弃疾《贺新郎》:"肘后俄生柳,叹人生、不如意事,十常八九。""人生不如意事十常八九"盖为习语,宋时已然。⑥芳醽:美酒。⑦桃花结子:王建《宫词》:"树头树底觅残红,一片西飞一片东。自是桃花贪结子,错教人恨五更风。"

洞仙歌① 泗州中秋作

青烟幂处②,碧海飞金镜③。永夜闲阶卧桂影。露凉时,零乱多少寒螀④。神京远,惟有蓝桥路近⑤。

水晶帘不下⑥,云母屏开,冷浸佳人淡脂粉。待都将许多明,付与金尊,投晓共、流霞倾尽⑦。更携取、胡床上南楼⑧,看玉作人间,素秋千顷。

【注释】 ①这是一首赏月词。上片写中秋夜景,下片转写室内宴饮赏月。全词从天上到人间,又从人间到天上,天上人间浑然一体,境界阔大,想象丰富,词气雄放。与东坡词颇有相似之处。黄氏《蓼园词评》:"前阕从无月看到有月,次阕从有月看到月满人间,层次井井,而词致奇杰,各段俱有新警语,自觉冰魂月魄,气象万千,兴乃不浅。"②幂:遮掩,覆盖。③碧海:指青天。金镜:指月亮。李贺《七夕》:"天上分金镜,人间望玉钩。"④寒螀:即寒蝉。⑤蓝桥:桥名。传说其地有仙窟,即唐朝裴航遇仙女云英处。⑥水晶帘不下:李白《玉阶怨》:"却下水晶帘,玲珑望秋月。"⑦流霞:仙酒名。⑧胡床:一种可以折叠的坐具,也称交椅。

晁冲之

晁冲之(生卒年不详),字叔用,济州巨野(今属山东省)人。尝从陈师道学诗,自称"九岁一门生"(《过陈无己墓》);又尝与王直方、江端本唱和,与吕本中交善,"相与如兄弟"(吕本中《东莱吕紫微师友杂志》)。名列《江西诗社宗派图》。举进士不第,授承务郎。后遭废,居具茨山下,人称具茨先生。政和间,为大晟府丞。其词构思新奇。近人赵万里辑有《晁叔用词》一卷。

临江仙①

忆昔西池池上饮②,年年多少欢娱。别来不寄一行书③。寻常相见了,犹道不如初。

安稳锦衾今夜梦,月明好渡江湖。相思休问定何如。情知春去后,管得落花无。

【注释】 ①这是一首怀念汴京旧游的词作。上片首两句回忆往年的快意时光,以下三句埋怨旧游云散,不通音讯,并推测这些意气相投的朋友即便相见,也不可能像当初在西池那样纵情豪饮,开怀畅谈,无所顾忌了。下片别后的思念,既然无由得面,加之音信不通,不如趁今夜月明,梦魂飞渡,跨过江湖,飞越关山,与朋友相见。见面后,不要问以后会怎样,春天已经过去,落花命运如何,只能顺其自然了。②西池:即金明池,在汴京西,为京师游观胜地。③别来不寄一行书:语本杜甫《寄高三十五詹事适》诗"相看过半百,不寄一行书"。

舒 亶

舒亶(1041～1103),字信道,号懒堂,明州慈溪(今属浙江省)人。治平二年

（1065）进士，累迁御史中丞，与李定同劾苏轼，酿成"乌台诗案"。升至龙图阁待制。工于小令，善写离情，词风近秦、黄，淡雅而不俗。近人辑有《舒学士词》一卷。

虞美人①

芙蓉落尽天涵水。日暮沧波起。背飞双燕贴云寒。独向小楼东畔倚阑看。

浮生只合尊前老②。雪满长安道。故人早晚上高台。赠我江南春色一枝梅③。

【注释】 ①此为寄赠友人之作。上片写词人傍晚于小楼上欣赏秋景。下片写冬日的长安，词人盼望老友送梅来到。传达出词人苦闷孤独又渴望得到友情慰藉的心情。②合：应该。③赠我江南春色一枝梅：据《荆州记》载，陆凯与范晔关系很好，陆从江南寄一枝梅花给长安的范晔，并赠诗一首。

朱　服

朱服（1048~?），字行中，乌程（今浙江省吴兴市）人。熙宁六年（1073）进士，累迁至礼部侍郎，后加集贤殿修撰。今存《渔家傲》词一首，颇寓凄怆遣谪之情。

渔家傲①

小雨廉纤风细细②。万家杨柳青烟里。恋树湿花飞不起。愁无际。和春付与东流水。

九十光阴能有几。金龟解尽留无计③。寄语东阳沽酒市。拼一醉。而今乐事他年泪。

【注释】 ①这首词写词人春日里的愁绪。上片写和风细雨中的暮春景象：满城杨柳，万家屋舍，细雨蒙蒙，青烟绿雾，一派暮春景色。春日将尽，落花有离树之愁，人亦有惜春之愁，愁心难解，词人遂将它连同春天一道付与东流之水。下片写人生短暂，寿不满百，即便像贺知章，有九十之寿，也会面对春尽之愁，不如东城沽酒，拼却一醉，不将遗憾留与冉冉暮年。②廉纤：细微。形容小雨。③金龟解尽：指解下佩饰换酒酣饮。李白《对酒忆贺监》诗序曰："太子宾客贺公，于长安紫极宫一见余，呼余为'谪仙人'，因解金龟，换酒为乐。"

毛　滂

毛滂（1064~?），字泽民，号东堂，衢州江山（今属浙江省）人。元祐中，苏轼守杭，毛滂为法曹，颇受器重。诗词清疏空灵，抒情写景，饶有余韵。有《东堂词》。

惜分飞①富阳僧舍代作别语

泪湿阑干花着露。愁到眉峰碧聚②。此恨平分取。更无言语。空相觑③。

断雨残云无意绪。寂寞朝朝暮暮。今夜山深处。断魂分付。潮回去。

【注释】　①唐苏颋《送吏部李侍郎东归》有"赏来荣扈从,别至惜分飞"句。此调最初见于毛滂《东堂词》。据《西湖游览志》载:元祐中,苏轼知守钱塘时,毛滂为法曹掾,与歌妓琼芳相爱。三年秩满辞官,于富阳途中的僧舍作《惜分飞》词,赠琼芳。一日,苏轼于席间,听歌妓唱此词,大为赞赏,当得知乃幕僚毛滂所作时,即说:"郡寮有词人不及知,某之罪也。"于是派人追回,与其留连数日。毛滂因此而得名。这是一首别情词。全词写与琼芳恨别的相思之情。上片追忆两人恨别之状,下片写别后的羁愁。整首词感情自然真切,音韵凄婉,达到了"语尽而意不尽,意尽而情不尽"(周辉《清波杂志》)的艺术效果。②眉峰:眉毛。③觑:偷视。

陈　　克

陈克(1081~?),字子高,自号赤城居士,临海(今属浙江省)人,侨居金陵(今江苏省南京市)。他亲历两宋之交的战乱,曾于绍兴七年(1137)任吕祉幕府参谋,随淮西军马抗金;又曾与吴若共著《东南防守便利》三卷。他有少数作品写身世之感,关注严酷现实;大多数词则婉雅闲丽,意境恬淡,有"花间派"遗风。陈振孙《直斋书录解题》卷二一称其"词格颇高,晏、周之流亚也"。赵万里辑其《赤城词》一卷。

菩萨蛮①

赤阑桥尽香街直。笼街细柳娇无力。金碧上青空②。花晴帘影红。
黄衫飞白马③。日日青楼下。醉眼不逢人。午香吹暗尘。

【注释】　①这首词着力表现了少年公子骄奢淫逸的冶游情态。上片词人通过对赤阑桥、香街、细柳、楼台和花草、晴空和帘影的巧妙安排,使这个艳而又冶的"狭斜之地"变得竟是如此富于魅力。下片刻画一个身披黄衫,骑着白马的少年公子形象。点睛之笔,全在"醉眼不逢人"五字,将这位气焰熏天的公子哥塑造得形神毕肖。②金碧:传说中的神名。③黄衫:隋唐时少年所穿的黄色华贵服装。此代贵人。

菩萨蛮①

绿芜墙绕青苔院。中庭日淡芭蕉卷。蝴蝶上阶飞。烘帘自在垂。
玉钩双语燕。宝甃杨花转②。几处簸钱声③。绿窗春睡轻。

【注释】　①这是一首表现初夏闲适情怀的词作。这首词通篇写景,而将人物的内心活动妙合于景物描绘之中,上片摹画帘内之人眼中的庭院景象:绿芜墙,青苔院,芭蕉卷,蝶蛱飞,景物由远而近,由静到动。下片写燕子梁间作巢,出入房栊,珠帘不卷,玉钩空悬,双双燕子,呢喃其上,井垣四周,杨花飘飏,上下翻飞,优游自如,远处依稀传来簸钱之声。珠帘之内,有人于绿窗之下,午梦悠悠。②宝甃:精美的井壁。③簸钱:掷钱为赌戏。

李元膺

李元膺(生卒年不详),东平(今属山东省)人,南京(今河南省商丘市)教官。绍圣间曾为李孝美《墨谱法式》写序。蔡京翰苑,因赐宴西池,失足落水,几至沉溺,元膺闻之笑曰:"蔡元长都湿了肚里文章。"京闻之怒,卒不得召用。据此,元膺当为哲宗、徽宗时人。近人赵万里辑有《李元膺词》一卷,凡九首。其词思致妍密,清丽警人。

洞仙歌①

一年春物,惟梅柳间意味最深。至莺花烂漫时,则春已衰迟,使人无复新意。余作《洞仙歌》,使探春者歌之,无后时之悔。

雪云散尽,放晓晴池院。杨柳于人便青眼。更风流多处,一点梅心相映远。约略颦轻笑浅②。

一年春好处,不在浓芳,小艳疏香最娇软。到清明时候,百紫千红花正乱。已失春风一半。早占取韶光、共追游,但莫管春寒,醉红自暖③。

【注释】 ①据词的小序可知,这首词意在提醒人们及早探春,无遗后时之悔。上片分写梅与柳这两种典型的早春物候,状物写情,活用拟人手法,意趣无穷。下片说明探春需早的原因。春之佳处,当在梅香柳疏之时。世人明晓此理者不多,清明时候,繁花似锦,百紫千红,游众如云。当此之时,春色盛极而衰,故曰"已失了春风一半"。②颦轻笑浅:即轻颦浅笑。颦,皱眉。此用美人神貌喻梅花。③醉红:酒醉颜红。

时 彦

时彦(? ~1107),字邦彦,开封(今属河南省)人。元丰二年(1079)进士,进士第一,历任颍昌判官、秘书省正字,累除集贤校理。绍圣中,迁右司员外郎,提点河东刑狱。徽宗立,拜吏部侍郎、开封尹,官至吏部尚书。大观元年卒。

青门饮①

胡马嘶风,汉旗翻雪②,彤云又吐③,一竿残照。古木连空,乱山无数,行尽暮沙衰草。星斗横幽馆④,夜无眠、灯花空老。雾浓香鸭⑤,冰凝泪烛,霜天难晓。

长记小妆才了。一杯未尽,离怀多少。醉里秋波,梦中朝雨,都是醒时烦恼。料有牵情处,忍思量、耳边曾道。甚时跃马归来,认得迎门轻笑。

【注释】 ①此调与《青门引》令词不同,《词谱》以秦观词为正调。这首词为羁役怀人之作。上片写景,描绘作者旅途所见北国风光,风雪交加,胡马长嘶,大旗翻舞,残照西沉,老树枯枝纵横,山峦错杂堆叠。词人夜间投宿,凝望室外星斗横斜,室内灯花不剪,烛泪凝结。下片展开回忆,突出离别一幕,着力刻绘伊人形象。别离前夕,伊人浅施粉黛,饯别宴上,稍饮即醉,醉后秋波频盼,酒醒平添烦恼。最难忘,临别之际,深情耳语:何时跃马归来,一睹故人笑靥。整首词细腻深婉,情思绵长。②胡马、汉旗:喻指西北边疆。③彤云:雪前密布的浓云。④幽馆:寂寞幽深的客舍。⑤香鸭:鸭形的香炉。

李之仪

李之仪(?~1117),字端叔,自号姑溪老农,沧州无棣(今属山东省)人。元丰中登进士。元祐末从苏轼于定州幕府,终官朝请大夫。他的词,长调近柳永,短调近秦观。多次韵,小令长于淡语、景语、情语,学习民歌乐府,深婉含蓄。词作有《姑溪词》,收入毛晋《宋六十名家词》。

谢池春①

残寒销尽,疏雨过、清明后。花径敛余红,风沼萦新皱②。乳燕穿庭户,飞絮沾襟袖。正佳时,仍晚昼。着人滋味③,真个浓如酒。

频移带眼④,空只恁、厌厌瘦⑤。不见又思量,见了还依旧。为问频相见,何似长相守。天不老,人未偶。且将此恨,分付庭前柳⑥。

【注释】 ①调名大约缘于谢灵运《登池上楼》诗,其中有"池塘生春草,园柳变鸣禽"诗句。宋杨亿《次韵和盛博士雪霁之什》:"梁苑酒浓寒力减,谢池风细冻纹开。"明黄相《送兰泉叔还莆》:"谢池春在应飞梦,阮竹风高忆共谈。""谢池春"在古代诗文中,当是成语。这首词写离别相思之苦。上片写景,有声有色,有动有静,以酒喻春,有独到之妙,可谓色味俱佳。下片抒情:人渐消瘦,只为离愁,聚散无定,何如长相厮守。天不助我,孑然难偶,只有将相思别恨,交付庭前垂柳。②风沼萦新皱:语本冯延巳《谒金门》词"风乍起,吹皱一池春水"。沼,池塘。③着人:迷人。④移带眼:《梁书·沈约传》说,老病,腰带经常移动眼孔。喻日渐消瘦。⑤恁:如此。⑥分付:托付。

卜算子①

我住长江头,君住长江尾。日日思君不见君,共饮长江水。

此水几时休,此恨何时已。只愿君心似我心,定不负相思意②。

【注释】 ①词以长江起兴。"我""君"对起,而一住江头,一住江尾,见双方空间距离之悬隔,也暗寓相思之悠长。日日思君而不得见,却又共饮一江之水。深味之下,尽管思而不见,毕竟还能共饮长江之水。下片紧扣长江水,进一步抒写别恨。悠悠长江之水,不知何时才能休止,绵绵相思之恨,也不知何时才能停歇。结句词人翻出新意:阻隔纵然不能飞越,两相挚爱的心灵却可一脉遥通。②"只愿"二句:语本顾蓝图蔓《诉忠情》"换我心,为你心,始知相忆深"。

周邦彦

周邦彦(1056~1121),字美成,号清真居士,钱塘(今浙江省杭州市)人。元丰七年(1084)献《汴都赋》,擢为试太学正;元祐四年(1089)出为庐州(今安徽合肥)教授。绍圣四年(1097)还朝,任国子主簿。徽宗即位,改除校书郎,历考功员外郎,卫尉宗正少卿兼议礼局检讨。政和二年(1112),出知隆德府(今山西长治)。六年,自明州(今浙江宁波)任入秘书监,进徽猷阁待制,提举大晟府。宣和二年(1120)移知处州(今浙江丽水),值方腊起义,道梗不赴。未几罢官,提举南京鸿庆宫,辗转避居于钱塘、扬州、睦州(今浙江建德)。卒年六十六。写词严分平仄四声、五音六律、清浊轻重,故音律谐婉,堪称格律词派之开山。词中多拗句;又善于括、融注前人诗句;用典自如,又善铺叙。词风富艳而高雅,沉着而拗怒。有词集《清真集》,又名《片玉集》。

瑞龙吟①

章台路②。还见褪粉梅梢,试花桃树。愔愔坊陌人家③,定巢燕子,归来旧处。
黯凝伫。因念个人痴小④,乍窥门户。侵晨浅约宫黄⑤,障风映袖,盈盈笑语。
前度刘郎重到⑥,访邻寻里,同时歌舞。惟有旧家秋娘⑦,声价如故。吟笺赋笔,犹记燕台句⑧。知谁伴,名园露饮,东城闲步。事与孤鸿去。探春尽是,伤离意绪。官柳低金缕。归骑晚、纤纤池塘飞雨。断肠院落,一帘风絮。

【注释】 ①瑞龙吟为周邦彦自度曲。《词谱》以周邦彦这首词为正调。词分三叠,首写旧地重游,所见所感:人如巢燕归来,寻常坊陌,宛如从前,梅花方才谢了,又见桃花着枝。次写当年旧人旧事:凝神伫立,仿佛看到伊人临风而立,听到伊人盈盈笑语。末写抚今追昔之情。前度刘郎,旧家秋娘,而今知与谁伴,往日欢娱,不知能否重续。到如今探春所获,尽是伤离意绪,归去吧!相伴只有,纤纤飞雨,一帘风絮。整首词婉转抑扬,含蓄蕴藉,令人揣摩把玩,读之不舍。②章台:泛指妓院聚集之地。③愔愔:安静貌。④个人:伊人。⑤浅约宫黄:淡着脂粉。⑥前度刘郎重到:据《幽明录》载:东汉人刘晨、阮肇入天台山采药逢仙女,居留半年后归来,而尘世已历七代。后又重入天台山,仙女已杳不可寻。⑦秋娘:唐金陵歌妓杜秋娘。此处代指歌妓。⑧犹记燕台句:语本李商隐《梓州罢吟寄同舍》"长吟远下燕台去,惟有衣香染未销"。

风流子①

新绿小池塘。风帘动、碎影舞斜阳。羡金屋去来,旧时巢燕;土花缭绕②,前度莓墙。绣阁里、凤帏深几许,听得理丝簧。欲说又休,虑乖芳信③,未歌先噎,愁近清觞。
遥知新妆了,开朱户、应自待月西厢④。最苦梦魂,今宵不到伊行⑤。问甚时说与,佳音密耗⑥,寄将秦镜⑦,偷换韩香⑧。天便教人,霎时厮见何妨。

【注释】 ①这是一首抒发相思之情的词作。上片写两情相隔,跨着池塘,隔着莓墙,罩着绣阁,绕着凤裳。词人不禁羡慕可以穿屋而飞的燕子,可以飞越这些阻隔,飞进金屋,一睹佳人芳容。如果音讯全无,也就作罢了,偏偏能听到佳人理丝簧,曲调幽怨,愁近清筋。下片悬想佳人新妆后,待月西厢下,可惜这一令人心动的场景只是假想,白日既不能相会,那就到梦中去追寻吧。可是今晚竟然连梦魂都不能到她身边,有什么机缘能将定情的信物交付给她呢!上天啊!让我们短暂相会又有何妨!情急迁妄的情态,跃然纸上。沈谦《填词杂说》评后两句:"卞急迁妄","美成真深于情者"。②土花:苔藓。李贺《金铜仙人辞汉歌》:"画栏桂树悬秋香,三十六宫土花碧。"③乖:违、误。④待月西厢:语本元稹《会真记》中诗:"待月西厢下,迎风户半开。拂墙花影动,疑是玉人来。"⑤伊行:她身边。⑥耗:消息。⑦秦镜:东汉人秦嘉赠予其妻徐淑的明镜。⑧韩香:晋贾充女贾午暗恋韩寿,窃香赠之。

夜飞鹊①

河桥送人处,凉夜何其。斜月远、坠余辉。铜盘烛泪已流尽,霏霏凉露沾衣。相将散离会,探风前津鼓②,树杪参旗③。花骢会意④,纵扬鞭、亦自行迟。

迢递路回清野,人语渐无闻,空带愁归。何意重经前地,遗钿不见⑤,斜径都迷。兔葵燕麦⑥,向斜阳、欲与人齐。但徘徊班草⑦,欷歔酹酒⑧,极望天西。

【注释】 ①调名取自曹操《短歌行》"月明星稀,乌鹊南飞"诗句。唐蒋冽有《夜飞鹊》诗:"北林夜方久,南月影频移。何啻飞三匝,犹言未得枝。"一名《夜飞鹊慢》。为周邦彦创调,调见《片玉词》。这是一首送别词。上片写送别的情景,下片写别后归来的相思。"自将行至远送,又自去后写怀望之情,层次井井而意致绵密,词采秋深,时出雄厚之句,耐人咀嚼。"(黄蓼园《蓼园词选》)②津鼓:古时在渡口处设置的信号鼓。③树杪:树梢。参旗:星宿名。④花骢:五花马。⑤遗钿:本指杨贵妃花钿委地,此处指落花。⑥兔葵:植物名。⑦班草:布草而坐。⑧欷歔:叹息声。酹:以酒浇地以示祭奠。

满庭芳①夏日溧水无想山作②

风老莺雏,雨肥梅子,午阴嘉树清圆。地卑山近,衣润费炉烟。人静乌鸢自乐③,小桥外、新绿溅溅④。凭阑久,黄芦苦竹,疑泛九江船⑤。

年年。如社燕⑥,飘流瀚海,来寄修椽⑦。且莫思身外,长近尊前。憔悴江南倦客,不堪听、急管繁弦。歌筵畔,先安簟枕⑧,容我醉时眠。

【注释】 ①这首词表现了词人的宦情羁思和身世之感。上片写景,极其细密:江南初夏,和风细雨,老了雏莺,肥了梅子,午阴嘉树,亭亭如盖。居此地也,地低湿而久雨,衣常润而难干,人静而乌鸢自乐,溪涨而新绿溅溅,此地之节候也,大类乐天之在浔阳。下片即景抒情,曲折回环:叹此身常如社燕,春社时来,秋社即去,漂泊于瀚海之间,暂栖于屋椽之下。莫思身外之事,且尽眼前之杯,江南倦客,己听不惯丝竹纷陈,不如安排簟枕,容我醉眠。②溧水:在今江苏省溧阳市。③乌鸢:乌鸦和鹰。④溅溅:流水声。⑤黄芦苦竹:语本白居易《琵琶行》:"住近湓江地低湿,黄芦苦竹绕宅生。"⑥社燕:古时以立春后第五个戊日为春社,立秋后第五个戊日为秋社,祭祀土神。燕子春社时来,秋社时去,故称社燕。⑦修椽:长椽子,形容屋檐高大修长。⑧簟:竹席。

大 酺①

对宿烟收,春禽静,飞雨时鸣高屋。墙头青玉旆②,洗铅霜都尽,嫩梢相触。润逼琴丝,寒侵枕障,虫网吹粘帘竹。邮亭无人处,听檐声不断,困眠初熟。奈愁极频惊,梦轻难记,自怜幽独③。

行人归意速。最先念、流潦妨车毂④。怎奈向、兰成憔悴⑤,卫玠清羸⑥,等闲时、易伤心目。未怪平阳客⑦,双泪落、笛中哀曲。况萧索、青芜国⑧。红糁铺地⑨,门外荆桃如菽。夜游共谁秉烛⑩。

【注释】 ①大酺,为官方特许的大聚饮。唐教坊曲有《大酺乐》,《羯鼓录》亦有《太簇商大酺乐》。宋人借旧名自制词调,《词谱》以周邦彦词为正调。这首词写春雨中的行旅之愁。上片写春雨中的闺愁。下片写春雨中的羁愁。这首词感物应心,因景抒情,写景鲜明生动,写情委曲尽致,环境气氛的渲染与心理活动的展开相互依托,造成了低徊抑郁、曲折流动的意境。②旆:泛指旌旗。③幽独:寂寞孤独的人。《楚辞·九章·涉江》:"哀吾生之无乐兮,幽独处乎山中。"④流潦:道路积水。毂:车轮中心的圆木。代指车轮。⑤向:语助词。兰成:文学家庾信,小字兰成。⑥卫玠:晋人,字叔宝,美仪容,有羸疾,每乘车入市,观者如堵,玠体力不堪,成病而死。⑦平阳客:东汉马融,为督邮,独卧平阳坞中,闻洛阳客吹笛,因念离京师多年,悲从中来,遂作《长笛赋》。⑧青芜国:杂草丛生的地方。温庭筠《春江花月夜》:"花庭忽作青芜国。"⑨红糁:指落花满地。⑩夜游共谁秉烛:李白《春夜宴桃李园序》:"古人秉烛夜游,良有以也。"

定风波①

莫倚能歌敛黛眉②。此歌能有几人知。他日相逢花月底。重理。好声须记得来时。

苦恨城头传漏水③。催起。无情岂解《惜分飞》④。休诉金尊推玉臂。从醉。明朝有酒情谁持⑤。

【注释】 ①这是一首写给歌姬的作品。上片夸赞歌女歌唱技艺高妙,罕有人比,词人以调侃的语气发问:以后相逢还能听到这么美妙的歌声吗?语虽轻松,但还能让人感觉到惜别的意味。下片语气一转,惜别之情一泄而出,世事沧桑交幻,明天还能听到美妙的歌声,还能有美人伴酒吗?不如今天拼却一醉,以慰愁怀。②倚:凭借。

③漏水:漏壶滴水。指报更。毛刻《片玉词》本中"水"原作"永",不叶,据郑文焯本校改。④《惜分飞》:词牌名。⑤倩:请,恳求。

解连环①

怨怀无托。嗟情人断绝,信音辽邈。纵妙手、能解连环,似风散雨收,雾轻云薄。燕子楼空②,暗尘锁、一床弦索③。想移根换叶,尽是旧时,手种红药④。

汀洲渐生杜若⑤。料舟依岸曲,人在天角。谩记得、当日音书,把闲语闲言,待总烧却。水驿春回,望寄我、江南梅萼⑥。拼今生、对花对酒,为伊泪落。

【注释】 ①《战国策·齐策》:"秦始皇(鲍彪注本作秦昭王)尝使使者遗君王后玉连环,曰:'齐多知,而解此环不?'君王后以示群臣,群臣不知解。君王后引椎椎破之,谢秦使曰:'谨以解矣。'"周邦彦词有"纵妙手、能解连环"句,即用此典,因取为调名。又名《望梅》《杏梁燕》。这首词抒发了一种"怨怀无托"的复杂相思情感。上片写情人远去,音讯全无,虽然心生怨情,因不知远人心事,至于怨情无托,此正是可悲之处。环顾四周,陈迹宛然,睹物思人,远人如在面前。下片写春天来临,杜若渐萌,远人别去经年,行舟随水远去,料想已在天涯。忆当初,红笺密字,音书不断,而今读来,只是闲言淡语,真想付之一炬,以舒愤恨。现已春暖冰消,水驿通航,怎不能,把江南春梅,寄我一枝,聊解苦忆呢?无人陪伴,花下独斟,凄清已极,犹有不辞,拼却今生,为伊泪落。②燕子楼:在今江苏省徐州市。相传为唐贞元年间尚书张建封之爱妾关盼盼居所。张死后,盼盼念旧情不嫁,独居此楼十余年。白居易曾写《(燕子楼)诗序》。后以"燕子楼"泛指女子居所。③弦索:指乐器。④红药:红芍药。⑤杜若:香草名。《楚辞·九歌·湘君》:"采芳洲兮杜若,将以遗兮下女。"⑥望寄我、江南梅萼:用南朝陆凯寄梅事。

关河令①

秋阴时晴渐向暝②。变一庭凄冷。伫听寒声,云深无雁影。

更深人去寂静。但照壁、孤灯相映。酒已都醒,如何消夜永③。

【注释】 ①原名《清商怨》,古乐府有《清商曲辞》,因曲调多哀怨之音,故名《清商怨》。晏殊《清商怨》词首句为"关河愁思望处满",周邦彦爱将此调改名为《关河令》。这首词以时光的转换为线索,表现了萧瑟深秋中作者因人去楼空而生的凄切孤独感。上片写黄昏时的羁愁。下片写夜深不寐的凄苦。本想以酒消愁,然而酒已醒而愁未消,又如何消磨这漫漫长夜呢?陈廷焯《云韶集》评末句:"笔力劲直,情味愈见。"可谓的评。②暝:日暮,天黑。③夜永:长夜。

绮寮怨①

上马人扶残醉,晓风吹未醒。映水曲、翠瓦朱檐,垂杨里、乍见津亭。当时曾题败壁,蛛丝罩,淡墨苔晕青。念去来、岁月如流,徘徊久、叹息愁思盈。

去去倦寻路程。江陵旧事②,何曾再问杨琼③。旧曲凄清。敛愁黛、与谁听。尊前故人如在,想念我、最关情。何须《渭城》④。歌声未尽处,先泪零。

【注释】 ①为周邦彦自度曲,宋词中仅此一首。上片写津亭送别。败壁偶见旧题,蛛丝牵网,苍苔遮蔽,足以启人沧桑之感。下片写别后难逢,知音难觅,相思情长。②江陵旧事:指作者居住在荆州的生活。江陵:今属湖北省。③杨琼:本名璠,少为江陵歌妓。白居易《寄李苏州兼示杨琼》:"真娘墓头春草碧,心奴鬓上秋霜白。为问苏台酒席中,使君歌笑与谁同。就中犹有杨琼在,堪上东山伴谢公。"④《渭城》:指送行的离歌。唐王维《送元二使安西》诗有"渭城朝雨浥轻尘""西出阳关无故人"句,后人谓之《渭城曲》或《阳关曲》。

贺　铸

贺铸(1052~1125),字方回,自号庆湖遗老,卫州(今河南省汲县)人。重和元年(1118)以太祖贺皇后族孙恩,迁朝奉郎,赐五品服。他终生不得美官,仕途失意。家藏书万卷,亲自校雠。其词刚柔兼济,或盛丽妖冶,或幽洁悲壮,既有语精意新的婉约佳篇,又有直抒胸臆的慷慨悲歌。他善于化用中晚唐诗句,题材意境均有所开拓,风格多样。曾自编词集为《东山乐府》,未言卷数,今存者名《东山词》,收入《疆村丛书》。

更漏子①

上东门②,门外柳。赠别每烦纤手。一叶落,几番秋③。江南独倚楼。
曲阑干,凝伫久。薄暮更堪搔首④。无际恨,见闲愁。侵寻天尽头⑤。

【注释】 ①古代用滴漏计时,夜间凭漏刻传更,故名更漏。唐温庭筠用此调多咏更漏,故而得名。又名《无漏子》《独倚楼》《付金钗》《翻翠袖》等。这是一首别情词。上片写离别场景,东门作别,折柳相赠,此处一别,漂泊江南,独倚危楼。下片写别后愁绪,分别后,常小楼伫立,终日凝望。每当暮色渐浓,离恨别愁,弥漫天际。②东门:指洛阳东门。③一叶落,几番秋:见柳永《竹马子》注。④搔首:抓头。指有所思。⑤侵寻:渐渐扩展到。

青玉案①

凌波不过横塘路②。但目送、芳尘去。锦瑟华年谁与度③。月桥花院,琐窗朱户。只有春知处。
飞云冉冉蘅皋暮。彩笔新题断肠句④。试问闲情都几许。一川烟草,满城风絮。梅子黄时雨⑤。

【注释】 ①这是一首表现相思之情的词作,写于作者晚年退隐苏州期间。上片以偶遇美人而不得见发端,下片则承上片词意,遥想美人独处幽闺的怅惘情怀。结句连用三个比喻形容闲愁,最为后人称道。愁之称"闲",正是因为愁来之时,往往漫无目的,漫无边际,飘飘渺渺,捉摸不定,却又无处不在,无时不有。②凌波:见柳永《采莲令》注。横塘:在苏州盘门外,水上有桥。崔颢《长干曲》之一:"君家住何处?妾住在横塘。"③锦瑟华年:指青春时光。语本李商隐《锦瑟》诗:"锦瑟无端五十弦,一弦一柱思华年。"④彩笔:相传江淹年少时,梦中人授以五色笔,因而文采非凡。⑤梅子黄时雨:语本唐人诗"楝花开后风光好,梅子黄时雨意浓"。

薄　幸①

淡妆多态。更的的、频回眄睐②。便认得、琴心先许,与写宜男双带③。记画堂、斜月朦胧,轻颦微笑娇无奈。便翡翠屏开,芙蓉帐掩,与把香罗偷解。

自过了收灯后④,都不见、踏青挑菜⑤。几回凭双燕,丁宁深意,往来翻恨重帘碍。约何时再。正春浓酒暖,人闲昼永无聊赖。厌厌睡起⑥,犹有花梢日在。

【注释】　①薄幸作为词调名,始于贺铸这首词。《词谱》即以贺铸词为正调。上片写词人同一位女子相识、相爱和热恋的经过。下片写离别后男子的相思之苦。俞陛云《唐五代两宋词选释》:"上阕追叙前欢,下阕言紫燕西来,已寄书多阻,姑借酒以消磨永昼。乃酒消睡醒,仍日未西沉,清昼悠悠,遣愁无计,极写其无聊之思。"②的的:明亮。眄:顾盼。陈子昂《宿空舲峡青树村浦》诗:"的的明月水,啾啾寒夜猿。"③宜男:旧时祝妇人多子称宜男。此指婚配。此句一本作"欲绾合欢双带"。④收灯:唐俗元宵节"烧灯"(点花灯)三日,而后"收灯"。⑤踏青挑菜:古人以二月二日为挑菜节,妇女郊游,亦曰踏青。⑥厌厌:同"恹恹"。精神不振貌。

浣溪沙①

不信芳春厌老人。老人几度送余春。惜春行乐莫辞频②。
巧笑艳歌皆我意③,恼花颠酒拼君瞋④。物情惟有醉中真⑤。

【注释】　①这是一首惜春行乐之词。上片写春不弃人,老人更应惜春。下片写词人惜春行乐之狂态。狂恣之中有沉痛,放旷之中有真情。②莫辞频:晏殊《浣溪沙》:"等闲离别更销魂,酒筵歌席莫辞频。"③巧笑:《诗经·硕人》:"巧笑倩兮,美目盼兮。"④颠酒:颠饮,即不拘礼节之狂饮。瞋:怒目而视。此句化用杜甫《江畔独步寻花》诗"江上被花恼不散,无处告诉只颠狂"句意。⑤物情:世情。醉中真:苏轼《山光寺回次芝上人韵》:"闹里清游借隙光,醉时真境发天藏。"

蝶恋花①

几许伤春春复暮。杨柳清阴,偏碍游丝度。天际小山桃叶步②。白蘋花满湔裙处③。

竟日微吟长短句。帘影灯昏,心寄胡琴语。数点雨声风约住。朦胧淡月云来去。

【注释】　①这是一首伤春怀人之作。上片写暮春之景。伤春偏逢春暮,浓密的柳荫,已阻碍了游丝的飞度,游丝这里喻指相思心绪。桃花渡口、开满白蘋花的水边,那正是两人分手的地方。下片抒写相思之情。终日枯坐,难觅佳句,缭乱胡琴,夹杂风雨,长夜不成眠,惟有淡月相伴。北宋李冠《蝶恋花》:"遥夜亭皋闲信步。乍过清明、蓦觉伤春暮。数点雨声风约住,朦胧淡月云来去。桃杏依依风暗度。谁在秋千、影里低低语。一片芳心千万绪。人间没个安排处。"比较两首词,语意相似。②桃叶步:即桃叶渡。在今南京。③湔裙:古时风俗,每年旧历正月初一至月末,在水边洗涤衣裙以驱除不祥。

望湘人①

厌莺声到枕,花气动帘,醉魂愁梦相半。被惜余熏,带惊剩眼②。几许伤春春晚。泪竹痕鲜③,佩兰香老,湘天浓暖。记小江、风月佳时,屡约非烟游伴④。

须信鸾弦易断⑤。奈云和再鼓⑥,曲中人远。认罗袜无踪⑦,旧处弄波清浅。青翰棹舣⑧,白蘋洲畔。尽目临皋飞观。不解寄、一字相思,幸有归来双燕。

【注释】　①《望湘人》为贺铸自度曲。这是一首伤离怀人之作。上片由景生情,首三句写室外盎然春意,而冠一"厌"字,化欢乐之景而为悲哀之情,变柔媚之辞而为沉痛之语。哀愁无端,一字传神,为全词定调。以下写词人睹物思人、物是人非;朝思暮愁、形销骨立。楚地暮春天气,湘妃斑竹,旧痕犹鲜,屈子佩兰,其香已老。末三句,引出佳人。过片抒情,前两句承上启下,直抒胸臆。鸾弦易断,好事难终;云和再鼓,曲终人远。遍寻旧日曾到,不见佳人芳踪。佳人一去,相见无期,使人愁肠百结,肝胆俱裂。幸有归来双燕,以慰相思,强颜自慰,愈见辛酸。②眼:指腰带上的孔眼。③泪竹:尧有二女,为舜妃,舜死,二女洒泪粘竹上,皆成斑点,是为斑竹,又名湘妃竹。④非烟:唐武公业之爱妾步非烟。此指作者情侣。⑤鸾弦:以鸾胶续弦。后谓男子再娶为续弦。⑥云和:山名。以产琴瑟著称。唐钱起《省试湘灵鼓瑟》:"善鼓云和瑟,常闻帝子灵。"⑦罗袜:代指情侣。⑧青翰:船名。舣:船靠岸。

张元幹

张元幹(1091~1160?),字仲宗,自号真隐山人,又号芦川居士、芦川老隐等,永福(今福建省永泰县)人。早有诗名。靖康元年(1126)应召为李纲行营属官,后"罪放"离京。绍兴间,不屑与奸佞秦桧同朝为官而辞归;又为上疏乞斩秦桧的胡铨赋《贺新郎》词送别,因而备遭投降派迫害。有《芦川词》二卷。周必大《跋张仲宗送胡邦衡词》:"长乐张元侯,字仲宗,在政和、宣和间,已有能乐府声。今传于世,名《芦川集》,凡百六十篇,而以《虞美人》二篇为首。"其词慷慨悲凉,壮志激昂,洋溢着爱国主义豪情,融入了时代与社会重大事件,对南宋爱国词人有重要影响。也有伤漂泊、叹人生,啸傲山林、抒情写景的词篇,清丽而明畅。

石州慢①

寒水依痕②,春意渐回,沙际烟阔。溪梅晴照生香,冷蕊数枝争发③。天涯旧恨,试看几许消魂,长亭门外山重叠。不尽眼中青,是愁来时节。

情切。画楼深闭。想见东风,暗消肌雪④。孤负枕前云雨,尊前花月⑤。心期切处,更有多少凄凉,殷勤留与归时说。到得再相逢,恰经年离别。

【注释】 ①《宋史·乐志》收入越调。贺铸词有"长亭柳色才黄"句,又名《柳色黄》,谢懋词名《石州引》。这是一首羁宦思归之作。上片写春意萌发,临溪寒梅,晴照生香,冷蕊争发。末五句,点出正是"愁来时节",逗出下片抒情。下片由景物描写转而回忆夫妻恩爱之情,词人推己及人,揣想闺中人经年离别后的绵绵情思、无限凄凉。②寒水依痕:语本杜甫《冬深》诗"寒水各依痕"。③冷蕊数枝争发:杜甫《舍弟观赴蓝田取妻子到江陵喜寄三首》(其二):"巡檐索共梅花笑,冷蕊疏枝半不禁。"④肌雪:肌肤白皙似雪。《庄子·逍遥游》:"藐姑射之山有神人居焉,肌肤若冰雪,绰约若处子。"⑤"孤负"二句:写恩爱缠绵。

叶梦得

叶梦得(1077~1148),字少蕴,号石林学士,吴县(今江苏省苏州市)人。绍兴四年(1097)进士,累官翰林学士,南渡后任江东安抚大使,兼知建康府,抗金有功。卒赠检校少保。早期词风婉丽,后学苏轼之清旷,能于简淡中时出雄杰,不作柔语人。有《石林词》一卷。

贺新郎①

睡起啼莺语。掩苍苔、房栊向晚,乱红无数。吹尽残花无人见,惟有垂杨自舞。渐暖霭、初回轻暑。宝扇重寻明月影②,暗尘侵、尚有乘鸾女③。惊旧恨,遽如许。

江南梦断横江渚。浪粘天、葡萄涨绿。半空烟雨。无限楼前沧波意,谁采蘋花寄取。但怅望、兰舟容与④。万里云帆何时到,送孤鸿、目断千山阻。谁为我,唱金缕⑤。

【注释】 ①这是一首伤春怀旧的词作。上片写词人春睡乍醒,见暮春景色,心感伤,睹明月团扇,心念旧人。下片词人临江眺望,寄情绵渺,迂徐委婉,笔意空灵。②宝扇重寻明月影:语本班婕妤《怨歌行》诗"裁为合欢扇,团团似明月"。③乘鸾女:传说秦穆公女弄玉乘鸾飞天而去,故名。④容与:徘徊不前貌。⑤金缕:即《金缕曲》。

虞美人①

雨后同干誉、才卿置酒来禽花下作。

落花已作风前舞。又送黄昏雨。晓来庭院半残红。惟有游丝千丈袅晴空。

殷勤花下同携手。更尽杯中酒。美人不用敛蛾眉[2]。我亦多情无奈酒阑时[3]。

【注释】　①这是一首伤春词。上片写景，景中寓情：昨天黄昏时分，一场风雨，吹打得落红无数。晓来天气放晴，庭院中半是残花。写景至此，读者不觉心生怅惘，上片结句，以"游丝千丈袅晴空"振起全篇，给人以高骞明朗之感。下片抒情，情真意切。本想饮酒遣愁，美人蹙眉，愈发为我添愁。明人毛晋称叶梦得词"不作柔语殢人，真词家逸品"（《石林词跋》），可谓得其肯綮。②敛蛾眉：皱眉。③酒阑：酒尽席散之时。

汪　藻

汪藻(1079～1154)，字彦章，德兴（今属江西省）人。崇宁二年(1103)进士，官至显谟阁学士、左大中大夫。博览群书，工诗文。其词写离情别思，亦美瞻。有《浮溪词》，收入《疆村丛书》及《四部丛刊》中。

点绛唇[1]

新月娟娟[2]，夜寒江静山衔斗。起来搔首。梅影横窗瘦。

好个霜天，闲却传杯手。君知否。乱鸦啼后。归兴浓于酒。

【注释】　①调名取自江淹《咏美人春游》中的诗句"白雪凝琼貌，明珠点绛唇"，《词谱》以冯延巳词为正体。又名《南浦月》《点樱桃》《沙头雨》《十八香》《寻瑶草》等。这首词上片写景，画面冷洁清疏，下片自问自答，言上片未尽之情思，幽默而冷峻。整首词构思别致，情景相生，结构缜密，浑化无迹。②娟娟：明媚貌。

陈与义

陈与义(1090～1138)，字去非，号简斋，洛阳（今属河南省）人。政和三年(1113)登太学上舍甲科，绍兴七年(1137)拜参知政事。后人称他为"江西诗派三宗"之一。诗重意境，擅白描，学杜甫。词则吐言天拔，语意超绝，清婉奇丽。有《无住词》，又名《简斋词》，收入《四库全书》及《疆村丛书》。

临江仙[1]

高咏《楚词》酬午日[2]，天涯节序匆匆。榴花不似舞裙红。无人知此意，歌罢满帘风。

万事一身伤老矣，戎葵凝笑墙东[3]。酒杯深浅去年同。试浇桥下水，今夕到湘中[4]。

【注释】　①词人在端午节凭吊屈原，感时伤怀，借此来抒发自己的爱国情怀。上片写端午时节，词人高声吟诵楚辞，深感流落天涯之苦，节序匆匆，报国无门。而今满眼桃花的颜色已不是歌舞升平时舞女舞裙的颜色。有谁能会此意，只见得，吟罢楚辞，满帘生风。下片写虽然经历沧桑变幻，人亦垂垂老矣，但英爽豪气，依然故我，酹酒江水,引屈子为同调。整首词吐言天拔,豪情壮志,意在言外。②午日:即端午节。③戎葵:植物名。④湘中:指湖南。

临江仙①　夜登小阁忆洛中旧游

忆昔午桥桥上饮②,坐中多是豪英。长沟流月去无声。杏花疏影里,吹笛到天明。二十余年如一梦,此身虽在堪惊。闲登小阁看新晴。古今多少事,渔唱起三更。

【注释】　①这是一首抚今追昔,感时伤世之作。上片追忆"洛中旧游",长沟明月,杏花疏影,一夜笛声,疏淡的记忆里包含着对往日的留恋。下片抒怀,二十年间国破家亡,颠沛流离,九死一生,身虽在,足堪惊。末三句,淡语写哀:古今多少兴亡事,都如过眼云烟,转瞬成空。②午桥:在今河南洛阳。唐代宰相裴度曾建别墅于此。

蔡　伸

蔡伸(1088~1156),字伸道,号友古居士,莆田(今属福建省)人,蔡襄孙。政和五年(1115)进士,官至左大中大夫。伸少有文名,擅书法,得祖襄笔意。工词,与向子諲同官彭城漕属,屡有酬赠。有《友古居士词》一卷。好融化前人诗句入词,凄婉感伤。

苏武慢①

雁落平沙,烟笼寒水,古垒鸣笳声断。青山隐隐,败叶萧萧,天际暝鸦零乱。楼上黄昏,片帆千里归程,年华将晚。望碧云空暮,佳人何处②,梦魂俱远。

忆旧游、邃馆朱扉,小园香径,尚想桃花人面③。书盈锦轴④,恨满金徽⑤,难写寸心幽怨。两地离愁,一尊芳酒凄凉,危阑倚遍。尽迟留,凭仗西风,吹干泪眼。

【注释】　①苏武,汉武帝时人,尝出使匈奴,羁留十九年而不变节,为后世所重。调名本此。《词谱》以周邦彦词为正体。这是一首秋日登高怀人之作。上片写登高远眺。落雁、烟水、古垒、青山、落叶、归帆是所见;鸣笳、暝鸦是所闻。见日暮而思佳人。下片承上回忆,香径朱扉,宛如从前,桃花人面,今却不见,唯有寄情于书,诉怨于琴,遣愁于酒,遍倚危阑,任西风吹干泪眼。②"望碧"二句:语本沈约《休上人怨别》诗"日暮碧云合,佳人殊未来"。③桃花人面:用唐人崔护事。④书盈锦轴:晋人窦滔妻苏蕙思念远方的丈夫,织锦写回文诗以赠。⑤金徽:代指琴。

李　甲

李甲(生卒年不详),字景元,华亭(今江苏省松江区)人。善画翎毛,兼工写竹。其绘画曾受到米芾赏识、苏轼称赞。元符中任武康令。词学柳永。

帝台春①

芳草碧色。萋萋遍南陌。暖絮乱红,也知人、春愁无力。忆得盈盈拾翠侣②,共携赏、凤城寒食③。到今来，海角逢春，天涯为客。

愁旋释。还似织。泪暗拭④。又偷滴。谩伫立、倚遍危阑⑤，尽黄昏，也只是、暮云凝碧⑥。拼则而今已拼了⑦，忘则怎生便忘得。又还问鳞鸿⑧，试重寻消息。

【注释】 ①帝台春，唐教坊曲名，据《词谱》：《宋史·乐志》琵琶曲有《帝台春》调。宋人罕有填此调者，现在看到的只李甲这首词。这是一首伤春怀人之作。上片写暮春之景，引出春愁，再交代思念的双方，两人曾于寒食节一同赏春，而今，春色将尽，两人却天各一方。下片写愁绪难以释怀。过片四句，三字一句，句句用韵，如冰雹降地，淅沥有声，极写独自伤心、无人与诉的情景，愁不可解，悲不可遏。以下三句，倚阑远望，不见伊人，直至黄昏，暮云凝碧，佳人依旧未来，暗示与佳人情绝。理智的决定，似乎应该忘掉这段情缘，但感情的因素，又一时很难割舍。不如再遣鱼雁传书，寻觅佳人的消息。②拾翠侣：指游伴。拾翠即拾取翠鸟羽毛作为首饰。后多指妇女游春。语出曹植《洛神赋》："或採明珠，或拾翠羽。"③凤城：京城的美称。④泪暗拭：周邦彦《兰陵王柳》："沈思前事，似梦里，泪暗滴。"⑤谩：徒然。⑥暮云凝碧：江淹《休上人怨别》："日暮碧云合，佳人殊未来。"⑦拼：舍弃，放开。⑧鳞鸿：鱼雁。古人认为鱼雁可以传递书信。

李重元

李重元（生卒年不详），约为北宋末至南宋初的词人。他写过四首《忆王孙》，分咏春、夏、秋、冬四季，春词最佳。

忆王孙①

萋萋芳草忆王孙②。柳外楼高空断魂。杜宇声声不忍闻③。欲黄昏。雨打梨花深闭门④。

【注释】 ①《全唐诗》有赵光远《题妓莱儿壁》诗："鱼钥兽环斜掩门，萋萋芳草忆王孙。"这首词的首句全用此诗句。调名由此而来。关于这首词的作者，一作秦观，一作李甲，词作字句全同，《唐宋诸贤绝妙词选》作李重元，因其为宋人选本，故《全宋词》将这首词归到李重元名下。整首词篇幅短小，写景层次分明，抒情深婉含蓄：萋萋芳草，楼外烟柳，杜宇声声，暮雨阵阵，雨打梨花，这些都是客观景物，词人用"忆""断""闻""闭"几个动词加以连缀，景语便化作情语了。②萋萋芳草忆王孙：刘安《招隐士》有"春草兮萋萋，王孙游兮不归"句。③杜宇：即杜鹃。④雨打梨花深闭门：无名氏《鹧鸪天》："甫能炙得灯儿了，雨打梨花深闭门。"

万俟咏

万俟咏（生卒年不详），复姓万俟，字雅言，自号大梁词隐。游上庠不第，科举落榜。政和初召补大晟府制撰，创制词谱甚多；绍兴五年（1120）补下州文学。词多应制而作,小词平和雅丽,不事雕琢。

三　台①清明应制

　　见梨花初带夜月,海棠半含朝雨。内苑春、不禁过青门,御沟涨、潜通南浦。东风静、细柳垂金缕。望凤阙、非烟非雾②。好时代、朝野多欢,遍九陌、太平箫鼓③。

　　乍莺儿百啭断续。燕子飞来飞去。近绿水、台榭映秋千,斗草聚、双双游女④。饧香更、酒冷踏青路⑤。会暗识、夭桃朱户。向晚骤、宝马雕鞍,醉襟惹、乱花飞絮。

　　正轻寒轻暖漏永,半阴半晴云暮。禁火天、已是试新妆⑥,岁华到、三分佳处。清明看、汉蜡传宫炬。散翠烟、飞入槐府⑦。敛兵卫、阊阖门开⑧,住传宣、又还休务。

　　【注释】　①三台,原为唐教坊曲名。胡震亨《唐音统签》:"唐曲有《三台》:《急三台》《宫中三台》《上皇三台》《怨陵三台》《突厥三台》。《三台》为大曲。"唐李匡义《资暇集》卷下:"三台,今之催酒三十拍促曲,名三台何? 或曰:昔邺中有三台,石季伦常为游宴之地,乐工倦怠,造此以促饮也。一说蔡邕自治书御史累迁尚书,三日之间,周历三台,乐府以邕晓音律,制此曲,动邕心,抑希其厚遗。亦近之。"后演为词调。这首词写清明时节,汴京朝野祥和、歌舞升平的景象。词分三片,上片写宫苑春色,中片写清明踏青,下片写侯门之欢。整首词铺叙渲染,井然有序,语言典丽,雍容大度。②凤阙:指代皇宫。非烟非雾:吉祥之气。《史记·天官书》:"若烟非烟,若云非云,郁郁纷纷,萧索轮困,是谓卿云。卿云,见喜气也。"③九陌:都城大道。④斗草:一种古代的游戏,采花草以比优劣。常行于端午。⑤饧:即麦芽糖。⑥禁火天:指寒食。清明前一二日。⑦"清明"二句:语本韩翃《寒食》诗"日暮汉宫传蜡烛,轻烟散入五侯家"。⑧阊阖:京都城门。

岳　飞

　　岳飞(1103~1141),字鹏举,相州汤阴(今属河南省)人。南宋抗金名将,受宗泽赏识,历任清远军节度使、开府仪同三司、少保、河南北诸路招讨使,进枢密副使。被奸臣秦桧以莫须有罪名杀害。追谥武穆,封鄂王,改谥忠武。有《岳忠武文集》十卷,存词三首,充溢爱国豪情。

满江红①

　　怒发冲冠,凭阑处、潇潇雨歇。抬望眼、仰天长啸,壮怀激烈。三十功名尘与土,八千里路云和月。莫等闲、白了少年头,空悲切。

　　靖康耻②,犹未雪。臣子恨,何时灭。驾长车踏破、贺兰山缺③。壮志饥餐胡虏肉④,笑谈渴饮匈奴血⑤。待从头、收拾旧山河,朝天阙⑥。

　　【注释】　①《升庵词品》引唐人小说《冥音录》:"曲名有《上江虹》即《满江红》。又名《念良游》《伤春曲》。"《词谱》以柳永"暮雨初秋"为正调。此调有仄韵、平韵两体,仄韵词宋人填者最多,声调激越,宜抒发壮烈情怀。姜夔始为平韵,而情调俱变。姜夔《满江红》序云:"《满江红》旧调用仄韵,多不协律。如末句云'无心扑'三字,歌者将心字融入去声,方谐音律。予欲以平韵为之,久不能成。因泛巢湖,闻远岸箫鼓声,问之舟师,云:'居人为此湖神姥寿也。'予因祝曰:'得一席风,径至居巢,当以平韵《满江红》为迎送神曲。'言讫风与笔俱驶,顷刻而成。末句云:'闻佩环。'则协律矣。书以绿笺,沈于白浪,辛亥正月晦也。"这是一首壮怀激烈,传颂千古的爱国主义名篇。上片写词人渴望杀敌报国的情怀、抱负。下片写词人雪耻复仇、重整乾坤的豪情壮志。整首词写来悲壮激昂,气势磅礴;读来振聋发聩,催人奋进。②靖康耻:指靖康二年(1127)金兵攻陷汴京,掳徽、钦二帝北去,北宋亡。③贺兰山:在今宁夏境内。此借指敌占区。④胡房:对金兵的蔑称。⑤匈奴:代指金国。⑥朝天阙:朝见皇帝。

程 垓

程垓(生卒年不详),字正伯,眉山(今属四川省)人。苏轼中表程之才(字正辅)之孙。以诗词名乡里,为尚书尤袤所称道,绍熙五年(1194),王俣为其词集作序。冯煦《蒿庵论词》:"程正伯凄婉绵丽,与草窗所录《绝妙好词》家法相近。"有《书舟词》,隽永洒脱。

水龙吟①

夜来风雨匆匆,故园定是花无几。愁多怨极,等闲孤负②,一年芳意。柳困桃慵③,杏青梅小,对人容易。算好春长在,好花长见,原只是、人憔悴。

回首池南旧事。恨星星、不堪重记。如今但有,看花老眼,伤时清泪。不怕逢花瘦,只愁怕、老来风味④。待繁红乱处,留云借月⑤,也须拼醉。

【注释】 ①这是一首惜春叹老的词作。词人通过委婉哀怨的笔触,曲折尽致、反反复复地抒写了自己郁积重重的"嗟老"与"伤时"之情,读后确有"凄婉绵丽"(冯煦《宋六十一家词选例言》评语)之感。②等闲:轻易地。③慵:懒。④风味:生活。⑤留云借月:强留云彩,借取月光。意谓努力珍惜时光。

张孝祥

张孝祥(1132~1169),字安国,号于湖居士,历阳乌江(今安徽省和县)人。绍兴二十四年(1154)中进士第一,为秦桧所忌。历任中书舍人、领建康留守,徙荆南湖北路安抚使。其词反映社会现实,表现爱国思想,上承苏轼,下启辛弃疾,是豪放词代表作家。词作淋漓酣畅,气势雄健,声律宏迈,善于化用前人诗句而又流畅自然,意俊而语峭。有《于湖居士长短句》五卷。

六州歌头①

长淮望断②,关塞莽然平。征尘暗,霜风劲,悄边声。黯消凝。追想当年事③,殆天数,非人力,洙泗上④,弦歌地,亦膻腥。隔水毡乡⑤,落日牛羊下,区脱纵横⑥。看名王宵猎⑦,骑火一川明。笳鼓悲鸣。遣人惊。

念腰间箭,匣中剑,空埃蠹,竟何成。时易失,心徒壮,岁将零。渺神京。干羽方怀远,静烽燧,且休兵。冠盖使⑧,纷驰骛⑨,若为情。闻道中原遗老,常南望、翠葆霓旌⑩。使行人到此,忠愤气填膺。有泪如倾。

【注释】　①这首词是词人在建康留守张浚宴客席上所赋,表现了强烈的爱国情怀。上片描写江淮区域宋金对峙的态势。下片抒写报国无门、壮志难酬的悲愤,讽刺朝廷当政者苟安于和议现状,深刻揭示了中原人民盼望光复的意愿。陈廷焯《白雨斋词话》卷六评此词:"淋漓痛快,笔饱墨酣,读之令人鼓舞。"②长淮:即淮河。③当年事:指1127年金兵南侵,徽、钦二帝被掳北去之事。④洙泗:二水名,流经孔子故乡曲阜。⑤隔水毡乡:指淮河以北金人所占领的中原地区。⑥区脱:金兵的哨所。⑦名王:指金兵将帅。⑧冠盖使:指求和的使臣。⑨驰骛:奔走。⑩翠葆霓旌:指皇帝的车驾。

韩元吉

　　韩元吉(1118~1187),字无咎,号南涧翁,许昌(今属河南省)人。隆兴中,官吏部尚书。淳熙初,出守婺州、建宁,后晋封颍川郡公。结交社会名流,多有诗词唱和。其词雄浑豪放,或寓故国之悲,或抒山林情趣,清幽感人。有《南涧诗馀》,见《南涧甲乙稿》,收入《疆村丛书》。

六州歌头①

　　东风着意,先上小桃枝。红粉腻。娇如醉。倚朱扉。记年时。隐映新妆面。临水岸。春将半。云日暖。斜桥转。夹城西。草软沙平,跋马垂杨渡,玉勒争嘶。认蛾眉凝笑,脸薄拂燕脂②。绣户曾窥。恨依依。

　　共携手处。香如雾。红随步。怨春迟。消瘦损。凭谁问。只花知。泪空垂。旧日堂前燕③,和烟雨,又双飞④。人自老。春长好。梦佳期。前度刘郎,几许风流地,花也应悲。但茫茫暮霭,目断武陵溪⑤。往事难追。

　　【注释】　①程大昌《演繁露》卷十六"六州歌头":"六州歌头,本鼓吹曲也,近世好事者倚其声为吊古词,如'秦亡,草昧刘项起吞并'者是也,音调悲壮。又以古兴亡事实之闻其歌,使人怅慨。良不与艳辞同科,诚可喜也。"据杨慎《词品》,六州指唐代西部的伊、凉、甘、石、渭、氏等六州,宋代举行大祀、大恤典礼皆用此调。韩元吉这首词并不像程大昌所说的那样,竟是一首标准的艳词。词题是"桃花",乍看是一首咏物词,实际内容却是借桃花诉说一段香艳而哀怨的爱情故事。上片先写两个有情人在桃花似锦的良辰相遇,下片写两人在桃花陌上携手同游,再后来则旧地重来,只见桃花飘零而不见如花人的踪影,于是只能踯躅徘徊于花径,唏歔声悲。②燕脂:同"胭脂"。③旧日堂前燕:语本刘禹锡《乌衣巷》诗"旧时王谢堂前燕"。④和烟雨,又双飞:五代翁宏《春残》:"落花人独立,微雨燕双飞。"⑤武陵溪:用陶渊明《桃花源记》典故,武陵渔人偶入桃花源,后路径迷失,没有人再能找到。

陆 游

陆游(1125~1210),字务观,号放翁,山阴(今浙江省绍兴市)人。绍兴二十三年(1153)省试第一,后被秦桧除名。孝宗继位,赐进士出身,曾任隆兴、夔州通判,成都府安抚司参议官,先后提举福建及江南西路常平茶盐公事;光宗立,任礼部郎中、实录院同修撰兼修国史,以宝谟阁待制致仕。一生仕途坎坷,却始终为恢复中原奔走呼号,爱国豪情至死不渝。陆游诗多姿多彩。词则婉约而雅洁,飘逸而超俗;亦有饱含报国热忱、荡漾爱国激情的词章。自编词集成,作《长短句序》云:"予少时汩于世俗,颇有所为,晚而悔之。然渔歌菱唱,犹不能止。"此后未尝绝笔。刘克庄《后村诗话续编》云:"放翁长短句,其激昂慷慨者,稼轩不能过,飘逸高妙者,与陈简斋、朱希真

陆游像

相颉颃。流丽绵密者,欲出晏叔原、贺方回之上。"有《放翁长短句》附《渭南文集》后,后有双照楼影宋刻本和毛晋《宋六十名家词》刊本。

卜算子①咏梅

驿外断桥边,寂寞开无主。已是黄昏独自愁,更着风和雨。
无意苦争春②,一任群芳妒③。零落成泥碾作尘④,只有香如故。
【注释】　①这是一首咏梅词。上片写梅花的艰难处境:驿外断桥,寂寞无主,黄昏更兼风雨,天不眷顾,一何至此。下片托梅寄志,以梅花自喻,表现自己身处逆境、坚贞自守的孤高品格。②争春:唐戎昱《红槿花》:"花是深红叶曲尘,不将桃李共争春。"③群芳妒:《离骚》有"众女嫉余之娥眉兮,谣诼谓余以善淫"句。④碾:滚压,碾碎。王安石《咏杏》:"纵被春风吹作雪,绝胜南陌碾作尘。"

渔家傲①寄仲高②

东望山阴何处是③。往来一万三千里。写得家书空满纸。流清泪。书回已是明年事。
寄语红桥桥下水④。扁舟何日寻兄弟。行遍天涯真老矣。愁无寐。鬓丝几缕茶烟里⑤。
【注释】　①这是陆游寄给堂兄陆仲高的词作。上片写蜀中与故乡山阴距离之远,家书难寄,归期难卜,每一念及,徒流清泪。下片直接抒情,寄语家乡流水,何时载

我归舟,与家兄相聚,而今,天涯行客,忧思不寐,惟有于茶烟袅袅中,坐遣年华流逝。②仲高:陆升之,字仲高。陆游堂兄。③山阴:即今浙江省绍兴市。作者故里。④红桥:桥名。⑤鬓丝几缕茶烟里:杜牧《醉后题僧院二首》(之二):"今日鬓丝禅榻畔,茶烟轻轻扬落花风。"

陈　亮

陈亮(1143~1194),字同甫,人称龙川先生,永康(今属浙江省)人。绍熙四年(1193)进士,授建康军节度判官厅公事,赴任途中病故。此前曾多次上书,倡议中兴复国,反对理学,笔力纵横。其词自抒胸臆,充满爱国愤世之情;亦有清幽疏宕之作,唯祝寿词无甚新意。有《龙川词》行世。

水龙吟①

闹花深处层楼,画帘半卷东风软。春归翠陌,平莎茸嫩,垂杨金浅。迟日催花,淡云阁雨②,轻寒轻暖。恨芳菲世界,游人未赏,都付与、莺和燕。

寂寞凭高念远。向南楼、一声归雁。金钗斗草③,青丝勒马④,风流云散。罗绶分香⑤,翠绡封泪,几多幽怨。正销魂、又是疏烟淡月,子规声断⑥。

【注释】　①这是一首抒写春恨的词作。上片恨今日芳菲世界,游人未赏,付与莺燕;下片恨昔年金钗斗草,青丝勒马,风流云散。上片用大量的篇幅描写姹紫嫣红、百花竞放的大好春光,目的是为了逗出上片之恨;下片则倾全力描写人事之恨:因寂寞而凭高念远,羡鸿雁北飞,犹能见故国庭园;悔当年不知珍惜,风流都被雨打风吹去。到如今,疏烟淡月,杜鹃声里,人在天涯。②阁雨:即搁雨。止雨。③金钗斗草:斗草时以金钗为赌资。④青丝勒马:青丝编成的马络头。⑤罗绶:即罗带。分香:即分别。⑥子规:即杜鹃鸟。

范成大

范成大(1126~1193),字致能,号石湖居士,吴郡(今江苏省苏州市)人。绍兴二十四年(1154)中进士,曾任吏部员外郎、起居舍人。乾道六年(1170)作为宋廷特使出使金国,索取河南"陵寝"地,辞气慷慨,迫使金帝接受私疏,全节而归。除中书舍人,知成都府兼四川制置使。淳熙五年(1178)参知政事。其田园诗成就最高,清峻瑰丽,初步摆脱江西诗派影响。其词早期柔情幽冷,后期气韵沉雅,多写自然风光和农村景色,清疏有致。今存《石湖词》一卷,收入《疆村丛书》。

忆秦娥①

楼阴缺。阑干影卧东厢月。东厢月。一天风露,杏花如雪。

隔烟催漏金虬咽②。罗帏黯淡灯花结。灯花结。片时春梦③,江南天阔。

【注释】　①据传唐李白创为此调，因其中有"秦娥梦断秦楼月"句，故名《忆秦娥》。秦娥，谓秦地美貌女子。扬雄《方言》："秦晋之间，美貌谓之娥。"又名《秦楼月》《碧云深》《双荷叶》等。明胡应麟《少室山房笔丛》卷二十五："今诗余名《望江南》外，《菩萨蛮》《忆秦娥》称最古，以《草堂》二词出太白也。近世文人学士或以为实，然余谓太白在当时，直以风雅自任，即近体盛行七言律，鄙不肯为，宁屑事此。且二词虽工丽，而气衰飒，于太白超然之致，不啻穹壤。藉令真出青莲，必不作如是语。详其意调，绝类温方城辈。盖晚唐人词，嫁名太白。"这首词描写闺中少妇春夜怀人的情景。上片描绘园林景色，下片刻画人物心情。整首词不加雕饰，朴素清雅。②金虬：装置在漏上形状如虬的饰物，龙嘴吐水计时。虬：有角的龙。③片时春梦：语本岑参《春梦》："枕上片时春梦中，行尽江南数千里。"

眼儿媚①

萍乡道中，乍晴。卧舆中，困甚，小憩柳塘。

醑醑日脚紫烟浮②，妍暖破轻裘。困人天色，醉人花气，午梦扶头③。

春慵恰似春塘水，一片縠纹愁④。溶溶泄泄⑤，东风无力，欲皱还休。

【注释】　①《词谱》以左誉词为正调。又名《小阑干》《东风寒》《秋波媚》。这是一首即景之作。上片写词人春日旅途的春慵之感。下片写春水似人般慵懒无比。上片写人，下片写物，上下两片物我难分，妙合无垠。②醑醑：盛大充沛貌。日脚：穿过云隙照在地面上的日光。③扶头：形容醉态。④縠纹：比喻水的波纹。縠，绉纱。⑤溶溶泄泄：亦作"溶溶洩洩"。晃动荡漾貌。

霜天晓角①

晚晴风歇。一夜春威折②。脉脉花疏天淡③，云来去，数枝雪。

胜绝。愁亦绝。此情谁共说。惟有两行低雁，知人倚、画楼月。

【注释】　①此调首见《全芳备祖前集》，有林逋词。这是一首咏梅词。上片写梅，脉脉写其神，花疏写其形，数枝雪写其色。下片抒情，用孤梅衬出词人孤独凄黯的心情。②春威：春寒的威力。温庭筠《阳春曲》："霏霏雾雨杏花天，帘外春威著罗幕。"③脉脉：连绵不断貌。

辛弃疾

辛弃疾（1140~1207），字幼安，号稼轩居士，历城（今山东省济南市）人。二十二岁参加抗金义军；南归后任江阴签判、建康府通判，乾道八年（1172）知滁州；淳熙间历任荆湖南路、江南西路安抚使，罢任后闲居江西上饶的带湖；绍熙间一度出任福建提点刑狱和安抚使；嘉泰三年（1203）起知绍兴府，改知镇江府，开禧二年（1206）任兵部侍郎。曾上《美芹十论》《九议》等，为抗金献计献策，却始终不得重用。一腔忠愤泄于词中,抒发爱国豪情,感慨国事身世,歌唱抗金、恢复中原成为辛词主旋律,农村词和爱情词亦质朴清新、充满活力。他以诗体赋体入词,善于用典用事,熔铸经史而无斧凿痕,丰富了词的表现手法和语言技巧。辛词题材多样,桀骜雄奇,慷慨纵横,是豪放词派最高产的代表作家。有《稼轩词》及十二卷本《稼轩长短句》两种。《四库总目提要》云:"其词慷慨纵横,有不可一世之概,于倚声家为变调,而异军特起,能于翦红刻翠之外,屹然别立一宗,迄今不废。"

贺新郎①别茂嘉十二弟

绿树听鹈鴂。更那堪、鹧鸪声住,杜鹃声切。啼到春归无啼处,苦恨芳菲都歇。算未抵、人间离别。马上琵琶关塞黑②,更长门、翠辇辞金阙③。看燕燕,送归妾④。

将军百战身名裂⑤。向河梁、回头万里,故人长绝。易水萧萧西风冷⑥,满座衣冠似雪。正壮士、悲歌未彻。啼鸟还知如许恨⑦,料不啼清泪长啼血。谁共我,醉明月。

【注释】 ①这是一首送别词。词开片一气举出三种悲切的鸟鸣声,哀鸣的鸟声,似乎在向人倾诉春归后百花凋零,芳草不觅的悲戚。至此,词人一笔宕开,由景入情:鸟鸣悲切,伤春虽甚,却不及人间离情。继而连用五事,写人间离别之悲,"啼鸟还知"二句,遥应开片:悲鸟若能理解人间的离别,也唯有啼血而已。末二句总缩,回到眼前的离别:族弟一去,谁能与我共醉明月呢?离别之词,能有如此境界,实属罕见。②马上琵琶关塞黑:用汉代王昭君出塞远嫁匈奴事。③长门:汉武帝时,陈皇后失宠,居长门宫。④看燕燕,送归妾:《诗经·邶风》有《燕燕》一篇,汉毛苌传曰:"燕燕,卫庄姜送归妾也。"⑤将军:指汉将李陵。⑥易水萧萧西风冷:用荆轲辞燕入秦刺秦王事。⑦还知:如果知道。

贺新郎①赋琵琶

凤尾龙香拨。自开元、《霓裳曲》罢②,几番风月。最苦浔阳江头客③,画舸亭亭待发④。记出塞、黄云堆雪。马上离愁三万里,望昭阳、宫殿孤鸿没⑤。弦解语,恨难说⑥。

辽阳驿使音尘绝⑦。琐窗寒、轻拢慢捻⑧,泪珠盈睫。推手含情还却手,一抹《梁州》哀彻。千古事、云飞烟灭。贺老定场无消息⑨,想沉香亭北繁华歇⑩。弹到此,为呜咽。

【注释】 ①俞陛云《唐五代两宋词选释》:"此调借琵琶以写怀。起句'开元'句即追想汴京之盛。以下用商妇、明妃琵琶故事,借以写怨。转头处承上阕'万里离愁'句,接以辽阳望远。慨宫车之沙漠沉沦。'琐窗'、'推手'四句咏琵琶正面,中含一片哀情。转笔'云飞烟灭'句,笔势动宕。结句沉香亭废,贺老飘零,自顾亦沦落江东,如龟年之琵琶仅在,宜其罢弹呜咽,不复成声矣。"②自开元、《霓裳曲》罢:据白居易《新乐府》自注:"《霓裳羽衣曲》,起于开元,盛于天宝。"③最苦浔阳江头客:白居易贬官江州,秋夜送客而闻江上女子弹琵琶,遂作《琵琶行》,内有"浔阳江头夜送客"句。④画舸亭亭:郑文宝《柳枝词》:"亭亭画舸系寒潭。"⑤昭阳:汉未央宫里殿名。⑥弦解语,恨难说:陆游《鹧鸪天》:"情知言语难传恨,不似琵琶道得真。"⑦辽阳:在今东北境内。为边塞之代称。⑧轻拢慢捻:出自白居易《琵琶行》"轻拢慢捻抹复挑"句。拢、捻与下文的推手、却手、抹都是琵琶指法。⑨贺老:指贺怀智。唐玄宗时期的琵琶高手。⑩沉香亭:唐都长安宫中殿名。为唐玄宗和杨贵妃游玩取乐之所。

水龙吟①登建康赏心亭②

楚天千里清秋,水随天去秋无际。遥岑远目,献愁供恨,玉簪螺髻③。落日楼头,断鸿声里,江南游子。把吴钩看了④,阑干拍遍⑤,无人会、登临意。

休说鲈鱼堪脍。尽西风、季鹰归未⑥。求田问舍,怕应羞见,刘郎才气。可惜流年,忧愁风雨,树犹如此⑦。倩何人,唤取红巾翠袖,揾英雄泪⑧。

【注释】　①俞陛云《唐五代两宋词选释》:"前四句写登临所见,起笔便有浩荡之气。'落日'句以下,由登楼说到旅怀,而仍说不尽,仅以吴钩独看,略露其不平之气。下阕写旅怀,即使归去奇狮卜筑,而生平未成一事,亦羞见刘郎。'流年'二句,以单句旋析,弥见激昂。结句言英雄之泪,未要人怜,倘揾以红巾,或可破颜一笑,极言其潦倒,仍不减其壮怀也。"②建康:今南京。③玉簪螺髻:喻山。皮日休《缥缈峰》诗:"似将青螺髻,撒在明月中。"④吴钩:刀名。杜甫《后出塞》:"少年别有赠,含笑看吴钩。"⑤阑干拍遍:宋王辟之《渑水燕谈录》记载,刘孟节"与世相龃龉",常常凭栏静立,怀想世事,吁唏独语,或以手拍栏于。曾经作诗说:"读书误我四十年,几回醉把栏干拍。"⑥"休说"二句:据《世说新语·识鉴》载,张季鹰在洛阳为官,忽见秋风起,便想起家中的莼羹和鲈鱼,于是辞官归里。⑦树犹如此:据《世说新语。言语》,桓温北征,经过金城,见自己过去种的柳树已长到几围粗,便感叹地说:"木犹如此,人何以堪?"⑧揾:擦拭。

永遇乐①京口北固亭怀古②

千古江山,英雄无觅、孙仲谋处③。舞榭歌台,风流总被,雨打风吹去。斜阳草树,寻常巷陌,人道寄奴曾住④。想当年,金戈铁马,气吞万里如虎。

元嘉草草,封狼居胥,赢得仓皇北顾⑤。四十三年⑥,望中犹记,烽火扬州路。可堪回首,佛狸祠下⑦,一片神鸦社鼓⑧。凭谁问,廉颇老矣,尚能饭否⑨。

【注释】　①这是一首怀古咏今词。上片起句雄浑,大气磅礴,接着追忆称雄江南,建功立业的历史人物。继而感叹斗转星移,沧桑屡变,歌台舞榭,遗迹沦湮。读之使人黯然神伤。下片今昔对照,用古事影射现实,古之北伐足以为今之北伐提供鉴照。末三句用廉颇典故表达词人虽年老却壮心不已,渴望精忠报国的心情。整首词抚今追昔,感慨万端,沉郁顿挫,深宏博大。②京口:今江苏省镇江市。③孙仲谋:孙权,字仲谋。三国时吴国国君。④寄奴:南朝宋武帝刘裕小名。⑤"元嘉"三句:刘裕子宋文帝刘义隆于元嘉年闻草率出兵北伐,结果惨败。狼居胥:山名,在今内蒙古。据《汉书》载,汉武帝元狩四年,派大将卫青、霍去病率军打败匈奴,追击至狼居胥,封山而还。⑥四十三年:作者由宋宁宗嘉泰四年(1204)知镇江府,距其在宋高宗绍兴三十二年(1162)奉表南归,路经扬州,正是四十三年。

⑦佛狸祠:北魏太武帝小字佛狸,率军追王玄谟至长江边,驻军江北瓜步山上,在山上建行宫,后人称为佛狸祠。⑧一片神鸦社鼓:谓人们已淡忘往事,只知在佛狸祠击鼓社祭,引来乌鸦吃祭品。⑨"廉颇"二句:据《史记》载:"廉颇居梁久之,魏不能信用。赵以数困于秦兵,赵王思复得廉颇,廉颇亦思复用于赵。赵王使使者视廉颇尚可用否。廉颇之仇郭开多与使者金,令毁之。赵使者既见廉颇,廉颇为之一饭斗米,肉十斤,被甲上马,以示尚可用。赵使还报王曰:'廉将军虽老,尚善饭,然与臣坐,顷之三遗矢矣。'赵王以为老,遂不召。"

木兰花慢① 滁州送范倅②

老来情味减,对别酒、怯流年③。况屈指中秋,十分好月,不照人圆。无情水、都不管,共西风、只管送归船。秋晚莼鲈江上④,夜深儿女灯前。

征衫。便好去朝天⑤。玉殿正思贤。想夜半承明⑥,留教视草⑦,却遣筹边。长安故人问我,道愁肠、泥酒只依然⑧。目断秋霄落雁,醉来时响空弦。

【注释】 ①这是一首别情词。上片自离别写起,一个"怯"字,潜含了对岁华逝去,壮志未酬的感慨。月近中秋,人思团圆,而今却目送朋友远去,怨秋水西风无情,使自己独对圆月;羡友人此番离去,得与家人团聚;叹自己江南飘零,不知家在何处。下片转而写对朋友的期望和自己报国之志未酬的苦闷。整首词曲情含苞,而又不失豪迈气势。②滁州:在今安徽省滁县。倅:地方佐贰副官。③对别酒、怯流年:苏轼《江神子·冬景》有"对尊前,惜流年"的句子,辛词从此化出。④莼鲈:莼菜和鲈鱼。代指思乡。⑤朝天:朝见皇帝。⑥承明:即承明庐,侍臣所住。⑦视草:为皇帝草拟制诏之稿。⑧泥酒:沉湎于酒中。

祝英台近①

宝钗分②,桃叶渡③。烟柳暗南浦。怕上层楼,十日九风雨。断肠片片飞红,都无人管,倩谁唤、流莺声住。

鬓边觑。试把花卜归期,才簪又重数。罗帐灯昏,呜咽梦中语。是他春带愁来,春归何处。却不解、带将愁去④。

【注释】 ①宋罗浚《宝庆四明志》卷十三:"梁山伯、祝英台墓,县西十里,接待院之后,有庙存焉。二人少尝同学,比及三年,而山伯初不知英台之为女也,以同学而同葬。"这是现存文献较早的有关梁祝传说的记录。明陈耀文《天中记》卷十九《冥遇》

中记载梁祝故事情节更为详细，并明言梁祝为东晋时人。可以推知，梁祝传说至少在宋代就已在民间广为传播了。词调《祝英台近》即以这一传说为调名。又名《月底修箫谱》《宝钗分》《燕莺语》《寒食词》等。这是一首伤春怀人的词作。从上片南浦赠别，怕上层楼，到下片"花卜归期"，"哽咽梦中语"。纡曲递转，新意迭出。上片"断肠"三句，一波三折。从"飞红"到"啼莺"，从惜春到怀人，层层推进。下片由"占卜"到"梦语"，动作跳跃，由实转虚，表现出痴情人为春愁所苦、无可奈何的心态。②宝钗分：古时情人分别之际，用女方头上金钗擘为两股以赠别。③桃叶渡：今南京秦淮河与青溪合流处。传说东晋王献之有妾名桃叶，曾在此渡水。④"是他春带愁来"以下数句：化自赵彦端《鹊桥仙》："春愁原自逐春来，却不肯、随春归去。"

青玉案①元夕

东风夜放花千树。更吹落、星如雨②。宝马雕车香满路。凤箫声动，玉壶光转③，一夜鱼龙舞④。

蛾儿雪柳黄金缕⑤。笑语盈盈暗香去。众里寻他千百度。蓦然回首，那人却在，灯火阑珊处⑥。

【注释】 ①这是一首描写上元节盛况的词作。上片渲染上元节热闹的盛况，下片写人，先写盛装打扮、笑语盈盈的游女，然而这些都不是词人关注的对象，词人在寻找那一位幽居空谷，孤高不群的佳人。而她的踪迹总是飘忽不定，让人捉摸不透。就在词人近乎绝望的当口，猛回头，在那一角残灯旁边，分明看见了那位佳人，她原来在这冷落的地方，还未归去，似有所待！发现那人的一瞬间，是人生精神的凝结和升华，是悲喜莫名的感激铭篆，词人竟有如此本领，竟把它变成了笔痕墨影，永志弗灭！②星如雨：指灯火。《左传庄公七年》："星陨如雨。"③玉壶：指月亮。④鱼龙舞：指渔灯、龙灯之类。⑤蛾儿、雪柳、黄金缕：都是妇女头上所戴之物。⑥阑珊：零落。

姜　夔

姜夔(1155~1221)，字尧章，号白石道人，饶州鄱阳(今属江西省)人。为人狷洁清高，终老布衣。一生湖海飘零，寄人篱下。但与杨万里、范成大交游并得其赏识，靠诗人萧德藻、贵胄张鉴资助，迹近清客。其词也有咏叹时事者，多数是写湖山之美和身世之慨，感念旧游，眷怀恋人，寄物托情，均精深华妙。词风潇洒而醇雅，笔力峭拔而隽健，讲究韵律，多自度腔，有十七首词自注工尺旁谱，其音节文采为一时之冠。有《白石道人歌曲》六卷行世。

点绛唇①丁未冬，过吴松作

燕雁无心②，太湖西畔随云去。数峰清苦。商略黄昏雨③。

第四桥边④，拟共天随住⑤。今何许。凭阑怀古。残柳参差舞。

【注释】 ①这是一首吊古怀人之作。上片写燕雁无心,随白云而来去;数峰有情,向黄昏而落雨。上片写景,而情景两融,不分彼此。下片吊古伤情,"凭阑怀古"点出题旨,继而以"残柳参差舞"收缩,"无穷哀感,都在虚处;令读者吊古伤今,不能自止"(陈廷焯《白雨斋词话》)。②燕雁:指北方的雁。③商略:商量。④第四桥:即甘泉桥。⑤天随:即唐陆龟蒙,号天随子。

鹧鸪天① 元夕有所梦

肥水东流无尽期。当初不合种相思。梦中未比丹青见,暗里忽惊山鸟啼。
春未绿,鬓先丝②。人间别久不成悲。谁教岁岁红莲夜③,两处沉吟各自知。

【注释】 ①唐圭璋《唐宋词简释》:"此首元夕感梦之作。起句沉痛,谓水无尽期,犹恨无尽期。'当初'一句,因恨而悔,悔当初错种相思,致今日有此恨也。'梦中'二句,写缠绵颠倒之情,既经相思遂能不忘,以致入梦,而梦中隐约模糊,又不如丹青所见之真。'暗里'一句,谓即此隐约模糊之梦,亦不能久做,偏被山鸟惊醒。换头,伤羁旅之久。'别久不成悲'一语,尤道出人在天涯况味。"②先丝:先白。③红莲:灯名。

踏莎行①

自沔东来②。丁未元日,至金陵江上,感梦而作。
燕燕轻盈,莺莺娇软。分明又向华胥见③。夜长争得薄情知,春初早被相思染。
别后书辞,别时针线。离魂暗逐郎行远④。淮南皓月冷千山⑤,冥冥归去无人管。

【注释】 ①这首词写词人曾经的一段恋情。上片写梦境,"轻盈""娇软"写梦中所见恋人的举止与体态。"夜长"二句,写梦中恋人的嗔语:你(薄情郎)哪里能知漫漫长夜,相思情苦;每当冬去春来,总是春意未来而相思先至。下片写梦醒之后,睹物思人。词人梦醒后看到恋人寄来的书信、临别时缝补的衣服,再回味梦中相会的情景,不禁悬想,是恋人离魂,不远千里来与自己相会吧,而离魂归去,却只有冷月相伴,是何等的伶仃无依,孤苦凄清。读之,不禁使人心生一种怜惜之情。②沔:汉阳。③华胥:指梦中。④郎行:情郎那边。行,宋时口语,犹言"这边""那边"。⑤淮南:指安徽省合肥市。

庆宫春①

绍熙辛亥除夕,余别石湖归吴兴,雪后夜过垂虹②,尝赋诗云:"笠泽茫茫雁影微,玉峰重叠护云衣。长桥寂寞春寒夜,只有诗人一舸归。"后五年冬,复与俞商卿、张平甫、铦朴翁自封禺同载,诣梁溪。道经吴松,山寒天迥,云浪四合,中夕相呼步垂虹,星斗下垂,错杂渔火,朔吹凛凛,厄酒不能支。朴翁以衾自缠,犹相与行吟,因赋此阕,盖过句,涂稿乃定。朴翁咎余无益,然意所耽,不能自已也。平甫、商卿、朴翁皆工于诗。所出奇诡。余亦强追逐之,此行既归,各得五十余解。

　　双桨莼波,一蓑松雨,暮愁渐满空阔。呼我盟鸥③,翩翩欲下,背人还过木末④。那回归去,荡云雪、孤舟夜发。伤心重见,依约眉山,黛痕低压。

　　采香径里春寒,老子婆娑⑤,自歌谁答。垂虹西望,飘然引去,此兴平生难遏。酒醒波远,正凝想、明珰素袜⑥。如今安在,惟有阑干,伴人一霎。

　　【注释】　①又名《庆春宫》。此调有平韵、仄韵两体,平韵见周邦彦《片玉词》卷六,仄韵见王沂孙《碧山词》。这是一首追念昔游之作。俞陛云《唐五代两宋词选释》:"起笔即秀逸而工,承以'盟鸥'三句,着笔轻灵。此下回首前游,凄然凝望,山压眉低,此中当有人在,故下阕言旧地重过,已明珰人去,酒醒波远,倚栏之惆怅可知。"②垂虹:亭名。③盟鸥:谓隐士与鸥鸟为伴侣。④木末:树梢。⑤老子:作者自称。⑥珰:妇女戴在耳垂上的一种装饰品。

念奴娇①

　　余客武陵,湖北宪治在焉。古城野水,乔木参天。余与二三友,日荡舟其间,薄荷花而饮,意象幽闲,不类人境。秋水且涸,荷叶出地寻丈,因列坐其下,上不见日,清风徐来,绿云自动。间于疏处,窥见游人画船,亦一乐也。揭来吴兴②,数得相羊荷花中③,又夜泛西湖,光景奇绝,故以此句写之。

　　闹红一舸,记来时,尝与鸳鸯为侣。三十六陂人未到④,水佩风裳无数⑤。翠叶吹凉,玉容销酒,更洒菰蒲雨⑥。嫣然摇动,冷香飞上诗句。

　　日暮。青盖亭亭,情人不见,争忍凌波去。只恐舞衣寒易落,愁入西风南浦。高柳垂阴,老鱼吹浪,留我花间住。田田多少⑦,几回沙际归路。

　　【注释】　①俞陛云《唐五代两宋词选释》:"此调工于发端。'闹红'四字,花与人皆在其中。以下三句咏荷及赏荷之人,皆从空际着想。'翠叶'三句略点正面,接以'嫣然'二句,诗意与花香俱摇漾于水烟渺霭之中。下阕怀人而兼惜花,低回不去,而留客赏荷者,托诸'柳阴'、'鱼浪',仍在空处落笔。通首如仙人行空,足不履地,宜叔夏读之'神观飞越'也。"②揭来:来到。③相羊:徜徉。④陂:池塘。⑤水佩风裳:指荷叶荷花。⑥菰蒲:水草。⑦田田:指荷叶。

扬州慢①

　　淳熙丙申至日,余过维扬②。夜雪初霁,荠麦弥望。入其城则四顾萧条。寒水自碧,暮色渐起,戍角悲吟;余怀怆然,感慨今昔,因自度此曲。千岩老人以为有黍离之悲也。

　　淮左名都,竹西佳处,解鞍少驻初程。过春风十里,尽荠麦青青。自胡马窥江去后③,废池乔木,犹厌言兵。渐黄昏、清角吹寒,都在空城。

杜郎俊赏④,算而今、重到须惊。纵豆蔻词工,青楼梦好⑤,难赋深情。二十四桥仍在,波心荡、冷月无声。念桥边红药,年年知为谁生。

【注释】 ①《扬州慢》为姜夔自度曲,其中原委,已见这首词的小序。又名《朗州慢》。这是一首乱后感怀之作。上片写词人初到扬州的所见所感。有虚写,有实写。"淮左名都""竹西佳处",主要出自词人之前对这座名城的耳闻,属虚写;"废池乔木""清角吹寒",则是词人的亲见。正因有之前的耳闻,才有了当前的触目惊心。下片以昔日繁华,反衬今日之萧飒、冷落。明月应该是今昔荣枯的唯一见证者吧!而冷月无声,一个"冷"字,生出无边凄凉。逢时必发的桥边红药,是有情的吗?她年年花发,又是为谁而生呢?至此,一种旷古的幽怨,笼罩全篇。②维扬:扬州的别称。③胡马窥江:宋高宗建炎三年(1129)金人初犯扬州,其后绍兴三十一年(1161)再次侵犯扬州。④杜郎:指杜牧。⑤"豆蔻"二句:语本杜牧《赠别》诗"娉娉袅袅十三余,豆蔻梢头二月初"及《遣怀》诗"十年一觉扬州梦,赢得青楼薄幸名"。

暗　香①

辛亥之冬,余载雪诣石湖。止既月,授简索句②,且征新声,作此两曲,石湖把玩不已,使二妓肆习之,音节谐婉,乃名之曰:《暗香》《疏影》。

旧时月色。算几番照我,梅边吹笛。唤起玉人,不管清寒与攀摘。何逊而今渐老③,都忘却、春风词笔。但怪得、竹外疏花,香冷入瑶席。

江国④。正寂寂,叹寄与路遥,夜雪初积。翠尊易泣,红萼无言耿相忆⑤。长记曾携手处,千树压、西湖寒碧。又片片吹尽也,几时见得。

【注释】 ①为姜夔自度曲(参见词前小序)。调名取自林逋《山园小梅》"疏影横斜水清浅,暗香浮动月黄昏"句。又名《红情》。这是一首咏梅词。词作以梅花为线索,通过回忆对比,抒写今昔之变和盛衰之感。②授简:给予纸笔。③何逊:南朝梁诗人,在扬州有《咏早梅》诗。④江国:江乡。⑤红萼:指红梅。

疏　影①

苔枝缀玉。有翠禽小小,枝上同宿。客里相逢,篱角黄昏,无言自倚修竹。昭君不惯胡沙远②,但暗忆、江南江北。想佩环月夜归来,化作此花幽独。

犹记深宫旧事③,那人正睡里,飞近蛾绿④。莫似春风,不管盈盈,早与安排金屋。还教一片随波去,又却怨、玉龙哀曲。等恁时、重觅幽香,已入小窗横幅。

【注释】 ①据姜夔小序,词人"作此两曲",则《疏影》与《暗香》从音乐上讲是两支曲子,从词篇上讲却是一个题目。《疏影》与《暗香》两篇,在谋篇布局上有岭断云连之妙,《暗香》立意已如前述,《疏影》则集中描绘梅花清幽孤傲的形象。寄托作者对青春、对美好事物的怜爱之情。②昭君:即王昭君。远嫁匈奴,故想念中原。③深宫旧事:据《太平御览》载,宋武帝女寿阳公主卧于含章殿下,有梅花落公主额上,成五出花,后即以此为梅花妆。④蛾绿:指眉黛。

刘 过

刘过(1154~1206),字改之,自号龙洲道人,吉州太和(今江西省泰和县)人。曾伏阙上书,请光宗过宫侍孝宗病;又曾上书献恢复之策,不报。屡试不第,放浪湖海间,与陆游、辛弃疾、陈亮等交游,终身未仕,死于昆山。诗多悲壮之调。词则感慨国事,痛斥奸佞,始终不忘恢复国土。词风粗豪激越,狂逸之中,自饶俊致。小词亦婉丽。有词集《龙洲词》行世。

唐多令①

安远楼小集②,侑觞歌板之姬③,黄其姓者,乞词于龙洲道人,为赋此。同刘阜之、刘去非、石民瞻、周嘉仲、陈孟参、孟容,时八月五日也。

芦叶满汀洲。寒沙带浅流。二十年、重过南楼。柳下系船犹未稳,能几日、又中秋。

黄鹤断矶头④。故人今在否。旧江山、浑是新愁。欲买桂花同载酒⑤,终不似、少年游。

【注释】 ①《太和正音谱》归入越调,亦入高平调。一名《糖多令》,周密因刘过词有'二十年重过南楼'句,名《南楼令》,张翥词有'花下钿箜篌'句,名《箜篌曲》。这是一首登临名作。作者借重过武昌南楼之机,感慨时事,抒写昔是今非和怀才不遇的思想感情。整首词写得蕴藉含蓄,耐人咀嚼。②安远楼:楼名。③侑觞:劝酒。④黄鹤矶:在今湖北武昌近江处。相传仙人乘黄鹤曾到此处,后有人建楼以记之。⑤桂花:酒名。

史达祖

史达祖(生卒年不详),字邦卿,号梅溪,汴(今河南省开封市)人。曾为宰相韩侂胄属吏,代韩拟帖拟旨,颇受倚重;韩败被诛,史亦受黥刑。曾师从张镃学词。其词奇秀清逸,辞情俱佳;咏物词善用拟人手法,妥帖轻圆,描写细腻,唯稍嫌纤巧。有《梅溪词》一卷,清代词家推重之。

绮罗香①咏春雨

做冷欺花,将烟困柳,千里偷催春暮。尽日冥迷②,愁里欲飞还住。惊粉重、蝶宿西园,喜泥润、燕归南浦。最妙他、佳约风流,钿车不到杜陵路③。

沉沉江上望极,还被春潮晚急,难寻官渡④。隐约遥峰,和泪谢娘眉妩⑤。临断岸、新绿生时,是落红、带愁流处。记当日、门掩梨花,剪灯深夜语。

【注释】 ①此为史达祖自度曲。又名《绮罗春》。这是一首歌咏春雨的咏物词。

上片写作者在庭院中所见。下片转为写春雨中的郊野景色。《词洁辑评》对全词的评价是:"无一字不与题相依,而结尾始出'雨'字,中边皆有,前后两段七字句,于正面尤看到,如意宝珠,玩弄难于释手。"②冥迷:昏暗迷离。③杜陵:地名,即杜县。后因汉宣帝葬此而更名杜陵。④官渡:公家开设的渡口。⑤谢娘:即谢秋娘,唐李德裕的歌妓。

双双燕①咏燕

过春社了,度帘幕中间,去年尘冷。差池欲住②,试入旧巢相并。还相雕梁藻井③,又软语、商量不定。飘然快拂花梢,翠尾分开红影。

芳径。芹泥雨润。爱贴地争飞,竞夸轻俊。红楼归晚,看足柳昏花暝。应自栖香正稳,便忘了、天涯芳信。愁损翠黛双蛾,日日画阑独凭。

【注释】 ①此为史达祖自度曲。这是一首歌咏燕子的咏物词。词体正文通篇不出"燕"字,而句句写燕,极妍尽态,神形毕肖。而又不觉繁复。王士祯《花草蒙拾》云:"咏物至此人,巧极天工矣!"②差池:燕子飞时羽翼参差不齐貌。③相:看。藻井:俗称天花板。

东风第一枝①春雪

巧沁兰心,偷粘草甲②,东风欲障新暖。谩疑碧瓦难留,信知暮寒犹浅。行天入镜,做弄出、轻松纤软。料故园、不卷重帘,误了乍来双燕。

青未了、柳回白眼。红欲断、杏开素面。旧游忆着山阴③,后盟遂妨上苑④。寒炉重熨,便放慢、春衫针线。怕凤靴、挑菜归来,万一灞桥相见⑤。

【注释】 ①相传宋吕渭老首创此调以咏梅,其词已佚。这是一首歌咏春雪的咏物词。词人以细腻的笔触,绘形绘神,写出春雪的特点,以及雪中草木万物的千姿百态。陈廷焯《白雨斋词话》卷二评此词道:"精妙处竟是清真高境。张玉田云:'不独措辞精粹,又见时节风物之感。'乃深知梅溪者。"②草甲:草萌芽时所带种皮。③山阴:今绍兴。④上苑:指梁苑,即兔园。⑤灞桥:桥名。在今陕西省西安市东。

玉蝴蝶①

晚雨未摧宫树,可怜闲叶,犹抱凉蝉。短景归秋,吟思又接愁边。漏初长、梦魂难禁,人渐老、风月俱寒。想幽欢,土花庭甃②,虫网阑干。

无端啼蚗搅夜③,恨随团扇,苦近秋莲。一笛当楼,谢娘悬泪立风前④。故园晚、强留诗酒,新雁远、不致寒暄。隔苍烟,楚香罗袖,谁伴婵娟。

【注释】 ①调见《花间集》卷一温庭筠词。又名《玉蝴蝶令》《玉蝴蝶慢》。这是一首思乡怀人之作。上片写秋雨登楼,远眺生悲。下片写身世漂泊,归期无定,唯有把酒慰愁,暂提精神。②土花:指苔藓。庭甃:井壁。③啼蛄:即蝼蛄。雄虫能鸣,昼伏土穴,夜出飞翔。④谢娘:即谢秋娘。

刘克庄

刘克庄(1187~1269),字潜夫,号后村居士,莆田(今属福建省)人。嘉定二年(1209)因恩补将仕郎;在任建阳令时,因咏《落梅》诗而罢官,闲废十年。后曾任枢密院编修官,又曾知袁州,皆中途被免。淳祐六年(1246)赐同进士出身,累迁至中书舍人,因弹劾权相史嵩之而罢官。晚节不保,趋奉奸臣贾似道;成淳四年(1268)特授龙图阁学士。他是江湖派重要作家,又是后期辛(弃疾)派词人中成就最高的。其爱国豪情与雄放风格统一,不受格律局限,散文化句式与议论化倾向发展了词的艺术表现力,又好用壮语,缺点是直致近俗。应酬的寿词有失水准。有《后村长短句》五卷,收入《疆村丛书》中。

生查子①元夕戏陈敬叟

繁灯夺霁华②,戏鼓侵明发③。物色旧时同,情味中年别。
浅画镜中眉,深拜楼西月。人散市声收,渐入愁时节。

【注释】 ①这是一首元夕戏友之作。上片写元宵的盛况和词人的感受。首二句写花灯万盏,街市如昼,末二句,写词人感慨:元宵节年年相同,不同的是人生况味。下片戏友,对镜画眉,款款拜月,此是戏言。结二句,人去冷清,戏罢愁来。②霁华:明朗貌。③明发:黎明。

贺新郎①端午

深院榴花吐。画帘开,练衣纨扇②,午风清暑。儿女纷纷夸结束③,新样钗符艾虎④。早已有、游人观渡。老大逢场慵作戏,任陌头、年少争旗鼓。溪雨急,浪花舞。
灵均标致高如许⑤。忆平生、既纫兰佩⑥,更怀椒糈⑦。谁信骚魂千载后,波底垂涎角黍⑧。又说是、蛟馋龙怒。把似而今醒到了⑨,料当年、醉死差无苦。聊一笑,吊千古。

【注释】 ①这是一首写于端午节的词作。词人借咏屈原,寄托心中感慨。上片写气候宜人,男男女女结队出游,龙舟竞渡,观者如堵。下片抒怀寄慨,屈原高标,悬诸后世,"谁信"句,立论新警,出人意表。词人极言千载沉冤之屈原,死后竟如此之凄惨,这与上片热闹的场面形成极大的反差。"把似"句,言屈原与其醒眼阅世,不如糊涂醉死,词人之愤慨,足以使山河动容。②练衣:粗麻衣。③结束:打扮。④钗符艾虎:端午节采艾草制成虎形的钗头符,戴之可辟邪。⑤灵均:屈原,字灵均。楚国人。官三闾大夫。⑥纫兰佩:语本《离骚》"纫秋兰以为佩"。⑦怀椒糈:语本《离骚》"怀椒糈而要之"。⑧角黍:粽子。⑨把似:假如。

贺新郎① 九日

湛湛长空黑②。更那堪、斜风细雨,乱愁如织。老眼平生空四海,赖有高楼百尺。看浩荡、千崖秋色。白发书生神州泪,尽凄凉、不向牛山滴③。追往事,去无迹。

少年自负凌云笔④。到而今、春华落尽,满怀萧瑟。常恨世人新意少,爱说南朝狂客。把破帽、年年拈出。若对黄花孤负酒,怕黄花、也笑人岑寂。鸿北去,日西匿。

【注释】 ①这是一首重阳登高抒怀之作。上片"湛湛长空"是高楼眺望所见,空间开阔,"黑"字表述心情之沉重。"更那堪"句笔调忽转细腻而情绪低沉。"老眼"二句再度堆起气势。"浩荡"二字,描绘千崖秋色,胸襟为之开阔。下片从今昔对比中发出深沉叹息,渲染家国之恨。继而写饮酒,语颇癫狂,赏花饮酒,聊以自慰,但是,萧瑟岑寂之感是破除不了的。仔细体味起来,词句之中仍然隐含着悲凉的情调。结句写天际广漠之景物,与首句相呼应。②湛湛:浓重貌。③牛山滴:据《晏子春秋》载,"景公游于牛山,北临其国而流涕"。④凌云笔:指才华横溢。

木兰花① 戏林推

年年跃马长安市。客舍似家家似寄。青钱换酒日无何,红烛呼卢宵不寐②。

易挑锦妇机中字③。难得玉人心下事。男儿西北有神州,莫滴水西桥畔泪。

【注释】 ①这是一首规劝友人的词作。上片极力描写朋友的浪漫和豪迈。下片规劝朋友,含蓄地指出他迷恋青楼,疏远家室的错误。整首词气劲辞婉,外柔中刚。②呼卢:赌博之戏。③锦妇机中字:即指锦字书。

卢祖皋

卢祖皋(生卒年不详),字申之。又字次夔,号蒲江,永嘉(今浙江省温州市)人。庆元五年(1199)进士。嘉定十六年(1223)累官权直学士院。工小令,时有佳趣,纤雅婉秀。

江城子①

画楼帘暮卷新晴。掩银屏。晓寒轻。坠粉飘香,日日唤愁生。暗数十年湖上路,能几度、着娉婷。

年华空自感飘零。拥春酲②。对谁醒。天阔云闲,无处觅箫声。载酒买花年少事,浑不似、旧心情。

【注释】 ①这是一首伤春怨别词。上片首句描写一幅明朗的景色。"掩银屏,晓寒轻"二句,却暗含着一个情感的过渡。"坠粉飘香",言花事阑珊,春色渐老。于是,"日日唤愁生"就很自然了,"暗数"句,饱含低徊自怜之情韵,"十年"表时间之长。

末句以问句出,表达了心口自问,缠绵悱恻之意绪。下片开头"年华"一句,紧承上片的"愁"字。一个"空"字,有虚度之意。"拥春醒"言希望醉中忘却烦恼,"对谁醒"言酒醒过来对谁倾诉呢?"天阔云闲",既写实,又写虚,可谓情景交融,意境深远。结句言人已老,已无年少时的轻狂了!不尽惆怅之情低回萦绕,久久不去。②醒:醉酒。

吴文英

吴文英(约1212~约1274),字君特,号梦窗,晚号觉翁,四明(今浙江省宁波市)人。未入仕途,以布衣出入侯门,结交权贵;流寓吴越,多居苏州;绍定间为仓台幕;淳祐间在吴潜幕府,景定后客荣王邸。其词绵丽,措意深雅,守律精严,炼字炼句/,又多自度腔,独树一帜,对南宋后期词影响很大;缺点是雕琢过甚,题材狭窄。有《梦窗词甲乙丙丁稿》四卷附补遗,收入《宋六十名家词》及《疆村丛书》中。

宴清都① 连理海棠

绣幄鸳鸯柱。红情密、腻云低护秦树。芳根兼倚,花梢钿合②,锦屏人妒。东风睡足交枝,正梦枕、瑶钗燕股③。障滟蜡、满照欢丛④,嫠蟾冷落羞度⑤。

人间万感幽单,华清惯浴,春盎风露⑥。连鬟并暖,同心共结,向承恩处。凭谁为歌《长恨》,暗殿锁、秋灯夜语。叙旧期、不负春盟,红朝翠暮。

【注释】 ①这是一首歌咏海棠的词作,词人借咏连理海棠来歌咏人间情爱。上片写连理海棠之恩爱情态。佳美海棠,恩爱双栖,地下芳根勾连,空中花梢偎依,闺中少妇见而起妒,月中嫦娥睹而含羞,东风催寝,交枝相境,梦乡神游,钗股并蒂。恨花时之短促,举华烛以继夜。下片写人间情事。见海棠之连理,思人间之幽单,华清赐浴,玉环承恩泽独多;连鬟并暖,玄宗愿同心共结。凭谁问,恩爱幻作长恨,供后人歌。只留得,长生殿里,秋灯夜语:到何时,重续前缘,朝朝暮暮,比翼连理。②钿合:形容海棠花之光耀。③瑶钗燕股:印玉燕钗。④滟蜡:跳跃的烛光。⑤嫠蟾:孤独的月亮。⑥盎:茂盛。

齐天乐①

烟波桃叶西陵路②,十年断魂潮尾。古柳重攀,轻鸥聚别,陈迹危亭独倚。凉飔乍起③,渺烟碛飞帆④,暮山横翠。但有江花,共临秋镜照憔悴。

华堂烛暗送客,眼波回盼处,芳艳流水。素骨凝冰,柔葱蘸雪,犹忆分瓜深意。清尊未洗,梦不湿行云,漫沾残泪。可惜秋宵,乱蛩疏雨里⑤。

【注释】 ①这是一首故地重游,伤今感昔之作。上片写眼前之景,首二句提起往事:距上次西陵诀别已经十年了。而今故地重游,陈迹宛然,树犹如此,人何以堪。下片追忆当年相送。当年情景宛如眼前:临别之际,柔媚万端。一别之后,以酒浇愁,夜不成寐。此去黄泉,秋霄无伴,乱蛩疏雨,如何成眠。②桃叶:即桃叶渡。此泛指渡

花　犯①郭希道送水仙索赋

小娉婷,清铅素靥②,蜂黄暗偷晕③。翠翘敧鬓④。昨夜冷中庭,月下相认。睡浓
更苦凄风紧。惊回心未稳。送晓色、一壶葱茜⑤,才知花梦准。

湘娥化作此幽芳⑥,凌波路⑦,古岸云沙遗恨。临砌影,寒香乱、冻梅藏韵。熏炉
畔、旋移傍枕,还又见、玉人垂绀鬓⑧。料唤赏、清华池馆,台杯须满引。

【注释】　①这是一首歌咏水仙的咏物词。上片写梦花,得花:昨夜入梦,梦中一
株堪比仙女的水仙花。凄风惊梦,梦回之际,正担心的水仙花,就摆在面前。才知花
梦之准。下片写恋花,赏花。以人比花,人花相恋。"湘娥""凌波",写水仙身姿之曼
妙;"临砌影"以下三句,以花比花,言水仙有梅花一样的高洁。"熏炉"二句,言词人
护花之举;末二句,写与友人一起赏花的快乐。②靥:酒窝。③蜂黄:唐代宫妆。形容
水仙花蕊。④翠翘:翠玉头饰。形容水仙绿叶。⑤葱茜:青翠茂盛貌。⑥湘娥:湘水
女神。⑦凌波:水仙花又称作凌波仙子,故名。⑧绀鬓:青发。

点绛唇①试灯夜初晴②

卷尽愁云,素娥临夜新梳洗③。暗尘不起。酥润凌波地。
辇路重来,仿佛灯前事。情如水。小楼熏被。春梦笙歌里。

【注释】　①俞陛云《唐五代两宋词选释》:"此词亦记灯市之游。雨后月出,以素
娥梳洗状之,语殊妍妙。下阕回首前游,辇路笙歌,犹闻梦里,今昔繁华之境,皆在梨
雪漠漠中,词境在空际描写。"②试灯夜:元宵节前夜。③素娥:指明月。

祝英台近①春日客龟溪游废园

采幽香,巡古苑,竹冷翠微路。斗草溪根②,沙印小莲步③。自怜两鬓清霜,一年
寒食,又身在、云山深处。

昼闲度。因甚天也悭春④,轻阴便成雨。绿暗长亭,归梦趁风絮。有情花影阑干,
莺声门径,解留我、霎时凝伫。

【注释】　①这是一首寒食节游览废园的记游之作。上片写游园,下片写梦魂归
乡。俞陛云《唐五代两宋词选释》:以双鬓词人,当禁烟芳序,在冷香芳圃间独自行吟,
况莲步沙痕,曾是丽人游处,自有一种凄清之思。对值春阴酿雨,花影絮香,作片时留
恋,于无情处生情,词客每有此遐想。"长亭"二句风度悠然。"花影"三句为废圃顿
添情致,到底不懈。②斗草:古代的一种游戏。③莲步:女子脚步。④悭:吝啬。

澡兰香^①淮安重午

盘丝系腕^②,巧篆垂簪,玉隐绀纱睡觉^③。银瓶露井,彩箑云窗^④,往事少年依约。为当时、曾写榴裙,伤心红绡褪萼。黍梦光阴^⑤,渐老汀洲烟箬^⑥。

莫唱江南古调,怨抑难招,楚江沉魄^⑦。熏风燕乳,暗雨梅黄,午镜澡兰帘幕。念秦楼、也拟人归,应剪菖蒲自酌^⑧。但怅望、一缕新蟾^⑨,随人天角。

【注释】 ①吴文英自度曲。因词中有"午镜澡兰帘幕",取为调名。这是一首重午盼归之作。陈洵《海绡说词》:此怀归之赋也。起五句全叙往事,至第六句点出写裙,是睡中事。"榴"字融人事入风景,"褪萼"见人事都非,却已风景不殊作结。后片纯是空中设景,主意在"念秦楼,也拟人归"一句。"归"字紧与"招"字相应,言家人望己归,如宋玉之招屈原也。既欲归不得,故曰"难招",曰"莫唱",曰"但怅望",则"也拟"亦徒然耳。击首则尾应,击尾则首应,击中间则首尾皆应,阵势奇变极矣。金针度人全在数虚字,屈原事,不过估古以陈今。"薰风"三句,是家中节物。秦楼倒影,秦楼用弄玉事,谓家所在。②盘丝系腕:端午节时在腕上系五色丝线。③绀纱:青纱。④彩箑:彩扇。⑤黍梦:黄粱梦。⑥烟箬:柔嫩的蒲草。⑦楚江沉魄:指屈原。⑧应剪菖蒲自酌:端午节,剪菖蒲浸酒,传说可避瘟气。⑨新蟾:新月。

莺啼序^①春晚感怀

残寒正欺病酒,掩沉香绣户。燕来晚、飞入西城,似说春事迟暮。画船载、清明过却,晴烟冉冉吴宫树。念羁情游荡,随风化为轻絮。

十载西湖,傍柳系马,趁娇尘软雾。溯红渐、招入仙溪^②,锦儿偷寄幽素^③。倚银屏、春宽梦窄,断红湿、歌纨金缕^④。暝堤空,轻把斜阳,总还鸥鹭。

幽兰旋老,杜若还生,水乡尚寄旅。别后访、六桥无信^⑤,事往花委,瘗玉埋香,几番风雨。长波妒盼,遥山羞黛,渔灯分影春江宿。记当时、短楫桃根渡,青楼仿佛。临分败壁题诗,泪墨惨淡尘土。

危亭望极,草色天涯,叹鬓侵半苎^⑥。暗点检、离痕欢唾,尚染鲛绡^⑦,亸凤迷归^⑧,破鸾慵舞^⑨。殷勤待写,书中长恨,蓝霞辽海沉过雁,漫相思、弹入哀筝柱。伤心千里江南,怨曲重招,断魂在否。

【注释】 ①调始见吴文英《梦窗词》,为词调中字数最多的一首。"序",盖大曲之序乐。一说"序"即"叙",铺叙之意。俞陛云《唐五代两宋词选释》:题虽咏荷,因和友韵,非专赏荷花,故叙事多而咏花少。首段言折花而归,这段怀人,三段忆西湖旧游,四段咏荷而兼感怀。全篇二百数十字,其精撰处在三段"鲛绡"以下数语、四段"残蝉"以下数语,及歇拍三句,藻采组织,而神韵流转,旨趣弥永。②仙溪:据《幽明录》载,刘晨、阮肇入天台山,在溪边遇二仙女故事。③锦儿:钱塘名妓杨爱爱的侍儿。幽素:代指书信。④断红:指眼泪。⑤六桥:杭州西湖堤桥。⑥苎:麻类植物,背面白色。此处形容发白如芒。⑦鲛绡:指罗帕。⑧骞凤:谓垂翅之凤。⑨破鸾:指破镜。

高阳台^①落梅

宫粉雕痕,仙云堕影,无人野水荒湾。古石埋香,金沙锁骨连环。南楼不恨吹横笛,恨晓风、千里关山。半飘零、庭上黄昏,月冷阑干。

寿阳空理愁鸾^②,问谁调玉髓^③,暗补香瘢^④。细雨归鸿,孤山无限春寒。离魂难倩招清些,梦缟衣、解佩溪边^⑤。最愁人、啼鸟晴明,叶底青圆。

【注释】 ①这是一首歌咏落梅的咏物词。上片渲染落梅所处的凄清环境,野水荒湾,古石埋香,晓风横笛,千里关山,黄昏冷月,读来清幽之感,无可复加。下片写梅之情,梅之魂。细雨归鸿,孤山春寒,啼鸟晴明,叶底清圆,写景空灵无迹,不可捉摸。②寿阳:南朝宋寿阳公主,因梅落额头而作梅花妆。鸾:指铜镜。③玉髓:香料名。④瘢:斑痕。⑤缟衣:白衣。

八声甘州^①灵岩陪庾幕诸公游

渺空烟四远,是何年、青天坠长星。幻苍崖云树,名娃金屋^②,残霸宫城^③。箭径酸风射眼,腻水染花腥。时靸双鸳响,廊叶秋声^④。

宫里吴王沉醉,倩五湖倦客^⑤,独钓醒醒。问苍波无语,华发奈山青。水涵空、阑干高处,送乱鸦、斜日落渔汀。连呼酒,上琴台去,秋与云平。

【注释】 ①陈洵《海绡说词》:换头三句,不过言山容水态,如吴王范蠡之醉醒耳。"苍波"承"五湖","山青"承"宫里",独醒无语,沉醉奈何,是此词最沉痛处。今更为推演之,盖惜夫差之受欺越王也。长颈之毒,蠡知之而王不知,则王醉而蠡醒矣。女真之猾,甚于勾践。北狩之辱,奇于甬东。五国城之崩,酷于卑犹位。②名娃金屋:吴王夫差为西施所筑的馆娃宫。③残霸:吴王夫差曾破越败齐,一度称霸,后国破身亡,故称。④"时靸"二句:馆娃宫中有响屧廊,人行其上,空空作响。靸,穿。⑤五湖倦客:指范蠡。

踏莎行^①

润玉笼绡,檀樱倚扇。绣圈犹带脂香浅^②。榴心空叠舞裙红,艾枝应压愁鬟乱^③。午梦千山,窗阴一箭。香瘢新褪红丝腕。隔江人在雨声中,晚风菰叶生秋怨^④。

【注释】 ①这是一首端午节感梦怀人的词作。上片写歌女舞罢小憩的睡姿。下片首二句写午梦方醒,揭出上片全为梦境。接着,词人思绪又回到梦中,仿佛又看到佳人系着红丝带手腕。雨声再度将词人从梦中拉回,江雨细密,菰叶瑟瑟,心中凛然生一种秋意。整首词写得腾挪跌宕,空灵无迹,难以捉摸。②绣圈:绣花妆。③艾枝:端午节时采艾叶制成虎形戴于发间,可辟邪。④菰:俗称茭白。

夜游宫①

人去西楼雁杳。叙别梦、扬州一觉。云淡星疏楚山晓。听啼乌，立河桥②，话未了。

雨外蛩声早。细织就、霜丝多少③。说与萧娘未知道④。向长安，对秋灯，几人老。

【注释】 ①调见毛滂《东堂词》。贺铸词有"可怜许彩云漂泊"句，故又名《念彩云》。又因有"江北江南新念别"句，亦名《新念别》。这是一首怀念亡妾的词作。上片写人去楼空，音讯全无，说不清是梦是幻，弹指间，已是十年。恍然梦中相见：云淡星疏，楚山将晓，乌啼声里，小河桥上，相思情话未了，转眼音容又杳。下片写梦回惊秋，隔雨跫鸣，不堪数，相思情愁，织就多少霜丝；向谁诉，萧娘不知，独自对灯伤老。②河桥：指送别之地。③霜丝：指白发。④萧娘：泛称女子。

青玉案①

新腔一唱双金斗②。正霜落、分柑手。已是红窗人倦绣。春词裁烛，夜香温被，怕减银壶漏。

吴天雁晓云飞后。百感情怀顿疏酒。彩扇何时翻翠袖。歌边拼取，醉魂和梦，化作梅花瘦。

【注释】 ①俞陛云《唐五代两宋词选释》："上阕回首当年之事。对酒闻歌以后，更红烛温香，何等风怀旖旎。乃雁断云飞以后，百感都来，既酒边人去，醉魂无着，只堪寄与梅花。与'约个梅魂，轻怜细语'句，皆写无聊之思，绮语而兼幽想也。"②金斗：酒杯。

贺新郎①陪履斋先生沧浪看梅②

乔木生云气。访中兴、英雄陈迹，暗追前事。战舰东风悭借便③，梦断神州故里。旋小筑、吴宫闲地。华表月明归夜鹤④，叹当时、花竹今如此。枝上露，溅清泪。

遨头小簇行春队⑤。步苍苔、寻幽别墅，问梅开未。重唱梅边新度曲，催发寒梢冻蕊。此心与东君同意。后不如今今非昔，两无言、相对沧浪水。怀此恨，寄残醉。

【注释】 ①这首词借沧浪亭看梅怀念抗金名将韩世忠并感及时事。上片从韩世忠沧浪亭别墅写起，感叹主战遭谗，中兴遭挫，报国无门。下片从赏梅写起，以"问梅""催梅"隐喻词人对边事日亟、将无韩岳、国脉微弱的担忧。②沧浪：亭名。在今苏州。③战舰东风：指韩世忠黄天荡之捷。④华表月明归夜鹤：用丁令威事。⑤遨头：指太守。

唐多令①

何处合成愁。离人心上秋②。纵芭蕉、不雨也飕飕③。都道晚凉天气好,有明月、怕登楼。

年事梦中休。花空烟水流。燕辞归、客尚淹留。垂柳不萦裙带住,漫长是、系行舟。

【注释】　①这首词抒写秋日游子的离愁别绪。上片写羁旅秋思。下片写年光过尽,往事如梦。羁身异乡,已是凄清。客中送客,人更孤零。整首词不事雕琢,自然浑成,在吴词中当属别格。②心上秋:即"愁"字。③飕飕:象声词。

黄孝迈

黄孝迈(生卒年不详),字德文,号雪舟。其词清丽似晏(几道)贺(铸)、绵密如秦观。存词四首,见《全宋词》。

湘春夜月①

近清明,翠禽枝上消魂。可惜一片清歌,都付与黄昏。欲共柳花低诉,怕柳花轻薄,不解伤春。念楚乡旅宿,柔情别绪,谁与温存。

空尊夜泣,青山不语,残照当门。翠玉楼前,惟是有、一陂湘水②,摇荡湘云。天长梦短,问甚时、重见桃根。者次第③,算人间、没个并刀④,剪断心上愁痕。

【注释】　①此调为黄孝迈自度曲,并选取词中"湘""春""夜""月"字样名调。这首词内容与调名切合,描绘湘水之滨的春夜月色,抒发"楚乡旅宿"时伤春恨别的情绪。上片写伤春。下片词人紧紧抓住"湘春夜月"的景色特点,将深沉的离愁别恨熔铸进去,造成了动人的艺术效果。②陂:湖泊。③者:同"这"。④并刀:并州产的刀,以锋利著名。

潘希白

潘希白(生卒年不详),字怀古,号渔庄,永嘉(今浙江省温州市)人。宝祐元年(1253)进士,干办临安府节制司公事;德祐中起史馆检校,不赴。

大　有①九日

戏马台前,采花篱下,问岁华、还是重九②。恰归来、南山翠色依旧。帘栊昨夜听风雨,都不似、登临时候。一片宋玉情怀③,十分卫郎清瘦④。

红萸佩,空对酒。砧杵动微寒,暗欺罗袖。秋已无多,早是败荷衰柳。强整帽檐敧侧,曾经向、天涯搔首。几回忆、故国莼鲈,霜前雁后。

【注释】 ①调见周邦彦《片玉集》卷五。这是一首重阳抒怀之作。上片写悲秋之情，词人于重九之日，赏菊东篱，平添许多悲秋情怀。下片写思乡之情，赏菊归来，独对酒杯，闻砧声而生悲，见衰柳而搔首，计归程，当在霜前燕后。②重九：即旧历九月初九重阳节。③宋玉情怀：指悲秋情怀。宋玉《九辩》有"悲哉，秋之为气也"句。④卫郎：指晋人卫玠。

无名氏

原题黄公绍作。《阳春白雪》《翰墨大全》《花草粹编》俱作无名氏。

青玉案①

年年社日停针线②。怎忍见、双飞燕。今日江城春已半。一身犹在，乱山深处，寂莫溪桥畔。

春衫着破谁针线。点点行行泪痕满。落日解鞍芳草岸。花无人戴，酒无人劝。醉也无人管。

【注释】 ①这是一首社日思归怀人之作。上片词人悬想远方闺中人社日停针后，如何排解相思愁绪。同时写自己客居他乡的羁旅愁思。下片写春衫已破，谁为补缀，每一念此，清泪洒衣。落日时分，驻马解鞍，虽有鲜花，却无人佩戴；便有美酒，亦无人把盏。纵然拼却一醉，又有谁能扶归。凄清、寂冷，一至于此。②社日：祭社神的日子。停针线：唐宋时期的妇人在社日忌用针线。

朱嗣发

朱嗣发（1234~1304），字士荣，号雪崖，乌程（今浙江省吴兴县）人。宋亡，举充提学学官，不受。存词一首，见《阳春白雪》。

摸鱼儿①

对西风、鬓摇烟碧，参差前事流水。紫丝罗带鸳鸯结，的的镜盟钗誓。浑不记，漫手织回文，几度欲心碎。安花着叶，奈雨覆云翻，情宽分窄②，石上玉簪脆。

朱楼外，愁压空云欲坠。月痕犹照无寐。阴晴也只随天意，枉了玉消香碎。君且醉。君不见、长门青草春风泪③。一时左计④，悔不早荆钗，暮天修竹，头白倚寒翠⑤。

【注释】 ①这是一首弃妇词，借弃妇之恨，寄托亡国之思。上片写女子遭遗弃后的哀怨之情，下片写女子尽管凄苦艰辛，却能够清操自守，矢志不悔。②分：缘分。③长门：汉宫名。④左计：失策。⑤"暮天"二句：语本杜甫《佳人》诗"天寒翠袖薄，日暮倚修竹"。

刘辰翁

刘辰翁（1232~1297），字会孟，号须溪，庐陵（今江西省吉安市）人。景定元年

(1260)补太学生;三年(1262)廷试对策忤贾似道,虽置进士丙等,却有耿直美名;自请为赣州濂溪书院山长;后为江万里幕僚,曾任临安府学教授;德祐元年(1275)授太学博士,因战乱不能赴任。宋亡后隐居不仕。作为遗民词人,其词多写战乱之苦,故国之思,如借"送春"而悲宋亡,寄托遥深。爱国情怀及遒劲词风与苏、辛一脉相承,含蓄而不隐晦,真挚而不雕琢,清丽中又发激越豪情。有《须溪词》三卷,见《疆村丛书》。

兰陵王[①]丙子送春

送春去。春去人间无路。秋千外、芳草连天,谁遣风沙暗南浦。依依甚意绪。漫忆海门飞絮[②]。乱鸦过、斗转城荒,不见来时试灯处。

春去谁最苦。但箭雁沉边,梁燕无主。杜鹃声里长门暮。想玉树凋土[③]。泪盘如露。咸阳送客屡回顾,斜日未能度。

春去尚来否。正江令恨别[④],庾信愁赋,苏堤尽日风和雨[⑤]。叹神游故国,花记前度。人生流落,顾孺子,共夜语。

【注释】 ①这首词写送春,实际是哀悼南宋王朝的灭亡。词分三片,上片写临安失陷后的衰败景象及词人的感受,中片写春天归去以后,南宋君臣与庶民百姓所遭受的亡国之痛,下片写故国之思。卓人月《古今词统》:"送春去"二句悲绝,春去谁最苦"四句凄清,何减夜猿,第三叠悠扬悱恻,即以为《小雅》《楚骚》可也。②海门:县名。③玉树凋土:喻指国破家亡。④江令:指江淹。作有《恨赋》《别赋》,表达悲痛之情。⑤苏堤:在杭州西湖中,苏东坡筑。

宝鼎现[①]

红妆春骑。踏月影、竿旗穿市。望不尽、楼台歌舞,习习香尘莲步底。箫声断、约彩鸾归去[②],未怕金吾呵醉[③]。甚辇路、喧阗且止。听得念奴歌起[④]。

父老犹记宣和事[⑤]。抱铜仙、清泪如水[⑥]。还转盼、沙河多丽[⑦]。滉漾明光连邸第。帘影冻、散红光成绮。月浸葡萄十里。看往来、神仙才子。肯把菱花扑碎。

肠断竹马儿童,空见说、三千乐指。等多时、春不归来,到春时欲睡。又说向、灯前拥髻。暗滴鲛珠坠[⑧]。便当日、亲见《霓裳》,天上人间梦里。

【注释】 ①调见《中吴纪闻》卷五宋范周词。又名《三段子》《宝鼎见》《宝鼎儿》《宝鼎词》等。俞陛云《唐五代两宋词选释》:刘在宋末隐遁不仕,此为感旧之作。上段先述元夕之盛,中段从父老眼中曾见宣和往事,朱邸豪华,铜街士女,只赢得铜仙对泣,已极伤怀。下阕言大好春色而畏逢春色,有怀莫述,归向绿窗人灯前掩泪,尤为凄黯。②彩鸾:传说中的仙女。③金吾:官名。④念奴:歌妓名。⑤宣和事:指北宋徽、钦二宗被掳事。⑥抱铜仙、清泪如下:用金铜仙人辞汉归魏事。⑦沙河:塘名。⑧鲛珠:指眼泪。

永遇乐①

余自乙亥上元,诵李易安《永遇乐》②,为之涕下。今三年矣,每闻此词,辄不自堪,遂依其声。又托之易安自喻,虽辞情不及,而悲苦过之。

璧月初晴,黛云远淡,春事谁主。禁苑娇寒,湖堤倦暖,前度遽如许③。香尘暗陌,华灯明昼,长是懒携手去。谁知道、断烟禁夜,满城似愁风雨。

宣和旧日,临安南渡④,芳景犹自如故。缃帙流离⑤,风鬟三五⑥。能赋词最苦。江南无路,鄜州今夜⑦,此苦又谁知否。空相对、残釭无寐⑧,满村社鼓。

【注释】 ①这首词抒发了词人眷念故国故都的情怀。上片写故国之思,悲其沦陷,首三句春夜景致,次三句追忆起都城临安往昔的繁华,末二句写临安沦陷后城中的愁风愁雨。下片借易安自喻,自伤身世,换头三句感叹世事的变换,次三句悬想当年易安流亡之苦,再三句写自己的流离之苦,末二句写长夜难眠。②李易安:即李清照。③遽:匆匆。④临安:今杭州。⑤缃帙:浅黄色的书套。此指代书。⑥风鬟:头发凌乱貌。⑦鄜州今夜:语本杜甫《月夜》诗"今夜鄜州月,闺中只独看"。⑧残釭:残灯。

摸鱼儿①酒边留同年徐云屋

怎知他、春归何处,相逢且尽尊酒。少年袅袅天涯恨,长结西湖烟柳。休回首,但细雨断桥,憔悴人归后。东风似旧,问前度桃花,刘郎能记,花复认郎否②。

君且住,草草留君剪韭③,前宵正恁时候。深杯欲共歌声滑,翻湿春衫半袖。空眉皱。看白发尊前,已似人人有。临分把手。叹一笑论文,清狂顾曲④,此会几时又。

【注释】 ①这是一首席间送别友人的词作,寄托了故国之思。上片写自己客中送客的愁思,忆昔感今,讽刺了元代的新贵。下片写依依送客之情,同时又兼及自己,感时伤老。②"东风"四句:语本刘禹锡诗"种桃道士今何去,前度刘郎今又来"。③剪韭:指留客。杜甫《赠卫八处士》:"夜雨剪春韭,新炊间黄粱。"④顾曲:指欣赏音乐。

周　密

周密(1232~1298),字公瑾,号草窗、蘋州、弁阳啸翁、四水潜夫等。祖籍济南(今属山东省),寓居吴兴(今属浙江省)。景炎初年曾任义乌令。入元不仕,以保存故国文献自任,居杭州癸辛街,努力著述。曾编《绝妙好词》流传至今。他是宋末格律派重要词人,早期词韵美声谐,中年后常与王沂孙、陈允平、张炎等唱和,独标清丽,入元后则多寄托,情词凄切。有《草窗词》收入《知不足斋丛书》等;又《蘋州渔笛谱》二卷,集外词一卷,《疆村丛书》本收录考订为善。

国学经典文库

国学经典

宋词

图文珍藏版

瑶　华^①

后土之花^②,天下无二本。方其初开,帅臣以金瓶飞骑进之天上,间亦分致贵邸。余客輦下,有以一枝(下缺。按他本题改作"琼花")。

朱钿宝玦^③。天上飞琼,比人间春别。江南江北,曾未见,漫拟梨云梅雪。淮山春晚,问谁识、芳心高洁。消几番、花落花开,老了玉关豪杰。

金壶剪送琼枝,看一骑红尘^④,香度瑶阙^⑤。韶华正好,应自喜、初识长安蜂蝶。杜郎老矣^⑥,想旧事、花须能说。记少年、一梦扬州,二十四桥明月^⑦。

【注释】　①调见吴文英《梦窗丁稿》。又名瑶华慢。这是一首以咏琼花来讽喻政治的词作。上片起首三句赞美琼花的特异资质,天下无双,为花中极品。"江南"二句说此花名贵,不同于梨花梅花,世人亦不能辨识。"淮山"以下,言南宋北界的淮水旁正是琼花生长的地方,胡尘弥漫,兵戈挠攘,故国难复,琼花也为之浩叹!下片换头三句讽刺当年宋宫赏花之举,次二句写当年花动京城,"杜郎"以下,回忆往事,无限向往之至。②后土:后土祠,在扬州。③玦:玉佩。④一骑红尘:语本杜牧《华清宫绝句》"一骑红尘妃子笑,无人知是荔枝来"。⑤瑶阙:宫阙。⑥杜郎:杜牧。⑦"记少年"二句:语本杜牧《寄扬州韩绰判官》"二十四桥明月夜,玉人何处教吹箫"。

玉京秋^①

长安独客,又见西风,素月丹枫,凄然其为秋也,因调夹钟羽一解。

烟水阔。高林弄残照,晚蜩凄切^②。碧砧度韵,银床飘叶^③。衣湿桐阴露冷,采凉花、时赋秋雪^④。叹轻别。一襟幽事,砌虫能说^⑤。

客思吟商还怯。怨歌长、琼壶暗缺。翠扇恩疏,红衣香褪,翻成消歇。玉骨西风,恨最恨、闲却新凉时节。楚箫咽,谁倚西楼淡月。

【注释】　①为周密自度曲。调见《蘋州渔笛谱》卷一。这是一首感秋怀人的词。词的上片先写景,由远至近,展现出辽阔苍茫的秋天景色。"衣湿"二句才出现了感怀秋伤之人。"叹轻别"以下,追悔畴昔离别,慨叹相见无期。下片倾诉别恨,极写客愁之秋怨。整首词结构严密,井然有序,语言精练,着笔清雅。②蜩:蝉。③银床:指井架。④秋雪:指芦花。⑤砌虫:指蟋蟀。

曲游春^①

禁烟湖上薄游,施中山赋词甚佳,余因次其韵。盖平时游舫,至午后则尽入里湖,抵暮始出断桥,小驻而归,非习于游者不知也。故中山极击节余"闲却半湖春色"之句,谓能道人之所未云。

禁苑东风外^②,飏暖丝晴絮^③,春思如织。燕约莺期。恼芳情偏在,翠深红隙。漠漠香尘隔,沸十里、乱丝丛笛。看画船、尽入西泠④,闲却半湖春色。

柳陌。新烟凝碧。映帘底宫眉,堤上游勒⑤。轻暝笼寒,怕梨云梦冷,杏香愁幂⑥。歌管酬寒食。奈蝶怨、良宵岑寂⑦。正满湖、碎月摇花,怎生去得。

【注释】 ①调见《绝妙好词》卷四宋施岳词。这是一首寒食节游湖之作。上片写清明景色及词人的春思情愫,继而写十里湖面,画船笙歌,繁华喧闹的景象,词人自己的特殊感受和遐思也融汇其中。下片写游人逐渐散去、寂静清幽的西湖夜色,前后映照,层次分明,时间、空间在不断移换,这种多彩多变的写法令人耳目一新,击节称叹。②禁苑:皇家园林。③飏:飘扬。④西泠:即西泠桥。在西湖。⑤游勒:游骑。⑥幂:形容深浓。⑦岑寂:清冷,孤寂。

花 犯① 水仙花

楚江湄②,湘娥再见③,无言洒清泪。淡然春意。空独倚东风,芳思谁寄。凌波路、冷秋无际。香云随步起。漫记得、汉宫仙掌④,亭亭明月底。

冰丝写怨更多情,骚人恨,枉赋芳兰幽芷⑤。春思远,谁叹赏、国香风味。相将共、岁寒伴侣,小窗静,沉烟熏翠被。幽梦觉、涓涓清露,一枝灯影里。

【注释】 ①这是一首吟咏水仙花的咏物词,寄托遗民之节操。上片主要描写水仙的绰约风姿。下片由水仙引发联想,赞美水仙国色多情,甘受寂寞的高洁情怀。整首词写的多情缱绻,缠绵悱恻。②湄:岸边水草相接之地。③湘娥:即湘妃。此处指水仙。④汉宫仙掌:即汉武帝所铸的以手掌托盘承露的铜仙人。⑤"骚人恨"二句:屈原赋《离骚》常以芳兰幽芷喻自身高洁。

蒋捷

蒋捷(生卒年不详),字胜欲,号竹山,阳羡(今江苏省宜兴市)人。成淳十年(1270)进士;宋亡,隐居不仕。其词多于落寞愁苦中寄寓亡国的感伤,时有清丽而不低沉的隽永之作。炼字精深,调音谐畅,语多创获,词法丰富。有《竹山词》行世。

贺新郎①

梦冷黄金屋②。叹秦筝、斜鸿阵里,素弦尘扑。化作娇莺飞归去,犹识纱窗旧绿。正过雨、荆桃如菽。此恨难平君知否?似琼台涌起弹棋局。消瘦影,嫌明烛。

鸳楼碎泻东西玉③。问芳踪、何时再展,翠钗难卜。待把宫眉横云样,描上生绡画幅。怕不是、新来装束。彩扇红牙今都在,恨无人、解听开元曲。空掩袖,倚寒竹④。

【注释】 ①这是一首怀念故国的词作。上片写梦回故国宫殿,秦筝犹在,却无人弹奏。梦魂似娇莺,还认得旧时纱窗,窗下蓬绿。斜雨飞过,杂树亭台。不忍见烛前瘦影,却怨明烛。下片追思当年一别。玉杯碎泻,覆水难收,何时再见芳踪,佳期难卜。待图画倩影,怕不是眼前模样。抚弦寄恨,如今谁能听懂。算只有,空自掩袖,独倚寒竹。②黄金屋：汉武帝年少时，长公主欲把阿娇许配给他，武帝曰："若得阿娇作妇，当作金屋贮之。"③东西玉：指酒。④空掩袖，倚寒竹：语本杜甫《佳人》诗"天寒翠袖薄，日暮倚修竹"。

女冠子^①元夕

蕙花香也。雪晴池馆如画。春风飞到，宝钗楼上，一片笙箫，琉璃光射^②。而今灯漫挂。不是暗尘明月，那时元夜。况年来、心懒意怯，羞与蛾儿争耍^③。

江城人悄初更打。问繁华谁解，再向天公借。剔残红灺^④。但梦里隐隐，钿车罗帕^⑤。吴笺银粉砑^⑥。待把旧家风景，写成闲话。笑绿鬟邻女，倚窗犹唱，夕阳西下。

【注释】 ①女冠子，唐教坊曲名，后用为词调名。女冠，即女道士。此调原用来歌咏女道士之神态。分小令、长调两体，小令始于温庭筠，长调始于柳永。又名《女冠子慢》。这是一首元夕之作。词中抒写了词人的故国之思。唐圭璋《唐宋词简释》：此首元夕感赋，起六句，极力渲染昔时元夕之盛况。"蕙花"二句，写月光；"春风"四句，写灯光，中间人影、箫声，盛极一时。"而今"二字，陡转今情，哀痛无比。时既非当时之时，人亦非当时之人，故无心闲赏元夕。换头六句，皆今夕冷落景象，反应起六句盛时景象。人悄灯残，此情真不堪回首。"吴笺"以下六句，一气舒卷，言我自伤往，而人犹乐今，可笑亦可叹也。②琉璃：指琉璃灯。③蛾儿：妇女插戴于发的饰物。④灺：指灯烛。⑤钿车：嵌以珠玉的车子。⑥砑：碾磨。

张　炎

张炎（1248～1320?），字叔夏，号玉田，又号乐笑翁，临安（今浙江省杭州市）人。张镃的曾孙。曾北游大都（今北京），失意南归，漫游江浙，潦倒终生。所著《词源》二卷，重韵律，讲技巧，是有影响的词论专著。其词写景咏物，形神兼备，凄清婉转；写国破家亡，浪迹江湖的凄苦，亦苍凉蕴藉。然偏重声律和形式，与姜夔接武，为清初浙西词派所推崇。有《山中白云词》八卷，又名《玉田词》，收入《彊村丛书》。

高阳台^①西湖春感

接叶巢莺^②，平波卷絮，断桥斜日归船^③。能几番游，看花又是明年。东风且伴蔷薇住，到蔷薇、春已堪怜。更凄然。万绿西泠，一抹荒烟。

当年燕子知何处，但苔深韦曲^④，草暗斜川。见说新愁，如今也到鸥边。无心再续笙歌梦，掩重门、浅醉闲眠。莫开帘。怕见飞花，怕听啼鹃。

【注释】 ①这首词写西湖春日之游，写词人身世之沉沦，抒发眷念故国之哀情。上片写西湖暮春景色，景象凄凉。下片借景抒情，寄托故国之思，有黍离之悲。②接叶巢莺：语本杜甫诗"卑枝低结子，接叶暗巢莺"。③断桥：桥名。在西湖。④韦曲：唐代长安城南郊是韦氏世居之地。此指杭城贵族居处。

八声甘州①

辛卯岁,沈尧道同余北归,各处杭、越。逾岁,尧道来问寂寞,语笑数日,又复别去,赋此曲,并寄赵学舟。

记玉关、踏雪事清游②。寒气脆貂裘。傍枯林古道,长河饮马,此意悠悠。短梦依然江表,老泪洒西州③。一字无题处,落叶都愁。

载取白云归去,问谁留楚佩,弄影中洲。折芦花赠远,零落一身秋。向寻常、野桥流水,待招来、不是旧沙鸥④。空怀感,有斜阳处,却怕登楼⑤。

【注释】 ①这首词是词人北游归来后,向友人诉说心中失意的词作。上片写身世之感,抒发心头凄苦之情。下片写怀友之情,表现词人对友情的珍重。整首词抒情婉转低徊,黯然神伤。②玉关:关名。在甘肃境内。③老泪洒西州:据《晋书》载,羊昙为谢安所器重,谢安抱病还都时从西州城门而入,死后,羊昙即避而不走西州路。后酒后大醉,不知至西州门,恸哭而去。④旧沙鸥:指志同道合的老朋友。⑤登楼:东汉末王粲避乱荆州,作《登楼赋》以抒发思国怀乡之情。

解连环①孤雁

楚江空晚。恨离群万里,恍然惊散。自顾影、却下寒塘,正沙净草枯,水平天远。写不成书,只寄得相思一点。料因循误了②,残毡拥雪③,故人心眼。

谁怜旅愁荏苒④。谩长门夜悄,锦筝弹怨。想伴侣、犹宿芦花,也曾念春前,去程应转。暮雨相呼,怕蓦地、玉关重见。未羞他、双燕归来,画帘半卷。

【注释】 ①这是一首歌咏孤雁的咏物词。上片词人首先描绘了一个空阔、黯淡的环境以衬托离群之雁的孤单。下片写孤雁的羁旅哀怨之情。词人借孤雁失群表现自己漂泊不定的身世,寄托国破家亡的沉痛与哀思。②因循:拖延。③残毡拥雪:据《汉书》载,苏武出使匈奴,被匈奴所拘,不屈,则置苏武于大窖中,不给饮食。天下雪,苏武以雪拌毡毛,食之,不死。后双方和亲,汉派使者到匈奴索苏武,匈奴假说苏武已死,汉使说汉天子射雁,在雁足上发现苏武的信。匈奴于是只得将苏武放回。④荏苒:时光流逝。

疏　影①咏荷叶

碧圆自洁。向浅洲远浦,亭亭清绝。犹有遗簪,不展秋心,能卷几多炎热。鸳鸯密语同倾盖,且莫与、浣纱人说。恐怨歌、忽断花风,碎却翠云千叠。

回首当年汉舞,怕飞去谩皱,留仙裙折②。恋恋青衫,犹染枯香,还叹鬓丝飘雪。盘心清露如铅水③,又一夜西风吹折。喜净看、匹练飞光,倒泻半湖明月。

【注释】 ①这是一首咏叹荷叶的词作。寄托词人归隐湖山的高逸情怀。上片写荷叶的高洁清绝,下片写荷叶即便凋零,犹有枯香。整首词写荷即写人,咏物言志,情物契合无垠。②"回首"三句:据《赵飞燕外传》载,飞燕善舞,裙随风起,像要成仙飞去似的,风停止后,裙就交得很皱。他日宫女们都将裙子做成皱形,号留仙裙。③盘心清露如铅水:语本李贺《金铜仙人辞汉歌》诗"忆君清泪如铅水"。

月下笛①

孤游万竹山中,闲门落叶,愁思黯然,因动黍离之感②。时寓甬东积翠山舍。

万里孤云,清游渐远,故人何处。寒窗梦里,犹记经行旧时路。连昌约略无多柳③,第一是、难听夜雨。谩惊回凄悄④,相看烛影,拥衾谁语。

张绪⑤。归何暮。半零落,依依断桥鸥鹭。天涯倦旅。此时心事良苦。只愁重洒西州泪,问杜曲、人家在否。恐翠袖,正天寒,犹倚梅花那树。

【注释】 ①调见周邦彦《片玉集》,又名《凉蟾莹澈》《静倚官桥吹笛》等。这是一首记孤游的词作。词人通过对杭州的怀念,表现了深沉的故国之思。上片写客舍中寒夜听雨,夜深难眠,孤独无似。下片写倦旅思归,心念故人。②黍离之感:即故国之思。③连昌:即唐连昌宫,宫中多置柳树。④谩:无端。⑤张绪:南齐时吴郡人,官至国子祭酒,风姿清雅。据《艺文类聚》载,刘悛之为益州刺史,献蜀柳数株,条甚长,状如丝缕,武帝将之置于云和殿前,常叹赏曰:"杨柳风流可爱,似张绪当年时。"

王沂孙

王沂孙(约1240~1290),字圣与,号碧山,又号中仙,亦号玉笥山人,会稽(今浙江省绍兴市)人。曾与周密、张炎等赋词暗喻宋帝六陵被掘事,寄托亡国哀痛。至元中曾出任庆元路学正。亦为宋末格律派重要词人。词意高远,词法缜密,擅长咏物,字句工雅。然用典较多,反觉隐晦曲折。为清代常州派词家所推重。有《碧山乐府》,又名《花外集》《玉笥山人词》。

天 香①龙涎香②

孤峤蟠烟③,层涛蜕月,骊宫夜采铅水④。汛远槎风⑤,梦深薇露,化作断魂心字。红瓷候火,还乍识、冰环玉指。一缕萦帘翠影,依稀海天云气。

几回殢娇半醉。剪春灯、夜寒花碎。更好故溪飞雪,小窗深闭。荀令如今顿老⑥,总忘却、樽前旧风味。漫惜余熏,空篝素被⑦。

【注释】 ①唐释道世《法苑珠林》云:"天童子天香甚香。"调名本此。这是一首咏物词,词人藉咏龙涎香抒发故国之思,遗民之恨。俞陛云《唐五代两宋词选释》:此调前半体物浏亮,后半即物寓情,咏物之名作也。起笔切合而极凝练,"蟠"字、"蜕"字尤工。"萦帘"二句既状香痕荡漾,而以海山云气关合本题,在离合之间。后四字藉香以寓身世今昔之感,开合有致。②龙涎香:香料的一种。③蟠:缭绕。④骊宫:骊龙居住的宫殿。⑤槎:水中浮木。⑥荀令:东汉末荀彧,曾任汉献帝守尚书令,故人称荀令。据《襄阳记》载:"荀令君至人,家坐幕三日,香气不歇。"⑦篝:熏笼。

眉妩①新月

渐新痕悬柳,淡彩穿花,依约破初暝。便有团圆意,深深拜,相逢谁在香径。画眉未稳,料素娥、犹带离恨②。最堪爱、一曲银钩小,宝帘挂秋冷③。

千古盈亏休问,叹谩磨玉斧④,难补金镜⑤。太液池犹在⑥,凄凉处、何人重赋清景。故山夜永,试待他、窥户端正⑦。看云外山河,还老尽、桂花影。

【注释】 ①《汉书·张敞传》:"(敞)又为妇画眉,长安中传张京兆眉妩。"调名本此。又名《百宜娇》。这是一首歌咏新月的咏物词,词人借咏新月寄寓亡国哀思。上片写新月之美,下片借咏新月流露出伤时悼国的感情,同时也蕴含了对重整河山的憧憬。整首词虚虚实实,令人捉摸不定,笔法含蓄,立意高迈。②素娥:嫦娥。③宝帘:窗帘。④磨玉斧:古代传说有玉斧修月之事。⑤金镜:喻圆月。⑥太液池:指宋朝宫中的池沼。⑦端正:月圆。

齐天乐①蝉

一襟余恨宫魂断②,年年翠阴庭树。乍咽凉柯,还移暗叶,重把离愁深诉。西窗过雨。怪瑶珮流空,玉筝调柱。镜暗妆残,为谁娇鬓尚如许。

铜仙铅泪似洗,叹携盘去远,难贮零露③。病翼惊秋,枯形阅世,消得斜阳几度。余音更苦。甚独抱清商④,顿成凄楚。谩想熏风⑤,柳丝千万缕。

【注释】 ①张惠言《词选批注》:详味词意,殆亦碧山黍离之悲也。首句"宫魂"点清命意。"乍咽""还移",概播迁也。"西窗"三句,伤敌骑暂退,宴安如故也。"镜暗妆残",残破满眼。"为难"句,指当日修容饰貌,妩媚依然。衰世臣主全无心肺,真千古一辙也。"铜仙"三句,伤宗室重宝均被迁夺北去也。"病翼"三句,更是痛哭流涕,大声疾呼,言海傃栖流,断不能久也。"余音"三句,哀怨难论也。末二句,责诸人当此尚安危利灾,视若全盛也。语意明显,凄婉至不能卒读。②宫魂断:据《古今注》载:齐王后怨齐王而死,死后尸体化为蝉。③"铜仙"三句:汉武帝时用铜铸造了以手托盘承露的仙人像,后魏明帝遣人拆走了此像,铜仙人潸然泪下。④清商:即清商曲,是古乐府的一种曲子。⑤熏风:和风。

高阳台①和周草窗寄越中诸友韵

残雪庭阴,轻寒帘影,霏霏玉管春葭。小贴金泥,不知春在谁家。相思一夜窗前梦,奈个人水隔天遮②。但凄然、满树幽香,满地横斜。

江南自是离愁苦,况游骢古道③,归雁平沙。怎得银笺④,殷勤与说年华。如今处处生芳草,纵凭高、不见天涯。更消他,几度东风,几度飞花。

【注释】 ①这是一首春日怀友人之作。陈廷焯《白雨斋词话》:"上半阕是叙其远游未还,悬揣之词;下半阕是言其他日归后情事,料逆之词。"整首词以双关手法写春,既关时令,又涉时局;既写相思,又言离愁。收缩处"低徊掩抑,荡气回肠"(况周颐《蕙风词话》)。②个人:伊人。③游骢:漫游的马。④银笺:指书信。

法曲献仙音①聚景亭梅次草窗韵

层绿峨峨②,纤琼皎皎③,倒压波痕清浅④。过眼年华,动人幽意,相逢几番春换。记唤酒寻芳处,盈盈褪妆晚。

已消黯。况凄凉、近来离思,应忘却、明月夜深归辇⑤。荏苒一枝春,恨东风、人似天远。纵有残花,洒征衣,铅泪都满。但殷勤折取,自遣一襟幽怨。

【注释】 ①陈旸《乐书》:"法曲兴于唐,其声始出清商部,比正律差四律,有铙、钹、钟、磬之音。《献仙音》其一也。"又名《献仙音》《越女镜心》等。俞陛云《唐五代两宋词选释》:亭在聚景园中,梅林极盛,碧山屡往观之,故上阕有几度寻芳之语……下阕云"明月夜深归辇",想见当日宸游之乐。迨年久境迁,园亭芜圮,悠悠行客,勃动余悲。故"满"字韵云纵有残花,惟凄凉过客泪洒征衣耳。②层绿:指绿梅。③纤琼:指白梅。④倒压波痕清浅:语本林逋《山园小梅》诗"疏影横斜水清浅"。⑤辇:车。

彭元逊

彭元逊(生卒年不详),字巽吾,庐陵(今江西省吉安县)人。景定二年(1261)解试,曾与刘辰翁唱和。存词二十首。

疏　　影①寻梅不见

江空不渡。恨蘼芜杜若②,零落无数。远道荒寒,婉娩流年,望望美人迟暮③。风烟雨雪阴晴晚,更何须、春风千树。尽孤城、落木萧萧,日夜江声流去。

日晏山深闻笛,恐他年流落,与子同赋。事阔心违,交淡媒劳,蔓草沾衣多露。汀洲窈窕余醒寐,遗佩浮沉澧浦④。有白鸥淡月,微波寄语,逍遥容与⑤。

【注释】 ①这是一首寻梅词,词人感伤时事,寻梅怀旧。上片写寻梅,春天未至,百草不芳,词人寻梅,不辞远道荒寒,常恐年光流逝,梅容衰老,美人迟暮。若能寻到一枝梅花,便抵得上春风千树。下片怀旧,词人回忆与梅的相识、相知、相恋的过程,惟愿缔盟结心,永远相伴。②蘼芜、杜若:皆香草名。③美人迟暮:语本《离骚》"惟草木之零落兮,恐美人之迟暮"。此喻梅花。④遗佩浮沉澧浦:语本《离骚》"遗余佩兮澧浦"。⑤容与:从容闲舒貌。

六 丑①杨花

似东风老大,那复有、当时风气。有情不收,江山身是寄。浩荡何世。但忆临官道,暂来不住,便出门千里。痴心指望回风坠。扇底相逢,钗头微缀。他家万条千缕,解遮亭障驿,不隔江水。

瓜洲曾舣②。等行人岁岁。日下长秋城、乌夜起。帐庐好在春睡。共飞归湖上,草青无地。愔愔雨、春心如腻③。欲待化、丰乐楼前,帐饮青门都废④。何人念、流落无几。点点抟作⑤,雪绵松润,为君浥泪⑥。

【注释】 ①这是一首歌咏杨花的咏物词,抒发身世之感,家国之恨。上片写杨花漂泊不定的身世。时值暮春,杨花也像东风一样,老大迟暮,但因杨花有情,仍在漂泊,这样的漂泊,何午才是尽头。可悲的是,尽管能在扇底钗头稍做停留,但阻不断光阴似水,浩浩东流。下片由漂泊的杨花联想到漂泊的人。人花同命,人花同悲,人花同泣,人花同慰。②舣:船靠岸。③愔愔:安和貌。④青门:长安城门名。门外出好瓜,广陵人邵平为秦东陵侯,秦亡后为布衣,种瓜青门外。⑤抟:以手捏之成团。⑥浥:沾湿。

姚云文

姚云文(生卒年不详),字圣瑞,高安(今属江西省)人。咸淳四年(1268)进士,官高邮尉、兴县尉;入元授承直郎,抚、建两路儒学提举。存词九首。

紫萸香慢①

近重阳、偏多风雨,绝怜此日暄明。问秋香浓未,待携客、出西城。正自羁怀多感,怕荒台高处,更不胜情。向尊前、又忆漉酒插花人②。只座上、已无老兵。

凄清。浅醉还醒。愁不肯、与诗平。记长楸走马,雕弓搯柳③,前事休评。紫萸一枝传赐,梦谁到、汉家陵。尽乌纱、便随风去,要天知道,华发如此星星。歌罢涕零。

【注释】 ①调见《凤林书院元词》,为姚云文自度曲,因词中有"紫萸一枝传赐"句,故取以为调名。这是一首重阳感怀的词作。上片写重阳把酒,思亲怀友。下片写酒罢忆昔伤今。整首词叙事今昔交错,抒情刚柔相济。②漉酒:滤酒。③搯柳:同"射柳"。古时一种竞技活动。在场上插柳,驰马射之,中者为胜。

僧 挥

仲殊(生卒年不详),字师利,俗姓张,名挥,仲殊其法号,故又称僧挥,安州(今湖北省安陆市)人。尝举进士;因游荡不羁,几被妻子毒死,遂弃家为僧,寓居苏州奉天寺、杭州宝月寺。与苏轼交游甚厚。苏轼称其"胸中无一毫发事","能文善诗及歌词,皆操笔立成,不点窜一字"(《东坡志林》卷——)。词风超旷,绘景亦壮丽,小令尤清婉、洒脱。有词七卷，名《宝月集》，今不传。近人赵万里辑《宝月集》一卷。

金明池①

天阔云高，溪横水远，晚日寒生轻晕。闲阶静，杨花渐少，朱门掩，莺声犹嫩。悔匆匆、过却清明，旋占得、余芳已成幽恨。却几日阴沉，连宵慵困。起来韶华都尽。

怨入双眉闲斗损。乍品得情怀，看承全近②。深深态，无非自许，厌厌意③，终羞人问。争知道、梦里蓬莱，待忘了余香，时传音信。纵留得莺花，东风不住，也则眼前愁闷。

【注释】 ①金明池原为北宋汴京西郊的一处皇家苑囿。叶梦得《石林燕语》卷一："太平兴国中，复凿金明池于苑北，导金水河水注之，以教神卫虎翼水军习舟楫，因为水嬉"，"今惟琼林、金明最盛。岁以二月开，命士庶纵观，谓之开池。至上已车驾临幸毕即闭。岁赐二府从官燕，及进士闻喜燕，皆在其间"。秦观《淮海集》卷九有诗，诗题曰："元祐七年三月上已，诏赐馆合官花酒，以中浣日游金明池、琼林苑，又会于国夫人园，会者二十有六人。"则秦观曾有金明池之游。《淮海词》有词《赋东京金明池》，即以调为题也。这是一首伤春词。上片描写春光将尽的过程，有惜春之意。下片抒发无法留春的愁怀，有怨春之情。②看承：护持。全近：极其亲近。③厌厌：同"恹恹"。精神不振貌。

李清照

李清照(1084~1155?)，自号易安居士，济南章丘(今属山东省)人。宋代杰出女词人。良好的家庭教养和过人的才华，使她前期词清新婉约，语新意隽，多为情歌或写景。她因北宋党争而丧父，因战乱逃亡而丧夫，晚年颠沛流离，故后期词多怀乡念旧，孤苦凄凉，每有故国之思。在艺术上讲求格律，巧于构思，语言精巧，善用白描，刻画细腻，形象生动，比喻新颖，独出心裁。清照创词"别是一家"之说，其词创为"易安体"，为宋词一家。词集名《漱玉集》，今本皆为后人所辑。

李清照画像

如梦令①

昨夜雨疏风骤。浓睡不消残酒。试问卷帘人，却道海棠依旧。知否。知否。应是绿肥红瘦②。

【注释】 ①据苏轼《仇池笔记》，此曲本后唐庄宗制，名《忆仙姿》，嫌其名不雅，故改为《如梦令》，盖因此词中有'如梦、如梦'迭句也。周邦彦又因此词首句改名《宴桃源》。沈会宗词有'不见、不见'叠句，名《不见》。张辑词有'比着梅花谁瘦'句，名

《比梅》等。这是一首伤春惜春词,并以花自喻,慨叹自己的青春易逝。黄氏《蓼园词选》云:"一问极有情,答以'依旧',答得极淡,跌出'知否'二句来,而'绿肥红瘦'无限凄婉,却又妙在含蓄。短幅中藏无数曲折,自是圣于词者。"②绿肥红瘦:形容叶繁花少。

凤凰台上忆吹箫①

香冷金猊②,被翻红浪,起来慵自梳头。任宝奁尘满③,日上帘钩。生怕离怀别苦,多少事、欲说还休。新来瘦,非干病酒,不是悲秋。

休休。者回去也,千万遍《阳关》④,也则难留。念武陵人远⑤,烟锁秦楼。惟有楼前流水,应念我、终日凝眸。凝眸处,从今又添,一段新愁。

【注释】 ①《列仙传》卷上"萧史":"萧史者,秦穆公时人也。善吹箫,能致孔雀、白鹤于庭。穆公有女字弄玉,好之,公遂以女妻焉。日教弄玉作凤鸣,居数年,吹似凤声,凤凰来止其屋。公为作凤台,夫妇止其上,不下数年,一旦,皆随凤凰飞去。"调名《凤凰台上忆吹箫》即取自这一传说。《晁氏琴趣外篇》首见此调。又名《忆吹箫》。这首词抒发了词人与丈夫分别后的相思之情。上片写词人与丈夫临别时怅然若失、百无聊赖的心情。紧扣一个"慵"字,一路写来,"慵"态可掬。继而写心念离怀别苦,而神伤形瘦。下片先写丈夫的去而难留。进而设想自己别后的情形。整首词层层渲染离愁别苦,读来感人至深。②金猊:狮形铜香炉。③宝奁:梳妆镜匣。④《阳关》:乐府曲名。是为送别之曲。⑤武陵人远:用陶渊明《桃花源记》之武陵人入桃花源事,言所思之人已远去。

醉花阴①

薄雾浓云愁永昼。瑞脑消金兽②。佳节又重阳,玉枕纱厨③,半夜凉初透。

东篱把酒黄昏后④。有暗香盈袖。莫道不消魂,帘卷西风,人比黄花瘦⑤。

【注释】 ①此调首见毛滂《东堂词》,因其中有"人在翠阴中……劝君对客杯须覆"。因据句意取调名。《古杭杂记》:"太学上舍郑文,秀州人。其妻寄以《忆秦娥》云:'花深深,一勾罗袜行花阴。行花阴,闲将钿带结同心。'此调为同舍见者传播,酒楼妓馆皆歌之。"《醉花阴》词调遂行于世。《琅嬛记》:"李易安以重阳《醉花阴》词,函致赵明诚。明诚叹赏,自愧弗逮,务欲胜之。一切谢客,忘食寝者三日夜,得五十阕,杂易安作,以示友人陆德夫。德夫玩之再三,曰:'只三句绝佳。'明诚诘之,曰:'莫道不销魂,帘卷西风,人比黄花瘦。'正易安作也。"这首词写词人重阳佳节思念丈夫的心情。上片写重阳佳节之时,词人只身一人,时光变得如此漫长,刚送走愁闷的白昼,又须面对凄凉的秋夜。下片写词人独自饮酒赏菊,愁绪满怀,末句"人比黄花瘦",至今为人传颂不已。②瑞脑:即龙脑,是一种名贵的香料。金兽:兽形铜香炉。③沙厨:即沙帐。④东篱把酒黄昏后:语本陶渊明《饮酒》诗"呆菊东篱下,悠然见南山"。⑤黄花:菊花。

声声慢①

寻寻觅觅,冷冷清清,凄凄惨惨戚戚。乍暖还寒时候②,最难将息③。三杯两盏淡酒,怎敌他、晚来风急。雁过也,正伤心,却是旧时相识。

满地黄花堆积。憔悴损、如今有谁堪摘。守着窗儿,独自怎生得黑④。梧桐更兼细雨,到黄昏、点点滴滴。这次第⑤,怎一个愁字了得。

【注释】 ①明杨慎《升庵集》卷六十三"慢字为乐曲名":"陈后山诗'吴吟未至慢,楚语不假些',任渊注云:'慢,谓南朝慢体,如徐庾之作。'余谓此解是也,但未原其始。《乐记》云:'宫商角徵羽,五者皆乱迭相陵,谓之慢。'又曰:'郑卫之音,乱世之音也,比于慢矣。'宋词有《声声慢》《石州慢》《惜余春慢》《木兰花慢》《拜星月慢》《潇湘逢故人慢》,皆杂比成调,古谓之喷浊,喷与颐同,杂乱也。琴曲有名散,元曲有名犯,又曲终入破,义亦如此。"晁补之词名《声声慢》,吴文英词有"人在小楼"句,名《人在楼上》。这是一首赋体慢词,表现悲秋主题,堪比一篇《悲秋赋》。上片起首连用十四个叠字,表现一个人苦寻无着、心神不宁、若有所失的神态。继而以酒浇愁,目送秋鸿,心中平添许多怅惘。下片词人环顾自家庭院,黄花堆积,伤心人却无心摘赏。终日枯坐无聊,独自一人,如何挨到天黑,即便黑夜到来,又将如何,黄昏时分,秋雨绵绵,雨打桐叶,愁煞闺中人,此情此景,一个"愁"字,怎能概括得了。②乍暖还寒:初春忽冷忽热的天气。③将息:休养。④怎生:怎样。⑤这次第:这种情状。

念奴娇①

萧条庭院,又斜风细雨,重门须闭。宠柳娇花寒食近,种种恼人天气。险韵诗成②,扶头酒醒,别是闲滋味。征鸿过尽③,万千心事难寄。

楼上几日春寒,帘垂四面,玉阑干慵倚。被冷香消新梦觉,不许愁人不起。清露晨流,新桐初引④,多少游春意。日高烟敛,更看今日晴未。

【注释】 ①这首词写寒食节将至,词人独守空闺,思念远方的丈夫。黄氏《蓼园词评》:"只写心绪落寞,遇寒食更难遣耳。徒然而起,便而深邃。至前阕云'重门须闭',次阕云'不许''不起',一开一合,情各戛戛生新。起处雨,结句晴,句法浑成。"②险韵:以生僻难押字押韵。③征鸿:飞翔的鸿雁。④"清露"二句:语出《世说新语·赏誉》。初引:刚刚发芽。

永遇乐①

落日镕金,暮云合璧,人在何处。染柳烟浓,吹梅笛怨②,春意知几许。元宵佳节,融和天气,次第岂无风雨。来相召、香车宝马,谢他酒朋诗侣。

中州盛日③，闺门多暇，记得偏重三五④。铺翠冠儿，捻金雪柳，簇带争济楚⑤。如今憔悴，风鬟霜鬓⑥，怕见夜间出去。不如向、帘儿底下，听人笑语。

【注释】 ①这首词写词人晚年流寓临安时的生活境况。上片首二句一抹亮色突然而降，使人顿觉炫目。继而引出"人在何处"的疑问，隐含了人在异乡的漂泊之感。接下来描写盎然春意，满目烟柳，远处笛声，一切那么美好，词人运笔至此，又添波澜，"次第岂无风雨"，一个反问蕴含了词人对世事沧桑，变幻莫测的顾虑。这也正是词人谢绝邀请，不愿出游的原因。下片首六句忆昔，后五句伤今，结句"不如向、帘底下，听人笑语"，读之尤觉酸楚。②吹梅笛怨：笛曲《梅花落》凄婉哀怨。③中州：河南一带古称中州。此处指汴京。④三五：指元宵节。⑤簇带：插戴满头。济楚：整洁貌。⑥风鬟霜鬓：头发斑白零乱。

浣溪沙①

髻子伤春慵更梳。晚风庭院落梅初。淡云来往月疏疏。
玉鸭熏炉闲瑞脑，朱樱斗帐掩流苏。通犀还解辟寒无②。

【注释】 ①这是一首伤春词。上片写髻发慵梳，晚风习习，庭院落梅，云淡月疏，一幅清丽之景。下片写室内之景。词人在庭院中伫立多时，春寒袭人，只得回到室内，室内香炉已停，斗帐已掩，人因春寒却不成寐。词人不禁疑问：传说中能够避寒的通犀，还能避寒吗？这里蕴含心境之凄冷无法消除之意。整首词以清丽的风格，寓伤春之情于景物描写之中，格高韵胜，富有诗的意境。②通犀：犀角的一种。据《开元天宝遗事》载："开元二年冬至，交趾国进犀一株，色黄似金。使者请以金盘置于殿中，温温然有暖气袭人。上问其故，使者对曰：'此辟寒犀也。'"

兵学经典

导读

    如果说，中国传统文化是一棵茂密参天的大树，那么，中国兵学文化便是这棵大树上的一枝奇葩，在世界军事史上闪耀出灼灼光芒。

    前人把中华文化概括为"兵、医、农、艺"，兵列其榜首，这至少可以说明一点：在堪称世界四大文明古国之一的中国，兵学典籍即兵书在中国传统文化中占有重要的一席之地。中国古代的兵书号称4000部，存世者也近500部。不仅内容博大，而且"著述罕闻，古今卓绝"，包含的文化底蕴也相当深厚。

    中国的兵书，特别其中有代表性的几种兵书，也同其余的重要学术著作一样，表现了中华文化的特有品质。无论是专门的兵书，或有兵学内容的哲学、历史和文学著作，大多谈今论古、气势磅礴，笔不涉同，辞有异彩。因而，人们只需浏览其中几本，便会感觉到其有一种独抵华屋之下，一览群小的气度。虽说言兵，但不限于军旅之事，而是拓宽视野，将经济、政治、人文意识、宗教心理、艺术以及其他相关的各种要素，统摄于一体，使人获得一种整体印象。常常通过形象而生动的例证，给人以哲学与文化的教益。

孙子兵法

【导语】

　　春秋时期著名的军事家孙子撰写了一部《孙子兵法》,被誉为天下第一军事奇书,自问世以来即被奉为"兵经",对我国的军事理论和实践产生了深远的影响,在世界军事史上也占据着非常重要的地位。在兵学史上,《孙子兵法》是我国古代最著名的兵书,也是世界上最古老的军事理论著作。作为一部军事圣典,它一直被历代政治家、军事家、商人、学者奉为至宝。这部百家兵法之始祖,曾造就了一批批伟大的军事家和政治家。无论是三国时的曹操、诸葛亮,还是近代指点江山的风云人物,他们在军事、政治、外交等诸多方面,都无一例外地受到了孙子谋略思想的启发。在短短6000字里,《孙子兵法》把人类的智慧淋漓尽致地展现于我们的面前。

孙子像

　　正是由于《孙子兵法》揭示了战争的普遍规律,因此,二次大战以来,国内外许多军政要员都把《孙子兵法》视为克敌制胜的法宝。孙子在两千多年前提出之"兵者诡道""上兵伐谋""攻其无备,出其不意""知彼知己者,百战不殆"等凝聚着深刻谋略思想的名言粹语,至今仍具有十分重要的指导意义。

　　让人惊奇的是,日本许多商界巨子的案头,放在显著位置的也是《孙子兵法》,而不是 MBA 的教程。《孙子兵法》已然成了众商家克敌制胜的不传之秘。

　　今天,当我们受变化多端的世界所迷惑的时候,聆听孙子的教诲,也许我们会发觉,世界原来如此简单。

第一章　始计篇

兵者,国之大事

【原文】　兵者①,国之大事②,死生之地,存亡之道,不可不察③也。

【注释】　①兵:本义为兵械。《说文》:"兵,械也。"后逐渐引申为士、军队、战争等。这里作战争解。②国之大事:国家的重大事务。③不可不察:察,考察、研究。不可不察,意指不可不仔细审察,谨慎对待。

【译文】　战争是国家的大事,是军民生死安危的主宰,是国家兴衰存亡的关键,是不可以不认真考察研究的。

经之以五事

【原文】 故经之以五事,校之以计,而索其情①:一曰道,二曰天,三曰地,四曰将,五曰法。道②者,令民与上同意,可以与之死,可以与之生,而不畏危也。天者,阴阳、寒暑、时制③也。地者,远近、险易、广狭、死生④也。将者,智、信、仁、勇、严也。法者,曲制、官道、主用也⑤。

【注释】 ①故经之以五事,校之以计,而索其情:经,量度,即分析。校,比较。句意为需从五个方面来分析、比较双方的谋划,以探索战争的情势。②道:道路。此处指政治开明。③时制:季节更替。④死生:死,不可攻守进退之地。生,可以攻守进退之地。⑤法者,曲制、官道、主用也:曲,军队编制。制,指挥号令。官道,各级官吏之职责与管理。主用,军需配备与使用。

【译文】 因此必须审度敌我五个方面的情况,比较双方的谋划,以探求对战争情势的认识。这五个方面,一是政治,二是天时,三是地利,四是将才,五是法制。所谓政治,就是要让人民认同、拥护国君,使人民愿为国君不顾危险,出生入死;所谓天时,是指昼夜、晴雨、寒冷、酷热、四季更替;所谓地利,就是指征战路途的远近,地势的险要与平坦,作战区域的宽广与狭窄,地形对于攻守的益处和弊端;所谓将领,就是要求将帅足智多谋、赏罚分明、爱护部属、勇敢果断、军纪严明,以树立良好的威信;所谓法制,就是指军队之组织编制的设立、各级将吏的统辖管理和职责分工、军需物质的供应和掌管。

主孰有道

【原文】 主孰有道①?将孰有能②?天地孰得③?法令孰行?兵众孰强④?士卒孰练⑤?赏罚孰明?吾以此知胜负矣⑥。

【注释】 ①主孰有道:指哪一方的国君施政清明。②将孰有能:哪一方的将领更有才能。③天地孰得:哪一方拥有天时、地利。④兵众孰强:哪一方的兵械锋利,士卒众多。兵,此处指的是兵械。⑤士卒孰练:哪一方的军队训练有素。练,娴熟。⑥吾以此知胜负矣:我根据这些情况来分析,即可预知胜负的归属了。

【译文】 哪一方的国君施政清明,哪一方的将领更有才能,哪一方能占据较有利的天时、地利,哪一方的法令能有效地贯彻执行,哪一方的武器装备更为精良,哪一方的士卒训练有素,哪一方的赏罚更为公正严明,根据这些情况就可以判断胜负的归属了。

计利以听,乃为之势,以佐其外

【原文】 计利以听①,乃为之势②,以佐其外③。势者,因利而制权④也。

【注释】 ①计利以听:计利,计谋有利。听,听从,采纳。②乃为之势:乃,于是、就的意思。为,创造、造就。之,虚词。势,态势。此句意谓造成一种积极的军事态势。③以佐其外:用来辅佐他对外的军事活动。佐,辅佐、辅助。④因利而制权:因,根据、凭依。制,决定、采取之意。权,权变,灵活处置之意。意谓根据利害关系采取灵活的对策。

【译文】 除了采纳有利的作战策略,还要设法造"势",形成一种积极的军事态势,以辅佐战争的进行。所谓"势",是指根据有利于自己的条件,灵活机动,采取相应的对策。

兵者,诡道也

【原文】 兵者,诡道也①。故能而示之不能②,用而示之不用,近而示之远,远而示之近。

【注释】 ①诡道也:诡诈之术。诡,欺诈,诡作。道,学说。②能而示之不能:能,有能力。示,显示。即言能战却装作不能战的样子。

【译文】 用兵打仗是一种诡诈之术。因此需要做到:能战却装作不能战,想攻却装作不想攻,想进攻近处,却装作要进攻远处,要进攻远处,却装作要进攻近处。

利而诱之,乱而取之

【原文】 利而诱之①,乱而取之②,实而备之③,强而避之④,怒而挠之⑤,卑而骄之⑥,佚而劳之⑦,亲而离之⑧。

【注释】 ①利而诱之:利,此处作动词用,指贪利的意思。诱,引诱。意谓敌人贪利,则以利来引诱,伺机打击它。②乱而取之:乱,混乱。意谓对处于混乱状态的敌人,要抓住时机予以进攻。③实而备之:实,实力雄厚。指对待实力雄厚的敌人需严加防备。④强而避之:面对强大的敌人,当避其锋芒,不可硬拼。⑤怒而挠之:怒,易怒而脾气暴躁。挠,挑逗、扰乱。意谓如果敌人易怒,就设法激怒之,使之丧失理智,临阵做出错误的决策,导致失败。⑥卑而骄之:卑,小、怯。意谓敌人卑怯谨慎,应设法使其骄傲自大,然后伺机破之。也有另一种解释,是说己方主动卑辞示弱,给人造成错觉令其骄矜。⑦佚而劳之:佚,同"逸",安逸、自在。劳,作动词,使之疲劳。意谓敌方安逸,就设法使它疲劳。⑧亲而离之:亲,亲近、团结;离,离间、分化。此句意谓如果敌人内部团结,则设计离间、分化他们。

【译文】 敌人贪利,就用小利来引诱它,伺机攻击它;对于处在混乱状态的敌人,要抓住时机攻击它;对于实力雄厚的敌人,则需严加防备;对于兵强气锐的敌人,当避其锋芒;对于易怒的敌人,就透过挑逗的方式设法去激怒他,使他丧失理智;对于轻视我方的敌人,应设法使其更加骄傲自大;对于经过充分休整的敌人,要设法使之疲劳;对于内部团结的敌人,则要设计离间、分化他们。

攻其无备,出其不意

【原文】 攻其无备①,出其不意②,此兵家之胜③,不可先传也④。

【注释】 ①备:防备,准备。②意:考虑,预料。③胜:奥妙。④不可先传也:先,预先、事先。传,传授、规定。

【译文】 要在敌人没有防备的状态下实施攻击,在敌人意想不到时采取行动,这是军事家指挥作战的奥妙所在,是要依据具体情况临机做出决断,不能事先予以规定的。

夫未战而庙算胜者,得算多也

【原文】 夫未战而庙算①胜者,得算多也②;未战而庙算不胜者,得算少也。多算胜③,少算不胜,而况于无算乎?

【注释】 ①庙算:古代兴师开战之前,通常要在庙堂里商议谋划,分析战争的利害得失,制定作战方略。此一做准备的程序,就叫作"庙算"。②得算多也:意谓取得胜利的条件充分、居多。算,计数用的筹码。此处引申为取得胜利的条件。③多算胜,少算不胜,而况于无算乎:胜利条件具备多者可以获胜,反之,则无法取胜,更何况未曾具备任何取胜条件!而况,何况。于,至于。

【译文】 开战之前就预测能够取胜的,是因为筹划周密,胜利条件充分;开战之前就预计不能取胜的,是因为筹划不周,胜利条件缺乏。筹划周密、条件具备就能取胜,筹划不周、条件缺乏就不能取胜,更何况不做筹划,且毫无条件呢?

第二章 作战篇

其用战也胜,久则钝兵挫锐

【原文】 其用战也胜,久则钝兵挫锐①,攻城则力屈②,久暴师则国用不足③。夫钝兵挫锐,屈力殚货④,则诸侯乘其弊而起⑤,虽有智者⑥,不能善其后矣!故兵闻拙速,未睹巧之久也⑦。夫兵久而国利者,未之有也⑧。故不尽知⑨用兵之害者,则不能尽知用兵之利也。

【注释】 ①久则钝兵挫锐:意谓用兵旷日持久就会造成军队疲惫,锐气挫伤。钝,意为不锋利,疲惫、困乏的意思。挫,挫伤。②力屈:力量耗尽。③久暴师则国用不足:长久陈师于外就会给国家经济造成困难。暴:同"曝",露在日光下,文中指在外作战。国用,国家的开支。④屈力殚货:殚,枯竭。货,财货,此处指经济。此为力量耗尽,经济枯竭。⑤诸侯乘其弊而起:其他诸侯国便会利用这种危机前来进攻。弊,疲困,此处作危机解。⑥虽有智者,不能善其后矣:意谓即使有智慧超群的人,也将无法挽回既成的败局。后,后事,此处指败局。⑦兵闻拙速,未睹巧之久也:拙,笨拙。巧,工巧、巧妙。此句意谓用兵打仗只听过宁可指挥笨拙而求速胜,而没见过为求指挥巧妙而使战争长期拖延的。⑧夫兵久而国利者,未之有也:长期用兵而有利于国家的情况,从未曾有过。⑨不尽知:不完全了解。

【译文】 用这样大规模的军队打仗,就要求速胜。旷日持久会使军队疲惫,锐气受挫。攻打城池,会使得兵力耗尽。军队长期在外作战,会使国家财力不继。如果军队疲惫、锐气挫伤、实力耗尽、国家经济枯竭，那么诸侯列国就会乘此危机发兵进攻，那时候即使有足智多谋的人，也无法挽回颓势了。因此，在军事上，只听说过指挥虽拙但求速胜的情况，而没有见过为讲究指挥技巧而追求旷日持久的现象。战事久拖不决而对国家有利的情形，从来不曾有过。因此不完全了解用兵弊端的人，也就无法真正理解用兵的益处。

取用于国，因粮于敌

【原文】 善用兵者，役不再籍①，粮不三载②，取用于国③，因粮于敌④，故军食可足也。国之贫于师者远输⑤，远输则百姓贫。近于师者贵卖⑥，贵卖则百姓财竭，财竭则急于丘役⑦。力屈、财殚中原，内虚于家⑧。

【注释】 ①役不再籍：役，兵役。籍，本义为名册，此处作动词用，即登记、征集。再，二次。意即不二次从国内征集兵员。②粮不三载：三，多次，载，运送。即不多次从本国运送军粮。③取用于国：指武器装备等从国内取用。④因粮于敌：因，依靠、凭借。粮草给养优先在敌国就地解决。⑤国之贫于师者远输：之，虚词，无实义。师，指军队。远输，远道运输。此句意谓国家之所以因用兵而导致贫困，是由于军粮的远道运输。⑥近于师者贵卖：近，临。贵卖，指物价飞涨，意谓临军队驻扎点地区的物价会飞涨。⑦急于丘役：急，在这里有加重之意。丘役，军赋，古代按丘为单位征集军赋。⑧力屈、财殚中原，内虚于家：中原，此处指原野。句意为国内百姓之家因远道运输而变得贫困、国家空虚。

【译文】 擅长用兵作战的人，兵员不再次征集，粮草不多次运送。武器装备由国内提供，粮食给养在敌国补充，如此，军队的粮草供给就充足了。国家之所以因用兵而导致贫困，就是由于远道运输，远道运输会使百姓陷于贫困。临近驻军的地区物价必定飞涨，物价飞涨，就会使得百姓之财富枯竭。公家财富枯竭，国家就急于增加赋役。这样一来，国内便家家空虚。

智将务食于敌

【原文】 故智将务食于敌①，食敌一钟②，当吾二十钟；萁秆一石③，当吾二十石。

【注释】 ①智将务食于敌：智将，明智的将领。务，务求、力图。意为明智的将帅总是务求就食于敌国。②钟：古代的容量单位，每钟为6斛4斗。③萁秆一石：萁秆，泛指马及其他中等牲畜的饲料。石，古代的容量单位，30斤为钧，4钧为1石。

【译文】 所以，明智的将帅总是务求在敌国解决粮草的供给问题。因为消耗敌国的1钟粮草，等同于从本国运送20钟，耗费敌国的1石草料，相当于从本国运送20石。

故杀敌者，怒也

【原文】 故杀敌者，怒也①；取敌之利者，货也②。故车战，得车十乘已上③，赏其先得者，而更其旌旗④，车杂而乘之⑤，卒善而养之⑥，是谓胜敌而益强⑦。

【注释】　①杀敌者,怒也:怒,动词用法,这里指激励士气。意谓军队英勇杀敌,关键在于激励部队的士气。②取敌之利者,货也:利,财物。货,财货,此处指用财货奖赏的意思。句意为若要使军队勇于夺取敌人的财物,就要先依靠财货奖赏。③已上:已,同"以","已上"即"以上"。④更其旌旗:更,更换。此句意谓在掳获的敌方车辆上更换上我军的旗帜。⑤车杂而乘之:杂,掺杂、混合。乘,驾、使用。意谓将缴获的敌方战车和我方车辆掺杂在一起,用于作战。⑥卒善而养之:卒,俘虏、降卒。意谓善待被俘的敌军士兵,使之为己所用。⑦是谓胜敌而益强:这就是说在战胜敌人的同时使自己更加强大。

【译文】　要让军队英勇杀敌,就应鼓舞士兵同仇敌忾的士气;要想夺取敌人的军需物资,就必须借助物质奖励。因此,在车战中,凡是缴获战车十辆以上的,就奖赏最先夺得战车的人,并且换上我军的旗帜,混合编入自己的战车行列。对于敌俘,要善待和保证供给。这就是说愈是战胜敌人,自己也就愈加强大。

兵贵胜,不贵久

【原文】　故兵贵①胜,不贵久。

【注释】　①贵:重在、贵在。

【译文】　因此,用兵打仗贵在速战速决,而不宜旷日持久。

故知兵之将,民之司命

【原文】　故知兵之将①,民之司命②,国家安危之主③也。

【注释】　①知兵之将:知,认识、了解。指深刻理解用兵之法的优秀将帅。②民之司命:民,泛指一般人民。司命,传说主宰生死之神,此处引申为命运的主宰。③国家安危之主:国家安危存亡的主宰者。主,主宰之意。

【译文】　懂得用兵之道的将领,是人民生死的掌握者,是国家安危存亡的主宰。

第三章　谋攻篇

不战而屈人之兵

【原文】　孙子曰:凡用兵之法,全国为上,破国次之①;全军为上,破军次之;全旅为上,破旅次之;全卒为上,破卒次之;全伍为上,破伍次之②。是故百战百胜,非善之善者也③;不战而屈人之兵④,善之善者也。

【注释】　①全国为上,破国次之:全,完整。国,春秋时主要指都城,或指包括外城及周围的地区。意谓以实力为后盾,迫使敌方城邑完整地降服为上策,而通过战争交锋,攻破敌方城邑则稍差一些。②军、旅、卒、伍:春秋时军队编制单位。1.25万人为军,500人为旅,100人为卒,5人为伍。③非善之善者也:不是好中最好的。④不战而屈人之兵,善之善者也:屈,屈服、降服。此句意为不动用武力便使敌人屈服,这是高明中最高明的。

【译文】 孙子说：一般的战争指导法则是，使敌人举国降服为上策，而去破敌国就略逊一等；使敌人全军完整地降服为上策，而击溃敌人的军队就略逊一筹；使敌人全旅完整地降服为上策，而用武力去垮它就逊一等；使敌人全卒完整地降服是上策，用武力打垮它就次一等；使敌人全伍降服是上策，用武力去溃它就次一等。因此，百战百胜，并不是高明中最高明的；不经交战而能使敌人屈服，这才算是最高明的。

上兵伐谋，其次伐交

【原文】 故上兵伐谋①，其次伐交②，其次伐兵③，其下攻城。攻城之法④，为不得已⑤。

【注释】 ①上兵伐谋：上兵，上乘用兵之法。伐谋，以谋略克敌制胜。此句意为：用兵的最高境界是用谋略战胜敌人。②其次伐交：交，交合，此处指外交。伐交，即进行外交斗争以争取主动。当时的外交斗争，主要表现为运用外交手段瓦解敌国的联盟，扩大、巩固自己的盟国，孤立敌人，迫使其屈服。③伐兵：通过军队间交锋一决胜负。兵，军队。④攻城之法：法，办法、做法。⑤为不得已：指出于无奈而为之。

【译文】 因此，用兵的上策是用谋略战胜敌人，其次是挫败敌人的外交联盟，再次就是直接与敌人交战，击败敌人的军队，下策就是攻打敌人的城池。选择攻城的做法出于不得已。

善用兵者，屈人之兵而非战

【原文】 故善用兵者，屈人之兵而非战也①，拔人之城而非攻也②，毁人之国而非久也③。必以全争于天下④，故兵不顿而利可全⑤，此谋攻之法也⑥。

【注释】 ①屈人之兵而非战也：屈，使人屈服。②拔人之城而非攻也：拔，攻取。③毁人之国而非久也：非久，不是旷日持久。指灭亡敌人之国毋需旷日持久。④必以全争于天下：全，即上言"全国""全军"，"全旅""全卒""全伍"之"全"。此句意为一定要根据全胜的战略战胜于天下。⑤故兵不顿而利可全：顿，整顿、召集。⑥此谋攻之法也：这就是以谋略胜敌的最高标准。法，标准、准则。

【译文】 因此，擅长用兵的人，使敌人屈服不是靠交战，攻占敌人的城池也不是靠强攻，毁灭敌人的国家更不是靠久战。一定要用全胜的战略争胜天下，这样才不使自己的军队疲惫受挫，又能取得圆满、全面的胜利，这就是以谋略胜敌的标准。

用兵之法，十则围之

【原文】 故用兵之法，十则围之①，五则攻之，倍则分之②，敌则能战之③，少则能逃之④，不若则能避之⑤。故小敌之坚⑥，大敌之擒也。

【注释】 ①十则围之：兵力十倍于敌就包围敌人。②倍则分之：有一倍于敌人的兵力，就设法分散敌人，造成局部上的更大优势。③敌则能战之：意谓如果敌我力量相当，则当敢于抗击、对峙。④少则能逃之：少，兵力少。逃、逃跑躲避。⑤不若则能避之:不若,不如,指实际力量不如敌人,就要设法避其锋芒。⑥小敌之坚,大敌之擒也:小敌,弱小的军队。坚,坚定、强硬,此处指固守硬拼。此句意谓弱小的部队如果坚持硬拼,就会被强大的敌人所俘虏。

【译文】 所以用兵的原则是,拥有10倍于敌的兵力就包围敌人,拥有5倍于敌的兵力就进攻敌人,拥有2倍于敌的兵力就设法分散敌人,兵力相等就要努力抗击敌人,兵力少于敌人就要退却,兵力弱于敌人就要避免决战。因此,弱小的军队如果一味坚持硬拼,就势必成为强大敌人的俘虏。

夫将者,国之辅也

【原文】 夫将者,国之辅也①,辅周则国必强②,辅隙则国必弱③。

【注释】 ①国之辅也:国,指国君。辅,原意谓辅木,这里引申为辅助、助手。②辅周则国必强:周,周密。意谓辅助周密、相依无间,国家就强盛。③辅隙则国必弱:隙,缝隙,此处指有缺陷、不周全。此句意谓辅助有缺陷则国家必弱。

【译文】 将帅是国君的助手,辅助周密,国家就一定强盛;辅助有缺陷,国家就一定衰弱。

故君之所以患于军者三

【原文】 故君之所以患于军者三①:不知军之不可以进而谓之进②,不知军之不可以退而谓之退,是谓縻军③;不知三军之事而同三军之政④,则军士惑矣⑤;不知三军之权而同三军之任⑥,则军士疑矣。三军既惑且疑,则诸侯之难至矣,是谓乱军引胜⑦。

【注释】 ①君之所以患于军者三:君,国君。患,危害。意为国君危害军队行动的情况有三个方面。②谓之进:谓,使的意思,即"使(命令)之进。"③是谓縻军:这叫作束缚军队。④不知三军之事而同三军之政:不了解军事而干预军队的政令。三军:泛指军队。春秋时一些大的诸侯国普遍设有三军,有的为上、中、下三军,有的为左、中、右三军。同,此处是参与、干预的意思。政,政务,这里专指军队的行政事务。⑤军士惑矣:军士,指军队的吏卒。惑,迷惑、困惑。⑥不知三军之权而同三军之任:不知军队行动的权变灵活性质,而直接干预军队的指挥。⑦是谓乱军引胜:乱军,扰乱军队。此谓自乱军队,失去了胜机。

【译文】 国君危害军事行动的情况有三种:不了解军队不能前进而硬让军队前进,不了解军队不能后退而硬让军队后退,这叫作束缚军队;不了解军队的内部事务,而去干预军队的行政,就会使将士迷惑;不懂得军事上的权宜机变,而去干涉军队的指挥,就会使得将士产生疑虑。军队既迷惑又心存疑虑,那为诸侯列国乘机进犯的灾难也就随之降临了,这叫作自乱其军。

此五者,知胜之道也

【原文】 故知胜有五:知可以战与不可以战者胜,识众寡之用者胜①,上下同欲者胜^②,以虞待不虞者胜^③,将能而君不御者胜^④。此五者,知胜之道也^⑤。

【注释】 ①识众寡之用者胜:能根据双方兵力对比情况而采取正确战法,就能取胜。②上下同欲者胜:上下同心协力的能够获胜。③以虞待不虞者胜:以充足的准备对付没有准备者则能得胜。④将能而君不御者胜:将帅有才能而国君不加掣肘的能够获胜。御,原意驾驭,这里指牵制、制约。⑤知胜之道也:认识、把握胜利的规律。

【译文】 预知胜利的情况有五种:知道可不可战的,能够胜利;了解兵多和兵少不同用法的,能够胜利;全军上下意愿一致的,能够胜利,自己准备充足对付没有准备的能得胜。将帅有才能而国君不加掣肘的,能够胜。凡此五条,就是预知胜利的方法。

知彼知己,百战不殆

【原文】 故曰:知彼知己,百战不殆^①。不知彼而知己,一胜一负^②。不知彼不知己,每战必殆。

【注释】 ①殆:危险、失败。②一胜一负:即胜负各半.指没有必胜的把握。

【译文】 所以说:既了解敌人,又了解自己,百战都不会有任何危险;虽不了解敌人,但了解自己,便有时能胜利,有时会失败;既不了解敌人,又不了解自己,则每次用兵都会有危险。

第四章　军形篇

善战者,先为不可胜

【原文】 孙子曰:昔之善战者,先为不可胜^①,以待敌之可胜^②。不可胜在己,可胜在敌^③。故善战者,能为不可胜,不能使敌之可胜^④。故曰:胜可知,而不可为^⑤。

【注释】 ①先为不可胜:为,造成、创造。不可胜,使敌人不可能战胜自己。此句意为先创造条件,使敌人不能战胜自己。②以待敌之可胜:待,等待、寻找、捕捉的意思。敌之可胜,指敌人可以被我战胜的时机。③不可胜在己,可胜在敌:指创造不被敌人战胜的条件,在于自己主观的努力,而敌方是否能被取胜,取决于敌方自己的失误,而非我方主观所能决定。④能为不可胜,不能使敌之可胜:能够创造自己不为敌所胜的条件,而不能强令敌人一定具有可以被我战胜的时机。⑤胜可知,而不可为:知,预知、预见。意为胜利可以预测,却不能强求。

【译文】 孙子说:以前擅长用兵打仗的人,先要做到不会被敌方战胜,然后捕捉时机战胜敌人。不会被敌人战胜的主动权操在自己手中,能否战胜敌人则取决于敌人是否有隙可乘。因此,擅长打仗的人,能创造不被敌人战胜的条件,但却不可能做到使敌人一定被我战胜。

不可胜者,守也

【原文】 不可胜者,守也^①。可胜者,攻也。守则不足,攻则有余^②。善守者,藏于九地之下;善攻者,动于九天之上③,故能自保而全胜④也。

【注释】 ①不可胜者,守也。可胜者,攻也:意为使敌人不能胜我,在于我方防守得当;而战胜敌人,则取决于我方进攻得当。②守则不足,攻则有余:采取防守的办法,是因为自己的力量处于劣势。采取进攻的办法,是因为自己的力量处于优势。③"九地、九天"句:九,虚数,泛指多,古人常用"九"来表示数的极点。九地,形容地深不可知;九天,形容天高不可测。此句谓善于防守的人,能够隐蔽军队的活动,如藏物于极深之地下,令敌方莫测虚实;善于进攻的人,进攻时能做到行动神速、突然,如同从九霄飞降,出其不意,迅猛异常。④自保而全胜:保全自己而战胜敌人。

【译文】 要想不被敌人战胜,在于防守严密;想要战胜敌人,在于进攻得当。实行防御,是由于兵力不足,采取进攻,是因为兵力有余。善于防守的人,隐蔽自己的兵力如同深藏于地下;善于进攻的人,展开自己的兵力就像自九霄而降。所以,既能保全自己,又能夺取胜利。

故善战者之胜也,无智名,无勇功。

【原文】 故善战者之胜也,无智名,无勇功。故其战胜不忒①。不忒者,其所措必胜,胜已败者也②。

【注释】 ①忒:差错,失误;不忒:不出差错。②胜已败者也:战胜败局已成的敌人。

【译文】 所以,擅长打仗的人打了胜仗,既不显露出指挥的名声,也不表现为勇武的战功。他们取得的胜利,是不会有差错的。其之所以不会有差错,是因为它们的作战措施建立在必胜的基础上,能战胜那些已经处于失败地位的敌人。

故善战者,立于不败之地,而不失敌之败也

【原文】 故善战者,立于不败之地,而不失敌之败也①。是故胜兵先胜而后求战②,败兵先战而后求胜③。

【注释】 ①不失敌之败也:不放过使敌人失败的机会。②胜兵先胜而后求战:胜兵,胜利的军队。先胜,先创造不可被敌战胜的条件。意为能取胜的军队,总是先创造取胜的条件,然后才和敌人决战。③败兵先战而后求胜:指失败的军队总是贸然开战,然后企求侥幸取胜。

【译文】 擅长作战的人,总是确保自己立于不败之地,同时不放过任何击败敌人的机会。所以,胜利的军队总是先创造获胜的条件,而后才寻机与敌决战。而失败的军队,却总是先和敌人交战,而后企望侥幸取胜。

善用兵者,修道而保法

【原文】 善用兵者,修道而保法①,故能为胜败之政②。

【注释】 ①修道而保法:道,政治,政治条件。法,法度,法制。意为修明政治,确保各项法制的贯彻落实。②故能为胜败之政:政,同"正",引申为主宰的意思。为胜

败之政,即成为胜败的主宰。

【译文】 擅长指挥军队作战的人,必须修明政治,确保法制,如此才能掌握战争胜负的决定权。

兵法:一曰度,二曰量,三曰数

【原文】 兵法:一曰度①,二曰量②,三曰数③,四曰称④,五曰胜。地生度⑤,度生量⑥,量生数⑦,数生称⑧,称生胜⑨。

【注释】 ①度:指土地幅员的大小。②量:容量、数量,指物质资源的数量。③数:数量、数目,指兵员的多寡。④称:衡量轻重,指敌对方实力状况的衡量对比。⑤地生度:生,产生。意谓因所处地域的不同,产生土地幅员大小的差异。⑥度生量:指因土地幅员的大小差异,产生物质资源的多少不同。⑦量生数:指因物质资源的多少不同,产生兵员多寡的差异。⑧数生称:指因兵员多寡的不同,产生军事实力的强弱不同。⑨称生胜:指因军事实力对比的不同,决定了战争胜负的不同。

【译文】 兵法的基本原则有五条:一是"度",二是"量",三是"数",四是"称",五是"胜"。敌我所处的地域不同,产生双方幅员大小不同的"度",敌我地幅大小——"度"的不同产生了双方物质资源丰瘠不同的"量";敌我物质资源丰瘠——"量"的不同,产生了双方军事实力强弱不同的"称";敌我军事实力强弱——"称"的不同,最终决定了战争的胜负成败。

决积水于千仞之溪者,形也

【原文】 故胜兵若以镒称铢①,败兵若以铢称镒。胜者之战民②也,若决积水于千仞③之溪者,形也。

【注释】 ①以镒称铢:镒,古代重量单位,合24两或20两,意谓其重;铢,古代重量单位,24铢为一两,意谓其轻。此处指实力悬殊。②战民:士兵。③仞:古代长度单位,8尺为一仞;此句指犹如8000尺上之水,决堵而下,势不可挡。

【译文】 胜利的军队较之于失败的军队,犹如以"铢"比"镒"那样,占有绝对的优势。而失败的军队较之胜利的军队,就像用"镒"比"铢"那样,处于绝对的劣势。胜利者指挥军队与敌作战,就像在万丈悬崖掘开山涧的积水,所向披靡,这就是"形"的军事实力。

第五章 兵势篇

凡治众如治寡,分数是也

【原文】 孙子曰:凡治众如治寡①,分数是也②;斗众③如斗寡,形名④是也;三军之众,可使必受敌而无败⑤者,奇正⑥是也;兵之所加,如以碬投卵⑦者,虚实⑧是也。

【注释】 ①治众如治寡:治,治理、管理,意为管理人数众多的部队如同管理人数很少的部队一样。②分数是也：分数，此处指军队的编制。把整体分为若干部分，就叫分数，这里是指分级分层管理之意。③斗众：指挥人数众多的部队作战。斗，动词，为使……战斗之意。④形名：形，指旌旗；名，指金鼓。在战场上，投入兵力众多，分布面积也很宽广，主帅下达的命令难以传达，所以设置旗帜，高举于手中，让将士知道前进或后退等命令，而用金鼓来节制将士或进行战斗或终止战斗。⑤必受敌而无败：必，"毕"的同意假借，意为完全、全部。⑥奇正：常规与奇兵并用。奇正，古兵法常用术语，指军队作战的特殊战法和常用战法。就兵力部署面言，以正面受敌者为正，以机动突击为奇；就作战方式言，正面进攻为正，侧翼包抄偷袭为奇，以实力围歼为正，以诱骗欺诈为奇等。⑦以碬投卵：比喻以坚击脆，以实击虚。⑧虚实：古兵法常用术语，指军事实力上的强弱、优劣。有实力为"实"，反之为"虚"。有备为"实"，无备为"虚"，休整良好为"实"，疲敝松懈为"虚"。此处含有以强击弱、以实击虚的意思。

【译文】　孙子说：一般而言，管理大部队如同管理小部队一样，这属于军队的组织编制问题；指挥大部队作战如同指挥小部队作战一样，这属于指挥号令的问题；整个部队遭到敌人攻击而没有溃败，这属于"奇正"战术的变化问题；对敌军所实施的打击，如同以石击卵一样，这属于"避实就虚"原则的正确运用问题。

凡战者，以正合，以奇胜

【原文】　凡战者，以正合①，以奇胜。故善出奇者，无穷如天地，不竭如江河②。终而复始，日月是也；死而复生，四时是也③。

【注释】　①以正合，以奇胜：合，交战、合战。此句意即以正兵合战，奇兵制胜。②无穷如天地，不竭如江河：喻正奇之变化有如宇宙万物之变化无穷，江河水流之不竭尽。③死而复生，四时是也：去而复来，如春、夏、秋、冬四季更替。

【译文】　一般的作战，总是以"正兵"合战，用"奇兵"取胜。所以，善于出奇制胜的人，其战法的变化如天地运行那样变化无穷，像江河那样奔流不息。终而复始，就像日月的运行；去而复来，如同四季的更替。

奇正之变，不可胜穷也

【原文】　战势①，不过奇正，奇正之变，不可胜穷也。奇正相生②，如环之无端③，孰能穷之④？

【注释】　①战势：指具体的兵力部署和作战方式。②奇正相生：意为奇正之间相互依存、转化。③如环之无端：端，无始无终。言奇正之变化无始无终，永无尽头。④孰能穷之：孰，谁。穷，穷尽。之，指奇正相生变化。

【译文】　作战的方式不过"奇""正"两种，可是"奇""正"的变化，却永远未可穷尽。"奇""正"之间的相互转化，就像顺着圆环旋绕似的，无始无终，又有谁能够穷尽它呢？

是故善战者，其势险，其节短

【原文】　激水之疾，至于漂石者，势也。鸷鸟①之疾，至于毁折者，节②也。是故善战者,其势险,其节短。势如彍弩③,节如发机④。

【注释】 ①鸷鸟:一种凶猛的鹰隼。②节:节奏。指动作爆发得既快捷、猛烈,又恰到好处。③势如彍弩:彍,弩弓张满的意思。彍弩,即弓满待发之弩。④发机:即引发弩机的机纽。

【译文】 湍急的河水迅速地奔流,以致能够把巨石冲走,这是因为它飞快地流速所形成的"势"使然,鸷鸟高飞猛击,以致能捕杀鸟雀,这就是短促迅捷的"节"使然。因此,善于指挥作战的人,他所造成的态势险峻逼人,他进攻的节奏短促有力,险峻的势就像张满的弓弩,迅疾的节奏犹似击发弩机把箭突然射出。

乱生于治,怯生于勇

【原文】 乱生于治①,怯生于勇,弱生于强②。治乱,数也③。勇怯,势也。强弱,形也。

【注释】 ①乱生于治:示敌混乱,是由于有严整的组织。②弱生于强:示敌弱小,是由于本身拥有强大的兵力。③治乱,数也:数,即前言之"分数"。指军队的组织编制。意为军队的治或乱决定于编制是否有序。

【译文】 向敌显示混乱,是由于己方组织编制的严整。向敌显示怯懦,是由于己方具备了勇敢的素质。向敌诈示弱小,是由于己方拥有强大的兵力。严整或者混乱,是由组织编制的好坏而定的。勇敢或怯懦,是由作战态势的优劣所造成的,强大或者弱小,是双方实力大小的外在显示。

形之,敌必从之

【原文】 故善动敌①者,形之②,敌必从之。予之,敌必取之。以利动之,以卒待之③。

【注释】 ①动敌:调动敌人。②形之:形,动词,即示形,示敌以形。指用假象迷惑敌人,使其判断失误。③以卒待之:用重兵伺机破敌。

【译文】 因此擅长调动敌人的将帅,会伪装假象迷惑敌人,敌人因此会听从调动;用小利引诱敌人,敌人就会前来争夺。用这样的办法积极调唆敌人,再预备重兵伺机攻击它。

择人而任势

【原文】 故善战者,求之于势,不责于人①,故能择人而任势②。

【注释】 ①求之于势,不责于人:责,求、苛求。此句意谓当追求有利的作战态势,而不是苛求下属。②择人而任势:择,选择。任,任用、利用、掌握、驾驭的意思。

【译文】 善于用兵打仗的人,总是努力创造有利的态势,而不对部属责备求全,所以他能够选择人才去利用和创造有利的态势。

故善战人之势,如转圆石于千仞之山者

【原文】 任势者,其战人也,如转木石。木石之性①,安②则静,危③则动,方则止,

圆则行。故善战人之势,如转圆石于千仞之山者,势④也。

【注释】 ①木石之性:木石的特性。性、性质、特性。②安:安稳,这里指平坦的地势。③危:局峻、危险,此处指地势高峻陡峭。④势:是指在"形"(军事实力)的基础上,发挥将帅的主观作用,因而造成有利的作战态势。

【译文】 擅长利用态势的人指挥军队作战,就如同滚动木头、石头一般。木头和石头的特性是:置放在平坦之处就静止不动,置放在险峻陡峭之处就滚动,方的容易静止,圆的滚动灵活。因此,擅长指挥作战的人所造成的有利态势,就像将圆石从万丈高山上推滚下来那样,这就是所谓的"势"。

第六章 虚实篇

故善战者,致人而不致于人

【原文】 孙子曰:凡先处战地而待敌者佚①,后处战地而趋战者劳②。故善战者,致人而不致于人③。

【注释】 ①凡先处战地而待敌者佚:处,占据。佚,即"逸",指安逸、从容。此句意谓在作战中,若能率先占据战地,就能使自己处于以逸待劳的主动地位。②后处战地而趋战者劳:趋,奔赶,此处为仓促之意,趋战,仓促应战。此句意谓后处战地,仓促应战则疲劳被动。③致人而不致于人:致,招致、引来。致人,牵制敌人。致于人,为敌人所牵制。

【译文】 孙子说:凡是占据战场,等待敌人的就主动安逸,而后到达战场仓促应战的就疲惫被动。因此善于指挥作战的人,总是能够调动敌人而不被敌人所牵制。

能使敌人自至者,利之也

【原文】 能使敌人自至者,利之也①;能使敌人不得至者,害之也②。故敌佚能劳之③饱能饥之,安能动之④。

【注释】 ①能使敌人自至者,利之也:利之,以利引诱。意谓能使敌人自来,乃是以利引诱的缘故。②能使敌人不得至者,害之也:害,妨害、牵制。此意谓能使敌人不得到达战地,乃是牵制敌人的结果。③劳之:劳,使之疲劳。④安能动之:意谓敌若固守,我就设法牵动它。

【译文】 能够使敌人自动进到我预定的地域,是因为用小利引诱的缘故;能够使敌人不能抵达其预定领域的,则是设置重重困难阻挠的缘故。敌人休整得好,就设法使它疲劳;敌人粮食充足,就设法使它饥饿;敌人驻扎安稳,就设法使它移动。

故善攻者,敌不知其所守

【原文】 故善攻者,敌不知其所守①。善守者,敌不知其所攻。微乎微乎,至于无形②。神乎神乎,至于无声③,故能为敌之司命④。

【注释】　①故善攻者,敌不知其所守。善守者,敌不知其所攻:此句谓善于进攻的军队,使敌人不知该守何处,善于防守的军队,使敌人不知该进攻何处。②微乎微乎,至于无形:微,微妙。此句谓虚实运用微妙之极,则无形可睹。③神乎神乎,至于无声:神,神奇、高妙。意为虚实运用神奇之至,则无声息可闻。④司命:命运之主宰。

【译文】　所以擅长进攻的,能使敌人不知道该如何防守;擅长防御的,能使敌人不知道该怎样进攻。微妙啊,微妙到看不出任何形貌!神奇啊,神奇到听不见丝毫声音!因此,这能够成为敌人命运的主宰。

攻其所必救

【原文】　进而不可御者,冲其虚也①;退而不可追者,速而不可及也②。故我欲战,敌虽高垒深沟,不得不与我战者,攻其所必救也③;我不欲战,画地而守之④,敌不得与我战者,乖其所之也⑤。

【注释】　①进而不可御者,冲其虚也:御,抵御。冲,攻击、袭击。虚,防备空虚之处。此谓我军进击而敌无法抵御,是由于攻击点正是敌之虚懈处。②退而不可追者,速而不可及也:速,迅速。及,赶上、追上。此句意为我军后撤而敌不能追击,是由于我后撤迅速,敌追赶不及。因此,撤退的主动权也操于我手。③我欲战……攻其所必救也:必救,必定救援之处,喻利害攸关之地。此句意为由于我已把握了战争的主动权,故当我欲与敌进行决战时,敌不得不从命。所以如此是因为我所选择的攻击点,正是敌之要害处。④画地而守之:画地而守,即据地而守,喻防守颇易。⑤乖其所之也:乖,违、相反,此处有改变、调动的意思。之,往、去。句意谓牵动敌人,将其引往他处。

【译文】　进击而使敌人无法抵御,是由于击中敌军懈怠空虚的地方;撤退而使敌人不来追击,是因为行动迅速而使敌人追赶不及。所以我军求战时,敌人即使高垒深沟也不得不出来与我交锋,这是因为我们攻击了敌人所必救的地方;我军不想作战时,驻扎一个地方防守,敌人也无法同我作战,这是因为诱使敌人改变进攻方向。

故形人而我无形,则我专而敌分

【原文】　故形人而我无形①,则我专而敌分②;我专为一,敌分为十,是以十攻其一也③,则我众而敌寡;能以众击寡者,则吾之所与战者,约矣④。

【注释】　①故形人而我无形:形人,使敌人现形。形,此处作动词,显露的意思。无形,即不显露形态(隐蔽真形)。②我专而敌分:我专一(集中)而敌分散。③是以十攻其一也:指我在局部上对敌拥有以十击一的绝对优势。④吾之所与战者,约矣:约,少、寡。此句意谓能以众击寡,则我欲进击之敌必定弱小有限。

【译文】　要使敌人暴露而我军隐蔽,这样,我军兵力就可以集中而敌人兵力却不得不分散。我们的兵力集中在一处,敌人的兵力如散在十处,这样,我们就能以十倍于敌的兵力去进攻敌人了,因而造成我多而敌寡的有利态势。如果能做到集中优势兵力攻击劣势的敌人,那么同我军正面交战的敌人也就有限了。

无所不备，则无所不寡

【原文】　故备前则后寡，备后则前寡，备左则右寡，备右则左寡，无所不备，则无所不寡①。寡者，备人者也②；众者，使人备己者也③。

【注释】　①无所不备，则无所不寡：即言如果处处设防，必然是处处兵寡力弱，陷入被动。②寡者，备人者也：言兵力之所以相对薄弱，在于分兵备敌。③众者，使人备己者也：意谓兵力之所以占有相对优势，是因为迫使对方分兵备战。

【译文】　防备了前面，后面的兵力就薄弱，防备了后面，前面的兵力就薄弱。防备了左边，右边的兵力就薄弱，防备了右边，左边的兵力就薄弱。处处加以防备，就处处兵力薄弱。兵力之所以薄弱，是因为处处分兵防备；兵力之所以充足，是因为迫使对方处处分兵防备。

故知战之地，知战之日，则可千里而会战

【原文】　故知战之地，知战之日①，则可千里而会战。不知战地，不知战日，则左不能救右，右不能救左，前不能救后，后不能救前，而况远者数十里，近者数里乎②？……故曰：胜可为也。敌虽众，可使无斗③。

【注释】　①故知战之地，知战之日，则可千里而会战：如能预先了解掌握战场的地形条件与交战时间，则可以赴千里与敌交战。②不知战地……近者数里乎：言若不能预先知道战场的条件与作战之时，则前、后、左、右无暇相顾，不及相救，何况作战行动往往是在绵延数里甚至数十里方圆范围内展开的。③无斗：无法与我战斗。

【译文】　因此，如能预知交战的地点和时间，即使跋涉千里也可以去和敌人会战。而若不能预知在什么地方、时间交战，则会导致左翼救不了右翼，右翼救不了左翼，前不能救后，后不能救前的情况，何况想要在远达数十里，近在数里的范围内做到应付自如？所以说，胜利是可以造就的。敌兵虽多，还是可以使它失去战斗力。

策之而知得失之计

【原文】　故策之而知得失之计①，作之而知动静之理②，形之而知死生之地③，角之而知有余不足之处④。

【注释】　①策之而知得失之计：策，策度、筹算。意谓我当仔细筹算，以了解判断敌人作战计划之优劣。②作之而知动静之理：作，兴起，此处指挑动。动静之理，指敌人的活动规律。意为挑动敌人，借以了解其活动的一般规律。③形之而知死生之地：形之，示形于敌。死生之地，指敌之优势或薄弱环节、致命环节的所在。地，同下"处"，非实指战地。句意为以示形于敌的手段，来了解敌方的优劣环节。④角之而知有余不足之处：角，量、较量。有余，指实、强之处。不足，指虚、弱之处。意谓要通过对敌作试探性的较量，以掌握敌人的虚实强弱情况。

【译文】　因此要通过认真的筹算，来分析敌人作战计划的优劣得失；要通过挑逗敌人，来了解敌人的活动规律；要通过佯动示形，来试探敌人生死命脉的所在；要通过

小型交锋,来了解敌人兵力的虚实强弱。

其战胜不复,而应形于无穷

【原文】 故形兵之极,至于无形①。无形,则深间不能窥,智者不能谋②。因形而措胜于众,众不能知;人皆知我所以胜之形,而莫知吾所以制胜之形。故其战胜不复,而应形于无穷③。

【注释】 ①故形兵之极,至于无形:形兵,指军队部署过程中的伪装佯动。书示形于敌的最高境界是没有形态,使敌人无法捉摸。②深间不能窥,智者不能谋:间,间谍。深间,指隐藏极深的间谍。窥,刺探、窥视。表示佯装达到至高境界,则敌之深间也无从推测底细,聪明的敌人也束手无策。③应形于无穷:应,适应。形,形状、形态,此处指敌情。

【译文】 因此当佯动示形进入最高的境界,就再也看不出什么迹象和形态了。那么,即使是深藏的间谍也窥察不了底细,老谋深算的敌人也想不出对策。人们只能知道我用来战胜敌人的办法,却无从知道我是怎样运用这些办法出奇制胜的。因此每一次胜利,都不是简单的重复,而是根据不同的情况变化无穷。

兵之形,避实而击虚

【原文】 夫兵形象水①,水之形,避高而趋下。兵之形,避实而击虚②。水因地而制流,兵因敌而制胜③。故兵无常势,水无常形④;能因敌变化而取胜者,谓之神⑤。

【注释】 ①兵形象水:此言用兵的法则就如同水的运动规律一样。兵形,用兵打仗的方式,亦可理解为用兵的法则。②兵之形,避实而击虚:即用兵的原则是避开敌人坚实之地,攻击其空虚薄弱的地方。③水因地而制流,兵因敌而制胜:制,制约、决定。制胜,制服敌人以取胜。此句为水之流向受到地形高低不同的制约,作战中的取胜方法则依据敌情不同来决定。④兵无常势,水无常形:即用兵打仗无固定刻板的态势,似流水并无一成不变的形态。势,态势。常势,固定永恒的态势。常形,一成不变的形态。⑤能因敌变化而取胜者,谓之神:意谓若能依据敌情变化而灵活处置以取胜,则可视之为用兵如神。

【译文】 用兵的法则就像流水的属性,是避开高处而流向低处;行军打仗的原则是避开敌人坚实之处而攻击其弱点。水因地形的高低而制约其流向,作战则根据不同的敌情而制定取胜的策略。因此,用兵作战没有固定刻板的态势,正如水的流动不会有一成不变的形态一样,倘若能够根据敌情变化而灵活机动取胜,就可以叫作用兵如神。

第七章 军争篇

后人发,先人至

【原文】 军争之难者,以迂为直①,以患为利。故迂其途②而诱之以利,后人发,

【注释】 ①以迂为直,以患为利:迂,曲折、迂回。直,近便的直路。意为将迂回的道路变成直达的道路,把不利的(害处)变为有利的。②故迂其途而诱之以利:"其""之"均指敌人。迂,此处当作动词。前句就我军而言,此句就敌军而言。军争时既要使自己"以迂为直,以患为利",也要善于使敌方以直为迂,以利为患。而要达到此一目的,在于以利引诱敌人,使其行迂趋患,陷入困境。③后人发,先人至:比敌人后出动,却先抵达将要争夺的要地。④此知迂直之计者也:知,这里是掌握的意思。计,方法、手段。

【译文】 争求制胜条件最困难的地方,在于要把迂回的弯路变为直路。要把不利的条件转化为有利的。同时,要让敌人的近直之利变为迂远之患,并用小利引诱敌人,这样就能比敌人后出动而先抵达必争的战略要地,这就是掌握了以迂为直的方法。

军争为利,军争为危

【原文】 故军争为利,军争为危。举军而争利则不及①,委军而争利②则辎重捐。

【注释】 ①举军而争利则不及:举,全、皆。率领装备辎重的军队前去争取先机则不能按时到达。不及,不能按时到达预定地点。②委军而争利则辎重捐:委,丢弃、舍弃。辎重,军用物资的装载,包括军用器械、营具、粮秣、服装等。捐,弃、损失。此句意谓如果扔掉一部分军队去争利,则装载之军用物资将会受到损失。

【译文】 军争不但有不顺利的一面,同时也有危险的一面。假如全军携带满载的军用物资去争利,就无法按时抵达预定地域,倘若丢下部分军队前去争利,则装载的军用物资将会受到损失。

是故军无辎重则亡,无粮食则亡,无委积则亡

【原文】 是故军无辎重则亡①,无粮食则亡,无委积则亡②。

【注释】 ①军无辎重则亡:军队没有随行的兵器、器械则不能生存。②无委积则亡:委积,指物资储备。军队没有物资储备作补充,亦不能生存。

【译文】 须知军队没有辎重就会失败,没有粮食就不能生存,没有物资储备就难以为继。

故兵以诈立,以利动

【原文】 故兵以诈立①,以利动②,以分合为变者也。

【注释】 ①兵以诈立:立,成立,此处指成功。②以利动:利,好处、利益。

【译文】 因此用兵作战必须依靠多变的计谋以争取成功,根据是否有利来决定自己的行动,而按照分散或集中兵力的方式来变换战术。

先知迂直之计者胜

【原文】 故其疾如风,其徐如林,侵掠如火,不动如山,难知如阴①,动如雷震。

掠乡分众②,廓地分利③,悬权④而动。先知迂直之计者胜,此军争之法也。

【注释】 ①难知如阴:荫蔽难测。②掠乡分众:分兵掠夺城邑。③廓地分利:开拓疆土,分守利害。④悬权:秤锤悬秤杆上,在此指衡量。

【译文】 因此,军队行动迅速时就像疾风骤起,行动舒缓时就像林木森然不乱,攻击敌人时像烈火,实施防御时像山岳,隐蔽时如同浓云蔽日,冲锋时如迅雷不及掩耳。要分兵掳掠敌方的乡邑,要分兵扼守要地,以扩展自己的领土,并权衡利害关系,然后伺机而动。懂得以迂为直方法的将帅就能取得胜利,这是争夺制胜的原则。

三军可夺气,将军可夺心

【原文】 故三军可夺气①,将军可夺心②。

【注释】 ①夺气:挫败锐气。②将军可夺心:动摇敌将之心。

【译文】 对于敌人的军队,可以使其士气低落;对于敌军的将帅,可以使其决心动摇。

善用兵者,避其锐气,击其惰归,此治气者也

【原文】 是故朝气锐,昼气惰,暮气归。故善用兵者,避其锐气,击其惰归①,此治气者也②。

【注释】 ①避其锐气,击其惰归:避开士气旺盛之敌,打击疲劳沮丧、士气衰竭之敌。②此治气者也:治,此处作掌握解。意谓这是掌握运用士气变化的通常规律。

【译文】 因此善于用兵的人,总是先避开敌人初来时的锐气,而等到敌人士气懈怠衰竭时再去攻击它,这是掌握运用军队士气的方法。用自己的严整来对付敌人的混乱,用自己的镇静来对付敌人的轻躁,这是把握将帅心理的手段。

以治待乱,以静待哗

【原文】 以治待乱①,以静待哗②,此治心者也③。以近待远,以逸待劳,以饱待饥,此治力者也④。无邀正正之旗,无击堂堂之陈,此治变者也⑤。

【注释】 ①以治待乱:以严整有序的军队对付混乱不整之敌。②以静待哗:以自己的沉着冷静对付敌人的轻躁喧哗。③此治心者也:这是掌握利用将帅心理的一般方法。④此治力者也:这是掌握利用军队战斗力的基本方法。⑤此治变者也:这是掌握机动应变的一般方法。

【译文】 用自己的严整来对付敌人的混乱,用自己的镇静来对付敌人的轻躁,这是掌握将帅心理的手段。用自己部队接近的战场来对付远道而来的敌人,用自己供应充足的部队来对付饥饿不堪的敌人,这是掌握军队战斗力的秘诀。不要去打击旗帜整齐的敌人,不要去进攻阵容雄壮的敌人,这是掌握灵活机变的原则。

故用兵之法,穷寇勿迫

【原文】 故用兵之法,高陵勿向①,背丘勿逆②,佯北勿从③,锐卒勿攻④,饵兵勿

【注释】 ①高陵勿向:高陵,高山地带。向,仰攻。即对已占领高地的敌人,不要去进攻。②背丘勿逆:背,倚仗之意。敌人如果背倚丘陵险阻,我军不要去正面进攻。③佯北勿从:佯,假装。从,跟随。言敌人如果是假装败退,我军不要去追击。④锐卒勿攻:意谓如果敌军的士气旺盛,我军不要去进攻。⑤饵兵勿食:此谓敌人若以小利作饵引诱我军,则不要去理睬它。⑥归师勿遏:遏,阻击。对于正在向本国归返的敌师,不要去正面阻击它。⑦围师必阙:阙,同"缺"。在包围敌军作战时,当留有缺口以避免使敌人做困兽之斗。⑧穷寇勿迫:指对陷入绝境的敌人,不要加以逼迫,以免其抵死挣扎。

【译文】 用兵的法则是:假如敌人占领山地就不要去仰攻,若敌人背靠高地也不要正面去攻击,敌人假装败退时不要跟踪追击,同时也不要去攻击士气旺盛的敌军,不要去理睬敌人的诱兵,对正在退回本国途中的敌军不要正面遭遇,包围敌人时要留出缺口,而对陷入绝境的敌人不要过分逼迫,这些都是用兵的法则。

第八章　九变篇

地有所不争,君命有所不受

【原文】 孙子曰:凡用兵之法,将受命于君,合军聚众。圮地无舍①,衢地交合②,绝地无留③,围地则谋④,死地⑤则战,涂有所不由⑥,军有所不击⑦,城有所不攻⑧,地有所不争⑨,君命有所不受⑩。

【注释】 ①圮地无舍:圮地,指难于通行之地。舍,止也,此处指宿营驻扎。②衢地交合:衢,四通八达,衢地即四通八达之地。交合,指结交邻国以为援。③绝地无留:绝地,难以生存之地。意为遭逢绝地,不要停留。④围地则谋:围地,指进退困难易被包围之地,谋,即设定奇妙之计谋。在易被围困之地要设奇计摆脱困难。⑤死地:进则无路,退亦不能,指非经死战则难以生存之地。⑥涂有所不由:由,从、通过。这里指有的道路不要过。⑦军有所不击:指有的军队不宜攻击。⑧城有所不攻:有的城邑不应攻打。⑨地有所不争:有些地方可以不去争夺。⑩君命有所不受:有时君主的命令也可以不接受。

【译文】 孙子说,大凡用兵的法则是:将帅接受国君的命令,征集民众、组织军队。出征时在沼泽延绵的"圮地"上不可驻扎,在多国交界的"衢地"上应结交邻国,在"绝地"上不要停留,退上"围地"时要巧设奇谋,陷入"死地"后要殊死战斗。有的道路不要通行,有的敌军不要攻打,有的城池不要攻取,有的地方不要争夺,国君的部分命令不要遵行。

通于九变之利者,知用兵矣

【原文】 故将通于九变之利者,知用兵矣①。将不通九变之利者,虽知地形,不能得地之利矣②。治兵不知九变之术③,虽知五利④,不能得人之用矣⑤。

【注释】 ①故将通于九变之利者,知用兵矣:将帅如果能通晓九变之利,就懂得如何用兵作战了。通,通晓、精通。②将不通九变之利者,虽知地形,不能得地之利矣:将帅如果不通晓九变的利弊,即使了解地形,也不能从中获得帮助。③九变之术:九变的具体手段和方法。④五利:指"途有所不由"至"君命有所不受"等五事之利。⑤不得人之用矣:指不能够充分发挥军队的战斗力。

【译文】 将帅如果能精通各种机变的利弊,就是懂得用兵了。将帅如果不能精通各种机变的利弊,那么即使了解地形,也不能够得到充分利用地理的优势,以达到战胜敌人的目的。指挥军队如果不知道九变的方法,那么虽然知道"五利",也不能充分发挥军队的战斗力。

智者之虑,必杂于利害

【原文】 是故智者之虑①,必杂于利害②。杂于利而务可信也,杂于害而患可解也。

【注释】 ①智者之虑:聪明的将帅思考问题。虑,思考。②必杂于利害:必然充分考虑和兼顾到利弊两方面的因素。

【译文】 因此,明智的将帅考虑问题,必须兼顾利与害两个方面。在有利的情况下考虑到不利的方面,大事便可以顺利进行;在困难的情况下考虑到有利的方面,那么祸患就可以消除了。

屈诸侯者以害,役诸侯者以业

【原文】 是故屈诸侯者以害,役诸侯者以业,趋诸侯者以利①。

【注释】 ①趋诸侯者以利:趋,奔赴、奔走,此处作动词用。句意指用利引诱调动敌人,使之奔走无暇。

【译文】 所以,要用诸侯害怕的事情使其屈服,要用危险的事情去役使诸侯,要用小利去使诸侯归附。

用兵之法,无恃其不来

【原文】 故用兵之法,无恃其不来,恃吾有以待也①;无恃其不攻,恃吾有所不可攻也②。

【注释】 ①无恃其不来,恃吾有以待也:意为不要寄望于敌人不来,而要依靠自己做好充分的准备。②无恃其不攻,恃吾有所不可攻也:不要寄望于敌人不来进攻,而依靠自己具备强大实力,使得敌人不敢来进攻。

【译文】 因此,用兵的法则是:不要寄希望于敌人不会来,而要依赖自己有充分的准备,严阵以待;不要寄望于敌人不会进攻,而要依靠自己有充足的力量,使敌人无法进攻。

将有五危

【原文】 故将有五危:必死,可杀也①。必生,可虏也②。忿速,可侮也③。廉洁,可辱也④。爱民,可烦也⑤。凡此五者,将之过也,用兵之灾也。覆军杀将⑥,必以五危⑦,不可不察也。

【注释】 ①必死,可杀也:必,坚持、固执之意。此句言坚持死拼,则有被杀的危险。②必生,可虏也:言将帅若一味贪生,则不免沦为战俘。③忿速,可侮也:忿,愤怒、愤懑。速,快捷、迅速,这里指急躁、偏激。意谓将帅急躁易怒,就有容易中敌人轻侮之计的危险。④廉洁,可辱也:将帅如果过于洁身清廉,自矜名节,就有受辱的危险。⑤爱民,可烦也:将帅如果溺于爱民,不知从全局把握问题,就易为敌所乘,有被烦扰的危险。⑥覆军杀将:使军队覆灭,将帅被杀。覆,覆灭、倾覆。⑦必以五危:必,一定、肯定。以,由、因的意思。五危,指上述"必死""必生"等五事。言"覆军杀将"都是由此五危所引起的,故不可不充分注意。

【译文】 因此,当将帅的有五种致命的毛病:只知死拼蛮干,就可能被敌人诱杀;只顾贪生活命,就可能被敌人停虏;急躁易怒,就可能中敌人的凌辱之计;廉洁好名,就可能中敌人侮辱的圈套;只顾"爱民",就可能导致烦扰而不得安宁。以上五点,是将帅最容易出现的过错,也是用兵的祸害。军队覆没,将领被杀,大部是由于这五种过失造成的,这是不得不慎重考虑的。

第九章 行军篇

半济而击之,利

【原文】 绝水必远水①,客②绝水而来,勿迎之于水内,令半济而击之③,利。

【注释】 ①绝水必远水:意谓横渡江河,一定要远离江河之处驻扎。②客:指敌军,下同。③勿迎之于水内,令半济而击之:迎,迎击。济,渡。半济,渡过一半。此句谓不要在敌军刚到水边时迎击,而要在敌军渡河渡到一半时再发动攻击,因为此时敌军首尾不接,行伍混乱,攻之容易取胜。

【译文】 横渡江河,必须在远离水流之处驻扎。敌人渡河来战,不要在江河中迎击,要等它渡过一半时再出击,这样较为有利。

凡军好高而恶下,贵阳而贱阴

【原文】 凡军好高而恶下①,贵阳而贱阴②,养生处实③,军无百疾,是谓必胜。丘陵堤防,必处其阳而右背之④,此兵之利,地之助⑤也。

【注释】 ①好高而恶下:即喜欢高处而讨厌低处。②贵阳而贱阴:贵,重视。贱,轻视。句意为看重向阳之处而轻视阴湿地带。③养生而处实:指军队要选择水草和粮食充足、物资供给方便的地域驻扎。养生,指水草丰盛、粮食充足,能使人马得以休养生息。④必处其阳而右背之:指置军向阳之地并使其主要侧翼背靠高地。⑤地之助:意谓得自地形的辅助。

【译文】 大凡驻军总是喜好高地,厌恶低洼之地;看重向阳的地方,轻视阴湿的地方;靠近水草,军需充实,将士百病不生,这是军队必胜的条件。在丘陵堤防行军,必须占领它向阳的一面,而主要侧翼要背靠它,这对军队有利,算是得到了地形的辅助。

谨覆索之

【原文】 凡地有绝涧①、天井②、天牢③、天罗④、天陷⑤、天隙⑥,必亟去之,勿近也。吾远之,敌近之;吾迎之,敌背之⑦。军旁有险阻⑧、潢井⑨、葭苇⑩、山林翳荟者,必谨覆索之⑪,此伏奸之所处也⑫。

【注释】 ①绝涧:指两岸峻峭、水流其间的险恶地形。②天井:指四周高峻、中间低洼的地形。③天牢:牢,牢狱。天牢即是对山险环绕,易进难出之地形的描述。④天罗:罗,罗网。指荆棘丛生,使军队进入后如陷罗网而无法摆脱的地形。⑤天陷:陷,陷阱。指地势低洼、泥泞易陷的地带。⑥天隙:隙,狭隙。指两山之间狭窄难行的谷地。⑦吾远之,敌近之;吾迎之,敌背之:意谓对于上述"绝涧"等"六害"地形,我们要远离它,正对它,而让敌军接近它,背靠它。⑧军旁有险阻:险阻,险山大川阻绝之地。⑨潢井:潢,积水池;井,指出水之穴地。⑩葭苇:芦草,此处泛指水草丛聚之地。⑪必谨覆索之:一定要仔细、反复地进行搜索。谨,谨慎。覆,反复。索,搜索、寻找。⑫此伏奸之所处也:指"险阻""潢井"等处往往是敌人伏兵或奸细的藏身之处。

【译文】 大凡遇到"绝涧""天井""天牢""天罗""天陷""天隙"等地形,务必迅速避开它、远离它,让敌人接近它。而行军路上遇到险山大川、洼陷、水草丛聚之地,一定要仔细、反复地进行搜索,因为这里往往是敌人伏兵或奸细的藏身之处。

辞卑而益备者,进也

【原文】 辞卑而益备者,进也①;辞强而进驱者,退也②;轻车先出居其侧者,陈也③;无约而请和者,谋也④;奔走而陈兵车者,期也⑤;半进半退者,诱也⑥。

【注释】 ①辞卑而益备者,进也:敌人措辞谦卑恭顺,同时又加强战略,这表明敌人准备进犯。卑,卑谦、恭敬。益,增加、更加之意。②辞强而进驱者,退也:敌人措辞强硬,在行动上又示以进攻的姿态,这是表示其准备后撤。③轻车先出居其侧者:陈,同"阵",即布阵。句意为战车先出而摆在侧翼,是在布列阵势。④无约而请和者,谋也:敌人还没有陷入困境,却主动前来请和,其中必有阴谋。⑤奔走而陈兵车者,期也:敌人急速奔走、摆开兵车阵势,这是想与我进行作战。⑥半进半退者,诱也:似退非退,是为了引诱我进入圈套。

【译文】 敌人措辞谦卑恭顺,同时又加强战备,这表明敌人准备进犯;敌人措辞强硬,在行动上又表示出进攻的姿态,这是其准备后撤;战车先出而摆在侧翼,是在布列阵势。敌人还没有陷入困境,却主动前来请和,其中必有阴谋;敌人急速奔走、摆开兵车阵势,是想与我作战。敌人似进不进,似退不退,是为了引诱我进入圈套。

兵非益多也

【原文】 兵非益多①也,惟无武进②,足以并力、料敌③、取人而已。无惟无虑而易敌④者,必擒于人。

【注释】 ①兵非益多:兵不以多为有利。②惟无武进:不能恃武轻进。③并力、料敌:集中兵力,察明敌情。④无虑而易敌:无谋而轻敌。

【译文】 作战不在于兵愈多愈好,只要不盲目冒进,能够集中兵力、判断敌情、取胜于地就足够了;那种既无深谋远虑而又轻敌的,必定会被敌人所俘虏。

令之以文,齐之以武

【原文】 卒已亲附①而罚不行②,则不可用。故令之以文,齐之以武③,是谓必取。

【注释】 ①亲附:施恩德使士兵亲近归服。②而罚不行:有刑罚而不严格执行。③令之以文,齐之以武:文,仁恩;武,威刑。

【译文】 士卒已经亲近依附,倘若仍不执行军纪军法,也是不能用他们来打仗的。因此,要用政治道义教育他们齐心协力,用军纪军法来统一他们的行动,这样的军队才是必胜的军队。

令素行以教其民,则民服

【原文】 令素行①以教其民,则民服;令不素行以教其民,则民不服。令素行者,与众相得也②。

【注释】 ①令素行:一贯严行法纪。②与众相得也:得,这里指相处很和谐。

【译文】 平时认真执行法令、教育士卒,士卒就会服从。向来不注重执行法令、教育士卒,士卒就不会服从。平时法令能够认真执行的,这表明将帅与士卒之间关系相处得很好。

第十章 地形篇

通形者,先居高阳,利粮道,以战则利

【原文】 我可以往,彼可以来,曰通。通形者,先居高阳①,利粮道②,以战则利③。

【注释】 ①先居高阳:意为抢先占据地势高且向阳之处,以争取主动。②利粮道:指保持粮道畅通。利,此处作动词。③以战则利:以,凭借。此句承上"先居高阳,利粮道"而言,意谓若能先敌抵达,占据高阳地带,并保持粮道畅通,如此进行战斗则大为有利。

【译文】 大凡我们可以去,敌人也可以来的地域,叫作"通";在"通"形地区,应抢先占领开阔向阳的高地,并积极保持粮草补给线的畅通,这样有利于对敌作战。

挂形者,敌无备,出而胜之

【原文】 可以往、难以返,曰挂;挂形者,敌无备,出而胜之,敌若有备,出而不胜,难以返,不利①。

【注释】 ①挂形者……难以返,不利:往,前往、开往。返,返回。出,出兵。

【译文】 大凡可以前进、难以返回的地区,称作"挂";在挂形的地域上,假如敌人有防备,我们出击就不能取胜,而且难以回师,对我军就不利了。

支形者,令敌半出而击之

【原文】 我出而不利,彼出而不利①,曰支。支形者,敌虽利我②,我无出也,引而去之③,令敌半出而击之④,利。

【注释】 ①彼出而不利:敌人出击也同样不会得到多大好处。②敌虽利我:敌虽以利相诱。③引而去之:引,带领。引而去之,指率领部队伪装退去。④令敌半出而击之:令,使。击,反击、攻打。

【译文】 大凡会使敌我两军出击均不利的地段叫作"支"。在"支形"的地域上,敌人虽然以利相诱,我们也不要出击,而应该率军假装退却,诱使敌人出击一半时再回师反击,这样就有利了。

此六者,败之道也

【原文】 夫势均,以一击十,曰走①。卒强吏弱,曰弛②。吏强卒弱,曰陷③。大吏怒而不服④,遇敌怼而自战⑤,将不知其能,曰崩⑥。将弱不严⑦,教道不明⑧,吏卒无常⑨,陈兵纵横⑩,曰乱。将不能料敌⑪,以少合⑫众,以弱击强,兵无选锋⑬,曰北。凡此六者,败之道也,将之至任,不可不察也。

【注释】 ①走:跑、奔,这里指军队败逃。②弛:涣散难约制。③陷:陷没。此言将吏虽勇强,但士卒没有战斗力,将吏不得不孤身奋战,力不能支,最终陷于失败。④大吏怒而不服:大吏,指小将。句意为副将愤怒,不肯服从主将的命令。⑤遇敌怼而自战:意为心怀不满的"大吏"遇敌时,擅自出阵作战。⑥崩:比喻溃败。⑦将弱不严:指将帅懦弱无能,毫无威严以服下。⑧教道不明:指治军缺乏法度、军队管理不善。⑨吏卒无常:无常,指没有法纪、常规,军中上下关系处于失常状态。⑩陈兵纵横:指布兵列阵杂乱无章。⑪料敌:指分析、研究敌情。⑫合:指两军交战。⑬选锋:由精选的士兵所组成的精锐部队。

【译文】 在势均力敌的情况下,以一击十而招致失败的,叫作"走"。士卒强悍,却因将帅怯懦而造成败北的,叫作"弛"。将帅强悍,却因士卒怯懦而招致溃败的,叫作"陷"。偏将恚怒不服从指挥,遇到敌人愤然擅自出战,主将又不了解他们的能力,因而导致失败的,叫作"崩"。将帅懦弱缺乏威严,训练教育没有章法,官兵关系混乱紧张,列兵布阵杂乱无章,因此而致败的,叫作"乱"。将帅不能正确的判断敌情,以少击多,以弱击强,作战又没有精锐先锋部队,因而落败的,叫作"北"。以上六种情况,均是导致失败的原因。这是将帅责任之所在,是不可不认真考察研究的。

地形者,兵之助也

【原文】 夫地形者①,兵之助也。料敌制胜,计险厄远近②,上将③之道也。知此而用战者,必胜④;不知此而用战者,必败。

【注释】 ①夫地形者,兵之助也:地形是用兵作战的重要辅助条件。②计险厄远近:指考察地形的险要,计算道路的远近。③上将:贤能、高明之将。④知此而用战者,必胜:知此,言知道并懂得上述道理。

【译文】 地形是用兵打仗的辅助条件,正确判断敌情、积极掌握主动权、考察地形险恶、计算道路远近,这些都是贤能的将领必须掌握的要点。懂得这些道理去指挥作战的,必定能够胜利,不了解这些道理去指挥作战的,必定失败。

进不求名,退不避罪

【原文】 故进不求名,退不避罪,唯民是保①,而利合于主②,国之宝也③。

【注释】 ①唯民是保:民,百姓、民众。保,保全。此句谓进退处置只求保全民众。②利合于主:指符合、满足国君的利益。③国之宝也:即国家的宝贵财富。

【译文】 进不谋求战胜的名声,退不回避违命的罪责,只是想着保全百姓,举指符合国君利益,这样的将帅,是国家的宝贵财富。

视卒如婴儿,故可与之赴深豁

【原文】 视①卒如婴儿,故可与之赴深溪②。视卒如爱子,故可与之俱死。厚而不能使,爱而不能令③,乱而不能治④,譬如骄子,不可用也⑤。

【注释】 ①视:看待、对待的意思。②深溪:很深的溪涧,这里喻危险地带。③厚而不能使,爱而不能令:只知厚待而不能使用,只知溺爱而不重教育。④乱而不能治:指上卒行为乖张不羁而不能加以约束惩治。⑤譬如骄子,不可用也:此句言为将者,仅施"仁爱"而不济威严,只会使士卒成为骄子而不能使用。

【译文】 对待士卒就像对待婴儿一样,那样士卒就可以同他共患难;对待士卒就像对待爱子一样,那么士卒就可以跟他同生共死。如果厚待士卒而不能使用,溺爱而不能教育,违法而不能惩治,那就如同娇惯了的子女一样,是不可以用来和敌人打仗的。

不知敌之不可击,胜之半也

【原文】 知吾卒之可以击,而不知敌之不可击,胜之半也①;知敌之可击,而不知吾卒之不可以击,胜之半也;知敌之可击,知吾卒之可以击,而不知地形之不可以战,胜之半也②。

【注释】 ①胜之半也:胜利或失败的可能性各占一半。指没有必胜的把握。②不知地形之不可以战,胜之半也:如果不知道地形不适宜作战,得不到地形之助,取胜同样也只有一半的把握。

【译文】 只了解自己的部队可以作战,而不了解敌人不可与之作战,取胜的可能性只有一半,只了解敌人可以打,而不了解自己的部队不可以进攻,取胜的可能性也只有一半。既知道敌人可以打,也知道自己的部队能够出击,但是不了解地形不利于作战,取胜的可能性仍只有一半。

知地知天,胜乃可全

【原文】 故知兵者①,动而不迷②,举而不穷③。故曰:知彼知己,胜乃不殆;知地知天,胜乃不穷④。

【注释】 ①知兵者:通晓用兵打仗之道的人。②动而不迷:迷,迷惑、困惑。③举而不穷:举,行动。穷,困窘、困厄的意思。句意为行动自由不为所困。④胜乃不穷:指胜利不会有穷尽。

【译文】 因此,懂得用兵的人,行动起来不会迷惑,他的作战措施变化无穷,而不困窘。所以说,了解对方,了解自己,争取胜利也就不会有危险;懂得天时,懂得地利,胜利也就永无穷尽了。

第十一章　九地篇

衢地则合交

【原文】 是故散地则无战①,轻地则无止②,争地则无攻③,交地则无绝④,衢地则合交⑤,重地则掠⑥,圮地则行⑦,围地则谋,死地则战⑧。

【注释】 ①散地则无战:在散地上不宜作战。②无止:止,停留、逗留。无止,即不宜停留。③争地则无攻:遇到争地,我方应该先行占据;如果敌方已先行占领,则不要去与强敌争夺。④交地则无绝:绝,隔断、断绝。⑤衢地则合交:合交,结交。⑥重地则掠:掠,掠取、抢掠。⑦行:迅速通过。⑧死地则战:军队如进入"死地"就必须奋勇作战,死里逃生。

【译文】 所以,处于散地就不宜作战,处于轻地就不宜停留,遇上争地就不要勉强进攻,遇上交地就不要断绝联络,进入衢地就应该结交诸侯,深入重地就要抢掠粮草,碰到圮地就必须迅速通过,陷入围地就要设谋脱险,处于死地就要力战求生。

合于利而动,不合于利而止

【原文】 所谓古之善用兵者,能使敌人前后不相及①,众寡不相恃②,贵贱不相救③,上下不相收④,卒离而不集⑤,兵合而不齐⑥。合于利而动,不合于利而止⑦。

【注释】 ①前后不相及:前军、后军不能相互策应配合。及,策应。②众寡不相恃:众,指大部队。寡,指小分队。恃,依靠。③贵贱不相救:贵,军官。贱,士卒。④上下不相收:收,聚集、联系。⑤卒离而不集:离,分、散。集,集中。言士卒分散难以集中。⑥兵合而不齐:虽能使士卒集合在一起,但无法让军队整齐统一。⑦合于利而动,不合于利而止:合,符合。动,作战。止,不战。

【译文】 以前善于用兵作战的人,能够使敌人前后部队不能相互策应,主力部队和小部队之间无法相互依靠,官兵之间不能相互救援,上下隔断无法聚集。至于我军,则是见对我有利就打,对我无利就停止行动。

兵之情主速,乘人之不及

【原文】 兵之情主速①,乘人之不及,由不虞之道②,攻其所不戒也。

【注释】 ①兵之情主速:情,情理。主,重在、要在。速,迅速、疾速。②由不虞之道:由,经过、通过。不虞,不曾料想、意料到。

【译文】 用兵之理贵在神速,乘敌人措手不及的时候,走敌人意料不到的道路,攻击敌人没有戒备的地方。

深入则专

【原文】 凡为客之道①,深入则专②,主人不克③;掠于饶野④,三军足食。

【注释】 ①为客之道:客,客军,指离开本国进入敌国的军队。②深入则专:专,齐心、专心。③主人不克:即在本国作战的军队,无法战胜客军。主,在本地作战。克,战胜。④掠于饶野:掠取敌方富饶田野上的庄稼。

【译文】 在敌国丰饶的田野上掠取粮食,全军上下的给养就有了足够的保障。在敌国境内进行作战的一般规则是:深入敌国的腹地,我军的军心就会坚固,敌人就不易战胜我们。

连兵计谋,为不可测

【原文】 谨养而勿劳①,并气积力②,运兵计谋,为不可测③。

【注释】 ①谨养而勿劳:谨,注意。养,休整。②并气积力:并,合,引申为集中、保持。积,积蓄。意谓保持士气,积蓄战斗力。③为不可测:测,推测、判断。

【译文】 要注意休整部队,不要使其过于疲劳。保持士气,积蓄力量,部署兵力,巧设计谋,使敌人无法判断出我军的意图。

兵士甚陷则不惧,无所往则固

【原文】 兵士甚陷则不惧①,无所往则固②,深入则拘③,不得已则斗④。是故其兵不修而戒⑤,不求而得,不约而亲⑥,不令而信⑦。禁祥去疑⑧,至死无所之⑨。

【注释】 ①兵士甚陷则不惧:甚,很、非常的意思。②无所往则固:无路可走的情况下军心就会稳固。③深入则拘:拘,拘束、束缚,这里指凝聚。④不得已则斗:迫不得已就会殊死战斗。⑤是故其兵不修而戒:修,修治、修明法令。戒,戒备、警戒。指士卒不待督促,就知道加强戒备。⑥不约而亲:约,约束。亲,团结。⑦不令而信:不待三令五申就能做到信任服从。信,服从、信从。⑧禁祥去疑:祥,吉凶的预兆。这里指占卜之类的迷信活动。⑨至死无所之：即使到死也不会逃避。

【译文】　将部队置于无路可走的绝境，士卒就会宁死不退。士卒既能宁死不退，又怎么会不殊死作战呢？士卒深陷危险的境地，心里就不再存有恐惧，无路可走，军心自会巩固。深入敌境，军队就不会离散。遇到迫不得已的情况，军队就会殊死奋战，因此，这样的军队不须整饬就能注意戒备，不用强求就能完成任务，无须约束就能亲密团结，不待申令就会遵守纪律。禁止占卜迷信，消除士卒的疑虑，他们就至死也不会逃避。

齐勇若一，政之道也

【原文】　是故方马埋轮，未足恃也①；齐勇若一，政之道也②；刚柔皆得，地之理也，故善用兵者，携手若使一人，不得已也。

【注释】　①方马埋轮，未足恃也：言将马并排地系缚在一起，将车轮埋起来，想用此来稳定部队，以示坚守的决心，是靠不住的。②齐勇若一，政之道也：齐，齐心协力。政，治理、管理的意思。

【译文】　因此，想用把马并缚在一起、深埋车轮这种显示死战决心的办法来稳定部队，那是靠不住的，要使部队能够齐心协力奋勇作战，关键在于部队管理教育有方；要使优劣条件不同的士卒都能发挥作用，根本在于恰当地利用战区地形。所以，擅长用兵的人，能使全军将士携起手来像一个人一样，这是因为他能造成一种形势，使部队不得不这样做的缘故。

将军主事，静以幽，正以治

【原文】　将军主事①，静以幽②，正以治③；能愚士卒之耳目，使之无知④。易其事，革其谋，使人无识⑤；易其居，迂其途，使人不得虑⑥。

【注释】　①将军主事：将，动词，主持、指挥的意思。此句意为指挥军队打仗的事。②静以幽：静，沉着冷静。幽，高深莫测。③正以治：谓严肃公正而治理得宜。正，严正、公正。④能愚士卒之耳目，使之无知：愚，蒙蔽、蒙骗。句意为能够蒙蔽士卒，使他们不能知觉。⑤易其事，革其谋，使人无识：变更正在做的事情，改变计谋，使他人无法识破。易，变更。⑥易其居，迂其途，使人不得虑：更换驻防的地点，行军迂回，使敌人无法图谋。

【译文】　在统率军队这件事情上，要做到考虑谋略沉着冷静而幽深莫测，管理部队公正严明而又有条不紊。要能蒙蔽士卒的视听，使他们对于军事行动毫无所知；变更作战部署，改变原订计划，使人无法识破真相；并不时变换驻地，故意迂回前进，使人不能揣测其行动的意图。

登高而去其梯

【原文】　帅与之期，如登高而去其梯①。帅与之深入诸侯之地而发其机②，若驱群羊，驱而往，驱而来，莫知所之。

【注释】　①帅与之期,如登高而去其梯:句意为主帅赋予军队作战任务,要断其退路,犹如登高而去梯,使之勇往直前。②帅与之深入诸侯之地而发其机:统帅与军队深入敌国,就如击发弩机射出的箭一般,笔直向前而不可复回。

【译文】　将帅向部队分配作战任务后,要使其像登上高楼而去掉梯子一样,有进无退。将帅率领士卒深入诸侯国土,要像弩机发出的箭一样勇往直前。要烧掉舟船,打碎煮饭的器皿,以示死战的决心。对待士卒要能如驱赶羊群一样,使他们只知服从命令往前走,却不知道要到哪里去。

夫王霸之兵,伐大国,则其众不得聚

【原文】　夫霸王之兵,伐大国,则其众不得聚①;威加于敌,则其交不得合②。

【注释】　①其众不得聚:指敌国军民来不及动员和集中。②威加于敌,则其交不得合:国家强大的威力施加在敌人头上,使它在外交上无法联合诸国。

【译文】　大凡称霸的军队,进攻敌国,能使敌国的军民来不及动员集中;兵威加在敌国头上,能够使敌方的盟国无法配合策应。

投之亡地然后存,陷之死地然后生

【原文】　投之亡地然后存,陷之死地然后生。夫众陷于害,然后能为胜败①。

【注释】　①夫众陷于害,然后能为胜败:只有把军队投置于险恶的境地,才能取胜。害,害处,指恶劣的环境。

【译文】　将士卒投置于危亡境地,才能转危为安。使士卒陷身于死地,才能起死回生。军队深陷绝境,然后才能反客为主,赢得胜利。

并敌一向,千里杀将

【原文】　故为兵之势,在于顺详敌之意①,并敌一向,千里杀将②,此谓巧能成事者也。

【注释】　①在于顺详敌之意:顺,假借为"慎",谨慎的意思。句意为用兵作战要审慎地考察敌人的意图。②并敌一向,千里杀将:并敌一向,集中主要兵力,选定恰当的主攻方向。

【译文】　因此,指导战争这种事,在于慎重地观察敌人的战略意图,集中兵力攻击敌人的一个部分,这样就可以千里奔袭,擒杀敌将。这就是所谓巧妙用兵,实现克敌制胜的目标。

践墨随敌,以决战事

【原文】　践墨随敌①,以决战事②。是故始如处女,敌人开户;后如脱兔,敌不及拒③。

【注释】　①践墨随敌:践,是遵守、遵循的意思;墨,即为原则。②以决战事:以决定战争胜负问题,即求得战争的胜利。③始如处女,敌人开户;后如脱兔,敌不及拒:

刚开始时如处女一样柔弱沉静,使敌人放松戒备;随后如脱逃的兔子般行动迅捷,使敌人来不及抗拒。

【译文】 所以,战斗展开之前要像处女那样显得深静柔弱,以诱使敌人放松戒备。战斗展开之后,则要像脱逃的野兔一样行动迅速,使敌人措手不及,无从抵抗。

第十二章 火攻篇

凡火攻,必因五火之变而应之

【原文】 行火必有因①,烟火必素具②,发火有时③,起火有日。时者,天之燥④也;日者,月在箕、壁、翼、轸⑤也。凡此四宿者,风起之日也⑥。凡火攻,必因五火之变而应之⑦。

【注释】 ①因:依据、条件。②烟火必素具:烟火,指火攻的器具燃料等物。具,准备妥当。③发火有时:意谓发起火攻要选择有利的时机。④燥:指气候干燥。⑤箕、壁、翼、轸:中国古代星宿之名称,是二十八宿中的四个。⑥凡此四宿者,风起之日也:四宿,指箕、壁、翼、轸四个星宿。古人认为月亮行经这四个星宿位置时,便是起风的日子。⑦必因五火之变而应之:因,根据、利用。应,策应、对策。句意为根据五种火攻所引起的敌情变化,适时地运用军队进行策应。

【译文】 实行火攻必须具备条件,火攻器材必须平素即有准备。放火要看准天时,起火要选好日子。所谓天时是指气候干燥,所谓日子是指在月亮行经"箕""壁""翼""轸"四个星宿位置的时候。凡是月亮经过这四个星宿的时候,就是起风的日子。用火攻,必须根据五种火攻所引起的不同变化,灵活机动部署兵力进行配合策应。

五火之变,以数守之

【原文】 火发于内,则早应之于外①。火发而其兵静者,待而勿攻。极其火力②,可从③而从之,不可从而止。火可发于外,无待于内④,以时发之⑤,火发上风,无攻下风⑥,昼风久,夜风止。凡军必知五火之变,以数守之⑦。

【注释】 ①早应之于外:早用兵在外面策应,使内外齐攻,一举袭击敌人。②极其火力:让火势烧至最旺之时。极,尽。③从:跟从,这里指用兵进攻。④无待于内:不必等待内应。⑤以时发之:根据气候、月象的情况实施火攻。以,根据、依据。⑥火发上风,无攻下风:上风,风向的上方;下风,风向的下方。⑦以数守之:数,星宿运行度数,此指气象变化的时间,即前所述之"发火有时,起火有日"等条件。句意为等候火攻的条件。

【译文】 假如从敌人营内放火,就要及时用兵在外面策应。火已经烧起来,敌人仍然保持镇静的,就应略做等待,不要马上发动攻击。在火势很旺时,还应看情况,可以进攻就进攻,不可以进攻就停止。火可以从外面放,这时就不必等待内应,按时放火就行了。从上风时，不要在下风进攻，白天风刮久了，晚上风就容易停止。军队必须懂得这五种火攻方法的变化运用，而等待时机到来时实施火攻。

不修其攻者，凶

【原文】　夫战胜攻取而不修其攻者，凶①，命曰费留②。故曰：明主虑③之，良将修④之。

【注释】　①不修其攻者，凶：言如不能及时论功行赏，巩固胜利成果，则有祸患。②命曰费留：指若不及时赏赐，将士不用命，致使战事迟延或失败，军费将如流水般逝去。③虑：谋虑、思考。④修：治，治理之意。

【译文】　凡是打了胜仗，攻取了土地城邑，而不能及时论功行赏，巩固其胜利成果，就必定会有危险，这种情况叫作"费留"。因此说，明智的国君要谨慎地考虑这个问题，贤良的将帅也应当要认真地处理好这个问题。

主不可以怒而兴师，将不可以愠而致战

【原文】　非利不动，非得不用，非危不战。主不可以怒而兴①师，将不可以愠②而致战。

【注释】　①兴：发动，兴起，挑起。②愠：生气，发怒。

【译文】　没有利益就不行动，不能取得胜利就不用兵，不是危及国家存亡就不可轻易开战。国君不可因一时愤怒而发动战争，将帅不可因一时的怨愤而出阵求战。符合国家利益才用兵，不符合国家利益即应停止作战。

第十三章　用间篇

先知者，不可取于鬼神，不可象于事

【原文】　凡兴师十万，出征千里，百姓之费，公家之奉①，日费千金，内外骚动②，怠于道路③，不得操事④者，七十万家⑤。相守数年⑥，以争一日之胜，而爱爵禄百金⑦，不知敌之情者，不仁之至也，非人之将⑧也，非主之佐也，非胜之主⑨也。故明君贤将所以动而胜人⑩，成功出于众者，先知⑪也。先知者，不可取于鬼神⑫，不可象于事⑬，不可验于度⑭，必取于人，知敌之情者也。

【注释】　①奉：同"俸"，指军费开支。②内外骚动：指举国上下混乱不安。内外，前方、后方的通称。③怠于道路：怠，疲惫、疲劳。此言百姓因辗转运输而疲于道路。④操事：指操作农事。⑤七十万家：比喻兵事对正常农事的影响之大。⑥相守数年：相守，指相持、对峙。相守数年即相持多年。⑦而爱爵禄百金：而，如果；爱，吝啬。⑧非人之将：非人，不懂得用人(间谍)。⑨非胜之主：不是取胜的主宰者。⑩动而胜人：动，行动、举动，这里指出兵。句意为一出兵就能战胜敌人。⑪先知：指事先侦知敌情。⑫不可取于鬼神：指不可以通过用祈祷、祭鬼神和占卜等方法去求知敌情。⑬不可象于事：象，类此、比拟。意谓不

可用与其他类似事情作类比的方法去求知敌情。⑭不可验于度：指不能用分析日月星辰运行位置的办法去求知敌情。验，应验、验证。

【译文】 孙子指出，凡兴兵10万，征战千里，百姓的耗费，国家的开支，每天都要花费千金，前方后方动乱不安，民夫戍卒疲惫地在路上奔波，不能从事正常耕作生活的多达几十万家。这样相持数年，就是为了决胜于一旦。如果吝惜爵禄和金钱，不肯重用间谍，以致因不能掌握敌情而导致失败，那就是不仁到了

《孙子兵法》书影

极点，这种人不配做军队的统帅，称不上是国家的辅佐，也不是胜利的主宰者。所以，英明的君主和贤良的将帅，他们之所以一出兵就能战胜敌人，功业超越常人，就在于他们能够预先掌握敌情。要事先了解敌情，但不可用求神问鬼的方式来获取，不可拿相似的事做类比推测来得到，也不可用日月星辰运行的位置去做验证，一定要取之于人，从那些熟悉敌情者的口中去了解。

用间有五

【原文】 故用间有五：有因间①，有内间，有反间，有死间，有生间。五间俱起，莫知其道②，是谓神纪③，人君之宝④也。

【注释】 ①因间：间谍的一种，即本篇下文所说的"乡间"，其依赖与敌人的乡亲关系获取情报，或利用与敌军官兵的同乡关系，打人敌营从事间谍活动，获取情报。②五间俱起，莫知其道：此言若能同时使用这五种用间之法，便可使敌人无法摸清我军的行动规律。道，规律、途径。③神纪：神妙莫测之道。纪，道、办法。④人君之宝：宝，法宝。句意为"神纪"是国君制胜的法宝。

【译文】 间谍的运用方式有五种，即因间、内间、反间、死间、生间。要同时使用这五种用间方法，使敌人无从捉摸我用间的规律，这就是使用间谍的神妙莫测，也是国君克敌制胜的法宝。

三军之事，莫亲于间

【原文】 故三军之亲，莫亲于间①，赏莫厚于间②，事莫密于间③。非圣智④不能用间，非仁义不能使间⑤，非微妙不能得间之实⑥。

【注释】 ①三军之亲，莫亲于间：三军中最亲信的人，无过于委派的间谍。②赏莫厚于间：没有比施赏给间谍更优厚的赏赐。③事莫密于间：军机事务，没有比间谍之事更为机密的。④圣智：才智过人的人。⑤非仁义不能使间：指如果吝啬爵禄和金钱，不能做到以诚相待，就无法用好间谍。⑥非微妙不能得间之实：微妙，精细机敏。

这里指用心精细、手段巧妙。实,指实情。意谓不是用心精细、手段巧妙的将领,不能分析间谍取得之情报的真实与否。

【译文】 因此在军队中,没有比间谍更亲近的人;在奖赏中,没有比赏赐给间谍更为优厚的;也没有什为事情比间谍更为机密的了。不是才智超群的人不能使用间谍;不是仁慈慷慨的人不能指使间谍;不是谋虑精细的人不能分辨间谍提供的情报。微妙啊,微妙! 真是无时无处不可以使用间谍!

反间可得而用也

【原文】 必索敌人之间来间我者①,因而利之②,导而舍之③,故反间可得而用也。因定而知之,故乡间、内间可得而使也④;因是而知之⑤,故死间为诳事,可使告敌。因是而知之,故生间可使如期⑥。五间之事,主必知之,知之必在于反间,故反间不可不厚也⑦。

【注释】 ①必索敌人之间来间我者:索,搜索。②因而利之:趁机收买、利用敌间。因,由,这里有趁机、顺势之意。③导而舍之:设法诱导他,并交付一定的任务,然后放他回去以利已用。④乡间、内间可得而使也:意谓通过"反间"了解敌情,乡间和内间就能有效地加以使用了。⑤因是而知之:指从反间那里获悉敌人内情。⑥可使如期:可使如期回报。⑦故反间不可不厚也:厚、厚待,有重视之意。间之中,以反间为关键,因此必须给予反问十分优厚的待遇。

【译文】 一定要搜查出敌方派来侦察我方军情的间谍,并用重金收买他、引诱利用他,然后再放他回去。这样,反间就可以为我所用了。通过反间了解敌情,这样,乡间、内间也就可以使用了。通过反间了解敌情,这样,就能使死间传播假情报给敌人了。通过反间了解敌情,这样就能使生间按预定时间回报敌情了。五种间谍的使用,国君都必须了解掌握。而了解情况的关键在于使用反间,所以对于反间不可不给予最优厚的待遇。

三十六计

原序

用兵如孙子，策谋三十六。

六六三十六，数中有术，术中有数。阴阳燮理，机在其中。机不可设，设则不中。

按：解语重数不重理。盖理，术语自明；而数，则在言外。若徒知术之为术，而不知术中有数，则术多不应。且诡谋权术，原在事理之中，人情之内。倘事出不经，则诡异立见，诧世惑俗，而机谋泄矣。或曰：三十六计中，每六计成为一套。第一套为胜战计；第二套为敌战计；第三套为攻战计；第四套为混战计；第五套为并战计；第六套为败战计。

《三十六计》书影

第一套　胜战计

第一计　瞒天过海

【原文】　备周则意怠①，常见则不疑。阴在阳之内，不在阳之对②。太③阳，太阴。

【注释】　①备周则意怠：防备十分周密，往往容易让人斗志松懈，削弱战斗力。②阴在阳之内，不在阳之对：阴阳是我国古代传统哲学和文化思想的基点，其思想涉及大千宇宙，细尘末埃，并影响到意识形态的一切领域。阴阳学说是把宇宙万物作为对立的统一体来看待，表现出朴素的辩证思想。"阴""阳"二字早在甲骨文、金文中就出现过，但作为阴气、阳气的阴阳学说，最早是由道家始祖楚国人老子所倡导，并非《易经》提出。此计中所讲的阴，指机密、隐蔽；阳，指公开，暴露。阴在阳之内，不在阳之对，在兵法上是说秘计往往隐藏于公开的事物里，而不在公开事物的对立面上，就是说非常公开的东西常常蕴藏着非常机密的事物。③太：极，极大。此句意同②。

【译文】　当防备十分周密的时候，就容易麻痹大意；平时看惯的，往往就不再怀疑了。把秘密诡计隐藏在公开的行动中，而不是和公开的形式排斥，非常公开的东西往往蕴藏着非常机密的事。

第二计　围魏救赵

【原文】　共敌不如分敌①，敌阳不如敌阴②。

【注释】 ①共敌不如分敌:共,集中的。分,分散,使分散。句意为打集中的敌人,不如设法分散对方而后再打。②敌阳不如敌阴:敌,动词,攻打。句意为打击气势旺盛的敌人,不如打击气势衰落的敌人。

【译文】 打击正强大的敌人,应当诱使对方分散兵力;正面进攻,不如向对方空虚的后方作迂回出击。

第三计　借刀杀人

【原文】 敌已明,友未定①,引友杀敌,不自出力,以《损》②推演。

【注释】 ①友未定:"友"指军事上的盟者,也即除敌、我两方之外的第三者,可以暂时结盟而借力的人、集团或国家。②《损》:出自《易经·损》卦:"损:有孚,元吉,无咎,可贞,利有攸往。"孚,信用。元,大。贞,正。意即取抑省之道去行事,只要有诚心,就会有大的吉利,没有错失,合于正道,这样行事就可一切如意。又卦有《象》曰:"损,损下益上,其道上行。"意指"损"与"益"的转化关系,借用盟友的力量去打击敌人,势必要使盟友受到损失,但盟友的损失正可换得自己的利益。

【译文】 在敌方的情况已经明朗,而盟友的态度还不确定时,要诱导盟友去消灭敌人,以保存自己的实力。这一计是按照《易经·损》卦中关于"损下益上"的道理推演出来的。

第四计　以逸待劳

【原文】 困敌之势①,不以战;损刚益柔②。

【注释】 ①困敌之势:迫使敌人处于困顿的境地。②损刚益柔:语出《易经·损》卦。"刚""柔"是两个相对的事物现象,在一定条件下对立的双方又可相互转化。"损",卦名。本卦为异卦相叠(兑下艮上)。上卦为艮,艮为山;下卦为兑,兑为泽。上山下泽,意为大泽浸蚀山根之象,也就是说水浸润着山,也损着山,故卦名叫"损"。"损刚益柔"是根据此卦象讲述"刚柔相推,而生变化"的普遍道理和法则。

【译文】 要迫使敌人处于困难的局面,不一定急于采取进攻的手段,而是根据强弱相互转化的原理,先消耗、疲惫敌人,使他由强变弱,陷于被动,再发动攻击,一举歼灭。此计正是根据《损》卦的道理,以"刚"喻敌,以"柔"喻己,意谓困敌可用积极防御、逐渐消耗敌人有生力量的方法,使之由强变弱,而我因势利导又可使自己变被动为主动,不一定要用直接进攻的方法,同样可获胜。

第五计　趁火打劫

【原文】 敌之害大①,就势取利,刚决柔也②。

【注释】 ①敌之害大:害,指敌人所遭遇到的困难、危厄的处境。②刚决柔也:语出《易经·夬》卦。夬,卦名。本卦为异卦相叠(乾下兑上)。上卦为兑,兑为泽;下卦为乾,乾为天。兑上乾下,意为有洪水涨上天之象。《夬》卦的《象》辞说:"夬,决也。刚决柔也。"决,冲决、冲开、去掉的意思。因《乾》卦为六十四卦的第一卦,乾为天,是大吉大利的贞卜,所以此卦的本义是力争上游,刚健不屈。所谓"刚决柔",就是下乾这个阳刚之卦,在冲决上兑这个阴柔的卦。此计是以"刚"喻已,以"柔"喻敌,言乘敌之危,就势而取胜的意思。

【译文】 这一计的原意是:当敌方遇到困难、危机时,就要乘机出兵夺取利益。这是一个果敢决断、乘人之危、制服对手的谋略。

第六计 声东击西

【原文】 敌志乱萃①,不虞②,坤下兑上之象③,利其不自主而取之。

【注释】 ①敌志乱萃:援引《易经·萃》卦中《象》辞"乃乱乃萃,其志乱也"之意。萃,悴,即憔悴。是说敌人神志混乱而且疲惫。②不虞:未意料,未预料。③坤下兑上:萃卦为异卦相叠(坤下兑上)。上卦为兑,兑为泽;下卦为坤,坤为地。有泽水淹及大地,洪水横流之象。

【译文】 这里没有讲声东击西的用法,只是强调用计的条件。就是说:当敌指挥官思维混乱、失去清醒的判断时,运用计谋,才容易成功。

此计是运用"坤下兑上"之卦象的象理,使"敌志乱萃",使其陷于错乱丛杂、危机四伏的处境,而我则要抓住敌人不能自控的混乱之势,机动灵活地运用时东时西、似打似离、不攻而示之以攻、欲攻而又示之以不攻等战术,进一步造成敌人的错觉,出其不意地一举夺胜。

第二套 敌战计

第七计 无中生有

【原文】 诳①也,非诳也,实②其所诳也。少阴③,太阴,太阳④。

【注释】 ①诳:欺诈、诳骗。②实:实在,真实,此处作意动词。③阴:指假象。④阳:指真相。

【译文】 通俗地讲,就是用假情况去蒙骗敌人,但不是弄假到底,而是要巧妙地由假变真。在连续采用假攻击造成敌人的错觉之后,就要果敢地转为实际的攻击。其基本的逻辑程序是:假——假——真。

第八计 暗度陈仓

【原文】 示①之以动②,利其静而有主③,益动而巽④。

【注释】 ①示:给人看。②动:此指军事上的正面佯攻、佯动等迷惑敌方的军事行动。③主:专心,专一。言敌方静下心来专注(我方的佯动)则于我方有利。④益动而巽:语出《易经·益》卦。益:卦名。此卦为异卦相叠(震下巽上)。上卦为巽,巽为风;下卦为震,震为雷。意即风雷激荡,其势愈增,故卦名为益。与损卦之义,互相对立,构成一个统一的组卦。《益》卦的《象》辞说:"益动而巽,日进无疆。"这是说益卦下震为雷为动,上巽为风为顺,那么,动而合理,是天生地长,好处无穷。

此计是利用敌人被我"示之以动"的迷惑手段所蒙蔽,而我即乘虚而入,以达到军事上的出奇制胜。

【译文】 以佯动显示我准备沿此路线进攻,吸引敌方在这里固守,我却悄悄迂回到彼处去,乘虚而入。这样,利用人们一般的思维判断习惯去行动,就如同顺水行船一样容易成功。

第九计　隔岸观火

【原文】 阳乖序乱①,阴以待逆②。暴戾③恣睢④,其势自毙。顺以动豫,豫顺以动⑤。

【注释】 ①阳乖序乱:阳:指公开的。乖:违背,不协调。此指敌方内部矛盾激化,以致公开地表现出多方面的秩序混乱,相互倾轧。②阴以待逆:阴:暗暗地。逆:叛逆。此指我暗中静观敌变,坐待敌方出现更进一步的恶化局面。③戾:凶暴,猛烈。④睢:任意胡为。⑤顺以动豫,豫顺以动:语出《易经·豫》卦。豫:卦名。本卦为异卦相叠(坤下震上)。本卦的下卦为坤为地,上卦为震为雷。是雷生于地,雷从地底而出,突破地面,在空中自在飞腾。《豫》卦的《彖》辞说:"豫,刚应而志行,顺以动。"意即豫卦的意思是顺时而动,正因为豫卦之意是顺时而动,所以天地就能随其意,做事就顺其自然。此计正是运用本卦顺时以动的哲理,说坐观敌人的内部恶变,我不急于采取攻逼手段而顺其变,"坐山观虎斗",最后让敌人自相残杀,时机一到而我即坐收其利,一举成功。

【译文】 这段话的意思是:敌方内部矛盾趋于激化,秩序混乱,我便静待它发生暴乱。敌方反目成仇,自相残杀,势必自取灭亡。这就是以柔顺的手段,坐等有利结局的策略。

第十计　笑里藏刀

【原文】 信①而安②之,阴③以图之;备而后动,勿使有变。刚中柔外④也。

【注释】 ①信:使相信。②安:使安,安然,此指不生疑心。③阴:暗地里。④刚中柔外:表面柔顺,实质强硬。

【译文】 用现在的话说就是:表现出十分友好、充满诚意的样子,使对手信以为真,放松警惕;实际上暗中策划、积极准备,一有机会,立即行动,使对手来不及应变。这是外示友好、内藏杀机的谋略。

第十一计　李代桃僵

【原文】 势必有损,损阴①以益阳②。

【注释】 ①阴:此指某些细微的、局部的事物。②阳:此指整体意义上的、全局性的事物。这是说在军事谋略上,如果暂时要以某种损失、失利为代价才能最终取胜,指挥者应当机立断,以某些局部或暂时的牺牲,去保全或者争取全局的、整体性的胜利。这是运用我国古代阴阳学说的阴阳相生相克、相互转化的道理而制定的军事谋略。

【译文】 当战局发展必然会有所损失时,就要以局部利益的损失来保全大局的利益。这和人们所说的丢卒保车、丢车保帅的道理很相似。

第十二计　顺手牵羊

【原文】 微隙①在所必乘,微利在所必得。少阴,少阳②。

【注释】 ①微隙:微小的空隙,指敌方的某些漏洞、疏忽。②少阴,少阳:少阴:此指敌方小的疏漏。少阳:指我方小的得利。此句意为我方要善于捕捉时机,伺隙捣虚,将敌方小的疏漏转化为我方小的胜利。

【译文】 这段话的意思是说:"当敌方出现了微小差错,要及时利用;战场上出现了取得微小胜利的机会,要力争获取。要随时注意敌方小的疏忽,转化为我方小的胜利。"简而言之,就是要抓住一切有利的机会来扩大战果,发展胜利。

第三套　攻战计

第十三计　打草惊蛇

【原文】 疑以叩①实,察而后动;复者②,阴之媒也③。

【注释】 ①叩:问,查究。意为发现了疑点就应当考实查究清楚。②复者:反复去做,即反复去叩实而后动。③阴之媒也:阴,此指某些隐藏着的、暂时尚不明显或未暴露的事物、情况。媒,媒介。"复者,阴之媒也",意即反复叩实查究,而后采取相应的行动,实际是发现隐藏之敌的重要手段。

【译文】 用现在的话说就是:有怀疑就要侦察核实,待情况了解清楚后再行动,用一个试探性的佯动,可以引诱敌人暴露出隐蔽很深的阴谋。有经验的军人都知道,在战场上,有在炮声隆隆中面对面的厮杀,也有看不到的敌人在寂静之处隐藏着杀机。所以兵家得出先知虚实,使其中我埋伏,而后聚而歼之。

第十四计　借尸还魂

【原文】 有用者,不可借①;不能用者,求借②。借不能用者而用之,匪我求童蒙,童蒙求我。③

【注释】 ①有用者,不可借:意为世间许多看上去很有用处的东西,往往不容易去驾驭为己所用。②不能用者,求借:此句意与上句相对言之。即有些看上去无甚用途的东西,往往有时还可以借助它使其为己发挥作用。犹如我欲"还魂"还必得借助看似无用的"尸体"的道理。此言兵法,是说兵家要善于抓住一切机会,甚至是看上去无甚用处的东西,努力争取主动,壮大自己,及时采取行动,变不利为有利,乃至转败为胜。③匪我求童蒙,童蒙求我:语出《易经·蒙》卦。蒙,卦名。本卦是异卦相叠

（下坎上艮）。本卦上卦为艮为山，下卦为坎为水为险。山下有险，草木丛生，故说"蒙"。这是蒙卦卦象。这里"童蒙"是指幼稚无知、求师教诲的儿童。此句意为不是我求助于愚昧之人，而是愚昧之人有求于我了。

【译文】 这段话听起来很玄妙精深，通俗地讲，它的意思是说：在战场上，对双方都有用的难以驾驭和控制，不可加以利用；凡没有作为的，往往要依附求助于他人。利用那些没有作为的并顺势控制它，从而达到不是我受别人支配，而是我指使支配别人的目的。

第十五计　调虎离山

【原文】 待天以困之①，用人以诱之②，往蹇来反③。

【注释】 ①待天以困之：天：指自然的各种条件或情况。此句意为战场上我方等到客观的条件或情况对敌方不利时，再去围困他。②用人以诱之：用人为的假象去诱惑他（指敌人），使他就范。③往蹇来反：语出《易经·蹇》卦。蹇：卦名。本卦为异卦相叠（艮下坎上）。上卦为坎为水，下卦为艮为山，山上有水流，山石多险，水流曲折，言行道之不容易，这是本卦的卦象。蹇，困难。这句意为：前进会遇到危险；使对方来于我有利。

【译文】 等待客观条件对敌方不利时再去围困他，用人为的因素去诱惑调动他，让他丧失优势，由主动变为被动。向前进攻有危险时，就想办法让敌人反过来攻我。这一计核心正是调虎离山，把"虎"调开，使敌人部署出现空当，乘虚攻占他的要地。此计运用这个道理，是说战场上若遇强敌，要用假象使敌人离开驻地，诱他就范，使他丧失优势，使他处处皆难，寸步难行，由主动变为被动，而我则出其不意获取胜利。

第十六计　欲擒故纵

【原文】 逼则反兵，走①则减势。紧随勿迫，累其气力，消其斗志，散而后擒，兵不血刃②。需，有孚，光③。

【注释】 ①走：跑。逼迫敌人太紧，他可能因此拼死反扑，若让他逃跑则可减削他的气势。②血刃：血染刀刃。此句意为兵器上不沾血。③需，有孚，光：语出《易经·需》卦。需：卦名。本卦为异卦相叠（乾下坎上）。需的下卦为乾为天，上卦为坎为水，是降雨在即之象。此卦也象征着一种危险存在着（因为"坎"有险义），必得去突破它，但突破危险又要善于等待。"需"，等待。《易经·需卦》卦辞："需，有孚，光享。"孚，诚心。光，通"广"。句意为：要善于等待，要有诚心（包括耐心），就会大吉大利。

【译文】 逼得敌人无路可走，他就会竭力反扑；故意放他一条后路，反而会削弱敌人的气势。追击时，跟踪敌人不要过于逼迫，以消耗他的体力、瓦解他的斗志，待敌人士气沮丧、溃不成军，再去围捕，可以避免流血。按照《易经·需》卦的原理，待敌人心理完全失败而信服我时，就能赢得光明的战争结局。

第十七计　抛砖引玉

【原文】　类以诱之①,击蒙也②。

【注释】　①类以诱之:出示某种类似的东西去诱惑他。②击蒙也:语出《易经·蒙》卦。击,撞击,打击。句意为:诱惑敌人,便可打击这种受我诱惑的愚蒙之人了。

【译文】　用极类似的东西去迷惑敌人,从而达到打击敌人的目的。

第十八计　擒贼擒王

【原文】　摧其坚,夺其魁,以解其体。龙战于野,其道穷也①。

【注释】　①龙战于野,其道穷也:语出《易经.坤》卦。坤,卦名。本卦是同卦相叠(坤下坤上),为纯阴之卦。

【译文】　"摧其坚",是指打敌军主力;"夺其魁",是指抓住或消灭首领、指挥部。这样一来,就可以"解其体",瓦解敌军的整体力量,敌人一旦失去指挥,就好比龙出大海到陆地上作战,面临绝境一样。

引本卦上六《象》辞:"龙战于野,其道穷也。"是说即使强龙争斗在田野大地之上,也是走入了困顿的绝境。比喻战斗中擒贼先擒王谋略的威力。

第四套　混战计

第十九计　釜底抽薪

【原文】　不敌①其力②,而消其势③,兑下乾上之象④。

【注释】　①敌:动词,攻打。②力:最坚强的部位。③势:气势。④兑下乾上之象:《易经》六十四卦中,《履》卦为"兑下乾上",上卦为乾为天,下卦为兑为泽。又,兑为阴卦,为柔;乾为阳卦,为刚。兑在下,从循环关系和规律上说,下必冲上,于是出现"柔克刚"之象。

【译文】　"不敌其力,而消其势"的意思是:两军对垒,一方不直接针对敌人的锋芒与敌抗衡,而是另想办法,以求得从根本上削弱他的气势,扼制他的战斗力。这里的"兑下乾上",兑为底下,沼泽之意;乾为高上,上天之意。意思是低下反而能克上。这就如同遭遇老虎,一定要避开老虎的强头,迂回到老虎的后方,骚扰老虎的屁股。这样,不仅不会被老虎咬伤,反会消耗老虎的体力,减杀老虎的气势。

此计正是运用此象理推衍之,喻我用此计可胜强敌。

第二十计　混水摸鱼

【原文】　乘其阴①乱,利其弱而无主。随,以向晦入宴息②。

【注释】　①阴:内部。意为乘敌人内部发生混乱。②随,以向晦入宴息:语出《易经·随》卦。随,卦名。本卦为异卦相叠(震下兑上)。本卦上卦为兑为泽,下卦为震为雷。言雷入泽中,大地寒凝,万物蛰伏,故卦象名"随"。随,顺从之意。《随》卦的《象》辞说:"泽中有雷,随。君子以向晦入宴息。"意为人要随应天时去作息,向晚就当入室休息。

此计运用此象理,是说打仗时要善于抓住敌方的可乘之隙,而我借机行事,使敌军的混乱顺我之意,我便乱中取利。

【译文】 乘敌人内部发生混乱,利用他力量虚弱而没有主见的弱点,使他顺从我,这就像人们随着天时的变化,到了夜晚就要入房休息一样自然。

第二十一计 金蝉脱壳

【原文】 存其形,完其势①;友不疑,敌不动。巽而止蛊②。

【注释】 ①存形,完其势:保存阵地已有的战斗形貌,进一步完备继续战斗的各种态势。②巽而止蛊:语出《易经·蛊》卦。蛊,卦名。本卦为异卦相叠(巽下艮上)。本卦上卦为艮为山为刚,为阳卦;下卦巽为风为柔,为阴卦。故"蛊"的卦象是"刚上柔下",意即高山沉静,风行于山下,事可顺当。又,艮在上卦,为静;巽为下卦,为谦逊,故说"谦虚沉静""弘大通泰",是天下大治之象。此计引本卦《彖》辞:"巽而止,蛊。"其意是我暗中谨慎地实行主力转移,稳住敌人,我则乘敌不惊疑之际脱离险境,就可安然躲过战乱之危,所以,这是顺事。

【译文】 保存阵地的原形,不改变作战态势,使得友军不怀疑,敌人也不敢突然行动,这里的"巽而止蛊"是引自《易经·蛊》卦。在这里的意思说:乘敌人迷惑不解的时候,秘密而迅速地转移主力。

第二十二计 关门捉贼

【原文】 小敌困之①。剥,不利有攸往②。

【注释】 ①小敌困之:对弱小或者数量较少的敌人,要设法去围困(或者说歼灭)他。②剥,不利有攸往:语出《易经·剥》卦。剥,卦名。本卦异卦相叠(坤下艮上),上卦为艮为山,下卦为坤为地。意即广阔无边的大地在吞没山,故卦名曰"剥"。剥,落的意思。卦辞:"剥,不利有攸往。"意为剥卦说,有所往则不利。

【译文】 这解语里的"小敌困之"意思是说:对弱小的敌人,要包围起来歼灭。"剥,不利有攸往"是引自《易经·剥》卦,在这里的意思是指:零散小股敌人,虽然势单力薄,但出没无常,诡诈难防,因而不利于急迫远赶,而应该断其退路,聚而歼灭。

此计引此卦辞,是说对小股敌人要即时围困消灭,而不利于去急迫或者远袭。

第二十三计 远交近攻

【原文】 形禁①势格②,利从近取,害以远隔③。上火下泽④。

【注释】 ①禁:禁止。②格:阻碍。受到地势的限制和阻碍。③利从近取,害以远隔:句意为,先攻取就近的敌人有利,越过近敌先去攻取远隔之敌是有害的。④上火下泽:语出《易经·睽》卦。睽,卦名。本卦为异卦相叠(兑下离上)。上卦为离为火，下卦为兑为泽。上离下泽，是水火相克，水火相克则又可相生，循环无穷。又，"睽"，乖违，即矛盾。本卦《象》辞："上火下泽，睽。"意为上火下泽，两相离违、矛盾。

【译文】 当实现军事目标的企图受到地理条件的限制时，那么，利于先攻取就近的敌人，而不利于越过近敌去攻取远隔的敌国。解语中的"上火下泽"引自《易经·睽》卦，原意是说：火焰往上冒，池水往下淌，志趣不同，但可取得暂时的联合。这时的意思是：远隔的敌人，虽然和我们是相对立的，但可以同他取得暂时的联合，以利我攻取近敌后再攻破他。

此计运用"上火下泽"相互离违的道理，说明采取"远交近攻"的不同做法，使敌相互矛盾、离违，而我正好各个击破。

第二十四计 假道伐虢

【原文】 两大之间，敌胁以从，我假①以势。困，有言不信②。

【注释】 ①假：借。②困，有言不信：语出《易经·困》卦。困，卦名。本卦为异卦相叠（坎下兑上），上卦为兑为泽，为阴；下卦为坎为水，为阳。卦象表明，本该处于下方的泽，现在悬于上方而向下渗透，以致泽无水而受困，水离泽流散无归也自困，故卦名为"困"。困，困乏。卦辞："困，有言不信。"意为，处在困乏境地，难道不相信这些吗？

【译文】 对于处在敌我两个强国中间的弱国，当敌方逼迫他屈服时，我方要立刻出兵援救，也就可以借机把军事力量渗透进去。解语中的"困，有言不信"，引自《易经·困》卦，这里的意思是说：对于这种面临困境的弱国，只有口头许诺而没有实际行动，是不能赢得他的信任的。

此计运用此卦理，是说处在两个大国中间的小国，面临着受人胁迫的境地时，我若说援救他，他在困顿中会不相信吗？

第五套 并战计

第二十五计 偷梁换柱

【原文】 频更其阵，抽其劲旅，待其①自败，而后乘之，曳其轮也②。

【注释】 ①其：句中的几个"其"字，均指盟友、盟军而言。②曳其轮也：语出《易经·既济》卦。既济，卦名。本卦为异卦相叠（离下坎上）。上卦为坎为水，下卦为离为火。水处火上，水势压倒火势，救火之事，大功告成，故卦名"既济"。既，已经；济，成功。本卦初九《象》辞："曳其轮，义无咎也。"意为拖住了车轮，车子就不能运行了。此计运用此象理，是说拖住了车轮，车子就不能运行了。也可以说，己方抽取友方劲旅，如同抽出梁木房屋就会坍塌，于是己方便可控制他。

【译文】 多次变动他的阵容，暗中抽换他的主力，等待他自趋失败，然后乘机控制或吞并他。这就像拖住了大车的轮子，也就控制了大车的运行一样。

第二十六计　指桑骂槐

【原文】　大凌小者,警以诱之①。刚中而应,行险而顺②。

【注释】　①大凌小者,警以诱之:强大者要控制弱小者,要用警诫的办法去诱导他。②刚中而应,行险而顺:语出《易经·师》卦。师,卦名。本卦为异卦相叠(坎下坤上)。本卦下卦为坎为水,上卦为坤为地,水流地下,随势而行。这正如军旅之象,故名为"师"。本卦《彖》辞说:"刚中而应,行险而顺,以此毒天下,而民从之。""刚中而应"是说九二以阳爻居于下坎的中位,叫"刚中",又上应上坤的六五,此为互应。下卦为坎,坎表示险,上卦为坤,坤表示顺,故又有"行险而顺"之象。以此卦象的道理督治天下,百姓就会服从。这是吉祥之象。"毒",治的意思。

【译文】　强大的慑服弱小的,可以用警告的办法来诱导他,适当的强硬,可以得到响应;果敢的手段,可以使人敬服。此计运用此象理,是说治军,有时采取适当的强硬手段便会得到应和,行险则遇顺。

第二十七计　假痴不癫

【原文】　宁伪作不知不为,不伪作假知妄为①。静不露机,云雷屯也②。

【注释】　①宁伪作不知不为,不伪作假知妄为:宁可假装着无知而不行动,不可以假装假知而去轻举妄动。②静不露机,云雷屯也:语出《易经·屯》卦。屯,卦名。本卦为异。卦相叠(震下坎上),震为雷,坎为雨。此卦象为雷雨并作,环境险恶,为事困难。"屯,难也。"《屯》卦的《象》辞又说:"云雷,屯。"坎为雨,又为云,震为雷。这是说,云行于上,雷动于下,云在上有压抑雷之象征,这是屯卦之卦象。

【译文】　宁可装作糊涂而不行动,也不可冒充聪明而轻举妄动。暗中筹划而不露声色,要像《易经·屯》卦里所说的,如同冬天里的雷电蓄而待发一样。说具体一点就是:在战机还未到时,不能操之过急,而要装作什么也不知道,若无其事,实际上心里是清楚的,正如《孙子兵法》所讲的:"能而示之不能,用而示之不用。"

此计运用此象理,是说在军事上,有时为了以退求进,只得假痴不癫,积蓄力量,以期后发制人。这就如同云势压住雷动,且不露机巧一样,最后一旦爆发攻击,便出其不意而获胜。

第二十八计　上屋抽梯

【原文】　假之以便,唆之使前,断其援应,陷之死地①。遇毒,位不当也②。

【注释】　①假之以便,唆之使前,断其援应,陷之死地:假,借。句意是借给敌人一些方便(即我故意暴露出一些破绽),以诱导敌人深入我方,乘机切断他的后援和前应,最终陷他于死地。②遇毒,位不当也:语出《易经·噬嗑》卦。噬嗑,卦名。本卦为异卦相叠(震下离上)。上卦为离为火,下卦为震为雷,是既打雷,又闪电,威严得很。又离为阴卦,震为阳卦,是阴阳相济,刚柔相交,以喻人要恩威并用,宽严结合,故卦名为"噬嗑",意为咀嚼。本卦六三《象》辞:"遇毒,位不当也。"本是说,抢吃腊肉中了毒

（古人认为腊肉不新鲜，含有毒素，吃了可能中毒），因为六三阴兑爻居于阳位，是位不当。

【译文】　故意暴露破绽或放出诱饵，造成有便宜可占的假象，引诱敌人深入我方，然后再切断它的前应和后援，使它陷入我预设的"口袋"之中。解语的"遇毒，位不当也"，是引自《易经·噬嗑》卦。它的意思是说：敌人贪得无厌，必定要招致后患。

此计运用此理，是说敌人受我之唆，犹如贪食抢吃，只怪自己见利而受骗，才陷于死地。

第二十九计　树上开花

【原文】　借局布势，力小势大[1]。鸿渐于陆，其羽可用为仪也[2]。

【注释】　[1]借局布势，力小势大：借助某种局面布成阵势，兵力弱小但可使阵势强大。[2]鸿渐于陆，其羽可用为仪也：语出《易经·渐》卦。渐，卦名。本卦为异卦相叠（艮下巽上）。上卦为巽为木，下卦为艮为山。卦象为木植于山上不断生长。渐，即渐进。本卦上九说鸿雁飞到陆地上，它的羽毛可用来编织舞具。

【译文】　借其他局面布成有利的阵势，虽然实际兵力弱小，但外部阵容显得很强大。解语中的"鸿渐于陆，其羽可用为仪也"，是引自《易经·渐》卦。它的意思是说：大雁虽小，但在天空飞翔，横空列阵，凭着它们羽毛丰满的双翼，却很有威势。这里是用它来比喻兵力虽然弱小，但借助外部条件，虚布强大阵势，可以以此慑服敌人。

第三十计　反客为主

【原文】　乘隙插足，扼其主机[1]，渐之进也[2]。

【注释】　[1]乘隙插足，扼其主机：找准时机插足进去，掌握他的要害关节之处。[2]渐之进也：语出《易经·渐》卦（渐卦解释见前计[2]）。本卦《象》辞："渐之进也。"意为渐就是渐进的意思。此计运用此理，是说乘隙插足，扼其主机。《易经·渐》卦上说的就是这个意思，要循序渐进。

【译文】　这个解语除了"主机"二字外，其他并不难懂，什么是"主机"呢？"主机"是指出谋划策，发号施令，掌握大权的统帅机关，但也可以理解为要害部位。整句解语的意思是说，钻空子插进脚去，控制它的首脑机关或要害部门，要循序渐进。也就是说，要想取而代之，就不能操之过急，必须有计划地逐渐实现。

第六套　败战计

第三十一计　美人计

【原文】　兵强者，攻其将；将智者，伐其情。将弱兵颓，其势自萎。利用御寇，顺相保也[1]。

【注释】　[1]利用御寇，顺相保也：语出《易经·渐》卦。本卦九三，《象》辞："利御寇,顺相保也。"说利于抵御敌人,顺利地保卫自己。

【译文】 对兵力强大的敌人,要设法制服他的将帅;对足智多谋的将帅,要设法腐蚀他的意志。将帅的斗志衰退、兵卒的士气消沉,那么军队的战斗力也就丧失殆尽了。因此,针对敌人的弱点进行渗透瓦解,就可以顺势保存自己的实力。

此计运用此象理,是说利用敌人自身的严重缺点,己方顺势以对,可使其自颓自损,己方一举得之。

第三十二计 空城计

【原文】 虚者虚之,疑中生疑①;刚柔之际,奇而复奇②。

【注释】 ①虚者虚之,疑中生疑:第一个"虚"为名词,意为空虚的,第二个"虚"为动词,使动用法,意为让它空虚。全句的意思是,空虚的就让它空虚,使它在疑惑中更加令人疑惑。②刚柔之际:语出《易经·解》卦。解,卦名。本卦为异卦相叠(坎下震上)。上卦为震为雷,下卦为坎为雨。雷雨交加,荡涤宇内,万象更新,万物萌生,故卦名为解。解,险难解除,物情舒缓。本卦初六《象》辞:"刚柔之际,义无咎也。"意为使刚与柔相互交会没有灾难。

【译文】 这解语里的"刚柔之际",是引自《易经·解》卦,意思是指"敌众我寡"的危急关头。整段解语的意思是说:兵力空虚,但是如果再故意显示出不加防守的样子,那就会使敌人难揣摩,在敌众我寡的危急关头,这种用兵之法显得格外奇妙。

此计运用此象理,是说敌我交会相战,运用此计可产生奇妙的功效。

第三十三计 反间计

【原文】 疑中之疑①。比之自内,不自失也②。

【注释】 ①疑中之疑:句意为在疑阵之中再设疑阵。②比之自内,不自失也:语出《易经·比》卦。比,卦名,本卦为异卦相叠(坤下坎上)。本卦上卦为坎为水,下卦为坤为地,水附托于大地,大地容纳着水,此为相依相赖,故名"比"。比,亲比,亲密相依。本卦六二,《象》辞:"比之自内,不自失也。"

【译文】 其中"比之自内,不自失也",是引自《易经·比》卦,这段解语的意思说:在疑局中再布设一层"迷雾",顺势利用隐蔽在自己内部的敌人间谍去误传假情报,这样就不会因有内奸而遭受损失。

此计运用此象理,是说在布下一重重的疑阵之后,能使来自敌人内部的间谍归顺于我,我则可有效地保全自己。

第三十四计 苦肉计

【原文】 人不自害,受害必真;假真真假,间以得行。童蒙之吉,顺以巽也①。

【注释】 ①童蒙之吉,顺以巽也:语出《易经·蒙》卦(卦名解释见"借尸还魂"注③)。本卦六五《象》辞:"童蒙之吉,顺以巽也。"本意是说幼稚蒙昧之人所以吉利,是因为柔顺服从。

【译文】　人在一般情况是不会自己伤害自己的,若遭受伤害必定是真的受人之害了;我以假作真,用真的取代假的,离间的目的就可以实现了。按照这一思维规律行事,就如同逗小孩一样容易了。

第三十五计　连环计

【原文】　将多兵众,不可以敌,使其自累,以杀其势。在师中吉,承天宠也①。

【注释】　①在师中吉,承天宠也:语出《易经·师》卦。本卦九二,《象》辞:"在师中吉,承天宠也。"是说主帅身在军中指挥,吉利,因为得到上天的宠爱。此计运用此象理,是说将帅巧妙地运用此计,克敌制胜,就如同有上天护佑一样。

【译文】　敌军兵力强大,不能同它硬拼,应当运用计谋使他自相牵制,借以削弱他的战斗能力。解语中的"在师中吉,承天宠也",是引自《易经·师》卦,意思是指:将帅能巧妙运用计谋,达成克敌制胜目的,就像有天神在相助一样。

第三十六计　走为上计

【原文】　全师避敌①。左次无咎,未失常也②。

【注释】　①全师避敌:全军退却,避开强敌。②左次无咎,未失常也:语出《易经·师》卦。本卦六四,《象》辞:"左次无咎,未失常也。"是说军队在左边扎营,没有危险(因为扎营或左边或右边,是依情形而定的),这并没有违背行军常道。

【译文】　这"左次无咎,未失常也"是引自《易经·师》卦。这段解语的意思是说:在不利的形势下,全军要主动退却,避强待机。这种以退求进的做法,并没有违背正常的用兵法则。

此计运用此理,是说这种以退为进的指挥方法,是符合正常的用兵法则的。

道学经典

导读

　　道学文化与儒家文化是我国地地道道、土生土长的两大文化传统。道学肇始于黄、老、庄的思想学说，其所建构的"玄之又玄"的形而上道体哲学，不仅成为中国思辨哲学的源头和主流，而且渗透到百姓日用的各个领域，成为建构中华民族文化的重要的智慧源泉。

　　用现代哲学技术解读道学思想，我们知道，古代道学的"道"其实并不是隐秘的存在，而是与我不可分割的真实存在态。"道"法自然，所谓天不在，"道"亦不在；我不在，"道"也不在，这就是古代中国先哲认识的"天人合一"之"道"。用现代人的知识来看，"道"类似光的波粒二象性存在，散为"气"，聚为"器"，而且是一种"力""气"，具有能量。所谓的"德"，为"式"，也即"道"之必然形式。我们可以认为，"道"是"天象"之全息，无时无处不在，与人"心"相通，是可以由意识直观感知的"无意识"之在。

　　道学的渊源久远，从人类利用自身的智慧创造图形，演绎一个很久远的图腾，那就是伏羲立道的象形学说，远古最有智慧的鼻祖就是伏羲作为华夏人群智慧的代表，传说中的伏羲是人首蛇身，依照传说中伏羲的形象创造出了"道"，道字中的"首"是伏羲的头，辶字旁，就是伏羲的躯干，更形象的记载着人类的智慧伏羲也就是"道"。

　　道学被很多的新出学说借用后，赋予神秘、赋予万能，辞藻修饰后，使人们不能够正确的认识，看不清"道"的真正含义，道就是智慧。

　　有"道"之士，有了"慈爱"之心，就能够以"百姓之心为心"，将天下人的幸福与快乐当作自己的追求，善于调和一切"太极图"的矛盾纷争，将天下人一视同仁，不分贵贱，不计恩仇，兼爱无私。正因为有了这份仁慈博爱之心，才能够勇于作为，为天下幸福谋求福祉。

老子

国学经典文库

【导语】

《老子》自问世以来，注者蜂起，众说纷纭。由于《老子》表述含蓄隐讳，正言若反，以辩证思维揭示了普遍存在于自然、社会、人事的矛盾对立转化规律，因此，触动了不同的学科领域，产生了广泛的社会联想。所以，《老子》一书，有说是权谋之书，有说是兵法之书，有说是气功之书；而后来的道教甚至将《老子》列为《道藏》诸经之首，又成为宗教之书，并且各有注本、专书广为传播。

其实，老子生活在战国，与百家诸子一样，关注的都是天下、国家、社会、民生的诸多现实问题。不同的是，他提出了道的哲学观念，借助天道，统辖人道，在杨朱理论的基础上，进一步论述阐发慈爱贵柔，俭啬收敛，谦下不争，反对圣智仁义，主张无为而治，以达到贵生为我、韬晦自保、否定传统、顺应自然的目的，建立了自己独特的道家理论体系。因此，《老子》虽然论述规律，并非权谋之书；《老子》明确反对战争，并非兵法之书；《老子》讲解修身之道，并非气功之书；《老子》完全否定天命，更不是宗教之书。但是，从阐述矛盾对立转化

老子像

的客观规律来说，《老子》又与上述诸多领域所论述的问题密切联系。我们认为，从表述的内容、构建的理论来看，《老子》在本质上是先秦道家的一部代表性著作。至于《老子》的文句和思想被其他学科领域引用发挥，那是另外的问题了。

既然如此，我们必须把《老子》放在战国时期特定的历史环境中去认识考察，切实从《老子》文本出发研究问题，理解意义，既要实事求是地肯定其思想成果，又要认真分析其时代局限，进而汲取有益的思想营养，弘扬优秀的传统文化。

上　篇

一章（论道）

【题解】

本章是道的总论，也是全书的总纲。

国学经典

老　子

图文珍藏版

道,是老子提出的一个重要哲学观念,是贯穿于全书的一条思想纽带。老子认为,道体非常玄妙幽深、蕴涵非常宽泛丰富,人们对道并非生而知之,而是后天逐步进行探索、认识,才能有所了解、感悟,因此是可以阐述和说解的。但是,人们的探索是渐进的,认识是主观的,阐述是非系统的,说解是有局限的,与作为客观本体的道的玄妙幽深和丰富内涵还有相当距离,并不等于道所具有的全部内涵、外延、情态和性状,要想全面彻底地掌握道的真知,还需要一个长期不断的探索过程,所以说,"道可道,非常道"。

同样,既然道本无名,道是由人们勉强命名的,那么,所命之名只是仅就道的某一特征为理据,或大或逝,或远或反,都不足以完全概括道的内涵、外延、情态和性状,所以说,"名可名,非常名"。

【原文】 道可道,非常道①;名可名,非常名②。无③,名天地之始④;有⑤,名万物之母⑥。故常无,欲以观其妙⑦;常有,欲以观其徼⑧。

此两者,同出而异名,同谓之玄⑨。玄之又玄,众妙之门⑩。

【注释】 ①道可道,非常道:道是可以阐述解说的,但是并非完全等同于浑然一体、永恒存在而又运动不息的那个大道。前一"道",名词,指浑然一体的宇宙本体、永恒存在的天地万物之源、运动不息而又对立转化的规律和法则。后一"道",动词,阐述,解说。常道,指浑然一体、永恒存在、运动不息的大道。②名可名,非常名:道名也是可以命名的,但是并非完全等同于浑然一体、永恒存在、运动不息的道之名。前一"名",名词,道之名。后一"名",动词,命名,称谓。常名,指浑然一体、永恒存在、运动不息的道之名。③无:指道。④天地之始:天地的本初。⑤有:指由道而产生的万物。⑥万物之母:万物的本原,即无名之道是天地的本初,天地混沌初开,然后有万物的产生,才能制名,而道正是天下初始和万物产生的源头和动力,即母体。⑦欲:将。妙:微妙。⑧徼:边际。⑨玄:玄妙幽深。⑩众妙之门:天地万物变化的总源头。

【译文】 道是可以阐述解说的,但是并非完全等同于浑然一体、永恒存在、运动不息的大道;道名也是可以命名的,但是并非完全等同于浑然一体、永恒存在、运动不息的道之名。

无,称天地的初始;有,称万物的本原。

因此,从常无中,将以观察道的微妙;从常有中,将以观察道的边际。

这无、有二者,同出于道而名称不同,都可谓玄妙幽深。玄妙而又玄妙,正是天地万物变化的总源头。

二章(治国)

【题解】

本章讲述了相反相成、互相转化的道理,重在治国。

美—恶、善—不善、有—无、难—易、长—短、高—下、音—声、前—后等,都是相反相成的概念,离开前者则后者不存在,离开后者则前者不成立,在互相对立中互相依赖,互相补充;同时,二者的关系又不是绝对的,比较而言,可以转化,这是来于自然的重要启示,是道的永恒规律。圣人正是掌握了这个规律,因此,"处无为之事,行不言之教",一切顺应自然的发展,而不加入自己的意志和私欲。只有"不为始""弗有""弗恃""弗居",才能得到"不去"的结果。这种"功成而弗居"的不争思想,有利于治国。

【原文】 天下皆知美之为美,斯恶已①;皆知善之为善,斯不善已。

有无相生②,难易相成③,长短相形④,高下相倾⑤,音声相和⑥,前后相随⑦,恒也⑧。是以圣人处无为之事⑨,行不言之教⑩;万物作而弗始⑪,生而弗有⑫,为而弗恃⑬,功成而弗居⑭。夫唯弗居,是以不去⑮。

【注释】 ①斯恶已:就显露出丑了。斯,则,就。恶,丑陋,与美相反。已,表肯定的语气词,相当于"了"。②相生:互相依存。生,存。③相成:相反相成。成,成就。④形:比较,显现。⑤倾:侧,依靠。⑥音声相和:音与声互相和谐。音,组合音。声,始发声。和,和谐。⑦随:跟随。⑧恒:永恒。⑨圣人处无为之事:圣人用无为的方式处事。圣人,老子所理想的具有道行的统治者。无为,不妄为,顺其自然,无为而治。⑩不言:不用言词,不用发号施令。⑪万物作而弗始:万物兴起而不首倡。作,兴起。始,首倡。⑫有:占有。弗:今本作"不"。⑬恃:倚仗,依赖。⑭居:当,任,据。⑮去:离。与"居"相反。

【译文】 天下都知道美之所以为美,就显露出丑了;都知道善之所以为善,就显露出不善了。

有与无互相依存,难与易相反相成,长与短互相比较,高与下互相依靠,音与声互相和谐,前与后互相跟随,这是永恒的现象。

因此,圣人用无为的方式处事,实行不言的教化;万物兴起而不首倡,生养万物而不占有,培育万物而不倚仗,功业成就而不居功。正因为不居功,因此他的功业不会泯没。

三章(治国)

【题解】

本章阐发无为而治的思想,重在治国。

老子认为,现实社会中统治者崇尚贤能、占有珠宝、炫耀物欲,是扰乱人心、造成动乱的根源,因此,必须坚决杜绝。所以,圣人治理天下,只关心百姓的饮食身体,要削弱百姓的精神意志,使聪明人都不敢有所作为,这样,没有奸诈和贪欲,回归到质朴淳厚的状态,才能无为而治。

历来认为,老子鼓吹愚民思想,其实他是反对现实社会的物欲横流和道德沦丧,因此主张消除奸诈智慧和贪婪私念,即所谓"虚其心""弱其志",认为恢复纯朴的民风,国家才能大治,这正是老子的社会政治理想。

【原文】 不尚贤①,使民不争;不贵难得之货②,使民不为盗;不见可欲③,使民心不乱。

是以圣人之治,虚其心④,实其腹⑤,弱其志⑥,强其骨⑦。常使民无知无欲⑧,使夫智者不敢为也⑨。为无为⑩,则无不治。

【注释】 ①尚贤:崇尚贤能之人。贤,贤能之人。"尚贤"是墨家的主张。②难得之货:指珠玉宝器。③不见可欲:不炫耀贪欲的事物。见,同"现",显现,炫耀。可欲,贪欲的事物。④虚:空虚而无欲。⑤实:充实,满足。⑥弱:削弱,减损。⑦强:增强,强健。⑧无知无欲:没有心智,没有欲望。⑨不敢为:不敢有所作为。⑩为无为:以无为的方式行事,即以顺应自然的方式处理事务。

【译文】 在上者不崇尚贤能之人,使百姓不争夺;不珍贵难得的财货,使百姓不为强盗;不炫耀贪欲的事物,使百姓思想不惑乱。

因此,圣人治理天下,要空虚百姓的心灵,满足百姓的饮食,削弱百姓的意志,强健百姓的筋骨。永远使百姓没有奸诈的心智,没有贪婪的欲望,使那些聪明的人不敢有所作为。用无为的方式处理事务,那么天下就没有不大治的。

四章 (论道)

【题解】

本章指出道空虚深邃,用之不竭,重在论道。

道深邃而隐秘,无形而实存。作为万物的宗主,早在天帝之前已经产生,是天地之始,万物之母,本初元尊,至高无上,实为宇宙自然的本体和规律。

【原文】 道冲①,而用之或不盈②。渊兮③,似万物之宗。(挫其锐,解其纷,和其光,同其尘④。)湛兮⑤,似或存⑥。

吾不知谁之子,象帝之先⑦。

【注释】 ①冲:本为"盅"。引申为空虚。②不盈:不盈满。盈,充盈,充实。③渊:深邃。④此四句疑为《五十六章》错简重出,当删。上面"渊兮"句当与"湛兮"句相对成文。⑤湛:没,隐秘。⑥或:有。⑦象帝之先:好像在天帝之前。象,好像。帝,天帝。

【译文】 道是空虚的,然而使用它或许不会穷尽。深邃啊!好像万物的宗主;隐秘啊!又好似实有而存在。

我不知道它是谁家之子,好像是在天帝之前。

五章 (治国)

【题解】

本章讲述天地不仁的道理,重在治国。

天地按照自己的规律运行,春夏秋冬,雨雪风霜,无爱无憎,无恩无怨,公平对待万物;圣人也按照天道的规律治国,顺应自然,清静无为,无爱无憎,无恩无怨,公平对待百姓。正如《五十六章》曰:"故不可得而亲,不可得而疏;不可得而利,不可得而害;不可得而贵,不可得而贱。故为天下贵。"如此则天道运行,空虚而永不衰竭,循环而永不止息。而现实社会中统治者却发号施令,横征暴敛,穷兵黩武,生灵涂炭,表面上有所作为,实际上胡作非为,因为违背了天道规律,所以屡次失败,应该回到虚静无为的天道规律上来。显然,老子反对多言,多言即有为;主张不言,不言即无为。这种思想贯穿于全书。

【原文】　天地不仁①,以万物为刍狗②;圣人不仁,以百姓为刍狗。

天地之间,其犹橐籥乎③?虚而不屈④,动而愈出。

多言数穷⑤,不如守中⑥。

【注释】　①仁:指儒家的仁爱,源自家族血缘的孝悌之亲,即等差之爱。②刍狗:用草扎成的狗,用来作为祭品。天地对于万物也是无憎无爱,顺应自然,按照规律运行,因此,"万物为刍狗"。③橐籥:风箱。由两部分构成,橐,装气的口袋;籥,通气的竹管。④屈:竭,尽。⑤多言数穷:政令繁多而屡次失败。"多言"与"不言"相反,指政令繁多。数穷,屡次失败。⑥守中:持守虚静。

【译文】　天地没有偏爱,把万物像刍狗一样对待,全凭万物自然生长;圣人没有偏爱,把百姓像刍狗一样对待,全靠百姓自己成长。

天地之间,岂不像风箱吗?空虚却不竭尽,鼓动起来风吹不息。

政令繁多而屡次失败,还不如坚守空虚无为。

六章(论道)

【题解】

本章以谷神为喻,赞美大道,重在论道。

老子认为,道如同谷神、玄牝——微妙的母体、天地的根本,空虚不盈,永不停息,孕育和生养了万物;生生不已,绵延不绝,运动不止而不知辛劳。这是对道的赞美,也是对伟大母性的颂歌!

【原文】　谷神不死①,是谓"玄牝"②。玄牝之门,是谓天地根。绵绵若存③,用之不勤④。

【注释】　①谷神:谷,养。"谷神"即指道——生养天地万物的神灵。②玄牝:微妙的母体。③绵绵若存:绵延不绝好像永远存在着。④勤:辛劳,倦怠。

【译文】　道——生养天地万物的神灵永远不停息,这是微妙的母体。微妙的母性之门,就是天地的根源。绵延不绝好像永远存在,运行而不知倦怠。

七章(修身)

【题解】

本章由天地不自生,阐发了谦下思想,重在修身。

表面上,"不自生"与"长久"是互相矛盾的;实际上,"不自生"与"长久"是密切相关的,如果自生就必然不长久。同样,要想"身先",必须"后其身";要想"身存",必须"外其身",这就是矛盾对立转化的辩证法。老子认识到这个谦下的法则,所以说:"以其无私,故能成其私。"

【原文】　天长地久。天地所以能长且久者,以其不自生①,故能长生②。

是以圣人后其身而身先③,外其身而身存④。以其无私,故能成其私⑤。

【注释】　①不自生:不为自己而生。②生:当作"久",与前文相应。③后其身而身先:把自身置于众人之后,却能得到大家的推崇而占先。④外其身而身存:把自身置之度外,却能保存自己。⑤成其私:成就自己。

【译文】　天地是长久存在的。天地所以能够长久存在,是因为天地不为自己而生,所以能够长久。

因此,圣人把自身置于众人之后,却能得到大家的推崇而占先;把自身置之度外,却能保存自己。因为他无私,所以能够成就自己。

八章(修身)

【题解】

本章以水为喻,论述谦下不争之道,重在修身。

水,柔静温和,滋养万物,从不争夺,甘于卑下,这正与天道相吻合。因此,老子认为,最好的人应该像水一样为人处世,才能没有过错。所以,老子将谦下不争,视为立身之本。

【原文】

上善若水①。水善利万物而不争,处众人之所恶②,故几于道③。

居善地④,心善渊⑤,与善仁⑥,言善信⑦,政善治⑧,事善能⑨,动善时⑩。

夫唯不争,故无尤⑪。

【注释】　①上善若水:上善之人如同水一样。②所恶:厌恶的地方。指低洼之处。③几于道:近于道。④居善地:居住低洼之地。《三十九章》曰:"贵以贱为本,高以下为基。"《六十六章》又曰:"江海所以能为百谷王者,以其善下之。"因此,低洼之地就是善地。⑤心善渊:思虑深邃宁静。⑥与善仁:交接善良之人。⑦言善信:说话遵守信用。⑧政善治:为政精于治理。⑨事善能:处事发挥特长。⑩动善时:行动把握时机。⑪尤:过失。

【译文】　上善的人如同水一样。水滋养万物而不与之争夺,汇聚在人们厌恶的低洼之地,因此,近于大道。

他居于低洼之地,思虑深邃宁静,交接善良之人,说话遵守信用,为政精于治理,处事发挥特长,行动把握时机。

正因为不争夺,所以没有过失。

九章(养生)

【题解】

本章论述俭啬自保之道,重在养生。

贪图禄位,私欲满盈,就会贻害无穷,因为,物壮则老,盛极则衰。恃才傲物,锋芒毕露,就会受到挫折,因为,众叛亲离,不能长保。金玉是难得之货,必然引起争夺;富贵是众人所求,必然招致祸患。所以,只能功成身退,敛身自保,才是正确的养生之道,这就如同大自然四季交替、周而复始的运行规律一样。

【原文】 持而盈之①,不如其已②;揣而锐之③,不可长保。金玉满堂,莫之能守④;富贵而骄,自遗其咎⑤。功遂身退,天之道也⑥。

【注释】 ①持而盈之:把持而使它满盈。②已:停止。③揣而锐之:捶击而使它锐利。④莫之能守:没有谁能守护。⑤咎:灾祸。⑥功遂身退,天之道也:功成身退,是自然的规律。遂,成。天之道,自然的规律,指四季的运行交替。

【译文】 把持而使它满盈,不如趁早停止;捶击而使它锐利,不能保持长远。金玉满堂,没有谁能守护;富贵而骄,自己招致祸患。功成身退,这是自然的规律。

十章(修身)

【题解】

本章论述人生修养,重在修身。

灵魂对人是内在的,没有灵魂则形亡,"载营魄"是灵与肉的结合,意在重生;大道对人是外在的,违背大道则身亡;"抱一"是身与道的结合,意在重道,所以,守护灵魂与坚守大道必须紧密结合,不能分离。在此基础上,要像婴儿般平和宁静,品德质朴纯洁,处事清静无为,形貌柔弱卑下,态度谦虚恭敬。这些都是老子强调的人生修养,也就是道对人生各个方面的具体要求。

【原文】 载营魄抱一①,能无离乎?专气致柔②,能如婴儿乎?涤除玄鉴③,能无疵乎④?爱民治国,能无为乎?天门开阖⑤,能为雌乎⑥?明白四达⑦,能无知乎?

(生之畜之。生而不有,为而不恃,长而不宰,是谓"玄德"。)

【注释】 ①载营魄抱一:守护灵魂与坚持大道。载,加,持。营魄,魂魄,灵魂。抱一,坚守大道。一为"道"。②专气致柔:聚合精气,归于柔顺。专,聚合。致,归。③玄鉴:微妙的心镜。④疵:瑕疵,缺点。⑤天门:人体天生的自然门户,即《荀子·正名篇》所说的"天官",指目、耳、口、鼻、心等。开阖:感官的动作行为,指视、听、言、食、嗅、喜、怒、爱、憎等。⑥雌:比喻柔弱宁静。⑦明白四达:通达四方。

【译文】 守护灵魂与坚持大道,能够互不分离吗?聚合精气归于柔顺,能够像婴儿一样吗?洗涤微妙的心镜,能够没有瑕疵吗?爱民治国,能够顺应自然吗?感官活动,能够坚守宁静吗?通达四方,能够自己认为无知吗?

十一章(论道)

【题解】

本章说明"有"与"无""利"与"用"的辩证关系,重在论道。

有车轮而无车毂的中空,不能用;有陶器而无陶器的中空,不能用;有房舍而无门窗的中空,不能用。也就是说,器物实体这个"有",只是提供便利的条件;器物中空这个"无",才是发挥作用的关键。这些现实生活中的事例,何止千万!显然,"有"与"无"是辩证统一、互相依存的,二者缺一不可,而老子更强调的是空虚不盈的作用,提醒人们注意。

【原文】 三十辐共一毂①,当其无②,有车之用。埏埴以为器③,当其无④,有器之用。凿户牖以为室⑤,当其无⑥,有室之用。故有之以为利⑦,无之以为用⑧。

【注释】 ①辐:辐条,车轮上连接车毂与轮圈的木条。毂:车轮中心有圆孔的圆木,其中插轴。②无:这里指车毂中心的圆孔。③埏埴:制陶。埏,用水和土。埴,制陶的粘土。④无:这里指陶器中空⑤户牖:门窗。⑥无:这里指门窗中空。⑦利:便利。⑧用:作用。

【译文】 三十根辐条汇集到一个车毂上,有了车毂的中空,才能具有车的作用。

把粘土放进模具做成器皿,有了器皿的中空,才能具有器皿的作用。

开凿门窗以为房舍,有了门窗的中空,才能具有房舍的作用。

因此,有了器物可以带来便利,器物中空才能发挥作用。

十二章(养生)

【题解】

本章论述了物欲横流的危害,重在养生。

进入文明时代,随着生产力的发展,为社会提供了愈来愈多的生活资料,与此同时,声色犬马,金玉珠宝,也对人产生了极大的感官刺激和心理诱惑。统治者横征暴敛,穷奢极欲,纵情声色,道德沦丧,给社会、人生带来极大的危害。因此,老子坚决反对物欲横流,提出"为腹不为目"的极端主张。庄子更认为:"擢乱六律,铄绝竽瑟,塞师旷之耳,而天下始人含其聪矣;灭文章,散五采,胶离朱之目,而天下始人含其明矣;毁绝钩绳,而弃规矩,攦工倕之指,而天下始人有其巧矣;削曾、史之行,钳杨、墨之口,攘弃仁义,而天下之德始玄同矣。"(《庄子·胠箧》)几乎到了毁弃一切文明成果的程度。今天看来,他们的主张固然有些偏激,但是,其合理的因素是不容忽视的,依然有着重要的现实意义。

【原文】 五色令人目盲①,五音令人耳聋②,五味令人口爽③,驰骋畋猎令人心发狂④,难得之货令人行妨⑤。

是以圣人为腹不为目⑥。故去彼取此⑦。

【注释】 ①五色:青、黄、赤、白、黑,泛指多种颜色。②五音:宫、商、角、徵、羽,泛指多种音乐。③五味:甜、酸、苦、辣、咸,泛指多种味道。爽:伤,败。④畋猎:打猎。⑤妨:伤害。⑥为腹不为目:只为温饱生存,不求纵情声色。目,代称色、音、味、畋猎、宝货等诸多欲望诱惑。⑦去彼取此:抛弃物欲,只要温饱。

【译文】 五色缤纷使人眼瞎,五音繁乱使人耳聋,五味混杂使人口伤,纵马驰骋围猎使人内心疯狂,金玉宝物使人德行败坏。

因此,圣人只为温饱生存,不求纵情声色。所以,抛弃物欲,只要温饱。

十三章(修身)

【题解】

本章论述贵身爱身之道,重在修身。

得宠则喜为上,受辱则悲为下,本是世人常情,然而老子却认为得到宠辱和失去宠辱,都感到惊恐,的确发人深省!在老子看来,宠也罢,辱也罢,都是因名利之类的身外之物而造成的后果,都会由此带来祸患,即有祸患是因为有私利,无私利则无祸患,因此,作为行道者应该无私无欲,清静无为,知足不辱,知止不殆,如果有了宠辱之类的情况发生,就会惊恐不安,反身自责。所以,抛弃私利,贵身爱身才是为道根本。只有贵身爱身,才能全性保真,傲然独立,维护自己的人格和自尊,遵循自然规律,承担大任。

【原文】 宠辱若惊①,贵大患若身②。

何谓宠辱若惊?宠为上,辱为下;得之若惊,失之若惊③,是谓宠辱若惊。

何谓贵大患若身?吾所以有大患者,为吾有身;及吾无身,吾有何患④?

故贵以身为天下,若可寄天下;爱以身为天下,若可托天下⑤。

【注释】 ①宠辱若惊:得宠和受辱就感到惊恐不安。若,则,就。②贵大患若身:重视自己的身体如同重视祸患一样。联系下文,意在强调重视自己的身体,所以提前。若,如。③得之若惊,失之若惊:得到宠辱感到惊恐,失去宠辱也感到惊恐。④吾所以有大患者,为吾有身;及吾无身,吾有何患:我之所以有大祸患,是因为我有自身的私利;如果我没有自身的私利,我还有什么祸患?及,若,如果。⑤故贵以身为天下,若可寄天下;爱以身为天下,若可托天下:说明贵身、爱身是能够寄托天下的关键。贵身爱身,就是贵己为我,全性保真,唯有如此,就不会轻身徇物,放纵私欲,才能爱惜他人生命,遵循自然规律,各安其居,各乐其俗。

【译文】 得宠和受辱就感到惊恐不安,重视自己的身体如同重视祸患一样。

为什么说得宠和受辱就感到惊恐不安?得宠为上,受辱为下;得到宠辱感到惊恐,失去宠辱也感到惊恐,这就是说,得宠和受辱都感到惊恐不安。

为什么说重视自己的身体如同重视祸患一样?我所以有祸患,是因为我有自身的私利;如果我没有自身的私利,我还有什么祸患?

因此,以珍贵自身的思想治理天下的人,就可以寄托天下;以爱惜自身的思想治理天下的人,就可以委托天下。

十四章(论道)

【题解】

本章描述道的形象,强调道的重要,重在论道。

道,混沌一体,无边无际,不可名状,无形无象,是人们凭着感官知觉(视、听、触)无法具体触及的,但又似无实有,无处不在。人们只要掌握了古有之道的规律和法则,就可以认识宇宙的始终,治理当今社会。

【原文】 视之不见,名曰"夷"①;听之不闻,名曰"希"②;搏之不得③,名曰"微"④。此三者不可致诘⑤,故混而为一。其上不皦⑥,其下不昧⑦,绳绳兮不可名⑧,复归于无物⑨。是谓无状之状,无物之象,是谓"惚恍"⑩。迎之不见其首,随之不见其后。

执古之道,以御今之有⑪。能知古始⑫,是谓道纪⑬。

【注释】 ①夷:《经典释文》曰:"钟会云:'灭也,平也。'"即无形。②希:《经典释文》曰:"希,疏也,静也。"即无声。③搏:拊拍。④微:《经典释文》曰:"细也。"即无形体。⑤诘:讯问。⑥皦:洁白,光明。⑦昧:阴暗。⑧绳绳:无边无际。⑨复归于无物:还原为没有物态。复归,还原。无物,无形态。⑩惚恍:似有似无,茫然不定。⑪以御今之有:用来驾驭当今的具体事物。⑫古始:宇宙的初始。⑬道纪:道的纲纪。

【译文】 看却看不着,叫作"夷";听却听不着,叫作"希";拍却拍不着,叫作"微"。这三者不可推问,因此混沌为一体。它的上面不光明,它的下面不阴暗,无边无际啊不可名状,最终还原为没有物态。这就是没有形状的状,没有物象的象,称作惚恍。迎着它看不见它的前头,追随它看不见它的后背。

把握古有之道,用来驾驭当今的具体事物。能够了解宇宙的初始,就称为道的纲纪。

十五章(修身)

【题解】

本章以诗的语言,描述了行道者的修养和风貌,重在修身。

老子认为,理想的行道者应该具有小心谨慎、心存畏惧、恭敬庄重、温和融洽、敦厚自然、虚怀若谷、浑朴纯正、深沉宁静、飘扬放逸的修养和风貌。其实,这正是老子自己的人格精神造型。所有这些品格的核心,在于不求满盈;只有不求满盈,才能吐故纳新。这与道的空虚(道冲)一脉相承。

【原文】 古之善为道者①,微妙玄通,深不可识。夫唯不可识,故强为之容②:
豫兮③,若冬涉川;犹兮④,若畏四邻;俨兮⑤,其若客;
涣兮,其若凌释⑥;敦兮,其若朴⑦;旷兮⑧,其若谷;
混兮⑨,其若浊;〔澹兮⑩,其若海;飂兮⑪,若无止。〕
孰能浊以静之徐清⑫? 孰能安以动之徐生⑬?
保此道者,不欲盈⑭。夫唯不盈,故能蔽而新成⑮。

【注释】 ①善为道者:善于行道的人。②容:形容。③豫:犹豫。④犹:犹豫。⑤俨:恭敬。⑥涣兮,其若凌释:融化流散啊,像河冰消解。涣,流散。凌释,河冰消解。⑦敦兮,其若朴:纯厚自然啊,像未经雕凿的原木。敦,纯厚。朴,未经雕凿的原木。⑧旷:空旷。⑨混:浑,浑厚。⑩澹:宁静。⑪飂:高风,飘扬。这两句原在《二十章》内,疑为本章错简,移于此处。⑫徐清:慢慢澄清。⑬徐生:慢慢产生。⑭不欲盈:不求盈满。⑮蔽而新成:敝旧却能新生。蔽,通"敝"。《二十二章》曰:"敝则新。"

【译文】 古代善于行道的人,精微玄妙,深邃而不可认识。正因为不可认识,只能勉强地来形容描述它:

迟疑踌躇啊,像冬天涉过江河;犹豫狐疑啊,像畏惧四面的威胁;恭敬庄重啊,像充当宾客;

融化流散啊,像河冰消解;纯厚自然啊,像未经雕凿的原木;空旷宽阔啊,像远山的幽谷;

浑厚质朴啊,像混浊的水流;宁静深沉啊,像浩渺的大海;飘扬放逸啊,像永无止境。

谁能够将浊水静止,慢慢澄清?谁能在安定中启动,慢慢产生?

保持这些大道的人,不求满盈。正因为不满盈,所以敝旧却能新生。

十六章(修身)

【题解】

本章强调"致虚"和"守静",重在修身。

"致虚",就是空虚其心,排除一切蒙蔽心灵的私念;"守静",就是坚守清静,顺应自然,绝不妄为,二者互为因果。这是道的法则,也是修身的要义。所谓"复",就是道的循环往复,周而复始,回归根本,即虚静之境,天地万物的本始。道的运行如此,人的行动亦应如此;不循道则凶险,循道则安全。所以,老子特别强调"致虚""守静",以达到无为无不为的目的。

【原文】 致虚极①,守静笃②。万物并作③,吾以观复④。夫物芸芸⑤,各归其根。归根曰"静"⑥,静曰"复命"⑦。复命曰"常"⑧,知常曰"明"⑨。不知"常",妄作凶⑩。

知"常"容⑪,容乃公⑫,公乃全⑬,全乃天⑭,天乃道,道乃久,没身不殆⑮。

【注释】 ①致虚极:达到极端的空虚无欲。②守静笃:坚守彻底的清静无为。③并作:一起生长。④观复:观察循环往复的规律。⑤芸芸:纷繁众多。⑥归根:回归根本。⑦复命:复归生命之本。⑧常:永恒不交的规律。⑨明:指准确地认识和把握规律。⑩妄作凶:轻举妄动干出凶险之事。⑪容:包容。⑫公:公正。⑬全:全面,普遍。⑭天:天地自然。⑮没身不殆:终生没有危险。

【译文】 达到极端的空虚无欲,坚守彻底的清静无为。

万物一起生长,我来观察其中循环往复的规律。

万物纷繁众多,各自回归根本。回归根本叫作"静",静叫作"复命",复命叫作"常",认识把握"常"叫作"明"。不认识把握"常",就会轻举妄动干出凶险之事。

能够认识把握"常"就能包容,能够包容就能公正,能够公正就能普遍,能够普遍就能符合天地自然,能够符合天地自然就能符合道,能够符合道就能长久,终生没有危险。

十七章（治国）

【题解】

本章强调贵言无为，重在治国。

在老子看来，最好的侯王行不言之教，清静无为，因此百姓根本不知道他的存在。百姓"亲而誉之"的统治者，是因为言而有信；"畏之""侮之"的统治者，是因为言而无信。言而有信者是有所作为，言而无信者是欺骗百姓，老子认为都比不上行不言之教、清静无为的侯王。所以，老子主张统治者贵言、希言、不言，即不要制定法律，发布命令。"轻诺必寡信"，还不如不言，只有这样，才能顺应自然，无为而治。

【原文】 太上①，不知有之②；其次，亲而誉之；其次，畏之；其次，侮之。信不足焉，有不信焉③。

悠兮其贵言④。功成事遂，百姓皆谓："我自然⑤。"

【注释】 ①太上：最好的侯王。②不知有之：不知有君王存在。③信不足焉，有不信焉：君王诚信不够，百姓自然不会相信他。④悠兮其贵言：君王悠闲啊，不会轻易发号施令。贵言，珍贵语言，不多说。《二十三章》曰："希言自然。"《五十六章》曰："知者不言，言者不知。"《六十三章》曰："夫轻诺必寡信，多易必多难。"都强调的是贵言、希言、不言，即无为而治。⑤自然：自己如此。

【译文】 最好的侯王，百姓感觉不到他存在；其次的侯王，百姓亲近赞誉他；再其次的侯王，百姓害怕他；更其次的侯王，百姓侮辱他。侯王的诚信不够，百姓自然不会相信他。

最好的侯王悠闲啊，不会轻易地发号施令。功业成就，百姓都说："我们本来自己如此。"

十八章（砭时）

【题解】

本章揭示现实社会的混乱和病态，重在砭时。

老子认为，大道是顺应自然之道，而仁义、智慧、大伪、孝慈、忠臣之类都是在自然之道破坏、私有制产生以后的昏乱现实中出现的，是对大道的背离和否定，社会是发展了，私欲却增多了，因此，老子竭力提倡清静无为、顺应自然之道。特别是老子提出充满辩证思想的历史观，认为大道与仁义，智慧与大伪，六亲不和与孝慈，国家昏乱与忠臣，虽然相反，却有因果关系，给人以深刻启示。

【原文】 大道废，有仁义；智慧出①，有大伪②；六亲不和③，有孝慈④；国家昏乱，有忠臣。

【注释】 ①智慧：智谋，指圣智、巧利。②大伪：巨大的虚伪奸诈。③六亲：父母兄弟妻子。④孝慈：孝子慈父。

【译文】 大道废弃，才会提倡仁义；智谋出现，才会产生伪诈；六亲不和睦，才有孝子慈父；国家昏乱，才会出现忠臣。

十九章（治国）

【题解】

本章论述治疗社会弊病的方略,重在治国。

老子认为,儒家的圣智、仁义、巧利,是统治者扰民的"有为",是欺骗百姓的"文饰",是搜刮民利、六亲不和、产生盗贼的起因,是造成道德沦丧、世风败坏、社会混乱的根源,应该坚决杜绝和抛弃。因为,"圣人不死,大盗不止。虽重圣人而治天下,则是重利盗跖也。为之斗斛以量之,则并与斗斛而窃之;为之权衡以称之,则并与权衡而窃之;为之符玺而信之,则并与符玺而窃之;为之仁义以矫之,则并与仁义而窃之。何以知其然邪?彼窃钩者诛,窃国者为诸侯。诸侯之门,而仁义存焉,则是非窃仁义、圣智邪?"(《庄子·胠箧》)既然如此,仁义之类不足以治国,只会乱国,因此说,"以智治国,国之贼"。正确的办法只能是坚持质朴,减少私欲,杜绝圣智、仁义、巧利

老子骑牛图

之类所谓学问,才能没有忧患。可见,在"文"与"质"的对立中,老子强调的是"质",返璞归真,才是治国的出路。

【原文】 绝圣弃智[1],民利百倍;绝仁弃义,民复孝慈;绝巧弃利,盗贼无有。此三者,以为文[2],不足。故令有所属[3]:见素抱朴[4],少私寡欲,绝学无忧[5]。

【注释】 [1]绝圣弃智:杜绝和抛弃聪明巧智。圣,睿智,聪明。《六十五章》曰:"故以智治国,国之贼;不以智治国,国之福。"[2]文:文饰。[3]所属:归属的地方。[4]见素抱朴:显现并坚守朴素。见,同"现",显现。素,未染色的丝。抱,坚守。朴,未雕凿的木。[5]绝学无忧:杜绝学问没有忧患。学,指儒家所提倡的仁义礼智之学。《六十五章》曰:"古之善为道者,非以明民,将以愚之。"

【译文】 杜绝和抛弃聪明巧智,百姓可以得到百倍的利益;杜绝和抛弃仁义,百姓可以恢复孝慈的天性;杜绝和抛弃巧诈私利,盗贼就不会存在。这三者,以为文饰,不足以治理天下。所以,要让百姓有归属之地:显现并坚守朴素,减少私欲,杜绝世俗之学,就不会有忧患。

二十章（修身）

【题解】

本章说明行道之人(即老子)与众不同,重在修身。

唯与阿,美与恶,是有差别,但是毕竟标准不同,随着世风流转变化,众人畏惧,老子也畏惧,这是他与众人相同的地方。但是,老子淡泊自守,浑沌宁静,质朴淳厚,无为无不为,因为取法于道,顺应自然,追求更高的精神境界,所以又与众不同,遗世独立。虽然是以"我"与众人比较,实则为行道者树立了榜样。

【原文】 唯之与阿①,相去几何？美之与恶,相去若何？人之所畏,不可不畏②。荒兮,其未央哉③!

众人熙熙④,如享太牢⑤,如春登台⑥;我独泊兮⑦,其未兆⑧。

沌沌兮⑨,如婴儿之未孩⑩;傫傫兮⑪,若无所归。

众人皆有余,而我独若遗⑫,我愚人之心也哉⑬!

俗人昭昭⑭,我独昏昏⑮;俗人察察⑯,我独闷闷⑰。(澹兮其若海,飂兮若无止⑱。)

众人皆有以,而我独顽且鄙⑲。

我独异于人,而贵食母⑳。

【注释】 ①唯之与阿:唯声与阿声,应诺声。阿,同"诃"。"唯",对上;"阿",对下。②人之所畏,不可不畏:人们所畏惧的,我不能不怕。③荒兮,其未央哉:宇宙是如此宽阔啊,从古到今,世风流转,好像没有尽头! 荒,宽广,遥远。未央,未到边际尽头。以上是说与众人相同之处。④熙熙:纵欲狂欢的样子。⑤太牢:用牛、羊、猪三牲之肉做成食品,用于祭祀或盛筵,称为太牢。⑥如春登台:如同春天登上高台,极目远望。⑦泊:淡泊。⑧未兆:没有征兆,无动于衷。⑨沌沌兮:浑浑沌沌的样子。⑩孩:小儿笑。⑪傫傫兮:疲劳的样子。⑫遗:借作"匮",不足。⑬愚人:蠢笨的人。这是老子以反话自嘲。下同。⑭昭昭:明白、鲜亮的样子。⑮昏昏:糊涂、暧昧的样子。⑯察察:洁净、精明的样子。汶,通"润"。⑰闷闷:浑浊、质朴的样子。⑱以上两句与文义不合,疑为错简,已移至《十五章》,此处当删。⑲众人皆有以,而我独顽且鄙:大家都有作为,我却顽愚而且鄙陋。以,用。顽且鄙,顽愚而鄙陋。⑳食母:用道。食,用。母,指道。《二十五章》曰:"有物混成,先天地生。寂兮寥兮,独立而不改,周行而不殆,可以为天地母,吾不知其名,强字之曰道。"以上是说与众人不同之处。

【译文】 唯声与阿声,相差多少?美丽与丑陋,相差几何?人们所畏惧的,我不能不害怕。宇宙是如此宽阔啊,从古到今,世风流转,好像没有尽头!

然而,众人都在纵欲狂欢,如同享用太牢的盛筵,如同春天登上高台极目远望;而我却独自淡泊宁静啊,无动于衷。

浑浑沌沌的样子啊,好像婴儿不知嬉笑;疲劳困顿的样子啊,好像无所归依。

众人都有剩余,而唯独我好像不足,我真有一颗愚人的心啊!

世俗的人都活得明白鲜亮,而我却过得糊涂暗昧;世俗的人活得洁净精明,而我却过得浑浊质朴。

大家都有作为,我却顽愚而且鄙陋。

我独与世人不同,而是重视取法于道。

二十一章(论道)

【题解】

本章说明道与德的关系,与(十四章)互相补充,重在论道。

道是形而上的,无边无际,无形无状,因此,恍恍惚惚,似有似无。但是,道并非不可知,反映在社会人生就是德,因此,有形有物,有精有信,德随着道而变化,所以,"孔德之容,惟道是从"。正因为道是万物的本原和归宿,永远存在,所以,可以追溯万物的初始。

【原文】　孔德之容①,惟道是从②。

道之为物,惟恍惟惚③。惚兮恍兮,其中有象④;恍兮惚兮,其中有物。窈兮冥兮⑤,其中有精⑥;其精甚真⑦,其中有信⑧。

自今及古,其名不去,以阅众甫⑨。吾何以知众甫之状哉?以此⑩。

【注释】　①孔德之容:大德的模样。孔,大。德,道的体现。容,容貌,模样。②惟道是从:唯有跟随着道而变化。③道之为物,惟恍惟惚:道作为事物,似有似无。④象:形象。⑤窈兮冥兮:遥远幽深。⑥精:精神,规律。⑦真:真切。⑧信:验证。⑨以阅众甫:用来视察万物的初始。"阅",视,察。"甫",始。⑩以此:由道认识。

【译文】　大德的模样,唯有跟随着道而变化。

道作为事物,似有似无。如此恍恍惚惚,其中却有形象;如此惚惚恍恍,其中却有实物。遥远幽深啊,其中却有精神;这精神非常真切,可以得到验证。

从今到古,它的名字永远不会消失,可以用来视察万物的初始。我怎么知道万物的情状呢?由道而知。

二十二章(修身)

【题解】

本章阐发了处世的辩证法,重在修身。

曲与全,枉与直,洼与盈,敝与新,少与得,多与惑,本是相反、相对的矛盾双方,但是又互相依存,互相转化,可以由前者变为后者,具有密切的内在联系。因此,观察事物,处理问题,将矛盾的双方根本对立,截然分开,见外不见内,见表不见里,是根本错误的。圣人正是由此总结了道的柔弱、俭啬、谦卑的特征,作为天下的榜样,不自见,不自是,不自伐,不自矜,所以,"天下莫能与之争",这就是"曲则全"的道理。

【原文】　曲则全①,枉则直②,洼则盈③,敝则新④,少则得⑤,多则惑⑥。

是以圣人抱一为天下式⑦。不自见,故明⑧;不自是,故彰⑨;不自伐,故有功⑩;不自矜,故长⑪。

夫唯不争,故天下莫能与之争。古之所谓"曲则全"者,岂虚言哉?诚全而归之⑫。

【注释】　①曲则全:弯曲才能保全。②枉则直:委屈才能伸直。③洼则盈:低洼才能盈满。④敝则新:破旧才能更新。⑤少则得:少取才能多得。⑥多则惑:贪多反而惑乱。⑦圣人抱一为天下式:圣人坚守大道为天下的楷模。式,法式,楷模。⑧不自见,故明:不自我表现,因此聪明。见,同"现",显现。明,聪明。⑨不自是,故彰:不自以为是,因此彰显。是,正确。彰,彰显,显著。⑩不自伐,故有功:不自我炫耀,因此有功。伐,夸,自矜。⑪不自矜,故长:不自我骄傲,因此长久。矜,矜夸,骄傲。⑫诚:确实。

【译文】　弯曲才能保全,委屈才能伸直,低洼才能盈满,破旧才能更新,少取才能多得,贪多反而惑乱。

因此,圣人坚守大道为天下的楷模。不自我表现,因此聪明;不自以为是,因此彰显;不自我炫耀,因此有功;不自我骄傲,因此长久。

正因为不与人争,天下的人没有谁能与他争。古代所谓"弯曲才能保全"的话,难道是空话吗? 确实能够让他保全。

二十三章(治国)

【题解】

本章以暴风雨喻暴政不会长久,行道才是正途,重在治国。

天地尚且使得暴风雨不到一天,何况人间的暴政能够持久吗? 因此,严刑峻法、苛捐杂税的暴政既不可能长久,又不会有好结果,只有清静无为,顺应自然,使百姓安居乐业,才算是"同于道者,道亦乐得之;同于德者,德亦乐得之"。这里再次提出"希言",与《二章》的"行不言之教"、《十七章》的"贵言"相应。

【原文】 希言自然①。故飘风不终朝②,骤雨不终日③。孰为此者? 天地。天地尚不能久,而况人乎?

故从事于道者,同于道④;德者,同于德⑤;失者,同于失⑥。同于道者,道亦乐得之⑦;同于德者,德亦乐得之;同于失者,失亦乐得之。

(信不足焉,有不信焉⑧。)

【注释】 ①希言自然:不言教令是符合自然规律的。《十七章》曰:"悠兮其贵言。"②飘风不终朝:狂风刮不了一个早晨。飘风,疾风,暴风。③骤雨不终日:暴雨下不了一个整天。④从事于道者,同于道:从事于道的人,行为就与道相同。⑤德者,同于德:从事于德的人,行为就与德相同。⑥失者,同于失:从事于失道失德的人,行为就与失道失德相同。⑦同于道者,道亦乐得之:行为与道相同的人,道也乐意得到他。⑧此两句已经见于《十七章》,错简重出,当删。

【译文】 不言教令是符合自然规律的。因此,狂风刮不了一个早晨,暴雨下不了一个整天。谁使它这样的? 天地。天地尚且不能让狂风暴雨持久,何况人呢?

所以,从事于道的人,行为就与道相同;从事于德的人,行为就与德相同;从事于失道失德的人,行为就与失道失德相同。行为与道相同的人,道也乐意得到他;行为与德相同的人,德也乐意得到他;行为与失道失德相同的人,失道失德也乐意得到他。

二十四章(修身)

【题解】

本章反对"余食赘行",重在修身。

立何必"企",行何必"跨",明何必"自见",彰何必"自是",有功何必"自伐",自矜必不长久,因此,"企""跨""自见""自是""自伐""自矜",都是多余而无用的行为,这种追求私欲、自我炫耀的思想行为,不符合道柔弱、俭啬、谦卑的要求,不会有好结果。所以,"余食赘行",不合于道,有道的人不能这样做。这是从《二十二章》的反面立论,道理完全相同。

【原文】 企者不立①,跨者不行②。自见者,不明③;自是者,不彰④;自伐者,无功⑤;自矜者,不长⑥。

其在道也,曰:"余食赘行⑦,物或恶之⑧。"故有道者不处⑨。

【注释】 ①企者不立:踮起脚跟的人难以久立。企,踮起脚跟。②跨者不行:跨越走路的人难以远行。③自见者,不明:自我表现的人,不聪明。④自是者,不彰:自以为是的人,不彰显。⑤自伐者,无功:自我炫耀的人,没有功。⑥自矜者,不长:自我骄傲的人,不长久。以上四句,与《二十二章》句式相反,意义相同。⑦余食赘行:多余的饮食和行为。赘,剩余。指的是上述"企者""跨者""自见者""自是者""自伐者""自矜者",均为多余而无用的行为。⑧物或恶之:鬼神都要厌恶他。物,鬼神。恶,厌恶。⑨不处:不居于此,不这样做。处,居。

【译文】 踮起脚跟的人难以久立,跨越走路的人难以远行。自我表现的人,不聪明;自以为是的人,不彰显,自我炫耀的人,没有功;自我骄傲的人,不长久。

从道的观点来看,可以说:"多余的饮食和行为,鬼神都会厌恶。"因此,有道的人不这样做。

二十五章(论道)

【题解】

本章说明道的属性、状态、称谓和归依,重在论道。

浑然一体,天地本原,先天地生,寂静空虚,独立存在,循环不息,勉强称它为"道"。因为他没有边际,无所不在,勉强称它为"大"。"大"就运行不息,又称为"逝";"逝"就延伸遥远,又称为"远";"远"就返回本原,又称为"反"。如此循环不息的道,是效法自然而来。由此可知《一章》"道可道,非常道;名可名,非常名"的真正含义。

特别值得注意的是,老子把人与道、天、地并提,列为"四大"之一,而没有提到神,这是对神本主义的否定,对人本主义的肯定,表现出对人格尊严的认定和推崇,与道家主张的贵身爱身、全性保真的思想完全一致,无疑具有重要意义。

【原文】 有物混成①,先天地生②。寂兮寥兮③,独立而不改④,周行而不殆⑤,可以为天地母⑥。吾不知其名,强字之曰"道",强为之名曰"大"⑦。大曰"逝"⑧,逝曰"远"⑨,远曰"反"⑩。

故道大,天大,地大,人亦大。域中有四大⑪,而人居其一焉。

人法地⑫,地法天,天法道,道法自然。

【注释】 ①有物混成:有一个东西混沌而成。物,指道。②先天地生:先于天地而存在。③寂兮寥兮:寂静啊,空虚啊。寂,无声。寥,空虚。④独立而不改:独自生存而永不改变。⑤周行而不殆:循环运行而永不懈息。周,匝,环绕。殆,通"怠"。⑥天地母:天地的本原。⑦大:极言道无边无际,无所不包。⑧逝:往行,运行不息。⑨远:遥远,延伸遥远。⑩反:同"返",返回,返回本原。⑪域中:宇宙中。⑫法:效法。

【译文】 有一个东西混沌而成,先于天地而存在。寂静啊,空虚啊,独自生存而永不改变,循环运行而永不懈怠,可以成为天地的本原。我不知道它的名字,勉强地称它为"道",勉强地称它为"大"。大又称为"逝",逝又称为"远",远又称为"反"。

因此说,道大,天大,地大,人也大。宇宙中有"四大",而人居于四大之一。

人效法地,地效法天,天效法道,道效法自然。

二十六章(修身)

【题解】

本章论述稳重和沉静,重在修身。

行道者柔弱、俭啬、谦卑,对人处事必然稳重而沉静,因此,稳重是轻率的根本,沉静是浮躁的主宰。治理天下的万乘之君必须以天下为重,如果违背大道,轻率浮躁,骄奢淫逸,肆意纵欲,把治理天下视为儿戏一般,轻则误身,重则乱国,造成严重的后果,所以说,"轻则失根,躁则失君"。

【原文】 重为轻根①,静为躁君②。是以君子终日行不离辎重③。

虽有荣观,燕处超然④。奈何万乘之主而以身轻天下⑤?

轻则失根⑥,躁则失君⑦。

【注释】 ①重为轻根:稳重是轻率的根本。②静为躁君:沉静是浮躁的主宰。③辎重:有衣车,四面有屏蔽的车。④虽有荣观,燕处超然:虽然有华美之居和观览之乐,却安处其中而超然物外。荣,华美之居。观,观览之乐。燕,安。⑤以身轻天下:自身轻浮地面对天下。⑥轻则失根:轻率就会丧失根本。⑦躁则失君:浮躁就会丧失主宰。

【译文】 稳重是轻率的根本,沉静是浮躁的主宰。因此,君子整天外出不离开四面屏蔽的车辆。

虽然有华美之居和观览之乐,却能安处其中而超然物外。怎么万乘之君而自身轻浮地面对天下呢?

轻率就会丧失根本,浮躁就会丧失主宰。

二十七章(治国)

【题解】

本章说明无为而治、善待民众的道理,重在治国。

善行者无辙,善言者无瑕,善数者无筹,善闭者无楗,善结者无绳,这是他们奉行大道,"处无为之事,行不言之教"(《二章》)的结果。圣人没有私爱私亲,既不弃人,又不弃物,即就是对不善之人也要善待,要以天道感化,使百姓和睦相处,这就是"天地不仁","圣人不仁"(《五章》)的道理。如果"不贵其师,不爱其资",造成尖锐的矛盾对立,引起激烈的社会动乱,那真是"虽智大迷"!正确处理这个问题,才是掌握了治国的精义。

【原文】 善行,无辙迹①;善言,无瑕谪②;善数,不用筹策③;善闭,无关楗而不可开④;善结,无绳约而不可解⑤。

是以圣人常善救人,故无弃人;常善救物,故无弃物。是谓"袭明"⑥。

故善人者不善人之师,不善人者善人之资⑦。不贵其师,不爱其资,虽智大迷,是谓"要妙"⑧。

【注释】 ①辙迹:车辙的痕迹。②瑕谪:瑕疵,过失。③筹策:计算的筹码。④关楗:门闩。⑤绳约:绳索。⑥袭明:重明。袭,重。既善救人,又善救物,双重知明,故曰"袭明"。⑦资:资用,教导的对象,即学生。⑧要妙:精深微妙。妙,通"眇"。

【译文】 善于行车的人,不留下车痕;善于言谈的人,没有瑕疵;善于计算的人,不用筹码;善于关门的人,没有门闩却不可开;善于捆绑的人,没有绳索却不可解。

因此,圣人善于经常救助他人,所以没有被抛弃的人;善于经常拯救万物,所以没有被抛弃的物。这就叫作"袭明"。

因此,善人是不善人的老师,不善人是善人的学生。不尊重他的老师,不爱护他的学生,虽然自以为聪明,其实是最大的糊涂。这就是精微的道理。

二十八章(修身)

【题解】

本章说明知雄守雌的道理,重在修身。

守雌贵柔是老子一再强调的道的原则,行道之人必须在深知自己雄强的前提下,主动地甘守雌弱,居于下流,因为,弱胜强、柔胜刚,牝胜牡,"以静为下"才能处于不败之地,所以,老子非常赞赏以柔弱克坚强的水、善下的江海成为百谷王、含德深厚的赤子和以至柔驰骋天下至坚的无为之道,愿意"为天下谿","为天下谷",使得"常德乃足,复归于朴",因而"大制不割"。

【原文】 知其雄,守其雌①,为天下谿②。为天下谿,常德不离③,复归于婴儿。

知其白,(守其黑,为天下式。为天下式,常德不忒,复归于无极。知其荣④,)守其辱⑤,为天下谷⑥。为天下谷,常德乃足,复归于朴⑦。

朴散则为器⑧,圣人用之,则为官长⑨,故大制不割⑩。

【注释】 ①知其雄,守其雌:深知自己雄强,却甘守雌柔。《四十三章》曰:"天下之至柔,驰骋天下之至坚。"《五十五章》曰:"含德之厚,比于赤子。……骨弱筋柔而握固。"《六十一章》曰:"大邦者下流,天下之牝,天下之交也。牝常以静胜牡,以静为下。"《六十六章》曰:"江海之所以能为百谷王者,以其善下之,故能为百谷王。"《七十六章》曰:"故坚强者死之徒,柔弱者生之徒。是以兵强则灭,木强则折。强大处下,柔弱处上。"《七十八章》曰:"天下莫柔弱于水,而攻坚强者莫之能胜,以其无以易之。弱之胜强,柔之胜刚,天下莫不知,莫能行。"这种守雌贵柔的思想,贯穿全篇。②谿:山间小水沟,溪涧。天下谿,言其处于天下低洼之地。《八章》曰:"水善利万物而不争,处众人之所恶,故几于道。"《二十二章》曰:"洼则盈。"③常德不离:永恒的德不会离身。④以上六句为后人妄加,当删。《庄子·天下篇》引老聃曰:"知其雄,守其雌,为天下溪。知其白,守其辱,为天下谷。"可证。⑤辱:污黑。《四十一章》曰:"大白若辱。"正是以白对辱,可证。⑥谷:有水曰溪,无水曰谷。谷无水则空虚。⑦复归于朴:

恢复到质朴的状态。⑧朴散则为器:质朴分散为各种器具。⑨官长:百官之长。⑩大制不割:完美的制度是不会伤害百姓的。割,害。《三十五章》曰:"执大象,天下往。往而不害,安平泰。"《五十八章》曰:"是以圣人方而不割,廉而不刿,直面不肆,光而不耀。"《六十章》曰:"非其神不伤人,圣人亦不伤人。夫两不相伤,故德交归焉。"

【译文】 深知自己雄强,却甘守雌柔,作为天下的溪涧。作为天下的溪涧,永恒的德不会离身,就恢复到婴儿的纯真状态。

深知自己的洁白,却甘守污黑,作为天下的空谷。作为天下的空谷,永恒的德才能充足,恢复到质朴的状态。

质朴分散为各种器具,圣人使用这些器具,就可以成为百官之长。所以说,完美的制度是不会伤害百姓的。

二十九章(治国)

【题解】
本章反对勉强作为,主张顺应自然,重在治国。

老子认为,治理天下不能为了私欲而一意孤行,更不能不顾现实而为所欲为,因为,天下万物千姿百态,千差万别,"或行或随,或嘘或吹,或强或羸,或载或隳",不能按照同一个标准去衡量和要求,更不能用严酷的法律去命令和禁止,应该顺应自然,因势利导,所以圣人要除去极端、奢侈和讨分的措施,实行无为而治。

【原文】 将欲取天下而为之①,吾见其不得已②。天下神器③,不可为也,不可执也④。为者败之,执者失之。〔是以圣人无为,故无败;无执,故无失⑤。〕

夫物⑥,或行或随⑦,或歔或吹⑧,或强或羸⑨,或载或隳⑩。是以圣人去甚⑪,去奢⑫,去泰⑬。

【注释】 ①为:治理,作为。②不得:不可得,不会达到目的。③天下神器:天下是神圣的东西。④执:把持。⑤以上四句为《六十四章》错简,当移于此处。⑥物:万物。⑦或行或随:有前有后。行,前行。随,后随。⑧或歔或吹:有缓有急。歔,出气缓。吹,出气急。⑨或强或羸:有刚强有羸弱。强,刚强。羸,羸弱。⑩或载或隳:有成就有毁坏。载,成就。隳,毁坏。⑪甚:极端。⑫奢:奢侈。⑬泰:过分。

【译文】 有人想要夺取天下而治理它,我看他不会达到目的。天下的神圣的东西,不能勉强作为,不能用力把持。勉强作为就会失败,用力把持就会丢失。因此圣人从不妄自作为,所以不会失败;从不强行把持,所以不会失去。

那些世间万物,有前有后,有缓有急,有刚强有羸弱,有成就有毁坏。因此,圣人要清静无为,顺应自然,除去极端,除去奢侈,除去过分。

三十章(议兵)

【题解】
本章反对战争,指出物壮则老,重在议兵。

老子认为,战争是残酷的,虽然有胜有败,但是胜败双方都是受害者,因为"其事好还",双方都要付出惨重的代价,谁也不能幸免,所以警告统治者"不以兵强于天下"。这一辩证思考,非常深刻,与前面反复强调的矛盾双方对立转化的思想一脉相承,所以,因胜利而"矜""伐""骄""强",毫无必要,有害无利。在此基础上,老子特别指出"物壮则老"的客观规律,事物发展到极端就会走向反面,就会消亡,这无疑是对那些穷兵黩武的诸侯们的当头棒喝!

【原文】 以道佐人主者,不以兵强天下。其事好还①。师之所处,荆棘生焉。大军之后②,必有凶年③。

善有果而已④,不敢以取强。果而勿矜⑤,果而勿伐⑥,果而勿骄,果而不得已,果而勿强⑦。

物壮则老,是谓不道。不道早已。

【注释】 ①还:返,回报,报应。②军:疑为"单",借为"战"。③凶年:荒年。④善有果而已:善于用兵的人只求取得胜利罢了。⑤矜:矜夸。⑥伐:炫耀。⑦强:逞强。

【译文】 用道辅佐君王的人,不靠军队逞强于天下。这件事情喜欢反复报应。军队所到之处,荆棘丛生。大战之后,必有荒年。

善于用兵的人只求取得胜利罢了,不敢凭武力来取得称霸的地位。胜利了而不要矜夸,胜利了而不要炫耀,胜利了而不要骄傲,胜利是出于不得已,胜利了而不要逞强。

事物发展到盛壮就会衰老,这就不符合道了。不符合道就会提早消亡。

三十一章(议兵)

【题解】

本章承前而发,继续阐述反战思想,重在议兵。

行道之人恬淡虚静,柔弱俭啬,没有私欲追求,自然要远离凶器,即使是进行自卫战争,抗暴安民,也是迫不得已而用之,生命财产会遭到巨大的损失,因此,即使是取得胜利也是不值得赞美的,如果赞美胜利,就说明喜欢杀人,那样是不能得志于天下的。出兵用丧礼,取胜也用丧礼,重在祭奠战争亡灵,表现了老子悲天悯人的人道思想。

【原文】 夫兵者,不祥之器,物或恶之①,故有道者不处。

君子居则贵左,用兵则贵右②。兵者不祥之器,非君子之器,不得已而用之,恬淡为上③。胜而不美,而美之者,是乐杀人。夫乐杀人者,则不可得志于天下矣。

吉事尚左,凶事尚右。偏将军居左,上将军居右,言以丧礼处之。杀人之众,以悲哀泣之;战胜,以丧礼处之。

【注释】 ①见《二十四章》注⑧。②"贵左""贵右"以及下文中"尚左""尚右""居左""居右",都是古代礼仪的规定。③恬淡:宁静,安适。

【译文】 兵器,是不吉祥的器具,连鬼神都厌恶它,因此有道的人远离而不用。

君子平常以左为贵,用兵时以右为贵。兵器是不吉祥的器具,不是君子所用的器具,万不得已才使用它,要以宁静安适为上。胜利了却不赞美,如果赞美胜利,就是喜欢杀人。那些喜欢杀人的人,不能在天下实现统治的愿望。

吉庆的事情以左为上,凶丧的事情以右为上。偏将军在左,上将军在右,这是说出兵打仗用丧礼的仪式安排。杀人很多,要悲伤哭泣去追悼;打了胜仗,也要用丧礼去纪念。

三十二章(论道)

【题解】

本章说明道无名而质朴的特征,重在论道。

道,无名质朴,隐而无形,大而无边,阴阳交合就能普降甘露,没有偏私,均衡平等,这正所谓"天地不仁","圣人不仁","天道无亲"。而名则是万物出现之后产生的,名分一定,各归其类,就有各自的界限,严格界限,各守本分,就没有危险,这就如同天下归于大道,川谷流向江海一样。

【原文】 道常无名,朴①。虽小,天下莫能臣②。侯王若能守之,万物将自宾③。天地相合,以降甘露,民莫之令而自均④。

始制有名⑤,名亦既有,夫亦将知止,知止可以不殆⑥。譬道之在天下,犹川谷之于江海⑦。

【注释】 ①道常无名,朴:道永远无名,处于质朴的状态。②虽小,天下莫能臣:道虽然隐微,天下没有谁能够臣服它。③自宾:自己宾服。④民莫之令而自均:百姓没有谁命令它而自然均匀。⑤始制有名:万物出现后,才产生了各种名称。⑥知止可以不殆:知道界限就可以没有危险。止,禁止,界限。不殆,没有危险。⑦此为倒文。当以"川谷"喻"天下",以"江海"喻"道"。

【译文】 道永远无名,处于质朴的状态。它虽然隐微,天下没有谁能够臣服它。侯王如果坚守它,万物将会自己宾服。

天地阴阳相交合,就降下甘露,百姓没有谁命令它而自然均匀。

万物出现后,就产生了各种名称,名称既然有了,也就知道各自的界限,知道界限可以没有危险。就譬如道对于天下的关系,好像江海对于川谷的关系一样。

三十三章(修身)

【题解】

本章论述个人品行修养,重在修身。

对外的"知人""胜人",故然可贵;对内的"自知""自胜",更为重要,完全符合道的俭啬精神。因此,有自知之明,自胜之强,就成为更高的修养标准。在此基础上,"知足""强行""不失其所""死而不亡",就可以实现人生追求。

【原文】 知人者智,自知者明。胜人者有力,自胜者强。知足者富。强行者有志①。不失其所者久②。死而不亡者寿③。

【注释】 ①强行者:顽强坚持的人。②不失其所者:不失根本的人。③死而不亡者:身死而精神不亡的人。

【译文】　识别他人的人可谓智慧,了解自己的人可谓聪明。战胜他人的人称为有力,战胜自己的人称为刚强。知道满足就是富有。顽强坚持的人叫作有志。不失根本的人就能长久。身死而精神不亡的人才算长寿。

三十四章(论道)

【题解】

本章说明大与小的辩证法,重在论道。

大道无所不在,没有私欲,顺应自然,由不主宰万物可以称为"小",由万物都归依又可称为"大","小"与"大"是事物的两面,相反相成。正因为它不据为己有,不自以为大,没有占有欲和支配欲,所以成就了它的伟大。天道如此,人道亦如此。

【原文】　大道氾兮,其可左右①。万物恃之以生而不辞②,功成而不有③。衣被万物而不为主④,可名于"小"⑤;万物归焉而不为主,可名为"大"⑥。以其终不自为大,故能成其大。

【注释】　①大道氾兮,其可左右:大道广泛而普遍地流行,它可左可右,无处不在。氾,普,博。②辞:推辞。③有:据为己有。④衣被:遮蔽,覆盖。⑤小:指大道任物成长,自然无为,因此称为"小"。⑥大:指大道无私养育,万物归依,因此称为"大"。

【译文】　大道广泛而普遍地流行,它可左可右,无所不在。万物依靠它生长而不推辞,功业成就而不据为己有。它覆盖万物而不自以为主宰,可以称它为"小";它万物归依而不自以为主宰,可以称它为"大"。由于它最终不自以为大,所以才能成就它的大。

三十五章(论道)

【题解】

本章说明道平淡而无穷,重在论道。

道不像音乐和美食,可以刺激感官,引起诱惑,形成欲望,而是无味、无形、无声,却用之不竭,无穷无尽。掌握和遵循道的规律,就可以让百姓归依,平和安宁。

【原文】　执大象①,天下往。往而不害,安平泰②。

乐与饵③,过客止。道之出口,淡乎其无味,视之不足见④,听之不足闻,用之不足既⑤。

【注释】　①大象:大道。象,道。②安平泰:就平和而安宁。安,乃,则。③乐与饵:音乐与美食。饵,泛指美味食品。④足:可。⑤既:尽。

【译文】　执守大道,天下百姓都来归往。归往而不伤害,就会平和而安宁。

音乐美食,能使过客止步。而道的讲述,平淡得没有味道,看它看不着,听它听不到,用它却用不尽。

三十六章(治国)

【题解】

本章由自然物势阐发统治谋略,重在治国。

张极必歙,强极必弱,举极必废,予极必夺,也就是说,张是歙的先导,强是弱的前兆,举是废的端倪,予是夺的根苗,这是自然事物发展的大势,运动的规律,即所谓物极必反,对立转化的微明之理。因此,要处于柔弱地位,才能战胜刚强,这种治理国家的玄机谋略不能随便示人。

【原文】 将欲歙之①,必固张之②;将欲弱之,必固强之;将欲废之,必固举之;将欲取之,必固与之。是谓"微明"③。柔弱胜刚强。鱼不可脱于渊④,国之利器不可以示人⑤。

【注释】 ①歙:收敛。②固:定。张:扩张。③微明:隐微而显明。④鱼不可脱于渊:鱼不能离开深渊。⑤利器:锐利的武器,指赏罚,权谋。示:显示,炫耀。

【译文】 将要收敛它,必定扩张它;将要削弱它,必定强盛它;将要废弃它,必定举荐它;将要夺取它,必定给予它。这就叫作"微明"。

柔弱必胜刚强。

鱼不能离开深渊,国家的赏罚权谋不能向人炫耀。

三十七章(治国)

【题解】

本章论述君无为而民自化的道理,重在治国。

作为侯王,如果能够行大道,不妄为,顺应自然,万物不受干扰就会自己生长变化,无所不为。即使是出现了个人的私欲,也可以用质朴淳厚之风镇定引导。只要百姓没有私欲,回归天性,天下就会自己安定,形成"甘其食,美其服,安其居,乐其俗。邻国相望,鸡犬之声相闻,民至老死,不相往来"(《八十章》)的理想社会。

【原文】 道常无为而无不为①。

侯王若能守之,万物将自化②。化而欲作③,吾将镇之以无名之朴④。镇之以无名之朴,夫将不欲。不欲以静,天下将自正。

【注释】 ①无为而无不为:顺应自然不妄为则无所不能为。②自化:自己成长变化。③欲作:私欲产生。④无名之朴:道的质朴。无名,指道。《三十二章》曰:"道常无名,朴。"

【译文】 道永远顺应自然不妄为,就能够无所不为。

侯王如果能够坚守它,万物将会自己成长变化。成长变化而私欲产生,我将用道的质朴来震慑它。用道的质朴来震慑,就不会产生私欲。不产生私欲而宁静,天下将自己归于正道。

三十八章(砭时)

【题解】

本章抨击仁、义、礼对自然之道、德的破坏,重在砭时。

"孔德之容,惟道是从"(《二十一章》),道与德体用一源,顺应自然,没有私欲,先天而生,而仁、义、礼出自人为功利制作,后天而生,伤害人的自然天性,是对道、德的根本破坏,因此,即就是那些制定仁义礼的所谓先知们,也不过是看到道的表面的虚华,没有见到实质,已经是愚昧的开始。所以,大丈夫必须抛弃浅薄虚华,采取敦厚笃实。

【原文】 上德不德①,是以有德;下德不失德②,是以无德。

上德无为而无以为③;下德无为而有以为④。

上仁为之而无以为⑤;上义为之而有以为⑥。

上礼为之而莫之应⑦,则攘臂而扔之⑧。

故失道而后德,失德而后仁,失仁而后义,失义而后礼。夫礼者,忠信之薄⑨,而乱之首⑩。

前识者⑪,道之华⑫,而愚之始。是以大丈夫处其厚⑬,不居其薄;处其实,不居其华。故去彼取此⑭。

【注释】 ①上德不德:上德的人顺应自然,不追求仁义之类品德。《韩非子·解老》曰:"德者内也,得者外也。'上德不德',言其神不淫于外也。神不淫于外则身全,身全之谓得,得者得身也。凡德者,以无为集,以无欲成,以不思安,以不用固。为之欲之则德无舍,德无舍则不全;用之思之则不固,不固则无功。无功则生有德,生有德则无德。故曰'上德不德,是以有德'。"②下德不失德:下德的人不失去仁义之类品德。③上德无为而无以为:上德的人顺应自然而无所作为。《韩非子·解老》曰:"虚者之无为也,不以无为为有常。不以无为为有常,则虚。虚则德盛,德盛之谓上德。故曰'上德无为而无不为'也。"④下德无为而有以为:下德的人顺应自然而有所作为。⑤上仁为之而无以为:上仁的人想有作为而无所作为。《韩非子·解老》曰:"仁者谓其中心欣然爱人也,其喜人之有福,而恶人之有祸也。生心之所不能已也,非求其报也。故曰'上仁为之而无以为'也。"⑥上义为之而有以为:上义的人想有作为而有所作为。《韩非子·解老》曰:"义者,君臣上下之事,父子贵贱之差也,知交朋友之接也,亲疏内外之分也。臣事君宜,下怀上宜,子事父宜,贱敬贵宜,知交友朋相助也宜,亲者内而疏者外宜。义者谓其宜也,宜而为之。故曰'上义为之而有以为'也。"⑦上礼为之而莫之应:上礼之人想有作为而没人回应。⑧攘臂:用臂推搡。扔之:引之,拽之,印强迫人服从。⑨薄:薄弱,浅薄,不足。⑩首:开始,开端。⑪前识者:有先见之明的人。⑫华:虚华。⑬厚:敦厚。⑭去彼取此:抛弃浅薄虚华,采取敦厚笃实。

【译文】 上德的人顺应自然,不追求仁爱之德,因此确实有德;下德的人不失去仁爱之德,因此没有德。

上德的人顺应自然而无所作为,下德的人顺应自然而有作为。

上仁的人想有作为而无所作为,上义的人想有作为而有所作为。

上礼的人想有作为而没人回应,就用臂推搡强迫人服从。

所以,失道而后有德,失德而后有仁,失仁而后有义,失义而后有礼。礼,标志着忠信的薄弱,混乱的开端。

所谓有先见之明的人,只是认识道的虚华,是愚昧的开始。因此,大丈夫身处敦厚,而不居于浅薄;身处笃实,而不居于虚华。所以,抛弃浅薄虚华,采取敦厚笃实。

三十九章(治国)

【题解】

本章强调得道的重要性和侯王的谦下态度,重在治国。

天地万物得道则生存,失道则毁灭,治国也是同样的道理。作为侯王应该遵循道的法则,慈爱、俭啬、谦卑,"贵以贱为本,高以下为基",称孤道寡,自处卑下,态度谦虚,行为恭敬,重视百姓,爱护百姓,这样,才能"天下正"。百姓对于侯王最好的称誉就是不称誉,因为不知道侯王的存在,即"太上,不知有之"(《十七章》),这就达到了最高的境界。《二十八章》曰:"知其雄,守其雌,为天下谿。"《六十一章》曰:"牝常以静胜牡,以静为下。"《六十六章》曰:"是以圣人欲上民,必以言下之;欲先民,必以身后之。"与此同理。

【原文】 昔之得一者①——天得一以清,地得一以宁,神得一以灵,谷得一以盈,万物得一以生,侯王得一以为天下正。

其致之也②,天无以清,将恐裂;地无以宁,将恐废③;神无以灵,将恐歇④;谷无以盈,将恐竭;万物无以生,将恐灭;侯王无以正,将恐蹶⑤。

故贵以贱为本,高以下为基。是以侯王自称孤、寡、不穀⑥。此非以贱为本邪?非乎?故至誉无誉。是故不欲琭琭如玉⑦,珞珞如石⑧。

【注释】 ①一:指道。《四十二章》曰:"道生一,一生二,二生三,三生万物。"②其致之也:如果推广言之。其,若,如果。致,推极。③废:毁坏。④歇:休息,停止。⑤蹶:颠覆。⑥孤、寡、不穀:都是侯王的谦称。孤,孤德;寡,寡德;不穀,不善。⑦琭琭:光彩的样子,形容美玉。⑧珞珞:同"硌硌",坚硬的样子,形容石块。

【译文】 古来得道者——天得道就清明,地得道就安宁,神得道就灵验,山谷得道就充盈,万物得道就生长,侯王得道就使天下安定。

如果推广言之,天没有清明,将要崩裂;地没有安宁,将要毁坏;神没有灵验,将要休止;山谷没有充盈,将要枯竭;万物没有生长,将要灭绝;侯王没有安定,将要颠覆。

因此,贵以贱作为根本,高以下作为基础。因此,侯王自称孤、寡、不穀。这不是以低贱作为根本吗?不是吗?所以,最高的声誉无须赞誉。所以,不愿像光彩的美玉,宁可如坚硬的石块。

四十章(论道)

【题解】

本章说明道的特征,重在论道。

"反"即复,相反相成,对立转化,物极必反,回归本原,这是道的循环运动方式。"柔"即弱,道的运用不是以暴烈强迫的方式进行,而是以自然柔和、润物无声为特征。所以,道作为天地之始的"无",产生了作为万物之母的"有"。

【原文】 反者①,道之动;弱者②,道之用。天下万物生于"有","有"生于"无"。

【注释】 ①反:同"返",复,循环。《十六章》曰:"万物并作,吾以观复。"②弱:柔弱,柔和。

【译文】 循环,是道的运动方式;柔弱,是道的运用特征。

天下万物产生于"有","有"产生于"无"。

四十一章(论道)

【题解】

本章阐发"明道若昧"的道理,重在论道。

"道冲,而用之或不盈"(《四章》),空虚实用;道"迎之不见其首,随之不见其后"(《十四章》),无影无踪;道"微妙玄通,深不可识"(《十五章》),藏而不露;道"不自见""不自是""不自伐""不自矜"(《二十二章》),俭啬内敛。因此,道的现象和实质似乎是矛盾的,不为一般人认识知晓,这就如同"大白""大方""大器""大音""大象"一样,所以说,"道隐无名","明道若昧"。但是,道却"善贷且成",养育成就了万物。

【原文】 上士闻道①,勤而行之;中士闻道,若存若亡②;下士闻道,大笑之。——不笑,不足以为道。

故建言有之③:

明道若昧,进道若退,夷道若纇④。

上德若谷,广德若不足,建德若偷⑤,质真若渝⑥。

大白若辱⑦,大方无隅⑧,大器晚成。

大音希声⑨,大象无形,道隐无名。

夫唯道,善贷且成⑩。

【注释】 ①上士:上等的士人。②若存若亡:或许保留或许遗忘。"亡",通"忘"。③建言:立言的人。④纇:不平。⑤建德若偷:刚健的德好像苟且偷生。建,通"健"。偷,苟且。⑥质真若渝:质朴纯真好像污秽混浊。⑦辱:污黑。参见《二十八章》注⑤。⑧隅:角,棱角。⑨希声:无声。《十四章》曰:"听之不闻,名曰'希'。"⑩善贷且成:善于帮助而且成就万物。贷,施与,帮助。

【译文】 上士听了道,努力实行;中士听了道,或许保留或许遗忘;下士听了道,哈哈大笑。——不被嘲笑,就不足以成为道。

因此,立言的人这样说:

光明的道好像暗昧,前进的道好像后退,坦直的道好像不平。

崇高的德好像低谷,广博的德好像不足,刚健的德好像苟且,质朴纯真好像污秽。

最洁白的好像污黑,最方正的好像无角,最宝贵的器皿最后完成。

最美妙的音乐没有声音,最大的形象没有形体,大道幽隐没有名称。

唯有道,善于帮助而且成就万物。

四十二章(论道)

【题解】

本章讲述宇宙生成,重在论道。

老子认为,道是一个独立存在的浑沌整体,由道而生出天地,蕴涵着阴阳二气,阴阳二气互相交冲而形成和谐之气,于是就产生了万物,正如《一章》曰:"无,名天地之始;有,名万物之母。"这就是宇宙生成的过程。

【原文】 道生一①,一生二②,二生三③,三生万物。

万物负阴而抱阳④,冲气以为和⑤。

(人之所恶,唯孤、寡、不穀,而王公以为称。故物或损之而益,或益之而损。人之所教,我亦教之。强梁者不得其死,吾将以为教父⑥。)

【注释】 ①一:指道。道,浑沌而成,独立无偶,故为"一"。《十章》曰:"载营魄抱一,能无离乎?"《二十二章》曰:"圣人抱一为天下式。"《三十九章》曰:"昔之得一者。"②二:指天地。天为阳,地为阴。③三:指阳气、阴气、和气。《三十二章》曰:"天地相合,以降甘露,民莫之令而自均。"即阴阳二气交合形成的和气状态而产生了万物。④负阴而抱阳:背阴而向阳。⑤冲气以为和:阴阳二气相交冲而形成和气。⑥以上数句与文义不合,疑为《三十九章》错简,当删。

【译文】 道整体唯一,一产生天地,天地含有阳、阴二气,互相交冲而产生和谐之气,阴、阳、和三气产生了万物。

万物背阴而向阳,阴阳二气相交冲而形成和气。

四十三章(治国)

【题解】

本章说明无为的作用和效果,重在治国。

以柔克刚,以弱胜强,是老子反复申明的贵柔之道,《七十八章》就曰:"天下莫柔弱于水,而攻坚强者莫之能胜,以其无以易之。"由此可以看到无为的作用和效果。然而,天下对此却很少有人了解到;即使是认识到,也未必能够做到。可见,老子反复强调的还是不言无为之道。

【原文】 天下之至柔,驰骋天下之至坚①。无有入无间②。吾是以知无为之有益。

不言之教,无为之益,天下希及之③。

【注释】 ①驰骋:使……奔驰,驱使。②无有入无间:无有之形可以进入无间隙之中。③希:少。及:至,到达。

【译文】 天下最柔软的东西,可以驱使天下最坚硬的东西。无有之形可以进入无间隙之中。我因此知道无为的好处。

不言的教诲,无为的好处,天下很少能够认识到做得到。

四十四章(养生)

【题解】

本章强调尊重生命,重在养生。

名利财货都是身外之物,都不能与珍贵的生命相比,因此,为争名利而危及自身,实为得不偿失。这种贵身爱身的思想,与俭啬不争的要求相一致,所以,"知足不辱,知止不殆",就成为必然的人生信条。《二十九章》曰:"是以圣人去甚,去奢,去泰。"《四十六章》曰:"祸莫大于不知足,咎莫大于欲得。"与此同理。

【原文】 名与身孰亲?身与货孰多①?得与亡孰病②?

甚爱必大费③,多藏必厚亡④。

故知足不辱,知止不殆,可以长久。

【注释】 ①多:贵重。②病:痛苦。③费:耗费。④厚:厚重

【译文】 名声与身体相比哪一个亲近?生命与财物相比哪一个贵重?得到与丧失相比哪一个痛苦?

过分私爱必然要有重大的耗费,太多收藏必然会有厚重的损失。

因此,知道满足就不会受到屈辱,知道休止就不会出现危险,这样才能保持长久。

四十五章(修身)

【题解】

本章论述人品修养,重在修身。

道的法则,要求内敛俭啬,反映在人品修养上,就是所有的"大成""大盈""大直""大巧""大辩"的内涵,都是以"缺""冲""屈""拙""讷"的形式表现出来,不自吹,不自是,不炫耀,不矜恃,以卑下的姿态对人处世,所谓"治人事天,莫若啬"(《五十九章》)。《四十一章》曰:"上德若谷,广德若不足,建德若偷。"与此同理。所以,清静无为可以为君长,正如《二十六章》曰:"重为轻根,静为躁君。"

【原文】 大成若缺①,其用不弊②。

大盈若冲③,其用不穷④。

大直若屈⑤,大巧若拙,大辩若讷⑥,大赢若绌⑦。

静胜躁,寒胜热。清静,为天下正⑧。

【注释】 ①成:善。②弊:停止。③冲:本为"盅",空虚。参见《四章》注①。④穷:穷尽。⑤屈:弯曲。⑥讷:语言困难,口吃。⑦绌:通"黜"。⑧正:长,君。

【译文】 最美好的东西好像残缺,但是它的作用不会停止。

最充盈的东西好像空虚,但是它的作用不会穷尽。

最正直的东西好像弯曲,最灵巧的东西好像笨拙,最雄辩的人才好像口吃,最大的赢利好像亏本。

沉静战胜浮躁,寒冷战胜炎热。清静无为可以成为天下的君长。

四十六章(养生)

【题解】

本章说明贪婪不知足的危害,重在养生。

贵族贪婪不知足,"甚爱必大费,多藏必厚亡"(《四十四章》),危及自身生命;侯王贪婪不知足,则发动战争,侵城略地,使得"天下无道,戎马生于郊",不仅危及自身生命,还会毁弃国家命运。因此,无论对于自身或国家,"祸莫大于不知足,咎莫大于欲得",知足才能长保,这是养生要义。

【原文】 天下有道,却走马以粪①;天下无道,戎马生于郊②。

祸莫大于不知足,咎莫大于欲得③。故知足之足④,常足矣⑤。

【注释】 ①却:退回,放回。走马:跑马,战马。粪:《韩非子·解老》曰:"凡马之所以大用者,外供甲兵而内给淫奢也。今有道之君,外希用甲兵而内禁淫奢,上不事马于战斗逐北,而民不以马远通淫物,所积力唯田畴。积力于田畴,必且粪灌。故曰'天下有道,却走马以粪'也。"②戎马:战马。生于郊:在荒郊野外生下马驹。《韩非子·解老》曰:"人君者无道,则内暴虐其民,而外侵欺其邻国。内暴虐则民产绝,外侵欺则兵数起;民产绝则畜生少,兵数起则士卒尽;畜生少则戎马乏,士卒尽则军危殆;戎马乏则牸马出,军危殆则近臣役。马者,军之大用;郊者,言其近也。今所以给军之具于牸马近臣,故曰'天下无道,戎马生于郊矣'。"③咎:罪过。④知足之足:知道满足的这种满足。⑤常足:永远满足。

【译文】 天下有道,退回战马去运肥播种;天下无道,连怀孕的母马也要上战场,在荒郊野外生下马驹。

祸患没有比不知满足更大的了,罪过没有比贪得无厌更大的了。因此,知道满足的这种满足,才会永远满足啊。

四十七章(修身)

【题解】

本章论述认知关系,重在修身。

老子认为道是万物的本原,掌握了道就可以洞察一切,而对道的认知,必须"涤除玄鉴"(《十章》),自省感悟,只要内心纯净,质朴敦厚,自我修养,认真体会,就可以明道,观照外物。因此,不出户,不阚牖,可以知天道;如果外出实践经验,就会触及社会欲望,污染心灵,而使得耳目蒙蔽,视听混淆,不辨真伪,远离大道,因此要"塞其兑,闭其门"(《五十二章》)。显然,这种观点与其清静无为、内敛俭啬的思想是一脉相承的。但是,与老子对道的论述一样,在认识论上则是唯心的。

【原文】 不出户①,知天下;不阚牖②,见天道。其出弥远③,其知弥少。

是以圣人不行而知,不见而明,不为而成。

【注释】 ①户:单扇门。②牖:窥视,看。牖:窗子。③弥:愈,更加。

【译文】 不出门户,能够知道天下世事;不看窗外,能够了解自然规律。外出愈远,所知愈少。

因此,圣人不出行而知情,不眼见而明白,不作为而成功。

四十八章(治国)

【题解】

本章比较"为学"与"为道",重在治国。

老子反对政教礼义这些外在世俗之学,认为这样的"为学"愈多,伪诈奸邪之事愈多;主张内心纯净,自省感悟,俭约收敛,返璞归真,这样"为道"愈久,私欲私爱愈少,近于无为的大道。因此,《十九章》曰:"绝圣弃智,民利百倍;绝仁弃义,民复孝慈;绝巧弃利,盗贼无有。此三者,以为文,不足。故令有所属,见素抱朴,少私寡欲,绝学无忧。"显然,所谓"学"就是圣智、仁义、巧利之类,"绝学"对"为学"而言,"见素抱朴,少私寡欲"则是对"为道"而言。所以,"为道"使百姓返璞归真而自化,就可以治理天下;如果"为学"扰乱天下,胡作非为,则适得其反。

【原文】 为学日益①,为道日损②。损之又损,以至于无为。

无为而无不为③。取天下常以无事④,及其有事⑤,不足以取天下。

【注释】 ①为学日益:研究世俗学问,则伪诈奸邪一天天增加。②为道日损:修行自然天道,则私欲私爱一天天减少。天道指清静无为之道。③无为而无不为:顺应自然不妄为,就能够无所不为。参见《三十七章》。④取:为,治理。无事:无所事事,无妄为之事。⑤有事:有所事事,严刑峻法之类苛政。

【译文】 研究世俗学问,伪诈奸邪一天天增多;修行自然天道,私欲私爱一天天减少。减少而又减少,一直到无为的状态。

顺应自然不妄为,就能够无所不为。治理天下经常凭借无所事事,等到有所事事,实行苛政,就不能够治理天下了。

四十九章(治国)

【题解】

本章论述善待百姓、浑沌其心的道理,重在治国。

作为行道之人,没有私心,对善者与不善者一律善待,对信者与不信者一律相信,因此,天下和谐,没有被抛弃的人。正如《二十七章》曰:"是以圣人常善救人,故无弃人;常善救物,故无弃物。是谓'袭明。'"而真正要使民自化,就必须绝弃百姓的耳目私欲,即"塞其兑,闭其门"(《五十二章》),浑沌其心,返璞归真,才能像婴儿般纯厚。

【原文】 圣人常无心①,以百姓心为心。

善者,吾善之;不善者,吾亦善之,德善②。

信者,吾信之;不信者,吾亦信之,德信。

圣人在天下,歙歙焉③,为天下浑其心④。百姓皆注其耳目⑤,圣人皆孩之⑥。

【注释】 ①常无心:永远没有私心。②德:通"得"。③歙歙:收敛,谨慎。④浑:浑沌。⑤注:专注。⑥孩:婴孩,儿童。《十章》曰:"专气致柔,能如婴儿乎?"《二十章》曰:"沌沌兮,如婴儿之未孩。"《二十八章》曰:"为天下谿,常德不离,复归于婴儿。"

【译文】 圣人永远没有私心,把百姓的心作为自己的心。

善良的人,我善待他;不善良的人,我也善待他,这就得到了善良。

诚信的人,我信任他;不诚信的人,我也信任他,这就得到了诚信。

圣人在天下,总是谨慎的样子,为天下而浑沌百姓的心,使他们返璞归真。百姓们都专注自己的耳目欲望,圣人则要使他们回复到婴孩般纯厚质朴。

五十章(养生)

【题解】

本章论述保护生命的方法,重在养生。

老子对人生进行分析,"生之徒,十有三;死之徒,十有三",这是正常自然的生死状况。另外,"人之生,动之于死地,亦十有三",即因为养生太厚而缩短了生命,这才是论述的重点。因此讲到善于养生的人,应该避开死地,形象地说就是避开虎兕、战争,实际上就是见素抱朴,少私寡欲,杜绝声色犬马,生活清静恬淡,一切顺应自然,才能安享天年。

这种思想影响到后世。比如《吕氏春秋·本生》曰:"富贵而不知道,适足以为患,不如贫贱。贫贱之致物也难,虽欲过之,奚由?出则以车,入则以辇,务以自佚,命之曰'招蹶之机';肥肉厚酒,务以自强,命之曰'烂肠之食';靡曼皓齿,郑卫之音,务以自乐,命之曰'伐性之斧'。三患者,富贵之所致也。故古之人有不肯富贵者矣,由重生故也。"

【原文】 出生入死。生之徒①,十有三;死之徒②,十有三;人之生,动之于死地③,亦十有三。夫何故?以其生生之厚④。

盖闻善摄生者⑤,陆行不遇兕虎⑥,入军不被甲兵⑦;兕无所投其角⑧,虎无所用其爪,兵无所容其刃。夫何故?以其无死地。

【注释】 ①生之徒:正常活着的人。②死之徒:夭折死去的人③死地:死亡之地。④生生之厚:养生的过分丰厚。⑤摄生:养护生命。⑥兕虎:独角犀牛和老虎。泛指野兽。⑦被:触及,遭受。⑧投:掷,撞击。

【译文】 出世为生,入土为死。天下正常活着的人,占十分之三;夭折死去的人,占十分之三;人活着,却行动在死亡之地,也占十分之三。这是什么缘故呢?因为他们养生过分丰厚奢侈,而糟蹋缩短了生命。

听说那些善于养护生命的人,在陆地上行走不会遇到野兽,在战争中不会触及兵器;犀牛没有地方撞击它的角,老虎没有地方使用它的爪,兵器没有地方容纳它的刃。这是什么缘故呢?因为他就没有进入死亡之地。

五十一章（论道）

【题解】

本章重申"生而不有"，重在论道。

道化生、养育、区别、成就万物，是万物之母，虽然受到尊崇，却不号令，不占有，不自恃，不主宰，一切顺应自然，具有深妙的品德。正如《二章》曰："是以圣人处无为之事，行不言之教；万物作而弗始，生而弗有，为而弗恃，功成而弗居。夫唯弗居，是以不去。"

【原文】 道生之①，德畜之②，物形之③，势成之④。是以万物莫不尊道而贵德。道之尊，德之贵，夫莫之命而常自然。

故道生之，德畜之，长之育之⑤，亭之毒之⑥，养之覆之⑦。〔生而不有，为而不恃，长而不宰，是谓"玄德"⑧〕。

【注释】 ①道生之：道化生万物。②德蓄之：德养育万物。③物形之：用不同形态区别万物。④势成之：在各种环境成就万物。⑤长之育之：使万物成长发育。⑥亭之毒之：使万物结果成熟。⑦养之覆之：给万物抚育保护。⑧玄德：深妙的德性。以上四句错简重出于《十章》，应在此章。

【译文】

道化生万物，德养育万物，用不同形态区别万物，在各种环境成就万物。因此，万物没有不尊崇道而珍贵德的。道受到尊崇，德受到珍贵，是因为道和德没有对万物发号施令而永远顺应自然。

所以，道化生万物，德养育万物，使万物成长发育，使万物结果成熟，给万物抚育保护。生长万物而不占有，抚育万物而不自恃，长养万物而不主宰，这就叫"玄德"。

五十二章（修身）

【题解】

本章论述持守大道，重在修身。

道是万物之母，由母知子，由子知母，永远持守大道就能终身安泰。要守道必须"塞其兑，闭其门"，杜绝排除外界私欲功利的诱惑和干扰，否则终身有难。只有"见小""守柔"，不事张扬炫耀，坚持深藏不露，才能永保太平。

【原文】 天下有始①，以为天下母②。既得其母，以知其子③；既知其子，复守其母。没身不殆。

塞其兑④，闭其门⑤，终身不勤⑥；开其兑，济其事⑦，终身不救。

见小曰"明"⑧，守柔曰"强"⑨。用其光⑩，复归其明⑪，无遗身殃。是为"袭常"⑫。

【注释】 ①始：初始。指道。②母：本原。《一章》曰："无，名天下之始；有，名万物之母。"《二十章》曰："我独异于人，而贵食母。"③子：指万物。④兑：口，指嗜欲的感官。兑为八卦之一，《周易·说卦》曰："兑，说也。""兑为口。""兑为口舌。"⑤门：门径，指巧利的途径。⑥勤：劳。⑦济其事：成就世间的庶事。济，成。⑧见小曰"明"：

能看见细微叫"明"。⑨守柔曰"强"：能坚守柔弱叫"强"。《十章》曰："专气致柔，能如婴儿乎?"《七十六章》曰："强大处下，柔弱处上。"《七十八章》曰："弱之胜强，柔之胜刚，天下莫不知，莫能行。"⑩光：智力之光。⑪明：内省之明。⑫袭常：承袭永恒的道。

【译文】　天下必有初始的道，作为万物的本原。既然得知本原，就知道万物；既然知道万物，就持守本原。这样，终身没有危险。

堵塞嗜欲的感官，关闭巧利的门径，终身不劳；打开嗜欲的感官，成就世间的庶事，则终身不可救药。

能看见细微叫"明"，能坚守柔弱叫"强"。使用智力之光，回复内省之明，不要给自身留下祸殃，这就是承袭永恒的道。

五十三章(砭时)

【题解】
本章揭发统治者穷奢极欲的罪恶行径，重在砭时。
老子处于乱世，贫富对立严重，社会矛盾尖锐。统治者巧取豪夺，锦衣玉食，声色犬马，生活糜烂，使得国库空虚，田园荒芜，民不聊生，生灵涂炭。因此，老子认为统治者走的是邪恶之路，他们是一伙强盗头子，对他们进行强烈的控诉和诅咒!

【原文】　使我介然有知①，行于大道，唯施是畏②。

大道甚夷③，而人好径④。朝甚除⑤，田甚芜，仓甚虚；服文彩，带利剑，厌饮食⑥，财货有余，是为盗夸⑦。非道也哉！

【注释】　①使：假如。介，微小，稍微。②施：斜，邪。③夷：平坦。④径：邪路。⑤除：修饰。⑥厌：饱足。⑦盗夸：大盗，强盗的首领。《韩非子·解老》"盗夸"作"盗竽"，曰："竽也者，五声之长者也，故竽先则钟瑟皆随，竽唱则诸乐皆和。今大奸作，则俗之民唱；俗之民唱，则小盗必和。故服文采，带利剑，厌饮食，而资货有余者，是之谓'盗竽'矣。"夸，通"竽"，"盗夸"即"盗竽"。

【译文】　假如我稍微有些知识，在大道上行走，就害怕走入邪路。

大道很平坦，而那些侯王就喜欢走邪路。朝廷装饰非常豪华，田园非常荒芜，仓库非常空虚；而他们穿戴锦绣的衣冠，佩带锋利的宝剑，饱食丰盛的宴席，占有充余的财物，他们就是强盗的首领。真是无道啊!

五十四章(修身)

【题解】
本章强调以道修德，普化天下，重在修身。
子孙相继，祭祀不辍，是以血缘为纽带的农耕民族的本能愿望和追求。为了实现这个目标，必须修德，这是治身、治家、治乡、治邦、治天下的关键所在。因为，"孔德之容，惟道是从"(《二十一章》)。道为德之内容、本体，德为道之形式、功用，所以，归根到底，仍在于重道。

【原文】 善建者不拔①,善抱者不脱②,子孙以祭祀不辍③。

修之于身,其德乃真;修之于家,其德乃余;修之于乡,其德乃长;修之于邦,其德乃丰;修之于天下,其德乃普。

故以身观身,以家观家,以乡观乡,以邦观邦,以天下观天下。吾何以知天下之然哉?以此④。

【注释】 ①拔:拔除。②脱:脱离。③辍:停止,断绝。④以此:就因为这个道理。《韩非子·解老》曰:"为人子孙者,体此道以守宗庙,不灭之谓'祭祀不绝'。身以积精为德,家以资财为德,乡国天下皆以民为德,今治身而外物不能乱其精神,故曰'修之身,其德乃真'。真者,慎之固也。治家者,无用之物不能动其计,则资有余,故曰'修之家,其德有余'。治乡者行此节,则家之有余者益众,故曰'修之乡,其德乃长'。治邦者行此节,则乡之有德者益众,故曰'修之邦,其德乃丰'。莅天下者行此节,则民之生莫不受其泽,故曰'修之天下,其德乃普'。修身者,以此别君子小人;治乡、治邦、莅天下者,各以此科适观息耗,则万不失一。故曰:'以身观身,以家观家,以乡观乡,以邦观邦,以天下观天下。吾奚以知天下之然也?以此。'"

【译文】 善于建树的人不可拔除,善于抱持的人不会脱离,子子孙孙遵循大道就永远祭祀不断绝。

用道修养自身,他的德就纯真;修养一家,他的德就充余;修养一乡,他的德就长久;修养邦国,他的德就丰硕;修养全天下,他的德就普遍。

因此,从自身之德观察他人之德,从自家之德观察他家之德,从自己家乡之德观察其他地区之德,从自己国家之德观察其他国家之德,从今日天下之德观察未来天下之德。我凭什么知道天下的情况呢?就是运用的这个道理和方法。

五十五章(修身)

【题解】

本章论厚德之人,重在修身。

老子以赤子比喻厚德之人,认为赤子质朴纯真,元气充沛,筋骨柔弱,内力刚强,精神和谐,这正是行道之人必须具备的品德修养。唯有如此,才能有效地克制内部的欲望和冲动,抵制外部的伤害和影响,归于大道。

【原文】 含德之厚,比于赤子。毒虫不螫①,猛兽不据②,攫鸟不搏③。骨弱筋柔而握固,未知牝牡之合而朘作④,精之至也。终日号而不嗄⑤,和之至也⑥。

知和曰常⑦,知常曰明。益生曰祥⑧,心使气曰强⑨。

物壮则老,谓之不道。不道早已⑩。

【注释】 ①毒虫不螫:蜂虿之类毒虫不螫刺。螫,蜂虿行毒螫人。②猛兽不据:虎豹之类猛兽不抓伤。据,通"攎",兽以爪抓物为据。③攫鸟不搏:鹰隼之类凶禽不搏持。④朘:小男孩儿的生殖器。⑤嗄:哑。⑥和:和气。《四十二章》曰:"冲气以为和。"⑦常:指永恒不变的规律。《十六章》曰:"复命曰'常',知常曰'明'。"⑧益生:有益于养生。⑨心使气:欲念放纵任气。⑩物壮则老,谓之不道。不道早已:《三十

【译文】 人饱含深厚的德,可以比得上初生的婴儿。蜂虿之类毒虫不蜇刺他,虎豹之类猛兽不抓伤他,鹰隼之类凶禽不搏持他。婴儿筋骨柔弱而拳头紧握,不知男女交合而小生殖器翘起,这是精气非常充足的缘故。整天号哭而嗓子不哑,这是和气充盈的缘故。

知道和气叫"常",知道"常"叫"明"。有益于养生叫"祥",欲念放纵任气叫"强"。

事物发展到盛壮就要衰老,就不符合道。不符合道就会提早消亡。

五十六章(治国)

【题解】

本章阐发不言之教、混同亲疏的道理,重在治国。

《五十九章》曰:"治人事天,莫若啬。"《六十五章》曰:"古之善为道者,非以明民,将以愚之。"其具体方法就是"挫锐""解纷""和光""同尘"。因为,"圣人不仁"(《五章》),"天道无亲"(《七十九章》),"是以圣人之治,虚其心,实其腹,弱其志,强其骨。常使民无知无欲,使夫智者不敢为也。为无为,则无不治"(《三章》),所以,不分亲疏,不分利害,不分贵贱,圣人才为天下贵。

【原文】 知者不言,言者不知①。

(塞其兑,闭其门②,)〔挫其锐,解其纷,和其光③,同其尘④,〕是谓"玄同"⑤。

故不可得而亲,不可得而疏;不可得而利,不可得而害;不可得而贵,不可得而贱。故为天下贵。

【注释】 ①知者不言,言者不知:聪明的人不发号施令,发号施令的人不聪明。②塞其兑,闭其门:已见于《五十二章》,此处错简重出,当删。③和其光:混合他们辨识万物的智力之光。《五十二章》曰:"用其光,复归其明。"④同其尘:规范他们动作行为的世俗之尘。以上四句错简重出于《四章》,当移于此。⑤玄同:玄妙混同的境界,即道的境界。《二十五章》曰:"有物混成,先天地生。"

【译文】 聪明的人不发号施令,发号施令的人不聪明。

挫折人们的锐气,解决人们的纠纷,混合他们辨识万物的智力之光,规范他们动作行为的世俗之尘,这就是"玄同"。

因此,对百姓不能亲,不能疏;不能利,不能害;不能贵,不能贱。所以,就被天下人尊重。

五十七章(治国)

【题解】

本章论述清静无为,重在治国。

老子主张清静无为,并非空穴来风,面壁虚构,而是针对乱世进行冷静地观察思考后确认,统治者所谓"有为",就是人间动乱不安的根源。因此,《十九章》曰:"绝圣弃智,民利百倍;绝仁弃义,民复孝慈;绝巧弃利,盗贼无有。"《三十七章》曰:"道常无为而无不为。侯王若能守之,万物将自化。"这就是老子解决治国问题的思路和方法,本章是进一步的论述和阐发。

【原文】 以正治国①,以奇用兵②,以无事取天下③。吾何以知其然哉?以此:天下多忌讳④,而民弥贫;人多利器⑤,国家滋昏;人多伎巧⑥,奇物滋起;法令滋彰⑦,盗贼多有。

故圣人云:"我无为,而民自化;我好静,而民自正;我无事,而民自富;我无欲,而民自朴。"

【注释】 ①以正治国:以无为正道治理国家。正,正道。②以奇用兵:以诡异奇谋指挥战争。奇,奇谋。③以无事取天下:以无所事事管理天下。《四十八章》曰:"取天下常以无事,及其有事,不足以取天下。"《六十章》曰:"治大国,若烹小鲜。"取,为,治理,管理。④忌讳:禁忌,指戒律禁令。⑤利器:锐利的武器,权谋。《三十六章》曰:"鱼不可脱于渊,国之利器不可以示人。"⑥伎巧:技能智慧。⑦滋彰:繁多显明。

【译文】 以无为正道治理国家,以诡异奇谋指挥战争,以无所事事管理天下。我为什么知道是这样呢?从这些事情可以看出:天下多禁忌,百姓就愈贫穷;人们多权谋,国家就愈昏乱;人们多技巧,奇事就多发生;法令繁多显明,盗贼就多出现。

因此,圣人说:"我无所作为,而百姓就自我教化;我喜欢清静,而百姓自然端正;我无所事事,而百姓自己富足;我没有私欲,而百姓自然质朴。"

五十八章(治国)

【题解】

本章讲述对立转化的道理,重在治国。

"其政闷闷",是清静无为之政,由于圣人"不割""不刿""不肆""不耀",因此百姓纯厚知足,安居乐业;"其政察察",是精明严酷之政,统治者以智治国,政令繁多,百姓深受压迫剥削,因此百姓生活匮乏,不得温饱。其结果正好相反。所以,祸与福相倚依,正复为奇,善复为妖,并没有一定的标准。可见,老子确实认识并揭示了对立双方转化的现象和规律。但是,矛盾的转化并不是自然发生的,必须在一定的外部条件下才能进行并得以实现,正是在这个问题上,老子没有深入论述,反映了他的思想局限。

【原文】 其政闷闷①,其民淳淳②;其政察察③,其民缺缺④。

祸兮,福之所倚⑤;福兮,祸之所伏⑥。孰知其极⑦?其无正也⑧。正复为奇⑨,善复为妖⑩。人之迷,其日固久。

是以圣人方而不割⑪,廉而不刿⑫,直而不肆⑬,光而不耀⑭。

【注释】 ①闷闷:质朴的样子。《二十章》曰:"俗人察察,我独闷闷。"②淳淳:淳厚知足的样子。③察察:精明、严酷的样子。④缺缺:欠缺、不满足的样子。《六十五章》曰:"古之善为道者,非以明民,将以愚之。民之难治,以其智多。故以智治国,国之贼;不以智治国,国之福。"⑤倚:倚傍,依靠。《韩非子·解老》曰:"人有祸则心畏恐,心畏恐则行端直,行端直则思虑熟,思虑熟则得事理。行端直则无祸害,无祸害则尽天年;得事理则必成功,尽天年则全而寿;必成功则富与贵,全寿富贵之谓福。而福本于有祸,故曰'祸兮,福之所倚',以成其功也。"⑥伏:隐藏,潜伏。《韩非子·解老》曰:"人有福则富贵至,富贵至则衣食美,衣食美则骄心生,骄心生则行邪僻而动弃理。行邪僻则身死夭,动弃理则无成功。夫内有死夭之难,而外无成功之名者,大祸也。而祸本生于有福,故曰'福兮,祸之所伏'。"⑦极:终极的结果。⑧正:定准,标准。⑨正复为奇:正又变为邪。奇,诡异不正,邪。⑩善复为妖:善再变为恶。妖,恶。⑪方而不割:方正而不割伤人。《二十八章》曰:"故大制不割。"⑫廉而不刿:性格刚强而不戳伤人。刿,伤。⑬直而不肆:正直而不放肆。⑭光而不耀:光鲜而不炫耀。《韩非子·解老》曰:"所谓方者,内外相应也,言行相称也。所谓廉者,必生死之明也,轻恬资财也。所谓直者,义必公正,心不偏党也。所谓光者,官爵尊贵,衣裘壮丽也。"

【译文】 一国的政治质朴,它的百姓就纯厚知足;一国的政治严酷,它的百姓就欠缺不满足。

灾祸,是幸福倚傍的地方;幸福,是灾祸潜伏的地方。谁知道它们极终的结果呢?大概没有一个标准。正又变为邪,善再变为恶。人们的迷惑,时日实在很久了。

因此,圣人的言行方正而不割伤人,性格刚强而不戳伤人,直率而不放肆,光鲜而不炫耀。

五十九章(修身)

【题解】

本章讲述俭啬之道,重在修身。

俭啬,老子视为人生三宝之一(《六十七章》)。所谓俭啬,就是爱惜自身,收敛精神,内心纯朴,不事炫耀,因此,要早服道,重积德,不断聚积内力,永立不败之地。所以,俭啬用以修身,则谦恭卑弱,守雌处下;用于治国,则处无为之事,行不言之教,这就是长生久视之道。

【原文】 治人事天①,莫若啬②。

夫唯啬,是谓早服③;早服,谓之重积德④;重积德,则无不克;无不克,则莫知其极⑤;莫知其极,可以有国;有国之母⑥,可以长久。是谓深根固柢、长生久视之道⑦。

【注释】 ①治人事天:治理百姓,敬事天地。②啬:爱惜精神,收敛知识。《韩非子·解老篇》曰:"书之所谓'治人'者,适动静之节,省思虑之费也。所谓'事天'者,不极聪明之力,不尽知识之任。苟极尽则费神多,费神多则盲聋悖狂之祸至,是以啬之。啬之者,爱其精神,啬其智识也。故曰'治人事天,莫如啬'。"③早服:趁早服从道。《韩非子·解老篇》曰:"夫能啬也,是从于道而服于理也。众人离于患,陷于祸,犹未知退,而不服从道理;圣人虽未见祸患之形,虚无服从于道理,以称蚤服。故曰'夫谓啬,是以蚤服'。"④重积德:多积累德。重,多。《韩非子·解老》曰:"知'治人'者其思虑静,知'事天'者其孔窍虚。思虑静故德不去,孔窍虚则和气日入。故曰'重积德'。夫能令故德不去,新和气日至者,蚤服者也。故曰'蚤服,是谓重积德'。"⑤

极:极点,尽头。⑥母:道,根本。《韩非子·解老》曰:"所谓'有国之母',母者道也。道也者,生于所以有国之术。所以有国之术,故谓之有国之母。夫道以与世周旋者,其建生也长,持禄也久,故曰'有国之母,可以长久'。"⑦长生久视:长久存在。《韩非子·解老》曰:"树木有曼根,有直根。根者,书之所谓柢也。柢也者,木之所以建生也。曼根者,木之所以持生也。德也者,人之所以建生也。禄也者,人之所以持生也。今建于理者,其持禄也久,故曰深其根体其道者。其生日长,故曰固其柢。柢固则生长,根深则视久。故曰'深其根,固其柢,长生久视之道'也。"

【译文】 治理百姓,敬事天地,没有比爱惜精神、收敛知识更重要。

正因为"啬",所以要趁早服从道;趁早服从道,就要多多积德;多多积德,就战无不胜;战无不胜,就没有人知道他力量的极点;没有人知道他力量的极点,就可以拥有国家;掌握国家的根本大道,就可以长治久安。这就是根深蒂固、长久永存的道理。

六十章(治国)

【题解】

本章论述清静无为,两不相伤,重在治国。

在老子看来,治国之道,在于顺应自然,清静无为,而不要繁令苛政,扰民害民,这就如同煎小鱼,反复翻动则无完鱼。只要以道治国,鬼神与圣人都不侵害百姓,百姓即可安享太平。这就是"我无为,而民自化;我好静,而民自正;我无事,而民自富;我无欲,而民自朴"(《五十七章》)。

【原文】 治大国,若烹小鲜①。

以道莅天下②,其鬼不神③。非其鬼不神,其神不伤人;非其神不伤人,圣人亦不伤人。夫两不相伤④,故德交归焉⑤。

【注释】 ①烹小鲜:煎小鱼。烹,煎煮。鲜,鱼。《韩非子·解老篇》曰:"故以理观之,事大众而数摇之,则少成功;藏大器而数徙之,则多败伤;烹小鲜而数挠之,则贼其宰;治大国而数变法,则民苦之。是以有道之君,贵虚静而重变法。故曰:'治大国者,若烹小鲜。'"所谓"数挠之",即多次翻动。所谓"贼其宰",即鱼翻烂了,伤害了宰夫的烹任之功。也就是说,煎小鱼不能多次翻动,治国家不能朝令夕改,有道之君要虚静无为,不要变动治国之道,所以,"治大国若烹小鲜"。②莅:临。③神:灵。《韩非子·解老》曰:"人处疾则贵医,有祸则畏鬼。圣人在上则民少欲,民少欲则血气治而举动理,举动理则少祸害。夫内无痤疽瘅痔之害,而外无刑罚法诛之祸者,其轻恬鬼也甚。故曰'以道莅天下,其鬼不神'。"④两不相伤:鬼怪与圣人都不伤害人。《韩非子·解老》曰:"治世之民,不与鬼神相害也。故曰'非其鬼不神也,其神不伤人也'。鬼祟也疾人之谓鬼伤人,人逐除之之谓人伤鬼也。民犯法令之谓民伤上,上刑戮民之谓上伤民。民不犯法则上亦不行刑,上不行刑之谓上不伤人,故曰'圣人亦不伤民'。上不与民相害,而人不与鬼相伤,故曰'两不相伤'。"⑤德交归焉:功德恩泽都归向百姓。《韩非子·解老》曰:"民不敢犯法,则上内不用刑罚,而外不事利其产业。上内不用刑罚而外不事利其产业则民蕃息,民蕃息而蓄积盛。民蕃息而蓄积盛之谓有德。凡所谓崇者,魂魄去而精神乱,精神乱则无德。鬼不崇人则魂魄不去,魂魄不去则精神不乱,精神不乱之谓有德。上盛蓄积而鬼不乱其精神,则德尽在于民矣。故曰'两不相伤,则德交归焉'。言其德上下交盛而俱归于民也。"

【译文】 治理大国,如同煎小鱼,不要多次翻动。

用道临治天下,那些鬼怪都不显灵;不是那些鬼怪不灵,显灵也不伤人;不仅鬼怪不伤人,圣人也不伤人。这样,鬼怪与圣人都不伤人,因此,功德恩泽都归向百姓。

六十一章(治国)

【题解】

本章讲述大国居下流的道理,重在治国。

老子处在诸侯割据的年代,以大欺小、以强凌弱的兼并战争是经常发生的,给百姓带来极大的苦难。为了天下太平,他根据自己"知其雄,守其雌"(《二十八章》)的观念,要求大国应该主动地谦下包容,善待小国,不能骄横自傲,恃强争霸,这样,大国可以会聚统辖小国,小国也可以被大国会聚统辖,避免战争,各得其所,和平相处,百姓安宁,何乐而不为?老子的主张,表现了反对战乱、反对争霸的善良愿望,应该肯定,但是,大国未必只是"欲兼畜人",小国也未必愿意"欲入事人",老子把诸侯国的血腥战争理想化了,只能成为脱离现实的幻想。

【原文】 大邦者下流①,天下之牝,天下之交也②。牝常以静胜牡,以静为下。

故大邦以下小邦,则取小邦③;小邦以下大邦,则取大邦。故或下以取,或下而取。大邦不过欲兼畜人④,小邦不过欲入事人⑤,夫两者各得所欲。大者宜为下。

【注释】 ①大邦者下流:大国要像江河一样处于下流。②天下之牝,天下之交也:处于天下雌柔的位置,那是天下万方交汇的地方。③取:通"聚",会聚,统辖。④兼畜人:聚养众人。⑤入事人:入事他人。

【译文】 大国要像江河一样处于下流,也就是处于天下雌柔的位置,那是天下万方交汇的地方。雌柔经常凭着静定战胜雄强,就是因为静定处于下方的缘故。

因此,大国以谦下的态度对待小国,就能会聚统辖小国;小国以谦下的态度对待大国,就能被大国会聚统辖。所以,大国有时以谦下的态度统辖小国,小国有时以谦下的态度被大国统辖。大国不过想聚养众人(小国),小国不过想入事他人(大国),双方都实现了自己的愿望。大国更应该具有谦下的态度。

六十二章(修身)

【题解】

本章说明守道的重要,重在修身。

道庇护万物,是天地的主宰,有求必得,有罪必免,因此,善人与不善人都离不开,这比立天子、置三公、聘问诸侯的烦琐礼仪更为有效实用,所以,天下人都看重清静无为的大道。

【原文】 道者,万物之奥①。善人之宝,不善人之所保②。

美言可以市尊③,美行可以加人④。人之不善,何弃之有⑤?故立天子,置三公,虽有拱璧以先驷马⑥,不如坐进此道⑦。

古之所以贵此道者何?不曰:求以得,有罪以免邪?故为天下贵。

【注释】 ①奥:主,主宰。②所保:保存的东西。③市尊:博取尊敬。市,买,取。④加人:见重于人。加,重也。⑤何弃之有:为什么要抛弃道呢?⑥虽有拱璧以先驷马:虽然以捧璧在先、驷马车在后的礼仪去交游诸侯。拱璧,双手捧着璧玉。驷马,四匹马拉的车。⑦不如坐进此道:不如安坐而深入此道。

【译文】 道,是万物的主宰。它是善良人的法宝,不善良的人也必须保存。

美好的言论可以博取人们的尊敬,美好的行为可以受到人们的重视。人即使是不善,为什么要抛弃道呢?因此,树立天子,设置三公,虽然以捧璧在先、驷马车在后的礼仪去交游诸侯,还不如安坐而深入此道。

古代之所以重视此道的原因是什么?不就是说:有求必有所得,有罪就可以免除吗?所以,被天下人珍重。

六十三章(修身)

【题解】

本章阐发由小成大、由少成多的道理,重在修身。

事物的产生发展都是由小变大,由少变多,因此,对于难事要从易处着手,对于大事要从小处着手,所以“为无为”就是为了有为,“事无事”就是为了成事,“味无味”就是为了品味。圣人“终不为大”,就是为了“能成其大”。这就是说,必须慎重缜密地对待一切困难,不要轻易许诺,草率从事,这样由易而难,由小而大,就能够成功。

【原文】 为无为,事无事,味无味。

大小多少①。(报怨以德②。)图难于其易,为大于其细。天下难事,必作于易;天下大事,必作于细。是以圣人终不为大③,故能成其大。

夫轻诺必寡信④,多易必多难⑤。是以圣人犹难之⑥,故终无难矣。

【注释】 ①大小多少:大生于小,多起于少。②报怨以德:此句在《七十九章》,这里错简重出,与上下文义无关,当删。③终不为大:始终不自以为大。④轻诺必寡信:轻易承诺必然很少遵守信用。⑤多易必多难:把事情看得太容易必然会遭受很多困难。⑥犹:均,都。

【译文】 作无为之为,行无事之事,品无味之味。

大生于小,多起于少。图谋困难的事情要趁它容易的时候,处理重大的事情要在它细小的时候。因为天下的难事,必须从容易的地方做起;天下的大事,必须从细小的地方做起。因此,圣人始终不自以为大,所以,能够成就他的伟大。

轻易承诺必然很少守信用,把事情看得太容易必然遭受很多困难。因此,圣人遇事都看得困难,所以最终就没有困难。

六十四章(治国)

【题解】

本章继续论述未雨绸缪、未兆易谋的道理,重在治国。

任何事物都有形成的过程,萌芽生成大树,累土筑就高台,跬步积累千里;因此,凡事只要预先谋划,有所准备,慎重对待,有始有终,"为之于未有,治之于未乱",就可以战胜困难。

【原文】 其安易持①,其未兆易谋②;其脆易泮③,其微易散④。为之于未有,治之于未乱。

合抱之木,生于毫末⑤;九层之台,起于累土⑥;千里之行,始于足下。

(为者败之,执者失之。是以圣人无为,故无败;无执,故无失⑦。)

民之从事,常于几成而败之⑧。慎终如始,则无败事。

(是以圣人欲不欲,不贵难得之货;学不学,复众人之所过。以辅万物之自然,而不敢为⑨。)

【注释】 ①其安易持:那里形势安定,就容易把握。②其未兆易谋:那里事故尚无征兆,就容易谋划。③其脆易泮:那里力量脆弱,就容易消解。泮,散。④其微易散:那里问题细微,就容易分散。⑤毫末:细微的萌芽。⑥累土:积累的泥土。⑦以上数句,均见于《二十九章》,此处错简重出,当删。⑧几成:接近成功。⑨以上数句,与上文不合,疑为错简,当删。可译为:"所以圣人意欲他人所不欲,不以难得之货为贵;学习他人所不学,挽回众人的过错。用来辅助万物的自然发展,而不敢有所作为。"《三章》曰:"不贵难得之货,使民不为盗。"《三十七章》曰:"道常无为而无不为。"《四十八章》曰:"为学日益,为道日损。"《五十七章》曰:"我无为,而民自化。"《六十三章》曰:"为无为,事无事,味无味。"已经包含了其中的文义。

【译文】 那里形势安定,就容易把握;那里事故尚无征兆,就容易谋划;那里力量脆弱,就容易消解;那里问题细微,就容易分散。处理在矛盾尚未出现的时候,治理在混乱尚未发生的时候。

合抱粗的大树,生长于细微的萌芽;九层高的楼台,起始于积累的泥土;千里的远行,开始于自己的脚下。

百姓做起事情,经常在接近于成功的时候却失败了。如果像慎重对待开始一样对待结束,就没有失败的事情。

六十五章(治国)

【题解】

本章强调返璞归真,重在治国。

老子认为,因为统治者以智治国,而百姓巧以应付,所以,奸伪丛生,天下大乱,即所谓"大道废,有仁义;智慧出,有大伪"(《十八章》),这就是"以智治国,国之贼"的理论根据。由此,老子主张"绝圣弃智""绝仁弃义""绝巧弃利",而让百姓"见素抱朴,少私寡欲,绝学无忧"(《十九章》),即"非以明民,将以愚之",以顺应大自然的规律。由此可知,老子是针对奸诈虚伪之风横流的社会现实,而提出"愚之",即回归到质朴纯真的天性,目的在于"民利百倍""民复孝慈""盗贼无有"。因此,老子所说的"愚",指的是符合自然规律的质朴纯真,不能简单地理解为愚民政策。

【原文】 古之善为道者,非以明民^①,将以愚之^②。

民之难治,以其多智。故以智治国,国之贼^③;不以智治国,国之福。

知此两者,亦稽式^④。常知稽式,是谓"玄德"。"玄德"深矣,远矣,与物反矣^⑤,然后乃至大顺^⑥。

【注释】 ①明民:让百姓聪明巧智。②愚之:使百姓质朴淳厚。《三章》曰:"是以圣人之治,虚其心,实其腹,弱其志,强其骨。常使民无知无欲。"《十九章》曰:"少私寡欲,绝学无忧。"《二十章》曰:"俗人昭昭,我独昏昏;俗人察察,我独闷闷。"《四十九章》曰:"圣人在天下,歙歙焉,为天下浑其心。百姓皆注其耳目,圣人皆孩之。"《五十二章》曰:"塞其兑,闭其门,终身不勤。"《五十六章》曰:"挫其锐,解其纷,和其光,同其尘,是谓'玄同'。"③贼:害。④稽式:法则,楷模。式,法。⑤反:同"返",返回。⑥大顺:顺应自然。

【译文】 古代善于行道的人,并不是让百姓聪明巧智,而是将使百姓质朴淳厚。

百姓难以治理,是因为他们的巧智太多。因此,用巧智治理国家,就是国家的祸害;不用巧智治理国家,就是国家的幸福。

知道这两者的差别,也就是法则。经常认识这个法则,就是"玄德"。"玄德"深沉啊,幽远啊,与万物返回到质朴的本原,就可以顺应大自然的规律。

六十六章(治国)

【题解】
本章论述谦下卑弱的道理,重在治国。

老子以江海为百谷之首为喻,说明"善下"的重要性。统治者高居百姓之上,剥削压迫,作威作福,百姓必然认为是沉重的压力和负担,进而激化矛盾,造成动乱,因此,统治者一定要言下身后,谦恭卑弱,才能"处上而民不重,处前而民不害",即所谓"太上,不知有之"(《十七章》),这样,才会永远处于"莫能与之争"的有利地位。

【原文】 江海所以能为百谷王者^①,以其善下之^②,故能为百谷王。

是以圣人欲上民^③,必以言下之;欲先民^④,必以身后之。是以圣人处上而民不重,处前而民不害,是以天下乐推而不厌。以其不争,故天下莫能与之争。

【注释】 ①百谷王:百川的首领,河流的汇聚之地。谷,即川。②下之:处于其下。《八章》曰:"上善若水。水善利万物而不争,处众人之所恶,故几于道。"《二十八章》曰:"知其雄,守其雌,为天下谿。为天下溪,常德不离,复归于婴儿。知其白,守其辱,为天下谷。为天下谷,常德乃足,复归于朴。"《六十一章》曰:"大者宜为下。"③上民:处于民上,统治百姓。④先民:处于民先,领导百姓。《七章》曰:"是以圣人后其身而身先,外其身而身存。以其无私,故能成其私。"

【译文】　江海所以能够成为百川汇流的地方,是因为它善于处在低下的位置,所以,能够成为百川的首领。

因此,圣人要统治百姓,必须用言词对百姓表示谦下;要领导百姓,必须把自身放在百姓的后面。所以,圣人处于上位而百姓不感到沉重,处于前位而百姓不感到危害。所以,天下百姓乐意拥戴而不厌恶。因为他不争,所以天下没有谁与他争。

六十七章(修身)

【题解】

本章讲解人生之宝,重在修身。

老子说自己有三宝:慈爱,俭啬,不敢为天下先(即谦下)。慈爱则不凶残,俭啬则不放纵,谦下则不争夺,这正是老子有感而发、一再强调的圣人具有的品德修养,背弃三宝就走向死路。这里,特别强调慈爱的作用,显然是针对当时残酷无情的暴政和烧杀抢掠的战争而言。

【原文】　(天下皆谓我:"道大,似不肖。"夫唯大,故似不肖。若肖,久矣其细也夫①!)

我有三宝,持而保之:一曰慈②,二曰俭③,三曰不敢为天下先④。慈,故能勇⑤;俭,故能广⑥;不敢为天下先,故能成器长⑦。

今舍慈且勇,舍俭且广,舍后且先,死矣!

夫慈,以战则胜,以守则固⑧。天将救之,以慈卫之。

【注释】　①以上数句,于下文不合,当为《三十四章》错简,可移至"故能成其大"之后。其译文为:"天下人都对我说:'道大,却不像大。'正因为道大,所以好似不像大。如果像大,很早就细微渺小了!"②慈:慈爱。《四十一章》曰:"夫唯道,善贷而成。"③俭:俭啬。《五十九章》曰:"治人事天,莫若啬。"④不敢为天下先:不敢处于天下人的前面。《六十六章》曰:"圣人欲上民,必以言下之;欲先民,必以身后之。"⑤慈,故能勇:慈爱,因此能够勇敢。《韩非子·解老》曰:"爱子者慈于子,重生者慈于身,贵功者慈于事。慈母之于弱子也,务致其福,务致其福则事除其祸,事除其祸则思虑熟,思虑熟则得事理,得事理则必成功,必成功则其行之也不疑,不疑之谓勇。圣人之于万事也,如慈母之为弱子虑也,故见必行之道;见必行之道,则其从事亦不疑。不疑之谓勇,不疑生于慈。故曰'慈,故能勇'。"⑥俭,故能广:俭啬,因此能够宽广。《韩非子·解老》曰:"万物必有盛衰,万事必有弛张;国家必有文武,官治必有赏罚。是以智士俭用其财则家富,圣人爱宝其神则精盛。人君重其战卒则民众,民众则国广。是以举之曰'俭,故能广'。"⑦器长:万物之长。"器",物。⑧夫慈,以战则胜,以守则固:慈爱,用于进攻就胜利,用于守卫就稳固。《韩非子·解老》曰:"慈于子者不敢绝衣食,慈于身者不敢离法度,慈于方圆者不敢舍规矩。故临兵而慈于士吏,则战胜敌;慈于器械,则城坚固。故曰'慈,于战则胜,以守则固'。"

【译文】　我有三种宝贝,守持而保存着。第一种叫慈爱,第二种叫俭啬,第三种叫不敢处于天下人的前面。慈爱,因此能够勇敢;俭啬,因此能够宽广;不敢处于天下人的前面，因此能够成为万物之长。

现在舍弃慈爱而要勇敢，舍弃俭啬而要宽裕，舍弃退让而要争先，就是死路一条！慈爱，用于进攻就胜利，用于守卫就稳固。天将要拯救他，就用慈爱保护他。

六十八章（议兵）

【题解】

本章论述不争之德，重在议兵。

"不武""不怒"，是讲不能逞匹夫之勇，意气用事，争强好胜，因为，"善有果而已，不敢以取强。果而勿矜，果而勿伐，果而勿骄，果而不得已，果而勿强"（《三十章》）。"不与""为之下"，是讲"以奇用兵"（《五十七章》），谦恭用人，避免正面交锋，杀伤士卒，因为，"兵者不祥之器，非君子之器，不得已而用之，恬淡为上"（《三十一章》）。只有在战争中坚持不争的原则，珍惜人力，这样才符合最高的自然之道。

【原文】 善为士者①，不武②；善战者，不怒；善胜敌者，不与③；善用人者，为之下。是谓不争之德，是谓用人之力，是谓配天④，古之极也⑤。

【注释】 ①士：卿士。这里指执政者，统帅。②不武：不炫耀武力。③不与：不相斗，不交战。④配天：符合天道。配，合。⑤极：极准，最高的法则。

【译文】 善于当统帅的人，不炫耀武力；善于作战的人，不逞怒气；善于战胜敌人的人，不与敌人交战；善于用人的人，对人谦下。这就称为不争的品德，这就称为善于用人的能力，这就称为符合天道，是古代最高的法则。

六十九章（议兵）

【题解】

本章反对狂妄轻敌，发动战争，重在议兵。

从慈爱、俭啬、谦下的原则出发，作战不能主动侵略，可以被动防御；不能主动前进，可以被动撤退。因为，挑起战争，违背慈爱；纵兵抢掠，不合俭啬；主动进犯，傲然轻敌，如此丧失三宝，一定招致大祸。所以，受侵略的一方哀兵必定胜利。

【原文】 用兵有言："吾不敢为主①，而为客②；不敢进寸，而退尺。"是谓行无行③，攘无臂④，扔无敌⑤，执无兵⑥。

祸莫大于轻敌，轻敌几丧吾宝。

故抗兵相若⑦，哀者胜矣⑧。

【注释】 ①主：主动，主动侵略。②客：被动，被动防御。③行无行：行军却没有行阵。④攘无臂：奋起却没有挥臂。《三十八章》曰："上德为之而莫之应，则攘臂而扔之。"⑤扔无敌：交手却没有敌人。《六十八章》曰："善胜敌者，不与。"以上四句，都是由此而来。⑥执无兵：执握却没有兵器。⑦抗兵相若：对抗的两军力量相当。⑧哀者：悲哀的一方，指受攻击、受侵略的一方。

【译文】 用兵的人说："我不敢主动侵略，而被动防御；不敢前进一寸，而要后退一尺。"这就是说，行军却没有行阵，奋起却没有挥臂，执握却没有兵器，交手却没有敌人。

灾祸没有比轻敌更大的了,轻敌几乎丧失我的三件宝贝。

所以,对抗的两军力量相当,一定是受侵略的悲哀一方胜利。

七十章(修身)

【题解】

本章论行道之难,重在修身。

老子坚持的清静无为之道,有根据,有主旨,易知易行,然而,天下无人知,无人行,甚至连老子本人也知者甚少,无人理解。尽管如此,作为圣人还是要被褐怀玉,坚持行道,顺应自然,守护三宝。这是老子在乱世中流露出的寂寞、无奈和感叹!

【原文】 吾言甚易知,甚易行。天下莫能知,莫能行。

言有宗①,事有君②。夫唯无知,是以不我知。

知我者希,则我者贵③。是以圣人被褐而怀玉④。

【注释】 ①宗:根本,根据。②君:主,主旨。③则我者贵:效法我的人难能可贵。则,法,效法。④被褐而怀玉:身穿粗衣而胸怀美玉。褐,粗布衣。玉,指道家的思想主张。

【译文】 我的话很容易知晓,很容易实行。而天下人却没有谁能够知晓,没有谁能够实行。

我说话有根据,我行事有主旨。因为天下人不了解这些,因此也就不了解我。

了解我的人很少,效法我的人更是难能可贵。所以,圣人只能身穿粗衣而胸怀美玉。

七十一章(修身)

【题解】

本章论述自知之明,重在修身。

天地万物是极其复杂的,即就是有所了解,也很可能是一知半解,不能自以为是,必须谨慎小心地探求,因此说,"知不知,尚矣",这完全符合俭啬收敛的思想原则。同样,因为圣人有自知之明,能够正视祸患,认真对待,及时处置,也就没有祸患。反之,如果盲目自信,自以为是,强不知以为知,必然带来祸患。

【原文】 知不知①,尚矣②;不知知③,病也④。圣人不病⑤,以其病病⑥。夫唯病病,是以不病。

【注释】 ①知不知:知道却自认为不知道。②尚:上,最好。③不知知:不知道却自认为都知道。④病:患,祸患。⑤不病:没有祸患。⑥病病:知道祸患就是祸患。

【译文】 知道却自认为不知道,就最好了;不知道却自认为都知道,就是祸患。圣人没有祸患,是因为早已知道祸患就是祸患,认真对待,及时处置。正因为早已知道祸患就是祸患,认真对待,及时处理,所以就没有祸患。

七十二章（治国）

【题解】

本章反对暴政，重在治国。

压迫愈重，反抗愈强，因此，到了百姓不怕暴政的时候，必然引来强烈的暴力反抗。因此，统治者必须以"慈爱""俭啬""不争"的态度治国，"无狎""无厌"，百姓就不会厌弃。只要圣人有自知之明，自爱之道，不自见，不自贵，就能够清静无为，长治久安。

【原文】 民不畏威①，则大威至。

无狎其所居②，无厌其所生③。夫唯不厌，是以不厌④。

是以圣人自知不自见⑤，自爱不自贵⑥。故去彼取此。

【注释】 ①民不畏威：百姓不害怕暴力。威，力。《七十四章》曰："民不畏死，奈何以死惧之？"②狎：通"狭"，狭窄，逼迫。③厌：通"压"，压榨。下文"夫唯不厌"中"厌"与此同义。④厌：厌恶。《六十六章》曰："是以圣人处上而民不重，处前而民不害。是以天下乐推而不厌。"⑤自知不自见：自己知道而不自我表现。"见"同"现"。《二十二章》曰："不自见，故明；不自是，故彰；不自伐，故有功；不自矜，故长。"⑥自爱不自贵：自我爱护而不自显高贵。

【译文】 如果百姓不畏惧暴力，那么就会有更大的暴力到来。

不要逼迫百姓的处所，不要压榨百姓的生活。正因为不压榨百姓，因此百姓就不会厌恶他。

因此，圣人自己知道而不自我表现，自我爱护而不自显高贵。所以，抛弃"自见""自贵"，采取"自知""自爱"。

七十三章（治国）

【题解】

本章论述俭啬不争，重在治国。

老子认为，治理国家凡是进取有为者会猝死，凡是谦让无为者就长存，这是俭啬不争的天道规律。天道就是不争、不言、自在、善谋，所以，大自然的网络无边无际，虽然稀疏却不会遗漏任何事物，一切都控制在道的规律之中。

【原文】 勇于敢则杀①，勇于不敢则活。此两者，或利或害。天之所恶，孰知其故？（是以圣人犹难之②。）

天之道，不争而善胜，不言而善应，不召而自来，绰然而善谋③。

天网恢恢④，疏而不失⑤。

【注释】 ①勇于敢：勇于进取。敢，进取。《九章》曰："揣而锐之，不可长保。"《五十九章》曰："治人事天，莫若啬。"《六十七章》曰："今舍慈且勇，舍俭且广，舍后且先，死矣！"《七十六章》曰："故坚强者死之徒，柔弱者生之徒。""杀"，死。②此句为《六十三章》错简重出，当删。③绰：舒缓。④天网恢恢：天网宽大无边。⑤疏而不失：

【译文】 勇于进取就死,勇于谦让就活。这二者,一个利一个害。天道厌恶一方,有谁知道其中的缘故?

自然的规律,不争夺而善于取胜,不说话而善于回应,不召唤而自己到来,舒展缓慢而善于谋划。

天网宽大无边,稀疏而不遗漏。

七十四章(砭时)

【题解】

本章反对刑杀,重在砭时。

百姓本不怕死,而统治者一味地以刑杀治国,以死来威胁百姓,是没有用处的,反而会招来强烈的反抗,即"民不畏威,则大威至"(《七十二章》)。再说,人的生死顺应自然,寿命长短靠天道自然掌握,而统治者却要越俎代庖,主宰百姓命运,"代司杀者杀",以暴政置人于死地,就必定受到百姓的报复。

【原文】 民不畏死,奈何以死惧之?若使民常畏死,而为奇者①,吾得执而杀之,孰敢?

常有司杀者杀②。夫代司杀者杀,是谓代大匠斲③。夫代大匠斲者,希有不伤其手矣。

【注释】 ①奇:正之反,邪恶。②司杀者:负责行刑者,指天道、自然。③斲:砍,削。

【译文】 百姓不怕死,为什么用死来使他们害怕呢?如果让百姓经常害怕死,对那些作恶的人,我就可以抓来杀了他,谁还敢干坏事?

本来有专管行刑的天道杀人。如果代替行刑的天道去杀人,就如同代替木匠去砍削。那代替木匠砍削的人,很少有不砍伤自己手的啊。

七十五章(砭时)

【题解】

本章反对虐政,重在砭时。

老子深刻揭示了统治者食税多与民饥、有为与民难治、求生厚与民轻死的直接因果关系,从而坚决认定,造成尖锐社会矛盾的根本原因,就是统治者残酷盘剥和刑杀镇压的虐政。所以,进一步指出,淡泊名利、清静无为的人,比横征暴敛、骄奢淫逸、残酷镇压的统治者要高明得多。

【原文】 民之饥,以其上食税之多,是以饥。民之难治,以其上之有为①,是以难治。民之轻死②,以其上求生之厚③,是以轻死。夫唯无以生为者④,是贤于贵生⑤。

【注释】 ①有为:无为的反面,有所作为非为。《十章》曰:"爱民治国,能无为乎?"《五十七章》曰:"我无为,而民自化。"《六十三章》曰:"为无为,事无事,味无味。"②轻死:以死为轻,不怕死。③求生之厚:养生丰厚,奉养奢华。④无以生为者:

不以养生为要务的人,即生活淡泊清静的人。⑤贤于贵生:比奉养奢华的人要高明。

【译文】 百姓的饥荒,是因为在上者侵吞赋税太多,所以造成饥荒。

百姓难以治理,是因为在上者胡作非为,所以难以治理。

百姓不怕死,是因为在上者养生丰厚,所以百姓冒死犯上。

唯有生活淡泊清静的人,要比奉养奢华的人高明。

七十六章(修身)

【题解】

本章阐发贵柔戒刚思想,重在修身。

无论人或草木,柔软标志着成活,僵硬标志者死亡,由此,老子认为物壮则老,军队逞强,容易遭到反击而失败;树木长大,招致砍伐而折断。所以,表面强大者处于劣势,表面柔弱者处于优势,柔弱会战胜刚强。正如《四十三章》曰:"天下之至柔,驰骋天下之至坚。无有人无间。吾是以知无为之有益。"这就是老子一再把有道之士比作婴儿、赤子的道理。

【原文】 人之生也柔弱①,其死也坚强②;草木之生也柔脆,其死也枯槁。故坚强者死之徒,柔弱者生之徒。

是以兵强则灭③,木强则折④。强大处下,柔弱处上。

【注释】 ①生也柔弱:活着身体柔软。②死也坚强:死后身体僵硬。③兵强则灭:军队逞强就要灭亡。《三十章》曰:"物壮则老,是谓不道。不道早已。"④木强则折:树木长大就要砍伐折断。

【译文】 人活着身体柔软,死后身体僵硬;草木生长时柔脆,死后变得干硬。因此,坚硬强大的东西属于死亡一类,柔软弱小的东西属于生存一类。

所以,军队逞强就要失败灭亡,树木长大就要砍伐折断。强大者处于下方,柔弱者处于上方。

七十七章(砭时)

【题解】

本章揭示"损不足以奉有余"的病态社会,重在砭时。

老子认为,天道是公平的,高、下,有余、不足,随时调节,正如《三十二章》曰:"天地相合,以降甘露,民莫之令而自均。"既然"人法地,地法天,天法道,道法自然"(《二十五章》),人间的法则也应该如此。然而,恰恰相反,现实社会的情况却是弱肉强食,劫贫济富,压榨贫苦的百姓以奉养富贵的统治者。所以,老子向往"有余以奉天下"的有道者。

【原文】 天之道,其犹张弓与?高者抑之,下者举之;有余者损之①,不足者补之。

天之道,损有余而补不足;人之道则不然②,损不足以奉有余。

孰能有余以奉天下?唯有道者。

(是以圣人为而不恃,功成而不处。其不欲见贤③。)

【注释】　①损:减少。②人之道:社会的法则。③以上几句与文义不合,疑为错简,当删。可译为:"所以圣人培育万物而不倚仗,成就功业而不居功。他不愿意表现出自己的贤能。"前两句已见于《二章》。

【译文】　自然的规律,大概就像拉开弓弦射箭吧? 弦位高了压低它,弦位低了举高它;用力大了减少它,用力不够补足它。

自然的规律,是减少多余的而弥补不足的;社会的法则就不是这样,是减少不足的而供养有余的。

谁能够用有余来供养天下的不足呢? 只有得道的人。

七十八章(修身)

【题解】

本章论述以柔克刚,正言若反,重在修身。

老子这里再次以水为例,说明以弱胜强、以柔胜刚的道理。正如《八章》曰:"上善若水。水善利万物而不争,处众人之所恶,故几于道。"突出的就是像水一样的柔弱、慈爱、俭啬、谦下、不争的精神。关于"正言若反",《老子》一书有许多类似的文句,比如《四十一章》曰:"明道若昧,进道若退,夷道若纇。上德若谷,广德若不足,建德若偷,质真若渝。大白若辱,大方无隅,大器晚成。大音希声,大象无形,道隐无名。"《四十五章》曰:"大成若缺,其用不弊。大盈若冲,其用不穷。大直若屈,大巧若拙,大辩若讷,大赢若绌。"后者是表象,前者是实质,表面互相排斥,实际对立统一,就是这种"正言若反",反映了老子对事物的辩证认识。本章所说弱之于强,柔之于刚,受国之垢之于社稷主,受国不祥之于天下王,与此同理。所谓"垢""不祥",即《二十二章》曰:"曲则全,枉则直,洼则盈,敝则新,少则得,多则惑。"《三十九章》曰:"故贵以贱为本,高以下为基。是以侯王自称孤、寡、不穀。"《六十六章》曰:"江海所以能为百谷王者,以其善下之,故能为百谷王。"指的是所有曲枉、柔弱、谦卑、低下的言行态度,唯其如此,才能成就功业。

【原文】　天下莫柔弱于水,而攻坚强者莫之能胜,以其无以易之①。

弱之胜强,柔之胜刚,天下莫不知,莫能行。

是以圣人云:"受国之垢②,是谓社稷主;受国不祥③,是为天下王。"正言若反④。

【注释】　①易:取代。②受国之垢:承受国家的耻辱。垢,耻辱。③受国不祥:承受国家的灾难。④正言若反:正面的语言却像反话。

【译文】　天下没有比水更柔弱的了,但是冲击坚硬的东西没有能胜过水的,因为它是无可取代的。

弱胜过强,柔胜过刚,天下人没有不知,却没有人能够实行。

所以,圣人说:"承受国家的耻辱,才能称为国家的君主;承受国家的灾难,才能称为天下的君王。"正面的语言却像反话。

七十九章（治国）

【题解】

本章论述天道无亲,重在治国。

老子认为,"和大怨","报怨以德",也不能从根本上解决问题,关键在于统治者爱民助民,而不扰民,不害民,不横征暴敛,不残酷压迫,从来不与百姓结怨,即《五十六章》曰:"故不可得而亲,不可得而疏;不可得而利,不可得而害;不可得而贵,不可得而贱。故为天下贵。"《六十六章》曰:"是以圣人处上而民不重,处前而民不害。是以天下乐推而不厌。"既然统治者对百姓无亲无疏、无利无害、无贵无贱,不重不害,还有什么怨恨需要调和解决呢?因此,"圣人执左契,而不责于人"。这就是"天地不仁","圣人不仁"(《五章》),所以说"天道无亲,常与善人",强调的还是顺应自然,无为而治。

【原文】
和大怨①,必有余怨,〔报怨以德②,〕安可以为善?

是以圣人执左契③,而不责于人④。有德司契⑤,无德司彻⑥。

天道无亲⑦,常与善人⑧。

【注释】
①和大怨:调和巨大的怨恨。②本为《六十三章》错简,当移于此。③左契:债权人所执的券契(合同)。④责:求,讨债。⑤司契:主管券契。⑥司彻:主管税收。⑦无亲:没有私亲。《五章》曰:"天地不仁,以万物为刍狗;圣人不仁,以百姓为刍狗。"《五十六章》曰:"故不可得而亲,不可得而疏;不可得而利,不可得而害;不可得而贵,不可得而贱。"⑧与:给与,帮助。

【译文】
调和巨大的怨恨,必定有余留的怨恨,〔用德来报答怨恨,〕怎么可以说是做了好事呢?

因此,圣人拿着债权合同,而不向负债人讨债。有德的人就主管合同,无德的人就主管税收。

自然的规律是没有私亲的,经常帮助善良的人。

八十章（治国）

【题解】

本章阐述"小国寡民"的社会理想,重在治国。

老子反对诸侯国以强凌弱、以大欺小的兼并战争,厌恶贫富对立、两极分化的社会现实,因此,在小农经济的基础上,提出"小国寡民"的社会主张:国家要小,百姓要少,不要对外扩张,不受他人兼并,自给自足,互不往来;衣食住行各个方面,不受外来干扰,固守传统不变,自安其俗,自得其乐;器具、车船、甲兵之类统统弃而不用,珍视生命,顺应自然,不听信盲从,不见异思迁,固守家园,终老一生,一切都恢复到远古单纯质朴的状态。显然,这是老子虚构的理想社会,完全符合他韬晦自保、避世全身的思想追求。

如果从反对压迫、反对战争的角度来说,这种理想显然具有进步意义,给人以美好的启迪和向往,但是,这种复古倒退的唯心设想,毕竟脱离社会实际,根本不能兑现。

【原文】 小国寡民①。使有什伯之器而不用②,使民重死而不远徙③。虽有舟舆,无所乘之④;虽有甲兵,无所陈之⑤。使民复结绳而用之⑥。

甘其食⑦,美其服,安其居,乐其俗。邻国相望,鸡犬之声相闻,民至老死,不相往来。

【注释】 ①小国寡民:使国家小,使百姓少。②什伯之器:各种各样的器具。什伯,即"什佰"。③重死:与"轻死"相反,以死为重,怕死。《七十五章》曰:"民之轻死,以其上求生之厚,是以轻死。"④无所乘之:没有乘坐远行的必要。⑤无所陈之:没有列阵示威的必要。陈,通"阵"。⑥结绳:指没有文字之前,用结绳来记事。⑦甘其食:认为自己的饮食甜美。

【译文】 使国家小,使百姓少。即使有各种各样的器具却不使用,使百姓重视死亡而不向远处迁徙。虽然有车船,没有乘坐远行的必要;虽然有武器,没有列阵示威的必要。使百姓回复到用结绳记事的境况。

百姓都认为自己的饮食甜美,认为自己的衣服漂亮,认为自己的居所安适,认为自己的风俗快乐。毗邻的国家互相可以看见,鸡狗的叫声互相可以听见,而百姓直到老死,都互相不往来。

八十一章(修身)

【题解】

本章再次论述"利而不害,为而不争"的道理,将天道、人道、治国、修身联系在一起,总结全文。

老子认为,"信言""善者""知者"是纯厚质朴的,不需要"美""辩""博"之类文饰以自见。同样,圣人清心寡欲,清静无为,不需要搜刮索取,聚积财物,只是以尽力帮助、给予他人而求得自我的满足。所以,如同天道"利而不害"一样,人道的准则应该是"为而不争"。

【原文】 信言不美①,美言不信②。善者不辩③,辩者不善④。知者不博⑤,博者不知⑥。圣人不积⑦,既以为人⑧,己愈有;既以与人,己愈多。

天之道,利而不害;圣人之道,为而不争。

【注释】 ①信言:真实的话语。②美言:华丽的言词。③善者:善良的人。④辩者:巧辩的人。⑤知者:有真知的人。⑥博者:广博的人。⑦不积:不积累财物。⑧既:尽,全部。

【译文】 真实的话语不华丽,华丽的言词不真实。

善良的人不巧辩,巧辩的人不善良。

有真知的人未必广博,广博的人未必有真知。

圣人不积累财物,尽力帮助他人,自己更富有;全部给予他人,自己更加多。

自然的法则,是利物而不害物;圣人的法则,是帮助而不争夺。

庄子

【导语】

　　庄子对后世影响很大,主要反映在庄子思想和庄子文学成就两大方面。从思想方面看,由于庄子继承和发展了老子"道"的学说,在当时,形成了与儒、墨鼎立的形势,而后作为儒道释三大家之一的思想文化影响着中国近两千年的社会思想文化的发展。作为老庄哲学思想,他们提倡的淡泊名利,清心寡欲,旷达超脱,以及崇尚人与自然的和谐,追求为人处事上的清廉正直和真实无假的理想人格的塑造,都是有益于人的道德思想境界的提高的,对儒学提倡的敬业献身精神是一种有益的补充。当然,老庄思想也存在消极的一面,因为事物总是一分为二,相反相成的,倘若一味地追求"无为"的境界,脱离作为社会人应该尽到的社会责任,也将走向反面。

庄子像

　　如果说庄子的哲学思想尚须有积极与消极的鉴别,而庄子在文学艺术领域所开创的浪漫主义的创作精神及其创作手法,则完全是积极的和进步的,为后世文学艺术的发展,诸如风格的多样化,创作手法的丰富性,特别是针对社会的现实主义的批判精神,与艺术表现上的浪漫主义手法,都有着直接或间接地重大影响。庄子思想对历代的学者、作家都有很深的影响。诸如屈原、司马迁、陶渊明、李白、苏轼、曹雪芹、鲁迅等人,他们从不同的层面汲取有益的东西,成就了自己在文学史上的卓著地位。我们相信,现在和未来的人们,会有更多的人从《庄子》书中获得更多的教益。

内　篇

逍遥游

【题解】

　　本篇是《庄子》的首篇,以"逍遥游"命题,恰好道出了庄子人生哲学的最高要求和最高境界,也是庄子哲学思想的出发点和归宿。

　　何谓逍遥游呢? 用原话说就是能够"乘天地之正,而御六气之辩","无所待,以游无穷"的生活;用今天的话说,就是完全掌握宇宙的自然规律,获得精神上与物质上的绝对自由。显然,这种超越时空、超越物我的"无所待"的绝对自由的生活,千百年来只能存在于我们的梦境中。而《庄子》一书,让人久读不厌的,让人顿开茅塞的,让人获益匪浅的,不是绝对自由的提出,而是论述的过程。这个过程犹如一出多幕多场景的大戏,展示了庄子们对大自然的独到领悟,对世俗万态的深刻洞察,对万世万物认识的卓越才智。

文章的构思新颖奇特,行文汪洋恣肆,波澜起伏,仪态万千。读者如入茂林,如入海滩,如入无际的星河,时时有惊喜发现。

一

【原文】 北冥有鱼①,其名为鲲②。鲲之大,不知其几千里也。化而为鸟,其名为鹏。鹏之背,不知其几千里也。怒而飞,其翼若垂天之云③。是鸟也,海运则将徙于南冥④。南冥者,天池也。

【注释】 ①北冥:北海。冥,通"溟",浩瀚无边。②鲲:大鱼名。③垂:通"陲",边陲,边际。④海运:海动,海风刮起。

【译文】 北海有一条鱼,它的名字叫作鲲。鲲的体长,不知道有几千里。变化成为鸟,它的名字叫作鹏。鹏的阔背,不知道有几千里。奋起而飞,它的翅膀就像天边的云。这只鸟啊,当海水激荡、飓风刮起的时候,就要迁往南海。那南海,就是一个天然的大池。

【原文】 《齐谐》者①,志怪者也。《谐》之言曰:"鹏之徙于南冥也,水击三千里,抟扶摇而上者九万里②,去以六月息者也③。"野马也,尘埃也,生物之以息相吹也④。天之苍苍⑤,其正色邪?其远而无所至极邪⑥?其视下也,亦若是则已矣。

【注释】 ①齐谐:书名。出于齐国,记载诙谐怪异之事,故名《齐谐》。②抟:环绕。一作"搏",拍打。扶摇:旋风,海中飓风。③去以六月息:乘着六月之风而去。此"息"作"风"解。一说,一去半年才歇息。此"息"作"休息"解。二者均通。④息:气息,风。⑤苍苍:深蓝色。⑥其:抑或,还是。

【译文】 《齐谐》这本书,是记载怪异之事的。书里有这样的话:"当鹏往南海迁徙时,一击水就行三千里,环绕旋风升腾九万里,它是乘着六月的大风而飞去的。"野马般的气雾,飞扬的浮尘,这都是生物的气息相互吹拂的结果。看那天空,湛蓝湛蓝的,那是它的本色吗?还是由于它无限高远的缘故呢?倘若从上往下看,大概也是这种光景吧。

【原文】 且夫水之积也不厚①,则其负大舟也无力。覆杯水于坳堂之上②,则芥为之舟,置杯焉则胶③,水浅而舟大也。风之积也不厚,则其负大翼也无力。故九万里则风斯在下矣,而后乃今培风④;背负青天而莫之夭阏者⑤,而后乃今将图南。

【注释】 ①且夫:提起将要议论的下文。厚:深。②坳堂:读作"堂坳",屋中的低洼处。③胶:粘连。④培风:凭风,乘风。⑤夭阏:阻碍。夭,折。阏,遏,止。

【译文】 水的积蓄不够深厚,那就没有能力负载大船。在堂前的洼地上倒上一杯水,那么放入一根小草还可以当船,放上一只杯子就胶着不动了,这是水浅而船大的缘故。风的势头不够强劲,那就没有能力负载巨大的翅膀。所以鹏飞九万里,由于风就在它的下面,然后才凭借着大风飞行;由于背靠青天而没有阻碍它的东西,然后才能图谋飞往南海。

【原文】 蜩与学鸠笑之曰①:"我决起而飞②,抢榆枋③,时则不至而控于地而已矣,奚以之九万里而南为④?"适莽苍者⑤,三飡而反,腹犹果然⑥;适百里者,宿舂粮⑦;适千里者,三月聚粮。之二虫又何知!

【注释】 ①蜩:蝉。学鸠:小斑鸠。②决起:疾速而起,奋起。③抢:冲,撞。枋:檀树。④奚以:何以。之:往。为:句末语气词。⑤适:往,到。莽苍:郊野苍茫景色,代指郊外。⑥果然:吃饱的样子。⑦宿舂粮:读作"舂宿粮",舂捣一宿之粮,准备过夜的吃食。

【译文】 蜩和学鸠讥笑大鹏说:"我们从地面疾速而飞,碰上榆树檀树的枝条就停下来,有时飞不上去,就落到地面罢了,何必要飞上九万里高空而前往南海呢?"到郊野去,只需携带三顿饭食,回来后还是饱饱的;去百里以外的地方,就要准备过夜的粮食;去千里以外的地方,那就要预备三个月的口粮。这两只小虫小鸟又怎么会知道!

【原文】 小知不及大知①,小年不及大年②。奚以知其然也?朝菌不知晦朔③,蟪蛄不知春秋④,此小年也。楚之南有冥灵者⑤,以五百岁为春,五百岁为秋;上古有大椿者⑥,以八千岁为春,八千岁为秋,此大年也。而彭祖乃今以久特闻⑦,众人匹之⑧,不亦悲乎?

【注释】 ①知:同"智"。②年:年寿,寿命。③朝菌:朝生暮死的菌类生物。晦朔:每月的最后一天为晦,每月的第一天为朔。这里指一天的晨与夕。④蟪蛄:寒蝉。因为春生夏死或夏生秋死,无法了解一年春夏秋冬四季的变化。⑤冥灵:大海灵龟。一说树木名。⑥大椿:大椿树,传说中的神树。⑦彭祖:传说中的长寿人物,一说活了七百岁,一说活了八百岁。⑧匹之:与他相比。匹,比。

【译文】 智慧小的不如智慧大的,寿命短的不如寿命长的。怎么知道是这样呢?朝菌不知道昼夜的交替,蟪蛄不知道春夏秋冬四季的变化,这都是由于寿命短促的缘故。楚国的南边有一只灵龟,以五百年的光阴当作一个春季,又以五百年的光阴当作一个秋季;远古时期有一棵大椿树,更以八千年光阴当作一个春季,再以八千年光阴当作一个秋季,这是因为它们的寿命太长了。然而彭祖至今还以长寿闻名于世,众人都希望和他相比,岂不是很可悲吗?

【原文】 汤之问棘也是已①:"穷发之北②,有冥海者,天池也。有鱼焉,其广数千里,未有知其修者③,其名为鲲。有鸟焉,其名为鹏,背若太山④,翼若垂天之云;抟扶摇羊角而上者九万里⑤,绝云气⑥,负青天,然后图南,且适南冥也。斥鴳笑之曰⑦:'彼且奚适也?我腾跃而上,不过数仞而下⑧,翱翔蓬蒿之间,此亦飞之至也⑨!而彼且奚适也?'"此小大之辩也⑩。

【注释】 ①汤:商汤,商朝第一代国君。棘:夏革,商朝大夫,为商汤的师。②穷发:寸草不生的地方。③修:长。④太山:即泰山,今山东省境内。⑤羊角:形似羊角的旋风。⑥绝:超越,穿过。⑦斥鴳:池泽中的小雀。斥,池塘,小泽。⑧仞:古代长度单位,八尺为一仞。⑨至:极致,指最高的境界。⑩辩:通"辨",分别。

【译文】 商汤问棘中也有这样的话:"在不毛之地的北方,有一个广漠无涯的大海,那是天然形成的大池。那里有一条鱼,它的身宽有几千里,没有人知道它的身长,它的名字叫作鲲。有只鸟,它的名字叫作鹏。鹏的脊背像泰山,翅膀像天边的云。它乘着羊角般的旋风,直升到九万里的高空,穿越云雾,背负青天,然后一个心思往南飞去,将要到达南海。池泽中的小雀讥笑大鹏说:'它将要往哪儿飞呢?我腾跃而起,飞不过几丈高就落下来,在蓬蒿丛中飞来飞去,这也是飞翔中很得意的境界了!而它还想飞到哪里去呢?'"这就是小和大的区别。

【原文】 故夫知效一官,行比一乡,德合一君而征一国者①,其自视也,亦若此矣②。而宋荣子犹然笑之③。且举世而誉之而不加劝,举世而非之而不加沮,定乎内外之分,辩乎荣辱之境,斯已矣。彼其于世,未数数然也④。虽然,犹有未树也⑤。

【注释】 ①"故夫"三句:知,同"智"。效,胜任。比,合,适合,符合。征,信。②"其自视"二句:其,指上述三类人。此,指斥鴳、蜩、学鸠。③宋荣子:宋钘,战国时期宋人。犹然:嗤笑的样子。④数数然:汲汲追求名利的样子。⑤未树:不曾树立的,指超越自我的境界。

【译文】 所以说,那些才智可以充当一官半职的,品行可以亲合一乡人心意的,德性合乎国君要求而又能取信百姓的,他们自我感觉啊,也与这些小雀们并无区别。宋荣子禁不住嗤笑他们。像宋荣子这样的人,全世界都赞扬他,他也不为此受到激励;全世界都非议他,他也不为此感到沮丧。他能确定自我与外物的区别,分辨荣誉与耻辱的界限,不过如此而已。他对于世俗的功名,不曾积极去追求,尽管如此,仍有更高的境界没有树立。

【原文】 夫列子御风而行①,泠然善也②,旬有五日而后反。彼于致福者③,未数数然也。此虽免乎行,犹有所待者也。

若夫乘天地之正④,而御六气之辩⑤,以游无穷者⑥,彼且恶乎待哉!故曰:至人无己,神人无功,圣人无名。

【注释】 ①列子:列御寇,战国时期郑人。御风:乘风。②泠然:轻妙的样子。③彼:指列子。致:求,得。福:福报。④乘:因循,随顺。正:规律,本性。⑤御:与"乘"同义,顺从。六气:指阴、阳、风、雨、晦、明。辩:通"变",变化。⑥无穷者:虚指无限的境界,实指无限的自然界。对主体个人讲,达到绝对自由自在的境界。

【译文】 列子乘风漫游,轻松美妙极了,过了十天半个月才回来。他对于福报的事,并没有积极去追求。列子虽然可以免于步行,还是要依靠风力才行。

如果能够把握天地的本性,顺从六气的变化,畅游于无穷的世界,他还有什么必须依赖的东西呢!所以说:至人无一己的私念,神人无功业的束缚,圣人无名声的牵挂。

【原文】 尧让天下于许由①,曰:"日月出矣,而爝火不息②,其于光也,不亦难乎!

国学经典文库

国学经典

道学经典

图文珍藏版

时雨降矣,而犹浸灌,其于泽也③,不亦劳乎!夫子立而天下治④,而我犹尸之⑤,吾自视缺然⑥。请致天下。"

许由曰:"子治天下,天下既已治也,而我犹代子,吾将为名乎?名者,实之宾也⑦,吾将为宾乎?鹪鹩巢于深林⑧,不过一枝;偃鼠饮河⑨,不过满腹。归休乎君!予无所用天下为。庖人虽不治庖⑩,尸祝不越樽俎而代之矣⑪。"

【注释】 ①尧:名放勋,号陶唐氏,儒家视为上古时代理想中的圣明君王。许由:字武仲,传说中的高洁隐士。②爝火:火炬。息:通"熄",灭。③泽:润泽。④夫子:指许由。立:立位,登位。⑤尸:主,主持。⑥缺然:欠缺的样子。⑦宾:宾从,附庸。⑧鹪鹩:小鸟名。⑨偃鼠:即鼹鼠,白天隐于土穴中,晚上出来觅食的地鼠。⑩庖人:厨师。⑪尸祝:祭祀时,主祭人执祭版对神主(尸)祷祝,所以称主祭人为尸祝。樽俎:樽是盛酒的器具,俎是盛肉的器具,都是厨师必备的东西,所以用来借指厨师。

【译文】 尧想要把天下让给许由,对他说:"日月都出来了,而火烛还不熄灭,它要和日月争辉,这不是很难吗?适时之雨已经普降,而人们还在汲水灌田,这对于禾苗的滋润,岂不是多此一举吗?倘若您登上大位,天下就会安定,而我还在占着您的位子,自己感到太不够格了。请让我把天下交给您吧。"

许由说:"您治理天下,天下已经得到了治理,这时还让我来代替您,我将要求名吗?名这东西,不过是实的附庸,难道我将要充当附庸吗?鹪鹩在茂林中筑巢,只需占用一根树枝就够了;偃鼠到河边饮水,只不过喝饱肚皮就够了。您请回吧!我要天下做什么呢?厨师虽然不尽职守,主祭的人不会替他去烹调。"

二

【原文】 肩吾问于连叔曰①:"吾闻言于接舆②,大而无当,往而不返。吾惊怖其言,犹河汉而无极也,大有径庭③,不近人情焉。"

连叔曰:"其言谓何哉?"

"曰:'藐姑射之山④,有神人居焉。肌肤若冰雪,绰约若处子⑤;不食五谷,吸风饮露;乘云气,御飞龙,而游乎四海之外;其神凝⑥,使物不疵疠而年谷熟⑦。'吾以是狂而不信也⑧。"

连叔曰:"然,瞽者无以与乎文章之观⑨,聋者无以与乎钟鼓之声。岂唯形骸有聋盲哉?夫知亦有之。是其言也⑩,犹时女也⑪。之人也⑫,之德也,将旁礴万物以为一⑬,世蕲乎乱⑭,孰弊弊焉以天下为事⑮!之人也,物莫之伤,大浸稽天而不溺⑯,大旱金石流、土山焦而不热。是其尘垢秕糠⑰,将犹陶铸尧、舜者也,孰肯以物为事!"

【注释】 ①肩吾、连叔:皆为虚构人物。②接舆:陆通,字接舆,楚国狂士,隐居不仕。③径庭:指差别很大,相距甚远。径,门外路。庭,堂前地。④藐姑射:传说中的神山。⑤绰约:轻柔安逸的样子。处子:处女。⑥神凝:精神内守,凝聚专一。⑦疵疠:恶病,指灾害。⑧狂:通"诳",谎言。⑨瞽者:眼瞎的人。与乎:与之,参与其中。指观赏活动。文章:色彩纹路。⑩是其言:指上面所说"岂唯形骸有聋盲哉?夫知亦有之"的话。是,此。⑪时:通"是"。女:同"汝",指肩吾。⑫之人:指神人。⑬旁礴:混同。⑭蕲:期求。乱:治。作"动乱"解也通。⑮弊弊:操劳的样子。⑯大浸:大水。稽:至。⑰尘垢秕糠:庄子认为道在万事万物之中,此指道之粗者。

【译文】 肩吾向连叔问道:"我从接舆那里听到的,尽是不切实际的大话,说出口收不回来的话。我惊骇他的言论,犹如天上的银河那样漫无边际,与常人的认识相差悬殊,不合世情。"

连叔说:"他说了什么话呢?"

肩吾说:"他说:'藐姑射山上,住着一位神人,肌肤像冰雪一样洁白清透,容态轻柔婉约如同处女;不吃五谷杂粮,只是吸风饮露;乘着云气,驾着飞龙,遨游于四海之外;他的精神凝聚专一,能够使万物不受灾害,五谷丰登。'我听了这些话,所以认为纯属诳言而根本不信。"

连叔说:"当然啦,瞎子无法让他和别人一样观赏花纹的美丽,聋子无法让他和别人一样聆听钟鼓的乐音。岂止形体上有聋有瞎呢?人的心智也有啊。上述的话,也是针对你而言呀。那个神人啊,他的德性,将要混同万物,浑如一体,世人期望世间得到治理,但是有谁愿意劳劳碌碌去管世间的俗事呢!这样的人,万物不能伤害他,洪水滔天也不可能淹没他,酷暑大旱使金石熔化、土山枯焦,也不能让他感到炽热。他扬弃的尘垢糟糠,都能造就像尧、舜那样的伟人,他怎么肯把俗间杂物当回事呢!"

【原文】 宋人资章甫而适诸越①,越人断发文身,无所用之。

尧治天下之民,平海内之政,往见四子藐姑射之山②,汾水之阳③,窅然丧其天下焉④。

【注释】 ①资:货,贩卖。章甫:殷代时的一种礼帽。因宋人是殷人的后代,所以保存了殷人的旧俗。诸越:也作"於越",越人的自称。②四子:指王倪、啮缺、被衣、许由,为作者虚拟的神人。③汾水:今汾水在山西省境内,黄河的支流。阳:山南水北为阳面。④窅然:怅然若失的样子。

【译文】 宋国人到越国去贩卖礼帽,越国人习惯剪掉头发,身刺花纹,根本就用不上它。

尧一心治理天下的百姓,安定海内的政事,前往藐姑射山上,汾水的北面,拜见四位得道之人,不禁怅然若失,忘掉了自己的天子之位。

三

【原文】 惠子谓庄子曰①:"魏王贻我大瓠之种②,我树之成而实五石。以盛水浆,其坚不能自举也;剖之以为瓢,则瓠落无所容③。非不呺然大也④,吾为其无用而掊之⑤。"

庄子曰:"夫子固拙于用大矣。宋人有善为不龟手之药者⑥,世世以洴澼絖为事⑦。客闻之,请买其方百金。聚族而谋曰:'我世世为洴澼絖,不过数金。今一朝而鬻技百金⑧,请与之。'客得之,以说吴王⑨。越有难⑩,吴王使之将。冬,与越人水战,大败越人,裂地而封之⑪。能不龟手一也,或以封,或不免于洴澼絖,则所用之异也。今子有五石之瓠,何不虑以为大樽而浮乎江湖⑫,而忧其瓠落无所容?则夫子犹有蓬之心也夫⑬!"

【注释】 ①惠子:惠施,宋人,曾为梁惠王的相,是先秦名家的重要人物。本书中多次记述他与庄子的交谊与辩论。②魏王:魏惠王,因迁都大梁,又称梁惠王。战国时期魏国的国君。大瓠:大葫芦。③瓠落:犹廓落,形容极大。④呺然:虚大的样子。⑤掊:打碎。⑥龟:通"皲",皮肤因寒冻或干燥而破裂。⑦洴澼:漂洗。絖:通"纩",棉絮。⑧鬻技:出卖制药的技方。⑨说:游说。吴王:周代诸侯国吴国的国王。⑩越有难:越国发难,攻打吴国。难,难事,指军事行动。⑪裂地:割地,划地。⑫樽:一种形如酒器,可以缚在腰上,浮水渡河的东西。⑬蓬之心:喻心如茅草那样堵塞不通。

【译文】 惠子对庄子说:"魏王送给我一棵大葫芦种子,我把它种植养大,果实足有五石。用它盛水,它的坚固程度承受不了自己的容量;把它破开做成瓢,那么阔大的瓢无处可容。这葫芦并非不够空大,只是大得无法派上用场,所以就把它打碎了。"

庄子说:"你真是不善于利用大的东西。宋国有个人,擅长制造让手不皲裂的药,于是利用它,世世代代从事漂洗丝絮的工作。有个客人听说,要拿出百金买下这个药方。宋人便聚集起全家族的人商量说:'我家世世代代以漂洗丝絮为业,所得也不过几金。如今一旦把药方卖出就可以获得百金,就卖了吧。'客人得到药方后,便去游说吴王。这时越国发兵攻打吴国,吴王就派他领兵打仗。冬天,吴军与越军水战,大败越军,吴王划出一块土地封赏他。同样一个让人不皲裂手的药方,有人用它得到了封赏,有人用它只能从事漂洗丝絮的工作,这是因为用途不同。现在你有五石之大的葫芦,为什么不考虑把它当作腰舟系在身上,去浮游于江湖之上,反而担忧它太大无处可容呢?可见你的心如同蓬草一样茅塞不通啊!"

【原文】 惠子谓庄子曰:"吾有大树,人谓之樗①。其大本拥肿而不中绳墨②,其小枝卷曲而不中规矩。立之涂,匠者不顾。今子之言,大而无用,众所同去也。"

庄子曰:"子独不见狸狌乎③?卑身而伏,以候敖者④;东西跳梁⑤,不辟高下⑥;中于机辟⑦,死于罔罟⑧。今夫斄牛⑨,其大若垂天之云,此能为大矣,而不能执鼠。今子有大树,患其无用,何不树之于无何有之乡,广莫之野,彷徨乎无为其侧⑩,逍遥乎寝卧其下?不夭斤斧,物无害者,无所可用,安所困苦哉!"

【注释】 ①樗:落叶乔木,有臭味,木质粗劣。②拥肿:指木瘤集结。拥,读作"痈",肿。绳墨:木匠用来取直的墨线。③狸:野猫。狌:黄鼠狼。④敖者:指遨游的小动物。敖,游玩,出游。⑤跳梁:又写作"跳踉""跳浪",跳跃,腾跳。⑥辟:躲避,避开。此义现写作"避"。⑦机辟:泛指捕兽的工具。⑧罔:同"网","网"(網)是后起字。罟:网。⑨斄牛:牦牛。⑩彷徨:徘徊,悠游自适。

【译文】 惠子对庄子说:"我有一棵大树,人们称它为樗树。它的树干长满木瘤而不符合绳墨的要求,它的小枝弯弯曲曲也不合规矩。它长在路边,匠人们不屑一顾。而今你的言论,大而无用,众人都远离而去了。"

庄子说:"你难道就没见过野猫和黄鼠狼吗?它们趴伏着身子,等候出游的小动物;它们东蹿西跳,不避高低;往往陷入机关,死于罗网之中。再看那牦牛,庞大的身躯就像天边的云,它的能力大极了,却不会捕捉老鼠。现在你有这么一棵大树,却愁它无用,为什么不把它种植在虚无的乡土、广漠的旷野。悠闲自在地徘徊在大树的旁边,怡然自得地睡卧在大树的下面呢?它不会遭到斧头的砍伐而夭折,没有什么东西去伤害它,它的无所可用,哪里还会招来困苦呢!"

齐物论

【题解】

本篇以"齐物论"命题,包括了齐物之论和齐同物论两个层面的内容,既论述了"齐物"的观点,也论述了"齐言"的理念。庄子认为,世上的万事万物,包括人在内,都是齐一的,"天地与我并生,而万物与我为一"。而人类社会的一切矛盾的对立面,诸如生与死、寿与夭、贵与贱、荣与辱、成与毁等等都是无差别的一回事。万事万物的绝对齐同,必然导致关于万事万物言论上的绝对齐同的认识,所以庄子否定了诸子百家的论争,也否定了一切是非、对错、好坏的客观存在。

本篇大致可分六段来阅读。第一段描写悟道者南郭子綦"吾丧我"的入道境界,引出了人籁、地籁和天籁的三籁之说。以人籁的箫管声和地籁的洞穴声反衬出只有入道的至人才能感受的自然的无声之声的天籁。天籁的引出,目的在于"怒者其谁"的提问,而这个问题的提出并非让人去寻求答案,恰恰相反,是让人们在无限深奥的自然面前去掉一切是是非非之心,进入物我两忘的超然境界。

第二段铺开描写众人之纷争、百家争鸣的世俗百态,并指出一切纷争的产生出于人们的"成心"。所谓成心,庄子认为人之初都有本真之心,但由于外物的(即社会生活)的影响及耳目等五官的后天局限,逐渐有了一己之情、一己之私、一己之成见。私心成见在胸,牢不可破,于是引发了万劫不复的固执、偏见与纷争。庄子写世人陷于纷争的痛苦与悲哀,他说:"一受其成形,不亡以待尽。与物相刃相靡,其行尽如驰而莫之能止,不亦悲乎!"又说:"终身役役而不见成功,苶然疲役而不知其所归,可不哀邪!"极富人道的关怀。又说:"人之生也,固若是芒乎?其我独芒,而人亦有不芒者乎?"悲天悯人的情怀溢于言表。

第三段分别从是与非、彼与此、可与不可、然与不然、分与成、成与毁、指与非指等方面,不厌其烦地论述万事万物没有本质上的差别,它们不仅相互依存,也可以相互转换,从道的层面看,他们完全是浑然一体的,也就是"道通为一"。在此观念上,庄子提出了"莫若以明"的认识论,即与其纠缠于是是非非的偏见之中,不如用虚静之心去观照万事万物,排除自我中心的障蔽,呈现大道的光明。在论述分与成、成与毁一节中,庄子还描写了一个狙公赋芧的寓言故事,通过"朝三暮四"与"朝四暮三"的转换,名实未变而对猴子心理作用却不同,从而提出了"休乎天钧",即混同是非,任凭自然均调的观点,反映了庄子崇尚自然的根本思想。狙公赋芧的寓言流传至今,早已突破了原始的内涵。

第四段可分两小节,前一节以相对论的观点去看待大小、寿夭,"天下莫大于秋毫之末,而大山为小;莫寿于殇子,而彭祖为夭",其目的还是借此推出"天地与我并生,而万物与我为一"的齐物论命题。后一节以辩证论的观点阐明悟道者的品质,即"大道不称,大辩不言,大仁不仁,大廉不嗛,大勇不忮",其目的再次说明泯灭辩争、混同齐一的合理性。

关于齐物论的宗旨观点,前面已经尽说无遗,这第五段便列举了三个寓言故事,分别从形象意境上加深读者对齐物论的体悟。第一个寓言"尧问舜",意在从狭小的自我中走出,开阔心胸。第二个寓言"啮缺问乎王倪",通过人、泥鳅、猿猴、麋鹿、蜈蚣、猫头鹰等等的生活习惯的比较,说明万物没有一个共同的标准,更没有一个是非利害的标准,申明偏于一私的争辩是多么的愚蠢。第三个寓言"瞿鹊子问乎长梧子",描述了悟道者的"游乎尘垢之外"的精神境界。

第六段写了两个寓言故事,近于纯情景式的描述,没有多余的话,因此更富独立的内涵。"罔两问景"写影子随形而动,随形而止,反衬"无待"之旨。"庄周梦为蝴蝶"写庄周与蝴蝶的梦中转化,阐述"物化"之旨。庄周化为蝴蝶,蝴蝶化为庄周,万物化而为一,哪里还有彼是此非、此是彼非之辨呢?

一

【原文】 南郭子綦隐机而坐①,仰天而嘘②,荅焉似丧其耦③。颜成子游立侍乎前④,曰:"何居乎⑤?形固可使如槁木,而心固可使如死灰乎?今之隐机者,非昔之隐机者也。"

子綦曰:"偃,不亦善乎,而问之也⑥!今者吾丧我⑦,汝知之乎?女闻人籁而未闻地籁⑧,女闻地籁而未闻天籁夫!"

子游曰:"敢问其方⑨。"

子綦曰:"夫大块噫气⑩,其名为风。是唯无作,作则万窍怒呺⑪。而独不闻之翏翏乎⑫?山林之畏佳⑬,大木百围之窍穴⑭,似鼻,似口,似耳,似枅,似圈,似臼,似洼者,似污者⑮。激者、謞者、叱者、吸者、叫者、譹者、宎者、咬者⑯。前者唱于而随者唱喁⑰,泠风则小和⑱,飘风则大和,厉风济则众窍为虚⑲。而独不见之调调之刁刁乎⑳?"

子游曰:"地籁则众窍是已,人籁则比竹是已㉑,敢问天籁?"

子綦曰:"夫吹万不同,而使其自己也㉒。咸其自取,怒者其谁邪㉓?"

【注释】 ①南郭子綦:虚拟人物。旧注认为是楚昭王的庶弟,字子綦,住在南郭,因以为号。隐机:凭靠几案静坐。②嘘:缓缓吐气。③荅焉:形体不存在的样子。丧其耦:即忘其形。耦,匹对,精神与肉体为匹对,外物与内我为匹对。④颜成子游:南郭子綦的弟子,复姓颜成,名偃,字子游。⑤何居:何故。居,犹"故"。⑥而:犹"汝",

你。"而问之也"是"不亦善乎"的倒装句。⑦吾丧我：本然之真我忘掉了社会关系中的俗我。⑧女：同"汝"，你。籁：箫。这里指由空虚地方而发出的声响。⑨方：术，道术。⑩大块：大地。噫气：吐气，气息声。⑪呺：读作"号"，多本并作"号"，吼叫。⑫翏翏：大风声。又写作"飀飀"。⑬畏佳：读作"崴崔"，形容山势险峻盘回。⑭窍穴：指树洞。小滑如窍，大洞如穴。⑮"似鼻"八句：形容各种窍穴的形状。枅，柱上的方木。圈，牲畜栏圈；一说杯口。臼，舂粮的器具。洼，池沼。污，泥塘。⑯激者：如水激之声。谪者：如飞箭之声。叱者：如叱咤之声。譹者：如嚎哭声。譹，同"嚎"。宎者：如风入空谷声。咬者：如哀之声。以上形容窍穴发出的各种不同的声音。⑰于、喁：均指应和之声。⑱泠风：小风。⑲济：止。虚：寂静。⑳调调、刁刁：均指树木摇动的声音。调调，指树枝大动。刁刁，指树叶微动。㉑比竹：并列组合在一起的竹管，指箫、笙一类的乐器。㉒使其自己：谓万窍所发出的万种不同的声音，这声音是本窍穴的自然状态造成的。㉓怒者：发动者，产生者。

【译文】　南郭子綦靠着几案静坐，仰着头缓缓地呼吸，好像遗忘了自己的形体一样。颜成子游站在他的面前侍奉着，问道："这是什么缘故呢？难道人的形体本来可以使它如同枯木，而心灵本来可以使它寂静得如同死灰吗？今天您的静坐，和往日的静坐大不相同啊。"

子綦说："偃，你的提问，不是很好嘛！今天我把我丢掉了，你知道这一点吗？你或许听说过人籁，但不一定听说过地籁，你或许听说过地籁，肯定没有听说过天籁吧。"

子游说："请问其中的道理。"

子綦说："大地呼出的气，人们称作风。这风不发作就罢了，一旦发作就会万窍怒吼。你就没有听过长风呼呼的声音吗？那山林中险峻盘旋的地方，还有百围大树的洞穴，形状有似鼻子的，有似嘴巴的，有似耳朵的，有似梁上方孔的，有似牛栏猪圈的，有似舂臼的，有似池沼的，有似泥坑的。那发出的声音，有的像水流声，有的像射箭声，有的像斥骂声，有的像吸气声，有的像喊叫声，有的像嚎哭声，有的像幽怨声，有的像哀叹声。前面的风呜呜地唱着，后面的风就呼呼地和着，微风就小声地应和着，大风就大声地应和着，当暴风过后，所有的窍穴就虚寂无声了。你就没有见过风吹树林时，那摇曳摆动的枝条吗？"

子游说："地籁是各种孔洞发出的声音，人籁则是竹箫之类发出的声音，请问天籁是什么呢？"

子綦说："所谓天籁，也就是风吹万种孔洞发出各种不同的声音，这些千差万别的声音是由于自己自然的形态体质所造成的。既然各种不同的声音都是自身决定的，那么鼓动它们发声的还有谁呢？"

二

【原文】　大知闲闲，小知间间①；大言炎炎，小言詹詹②。其寐也魂交③，其觉也形开④。与接为构⑤，日以心斗。缦者，窖者，密者⑥。小恐惴惴，大恐缦缦⑦。其发若机栝⑧，其司是非之谓也⑨；其留如诅盟⑩，其守胜之谓也；其杀若秋冬⑪，以言其日消也；其溺之所为之⑫，不可使复之也；其厌也如缄⑬，以言其老洫也⑭；近死之心，莫使复阳也。喜怒哀乐，虑叹变热⑮，姚佚启态⑯。乐出虚，蒸成菌。日夜相代乎前，而莫知其所萌。已乎，已乎！旦暮得此⑰，其所由以生乎！

【注释】　①知：同"智"。闲闲：广博雅致。间间：固执偏狭。②言：言论，议论。炎炎：气盛词烈。詹詹：言多啰唆。③魂交：精神交错，指睡中多梦不宁。④形开：体乏不支，犹如说累得身体散了架子。⑤接：交接，指心与外界交接，产生种种爱恨好恶之情。构：通"构"，交结，交接。⑥"缦者"三句：缦，通"慢"，懈怠，散漫。窖，深藏不露，深沉。密，细密，慎重。⑦缦缦：惊魂失魄的样子。⑧机：弩上用来发射的部位。栝：箭末扣弦的部位。⑨司：通"伺"，伺机。⑩留：指持言不发，不肯吐露。诅盟：誓约。⑪杀：衰，衰败。⑫所为之：指为辩论所付出的精力。⑬厌：闭塞。缄：束箧的绳索。⑭老洫：旧沟，因日久坍塌，沟内虽有水而被封闭。⑮虑：忧虑。叹：感叹。变：后悔。热：恐惧。⑯姚：轻浮，浮躁。佚：放纵。启：狂放，张狂。态：作态，装模作样。⑰此：指上述各种情态。

【译文】　大智的人广博，小智的人偏狭；高谈阔论的人盛气凌人，具体而论的人争辩不休。他们睡觉时魂魄也不安宁，等睡醒后身疲气散。他们整天与外界交涉纠缠，日复一日钩心斗角。有的散漫不经，有的藏奸不露，有的谨慎精细。小怕时惴惴不安，大怕时惊魂失魄。他们有时发言就像放出的利箭，窥伺到别人的是非来攻击；他们有时片语不吐就像发过誓约一样，不过是等待制胜的机会；他们正在衰竭着，犹如秋冬的萧条，这是说他们一天天地走向消亡；他们沉溺于辩论的作为中，不可能使他们再恢复本然之性；他们心灵闭塞，如同被绳索束缚，这说明他们已如废旧的沟洫，源头之水已经枯竭了；走向死亡的心灵，再也没有办法使他们恢复生机了。他们时而欣喜，时而愤怒，时而悲哀，时而快乐；有时多虑，有时感叹，有时后悔，有时恐惧；有的轻浮，有的放纵，有的张狂，有的作态；就像音乐从虚空的东西里发出来的一样，又像菌类被地气蒸发出来的一样。这种种情绪和心态日夜变化着，时不时更替出现，但却不知是从哪里萌生的。算了吧，算了吧！一旦得知这些情态从哪里产生，也就明白这些情态所以产生的根由了！

【原文】　非彼无我①，非我无所取。是亦近矣，而不知其所为使。若有真宰②，而特不得其朕③。可行已信，而不见其形，有情而无形④。

百骸、九窍、六藏⑤，赅而存焉，吾谁与为亲？汝皆说之乎⑥？其有私焉⑦？如是皆有为臣妾乎？其臣妾不足以相治乎？其递相为君臣乎？其有真君存焉⑧！如求得其情与不得，无益损乎其真。

一受其成形，不亡以待尽。与物相刃相靡，其行尽如驰而莫之能止⑨，不亦悲乎？终身役役而不见其成功⑩，苶然疲役而不知其所归⑪，可不哀邪！人谓之不死，奚益！其形化，其心与之然，可不谓大哀乎？人之生也，固若是芒乎⑫？其我独芒，而人亦有不芒者乎？

　　夫随其成心而师之^⑬，谁独且无师乎？奚必知代而心自取者有之^⑭？愚者与有焉！未成乎心而有是非，是今日适越而昔至也^⑮。是以无有为有。无有为有，虽有神禹且不能知，吾独且奈何哉！

　　【注释】　①彼：指以上种种情态。②真宰：身心的主宰。③特：独。朕：通"朕"，征兆。④情：实。⑤百骸：众多骨节。九窍：指双目、双耳、双鼻孔、口、尿道和肛门。六藏：心肝、脾、肺、肾称为五脏。肾有二，故又称六脏。藏，今写作"脏"。⑥说：同"悦"。⑦其：抑或，还是。私：偏爱。⑧真君：与"真宰"同义，真心，真我。⑨行尽：走向死亡。一说"尽"通"进"，亦通。⑩役役：奔忙劳碌的样子。⑪茶然：疲倦的样子。⑫芒：芒昧，昏庸，糊涂。⑬成心：成见，偏见。师：取法。⑭知代：谓了解事物发展的更替变化。心自取者：指心有见识的人。⑮今日适越而昔至：这话原是惠子的论说，意在泯灭今昔之分（详见《天下篇》"惠施多方"一节），而这里则是借此话说明，如果成心在昔日已经形成，那么今日的是非不过是昔日是非的表现而已。

　　【译文】　没有那些情态就没有我自己，没有我自己，那些情态也就无从显现。这样的认识也算接近于道了，但不知是谁主使的。好像有个真宰主使这种关系，然而却看不到它的端倪。我们可以从它的行为结果上得到验证，虽然看不见它的形体，但是真实存在而本无形迹的。

　　百骸、九窍和六脏，都完备地存在我的身上，我究竟和哪一部分最亲近呢？你都喜欢它们吗？还是有所偏爱呢？如果是同样喜欢它们，都把它们视为臣妾吗？把它们都当作臣妾，它们之间就不能由哪一个来统治吗？还是轮换着做君臣呢？或许有"真君"来主宰呢！无论能否获得"真君"的真实情况，这都不可能减损或增益它的本然真性。

　　世人一旦禀受成为人体，虽然不至于马上死亡，却也在衰耗中坐等死神的光临。人们与外物相互伤害，相互摩擦，在死亡的道路上奔驰着而无法止步，这不是很可悲吗？终生奔忙劳碌却不见成功，疲惫困顿却不知前途，这不是很可哀嘛！这样的人就算不死，又有什么益处！人的形骸不断地衰竭老化，人的精神也随着消亡，这难道不是最大的悲哀吗？人的一生，本来就如此昏昧吗？还是只有我一个人昏昧，而别人也有不昏昧的呢？

　　如果依据个人的成见作为判断事物的标准，那么有谁没有这个标准呢？又何必一定要懂得事物发展变化之理的智人才有呢？愚人也同样会有的！如果说心中尚无成见时就已经先有了是非，那就好像今天去越国而昨天就到了一样可笑。这种说法是把没有当作有。如果把没有的当作有的，就是神明的大禹尚且搞不清，我又有什么办法呢！

三

　　【原文】　夫言非吹也^①。言者有言，其所言者特未定也^②。果有言邪？其未尝有言邪？其以为异于鷇音^③，亦有辩乎^④？其无辩乎？

道恶乎隐而有真伪？言恶乎隐而有是非？道恶乎往而不存？言恶乎存而不可？道隐于小成^⑤，言隐于荣华^⑥。故有儒墨之是非，以是其所非而非其所是。欲是其所非而非其所是，则莫若以明^⑦。

【注释】 ①言非吹：言论和风吹窍穴不同，言论出于成见，风吹窍穴纯属自然。②特未定：指不能作为是非的标准。③鷇音：幼鸟将破壳而出时发出的叫声，此声无成见辨别。④辩：通"辨"，区别。⑤小成：局部的片面的成就或认识。⑥荣华：浮夸粉饰之辞。⑦明：指用洞彻之心去观照事物，以明于大道。

【译文】 言论并不像风吹洞穴而发声那样出于自然。说话的人各持一家的言辞，他们所说的话并不能确定为是非的依据。他们果真有自己的言论吗？还是不曾有过自己的言论呢？他们都认为自己的言论有异于刚破壳而出的小鸟的鸣声，这其中有区别吗？还是根本没有区别呢？

大道为什么隐晦不明而有真伪呢？至言为什么隐晦不明而有是非呢？大道本是无处不在的，为什么往而不存呢？至言本是无处不可的，为什么存而不可呢？大道被一孔之见隐蔽了，至言被浮华之词隐蔽了。所以产生了像儒家墨家之类的是非争辩，他们各以对方所否定的为是，各以对方所肯定的为非。如果肯定对方所否定的而否定对方所肯定的，则不如以空明的心境去观照事物的本源。

【原文】 物无非彼，物无非是^①。自彼则不见，自是则知之^②。故曰：彼出于是，是亦因彼，彼是方生之说也^③。虽然，方生方死，方死方生^④；方可方不可^⑤，方不可方可；因是因非，因非因是^⑥。是以圣人不由而照之于天^⑦，亦因是也。是亦彼也，彼亦是也。彼亦一是非，此亦一是非。果且有彼是乎哉？果且无彼是乎哉？彼是莫得其偶^⑧，谓之道枢^⑨。枢始得其环中^⑩，以应无穷。是亦一无穷，非亦一无穷也。故曰：莫若以明。

【注释】 ①是：此。下同。②自是：原作"自知"，依严灵蜂说改。③方生：并生，指彼与此的概念相依相对一起产生。④方生方死，方死方生：这是惠施的命题，揭示了生与死的对立统一关系，认为事物是可以互相转化的。但在论述中忽略了事物发展过程中的相对稳定性和转化的必要条件，因而带有较大的局限性。⑤可：即"是"。不可：即"非"。⑥因是因非，因非因是：谓是非相因果而生，有因为而是的，就有因为而非的，反过来也是一样。⑦不由：指不取彼此是非之途。天：自然。⑧偶：匹偶，指对立关系。⑨道枢：道的枢纽，道的关键。⑩环中：指环圈。

【译文】 万事万物没有不是彼方的，万事万物也没有不是此方的。从彼方来观察此方就看不见此方的实际，从此方来了解自己就知道了。所以说，事物的彼方是由对立的此方而产生的，事物的此方也因对立的彼方而存在，彼与此的概念是一并产生一并存在的。虽然如此，万事万物都是随着生就随着灭，随着灭就随着生；刚认为可以时而不可以的念头已经萌生，刚认为不可以时而可以的念头已经萌生；有因而认为是的就有因而认为非，有因而认为非的就有因而认为是，是与非皆因对方的相互依存关系而产生。所以圣人不走这条是非分辨的路子,而是用天道去观照事物的本然,也就是顺应事物的自然发展。此也就是彼,彼也就是此。彼有彼的是非,此有此的是非,果真有彼与此的分别吗?果真没有彼与此的分别吗?如果超脱了彼与此、是与非的对立关系,就叫掌握了大道的枢要。掌握了大道的枢要,就好比开始进入圆环之上,可以应对无穷的变化。用是非的观点分别事物,是的变化无穷尽,非的变化也是无穷尽。所以说,不如以空明的心境去观照事物的本源。

【原文】 以指喻指之非指,不若以非指喻指之非指也;以马喻马之非马,不若以非马喻马之非马也①。天地一指也,万物一马也。

可乎可,不可乎不可。道行之而成,物谓之而然。恶乎然?然于然。恶乎不然?不然于不然。物固有所然,物固有所可。无物不然,无物不可。故为是举莛与楹②,厉与西施③,恢恑憰怪④,道通为一。

【注释】 ①"以指喻指"四句:陈鼓应《庄子今注今译》:"'指''马'是当时辩者辩论的一个重要主题,尤以公孙龙的指物论和白马论最著名。庄子只不过用'指''马'的概念作喻说,原义乃在于提醒大家不必斤斤计较于彼此、人我的是非争论,更不必执着于一己的观点去判断他人。"②莛:草茎。楹:房柱。③厉:癞病。这里指丑女。④恢:读作"诙",诙谐。恑:变诈,诡变。憰:谲诈。怪:怪异。以上四字均指形形色色的社会现象。

【译文】 用手指来说明手指不是手指,不如用非手指来说明手指不是手指;用白马来说明白马不是马,不如用非白马来说明白马不是马。从道通为一、万物浑然一体的观点来看,天地无非一指,万物无非一马,没有什么区别。

人家认可的我也跟着认可,人家不认可的我也跟着不认可。道路是人们走出来的,事物的称谓是人们叫出来的。为什么说是这样的?它原本是这样的,所以人们就认为是这样的。为什么说不是这样的?它原本不是这样的,所以人们就认为不是这样的。事物原本就有这样的道理,事物原本就有可以的原因。没有什么事物不是,也没有什么事物不可。所以就像草茎与房柱、丑女与西施,以及世上诸如恢诡谲怪的种种奇异现象,从大道的观点来看,都是浑然一体的。

【原文】 其分也,成也;其成也,毁也。凡物无成与毁,复通为一。唯达者知通为一,为是不用而寓诸庸①。庸也者,用也;用也者,通也;通也者,得也。适得而几矣②。因是已③。已而不知其然,谓之道。劳神明为一,而不知其同也,谓之"朝三"。何谓"朝三"?狙公赋芧④,曰:"朝三而暮四。"众狙皆怒。曰:"然则朝四而暮三。"众狙皆悦。名实未亏,而喜怒为用,亦因是也。是以圣人和之以是非,而休乎天钧⑤,是之谓两行⑥。

【注释】 ①为是:为此。不用:指不用固执常人的成见。寓诸庸:寄于事物的功用上。②"庸也者"七句:这七句二十字疑为注文掺入,依严灵峰说当删去,现保留,不做译注。③因:任由,随顺。④狙公:养猴的老人。赋芧:分发橡子。⑤休:止。天钧:即天均,自然的均衡。⑥两行:指对立之双方,如物我、内外等各得其所。

330

【译文】 万物有分必有成,有成必有毁。所以从总体上说,万物根本就不存在所谓的完成和毁灭,始终是浑然一体的。只有通达之人才可能懂得万物浑然相通的道理,为此他们不用固执常人的成见,而寄托在万物的各自功用上。这就是随顺事物的自然罢了。随顺自然而不知所以然,这就叫作"道"。辩者们竭尽心力去追求一致,却不知道万物本来就是混同的,这就是所谓的"朝三"。什么叫作"朝三"呢?有一个养猴的老人,他给猴子们分橡子,说:"早晨三升,晚上四升。"众猴子听了很生气。老人改口说:"那么就早晨四升而晚上三升吧。"众猴子听了都高兴起来。橡子的名称和实际数量都不曾增损,而猴子们的喜怒却因而不同,这里养猴老人不过是顺从猴子们的主观感受罢了。所以圣人混同于是非非,而任凭自然均衡,这就是物我并行,各得其所。

【原文】 古之人,其知有所至矣①。恶乎至?有以为未始有物者,至矣,尽矣,不可以加矣!其次以为有物矣,而未始有封也②。其次以为有封焉,而未始有是非也。是非之彰也,道之所以亏也。道之所以亏,爱之所以成③。果且有成与亏乎哉?果且无成与亏乎哉?有成与亏,故昭氏之鼓琴也④;无成与亏,故昭氏之不鼓琴也。昭文之鼓琴也,师旷之枝策也⑤,惠子之据梧也⑥,三子之知几乎皆其盛者也,故载之末年⑦。唯其好之也以异于彼,其好之也欲以明之。彼非所明而明之,故以坚白之昧终⑧。而其子又以文之纶终⑨,终身无成。若是而可谓成乎,虽我亦成也;若是而不可谓成乎,物与我无成也。是故滑疑之耀⑩,圣人之所图也⑪。为是不用而寓诸庸,此之谓"以明"。

【注释】 ①古之人:指古时的得道者。知:同"智"。至:至极,极高境界。②封:疆域,界限。③爱:指偏爱,偏好。④故:则。昭氏:姓昭,名文,善弹琴。⑤师旷:春秋时晋平公的乐师,精于音律。枝策:举杖,指举杖敲击乐器。⑥惠子:惠施。据梧:依靠着梧树,指惠施坐在树边参加辩论。⑦载:事,从事。末年:晚年。⑧坚白:战国时期有"坚白同异"之争,公孙龙主张"离坚白",即认为石头的坚硬和白色只能分别由触觉和视觉才感受到,所以是分离的;以墨子为首的一派则主张"盈坚白",认为坚硬与白色同为石头属性,所以是不可分离的。⑨纶:琴瑟的弦,代指弹琴。⑩滑疑之耀:迷惑人心的炫耀。滑,乱。⑪图:除,摒弃。

【译文】 古时候那些得道的人,他们的智慧达到了极高的境界。是怎样的极高境界呢?他们的视野追究到了宇宙的本初,认识到原始本无万物的存在,这种认识可谓深刻透彻极了,达到最高境界,无以复加了!在认识上稍差一等的人,他们认为万物是现实存在的,探究它却并不严加区别界定。再次一等的人,认为事物有了分别界限,但并不计较是非。是非观念的显现,大道也就有了亏损。大道的亏损,这是由于个人的偏好所造成的。天下的万事万物,果真有所谓的成就和亏损吗?还是果真没有所谓的成就和亏损呢?有成就和亏损,好比昭文的弹琴;没有成就和亏损,好比昭文的不弹琴。昭文的弹琴,师旷的击乐,惠子的倚树争辩,他们三个人的技艺智慧,都称得上最高超的了,所以他们一直从业到晚年。这三个人自以为自己的所好不同于别人，便想用自己的所好去教诲明示他人。惠子并非真正明道，而却用自以为的明理去明示他人，所以陷于"坚白同异"的偏蔽昏昧中，终身不拔。而昭文之子又终身从事昭文弹琴的事业，以致终生没有什么成就。如果像这个情况可以算作成就的话，那么像我这样的人也应算为有成就的。如果这样子不能算有成就的话，那么外物与我都无所成就。所以对于迷乱世人的炫耀，圣人总是要摒弃的。所以圣人不用个人的一孔之见、一技之长夸示于人，而寄托在事物自身的功用上，这就叫作"以明"。

四

【原文】 今且有言于此，不知其与是类乎？其与是不类乎？类与不类，相与为类，则与彼无以异矣。虽然，请尝言之。有始也者①，有未始有始也者，有未始有夫未始有始也者。有有也者，有无也者②，有未始有无也者，有未始有夫未始有无也者。俄而有无矣，而未知有无之果孰有孰无也。今我则已有谓矣，而未知吾所谓之其果有谓乎？其果无谓乎？

天下莫大于秋豪之末，而大山为小③；莫寿于殇子④，而彭祖为夭。天地与我并生，而万物与我为一。既已为一矣，且得有言乎？既已谓之一矣，且得无言乎？一与言为二，二与一为三。自此以往，巧历不能得⑤，而况其凡乎！故自无适有⑥，以至于三，而况自有适有乎！无适焉，因是已！

【注释】 ①有始也者：宇宙有个开始。②"有有也者"二句：宇宙万物之初，有"有"的东西，也有"无"的东西。"有""无"的辩证观念始于《老子》。③"天下"二句：豪，同"毫"。大山，即泰山。④殇子：夭折的婴儿。⑤巧历：善于计算的人。⑥适：至，推算。

【译文】 现在在这里说的话，不知道与其他论者属于同一类呢？还是属于不同的一类？无论是同类还是不同类，既然彼此都是说话，那就与其他的论者没有什么不同了。虽然如此，还是让我试着说一说。宇宙万物有个"始"，也有个未曾开始的"始"，更还有个未曾开始的未曾开始的"始"。宇宙万物的始初，有自己的"有"，也有自己的"无"，还有未曾有"无"的"无"，更有未曾有那未曾有的"无"。突然间产生了"有"和"无"，然而不知这个"有"和"无"，果真是不是"有"和"无"。现在我已经有了说法，但不知我的说法果真有说法呢？还是果真没有说法？

天下没有比秋毫的末端更大的东西，而泰山却是小的；没有比夭折的婴儿更长寿的人，而彭祖却是短寿的。天地和我共同生存，而万物与我浑然一体。既然已经浑然一体了，还要有我的言论吗？既然已经说了"浑然一体"了，还能说我没有言论吗？万物一体加上我的言论就成了"二"，"二"再加上"一"就成了"三"。如此反复计算下去，就是精于计数的专家也不能得出最终的数目，更何况凡人呢！从"无"到"有"已经推至到三，何况从"有"到"有"呢！不必再推算下去了，还是顺应自然吧！

【原文】 夫道未始有封，言未始有常，为是而有畛也①。请言其畛。有左有右，有伦有义②，有分有辩，有竞有争，此之谓八德。六合之外③，圣人存而不论；六合之

内，圣人论而不议；春秋经世先王之志[④]，圣人议而不辩。故分也者，有不分也；辩也者，有不辩也。曰：何也？圣人怀之[⑤]，众人辩之以相示也。故曰：辩也者，有不见也。

夫大道不称，大辩不言，大仁不仁，大廉不嗛[⑥]，大勇不忮[⑦]。道昭而不道，言辩而不及，仁常而不成，廉清而不信，勇忮而不成。五者无弃而几向方矣[⑧]！故知止其所不知，至矣。孰知不言之辩，不道之道？若有能知，此之谓天府[⑨]。注焉而不满，酌焉而不竭，而不知其所由来，此之谓葆光[⑩]。

【注释】 ①为是而有畛：为了一个"是"字而有了界限。畛，界限。②伦：次序。义：通"仪"，仪则。③六合：天地和东西南北四方。④春秋经世先王之志：读作"春秋先王经世之志"。春秋，泛指史书。志，记载。⑤怀之：不分不辩，涵容于心。⑥嗛：按李勉说，原字当为"廉"字，后人误改。一说嗛，与"隒"同，谓崖岸，亦通。⑦忮：害，伤害。⑧无弃：二字原作"园"，据奚侗之说，依《淮南子·诠言》引文改。方：道。⑨天府：自然的城府，指心胸广阔，包容一切。⑩葆光：包藏光明而不外露。

【译文】 大道原本没有人为的界限，至言原本没有固定的框框，只是为了争得一个"是"字而妄加了许多界限。请让我说说这界限吧。如划分了左与右，次序与等级，分别与辩论，竞言与争锋，这就是世俗所谓的八种才能。其实，天地四方之外的事，圣人是随它存在而不加谈论；天地四方之内的事，圣人只是谈论它而不加评论；对于古史中先王治理世事的记载，圣人只是评论它而不去辩解。所以天下的事理，有去分别的，就有不去分别的；有去辩论的，就有不去辩论的。这是为什么呢？圣人不争不辩，虚怀若谷，而众人却热衷于争辩，以此夸耀于世间。所以说：辩论的存在，必有眼界看不到的地方。

大道是不可称谓的，大辩是不用言语的，大仁者是不自言自己仁慈的，大廉者是不自言自己廉洁的，大勇者是从不伤害人的。道一旦说得明明白白也就不是大道了，言语再辨析周详也有所不及，仁爱经常普及也就不能保全了，廉洁过于清纯人家也就不信了，勇敢达到伤人的地步也就不是真正的勇敢了。这五个方面遵行不弃那就差不多接近于大道了！所以说，一个人的智能能够止于所不知的境地，这就是极点了。谁知道不用言辞的辩论、不用称说的大道呢？如果有人能够知道，他就可以称为天然的府库了。在这里无论注入多少也不会满溢，无论索取多少也不会枯竭，人们不知道它的源头在哪里，这就叫作潜藏不露的光明。

五

【原文】 故昔者尧问于舜曰："我欲伐宗、脍、胥敖[①]，南面而不释然[②]。其故何也？"

舜曰："夫三子者，犹存乎蓬艾之间。若不释然[③]，何哉？昔者十日并出，万物皆照，而况德之进乎日者乎[④]！"

【注释】 ①宗、脍、胥敖：三个小国名，虚拟之名。②南面：君位，指临朝听政。释：放。③若：汝，你，指尧。④进乎：胜于。

【译文】 从前尧问舜说："我打算讨伐宗、脍、胥敖这三个小国，每当临朝，心里总是放不下。这是什么原因呢？"

舜说："这三个小国的国君，犹如生存在蓬蒿艾草中一样，你还不放心，问题在哪里呢？过去听说有十个太阳同时出现，普照万物，何况人的道德应当超过太阳的光辉呢！"

【原文】 啮缺问乎王倪曰①："子知物之所同是乎②？"

曰："吾恶乎知之！"

"子知子之所不知邪？"

曰："吾恶乎知之！"

"然则物无知邪？"

曰："吾恶乎知之！虽然，尝试言之：庸讵知吾所谓知之非不知邪③？庸讵知吾所谓不知之非知邪？且吾尝试问乎女：民湿寝则腰疾偏死④，鳅然乎哉？木处则惴栗恂惧⑤，猨猴然乎哉？三者孰知正处？民食刍豢⑥，麋鹿食荐⑦，蝍蛆甘带⑧，鸱鸦耆鼠⑨，四者孰知正味？猨猵狙以为雌⑩，麋与鹿交，鳅与鱼游。毛嫱丽姬⑪，人之所美也；鱼见之深入，鸟见之高飞，麋鹿见之决骤⑫，四者孰知天下之正色哉？自我观之，仁义之端，是非之涂，樊然淆乱⑬，吾恶能知其辩！"

啮缺曰："子不知利害，则至人固不知利害乎？"

王倪曰："至人神矣！大泽焚而不能热，河汉沍而不能寒⑭，疾雷破山、飘风振海而不能惊。若然者，乘云气，骑日月，而游乎四海之外，死生无变于己，而况利害之端乎！"

【注释】 ①啮缺、王倪：皆为虚拟人物。②同是：共同标准，共同认可。③庸讵：怎么，哪里。庸，安，何。讵，何。④偏死：半身瘫痪。⑤惴栗：惊恐得发抖。恂惧：恐惧，害怕。⑥刍豢：指家畜。食草者谓刍，食谷者谓豢。⑦荐：美草。⑧蝍蛆：蜈蚣。甘：甘美，可口。带：蛇。⑨鸱：猫头鹰。耆：通"嗜"，爱好。⑩猵狙：猿猴的一种。⑪毛嫱、丽姬：皆为古代美女。一说"丽姬"当为"西施"，因涉下"丽之姬，艾封人之子"而误改。⑫决骤：疾奔。决，疾走不顾。⑬樊然淆乱：纷然错乱。淆，错杂。⑭河汉：泛指江河。河，黄河。汉，汉水。沍：冻结。

【译文】 啮缺问王倪："你知道万物都有共同之处吗？"

王倪说："我怎么会知道呢？"

"你知道你所不知道的原因吗？"

"我怎么会知道呢！"

"那么天下万物就无法知道了吗？"

"我怎么会知道呢！虽然如此，姑且让我说说看：何以知道我所说的'知道'不是'不知道'呢？何以知道我所说的'不知道'不是'知道'呢？我且问问你：人们睡在潮湿的地方，腰部就要患病，并致半身不遂，莫非泥鳅也会这样吗？人们待在树枝上就会惊恐不安，莫非猿猴也会这样吗？人、泥鳅和猿猴，这三种动物究竟谁知道居住在什么地方才是最合适的呢？人们吃家畜的肉，麋鹿吃美草，蜈蚣爱吃小蛇，猫头鹰和乌鸦喜欢吃老鼠，这四类动物究竟谁知道吃什么样的食物才算是真正的美味佳肴呢！雌猿与猵狙成为配偶，麋与鹿交合，泥鳅与鱼配对。毛嫱和丽姬，这是世人所美美的；然而鱼见了就会深入水里，鸟见了就会高飞天空，麋鹿见了就会急速逃走，这四种动物到底有谁知道天下什么样的美色才是真正的美色呢？依我看来，那些仁义的头绪，是非的途径，错综杂乱，我怎么会知道它们之间的分别呢？"

啮缺说："你不管世间的利害，难道至人原本也不顾世间的利害吗？"

王倪说："至人太神妙了！林薮焚烧不能让他感到炎热，江河冻结不能让他感到寒冷，就是雷电劈山、狂风掀海也不能让他感到惊恐。像这样的至人，乘着云气，骑着日月，遨游于四海之外，生死的变化都影响不到他，更何况世间的利害小事呢！"

【原文】 瞿鹊子问乎长梧子曰①："吾闻诸夫子②，圣人不从事于务，不就利，不违害，不喜求，不缘道③，无谓有谓④，有谓无谓，而游乎尘垢之外。夫子以为孟浪之言⑤，而我以为妙道之行也。吾子以为奚若⑥？"

长梧子曰："是黄帝之所听荧也⑦，而丘也何足以知之！且女亦大早计，见卵而求时夜⑧，见弹而求鸮炙⑨。予尝为女妄言之，女以妄听之。奚旁日月⑩，挟宇宙，为其吻合⑪，置其滑涽⑫，以隶相尊？众人役役⑬，圣人愚芚⑭，参万岁而一成纯⑮。万物尽然，而以是相蕴。予恶乎知说生之非惑邪⑯！予恶乎知恶死之非弱丧而不知归者邪⑰！

"丽之姬⑱，艾封人之子也。晋国之始得之也，涕泣沾襟。及其至于王所，与王同筐床⑲，食刍豢，而后悔其泣也。予恶乎知夫死者不悔其始之蕲生乎？梦饮酒者，旦而哭泣；梦哭泣者，旦而田猎。方其梦也，不知其梦。梦之中又占其梦焉，觉而后知其梦。且有大觉而后知此其大梦也⑳。而愚者自以为觉，窃窃然知之㉑。君乎！牧乎㉒！固哉丘也！与女皆梦也！予谓女梦，亦梦也。是其言也，其名为吊诡㉓。万世之后，而一遇大圣，知其解者，是旦暮遇之也。

【注释】 ①瞿鹊子、长梧子：皆为虚拟人物。②夫子：指孔子。③不缘道：无行道之迹（林希逸说）。不践迹而行道（释德清说）。④谓：言，言语。⑤孟浪：不着边际，不切实际。⑥奚若：何如。⑦听荧：听了疑惑。⑧卵：指鸡蛋。时夜：司夜，指鸡鸣报晓。时，通"司"。⑨鸮炙：烤鸮鸟肉。鸮，形似斑鸠，略大。⑩奚：何不。旁：依傍。⑪为：与。其：指宇宙万物。⑫置：任。滑涽：滑乱昏暗。⑬役役：操劳不息的样子。⑭愚芚：浑然无知的样子。⑮参：糅合，调和。万岁：指古今事物。⑯说：通"悦"。⑰弱丧：自幼流浪他乡。⑱丽之姬：即骊姬，晋献公的夫人。⑲筐床：安适之床，为君主所用。⑳大觉：彻底觉醒，指圣人。㉑窃窃然：明察的样子。㉒牧：牧夫，养马的人。这里指卑贱之人。㉓吊诡：极其怪异之谈。吊，至。

【译文】 瞿鹊子问于长梧子，说道："我从孔夫子那里听说过，有人说圣人不去从事世俗的工作，不贪图利益，不去躲避灾害，不喜欢妄求，不经意去符合大道，无言如同有言，有言如同无言，而心神遨游于尘世之外。孔夫子认为这些话都是不着边际的无稽之谈，而我却认为这正是大道的体现。先生你是怎么看的？"

长梧子说:"这些话连黄帝听了都要疑惑,何况孔丘呢?他怎么能够理解呢!而且你也操之过早过急,就像刚见到鸡蛋就去追求司晨的公鸡,刚见到弹丸就想吃到烤熟的鸮鸟。现在我姑且试着说说,你也姑且听听。为什么不依傍着日月,怀抱着宇宙,与万物混合为一体,任其是非殽乱不闻不问,而把世俗上的尊卑贵贱一律等同看待呢?众人忙忙碌碌,圣人混混沌沌,他调和古今万事万物而成为一团纯朴。万物都是如此,互相蕴含着归于浑朴之中。我怎么知道喜欢着就不是一种迷惑呢!我怎么知道讨厌死亡就不是像自幼流落他乡而不知回家那样呢!"

"丽姬是艾地守封疆人的女儿。当晋国刚得到她的时候,哭得衣服都湿了。等她到了晋献公的王宫里,与君王睡在安适的床上,吃着美味的肉食,这才后悔当初的哭泣。我怎么知道死去的人不会后悔当初的求生呢?梦中饮酒作乐的人,早晨醒后或许遇到祸事而哭泣;梦中伤心哭泣的人,早晨醒后或许高兴地去打猎。当人在梦中,并不知道自己在做梦。有时候在梦中还在做着另一个梦,等觉醒后才知一切都是梦。只有彻底觉醒了的圣人。而后才会知道人生犹如一场大梦。而愚昧的人自以为自己清醒,一副明察秋毫的样子,似乎什么都知道,动不动就'君呀'臣呀'的呼叫。孔丘真是固执浅陋极了!他与你都在梦中啊!我说你在做梦,其实我也在梦中了。我说的这番话,可以称之为奇谈怪论。也许万世之后,有幸遇到一位大圣人,他能了悟这个道理,也如同在旦暮之间相遇了。

【原文】 "既使我与若辩矣①,若胜我,我不若胜,若果是也,我果非也邪?我胜若,若不吾胜,我果是也,而果非也邪?其或是也,其或非也邪?其俱是也,其俱非也邪?我与若不能相知也,则人固受其黮暗②,吾谁使正之?使同乎若者正之,既与若同矣,恶能正之?使同乎我者正之,既同乎我矣,恶能正之?使异乎我与若者正之,既异乎我与若矣,恶能正之?使同乎我与若者正之,既同乎我与若矣,恶能正之?然则我与若与人俱不能相知也,而待彼也邪?"

【注释】 ①我:指长梧子。若:汝,你。下同。②黮暗:暗昧不明。

【译文】 "假如我和你辩论,你胜了我,我没有胜你,你果然就对吗?我果然就错了吗?假如我胜了你,你没有胜我,我果然就对吗?你果然就错了吗?这其中是有一个人对,有一个人错呢?还是我们两个人都对,或者都错了呢?我和你都无法知道,而别人原本就暗昧不明,我们找谁来判定是非呢?如果让观点和你相同的人来评定,既然他已经和你相同了,怎么能来评定呢?假使请观点和我相同的人来评定,既然他已经和我相同了,怎么能来评定呢?如果让观点和你我都不相同的人来评定,既然他已经跟你我都不相同了,怎么能来评定呢?假使请观点跟你我都相同的人来评定,既然他已经跟你我都相同了,怎么能来评定呢?那么你我和他人都无从知道谁是谁非了,恐怕只有等待造化了吧。"

【原文】 "何谓和之以天倪①?"

曰:"是不是,然不然。是若果是也,则是之异乎不是也亦无辩;然若果然也,则然之异乎不然也亦无辩。化声之相待②,若其不相待,和之以天倪,因之以曼衍③,所以穷年也。忘年忘义，振于无竟④，故寓诸无竟。"

【译文】 "什么叫用自然的天平来调和万事万物呢？"

长梧子说："是便是不是，然便是不然，'是'假如真的是'是'，那么就和'不是'有了区别，这样也就不用辩论了。'然'假如真的是'然'，那么就和'不然'有了区别，这样也就不用辩论了。是是非非变来变去的声音是相对立而存在的，如果要使它们不相对立，就要用自然的天平去调和，任其自在的发展变化，如此便可以享尽天年。忘掉岁月与理义，遨游于无物的境界，这样也就能够托身于无是无非、无穷无尽的天地了。"

六

【原文】 罔两问景曰①："曩子行②，今子止；曩子坐，今子起。何其无特操与③？"

景曰："吾有待而然者邪？吾所待又有待而然者邪？吾待蛇蚹蜩翼邪④？恶识所以然？恶识所以不然？"

【译文】 罔两问影子说："刚才你还在行走，现在你又停止不动了；刚才你还坐着，现在又站了起来；你怎么这样没有独立的意志呢？"

影子回答说："我因为有所依赖才这样的吧？我所依赖的东西又有所依赖才这样的吧？我所依赖的东西就像蛇依赖腹下的鳞皮、蝉依赖于翅膀一样吧？我怎么知道会这样？怎么知道为什么不会这样呢？"

【原文】 昔者庄周梦为蝴蝶，栩栩然蝴蝶也①。自喻适志与②，不知周也。俄然觉，则蘧蘧然周也③。不知周之梦为蝴蝶与？蝴蝶之梦为周与？周与蝴蝶则必有分矣。此之谓物化④。

【译文】 从前庄周梦见自己变成了蝴蝶，一只轻快飞舞的蝴蝶。他自我感觉非常快意，竟然忘记庄周是谁。突然醒来，自己分明是僵卧床上的庄周。不知道是庄周做梦化为了蝴蝶，还是蝴蝶做梦化为了庄周？庄周与蝴蝶必定是有所分别的。这种现象就叫作物化。

养生主

【题解】
所谓"养生主"即为"养生的宗旨"，是讲养生之道的。庄子所讲的养生不是养形

(生理)而是养神(精神),把保养精神看作是入道的一种体现。庄子认为,只有因其自然,循乎天理,行于中虚,才能使精神不被外物所伤害,从而达到尽享天年的目的。

全篇可分四段来赏析。首段开门见山,以寥寥数语揭示养生的宗旨,并形象而凝练地总结出"缘督以为经"这一养生法则,并通过以下三个寓言故事,从不同的层面和角度阐明这一理念。每则寓言故事可以视为一个段落。

第二段即叙述"庖丁为文惠君解牛"这一故事。作者以出神入化之笔描绘出庖丁出神入化的解牛技艺,并巧妙地强调了超越技艺水平的心得体会,落脚到养生上。从解牛技艺中悟出的,诸如"依乎天理""因其固然""以无厚入有间""以神遇而不以目视"等等认识,不正是养生之奥义吗?"庖丁解牛"的寓言故事,因其形象化的艺术手法、带有普遍性的思想提炼和抽象化的语言运用、富有丰富的多层次的内涵,它早已突破了原创者所赋予的内容和旨意。

第三段写"公文轩见右师"的自问自答,探讨右师招祸断足的根本原因,强调世间的善恶、福祸、寿夭、健残皆根于天然。如果依乎天理,葆养天真就能得到福寿健,反之就要招灾惹祸,表面出于人事,实质还是违背自然法则。这则寓言后,还写有一个譬喻性的小结,假借饮食短缺的野鸡宁肯在泽地里觅食糊口,也不愿进笼中享受口福,阐明养生的根本在于葆养源于自然本真的自由自在的精神。此段小结也可以看作独立的一则寓言。

第四段写"秦失吊老聃",意在说明人生在世应当"安时处顺",把生死当作来去一样的平淡自然,这样才能达到"哀乐不入"的境界。最后写道:"指穷于为薪,火传也,不知其尽也。"这一警言性的结语,既照应了第四段所表达的生死观,也用"薪尽火传"之喻照应了全文的深刻旨意。

一

【原文】 吾生也有涯①,而知也无涯,以有涯随无涯,殆已②!已而为知者③,殆而已矣!为善无近名,为恶无近刑,缘督以为经④,可以保身,可以全生,可以养亲⑤,可以尽年。

【注释】 ①涯:涯际,界限。②殆:危险。已:通"矣"。③已:既,如此。④缘:循,顺应。督:督脉。人身前的中脉为任脉,人身后的中脉为督脉,任、督二脉为人体奇经八脉的主脉,主呼吸之息。⑤亲:指真君,即精神。

【译文】 我们的生命是有限的,而知识是无穷的,以有限的生命去追求无穷的知识,就会陷入困顿之中!既然已经困顿不堪,还要从事求知的活动,那就更加危险了!做了善事不图名声,做了坏事不遭刑害,像气循任、督二脉周流不息一样,遵循中正自然之路,就可以保护身体,可以保全生命,可以养护精神,可以享尽天年。

二

【原文】 庖丁为文惠君解牛①,手之所触,肩之所倚,足之所履,膝之所踦②,砉然响然③,奏刀騞然④,莫不中音,合于《桑林》之舞⑤,乃中《经首》之会⑥。

文惠君曰:"嘻,善哉!技盖至此乎⑦?"

庖丁释刀对曰⑧:"臣之所好者道也,进乎技矣。始臣之解牛之时,所见无非全牛者;三年之后,未尝见全牛也;方今之时,臣以神遇而不以目视⑨,官知止而神欲行⑩。依乎天理⑪,批大卻⑫,导大窾⑬,因其固然。技经肯綮之未尝⑭,而况大軱乎⑮!良庖岁更刀,割也;族庖月更刀⑯,折也。今臣之刀十九年矣,所解数千牛矣,而刀刃若新发于硎⑰。彼节者有间而刀刃者无厚,以无厚入有间,恢恢乎其于游刃必有馀地矣⑱。是以十九年而刀刃若新发于硎。虽然,每至于族⑲,吾见其难为,怵然为戒⑳,视为止,行为迟,动刀甚微,謋然已解㉑,如土委地。提刀而立,为之四顾,为之踌躇满志㉒,善刀而藏之㉓。"

文惠君曰:"善哉!吾闻庖丁之言,得养生焉。"

【注释】 ①庖丁:名叫丁的厨师。一说掌厨的丁役。文惠君:旧注说是梁惠王,疑为附会,可视为虚拟人物。②踦:屈跪一膝,顶住牛体。③砉然、响然:皆为形容解牛时发出的声音。一说砉然为骨肉分离之声,响然为刀砍骨肉之声。④騞然:进刀之声。⑤《桑林》之舞:传说殷商时代的乐舞曲。⑥《经首》:传说殷商时代的乐曲。会:节奏,旋律。⑦盖:同"盍",何。⑧释:放。⑨神遇:心神感触。⑩官知止:感官的认知作用停止了。⑪天理:自然的纹理结构。⑫批:击,劈,卻:通"隙",指筋骨间的缝隙。⑬导:引刀而入。大窾:指骨节间的较大空隙。⑭技:枝脉。经:经脉。肯:带骨肉。綮:筋肉盘结处。⑮軱:大骨。⑯族:众。这里指一般人。⑰硎:磨刀石。⑱恢恢乎:宽绰的样子。⑲族:盘结交错处。⑳怵然:警惕的样子。㉑謋然:散开的样子。㉒踌躇满志:愉悦安适,从容自得的样子。㉓善刀:拭刀。

【译文】 庖丁为文惠君宰牛,手抓肩顶,脚踩膝抵,各种动作无不精确利索。此时牛体被肢解发出哗啦哗啦的或重或轻的响声,庖丁进刀发出的阵阵唰唰声,都无不符合音乐的节奏,合乎《桑林》舞曲的节拍,同于《经首》乐章的韵律。

文惠君说:"啊,太好了!你的技术怎么会达到这般的地步?"

庖丁放下刀,回答说:"我所爱好的是道,已经超过技术了。我刚开始从事宰牛时,眼前所见无非是一个完整的牛;三年之后,就再也不去观看整牛了。到了现在,我再宰牛时,全凭心神去运作,而不需用眼睛来观察,感官的认知作用早已停止了,而只是心神的活动罢了。依据牛体的天然纹理劈开筋骨间空隙,把刀引入骨节之间的空隙,完全是顺着牛体的自然结构来操作。像那些经络交错、筋骨盘结的地方都不曾有什么妨碍,何况对付大骨头呢!好的厨师一年换一把刀,他们是用刀割肉;普通的厨师一个月换一把刀,他们是用刀砍骨头。如今我的这把刀已经用了十九年了,宰牛的数量也有几千头了,而刀口还像是刚从磨刀石磨过的一样锋利。因为那牛骨节是有间隙的,而这刀刃却薄得犹如没有厚度,用没有厚度的刀刃切入有间隙的骨节,这其中宽宽绰绰的,当然会游刃有余了。所以这把刀子用了十九年还是像新磨的一样。尽管这样,每次碰到筋骨聚集的地方,我知道其中的难度,便小心警惕,眼神专注,动作缓慢,操刀轻微,'哗啦'一声,牛体已解,如同泥土散落一地。此时我提刀站立,环顾四周,悠然自得,心满意足,把刀子揩净收好。"

文惠君说:"好啊!我听了庖丁的这番话,懂得养生的道理了。"

三

【原文】 公文轩见右师而惊曰①:"是何人也?恶乎介也②?天与?其人与③?"曰:"天也,非人也。天之生是使独也,人之貌有与也④,以是知其天也,非人也。"

泽雉十步一啄,百步一饮,不蕲畜乎樊中⑤。神虽王⑥,不善也。

【注释】 ①公文轩:姓公文,名轩,宋国人。右师:官名。此以官职称人。②介:独脚。③其:抑或。④与:赋予。⑤蕲:求。樊:笼。⑥王:通"旺",旺盛。

【译文】 公文轩看到右师不禁惊奇地说:"这是什么人呢?为什么只有一只脚呢?是天生就该如此呢?还是由于人祸而造成的呢?"想了想自语道:"看来这是天意,并非人为。天生此人使他因祸而断足,因为人的形貌是上天赋予的,所以知道他的断足之祸来自上天的处罚,而不是人为的结果。"

沼泽中的野鸡走出十步才啄到一口食,走出百步才饮到一口水,但它并不祈求被养在笼子里。在笼中精神虽然旺盛,但并不自由。

四

【原文】 老聃死①,秦失吊之②,三号而出。

弟子曰:"非夫子之友邪?"

曰:"然。"

"然则吊焉若此可乎?"

曰:"然。始也吾以为其人也,而今非也。向吾入而吊焉③,有老者哭之,如哭其子;少者哭之,如哭其母。彼其所以会之,必有不蕲言而言,不蕲哭而哭者。是遁天倍情④,忘其所受,古者谓之遁天之刑⑤。适来,夫子时也⑥;适去,夫子顺也。安时而处顺,哀乐不能入也,古者谓是帝之县解⑦。"

指穷于为薪⑧,火传也,不知其尽也。

【注释】 ①老聃:即老子,姓李,名耳,字聃,春秋时楚国苦县人,曾任周守藏室的史官。②秦失:又作"秦佚",虚拟人物。③向:刚才。④遁:失,逃避。倍:通"背",违背。⑤刑:规范,道理。⑥适来:正当来世。夫子:指老聃。时:时运。⑦帝:天帝。县:通"悬",倒悬。⑧指:读作"脂",指烛薪上的油脂。穷:指燃尽。

【译文】 老聃死了,秦失前往吊唁,仅仅哭了三声就出来了。

弟子问秦失说:"他不是您的朋友吗?"

秦失答道:"是的。"

弟子问道:"那么这样的吊唁是待朋友之礼吗?"

秦失答道:"是的。开始我以为他是个俗人,而现在不这样认为了。刚才我进去吊唁，看见有老年人哭他，如同哭自己的孩子；有少年人哭他，如同哭自己的父母。众人来此一起吊唁老聃，必定有老聃不期望他们称赞而称赞的话，必定有老聃不期望他们哭泣而哭泣的人。这是逃避天意，违背实情，忘记了人之生死寿夭皆禀受于自然，古时候称之为逃避自然的规范。正当该他来时，老聃应运而生；正当该他去时，老聃顺势而死。安心时运，顺变不惊，哀乐的情绪就不会侵入胸中，古时候把这种解脱称为天帝解人于倒悬。"

脂膏作为烛薪有燃尽的时候，火种却流传下去，没有穷尽。

人间世

【题解】

人间世，即人世间，人在世间的生活。当时的社会正处于转型期，中央政权的衰微，各诸侯国相继崛起争霸，弱小诸侯国不甘被吞并，于是强权、扩张、暴力与战争、掠夺、争斗成为时代的主题，而野心、残忍、暴虐、阴险、狡诈、欺骗等违反人性的现象和事件比比皆是，人们如同生活在一个血淋淋的角斗场上，难以聊生。对此，儒家期待用仁爱、礼仪挽救道德的衰败，墨家主张兼爱、非攻，企图平息战乱。显然，一个是远水救不了近火，一个是良好的愿望而已。于是庄子从入世转到了出世，从社会中寻找出路转为从个人的精神世界中寻找前途。于是庄子发挥了老子有关"有""无"等思想，创建了自己的养生论。如果说《养生主》主要是从人体生理的角度，总结出因循中虚，即因循自然的养生之道，那么《人间世》则主要是面对险恶的社会现实，解决"涉乱世以自全"（王夫之语）的养生方法和养生宗旨。

那么，庄子是如何阐述这一宗旨的呢？本篇相继虚构出"颜回见仲尼"等七则寓言故事，从不同的角度，具体而生动地阐明了要想避害全身就必须弃除名利之心，使心境达到空明的境地，从而达到以不材为大材，以无用为大用的客观目的，把这种思维称之为庄子的处世哲学也未尝不可。

七则寓言故事可作为七段内容来阅读。第一段假借颜回与孔子的对话，讲人际关系特别是与统治者相处的艰难。面对专横独断的卫君，颜回提出了"端而虚""勉而一"与"内直外曲""成而上比"等方法来对待，都被作者否定，认为人间的一切纠纷和矛盾的根源在于名利二字，要想摆脱杀身之祸，就只有随机应变，"入则鸣，不入则止"；就要忘形绝智，虚己忘名，物我两忘，进入心神与自然融为一体的"心斋"境界。所谓"心斋"，实际上借用了古代养生学中所达到一种空明的精神境界，这种境界只有在特殊的精神状态中才可能体验到，并非能够运用到人际关系上，这只是庄子理想化、极致化的说法而已。

第二段，假借孔子回答叶公子高将要出使齐国所遇到的祸患问题，进一步描述君臣相处的艰难和危险，提出了臣子替君主办事，或不免于君主因不满而加害的"人道之患"，或不免于自己因惶恐不安而染疾的"阴阳之患"。对此，作者申明了要在主观上采取"知其不可奈何而安之若命"的态度，一切顺从自然，生死置之度外，也就不存在贪生怕死的问题。从养生高度讲,作者倡导"乘物以游心,托不得已以养中",方能避免一切后患。

第三段,假借颜阖问于蘧伯玉,请教如何做卫灵公太子老师的问题,再次申明顺物无己的思想。由于所描写的对象不同,这里提出了"顺"为"导"的教育方法,而目的是"达",即"达之无疵"。作者于此,唯恐人物寓言不足说清"顺达"的要害,还编撰了三则动物寓言,通过螳螂的恃才傲物、老虎与养虎者的顺逆关系和爱马者的遭遇,分别阐明了顺物的重要性。

第四段以下均为阐明无用之用之旨。第四段以栎社树为喻,极写栎社树因其无所可用而得以全生,从反面揭示了万物莫不"以其能苦其生",莫不以其能"不终其天年而中道夭",莫不因为显示自己有用而"自掊击于世俗"。第五段再次写不材之木得以长成出乎寻常的高大,同时对比写出像楸、柏、桑之类的有用之材惨遭斧斤斩之的下场,点出常人以为的不祥,"此乃神人之所以为大祥"的主旨。第六段转写人,编撰了一个身患残疾的支离疏形象。支离疏由于疾患,对当权者毫无利用的价值,也因此免除了兵役徭役之灾,得以存活,亦属于无用之用的例证。

第七段,可看作全篇的总结点题段。全篇突出着眼点有二,一是在每一则寓言故事中无不揭露社会之黑暗、统治者之残酷,而在这段中,通过楚狂接舆唱给孔子的歌,更集中、更强力地反映了这一心声,道出了"方今之时,仅免刑焉"这一悲愤的呐喊。二是多次申明的避害全生的无用之用、无用之大用的主旨,而在这段的末尾,不厌其重复,转用简约的格言式的语言,鲜明确切地再现全篇主旨,指出"山木自寇也,膏火自煎也。桂可食,故伐之;漆可用,故割之。人皆知有用之用,而莫知无用之用"这一主题。

一

【原文】 颜回见仲尼①,请行。

曰:"奚之?"

曰:"将之卫②。"

曰:"奚为焉?"

曰:"回闻卫君③,其年壮,其行独。轻用其国,而不见其过。轻用民死,死者以国量乎泽若蕉④,民其无如矣⑤!回尝闻之夫子曰:'治国去之,乱国就之,医门多疾。'愿以所闻思其则⑥,庶几其国有瘳乎⑦!"

仲尼曰:"嘻,若殆往而刑耳⑧!夫道不欲杂,杂则多,多则扰,扰则忧,忧而不救。古之至人,先存诸己,而后存诸人。所存于己者未定,何暇至于暴人之所行⑨?且若亦知夫德之所荡⑩,而知之所为出乎哉⑪?德荡乎名,知出乎争。名也者,相轧也;知也者,争之器也。二者凶器,非所以尽行也。

"且德厚信矼⑫,未达人气⑬;名闻不争,未达人心。而强以仁义绳墨之言,术暴人之前者⑭,是以人恶有其美也⑮,命之曰菑人⑯。菑人者,人必反菑之,若殆为人菑夫!

"且苟为悦贤而恶不肖，恶用而求有以异⑰？若唯无诏⑱，王公必将乘人而斗其捷⑲。而目将荧之⑳，而色将平之，口将营之㉑，容将形之，心且成之。是以火救火，以水救水，名之曰益多。顺始无穷。若殆以不信厚言㉒，必死于暴人之前矣！

"且昔者桀杀关龙逢㉓，纣杀王子比干㉔，是皆修其身以下伛拊人之民㉕，以下拂其上者也，故其君因其修以挤之。是好名者也。

"昔者尧攻丛、枝、胥敖㉖，禹攻有扈㉗。国为虚厉㉘，身为刑戮。其用兵不止，其求实无已㉙，是皆求名实者也，而独不闻之乎？名实者，圣人之所不能胜也，而况若乎！虽然，若必有以也㉚，尝以语我来。"

【注释】 ①颜回：字子渊，鲁国人，孔子最为得意的学生。仲尼：即孔子，名丘，字仲尼，鲁国陬邑（今山东曲阜）人。按《庄子》书中出现的孔子、颜回等历史人物，其言行大多为虚构，不能视为史实。②卫：卫国，春秋时期的诸侯国，在今河南境内。③卫君：一说指卫庄公，当视为虚拟人物。④死者以国量乎泽若蕉：读作"死者以国，若蕉量乎泽"，谓几乎一国的人都死光了，就像草芥一样填满了大泽。量，填满。蕉，草芥。⑤无如：无往，无处可去。⑥则：法则，指治理卫国的法则。⑦庶几：差不多。瘳：病愈。⑧若：你。殆：恐怕。⑨暴人：暴君。这里指卫君。⑩荡：丧失。⑪出：显露。⑫德厚：道德纯厚。信矼：信誉确实。⑬未达：不了解。人气：人的口味。⑭术：借为"述"，陈述。⑮有：一说当为"育"字之误。育，卖弄。⑯菑：同"灾"，害。⑰而：你。⑱若：你。诏：进谏。⑲王公：指卫君。斗其捷：施展他的巧辩。捷，迅捷，利口。⑳荧：眩，眩惑。㉑营：营救。㉒若：你。殆：恐怕。厚言：忠诚之言。㉓桀：夏桀，夏朝的暴君。关龙逢：夏桀的贤臣，因忠谏被斩首。㉔纣：商纣，商朝的暴君。比干：商纣的叔父，因忠谏而被剖心。㉕伛拊：曲身抚爱。此指怜爱、爱养。㉖丛、枝、胥敖：皆为虚拟的小国名。㉗有扈：小国名，在今陕西鄠邑区。㉘虚：同"墟"，废墟。厉：厉鬼，古时称死而无后为厉。㉙实：实利。此指国土、人口和财物。㉚以：原因，办法。

【译文】 颜回拜见孔子，向他辞行。

孔子问："到哪里去呢？"

颜回说："准备到卫国去。"

孔子问："去做什么？"

颜回说："我听说卫国的国君，年壮气盛，行为专断独裁。他轻率地处理国事，却看不见自己的过失。他轻率地役使百姓而不惜百姓的生命，国中的人几乎死光，就像草芥填满于大泽，百姓真是无处可走了！我曾经听先生说过：'安定的国家可以离开，动乱的国家就应前去救助，就像医生家的门前有很多的病人。'我想根据先生的教导去考虑帮助卫国的办法，也许这个国家还有救吧！"

颜回像

孔子说:"唉,你去了恐怕要遭刑戮啊!修道不宜心杂,心杂就会多事,多事就会自扰,自扰就会招致忧患,忧患降临再自救也来不及了。古时候的圣人,先是充实自己,而后才去帮助别人。如果自己内在空虚,根基不稳,哪有闲工夫去纠正暴君的行为呢?况且你知道道德所以丧失,智慧所以外露的原因吗?道德的丧失是由于好名,智慧的外露是由于好争。名这东西,它是相互倾轧的祸根;智这东西,它是相互争斗的工具。这两者都是凶器,不可以尽行于社会。

"而且一个人虽然德性纯厚、品性诚实,但未必符合别人的口味;即使不与别人争夺名誉,但未必被他人理解。如果你勉强用仁义规范的言论,在暴君面前陈述,这样将被认为是利用别人的丑恶来显示自己的美德,而扣上'害人'的帽子。害别人的人,别人必定反过来害他,你恐怕要被人害了!

"如果说卫君真的喜欢贤人而讨厌不肖之徒,何必用你去显示有异于人呢?除非你不进谏,否则卫君必定钻你的空子而施展他的巧辩。到那时你会眼花目眩,面色将会和顺下来,嘴里只会说些自救的话,卑恭的容色将会显露出来,内心就会屈从于卫君的错误主张了。这就好比用火去救火,用水去救水,可以称为添乱。以顺从开始,以后就会永远顺从下去了。你恐怕虽有忠诚之言也不会被信用,必将死于暴君之前了。

"从前夏桀杀关龙逢,商纣杀王子比干,这都是因为他们修身养德,以臣下的身份爱抚人君的民众,以在下的地位违逆了在上的君主的心意,所以君主因为他们好修身养德而排挤他们。这就是好名的结果。

"从前尧攻打丛、枝和胥敖,禹攻打有扈,这些国家变成了废墟,百姓成了厉鬼,国君们也被杀戮。这都是他们用兵不断、贪图实利不止所造成的,这都是求名求利的结果,你就没有听说过吗?对于名利的诱惑,有时连圣人都难以克制,何况你呢!虽然这样,你肯定有你的想法,不妨说给我听听。"

【原文】 颜回曰:"端而虚①,勉而一②,则可乎?"

曰:"恶!恶可!夫以阳为充孔扬③,采色不定④,常人之所不违,因案人之所感⑤,以求容与其心⑥。名之曰日渐之德不成⑦,而况大德乎!将执而不化,外合而内不訾⑧,其庸讵可乎!"

"然则我内直而外曲,成而上比⑨。内直者,与天为徒。与天为徒者,知天子之与己,皆天之所子⑩,而独以己言蕲乎而人善之⑪,蕲乎而人不善之邪?若然者,人谓之童子,是之谓与天为徒。外曲者,与人之为徒也。擎跽曲拳⑫,人臣之礼也。人皆为之,吾敢不为邪?为人之所为者,人亦无疵焉,是之谓与人为徒。成而上比者,与古为徒。其言虽教,谪之实也⑬,古之有也,非吾有也。若然者,虽直而不病⑭,是之谓与古为徒。若是则可乎?"

仲尼曰:"恶!恶可!大多政法而不谍⑮。虽固⑯,亦无罪。虽然,止是耳矣⑰,夫胡可以及化!犹师心者也⑱。"

【注释】 ①端而虚:外表端正而内心谦虚。②勉而一:勤勉努力而心志专一。③

阳:骄盛之气。充:满。孔:甚。④采色:神采气色。这里指喜怒变化的表情。⑤案:压抑。⑥容与:自快。⑦日渐之德:指小德。⑧訾:资取,采纳。⑨成而上比:谓引用成说而上比于古人。⑩子:作动词用,生。⑪而:岂。而人:别人。⑫擎:执笏。跽:跪拜。曲拳:鞠躬。⑬谪:指责。⑭病:指灾祸。⑮大:读作"太"。政法:正人之法。政,通"正"。谍:妥当。⑯固:固陋,不圆通。⑰耳矣:即"而已"。⑱师心:师法自己的成心。

【译文】 颜回说:"我外表端正而内心谦虚,做事勤勉而心态专一,这样可以吗?"

孔子说:"唉!这怎么可以呢!卫君骄横之气充溢张扬,喜怒之情无常,平常人都不敢违逆他,因而他压抑世人对他的进谏,来求得自己心里的畅快。这种人每天用小德渐渐感化他都不成,何况用大德来规劝呢!他必然会固执不化,即使表面附和而内心也不会接纳,你的做法怎么行得通呢?"

颜回说:"那么我内心诚直而外表恭顺,援引成说而上比于古人。所谓内心诚直,就是与自然同类。与自然同类,便知道天子与我自己,都是天生的,这样,我哪里会期望别人称赞自己所讲的话为善,又哪里会期望别人指责为不善呢?像这样做法,世人就会称我是不失赤子之心的孩童,这就叫作与自然同类。所谓外表恭顺,就是与一般人一样。执笏跪拜,鞠躬行礼,这是做人臣的礼节。世人都这样做,我敢不这样做吗?做大家都做的事,别人也不会指责我了,这就叫作与世人同类。所谓援引成说而上比于古人,这是与古人同类。所说的虽是古人的教诲,其实是指责人君的过失,这种做法自古就有,并非是我的创造。像这样,虽然言语直率了一些,却也不会招来灾祸,这就叫作与古人同类。这样做可以吗?"

孔子说:"唉!怎么可以呢!纠正人君的方法也太多了,又不太妥当。这些方法虽然浅陋,倒也不会获罪于卫君。然而,只不过如此而已,怎么能够感化他呢!这还是师法自己的成心啊。"

【原文】 颜回曰:"吾无以进矣,敢问其方。"

仲尼曰:"斋,吾将语若①。有心而为之,其易邪?易之者,皞天不宜②。"

颜回曰:"回之家贫,唯不饮酒不茹荤者数月矣。如此,则可以为斋乎?"

曰:"是祭祀之斋,非心斋也。"

回曰:"敢问心斋。"

仲尼曰:"若一志③,无听之以耳,而听之以心;无听之以心,而听之以气。听止于耳④,心止于符⑤。气也者,虚而待物者也⑥。唯道集虚⑦。虚者,心斋也。"

颜回曰:"回之未始得使⑧,实自回也;得使之也,未始有回也,可谓虚乎?"

夫子曰:"尽矣!吾语若:若能入游其樊,而无感其名,入则鸣,不入则止。无门无毒⑨,一宅而寓于不得已⑩,则几矣。绝迹易,无行地难⑪。为人使易以伪,为天使难以伪。闻以有翼飞者矣,未闻以无翼飞者也;闻以有知知者矣,未闻以无知知者也。瞻彼阕者⑫,虚室生白⑬,吉祥止止⑭。夫且不止,是之谓坐驰⑮。夫徇耳目内通⑯,而外于心知[17],鬼神将来舍[18],而况人乎！是万物之化也,禹、舜之所纽也[19],伏戏、几蘧之所行终[20],而况散焉者乎[21]！"

【注释】 ①语若:告诉你。若,你。②皞天:自然。不宜:不合。③若一志:读作"一若志",即专一你的心志。④听止于耳:读作"耳止于听"。⑤符:合。⑥气也者,虚而待物:能够容纳外物的气,显然不是指呼吸之气息,当指能够主宰万物和心志的道体的一种形式。⑦虚:指空明的一尘不染的心境。⑧得使:得到教诲。⑨无门无毒:谓不走门路去营求。毒,假借为"窦",与"门"同义。⑩一宅:即"宅一",安心于一。寓于不得已:即"不得已而为之"之意。释德清说:"寓意于不得而应之,切不可有心强为。"⑪绝迹易,无行地难:释德清说:"逃人绝迹尚易,独有涉世无心,不着形迹为难。"⑫瞻:看,观照。阕:空,指空明的境界。⑬虚室:指空明无物的心境。白:纯白无染的光明。⑭止止:即"止于止"。前"止"为"处""集"之意,后"止"指空明静止的心境。⑮坐驰:形坐而心驰。⑯徇:通"殉",丧,弃。内通:返视返听,由心去视听。⑰外于心知:排除心智心机。⑱舍:居住,指依附。⑲纽:枢纽,关键。⑳伏戏:即伏羲。几蘧:传说中的古帝王。㉑散焉者:疏散之人,指众人。

【译文】 颜回说:"我没有别的办法了,请问先生的高见。"

孔子说:"你先斋戒,我再告诉你。你有心感化卫君,岂是易事？如果认为这样做容易,便与自然之理不符合了。"

颜回说:"我颜回家贫穷,不饮酒、不吃肉食已经有好几个月了。这样做可以称为斋戒吗？"

孔子说:"这是祭祀中要求的斋戒,并非是心斋。"

颜回说:"请问什么是心斋？"

孔子说:"专一你的心志,不要用耳去听,而要用心去听;进一步不要用心去听,而要用气去听。耳的作用只是听取外物,心的作用只是符合外物。'气'这个东西,才是能够以虚明无形之体来容纳万事万物。只有达到空明的虚境才能容纳道的聚集。这空明的虚境就是心斋。"

颜回说:"在我不曾听到'心斋'教诲的时候,确确实实感到我的存在;在得到'心斋'教诲之后,不曾再有我的感觉,这样可以算是空明的虚境吗？"

孔子说:"心斋的道理已尽于此！我可以告诉你了:你进入卫国境内去游说,不要为虚名而动心,人家能听进去的话就说,人家听不进去的话就闭口。不寻找门路去营求,心灵专一,了无二念,待人处事一切都不得已而为之,这就差不多了。人不走路是很容易做到的,但是要走路而不留下痕迹就很难了。为人的欲望所驱使就容易作伪,顺任自然而行就难以作伪。只知道有了翅膀才能飞翔,却不知道有不用翅膀而飞翔的;只知道用心智去获取知识,却不知道还有不用心智而获取知识的。观照那个空虚的境界,静寂的心室就会发出纯白的亮光,吉祥之光只止于虚寂空明之心。如果心境不能虚寂空明,这就叫作形坐而心驰。抛弃耳目的视听,让虚寂空明之心返听内视,而排除动用一切外在的心机,这样连鬼神都要依附,何况是人呢！这样万物都可以感化，这正是禹、舜处世的关键，也是伏羲、几蘧始终不移的行为准则，何况平庸之辈呢！"

二

【原文】　叶公子高将使于齐①，问于仲尼曰："王使诸梁也甚重②，齐之待使者，盖将甚敬而不争。匹夫犹未可动③，而况诸侯乎！吾甚栗之。子常语诸梁也曰：'凡事若小若大，寡不道以欢成④。事若不成，则必有人道之患⑤；事若成，则必有阴阳之患⑥。若成若不成而后无患者，唯有德者能之。'吾食也执粗而不臧⑦，爨无欲清之人⑧。今吾朝受命而夕饮冰，我其内热与！吾未至乎事之情而既有阴阳之患矣⑨！事若不成，必有人道之患。是两也⑩，为人臣者不足以任之，子其有以语我来！"

【注释】　①叶公子高：楚庄王玄孙，名诸梁，字子高，封于叶，僭号称公。②甚重：指极重要的使命。③动：感化。④寡：少。欢成：欢然成功。⑤人道之患：指国君的惩处。⑥阴阳之患：指阴阳失调而造成的疾病。⑦臧：善。⑧爨：烧火做饭。此指烧火之人。清：清凉。⑨情：实，成。⑩两：指内外两方面的祸端。

【译文】　叶公子高将要出使齐国，向孔子请教说："楚王交给我极为重大的使命，而齐国对待外国使者总是表面特别恭敬而实际上推托怠慢。一般人我都感化不了，何况对待诸侯呢？我很是害怕。您曾经对我说：'凡事不分大小，很少有不靠道术而能痛快成功的。事情如果办不成，那么就必定受到人君的惩罚；事情如果能够办成，那么就要在阴阳失调的状况下招来疾患。不论事情成功与否都不会遭到祸患的，只有大德之人才能做到。'我的饮食粗淡，不求精美，很少用火，所以家里烧火做饭的不会因热而思求清凉。如今我早晨接受使命而晚上就要喝冰水，我大概得了内热之病了吧！我还没有出使办事就因喜惧交加、阴阳失调而患上病了！将来事情办不成，必遭人君的惩罚。这双重的灾患临头，做人臣的实在无法承受，先生有什么避灾之法可以教导我吗？"

【原文】　仲尼曰："天下有大戒二①：其一命也②，其一义也③。子之爱亲，命也，不可解于心；臣之事君，义也，无适而非君也，无所逃于天地之间。是之谓大戒。是以夫事其亲者，不择地而安之，孝之至也；夫事其君者，不择事而安之，忠之盛也；自事其心者，哀乐不易施乎前④，知其不可奈何而安之若命，德之至也。为人臣子者，固有所不得已。行事之情而忘其身，何暇至于悦生而恶死！夫子其行可矣！

"丘请复以所闻：凡交，近则必相靡以信⑤，远则必忠之以言。言必或传之。⑥夫传两喜两怒之言，天下之难者也。夫两喜必多溢美之言，两怒必多溢恶之言。凡溢之类妄，妄则其信之也莫⑦，莫则传言者殃。故法言曰⑧：'传其常情，无传其溢言，则几乎全。'

"且以巧斗力者，始乎阳，常卒乎阴⑨，大至则多奇巧⑩；以礼饮酒者，始乎治，常卒乎乱，大至则多奇乐⑪。凡事亦然，始乎谅，常卒乎鄙⑫；其作始也简，其将毕也必巨。夫言者，风波也；行者，实丧也。风波易以动，实丧易以危。故忿设无由，巧言偏辞。

兽死不择音,气息茀然⑬,于是并生心厉⑭。克核大至⑮,则必有不肖之心应之,而不知其然也。苟为不知其然也,孰知其所终! 故法言曰:'无迁令,无劝成。过度,益也⑯。'迁令劝成殆事。美成在久,恶成不及改,可不慎与! 且夫乘物以游心,托不得已以养中⑰,至矣。何作为报也? 莫若为致命⑱,此其难者。"

【注释】 ①大戒:指人生足以为戒的大法。戒,法。②命:天性,指受之于自然的性分。③义:道义,指人应尽的社会责任。④易施:改变,转移。施,移动,改易。⑤靡:顺。信:信用。⑥或:有人。⑦莫:不,无。一说疑惑的样子。⑧法言:格言。一说古书名。⑨"始乎阳"二句:阳,公开,外露。阴,隐藏,阴谋。一说"阳"指"喜","阴"指"怒"。⑩大至:即"太至",太过分。奇巧:诡计。⑪奇乐:谓荒淫无度。⑫"始乎谅"二句:谅,见谅,诚信。鄙,鄙恶,欺诈。⑬茀然:勃然,指怒气勃然发作。⑭心厉:读作"厉心",恶心,狠戾之心。⑮克核:苛刻。⑯益:"溢"的古字,越轨,超限。⑰养中:即《养生主》"缘督以为经"的"缘督",顺任中虚自然。⑱致命:传达君命。

【译文】 孔子说:"天下有两个足以为戒的大法:一个是禀受于自然的性分,一个是做人的道义。儿女敬爱父母,这就是自然的天性,永远不可能从心中解除;臣子侍奉国君,这就是臣子应尽的职责,无论哪里都不会没有君主,所以普天之下这是无法逃避的。这就是所谓的足以为戒的大法。所以儿女奉养双亲,无论生活在什么环境下,都要使他们安适,这就是最大的孝心了;臣子侍奉君主,无论做什么事情,都要顺从君主的旨意,这就是最大的忠心了;自己修养心性,无论是哀是乐都不会改变原来的心境,知道某些事情的发展无法预料而仍然安心去做,这就是道德修养的最高境界了。做一个臣子的,本来就有不得已而做的事情。只要按实情去办,置自身于不顾,哪里会产生贪生怕死的念头呢? 你这样去做就可以了。

"我还要把我听到的告诉你:大凡国与国相交往,邻近的国家要以信用求得安顺,远方的国家要通过语言维系忠信。这语言必须有人来传达。而传达两国国君的喜怒之言,这是天下最难做好的事情。两国国君喜悦时的言辞必然多有溢美之词;两国国君愤怒时的言辞,必然多有溢恶之辞。凡是过分的超出实际的言辞都是不真实的,不真实的东西就没有诚信可言,不诚信的传言就会让使者遭殃。所以格言说:'要传达真实不妄之言,不要传达过分不实之言,那么就差不多能够保全自己了。'

"比如那些用技巧来角力的人,开始是明来明去,到最后往往是搞些阴谋,太过分时就诡计多端了;那些讲究礼节饮酒的人,开始时还是规规矩矩的,往往到最后时就会迷乱,太过分时就会放荡不羁了。什么事情都是这样,开始时彼此互谅互让,到最后时就往往互相欺诈了;许多事情开始做时都比较单纯,等到将要完毕时就变得非常艰巨,难以收拾。言语这东西,就像捉摸不透的风波;而传达言语的人,自然会有失实的地方。风波很容易兴作,失实很容易陷入危境。所以愤怒的发作往往没有别的原因,只是由于花言巧语和片面之词造成的。被逼入死地的野兽,它会发出特别的叫声,怒气勃然而发,于是便会产生伤人的恶念。做事太苛刻太过分,必然让人心生恶念来报复,而他自己还不知道其中的原因。假如自己做的事都不知道怎么回事,那谁会知道他终将遭到什么样的下场呢！所以格言说：'不要改变所要传达的指令，不要勉强把事情办成。超过正常的尺度，就是犯了夸大失实的错误。'改变指令，强求成功，都会把事情办坏。好事的成就需要很久的时间，而坏事一旦出现再改过也来不及了，这可以不慎重吗！顺应万物，悠游自适，托身于自然，不得已而应之，以此修养中虚之道，可谓是最好的选择了。何必为了报答君命而有意去做呢？不如如实地传达君命罢了，这样做已经难为人了。"

三

【原文】 颜阖将傅卫灵公太子[1]，而问于蘧伯玉曰[2]："有人于此，其德天杀[3]。与之为无方[4]，则危吾国；与之为有方，则危吾身。其知适足以知人之过，而不知其所以过。若然者，吾奈之何？"

蘧伯玉曰："善哉问乎！戒之，慎之，正女身也哉！形莫若就，心莫若和。虽然，之二者有患[5]。就不欲入[6]，和不欲出[7]。形就而入，且为颠为灭，为崩为蹶[8]；心和而出，且为声为名，为妖为孽[9]。彼且为婴儿，亦与之为婴儿；彼且为无町畦[10]，亦与之为无町畦；彼且为无崖[11]，亦与之为无崖；达之，入于无疵。

"汝不知夫螳螂乎？怒其臂以当车辙[12]，不知其不胜任也，是其才之美者也[13]。戒之，慎之，积伐而美者以犯之[14]，几矣[15]！

"汝不知夫养虎者乎？不敢以生物与之，为其杀之之怒也；不敢以全物与之，为其决之之怒也。时其饥饱[16]，达其怒心[17]。虎之与人异类，而媚养己者，顺也；故其杀者[18]，逆也。

"夫爱马者，以筐盛矢[19]，以蜄盛溺[20]。适有蚊虻仆缘[21]，而拊之不时[22]，则缺衔、毁首、碎胸[23]。意有所至，而爱有所亡，可不慎邪！"

【注释】 ①颜阖：姓颜，名阖，鲁国的贤人。傅：师傅，老师。这里作动词用。太子：指蒯聩。②蘧伯玉：姓蘧，名瑗，字伯玉，卫国的贤大夫。③天杀：天性刻薄，天性凶残。④方：方圆，规矩，法度。⑤之：此，指形就、心和。⑥入：陷入，苟同。⑦出：显露，显示。⑧崩：垮。蹶：跌倒，失败。⑨为妖为孽：招致灾祸。孽：灾。⑩町畦：田界。⑪无崖：无边际，指放荡不拘。⑫怒：奋起。当：阻挡。⑬是：作动词，自恃的意思。⑭积：屡，多次。伐：夸耀。而：你。⑮几：危，危险。⑯时：通"伺"，伺候。⑰达：疏导，引导。⑱杀：搏杀，指伤人。⑲矢：通"屎"，马粪。⑳蜄：大蛤，此指蛤壳。溺：尿，指马尿。㉑仆缘：附着。仆，附。㉒拊：拍打。不时：不及时。㉓缺衔：指咬断马勒口。首：辔头。胸：胸络。

【译文】 颜阖将要去做卫灵公太子的师傅，便去请教蘧伯玉说："现在有一个人，他的天性凶残。如果不用法度去劝导他，势必要危害国家；如果用法度去规劝他，势必要危害到我自己。他的智力刚够得上知道别人的过错，却不知别人为什么犯这样的过错。像这种情况，我该怎么办呢？"

蘧伯玉说："你问得很好！要警惕啊，要谨慎啊，要端正你的行为！外表不如表现将就顺从的样子，内心不如抱着调剂的态度。虽然如此，这两者仍免不了有灾患。外表将就随顺他而不能过分陷入，内心调剂诱导他而不能有所显露。外表过分将就顺从他，难免招来堕落、毁灭、垮台和失败；内心调剂诱导他太显露，就会招致声名之祸、妖孽之灾。他如果像婴儿那样天真无知，你也姑且和他一样像婴儿那样天真无知；他如果没有界限的约束，你姑且也像他一样没有界限的约束；他如果放荡不羁，你姑且也像他一样放荡不羁；这样委婉地引导他，使他渐渐地达到无过失的境地。

"你不知道那螳螂吗？奋力举起双臂去阻挡车轮，却不知道自己的力量根本就不胜任，这是因为它把自己的才能看得太了不起的缘故。要警戒啊，要谨慎啊，经常夸耀自己的才能去触犯他，这就危险了。

"你不知道那养虎的人吗？他不敢拿活的小动物去喂养，因为怕它在搏杀活物时引发它凶残的天性；也不敢把整个小动物丢给它，因为怕它在撕裂过程中激起它残忍的天性。伺候着它的饥饱来喂食，疏导它的喜怒之情。虎与人不同类别，而虎却喜欢喂养它的人，这是因为人们随顺了虎的性子；虎所以伤害人，那都是人们违逆了虎的性情的缘故。

"有那爱马的人，用精美的竹筐盛马粪，用珍贵的大蛤壳接马尿。一旦有蚊虻叮咬在马身上，那爱马的人如若拍打不及时，马就会怒气冲天，咬断勒口，挣断辔头，损坏胸络。本意在于爱马而结果却适得其反，这可以不谨慎吗？"

四

【原文】 匠石之齐①，至于曲辕②，见栎社树③。其大蔽数千牛，絜之百围④，其高临山十仞而后有枝⑤，其可以为舟者旁十数⑥。观者如市，匠伯不顾⑦，遂行不辍。

弟子厌观之⑧，走及匠石，曰："自吾执斧斤以随夫子，未尝见材如此其美也。先生不肯视，行不辍，何邪？"

曰："已矣，勿言之矣！散木也⑨。以为舟则沉，以为棺椁则速腐，以为器则速毁，以为门户则液樠⑩，以为柱则蠹，是不材之木也。无所可用，故能若是之寿。"

匠石归，栎社见梦曰⑪："女将恶乎比予哉？若将比予于文木邪？夫柤梨橘柚果蓏之属⑫，实熟则剥，剥则辱。大枝折，小枝泄⑬。此以其能苦其生者也。故不终其天年而中道夭，自掊击于世俗者也。物莫不若是。且予求无所可用久矣！几死，乃今得之，为予大用。使予也而有用，且得有此大也邪？且也，若与予也皆物也，奈何哉其相物也⑭？而几死之散人，又恶知散木！"

匠石觉而诊其梦⑮。弟子曰："趣取无用⑯，则为社何邪？"

曰："密⑰！若无言！彼亦直寄焉！以为不知己者诟厉也⑱。不为社者，且几有翦乎！且也，彼其所保与众异，而以义喻之⑲，不亦远乎？"

【注释】 ①匠石：一个名叫石的木匠。之：往。②曲辕：虚拟的地名。③栎社树：把栎树当作社神。④絜：用绳子度量粗细。围：两手合抱。⑤临山：高出山头。从上往下看称"临"。⑥旁：旁枝。⑦匠伯：工匠之长。这里指匠石。⑧厌观：饱看，看个够。⑨散木:无用之木。⑩液樠:脂液渗出。⑪见梦:托梦。⑫柤:山楂。果蓏:树木所结的果实叫果,瓜类等地上蔓生植物的果实叫蓏。⑬泄:读作"抴",牵扯。⑭相:视。⑮诊:通"畛",告。⑯趣:志趣,志向。⑰密:闭,闭嘴。⑱诟厉:辱骂。⑲义喻:用常理来衡量。

【译文】 匠石前往齐国,到了曲辕,看见一棵为社神的栎树。这棵树大到可以给几千头牛来遮荫,用绳子一量足有一百多围,树身高出山头八丈以上才长出枝条,其中可以造船的旁枝就有十来枝。观看的人就像赶集一样众多,然而匠石不屑一顾,照样往前走个不停。

弟子们在树边饱看一番,这才赶上匠石,问道:"自从我们拿起斧头跟随先生以来,还没有见过这么好的木材。先生不肯看一眼,走个不停,这是为什么呢?"

匠石说:"够了,不要再说下去了!那是无用的散木。用它来造船,船就很快会沉没;用它来做棺材,棺材很快会腐烂;用它来做器具,器具很快会毁坏;用它来做门户,门户就会渗出脂浆;用它来做柱子,柱子就会生出蛀虫,这是一棵没有任何材料价值的树木。正是它的没有任何作用,所以才能有这么长久的寿命。"

匠石回来后,社神栎树托梦说:"你要用什么来和我相比呢?你要用质地细密的树和我相比吗?那山楂树、梨树、橘树、柚子树以及瓜果之类,果实熟了就要遭受击打,被击打就落个扭折。大枝被折断,小枝被扯下来。这都是由于它的才能害苦了自己的一生。所以不能享尽天年而中途夭折,这都是自己招来世俗人们的打击。万物莫非不是这个道理。况且我寻求无所可用的境地已经很久了!几乎遭到砍杀,到现在才幸而保全,这正是我的大用。假使我对人确实有用,我还能长得如此高大吗?况且,你与我都是天地间的物,为什么你把我视为散木这东西呢?你这将要死的散人,又怎能了解这无用之用的散木呢!"

匠石醒后把梦告诉了弟子。弟子说:"它的志趣既然是寻求无用,为什么还要充当社树呢?"

匠石说:"闭嘴!你不要再说了。它只是特意借社神寄托形体罢了!这才致使那些不了解真相的人辱骂它。如果不充当社树的话,几乎早就遭到剪伐之害了。况且,它的自我保全的方法与众不同,你从常理上去评论它,不是相差太远了吗?"

五

【原文】 南伯子綦游乎商之丘①,见大木焉,有异,结驷千乘,将隐芘其所藾②。子綦曰:"此何木也哉!此必有异材夫!"仰而视其细枝,则拳曲而不可以为栋梁;俯而视其大根③,则轴解而不可以为棺椁④;咶其叶⑤,则口烂而为伤;嗅之,则使人狂酲三日而不已⑥。子綦曰:"此果不材之木也,以至于此其大也。嗟乎,神人以此不材。"

宋有荆氏者⑦,宜楸柏桑⑧。其拱把而上者⑨,求狙猴之杙者斩之⑩;三围四围,求高名之丽者斩之⑪;七围八围,贵人富商之家求樿傍者斩之⑫。故未终其天年而中道之夭于斧斤,此材之患也。故解之以牛之白颡者⑬,与豚之亢鼻者,与人有痔病者,不可以适河^⑭。此皆巫祝以知之矣,所以为不祥也。此乃神人之所以为大祥也。

【注释】 ①南伯子綦:虚拟人物,《齐物论》作"南郭子綦"。商之丘:即商丘,宋国都城。②将隐:通行本作"隐将",误倒,《阙误》引张君房本正作"将隐",当据以乙正。芘:通"庇",遮蔽。藾:荫。③大根:树干的底部。④轴解:树干中心出现裂纹。⑤咶:舔。⑥狂酲:酒醉如狂人。⑦荆氏:地名。⑧楸:落叶乔木,木质细密坚实。⑨拱把:两手相握称拱,一手所握称把。⑩狙猴:猕猴。杙:小木桩。⑪高名之丽:荣显高大之屋。名,显。一说"大"。丽,同"欐",屋栋。⑫樿傍:由整块板做成的棺材。⑬解:禳除,即通过向神祈祷、祭祀以解除灾祸。颡:额。⑭适河:把人或牲畜投入河中祭神。

【译文】 南伯子綦在商丘游玩,看见一棵大树,它的茂盛异乎寻常,就是集结千辆的车马停在树下,也能被枝叶所荫蔽。子綦自语说:"这是什么树啊!它必定有异乎寻常的材质吧!"仰起头看了看它的细枝,却只见弯弯曲曲的,不可以做栋梁;低下头去看了看它的粗干,却见轴心出现裂纹而不能制作棺材;舔舔它的叶子,嘴就溃烂而受到伤害;闻一闻它的气味,就使人烂醉如泥,三天都醒不过来。子綦又叹道:"这果然是不成材的树木,所以才能长得如此高大茂盛。唉,神人也是用不才的面目来显示世人的。"

宋国荆氏那个地方,适宜种植楸、柏之类的质地细密的树木。当它长到一二把粗的时候,想用它来做拴猕猴的木桩的人便砍了去;当它长到三四围粗的时候,想用它来建华丽豪宅的人便砍了去;当它长到七八围粗的时候,高官富商之家想用它做独板棺材的人便砍了去。所以那些树木不能享尽自然赋予的寿命而中途夭折于斧头之下,这就是有用之才招来的祸患。古人在禳除祭祀的时候,凡是白额的牛和翘鼻子的猪,以及生了痔疮的人,都不可以用来祭祀河神。这些都是巫祝所知道的,认为那些情况都是不祥的。但这正是神人因它可以保身所以认为是最大的吉祥。

六

【原文】 支离疏者^①,颐隐于脐,肩高于顶,会撮指天^②,五管在上^③,两髀为胁^④。挫针治繲^⑤,足以餬口;鼓筴播精^⑥,足以食十人。上征武士,则支离攘臂而游于其间^⑦;上有大役,则支离以有常疾不受功^⑧;上与病者粟,则受三钟与十束薪^⑨。夫支离其形者,犹足以养其身,终其天年,又况支离其德者乎!

【注释】 ①支离疏:虚拟人物。释德清说:"'支离'者,谓隳其形。'疏'者,谓泯其智也。乃忘形去智之喻。"②会撮:发髻。指天:朝天。由于驼背低头,所以发髻朝天。③五管:五脏的穴位。④髀:大腿。胁:从腋下至肋骨下部。⑤挫针治繲:缝衣洗衣。繲,脏旧衣服。⑥鼓:簸。筴:小箕。播精:用簸箕扬弃米糠而得精米。⑦攘臂:捋起袖子,伸出胳膊。形容支离疏因残疾而不忧被征兵的神气。⑧功:当差。⑨钟:六斛四斗为一钟。束:捆。

【译文】 支离疏,他的面颊缩在肚脐下,肩膀高过头顶,脑后的发髻朝天,脊背间五脏的穴位向上,两条大腿和胸旁肋骨贴在一起。他给人家缝衣洗衣,足够养家糊口;他给人家簸糠筛米,足够养活十口人。国家征兵时,支离疏却敢捋袖挥臂游于闹市;国家有徭役征夫时,他因为残疾而免除服役;国家救济贫病时,他可以领到三钟米和十捆柴。像形体残缺不全的人,尚且能够养活自身,享尽天年,更何况那忘掉世俗德行的人呢!

七

【原文】 孔子适楚,楚狂接舆游其门曰①:"凤兮凤兮②,何如德之衰也?来世不可待,往世不可追也。天下有道,圣人成焉;天下无道,圣人生焉③。方今之时,仅免刑焉!福轻乎羽,莫之知载;祸重乎地,莫之知避。已乎,已乎!临人以德。殆乎,殆乎!画地而趋。迷阳迷阳④,无伤吾行。郤曲郤曲⑤,无伤吾足。"

山木,自寇也;膏火,自煎也。桂可食⑥,故伐之;漆可用,故割之。人皆知有用之用,而莫知无用之无用也。

【注释】 ①楚狂接舆:楚国隐士,姓陆,名通,字接舆。②凤兮凤兮:以凤鸟讽喻孔子。③生:保全生命。④迷阳:一种多刺的草,即荆棘。⑤郤曲郤曲:通行本作"吾行郤曲",传写者误重"吾行"而误,当据《阙误》引张君房本改。郤曲,即刺榆,一种带刺的小树,散生于原野。(采高亨《诸子新笺》说。)⑥桂可食:桂树的皮与肉气味芳香,可供调味。

【译文】 孔子到楚国去,楚国狂人接舆走到孔子住所门前,唱道:"凤啊,凤啊,你的德行何以变得这样衰微了呢?来世不可期待,往世不可追回。天下有道,圣人可以成就大业;天下无道,圣人只能保全生命。当今这个时代,仅能免于刑戮!幸福比羽毛还要轻,却不知道珍惜;灾祸比大地还要重,却不知道躲避。罢了,罢了!别在人的面前炫耀自己。危险啊,危险啊!莫要画地为牢让人盲目钻进去。迷阳啊迷阳,不要伤害我的行路。郤曲啊郤曲,不要伤害我的双足。"

山上的良木是自己招来的砍伐;油脂可燃是自己招来的煎熬。桂树由于可以食用,所以遭人砍伐;漆树由于可以做涂料,所以遭人割取。世人都知道有用的用途,却不知道无用中的用途。

德充符

【题解】

本篇以"德充符"命题,体现了作者对完美道德的无限推崇。所谓"德充符",即道德充满于内,万物符验于外,象征着完美道德的确立。我们知道,道德自古以来就属于人类内在的思想品性上的东西,与人类的形貌美丑无关。但庄子偏偏要把道德纳入审美的范畴去审视、去对比、去塑造这理性之美,在中国审美思想史上开辟了一个新天地。

当然,庄子并非有意涉及世俗的审美问题,但他的艺术灵感使他突发奇想,对世俗的美丑观反其道而用之,凭空创造了六个残缺不全的极其丑怪的,但内质却是极其完美的、道德却是极其至善的人物形象。

庄子讲的道德,与儒家讲的礼义道德不同,与我们今天讲的道德品质也不同,甚至相抵触。例如本篇强调的遗形忘情、因循自然,否定后天的智能,否定社会的约束等等,都与儒家理想及现代社会的功利主义格格不入。其原因,正如先哲荀子批评庄子的"蔽于天而不知人"。在庄子心目中,"眇乎小哉,所以属于人也;謷乎大哉,独成其天"。庄子认识到自然(即天)是世界万物的源泉和创造者,这是深刻的,应予以肯定。但他忽略了作为自然产物的人类有着不同于其他自然物的特殊的社会属性,因此他的学说不可避免地带有片面性和局限性。当然,在人类几千年的文明史中,特别是近百年以来的现代社会中,人们所犯的"蔽于人而不知天"的错误,同样值得我们警惕,而庄子的思维角度值得我们借鉴。

本篇可分六个段落,前五段分别塑造了六个特型人物,反复说明形残貌丑不足影响道德纯美的价值。最后一段集中讨论人情问题,从养生的角度主张"无情",指出"吾所谓无情者,无以好恶内伤其身",实际上反对的是因情伤性,因情伤身。

第一段写兀者王骀,他虽然断了一只脚,但是他的声望却超过了孔子,连孔子也要拜他为师。王骀何德何能让孔子甘拜下风呢?于是作者写他由于领悟了永恒不变的大道,能够"保始""守宗",把握事物的本质;能够用齐一的观点看待万事万物,所以人们都愿意追随他。

第二段写兀者申徒嘉与郑子产的对话。郑子产羞与被处刑而断足的申徒嘉同行,反映了当权者对刑馀之人的傲慢和歧视。而申徒嘉不以遭遇刑罚为耻辱,能以"知不可奈何而安之若命"泰然处之。同时也揭露了当时的社会犹如一个大刑网,生活在迫害之中,犹如"游于羿之彀中"一样难以幸免。本段还申明了形体的残缺不影响心智的完善,反之有的人形体虽然完好却心智残缺。也涉及以道德取人还是以形貌取人问题。申徒嘉的老师伯昏无人是个没有出场的人物,通过申徒嘉之口反映了这个得道者,虽与弟子相处十九年,却不曾感到申徒嘉是残疾人,与郑国宰相子产的态度成一鲜明的对比。

第三段写兀者叔山无趾与孔子及老子的对话,申明了足虽丧失,"犹有尊足者存",即精神远比形体尊贵。还借老子之语,申明了"以死生为一条,以可不可为一贯"的齐同是非、齐同生死的一贯宗旨。

第四段,在鲁哀公与孔子的对话中,描绘出一个极具个人魅力的形象,他叫哀骀它。一个形貌丑陋到使天下人见了都惊怕的人,却有着地心一样的引力,除非你不曾和他相处过。男人与他相处,思慕而不舍离去;女人与他相处,宁为他的妻妾;国君与他相处,情愿把国家让给他。就是这样一个人,不仅貌丑,而且无权无财,甚至见识也不出四域,那么何以成为君臣百姓的偶像呢?读到此不得不去寻找答案。庄子于是借孔子之口揭开了这个谜团,那就是"才全而德不形"。又借鲁哀公之口诠释了"才全而德不形"的含义。

第五段所写的阐跂支离无脤与瓮𡂡大瘿，也是两个奇形怪状、残缺不全的人物，他们却获得了卫灵公与齐桓公的青睐，说明了"德有所长，而形有所忘"的道理。此外，还提出了"有人之形，无人之情"的理想追求，为末段的人情之论留下一个话头。

一

　　【原文】　鲁有兀者王骀[1]，从之游者与仲尼相若[2]。常季问于仲尼曰[3]："王骀，兀者也，从之游者与夫子中分鲁[4]。立不教，坐不议，虚而往，实而归。固有不言之教，无形而心成者邪[5]？是何人也？"

　　仲尼曰："夫子，圣人也。丘也直后而未往耳[6]！丘将以为师，而况不若丘者乎！奚假鲁国[7]，丘将引天下而与从之。"

　　常季曰："彼兀者也，而王先生[8]，其与庸亦远矣[9]。若然者，其用心也，独若之何？"

　　仲尼曰："死生亦大矣，而不得与之变；虽天地覆坠，亦将不与之遗[10]；审乎无假而不与物迁[11]，命物之化而守其宗也[12]。"

　　常季曰："何谓也？"

　　仲尼曰："自其异者视之，肝胆楚越也；自其同者视之，万物皆一也。夫若然者，且不知耳目之所宜，而游心乎德之和[13]。物，视其所一而不见其所丧，视丧其足犹遗土也。"

　　常季曰："彼为己，以其知得其心，以其心得其常心[14]。物何为最之哉[15]？"

　　仲尼曰："人莫鉴于流水而鉴于止水，唯止能止众止。受命于地，唯松柏独也正，在冬夏青青；受命于天，唯尧、舜独也正，在万物之首。幸能正生[16]，以正众生。夫保始之征[17]，不惧之实，勇士一人，雄入于九军[18]。将求名而能自要者而犹若是[19]，而况官天地、府万物、直寓六骸、象耳目、一知之所知而心未尝死者乎[20]！彼且择日而登假[21]，人则从是也。彼且何肯以物为事乎！"

　　【注释】　①兀者：断足之人。王骀：虚拟人物。②从之游：跟随他的门徒。相若：相等。③常季：虚拟人物。④中分鲁：占鲁国学生的一半。⑤无形而心成：无形之中心有所获，指潜移默化。⑥直：只，特。后：落后。⑦奚假：岂止。⑧王：胜，超过。⑨庸：常人。⑩遗：失，指毁灭，消亡。⑪审：明悉。无假：无所假借，即无所待。⑫命：听命，即顺任。守其宗：坚持原旨。⑬德之和：道德的浑然一体。⑭常心：原始本然之心。此心无分别、无好恶作用。⑮物：外物，包括人。最：聚集，归附。⑯正生：端正自己的心性。生，通"性"。⑰保始之征：遵守先前许下的诺言。保，守。征，信，诺言。⑱九军：天子六军加上诸侯三军，合为九军。这里泛指千军万马。⑲自要：自我要求，指自好，自求上进。⑳官：主宰。府：包藏。直：只。寓：寄托。六骸：头、身、四肢合为六骸。这里泛指身体。象耳目：把耳目看作是一种摆设。象，虚象，形式。一知之所知：把世上的所有认知都混同为一种认识。一，同一。心未尝死者：指未曾丧失常心的人。死，丧失。㉑择日：指日。登假：飞升，指达到超尘绝俗的精神世界。假，通

"邈",远,高远。

【译文】 鲁国有一个断了脚的人名叫王骀,跟从他游学的人与跟从孔子游学的人差不多。常季便问孔子:"王骀,他是个断了脚的人,跟随他的弟子与您在鲁国的弟子各占一半。他对弟子,立不施教,坐不讲述,可弟子们头脑空空而去,回来却满载而归。莫非真有不用言语的教化,在无形之中得到潜移默化吗?这是一个什么样的人呢?"

孔子说:"这位先生,他是个圣人啊。我只是落在后面,还没有来得及去请教罢了!我将拜他为师,何况不如我的人呢!何止鲁国,我将要引领全天下的人去追随他。"

常季说:"他是一个断了脚的人,却能超过您,若与平庸之辈相比,恐怕更加深远了。像他这样的人,一旦用起心智来,将会怎么样呢?"

孔子说:"死生是件大事吧,却不能改变他的心境;就是天塌地陷,他也不会与天地一起消亡;他洞悉无所待的道理而不随万物变化,听任事物的变化而固守一贯的宗旨。"

常季说:"这是什么意思呢?"

孔子说:"从事物彼此相异的方面去看,肝与胆就像楚国与越国一样遥远;从事物彼此相同的方面去看,万事万物都是一样的。像他这样认识的人,就不会考虑耳目适合什么样的声音和颜色,只求逍遥于无差别无分辨而浑然一体的道德境界中。面对万物,只看到它的浑然一同的方面,那么就看不见其中有什么缺失,所以在他看来,失掉一只脚犹如丢掉一块泥巴一样。"

常季说:"王骀只是修己,用他的真智获得明理之心,再用这个明理之心获得无所分辨的永恒之心,那么众人为什么都归附他呢?"

孔子说:"人们不会在流水中照影子,而是利用静止之水来观照,因为只有静止的水才能留住众人止步观照。植物皆从大地中获得生命,然而只有松柏禀受自然之正气,不分冬夏,枝叶常青;众人皆从上天中获得生命,然而只有尧、舜禀受自然之正气,成为万众的首领。可幸的是他们能够自正性命,因此才可以引导众人匡正性命。为了遵守先前许下的诺言,那些具有无所畏惧品质的勇士,就是独自一人,也敢于闯入千马万马中作战。那些为了求得名誉而能严格要求自己的人尚且如此,何况主宰天地,蕴藏万物,把身体六骸只当作寄托的躯壳,把耳目当作一种象征性的摆设,把世间万般认知视为一回事而未曾丧失常心的人呢?王骀将指日飞升,与大道冥合为一体。这样超尘绝俗的人,众人都愿意追随他,而他岂肯把众人的追随当回事呢!"

二

【原文】 申徒嘉①,兀者也,而与郑子产同师于伯昏无人②。子产谓申徒嘉曰:"我先出则子止,子先出则我止。"其明日,又与合堂同席而坐。子产谓申徒嘉曰:"我先出则子止,子先出则我止。今我将出,子可以止乎?其未邪③?且子见执政而不违④,子齐执政乎？"

申徒嘉曰："先生之门，固有执政焉如此哉？子而说子之执政而后人者也⑤。闻之曰：'鉴明则尘垢不止⑥，止则不明也。久与贤人处则无过。'今子之所取大者⑦，先生也，而犹出言若是，不亦过乎？"

子产曰："子既若是矣⑧，犹与尧争善。计子之德，不足以自反邪？"

申徒嘉曰："自状其过，以不当亡者众；不状其过⑨，以不当存者寡。知不可奈何而安之若命，唯有德者能之。游于羿之彀中⑩。中央者，中地也⑪；然而不中者，命也。人以其全足笑吾不全足者多矣，我怫然而怒⑫，而适先生之所，则废然而反⑬。不知先生之洗我以善邪⑭，吾之自寤邪！吾与夫子游十九年矣，而未尝知吾兀者也。今子与我游于形骸之内⑮，而子索我于形骸之外⑯，不亦过乎！"

子产蹴然改容更貌曰⑰："子无乃称⑱！"

子产像

【注释】　①申徒嘉：虚拟人物。②郑子产：春秋时郑国人，名侨，字子产，曾任国相。伯昏无人：虚拟人物。③其：抑或。④执政：子产为郑国执政大臣，故自称执政。违：回避。⑤而：乃。说：同"悦"。后人：看不起人。⑥鉴：镜子。⑦取大：求取最大的东西，指老师伯昏无人的道德。⑧若是：如此，指断足。⑨状：申辩。过：过错。⑩羿：尧时的神射手。彀中：射程之内，喻刑网。⑪中地：箭矢射中的地方，喻在刑网之中。⑫怫然：脸上变色的样子。⑬废然：怒气消除的样子。⑭洗我以善：即以善洗我。洗，犹教育。⑮形骸之内：形体之内的精神世界，指道德。⑯形骸之外：外貌，指断足之身。⑰蹴然：惊惭的样子。⑱子无乃称：你别再说了。乃，读为"仍"，复，再。称，称述。

【译文】　申徒嘉是一个断了脚的人，他和郑子产同是伯昏无人的弟子。子产对申徒嘉说："我若先出去，你就留下；你若先出去，我就留下。"到了第二天，他们又同室同席坐在一起。子产对申徒嘉说："我若先出去，你就留下；你若先出去，我就留下。现在我要先出去，你可以稍留一会儿吗？还是不能呢？你看见我这个执政大臣却不回避，你想把自己当成执政大臣与我平起平坐吗？"

申徒嘉说："先生的门徒弟子，有这样的执政大臣吗？你是得意你的执政地位而瞧不起人吗？听说过这样的格言：'镜子明亮就不会落下灰尘，落上灰尘的就不会明亮。与贤人相处长久就不会犯下过失。'现在你想获取的是伯昏无人先生的道德，却还说出这种话来，不是过错吗？"

子产说："你都这样了，还要和尧争个高低。估量一下你自己的德性，还不够你自我反省吗？"

申徒嘉说："如果让自己申辩自己的过错，认为自己不应当断足的多；虽然不为自己的过错去申辩,但是认为自己不应当存足的人还是很少。知道事情的无可奈何,而能泰然接受,如同接受自然的命运一样,这只有有德的人才能做到。正像我们走进了羿的射程之内。那中心的地方,正是箭矢必中的地方;然而也有不被射中的,那是命运。拿自己齐全的双脚来讥笑我双脚不全的人很多,我听了勃然大怒;等我来到先生的寓所,怒气如烟消云散,又恢复了常态。不知道先生用什么妙法洗净了我的心灵,还是我自己悟出了生命的真谛!我跟随先生修学已经十九年了,先生不曾感觉到我是断了脚的人。现在你和我交往于道德的修养之中,但你却在形貌上来要求我,这不也是过错吗?"

子产惭愧不安地改变了态度,说道:"是的,你不必再说了。"

三

【原文】　鲁有兀者叔山无趾[1],踵见仲尼[2]。仲尼曰:"子不谨,前既犯患若是矣。虽今来,何及矣!"

无趾曰:"吾唯不知务而轻用吾身[3],吾是以亡足。今吾来也,犹有尊足者存[4],吾是以务全之也。夫天无不覆,地无不载,吾以夫子为天地,安知夫子之犹若是也!"

孔子曰:"丘则陋矣!夫子胡不入乎?请讲以所闻。"

无趾出。孔子曰:"弟子勉之!夫无趾,兀者也,犹务学以复补前行之恶,而况全德之人乎[5]!"

无趾语老聃曰:"孔丘之于至人[6],其未邪?彼何宾宾以学子为[7]?彼且蕲以諔诡幻怪之名闻[8],不知至人之以是为己桎梏邪[9]?"

老聃曰:"胡不直使彼以死生为一条[10],以可不可为一贯者,解其桎梏,其可乎?"

无趾曰:"天刑之[11],安可解!"

【注释】　[1]叔山无趾:虚拟人物。无趾,脚趾被切断。[2]踵见:用脚跟行走去求见。踵,脚后跟。[3]务:事务,时务。[4]尊足者:即"尊于足者",比足还要贵重的东西,指道德。[5]全德之人:指形体健全的人。[6]至人:得道之人。[7]宾宾:犹频频。以:而。学子:学于子。子,指老子。[8]蕲:求。諔诡:奇异。[9]桎梏:镣铐。用在脚上的叫桎,用在手上的叫梏。[10]一条:一贯,一样。[11]天刑之:自然的根器如此。刑,土模,模型。

【译文】　鲁国有一个被砍断了脚趾的人叫作叔山无趾,他用脚后跟行走去见孔子。孔子说:"你不谨慎,以前既然犯了这样的刑罚,现在虽然来这里请教,哪里还来得及呢!"

无趾说:"我只因不识时务而轻率地对待自己的身体,所以才断去了脚趾。今天我来这里,还有比脚更贵重的东西存在,因此我要努力保全它。天是无所不覆盖的,地是无所不承载的,我把先生当作天地,哪里知道先生如此拘于形骸之见呢!"

孔子说:"我实在浅陋!您为什么不进来呢?请把您听到的讲一讲。"

无趾从室内走出来。孔子说:"弟子们要努力啊!无趾是一个断了脚趾的人,还要努力学习以弥补从前的过错,更何况身体健全的人呢!"

无趾对老子说:"孔子这个人,拿得道者至人的境界来衡量他,恐怕还不够吧?他为什么频频前来求教于您呢?他还在追求用奇异怪诞的说教来扬名于世,殊不知至人把这些名声视为束缚自己的一种枷锁呢?"

老子说:"为什么不使他认识到死生一体、是非同一的道理,解除他的枷锁,这样也就可以了吧?"

无趾说:"孔子先天造就的根器如此,怎么可能解除呢?"

四

【原文】 鲁哀公问于仲尼曰:"卫有恶人焉①,曰哀骀它②。丈夫与之处者,思而不能去也;妇人见之,请于父母曰'与为人妻,宁为夫子妾'者,十数而未止也。未尝有闻其唱者也③,常和人而已矣。无君人之位以济乎人之死④,无聚禄以望人之腹⑤,又以恶骇天下,和而不唱,知不出乎四域⑥,且而雌雄合乎前⑦,是必有异乎人者也。寡人召而视之,果以恶骇天下。与寡人处,不至以月数,而寡人有意乎其为人也;不至乎期年,而寡人信之。国无宰,寡人传国焉⑧。闷然而后应⑨,氾然而若辞⑩。寡人丑乎⑪,卒授之国。无几何也,去寡人而行。寡人恤焉若有亡也⑫,若无与乐是国也⑬。是何人者也?"

【注释】 ①恶人:指形貌丑陋的人。②哀骀它:虚拟人物。③唱:倡导。④济:救济,挽救。⑤聚禄:积蓄的钱财。望:月满为望。这里指饱。⑥四域:四方,指人世。⑦雌雄:指妇人、丈夫。⑧传国:授以国政。⑨闷然:无心的样子。⑩氾然:漠不关心的样子。氾,同"泛"。⑪丑:惭愧。⑫恤焉:忧虑的样子。⑬若无与乐是国也:即"是国若无与乐也"。是,此,指鲁国。

【译文】 鲁哀公问孔子说:"卫国有个形貌极为难看的人,他的名字叫哀骀它。男人和他相处,想念他而舍不得离开;女人见了他,请求父母说,'与其做别人的妻子,不如做这位先生的妾',这样的女人已有十几个而不止。不曾听说他有什么倡导,只见他总是应和别人。他没有统治者的权位去挽救人们的死亡,也没有积蓄的钱粮去满足人们的温饱,而且又面貌丑陋得让天下人见了都要震惊,他应和而不领唱,他的智虑不超出人世之外,然而男人女人都来亲近他,这必定有异于常人之处。我把他召来一看,果然见他面貌丑陋得让天下人都震惊。他与我相处,不到一个月,我便感到他为人的可爱之处;不到一年,我便完全信任他。国家缺宰相,我就要把国事委托给他。他心不在焉地应承,又漫不经心地好像有所推辞。我感到很惭愧,最终把国政授给他。时间不长,他就离开我走了。我很忧闷,就像丢了什么东西,好像在鲁国再也没人能够与我同欢乐了。他到底是怎样的一个人呢?"

【原文】 仲尼曰:"丘也尝使于楚矣,适见独子食于其死母者①。少焉眴若②,皆弃之而走。不见己焉尔③,不得类焉尔。所爱其母者,非爱其形也,爱使其形者也④。战而死者,其人之葬也不以翣资⑤;刖者之屦⑥,无为爱之。皆无其本矣。为天子之诸御⑦,不爪翦⑧,不穿耳;取妻者止于外,不得复使。形全犹足以为尔,而况全德之人乎!今哀骀它未言而信,无功而亲,使人授己国,唯恐其不受也,是必才全而德不形者也⑨。"

【注释】　①豚子:小猪。食:吃奶。②眴若:惊慌的样子。③焉尔:才如此,指弃之而走的原因。④使其形:主宰它的形体,指精神。⑤翣:棺材饰物。资:送,给。⑥刖:古代砍足的刑罚。屦:鞋。⑦诸御:宫女及其嫔妃。⑧不爪翦:不剪指甲。翦,同"剪"。⑨才全:天性完备未损。德不形:内德不外露。

【译文】　孔子说:"我曾经出使过楚国,正巧看见一群小猪在刚死的母猪身上吃奶。不一会儿,突然露出惊恐的样子,都抛开母猪逃开了。这是因为母猪对小猪不再有任何感应,不再像活着时候了。可见小猪爱他的母猪,不是爱它的形貌,而是爱主宰形貌的精神啊。战死在疆场上的士兵,葬埋他时用不着棺饰;被砍去脚的人,他对原来的鞋子,没有理由再去珍惜。这都是由于失去了根本。做天子嫔妃的,不剪指甲,不穿耳眼;娶了妻子的内侍,不能再进宫,不得再役使。为了保全完整的形体尚且如此,何况德性完备的人呢!现在哀骀它不开口而获信任,无功业而受人亲敬,使别人情愿把自己的国家授给他,还怕他不肯接受,他必定是个天性完美无缺而道德高尚不露的人。"

【原文】　哀公曰:"何谓才全?"

仲尼曰:"死生、存亡、穷达、贫富、贤与不肖、毁誉、饥渴、寒暑,是事之变,命之行也①。日夜相代乎前,而知不能规乎其始者也②。故不足以滑和③,不可入于灵府④。使之和豫通而不失于兑⑤,使日夜无隙而与物为春⑥,是接而生时于心者也。是之谓才全。"

【注释】　①命:天命,自然。②知:同"智",智慧。规:读作"窥",窥视。③滑和:扰乱和顺的本性。滑,乱。④灵府:精神的府宅,指心灵。⑤和:和顺。豫:豫适。通:通畅。兑:悦。⑥日夜无隙:日夜都不间断。与物为春:与万物同游于春和之中。

【译文】　哀公说:"什么叫作天性完美无缺?"

孔子说:"像死生、存亡、穷达、贫富、贤与不肖、毁誉、饥渴、寒暑,这都是事物的变化、自然规律的运行。它们日夜相互更替,展现在人们面前,而人们智力却不能窥见它们的起始。所以这些变化不足以扰乱我们和顺的本性,不能侵入我们的心灵。能使心灵日夜不间断地保持这种真性而与万物同游于春和之气中,这就使心灵在与万物接触中,无时不和谐感应。这就叫作天性完美无缺。"

【原文】　"何谓德不形?"

曰:"平者,水停之盛也①。其可以为法也,内保之而外不荡也。德者,成和之修也②。德不形者,物不能离也。"

【注释】　①盛:至,极。②成和:成就纯和。

【译文】　"什么叫作道德高尚不露呢?"

孔子说:"平,这是水极端静止的状态。它可以作为我们取法的标准,内心保持极端静止的状态，那么就能不为外界变化所摇荡。道德这东西，实际上就是成就纯和的修养。道德高尚不露，万物自然亲附不离。"

【原文】 哀公异日以告闵子曰①："始也吾以南面而君天下，执民之纪而忧其死，吾自以为至通矣②。今吾闻至人之言，恐吾无其实，轻用吾身而亡其国。吾与孔丘，非君臣也，德友而已矣！"

【注释】 ①闵子：孔子弟子，姓闵，名损，字子骞。②至通：非常通达，指明于治道。

【译文】 后来哀公把此事告诉了闵子，说："起初，我以国君的地位治理天下，执掌生杀的法纪而忧虑百姓的死亡，我自以为非常明达了。如今我听了至人哀骀它的言论，恐怕我言过其实，只是轻率地动用自己的身心，以致使国家陷于危亡的境地。我和孔子并非是君臣关系，而是以德相交的朋友啊！"

五

【原文】 闉跂支离无脤说卫灵公①，灵公说之②，而视全人，其脰肩肩③。瓮㿽大瘿说齐桓公④，桓公说之，而视全人，其脰肩肩。故德有所长而形有所忘。人不忘其所忘，而忘其所不忘⑤，此谓诚忘。

故圣人有所游，而知为孽，约为胶⑥，德为接⑦，工为商⑧。圣人不谋，恶用知？不斫⑨，恶用胶？无丧，恶用德？不货，恶用商？四者，天鬻也⑩。天鬻者，天食也。既受食于天，又恶用人！

有人之形，无人之情。有人之形，故群于人；无人之情，故是非不得于身。眇乎小哉，所以属于人也；謷乎大哉⑪，独成其天⑫。

【注释】 ①闉跂支离无脤：虚拟人物。曲足、伛背、无唇，形容形残貌丑之人。说：游说。②说之：喜欢他。说，同"悦"。③脰：颈。肩肩：细长的样子。④瓮㿽大瘿：虚拟人物，形容脖颈上长着瓮㿽那么大的瘤子。⑤所不忘：所不应该遗忘的，指道德。⑥约：约束，指礼仪之类。⑦德：通"得"，使人得，施小恩小惠。接：交接。⑧工：工巧，技巧。商：商贸，物品交换。⑨不斫：不施雕琢，顺任自然。⑩天鬻：大自然的养育。⑪謷乎：高大的样子。⑫独成其天：读作"独其天成"，只是大自然造就的。

【译文】 闉跂支离无脤游说卫灵公，卫灵公很喜欢他，再看身体健全的人，反而觉得他们的脖子太细长了。瓮㿽大瘿游说齐桓公，齐桓公很喜欢他，再看身体健全的人，反而觉得他们的脖子太细长了。所以说只要道德上有所建树，他身体上的缺陷就往往被人遗忘。如果人们不忘掉应该遗忘的东西，却忘掉了所不应遗忘的东西，这才是真正的遗忘。

所以圣人一入逍遥游，就会把智能看作是灾孽，把约束看作是禁锢，把小恩小惠看作是应酬，把工巧看作是商品的交换。圣人不去谋划，哪里用得着智慧？不去雕琢万物，哪里用得着胶漆？没有可丧失的东西，哪里谈得上获得？用不着货品，哪里需要通商交换？这四个方面都是大自然的哺育。大自然的哺育也就是大自然供给的食物。既然禀受自然的养育,又哪里还用人为的东西!

圣人只有人的形体,却无人的情绪。有了人的形体,所以与人群居;没有人的情绪,所以是非不会沾身。渺小啊,它属于人为的偏执;伟大啊,它属于大自然的造就。

六

【原文】 惠子谓庄子曰:"人故无情乎?"

庄子曰:"然。"

惠子曰:"人而无情,何以谓之人?"

庄子曰:"道与之貌,天与之形,恶得不谓之人?"

惠子曰:"既谓之人,恶得无情?"

庄子曰:"是非,吾所谓情也①。吾所谓无情者,言人之不以好恶内伤其身,常因自然而不益生也②。"

惠子曰:"不益生,何以有其身?"

庄子曰:"道与之貌,天与之形,无以好恶内伤其身。今子外乎子之神,劳乎子之精,倚树而吟,据槁梧而瞑③。天选子之形④,子以坚白鸣⑤。"

【注释】 ①是非,吾所谓情也:此二句连读"是非吾所谓情也"亦可。②因:顺。不益生:不对生命做额外的增益保护。③槁梧:枯槁的梧桐树。一说指琴,于修辞上讲更顺。瞑:睡眠。④选:授给。⑤坚白:即坚白论,战国时名家的著名论题。

【译文】 惠子对庄子说:"人原本就没有情吗?"

庄子说:"是的。"

惠子说:"人要是无情,怎么能称为人呢?"

庄子说:"自然之道给了人的容貌,天然之理给了人的形体,怎么不能称为人?"

惠子说:"既然称为人,怎么能够没有情?"

庄子说:"是是非非的分别,这是我所说的情。我所说的无情,是不要因为好恶爱憎之类的情绪损害自己的本性,要经常顺任自然而不是人为地去增益生命。"

惠子说:"不用人为的增益生命,怎么能够保存自己的身体?"

庄子说:"自然之道已经给了你容貌,天然之理已经给了你形体,加之不以好恶之情损害自己的本性,你还需要做什么呢?现在你放纵自己的精神,使它驰骛在外,耗费你的精力,倚着树干呻吟,靠着干枯的梧桐树打瞌睡。大自然赋予你形体,你却抱着坚白之论争鸣不休。"

大宗师

【题解】

本篇是专门阐述大道的本质、特征及其与人的关系的。庄子对道的阐释,基本上承继了老子的宗旨和观点,如老子讲的"道冲而用之或不盈,渊兮似万物之宗"(四章);"道之为物,惟恍惟惚。惚兮恍兮,其中有象;恍兮惚兮,其中有物。窈兮冥兮,其中有精;其精甚真,其中有信"(二十一章);"天得一(即道)以清,地得一以宁,神得一以灵,谷得一以盈,万物得一以生,侯王得一以为天下正"(三十九章)等等,庄子都有类似的发挥。庄子也说大道:"有情有信,无为无形","自本自根,未有天地,自古以固存","狶韦氏得之,以挈天地"等等,认为大道是宇宙的本源,是万事万物的主宰,更是人类的大宗师。

本篇内容可分为两部分十个段落。第一部分含三个段落,是议论道的。首段起笔盛赞"知天""知人"的"知",而后笔锋一转,指出这"知"是"有患"的,是靠不住的,只有"有真人而后有真知",引出真正的体道者、大道的化身——真人。此段用排比的句法,历数真人的形象、特征和所达到的境界。其中论及的天人关系,"天与人不相胜"的"天人合一"的自然观,丰富了老子"道"的内涵,对汉代"天人合一"认识的成熟,起到了很大的影响。第二段提出了"相濡以沫,不如相忘于江湖"的观点,形象地譬喻大道才是人类安身处命的真正场所。第三段小结道体的基本特征,即无形、永存、本源和无限的客观存在。

从第四段起,至第十段,可看作第二部分。这部分,庄子一连创作了七则寓言故事,通过故事中人物的对话、心境的描写,全面而生动地描述了大道的内涵及其特征,是对第一部分论道的形象化再现。

第四段,通过南伯子葵与得道者女偊的对话,说明了学道的过程和道的传授。第五段,描写子祀、子舆、子犁、子来四人结为默契之友,共同体认"死生存亡之一体",因而能够坦然面对得与失、生与死,达到"安时而处顺,哀乐不能入"的入道境界。第六段,再虚构子桑户、孟子反、子琴张三人相与为友的故事,进一步描述入道者不为死生之情所羁绊。子桑户死而孟子反、子琴张二人却临尸而歌,正是体现了"鱼相忘乎江湖,人相忘乎道术"的入道境界。第七段,写孟孙才其母死,他却"哭泣无涕,中心不戚,居丧不哀",并因而获得善于处丧的美名。由此说明入道者明了自然变化的道理,明了生死的真谛,因而不拘儒者繁琐礼节而能简便处之。第八段,借意而子与许由的对话,对儒家传统的仁义规范提出质疑,并指出陷于是非仁义的束缚中是难以领悟大道的。第九段,借颜回与仲尼的对话,展现道家修炼的"坐忘"法则,即"堕肢体,黜聪明,离形去知,同于大道"。第十段,通过子桑面对困境的心理情绪描写,再次张扬安命顺变的思想。

一

【原文】 知天之所为^①,知人之所为者,至矣!知天之所为者,天而生也^②;知人之所为者,以其知之所知^③,以养其知之所不知^④,终其天年而不中道夭者,是知之盛也。虽然,有患。夫知有所待而后当,其所待者特未定也。庸讵知吾所谓天之非人乎?所谓人之非天乎?且有真人而后有真知。

【注释】 ①天:自然。所为:运化,运化的产物。②天而生:谓知道一切都是自然无为的产物。进一步说明只有顺应自然而产生的事物才是天生的而不是人为的。

《天地》"无为为之之谓天",无为而运化是自然的根本属性,与人为的认知指导下所产生的行为相区别。③知之所知:智力所知道的。前一"知"字读作"智"。④知之所不知:智力所不知道的。指一般智力难以知道的自然深层次的规律及生死变化的道理。

【译文】 知道天道自然运化,也知道人类的主观所为,可称得上是认知的极致了。知道天道运化的自然之理,这是由于顺应自然的道理而得知;知道人类的后天所为,这是用人类智力所能知道的道理,去顺应智力所不能知道的,让自己享尽天年而不至于中途死亡,这也算是智力的极致了。虽然这样说,但是还有问题。认识的正确与否,必须依赖客观对象的验证才能确定,而所依赖的对象却是变化不定的。怎么知道我所说的天道自然不是属于人为呢?所谓的人为不是属于天道自然呢?只有有了真人才可能有真知。

【原文】 何谓真人?古之真人,不逆寡,不雄成①,不谟士②。若然者,过而弗悔,当而不自得也。若然者,登高不栗,入水不濡,入火不热。是知之能登假于道者也若此③。

【注释】 ①雄:逞强。成:成功。②谟:谋。士:通"事"。③登假于道:谓达到大道的境界。假,至。

【译文】 什么叫真人?古时候的真人,不违逆微少,不自恃成功,不谋虑事情。像这样的人,错过时机而不后悔,正当时机而不自得。像这样的人,登高不发抖,入水不沾湿,入火不觉热。这是他的见识达到了大道的境界才能这样。

【原文】 古之真人,其寝不梦,其觉无忧,其食不甘,其息深深。真人之息以踵,众人之息以喉。屈服者,其嗌言若哇①。其耆欲深者②,其天机浅③。

【注释】 ①嗌言:堵在咽喉里的话。哇:呕吐。②耆:同"嗜"。③天机:自然的根器。

【译文】 古时候的真人,睡觉时不做梦,醒来时不烦忧,饮食不求甘美,呼吸深沉绵长。真人的气息通达脚跟,众人的气息仅存喉咙。争辩中被人屈服的人,他的言语塞在喉头中,就像要呕吐一样难受。凡是嗜欲深的人,他的天然根器就浅薄。

【原文】 古之真人,不知说生①,不知恶死。其出不诉②,其入不距③。翛然而往④,翛然而来而已矣。不忘其所始,不求其所终。受而喜之,忘而复之⑤。是之谓不以心捐道⑥,不以人助天,是之谓真人。若然者,其心忘⑦,其容寂,其颡頯⑧。凄然似秋,暖然似春,喜怒通四时,与物有宜而莫知其极⑨。故圣人之用兵也,亡国而不失人心⑩;利泽施乎万世,不为爱人。故乐通物,非圣人也;有亲,非仁也;天时,非贤也;利害不通,非君子也;行名失己,非士也;亡身不真⑪,非役人也⑫。若狐不偕、务光、伯夷、叔齐、箕子、胥馀、纪他、申徒狄⑬,是役人之役⑭,适人之适⑮,而不自适其适者也。

【注释】 ①说:同"悦"。②诉:古"欣"字。③距:通"拒"。④翛然:自由无拘的样子。⑤受而喜之,忘而复之:谓接受自然赋予的生命而欣然自得,忘却生死的变化而复归于自然。之,指自然。⑥捐:多认为应是"损"字的坏字。读本字亦通。⑦忘:

原本形误作"志",据褚伯秀等诸家之说改正。⑧颡：额。頯：宽大的样子。⑨极：指痕迹。⑩亡国：亡人之国。⑪亡身不真：指自丧真性。⑫役人：役使人。⑬狐不偕：姓狐，字不偕，古贤人。一说尧时人。不受禅让，投河而死。务光：夏末隐士，汤让天下而不受，投河而死。伯夷、叔齐：商时孤竹君二子，周武王灭商，他们认为这是以暴易暴，不食周粟，饿死于首阳山。箕子：商纣王庶叔，因忠谏不从而佯狂为奴，被纣王囚禁。胥馀：不详。旧注说是箕子之名，或谓比干、伍子胥。纪他：商时隐士，担心汤让位，投窾水而死。申徒狄：商时人，因仰慕纪他，负石沉河而死。⑭役人之役：做别人应当做的事，即为人所用。⑮适人之适：把让别人快意的事当作自己快意的事去做，即快人意。

【译文】 古时候的真人，不知道贪生，不知道怕死。出生了不欣喜，入土了不拒绝。无拘无束地去世，无拘无束地来世而已。不忘记自己生命的本源，不寻求自己的归宿。接受了自然赋予的生命而欣然自得，忘却了生死的变化而复归于自然。这就是叫作不以欲望之心损害自然之道，不以人为的力量去辅助天命之常，这就是真人了。像这样的人，他的心欲早已忘怀，他的容貌静寂安闲，他的额头宽宽大大。表情严肃时像秋天一样冷凄，态度和蔼时像春天一样温暖，喜怒无心，像四季的自然变化，随事合宜，无迹可寻。所以圣人用兵打仗，虽然灭亡了别的国家，却不会失掉人心；利益和恩泽施及万世，却并非有意爱人。所以说有心和外界交往，就不是圣人；有亲疏之分，就不是仁人；揣度天时，就不是贤人；利害不能相通为一，就不是君子；追求声名而失去本性，就不是士人；自丧真性，只能被人役使，就不是役使之人。像狐不偕、务光、伯夷、叔齐、箕子、胥馀、纪他、申徒狄，他们都是被人役使，使人快意，而不是以自己的快意为快意。

二

【原文】 古之真人，其状义而不朋①，若不足而不承；与乎其觚而不坚也②，张乎其虚而不华也；邴邴乎其似喜也③，崔崔乎其不得已也④。滀乎进我色也⑤，与乎止我德也⑥，广乎其似世也⑦，謷乎其未可制也⑧，连乎其似好闭也⑨，悗乎忘其言也⑩。以刑为体，以礼为翼，以知为时，以德为循。以刑为体者，绰乎其杀也⑪；以礼为翼者，所以行于世也；以知为时者，不得已于事也；以德为循者，言其与有足者至于丘也⑫，而人真以为勤行者也⑬。故其好之也一，其弗好之也一。其一也一，其不一也一。其一与天为徒⑭，其不一与人为徒，天与人不相胜也，是之谓真人。

【注释】 ①义而不朋：依俞樾说，"义"读为"峨"，"朋"读为"崩"，即"言其状峨然高大而不崩坏也"。②与乎：容与，从容闲舒的样子。觚：特立不群。坚：固执。③邴邴乎：安畅的样子。④崔崔乎：被迫而动的样子。⑤滀乎：水聚的样子。形容充实而有光辉。⑥与乎：宽舒的样子。与，通"豫"。止：归止，归依。⑦广：原形误作"厉"，据崔本改。世：通"大"。⑧謷：通"傲"，放，高放自得。⑨连乎：形容沉默不语。连，合，密。⑩悗乎：无心的样子。⑪绰：宽大。⑫丘：山丘。⑬"以刑为体"至"而人真以为勤行者也"十三句,张默生、陈鼓应等认为和庄子思想极不相类,主张删除为宜。⑭为徒:视为同类。

【译文】 古时候的真人,他的形体高大而不崩坏,好像不足却无须接受;安闲特立而不固执,心胸开阔而不浮华;畅然自适好像有喜色,一举一动好像出于不得已。他的容颜和悦有光,令人亲近;他的德行宽厚闲舒,令人归依;他的胸襟恢宏,犹如世界一般广大;他的精神高放自得,不可驾驭;他沉默不语,好像封闭了感觉的通路;他漫不经心,好像遗忘了要说的语言。他把刑律作为主体,把礼仪作为辅助,凭借智慧审时度势,以道德为处事所遵循的原则。把刑律作为主体,虽杀而犹觉宽大;把礼仪作为辅助,正是为了推行于天下;凭借智慧审时度势,不过是为了应付事物而出于无奈;以道德为处事所遵循的原则,说的是就像有脚的人都能登上山丘一样,而世人却认为只有勤行者才能达到。所以真人无心好恶,喜欢和厌恶都是一样的。真人是把万物混同为一的,一样的东西是一,不一样的东西也是一。当真人处于混同境界时,则与天道自然同游;当他混迹于芸芸众生之中时,则与世人为同类。他把天与人的关系看作是天人合一、天人不相互对立的关系,这就是真人。

【原文】 死生,命也①;其有夜旦之常,天也②。人之有所不得与③,皆物之情也。彼特以天为父④,而身犹爱之,而况其卓乎⑤!人特以有君为愈乎己,而身犹死之,而况其真乎⑥!

泉涸,鱼相与处于陆,相呴以湿⑦,相濡以沫⑧,不如相忘于江湖。与其誉尧而非桀也,不如两忘而化其道⑨。

夫大块载我以形⑩,劳我以生,佚我以老,息我以死。故善吾生者⑪,乃所以善吾死也。夫藏舟于壑,藏山于泽,谓之固矣⑫!然而夜半有力者负之而走,昧者不知也⑬。藏小大有宜,犹有所遁。若夫藏天下于天下而不得所遁,是恒物之大情也⑭。特犯人之形而犹喜之⑮。若人之形者,万化而未始有极也,其为乐可胜计邪?故圣人将游于物之所不得遁而皆存。善妖善老⑯,善始善终,人犹效之,又况万物之所系而一化之所待乎⑰!

【注释】 ①命:自然而不可免者(释德清说)。②天:自然的规律。③与:参与,干预。④彼:人。特:独,仅。⑤卓:卓越,指天道。⑥真:真宰,指大道。⑦呴:吐气。⑧濡:沾湿。⑨化其道:同化于大道。⑩大块:大地,泛指天地。载我以形:倒装句,读为"以形载我",以下三句句法同此。载,托载,寄托。⑪善吾生:把我的出生视为善事。⑫固:牢靠。⑬昧者:愚昧的人。一说"昧"通"寐",睡。⑭恒物之大情:万物普遍的至理。指天地万物与道混而为一,不去区分。⑮犯:通"范",铸造。一说:"犯,犹遇也,遭也。"⑯妖:通"夭",少,指生命短。⑰系:从属,系属。一化:一切变化,大化。待:依赖。"所系""所待"皆指大道。

【译文】 人的生死变化是不可避免的命运活动;就像日夜永恒的交替一样,都是自然的规律。对于自然规律,人们是无法干预的,这都是事物变化的情理。人们把天作为生命之父,而终身敬爱它,更何况派生天地的大道!人们认为国君的势力地位超过了自己,而愿意舍身效忠,更何况主宰万物的大道!

泉水干枯了,鱼儿一同困在陆地上,它们互相吐着湿气滋润着对方,又用唾液沾湿彼此的身体,与其如此,它们宁愿回到江湖中,把彼此都忘掉。与其赞美尧而非难桀,不如把两人的善恶是非都忘掉,而同化于大道之中。

天地赋予我形体以使我有所寄托,给了我生命以使我勤劳,又用衰老让我安逸,最后又用死亡让我安息。所以说把生存看作是好事的,也必然把死亡也看作是好事。把船藏在山谷里,把山藏在大泽中,称得上很牢靠了。然而夜半之时,倘若有造化的大力士把它们背走,愚昧的人是不会知道的。把小的东西藏在大的东西里面,可以说是很合适了,但还是有所亡失。如果把天下隐藏在天下之中是不会亡失的,这是万物普遍的至理。人们一旦获得人的形体就欣然自喜。如果知道人的形体千变万化而没有穷尽,那么这种欣喜岂可数清呢?所以圣人游心于不会亡失的境地而和大道共存。对于乐观地安顺地对待和处理生老病死的人,大家尚且效法他,何况对于万物的根源和一切变化所依赖的大道呢?

三

【原文】 夫道有情有信①,无为无形;可传而不可受②,可得而不可见;自本自根,未有天地,自古以固存;神鬼神帝③,生天生地:在太极之先而不为高④,在六极之下而不为深⑤,先天地生而不为久,长于上古而不为老⑥。狶韦氏得之⑦,以挈天地⑧;伏戏氏得之,以袭气母⑨;维斗得之⑩,终古不忒⑪;日月得之,终古不息;堪坏得之⑫,以袭昆仑⑬;冯夷得之⑭,以游大川;肩吾得之⑮,以处大山;黄帝得之,以登云天⑯;颛顼得之⑰,以处玄宫;禺强得之⑱,立乎北极⑲;西王母得之⑳,坐乎少广,莫知其始,莫知其终;彭祖得之,上及有虞,下及五伯㉑;傅说得之,以相武丁,奄有天下,乘东维,骑箕尾,而比于列星㉒。

【注释】 ①情:实。信:真。②受:通"授"。③神鬼神帝:生鬼生帝。神,生,引出。④太极:指天地未形成以前,阴阳未分的那股浑沌之气。⑤六极:六合,指天地和四方。⑥"先天地生而不为久"二句:谓道贯古今,无时不在(陈启天说)。⑦狶韦氏:传说中的远古帝王。得之:指得到大道。⑧挈:提挈,整顿。⑨袭:沿袭,调合。气母:气之母,指元气。⑩维斗:北斗星。⑪不忒:不出差错,指不偏离轨道。⑫堪坏:昆仑山之神。⑬袭:入。⑭冯夷:黄河之神。⑮肩吾:泰山之神。⑯登云天:指登天成仙。⑰颛顼:黄帝之孙,又称高阳,古代五帝之一,为北方帝,居玄宫。⑱禺强:水神。⑲立乎北极:自立于北海之神。⑳西王母:传说中的神人。一说为太阴之精,豹尾,虎齿,善笑。常坐西方少广之山,不复生死,莫知所终。㉑上及有虞,下及五伯:谓从上古虞舜时代活到春秋时期五霸时代。五伯,即五霸:齐桓公、晋文公、秦穆公、楚庄王、宋襄公。㉒"傅说得之"六句:传说傅说为殷商时代的贤臣。他原是在傅岩做苦工的奴隶,后被殷高宗武丁任用为相,治理天下。传说傅说死后,精神升天,驾驭东维、箕尾两星,并列于众星之中。奄,包括。

【译文】 大道是真实而有信验的，没有主观的作为，也不留下任何的形迹；它可以心传而不能口授，可以心得而不能目见；它是万物最原始的本根，在没有天地以前，就一直存在着；是它产生了鬼神和上帝，是它产生了天和地；它在混沌之气之前就存在而称不上高远，它在天地四方之下还不算深邃，它早于天地之前就存在还不算久长，它比上古时间还长远而不算老。豨韦氏得到它，用它整顿天地；伏羲氏得到它，用它调合元气；北斗星得到它，用它保障终古不变的运行轨道；日月得到它，用它维持万古运转不停；山神堪坏得到它，就能入主昆仑；河神冯夷得到它，就能巡游黄河大川；肩吾得到它，就能镇守泰山；黄帝得到它，就能登天成仙；颛顼得到它，就能身居玄宫，成为北方之帝；禺强得到它，就能自立于北海之神。西王母得到它，便可安坐少广之山，不复生死，不知始终；彭祖得到它，寿数绵长，上及虞舜，下至春秋五霸；傅说得到它，可以做武丁的宰相，治理全天下，死后驾驭着东维与箕尾两星，遨游于众星之间。

四

【原文】 南伯子葵问乎女偊曰①："子之年长矣，而色若孺子，何也？"

曰："吾闻道矣。"

南伯子葵曰："道可得学邪？"

曰："恶！恶可！子非其人也。夫卜梁倚有圣人之才而无圣人之道②，我有圣人之道而无圣人之才。吾欲以教之，庶几其果为圣人乎！不然，以圣人之道，告圣人之才，亦易矣。吾犹守而告之③，参日而后能外天下④；已外天下矣，吾又守之，七日而后能外物⑤；已外物矣，吾又守之，九日而后能外生⑥；已外生矣，而后能朝彻⑦；朝彻，而后能见独⑧；见独，而后能无古今；无古今，而后能入于不死不生。杀生者不死，生生者不生⑨。其为物，无不将也，无不迎也，无不毁也，无不成也⑩。其名为撄宁⑪。撄宁也者，撄而后成者也。"

南伯子葵曰："子独恶乎闻之？"

曰："闻诸副墨之子⑫，副墨之子闻诸洛诵之孙⑬，洛诵之孙闻之瞻明⑭，瞻明闻之聂许⑮，聂许闻之需役⑯，需役闻之於讴⑰，於讴闻之玄冥⑱，玄冥闻之参寥⑲，参寥闻之疑始⑳。"

【注释】 ①南伯子葵：虚拟人物，《齐物论》有南郭子綦，《人间世》有南伯子綦。女偊：虚拟的得道人物。②卜梁倚：虚拟人物。③守：修守，修持。④外天下：把天下置之度外，即忘掉天下。外，遗忘。⑤外物：指忘事。⑥外生：指忘身，忘我。⑦朝彻：如朝阳初起时的明彻，指豁然彻悟。⑧见独：洞见大道。独，指独立而不改的大道。⑨"杀生者"二句：杀生者和生生者都是指大道，大道本身不存在死亡和诞生的问题。⑩"其为物"五句：谓作为万物主宰者的道，无时不在送走什么，无时不在迎来什么，无时不在毁灭什么，无时不在成就什么。将，送。⑪撄宁：动而后静，乱而后定。撄，扰动。⑫诸：之于。副墨之子：即指文字。副墨，文字。子、孙，皆指流传之意。⑬洛诵：指诵读、言语。洛，读为"络"，反复。文字源于语言。⑭瞻明：指目见。瞻，见。⑮聂许:指耳闻。⑯需役:践行,修行。需,须。役,行。⑰於讴:咏叹。⑱玄冥:静默。⑲参寥:空旷。⑳疑始:疑似原始,近于本源。

【译文】 南伯子葵问女偊说:"你的年寿很高了,为什么面色却像孩童一样呢?"

女偊说:"我得道了。"

南伯子葵说:"道可以学到吗?"

女偊说:"不!不可以!你不是学道的那类人。卜梁倚具有圣人的才质却还没有获得圣人的道心。我有圣人的道心而没有圣人的才质。我想教他,或许他真的能够成为圣人吧!就是不能,以圣人之道指导具有圣人之才的人,他的提高也会是很容易的。我继续修持着,然后开始诱导他,三天后,他已能把天下置之脑后;已经遗忘天下了,我继续修持诱导,七天之后,他已能把人事置之度外;已经遗忘人事了,我继续诱导他,九天后,他已能把生死置之度外;已经忘掉自我了,而后心窍豁然彻悟;心窍豁然彻悟了,而后就能洞见独立而不改的道;洞见独立而不改的道了,而后就不再受到古今时间的束缚;不受古今时间的束缚了,而后就能进入无生无死的永恒境地。能够灭亡一切生命的道,它本身不会灭亡;能够产生一切生命的道,它本身不存在产生的问题。道对于天下万物,无所不送,无所不迎,无所不毁,无所不成,这就叫作'撄宁'。'撄宁'的意思,就是动而后静,乱而后定。"

南伯子葵说:"你从哪里学到的道呢?"

女偊说:"我从文字那里得到的,文字是从语言那里得到的,语言是从目见那里得到的,目见是从耳闻那里得到的,耳闻是从修持那里得到的,修持是从咏叹那里得到的,咏叹是从静默那里得到的,静默是从空旷那里得到的,空旷是从疑似本源那里得到的。"

五

【原文】 子祀、子舆、子犁、子来四人相与语曰①:"孰能以无为首,以生为脊,以死为尻②;孰知死生存亡之一体者,吾与之友矣!"四人相视而笑,莫逆于心③,遂相与为友。俄而子舆有病,子祀往问之。曰:"伟哉,夫造物者将以予为此拘拘也④。"曲偻发背⑤,上有五管⑥,颐隐于齐⑦,肩高于顶,句赘指天⑧。阴阳之气有沴⑨,其心闲而无事,跰𨇤而鉴于井⑩,曰:"嗟呼!夫造物者又将以予为此拘拘也。"

子祀曰:"女恶之乎?"

曰:"亡⑪,予何恶!浸假而化予之左臂以为鸡⑫,予因以求时夜;浸假而化予之右臂以为弹,予因以求鸮炙⑬;浸假而化予之尻以为轮,以神为马,予因以乘之,岂更驾哉!且夫得者,时也;失者,顺也。安时而处顺,哀乐不能入也,此古之所谓县解也⑭。而不能自解者,物有结之⑮。且夫物不胜天久矣⑯,吾又何恶焉!"

俄而子来有病,喘喘然将死。其妻子环而泣之。子犁往问之,曰:"叱!避!无怛化⑰!"倚其户与之语曰:"伟哉造化!又将奚以汝为⑱?将奚以汝适⑲?以汝为鼠肝乎?以汝为虫臂乎?"

子来曰:"父母于子㉑,东西南北,唯命之从。阴阳于人,不翅于父母㉑。彼近吾死而我不听㉒,我则悍矣,彼何罪焉?夫大块载我以形,劳我以生,佚我以老,息我以死。故善吾生者,乃所以善吾死也。今大冶铸金㉓,金踊跃曰:'我且必为镆铘㉔!'大冶必以为不祥之金。今一犯人之形而曰㉕:'人耳!人耳!'夫造化者必以为不祥之人。今一以天地为大炉,以造化为大冶,恶乎往而不可哉!"成然寐㉖,蘧然觉㉗。

【注释】 ①子祀、子舆、子犁、子来:皆为虚拟人物。相与语:相互交谈。②尻:脊椎骨末端,指屁股。③莫逆于心:心意相通,不违背共识。④造物者:与后文的"造化者"均指"道","道"能生物,也能化物,所以如此说。拘拘:拘挛弯曲的样子。⑤曲偻:伛偻,驼背。发背:突背,背向上拱露。⑥五管:五脏的穴位。⑦颐隐于齐:面颊藏在肚脐下。齐,古"脐"字。⑧句赘:发髻。⑨沴:凌乱。⑩跰𨇤:走路蹒跚的样子。鉴:照。⑪亡:古同"无",不。⑫浸假:假使。浸,逐渐。⑬鸮炙:烤鸮鸟肉。⑭县解:即悬解,解其倒悬。⑮物有结之:指被阴阳之气所束缚。物,指阴阳二气。⑯物:指人。天:指大自然。⑰无怛化:无须惊恐于生死的变化。怛,惊。⑱又将奚以汝为:又将要把你变成何物。奚,何。⑲将奚以汝适:将要把你送到何处。适,往。⑳父母于子:即"子于父母"的倒装句。下"阴阳于人"也是倒装句。㉑不翅:不啻,不止,何止。㉒彼:指阴阳、造化。近:迫,使。㉓大冶:冶金工匠,喻造化。㉔镆铘:也写作"莫邪",良剑名。㉕犯:通"范",铸造。㉖成然:安然。寐:睡着了。㉗蘧然:自适的样子。

【译文】 子祀、子舆、子犁、子来四人一起议论说:"谁能把'无'当作头颅,把'生'当作脊梁,把'死'当作屁股;谁能认识到生死存亡本是一体的,我们就和他做朋友。"四人相视而笑,彼此心意契合不背,于是就相互结为好友。不久子舆生病了,子祀去探望他。子舆说:"伟大啊,造物者把我变成这样一个拘挛不直的人。"只见他腰弯背驼,五脏的穴位冲上,面颊缩在肚脐下,肩膀高过头顶,发髻朝天。阴阳二气虽然凌乱不调,子舆却仍闲逸自适而若无其事,他步履蹒跚地走到井边,照着自己的影子说:"哎呀,造物者又把我变成这样一个曲背拘挛的人啊。"

子祀说:"你厌恶这种变化吗?"

子舆说:"不,我为什么要厌恶呢?假使把我的左臂化为公鸡,我就用它来司晨报晓;假使把我的右臂化为弹丸,我就用它获取鸮鸟烤肉吃;假使把我的屁股化为车轮,我就让精神变为马,我于是乘着它出游,哪里再用别的车驾!再说人们获得生命,这是适时而得;失去生命,这是顺应变化。人们能够安心于适时顺应,哀乐的情绪就不会侵入胸中,这就是古人所说的解开倒悬之苦。那些不能自我解脱的人,因为被外物所束缚。再说人力不能胜过自然力是由来已久了,我又为什么要厌恶它呢?"

不久,子来有病,气喘急促快要死了。他的妻子儿女围着他啼哭。子犁前去慰问,对子来的妻子儿女们说:"去!走开!不要惊动变化的人!"便靠着门框对子来说:"伟大的造物者啊,又将把你变成何物?又将把你送到何方?要把你变为鼠肝吗?要把你变为虫臂吗?"

子来说:"子女对于父母,无论东南西北,你都要听从父母之命。人对于造化者,

国学经典文库

国学经典

道学经典

图文珍藏版

370

何止于儿女对待父母。造化者让我死，我如果不从命，我就是违逆不顺，它有什么罪过呢？大自然赋予我形体，使我有所寓托；赋予我生命，使我劳动；赋予我年老，让我安逸；安排我死亡，让我安息。所以善待我赋予我生命的，同样善待我赋予我死亡的。犹如铁匠铸造金属器物，金属跳着脚喊：'我一定要做镆铘宝剑！'那么铁匠必然把这块金属视为不祥之物。现在造化一旦造出一个人的形体，这个人就大喊大叫：'我是人了！我是人！'那么造化必定把他视为不祥之人。现在一旦把天地视为大熔炉，把造化视为大铁匠，往哪里去不可呢！"子来说完安然熟睡，不一会儿又适意醒了。

六

【原文】 子桑户、孟子反、子琴张三人相与友①，曰："孰能相与于无相与，相为于无相为②？孰能登天游雾，挠挑无极③，相忘以生，无所终穷④？"三人相视而笑，莫逆于心。遂相与为友。

莫然有间⑤，而子桑户死，未葬。孔子闻之，使子贡往侍事焉⑥，或编曲，或鼓琴，相和而歌曰："嗟来桑户乎⑦！嗟来桑户乎！而已反其真⑧，而我犹为人猗⑨！"子贡趋而进曰⑩："敢问临尸而歌，礼乎？"

二人相视而笑曰："是恶知礼意！"

子贡反，以告孔子曰："彼何人者邪？修行无有，而外其形骸，临尸而歌，颜色不变⑪，无以命之⑫。彼何人者邪？"

孔子曰："彼游方之外者也⑬，而丘游方之内者也。外内不相及，而丘使女往吊之，丘则陋矣！彼方且与造物者为人⑭，而游乎天地之一气⑮。彼以生为附赘县疣⑯，以死为决疣溃痈⑰。夫若然者，又恶知死生先后之所在！假于异物，托于同体；忘其肝胆，遗其耳目；反复终始，不知端倪；芒然彷徨乎尘垢之外，逍游乎无为之业。彼又恶能愦愦然为世俗之礼⑱，以观众人之耳目哉⑲！"

子贡曰："然则夫子何方之依？"

孔子曰："丘，天之戮民也。虽然，吾与汝共之⑳。"

子贡曰："敢问其方？"

孔子曰："鱼相造乎水，人相造乎道。相造乎水者，穿池而养给；相造乎道者，无事而生定㉑。故曰：鱼相忘乎江湖，人相忘乎道术㉒。"

子贡曰："敢问畸人㉓。"

曰："畸人者，畸于人而侔于天。故曰：天之小人，人之君子；人之君子，天之小人也。"

【注释】 ①子桑户、孟子反、子琴张：三人均为虚拟人物。相与友：相交为朋友。②相为：相助。③挠挑：宛转循环的意思。无极：太虚。④终穷：止尽，指死亡。⑤莫然：即"漠然"，淡漠无心。有间：过了一段时间，即不久。⑥侍事：帮助料理丧事。⑦嗟来：感叹之声。⑧而：通"尔"，你。反其真：返归自然，指死亡。⑨猗：叹词，犹"啊"。⑩趋：快步走。⑪颜色：面色。⑫命：名，称，形容。⑬方之外：世外。方，天地四方,指世上。⑭造物者:自然,大道。为人:犹为偶,为友。⑮天地之一气:指万物之初的原始混沌状态,亦即大道的浑一状态。⑯附赘:附生的多余的肉疣。县疣:悬生的肉瘤。县,同"悬"。⑰疣:皮肤上的肿包。痈:毒疮。⑱愦愦然:烦乱的样子。⑲观:示人,给人看。⑳共:通"拱",向,向往。㉑无事:无为而逍遥的状态。生定:心性安详。生,通"性"。㉒道术:大道的修养,大道。㉓畸人:奇异之人,不平常的人。

【译文】 子桑户、孟子反、子琴张三人一起结为朋友,说:"看谁能够相交于无心无肺,相助于无所作为? 看谁能够登天穿雾,超然万物之外,遨游太虚,忘掉生死的区别,没有止境?"三个人相视而笑,彼此心意相通,于是成为契友。

漠然之中过了不久,子桑户死,还未安葬。孔子听说了,派子贡前往助理丧事。只见那里有的编曲,有的弹琴,相互唱和道:"哎呀桑户啊! 哎呀桑户啊! 你已经返归本真了,而我们还寄寓在人间啊!"子贡快步向前,问道:"请问面对死尸歌唱,这符合礼仪吗?"

二人相互看了看,笑着说:"这种说法哪里懂得礼的真意?"

子贡回去后,把此事告诉了孔子,说:"他们到底是什么样的人呢? 修行却不讲礼仪,把形骸置之度外,对着尸体唱歌,脸色全无哀色,真是无法说清。他们到底是什么样的人呢?"

孔子说:"他们是生活在尘世外的人,而我却是生活在尘世内的人。尘世外与尘世内是彼此不相干的两个世界,而我竟然派你去吊唁,这是我的浅陋啊! 他们正在和造物者为朋友,而游于万物之初的浑沌境地。他们把生命看作是附着的肉瘤,把死亡看作是肉瘤的溃败,像这样子,又哪里知道生死先后的区别呢! 假借于不同的物体,寄托于同一个身体;忘却内部的肝胆,遗忘外面的耳目;让生命随其自然而生死循环,不去追究它们的头绪;无所牵挂地神游于尘世之外,逍遥自在地遨游于无为太虚之乡。他们又怎能心烦意乱地拘守世俗的礼仪,以此让众人来观看听闻!"

子贡说:"那么先生是依从方内还是依从方外呢?"

孔子说:"我是个摆脱不了方内桎梏的人,终究要遭天道处罚的人。虽然如此,我与你还是向往着方外之道。"

子贡说:"请问有什么方法吗?"

孔子说:"鱼儿相互追寻水源,人们相互向往大道。相互寻找水源的,挖个水池来供养;相互向往大道的,无为而逍遥,心性安详宁静。所以说,鱼儿游于江湖就会忘掉一切而悠然自乐,人们游于大道之中就会忘掉一切而逍遥自在。"

子贡说:"请问不同凡响的异人是什么样的人?"

孔子说:"异人是异于普通人而顺合于自然天道。所以说,天道视为的小人,正是俗人眼中的君子;俗人眼中的君子,正是天道视为的小人。"

七

【原文】 颜回问仲尼曰:"孟孙才①,其母死,哭泣无涕,中心不戚,居丧不哀②。

无是三者③，以善处丧盖鲁国④，固有无其实而得其名者乎？回壹怪之⑤。"

仲尼曰："夫孟孙氏尽之矣⑥，进于知矣⑦，唯简之而不得⑧，夫已有所简矣。孟孙氏不知所以生，不知所以死。不知就先，不知就后⑨。若化为物，以待其所不知之化已乎！且方将化，恶知不化哉？方将不化，恶知已化哉？吾特与汝，其梦未始觉者邪！且彼有骇形而无损心，有旦宅而无情死⑩。孟孙氏特觉⑪，人哭亦哭，是自其所以乃⑫。且也相与'吾之'耳矣！庸讵知吾所谓'吾之'乎？且汝梦为鸟而厉乎天⑬，梦为鱼而没于渊。不识今之言者，其觉者乎？其梦者乎？造适不及笑⑭，献笑不及排⑮，安排而去化，乃入于寥天一⑯。"

【注释】　①孟孙才：姓孟孙，名才，虚拟人物。②居丧：守丧期间。③是：此，指眼泪、心悲、情哀。④盖：覆盖，超越。⑤壹：语助词，表强调。⑥尽之：尽到服丧之礼。⑦进于知：超过知道服丧礼仪的人。进，胜过。⑧唯：读为"惟"，想。简之：简化繁琐的服丧礼仪。之，指丧礼。⑨先、后：均针对生死而言。⑩旦宅：通"怛咤"，惊忧。⑪特觉：独自觉醒。⑫乃：如此，那个样子。⑬厉：到达。⑭造适：突然感到的适意。造，至。⑮献笑：从内心发出的笑容。⑯寥天：指寂寥虚空的天道。一：混为一体。

【译文】　颜回问孔子说："孟孙才的母亲死了，他哭泣没有眼泪，心中不悲伤，服丧期间不哀痛。他没有做到这三点，却以善于处丧而闻名鲁国，难道有不具其实而能博得虚名吗？我觉得很怪异。"

孔子说："孟孙氏已经尽了服丧之道，超过了知道服丧礼仪的人。人们想简化繁琐的服丧礼仪而办不到，然而他已经有所简化了。孟孙氏不知道什么是生，也不知道什么是死；不知道追求先生，也不知道迷恋后死。他像是正在变化的物，以等待自己不知道变成何物的变化而已！再说正要变化时，又如何知道不变化呢？正要不变化时，又如何知道已经变化了呢？可我和你吧，恐怕都是在梦境中还没有觉醒啊！况且孟孙氏认为其母在变化中虽有形体上的惊动，却无伤损心神；虽有惊扰，却没有精神上的死亡。孟孙氏独自觉醒，只是人家哭也跟着哭，所以才会有哭而不哀的那个样子。世人看到自己的形体就相互说'我的我的'，怎么知道'我的'真是属于我呢？再说你梦为鸟而飞到高空，梦为鱼而潜入深渊。不知道现在说话的我，到底是醒着呢？还是在梦中呢？突如其来的快意来不及显露笑容，由衷的快乐来不及事先安排，只有听任自然的安排而顺应变化，这样才能进入寂寥空虚的天道，混为一体。"

八

【原文】　意而子见许由①，许由曰："尧何以资汝②？"

意而子曰："尧谓我，'汝必躬服仁义而明言是非③'。"

许由曰："而奚来为轵④？夫尧既已黥汝以仁义，而劓汝以是非矣⑤。汝将何以游夫遥荡恣睢转徙之涂乎⑥？"

意而子曰："虽然，吾愿游于其藩⑦。"

许由曰："不然。夫盲者无以与乎眉目颜色之好，瞽者无以与乎青黄黼黻之观⑧。"

意而子曰:"夫无庄之失其美⑨,据梁之失其力⑩,黄帝之亡其知,皆在炉捶之间耳⑪。庸讵知夫造物者之不息我黥而补我劓⑫,使我乘成以随先生邪⑫?"

许由曰:"噫!未可知也。我为汝言其大略:吾师乎⑬!吾师乎!齑万物而不为义⑭,泽及万世而不为仁,长于上古而不为老,覆载天地、刻雕众形而不为巧,此所游已!"

【注释】 ①意而子:虚拟人物。②资:资助,教诲。③躬服:亲自实践,身体力行。明言:明辨。④而奚来为轵:倒装句,读为"而为奚来轵"。而,通"尔",你。轵,通"只",语助词。⑤"夫尧"二句:黥,古代先用刀刺割犯人的额颊等处,然后再涂上墨的一种刑罚。劓,古代割下犯人鼻子的一种刑罚。⑥遥荡:逍遥放荡。恣睢:放纵不拘。转徙:变化。⑦藩:藩篱,门户。⑧黼黻:古代礼服上所绣的花纹。观:华丽。⑨无庄:虚拟的美女。⑩据梁:虚拟的大力士。⑪炉捶:炉和锤,指冶炼锻打。捶,通"锤"。⑫乘成:载着完整的身体。成,全,完整。⑬师:宗师,指大道。⑭齑:和,调和。

【译文】 意而子去见许由,许由说:"尧用什么来教导你?"

意而子说:"尧告诉我,'你一定要亲自推行仁义而明辨是非'。"

许由说:"你为何还要到这里来呢?尧既然用仁义给你施行了墨刑,又用是非施行了劓刑。你将来怎么能够逍遥放荡、无拘无束地遨游于变化境界呢?"

意而子说:"虽然如此,我还是愿意游于大道的门墙。"

许由说:"不行的。盲人无法观赏眉眼颜面的娇艳美好,瞎子无法观赏礼服上绣的青黄色花纹的华丽。"

意而子说:"让美人无庄失去她的美丽,让大力士据梁失去他的力气,让黄帝失去他的智慧,这都在于造物者的一炉一锤的掌握之中。怎么知道造物者不会平息我被黥的皮肤,补回我被割掉的鼻子,使我载着完整的身躯来追随先生呢?"

许由说:"唉!这是不可知晓的。我为你说个大略:我的宗师啊!我的宗师啊!调和万物却不认为是义,恩泽施于万代而不认为是仁,先于上古却不算老,包容天地、雕刻万物的形状却不算为技巧,这就是我所逍遥的境界!"

九

【原文】 颜回曰:"回益矣①。"

仲尼曰:"何谓也?"

曰:"回忘仁义矣。"

曰:"可矣,犹未也。"

他日复见,曰:"回益矣。"

曰:"何谓也?"

曰:"回忘礼乐矣!"

曰:"可矣,犹未也。"

他日复见,曰:"回益矣[1]!"

曰:"何谓也?"

曰:"回坐忘矣[2]。"

仲尼蹴然曰[3]:"何谓坐忘?"

颜回曰:"堕肢体,黜聪明[4],离形去知,同于大通[5],此谓坐忘。"

仲尼曰:"同则无好也,化则无常也[6]。而果其贤乎[7]!丘也请从而后也。"

【注释】 ①益:增益,指修炼得到提高。②坐忘:通过静坐而达到忘怀一切的虚无境界,与大道浑然一体。③蹴然:因惊奇而神态突变的样子。④黜:废除,抛弃。⑤大通:大道。⑥常:常规,常理,指固执不变。⑦而:通"尔",你。

【译文】 颜回说:"我提高了。"

孔子说:"你指的是什么呢?"

颜回说:"我开始忘掉仁义了。"

孔子说:"很好,但是还不够。"

过了几天,颜回又见到孔子,说:"我又提高了。"

孔子说:"你指的是什么呢?"

颜回说:"我已经忘掉礼乐了。"

孔子说:"很好,但是还不够。"

过了几天,颜回又见到孔子,说:"我又提高了。"

孔子说:"你指的是什么呢?"

颜回说:"我坐忘了。"

孔子听了一惊,急忙问道:"什么叫坐忘?"

颜回说:"忘却自己的形体,抛弃自己的聪明,摆脱形体和智能的束缚,与大道融通为一,这就叫作忘。"

孔子说:"与万物混同于一体就没有偏爱了,与万物一起变化就没有偏执了。你果真成为贤人了!我愿意追随在你的身后。"

十

【原文】 子舆与子桑友[1]。而霖雨十日[2],子舆曰:"子桑殆病矣[3]!"裹饭而往食之。至子桑之门,则若歌若哭,鼓琴曰:"父邪?母邪?天乎?人乎?"有不任其声而趋举其诗焉[4]。

子舆入,曰:"子之歌诗,何故若是?"

曰:"吾思夫使我至此极者而弗得也。父母岂欲吾贫哉?天无私覆,地无私载,天地岂私贫我哉?求其为之者而不得也。然而至此极者[5],命也夫!"

【注释】 ①子桑:虚拟人物。②霖雨:连续几天不停的雨。③病:指饥饿。④不任:不胜,不堪。趋举:急促吟唱。⑤极:指饥贫的绝境。

【译文】 子舆和子桑是朋友。连绵不断的雨一下就十天,子舆说:"子桑恐怕要饿坏了吧!"于是就带着饭食去给他吃。到了子桑的家门,就听到又像歌唱又像哭泣的声音。子桑弹着琴吟唱道:"父亲吗?母亲吗?天呢?人呢?"他的歌声微弱不堪而诗句急促不清。

子舆进了门,问道:"你吟唱的诗句。为何这样不成调子?"

子桑说:"我在思索使我如此贫困的人是谁而没有答案。父母难道希望我贫困吗?天没有偏私地覆盖着万物,地没有偏私地承载着万物,天地岂会偏偏让我贫困潦倒呢?追究造成这种情况的原因而没有答案。然而使我达到这般绝境的,这是由于天命吧!"

应帝王

【题解】

本篇论帝王如何治理天下,以"应帝王"为篇名。全篇共有七个自然段,除第六段纯为议论外,其他均为虚构的寓言故事,分别从不同的角度演绎为政当顺人性的自然、为政当无为而治的主旨。

第一段,借蒲衣子之口,道出理想中的帝王:安闲自得,超然物外,品德纯真,不以仁义要结人心。

第二段,借狂接舆之口,指出"君人者以己出经式义度""是欺德"的行为,批评了统治者仅凭个人意志制定法律的独裁行径,并指出圣人治理天下,不靠法律绳之于外,而是"正而后行",即自正而后化行天下。

第三段,天根向无名人询问治理天下的问题,通过无名人的答话,表达了作者两层意思。一是对提问的鄙视和厌恶,认为抱有治理天下之心的人正是乱天下的祸根;二是如果让天下得到治理,治理者必须"顺物自然而无容私焉"。

第四段,通过阳子居与老聃的对话,讨论何为明王之治。指出真正的圣明之王应当做到"功盖天下而似不自己,化贷万物而民弗恃",也就是不居功,不自傲,让万物各得其所,而自立于虚无的境地。

第五段,描写了神巫给壶子看相的故事,这是一段绝妙的文字,不仅情节发展变化莫测,而且创编的词语也出人意表,如随境而出的"地文""天壤""杜德机""衡气机""太冲莫胜"之类。此段文字表面看来与治理天下无关,但它着力表现的虚己、顺变,正可推之为政,说明虚己无为、随物顺化,百姓才可以自安,天下才可以自定。

第六段,明确指出作为一个得道的明王应当达到的境界,即不受称誉,不使计谋,不强任事情,不主智巧;用心若镜,不送不迎,应照却不存留,固守虚寂无为的心境,所以超脱物外而不被外物所伤。本段可作为前文的总结而结束全篇,然而庄子至此意犹未尽,于是乘其余兴,续写了下段。

第七段,此段又是绝妙文字,用疾速之意的"儵""忽"二字喻有为之帝,用纯朴未曾开发之意的"浑沌"一词喻无为之帝,有为之帝为了报恩,让无为之帝与众生一样具有"视听食息"的七窍,结果"日凿一窍,七日而浑沌死"。从更为严重的生死存亡的角度,回答了帝王从政应当以无用为用、无功为功、无为而治的问题。此种笔法,此种灵机,使读者不得不为之震撼。

一

【原文】 啮缺问于王倪①,四问而四不知。啮缺因跃而大喜②,行以告蒲衣子③。蒲衣子曰:"而乃今知之乎④?有虞氏不及泰氏⑤。有虞氏其犹藏仁以要人⑥,亦得人矣,而未始出于非人⑦。泰氏其卧徐徐⑧,其觉于于⑨。一以己为马⑩,一以己为牛。其知情信⑪,其德甚真,而未始入于非人。"

【注释】 ①啮缺、王倪:皆为虚拟人物。②因跃而大喜:读为"因大喜而跃"。③行以告:去告诉。蒲衣子:虚拟人物。④而:通"尔",你。乃今:"现在才……"的意思。⑤有虞氏:即舜。泰氏:传说中的上古帝王。⑥要人:要结人心。⑦非人:指物,与人相对的外物。⑧徐徐:舒缓的样子。⑨于于:安闲的样子。⑩一:或,任或。⑪知:同"智"。情:实。

【译文】 啮缺向王倪请教,问了四次,王倪四次都回答说不知道。啮缺因此高兴得跳了起来,把这事告诉蒲衣子。蒲衣子说:"现在你才知道了吧,有虞氏不如泰氏。有虞氏还心怀仁义,以此要结人心,虽然也获得了人心,但未能超然物外。泰氏却睡眠时呼吸舒缓,醒来时安闲自得,任人把自己称为马,或是称为牛。他的心智真实无伪,他的品德纯真高尚,没有受到外物的牵累。"

二

【原文】 肩吾见狂接舆。狂接舆曰:"日中始何以语女①?"

肩吾曰:"告我,君人者以己出经式义度②,人孰敢不听而化诸③?"

狂接舆曰:"是欺德也④。其于治天下也,犹涉海凿河,而使蚊负山也。夫圣人之治也,治外乎⑤?正而后行⑥,确乎能其事者而已矣。且鸟高飞以避增弋之害⑦,鼹鼠深穴乎神丘之下以避熏凿之患⑧,而曾二虫之无知⑨?"

【注释】 ①日中始:虚拟人物。女:同"汝",你。②君人者:国君。经、式、义、度:皆谓法度。义,读为"仪"。③诸:句尾助词,犹"乎"。④欺德:虚伪骗人的言行。⑤治外:指用"经式仪度"来治理人的外表。⑥正而后行:自正而后化行天下。此"正"指无为,此"行"指自然。即《老子》所说:"我无为而民自化,我好静而民自正。"⑦增弋:捕鸟的器具。增是鸟网,弋是系有丝绳的箭。⑧鼹鼠:小鼠。熏凿:谓烟熏和挖掘。⑨无知:奚侗认为"'知'当作'如',其义较长。'无如'犹言'不如'也"。可参考。

【译文】 肩吾见到狂接舆,狂接舆说:"日中始对你都说了些什么?"

肩吾说:"他告诉我,那些做国君的,凭自己的想法制定各种法规,人们谁敢不听而归从呢?"

狂接舆说:"这是虚伪骗人的做法。他这样去治理天下,就如同在大海里开凿河道,让蚊虫背负大山一样。圣人治理天下,难道是用法度来约束人们的外表吗?圣人是先端正自己,而后才会感化他人,任随人们能够做的事情去做就是了。譬如鸟儿知道高高飞起来躲避罗网弓箭的伤害,鼹鼠知道深深藏在神坛下的洞穴中来避免烟熏挖掘的祸患,能够说鸟和鼠是无知的吗?"

三

【原文】 天根游于殷阳①,至蓼水之上②,适遭无名人而问焉③,曰:"请问为天下④。"

无名人曰:"去!汝鄙人也,何问之不豫也⑤!予方将与造物者为人⑥,厌则又乘夫莽眇之鸟⑦,以出六极之外,而游无何有之乡,以处圹埌之野⑧。汝又何帠以治天下感予之心为⑨?"

又复问,无名人曰:"汝游心于淡,合气于漠⑩,顺物自然而无容私焉,而天下治矣。"

【注释】 ①天根:虚拟人物。殷阳:虚拟地名。②蓼水:虚拟水名。③无名人:虚拟人物。④为:治,治理。⑤不豫:不悦,不快。⑥为人:为友。⑦莽眇之鸟:像鸟般的轻盈虚渺之气。⑧圹埌:空旷寥阔。⑨帠:"臬"的坏字,读作"瘪","呓"的本字。⑩淡、漠:皆指清静无为的境界。

【译文】 天根在殷阳游览,走到蓼水岸边,恰巧碰见无名人,便问道:"请问治理天下的办法。"

无名人说:"走开!你这鄙陋的人,为何问这些令人不快的问题!我正要和造物者结伴遨游,厌烦了就要乘像鸟一样的轻盈清虚的气流,飞出天地四方之外,畅游于无何有之乡,歇息于广阔无边的旷野。你又为什么用治理天下的梦话来触动我的心呢?"

天根再次询问,无名人说:"你的心神要安于淡漠,你的形气要合于虚寂,顺着万物的自然本性而不掺杂私意,天下就可以大治了。"

四

【原文】 阳子居见老聃①,曰:"有人于此,向疾强梁②,物彻疏明③,学道不倦。如是者,可比明王乎?"

老聃曰:"是于圣人也,胥易技系④,劳形怵心者也⑤。且也虎豹之文来田⑥,猨狙之便、执斄之狗来藉⑦。如是者,可比明王乎?"

阳子居蹴然曰⑧:"敢问明王之治。"

老聃曰:"明王之治:功盖天下而似不自己,化贷万物而民弗恃⑨;有莫举名⑩,使物自喜;立乎不测,而游于无有者也⑪。"

【注释】 ①阳子居:虚拟人物。历来多认为阳子居是主张"贵己"的杨朱,其实不相干。②向疾:敏捷如响。向,通"响"。强梁:强悍果断。③物彻:观察事物透彻。

疏明:疏通明白。④胥:有才智的小吏。易:掌管占卜的小官。技系:被技术所束缚而不能脱身。⑤劳形怵心:形体劳累,内心担惊受怕。怵,惊惧。⑥文:花纹。来:招来。田:田猎。⑦便:灵便。狸:狐狸。藉:拘系。⑧蹴然:脸色突然改变的样子。⑨贷:施。弗恃:不觉有所依赖。⑩莫:无。举:显示,称说。⑪无有:指至虚之境。

【译文】　阳子居见到老聃,问道:"有这样的一个人,做事敏捷果敢,看问题透彻明达,学道勤奋不倦。像这种人,可以和圣明之王相比吗?"

老聃说:"这样的人在圣人看来,不过就像有才智的小吏,被自己的技艺职守所困,终身劳其形体,担惊受怕罢了。况且像虎豹由于皮有花纹而招来捕猎,猕猴由于灵便、猎狗由于会捉狐狸而招来拘系。像这样的情况,能够和圣明之王相比拟吗?"

阳子居脸色突变,惭愧地说:"请问圣明之王是如何治理天下的呢?"

老聃说:"圣明之王治理天下,功绩布满天下却好像与自己无关;化育万物而百姓却不觉得有所依赖;有功德却无法去称谓,而让万物欣然自得;自己立于不可测见的地位,生活在至虚无为的境地。"

五

【原文】　郑有神巫曰季咸①,知人之死生、存亡、祸福、寿夭,期以岁月旬日②,若神。郑人见之,皆弃而走。列子见之而心醉③,归,以告壶子④,曰:"始吾以夫子之道为至矣,则又有至焉者矣。"

壶子曰:"吾与汝既其文,未既其实。而固得道与⑤?众雌而无雄,而又奚卵焉⑥!而以道与世亢⑦,必信⑧,夫故使人得而相汝⑨。尝试与来。以予示之。"

明日,列子与之见壶子。出,而谓列子曰:"嘻!子之先生死矣!弗活矣!不以旬数矣⑩!吾见怪焉,见湿灰焉⑪。"

列子入,泣涕沾襟以告壶子。壶子曰:"乡吾示之以地文⑫,萌乎不震不止⑬。是殆见吾杜德机也⑭。尝又与来。"

明日,又与之见壶子。出,而谓列子曰:"幸矣!子之先生遇我也,有瘳矣⑮!全然有生矣!吾见其杜权矣⑯!"

列子入,以告壶子。壶子曰:"乡吾示之以天壤⑰,名实不入,而机发于踵。是殆见吾善者机也⑱。尝又与来。"

明日,又与之见壶子。出,而谓列子曰:"子之先生不齐⑲,吾无得而相焉。试齐,且复相之。"

列子入,以告壶子。壶子曰:"吾乡示之以太冲莫胜⑳,是殆见吾衡气机也㉑。鲵桓之审为渊㉒,止水之审为渊,流水之审为渊。渊有九名㉓,此处三焉㉔。尝又与来。"

明日,又与之见壶子。立未定,自失而走。壶子曰:"追之!"列子追之不及。反,以报壶子曰:"已灭矣,已失矣,吾弗及已。"

壶子曰:"乡吾示之以未始出吾宗㉕。吾与之虚而委蛇㉖,不知其谁何,因以为弟靡㉗,因以为波流㉘,故逃也。"

然后列子自以为未始学而归。三年不出，为其妻爨㉙，食豕如食人㉚，于事无与亲。雕琢复朴㉛，块然独以其形立。纷而封哉㉜，一以是终㉝。

【注释】　①神巫：精于祈祷降神、占卜吉凶的人。季咸：事见《列子·黄帝篇》。②期：预测。③心醉：指迷恋、折服。④壶子：名林，号壶子，郑国人，是列子的老师。⑤而：通"尔"，你。固：岂，难道。与：通"欤"，语气词。⑥"众雌而无雄"二句：喻有文无实不能称为道。⑦而：通"尔"，你。道：指列子所学的表面之道。亢：同"抗"，较量。⑧信：伸。⑨使人得而相汝：让神巫窥测到你的心迹，从而要给你相面。⑩不以旬数：不能用旬数死期了。旬，十天。⑪湿灰：喻毫无生气，死定了。⑫乡：通"向"，刚才。地文：大地寂静之象。⑬萌乎：犹"芒然"，喻昏昧的样子。萌，通"芒"。震：动。止：通行本作"正"，据《阙误》引江南古藏本改。⑭杜：闭塞。德机：指生机。⑮有瘳：疾病可以痊愈。⑯杜权：闭塞中有所变化。权，变。⑰天壤：指天地间一丝生气。壤，地。⑱善者机：指生机。善，生意。⑲不齐：指神色变化不定。⑳吾乡：当是"乡吾"的误导。太冲莫胜：太虚之气平和无偏颇，无迹可寻。㉑衡气机：生机平和，不可见其端倪。㉒鲵：鲸鱼。桓：盘旋。审：借为"沈"，深意。㉓渊有九名：《列子·黄帝篇》："鲵旋之潘为渊，止水之潘为渊，流水之潘为渊，滥水之潘为渊，沃水之潘为渊，氿水之潘为渊，雍水之潘为渊，汧水之潘为渊，肥水之潘为渊，是为九渊焉。"㉔此处三焉：指鲵桓之水喻杜德机、止水喻善者机、流水喻衡气机。㉕出：显露。吾宗：我的大道根本。㉖虚：无所执着。委蛇：随顺应变的样子。㉗弟靡：茅草随风摆动。形容一无所靠。弟，读作"稊"，茅草类。㉘波流：形容一无所滞。㉙爨：烧火做饭。㉚食豕：喂猪。㉛雕琢复朴：去雕琢，复归于素朴。㉜纷而封哉：谓在纷乱的世事中持守真朴纯一大道。封，守。㉝一以是终：终身不变。

【译文】　郑国有一个神巫名叫季咸，能够预测人的生死存亡和祸福寿夭，所预言的时间，哪年哪月哪日，都能如期发生，准确如神。郑国人见了他，因为害怕知道自己的凶日而都远远逃走。列子见了他，却被他的神算所陶醉所折服，回来后，便把此事告诉了壶子，说道："当初我还以为先生的道术最高明了，没想到还有更高深的。"

壶子说："我教授你的都是外在的东西，还没有展现道的实质，难道你就认为自己得道了吗？就像有许多雌性的鸟而缺少雄性的鸟，又怎能生出卵来呢？你用表面的道与世人较量，希望得到认可，所以才让神巫窥测到你的心迹，从而要给你相面。试着把他带来，让他看看我的相。"

第二天，列子与季咸一起来见壶子。季咸出来后，对列子说："唉！你的先生快要死了！活不成了！过不去十来天了！我见他形色怪异，犹如湿灰一样毫无生机。"

列子进去，泪水汪汪沾湿了衣裳，把季咸的话告诉了壶子。壶子说："刚才我显给他看的是大地般的寂静，茫然无迹，不动不止。他大概是看到我闭塞生机的景象。试着再跟他一起来看看。"

第二天。列子又跟季咸一起来看壶子。季咸出来后，对列子说："你的先生幸亏遇上了我，现在可以痊愈了！完全有生机了！我看见他闭塞的生机开始活动了！"

列子进去,把季咸的话告诉了壶子。壶子说:"刚才我显示给他看的是天地间的一丝生机,名利不入于心,一丝生机从脚跟升起。他大概看到了我这线生机了。试着你再请他一起来看看。"

第二天,列子又跟季咸一起来见壶子。季咸出来后,对列子说:"你的先生神情恍惚不定,我无法给他相面。等他心神安宁的时候,我再给他看相。"

列子进去,把季咸的话告诉了壶子。壶子说:"我刚才显示给他看的是无迹可寻的太虚境界。他大概看到了我生机平和而不偏一端的状况。鲸鱼盘旋的深水是渊,不流动的深水是渊,流动的深水是渊。渊有九种,我给他看的只有三种。试着再跟他一起来看看。"

第二天,列子又跟季咸一起来见壶子。季咸还没有站稳,就感觉不对头,便惊慌地逃走了。壶子说:"追上他!"列子没有追上,回来告诉壶子说:"已经不见踪迹了,已经跑掉了,我追不上他了。"

壶子说:"刚才我显示给他看的并不是我的根本大道。我不过是和他随顺应变,他分不清彼此,犹如草随风披靡,水随波逐流,只得逃走。"

此后列子才认识到自己并没有学到什么,便返回家中,三年不出家门。他替妻子烧火做饭,饲养猪就像侍候人一样,对待一切事物无所偏爱。他扬弃浮华,复归真朴,无知无识、不偏不倚的样子,犹如土块立在地上。他在纷乱的世界中固守着真朴,终身一贯如此。

六

【原文】 无为名尸①,无为谋府②,无为事任③,无为知主④。体尽无穷,而游无朕⑤。尽其所受乎天而无见得⑥,亦虚而已!至人之用心若镜,不将不迎⑦,应而不藏,故能胜物而不伤。

【注释】 ①尸:主。②谋府:出谋划策的地方。③事任:担当事物的责任。④知主:智慧的主人,主谋,智慧的总集。⑤无朕:无迹象,无征兆。朕,兆。⑥天:指自然。无见得:不自现其所得。见,同"现"。⑦不将不迎:物去不送,物来不迎。将,送。

【译文】 不要承受附加的名誉,不要成为智谋的府库,不要承担事物的责任,不要成为智慧的主持。体悟大道,应化没有穷尽;逍遥自在,游于无物之初。尽享自然所赋予的本性而不自现人为的所得,这正是虚寂无为的心境!至人用心犹如明镜,物来不迎,物去不送,物来应照,物去不留,顺任自然,不存私心,所以能够超脱物外而不为外物所伤害。

七

【原文】 南海之帝为儵,北海之帝为忽①,中央之帝为浑沌②。儵与忽时相与遇于浑沌之地,浑沌待之甚善。儵与忽谋报浑沌之德,曰:"人皆有七窍以视听食息③,此独无有,尝试凿之。"日凿一窍,七日而浑沌死。

【注释】 ①"南海"二句:儵、忽,虚拟人物。儵,通"倏"。"倏""忽"二字都含有神速意,喻有为。②浑沌:虚拟人物。"浑沌"是纯朴自然的意思,喻无为。③七窍:一口、两耳、两目、两鼻孔。

【译文】 南海的帝王名叫儵,北海的帝王名叫忽,中央的帝王名叫浑沌。儵和忽时常在浑沌的境内相遇,浑沌待他们很好。儵和忽商量回报浑沌对他们的好处,说:"人们都有七窍,用来看、听、饮食、呼吸,唯独他没有,我们试着给他凿出来。"于是每天凿出一窍,凿到第七天浑沌就死了。

外　篇

骈　拇

【题解】

《骈拇》为外篇的首篇。与内篇按篇旨命题不同,外篇的大部分篇名取自篇首二字或三字,也有部分篇章可视为以义名篇,如本篇既可以认为取自篇首二字为篇名,也可以认为以义名篇。

本篇宗旨在于宣扬为人处事要合于自然,顺乎人情之常,而痛斥了仁义残生伤性的弊端。这里选录了两段。前一段意在揭露所谓仁义并非出于自然的情理,并非是自然的正道,而自然的正道在于"不失其性命之情"。其中"凫胫虽短,续之则忧;鹤胫虽长,断之则悲"这一论断,张扬了尊重自然、遵从本性的进步思想。后一段意在说明"天下有常然",而一味强调施行仁义,就会损害天下常然的状态,损害万物的本性。

一

【原文】 骈拇枝指出乎性哉①,而侈于德②;附赘县疣出乎形哉③,而侈于性;多方乎仁义而用之者④,列于五藏哉⑤,而非道德之正也。是故骈于足者,连无用之肉也;枝于手者,树无用之指也;骈枝于五藏之情者⑥,淫僻于仁义之行⑦,而多方于聪明之用也。

是故骈于明者,乱五色⑧,淫文章⑨,青黄黼黻之煌煌非乎⑩?而离朱是已⑪!多于聪者,乱五声⑫,淫六律⑬,金、石、丝、竹、黄钟、大吕之声非乎⑭?而师旷是已⑮!枝于仁者,擢德塞性以收名声⑯,使天下簧鼓以奉不及之法非乎⑰?而曾、史是已⑱!骈于辩者,累瓦、结绳、窜句⑲,游心于坚白同异之间⑳,而敝跬誉无用之言非乎㉑?而杨、墨是已㉒!故此皆多骈旁枝之道,非天下之至正也。

彼至正者㉓,不失其性命之情。故合者不为骈,而枝者不为跂㉔;长者不为有馀,短者不为不足。是故凫胫虽短㉕,续之则忧;鹤胫虽长,断之则悲。故性长非所断,性短非所续,无所去忧也。意仁义其非人情乎㉖!彼仁人何其多忧也。

【注释】 ①骈拇:脚的大拇指与第二指连生。骈,连合。枝指:手大拇指旁歧生一指。枝,歧出。②侈:多,多余。德:通"得",指人所固有。③附赘县疣:即附悬的赘疣。赘疣,身上所生的多余的肉瘤。县,同"悬"。④多方:多端,多方面。乎:于,列于。⑤列于五藏:指以仁义配五脏。据《内经》:"仁配肝,礼配心,信配脾,义配肺,智配肾。"藏,即"脏"。⑥骈枝于五藏之情者:"骈枝"上原衍"多方"两字,依焦竑诸家之说删。⑦淫僻:过度为淫,过偏为僻。⑧五色:青、黄、赤、白、黑。⑨淫:过度,淫溢。文章:青与赤为文,赤与白为章。⑩黼黻:绣在礼服上的花纹。黑与白相间叫黼,黑与青相间叫黻。煌煌:光辉炫目的样子。⑪而:通"如"。离朱:一说黄帝时人。《淮南子·原道》称"离朱之明,察箴末于百步之外"。⑫五声:指古乐中的五个音节,即宫、商、角、徵、羽。⑬六律:古乐中的六个标准音调,即黄钟、大吕、姑洗、蕤宾、无射、夹钟。⑭金、石、丝、竹:皆可用来制作乐器,这里指五类乐器。黄钟、大吕:指乐器的声调。⑮师旷:晋平公的乐师,精于音律。⑯擢:拔。塞:闭塞。收名声:指沽名钓誉。⑰簧鼓:犹"吹笙打鼓",即吹吹打打,喧闹之意。⑱曾、史:曾参和史鳅。曾参字子舆,是孔子的弟子;史鳅字子鱼,是卫灵公的大臣。⑲累瓦、结绳、窜句:皆是比喻过于善辩者堆砌文词、上下串说、穿凿文句。⑳游心:心思游荡。坚白、同异:名家两个重要论题。详见《齐物论》注。㉑敝跬:疲惫的样子。誉:夸耀。㉒杨、墨:杨朱和墨翟,均为宋国人。㉓至正:通行本误作"正正",依褚伯秀等说改正。㉔跂:多出的脚趾。㉕凫胫:野鸭的小腿。㉖意:成玄英《疏》本作"噫",嗟叹之声。释"意"为料想、猜想也通。

【译文】 连生的脚趾与歧生的手指虽然是天生的,但是对于人的体容来说却是多余的;附着在人体上的肉瘤,虽然生长在人身上,但是对于天生的身体却是多余的;使用各种方法推行仁义,并把它匹配五脏,但这些并非是道德的本然。因而连生在脚上的,只是连接了一块无用的肉;歧生在手上的,只是长了一个无用的指头;节外生枝地把仁义与五脏相匹配而超出了五脏的实情,这种实行仁义的淫僻行为,真是多方地滥用了聪明。

因而视物过度明察的,就会迷乱五色,淫滥文采,岂不像青黄相间的华丽服饰的花纹令人炫目吗?那离朱就是这样的人!听觉过度灵敏的,就会混淆五声,淫乱六律,岂不像金石丝竹各种乐器发出的像黄钟、大吕等各种动听的乐声令人沉迷吗?那师旷就是这样的人!多余地提倡仁义的,拔高品德,蔽塞真性,以此来沽名钓誉,岂不是让天下人喧嚷着去奉守不可做到的礼法吗?那曾参和史鳅就是这样的人!过分辩解的,犹如累瓦结绳般的堆砌语词,穿凿文句,驰骋心思,致力于坚白同异论题的争论上,岂不是疲惫地夸耀自己的无用之言吗?那杨朱和墨翟就是这样的人!所以这些都是多余无用之道,并非天下最纯正的道德。

那天下最纯正的道德,就是出自他们真实的自然本性。所以从自然而然的角度说,大拇指与第二指连生的不算连生,旁生出一指的不算是多余;长的不算有余,短的不算不足。所以野鸭的腿虽然短小,但给它接上一段就会带来痛苦;野鹤的腿虽然修长,但给它截去一节就会带来悲哀。所以本性是长的,就不该去截短它;本性是短的,就不该去接长它,这样也就没有什么可忧虑的了。噫,仁义它不合乎性命之情吧!那些仁义者怎么会有那么多的忧愁。

二

【原文】 且夫待钩绳规矩而正者①,是削其性者也;待绳约胶漆而固者②,是侵其德者也③;屈折礼乐④,呴俞仁义⑤,以慰天下之心者,此失其常然也⑥。天下有常然。常然者,曲者不以钩,直者不以绳,圆者不以规,方者不以矩,附离不以胶漆⑦,约束不以缠索⑧。故天下诱然皆生⑨,而不知其所以生;同焉皆得,而不知其所以得。故古今不二,不可亏也⑩。则仁义又奚连连如胶漆缠索而游乎道德之间为哉⑪!使天下惑也!

【注释】 ①待:依赖。钩:木工画曲线的曲尺。绳:木工用绳来划直线。规矩:皆为木工工具,规划圆,矩划方。正:矫正,标准。②绳约:绳索。③德:德性,本性。④屈折:屈身折体,指举行礼乐仪式时的动作。可引申为周旋。⑤呴俞:爱抚,安抚。⑥常然:正常状态。⑦附离:附依。离,通"丽",依附。⑧缠索:绳索。⑨诱然:犹"油然",自然而然。⑩不可亏:指自然之性不可亏损。⑪奚:何,为什么。而:以。

【译文】 要用曲尺、墨线、圆规、角尺来修正事物的,这就损害了事物的本性;要用绳索、胶漆来固定事物的,这就侵害了事物的品质;那些用礼乐来周旋,用仁义来安抚,以此告慰天下人心的,这就违背了事物的自然生态。天下的事物存在着自己的自然生态。这自然生态就是,弯曲的并非使用了曲尺,笔直的并非使用了墨线,圆圆的并非使用了圆规,方方的并非使用了角尺,相合在一起的并非使用了胶漆,束缚在一起的并非使用了绳索。所以天下万物都是自然而然的生长,却不知道它是如何生长的;天下万物都有所得,却不知道它是如何取得的。所以古往今来,万物的自然之理都是一样的,不能够用人为的东西去亏损自然的本性。那么仁义又何必像胶漆绳索那样非要挤进万物的自然本性之中呢!这让天下人都感到疑惑呀!

马 蹄

【题解】
本篇取篇首二字为篇名,其主旨与《骈拇》相同,皆从性命上立论,批评当权者在所谓的"善治"下,带给社会和人们的伤害,宣扬道家无为而治的思想。

本篇可分三段,我们选录了首段和第二段的一部分。首段以马为喻,描写马的"龁草饮水,翘足而陆"的自在生活,也是马的真性表现,以此隐喻人的自然天性。接着用伯乐治马、陶工治埴、木匠治木设喻,指出他们对马及对物本性的损害,犹如统治者治理国家中对人们本性的残害一样有罪过。这是以宾喻主的写法。第二段一部分,作者着力描绘了处于原始社会状态下的人与自然和谐共处的情景:这里的人民"织而衣,耕而食",同心同德,浑然一体,"禽兽可系羁而游,鸟鹊之巢可攀援而窥",可谓庄子版的"世外桃源"。以社会发展史的角度来看,这是一种复古和倒退;从人与自然和谐共存的理念角度来看,应看作是人类更高境界的憧憬和追求。

一

【原文】 马,蹄可以践霜雪,毛可以御风寒。龁草饮水^①,翘足而陆^②,此马之真性也。虽有义台路寝^③,无所用之。及至伯乐^④,曰:"我善治马。"烧之,剔之,刻之,雒之^⑤。连之以羁馽^⑥,编之以皁栈^⑦,马之死者十二三矣!饥之,渴之,驰之,骤之,整之,齐之,前有橛饰之患^⑧,而后有鞭笑之威^⑨,而马之死者已过半矣!陶者曰^⑩:"我善治埴^⑪。圆者中规^⑫,方者中矩。"匠人曰:"我善治木^⑬。曲者中钩,直者应绳。"夫埴木之性,岂欲中规矩钩绳哉?然且世世称之曰:"伯乐善治马,而陶匠善治埴木。"此亦治天下者之过也。

【注释】 ①龁:啃,吃。②陆:跳。③义台:即"仪台",用于举行典礼的台子。路寝:正室,大室。④伯乐:姓孙,名阳,字伯乐,秦穆公时人。善于识别好马。⑤"烧之"四句:烧之,指用烧红的烙铁打火印。剔之,指剪马毛。刻之,削马蹄甲。雒之,戴笼头。⑥羁:络马首。馽:绊马前足。⑦皁:马槽。栈:马棚。⑧橛:马嚼子。⑨笑:马杖,打马的工具。⑩陶者:制作陶器的人。⑪治埴:烧治陶器。埴,粘土,制陶原料。⑫中:符合。⑬治木:制作木器。

【译文】 马蹄可以践踏霜雪,马毛可以抵御风寒。马吃草饮水,举足跳跃,这是马的真性情。纵使有高台大室,对马来说也是毫无用处。后来有了伯乐,他说:"我善于驯马。"于是用烙铁打上印记,剪除长毛,削去蹄甲,戴上笼头。又用马络头和足绊把马拴在一起,用绳子按顺序编排在马棚马槽中,这样好好的马就有二、三成死掉了!然后再让马饿着,渴着,驱赶着,奔跑着,进行着整齐划一的训练,前有马嚼子和马缨的束缚,后有鞭策抽打的威胁,这时马的伤亡就已过半了!陶匠说:"我善于制作陶器。能使圆的合于规,方的合于矩。"木匠说:"我善于制作木器。能使弯的合于曲尺,直的合于墨线。"难道粘土和木材的本性一定要合于规矩绳墨吗?然而世世代代都称赞说:"伯乐善于养马,而陶工木匠善于制作陶器木器。"这也是那些治理天下的人所犯的过错啊!

二

【原文】 吾意善治天下者不然。彼民有常性^①,织而衣,耕而食,是谓同德^②。一而不党^③,命曰天放^④。故至德之世^⑤,其行填填,其视颠颠^⑥。当是时也,山无蹊隧^⑦,泽无舟梁^⑧;万物群生,连属其乡^⑨;禽兽成群,草木遂长^⑩。是故禽兽可系羁而游,鸟鹊之巢可攀援而窥。夫至德之世,同与禽兽居^⑪,族与万物并^⑫,恶乎知君子小人哉?同乎无知,其德不离;同乎无欲,是谓素朴^⑬。素朴而民性得矣。

【注释】 ①常性:不变的本性。②同德:共同得于自然。③一:浑然一体。党:偏。④命:称,名。天放:自然赋予的自由。⑤至德之世:道德最高尚的时代。⑥"其行"二句:填填、颠颠,均为形容自在得意的神态。⑦蹊隧:小径和穴道。⑧舟梁:船和桥。⑨连属其乡:指居所相连。⑩遂长:生长。⑪同:混同。⑫族:聚集。并:合。⑬素朴:纯朴。

【译文】 我以为善于治理天下的人不会这样。那人民是有不变的天性的,他们织布穿衣,耕田吃饭,这是共同的本能。彼此浑然一体,没有偏向,可以称为自由放任。所以在道德昌盛的时代,人民的行为总是显出悠闲自得、质朴拙实的样子。在那个时候,山中没有小径和隧道,水上没有船只和桥梁;万物共同生长,居处彼此相连;禽兽成群结队,草木茁壮滋长。因而禽兽可以让人牵着去游玩,鸟鹊的窠巢可以任人攀援去窥探。在那道德昌盛的时代,人与禽兽混杂而居,与万物聚集在一起,哪里有君子与小人的区别呢?人们都一样的不用智巧,自然的本性就都不会丧失;人们都一样的没有贪欲,所以都纯真朴实。人们都纯真朴实,也就能永葆人的自然本性了。

胠 箧

【题解】

本篇以篇首"胠箧"二字(指实义字)名篇,也可视为举事以名篇。文章旨在宣扬老子"绝圣弃智"的思想。圣人为什么要灭绝?智慧为什么要摒弃?作者开篇就用事物类比法进行了深刻地论辩。他以箧(箱)、囊(袋)、匮(柜)喻天下、国家,以摄缄縢(扎紧绳索)、固扃鐍(加固门闩和锁钥)喻圣智之法,又以巨盗"负匮揭箧担囊而趋"(背着柜子、举着箱子、扛着袋子而逃)喻田成子之流不但盗取了国家,连"圣智之法"也一并偷窃了去。以小喻大,一路写来,深刻地揭示和抨击了当时社会存在的"窃钩者诛,窃国者为诸侯,诸侯之门而仁义存焉"的黑暗现实。当作者面对"仁义"成为窃国的帮凶,"礼法"成为治民的工具,无奈之中,只好眷恋起"小国寡民"的自由平等的原始社会,其政治倾向虽是消极的,但其中蕴含的民主性的精华却是值得我们礼赞。

本篇自开头至"是乃圣人之过"一段止,雄论滔滔,一气呵成,文笔犀利,气势磅礴,是本篇的精粹。我们选录此部分加以介绍。

【原文】 将为胠箧探囊发匮之盗而为守备①,则必摄缄縢②,固扃鐍③,此世俗之所谓知也④。然而巨盗至,则负匮揭箧担囊而趋⑤,唯恐缄縢扃鐍之不固也。然则乡之所谓知者⑥,不乃为大盗积者也?

故尝试论之:世俗之所谓知者,有不为大盗积者乎?所谓圣者,有不为大盗守者乎?何以知其然邪?昔者齐国邻邑相望,鸡狗之音相闻,罔罟之所布⑦,耒耨之所刺⑧,方二千馀里。阖四竟之内⑨,所以立宗庙社稷,治邑屋州闾乡曲者⑩,曷尝不法圣人哉⑪?然而田成子一旦杀齐君而盗其国⑫,所盗者岂独其国邪?并与其圣知之法而盗⑬。故田成子有乎盗贼之名,而身处尧、舜之安。小国不敢非,大国不敢诛,十二世有齐国⑭。则是不乃窃齐国并与其圣知之法以守其盗贼之身乎?

尝试论之:世俗之所谓至知者,有不为大盗积者乎?所谓至圣者,有不为大盗守者乎?何以知其然邪?昔者龙逢斩⑮,比干剖⑯,苌弘胣⑰,子胥靡⑱,故四子之贤而身不免乎戮。故跖之徒问于跖曰:"盗亦有道乎?"跖曰:"何适而无有道邪⑲?夫妄意室中之藏^⑳，圣也；入先，勇也；出后，义也；知可否，知也^㉑；分均，仁也。五者不备而能成大盗者，天下未之有也。"由是观之，善人不得圣人之道不立^㉒，跖不得圣人之道不行^㉓。天下之善人少而不善人多，则圣人之利天下也少而害天下也多。故曰，唇竭则齿寒^㉔，鲁酒薄而邯郸围^㉕，圣人生而大盗起。掊击圣人^㉖，纵舍盗贼，而天下始治矣。

夫川竭而谷虚^㉗，丘夷而渊实^㉘。圣人已死，则大盗不起，天下平而无故矣^㉙！圣人不死，大盗不止。虽重圣人而治天下^㉚，则是重利盗跖也。为之斗斛以量之^㉛，则并与斗斛而窃之；为之权衡以称之^㉜，则并与权衡而窃之；为之符玺以信之^㉝，则并与符玺而窃之；为之仁义以矫之，则并与仁义而窃之。何以知其然邪？彼窃钩者诛^㉞，窃国者为诸侯。诸侯之门而仁义存焉，则是非窃仁义圣知邪？故逐于大盗^㉟，揭诸侯^㊱，窃仁义并斗斛权衡符玺之利者，虽有轩冕之赏弗能劝^㊲，斧钺之威弗能禁^㊳。此重利盗跖而使不可禁者，是乃圣人之过也。

【注释】　①胠：从旁边打开。箧：箱子。探囊：掏布袋子。发匮：开柜子。匮，同"柜"。为守备：做好防守戒备。②摄：打结，缠绕。缄、縢：都是绳子。③固：加固，使坚固。扃鐍：门闩和锁钥。④知：同"智"。⑤负：背。揭：举。趋：指逃走。⑥乡：通"向"，指前面所说。⑦罔：渔网，鸟网。罟：网的总称。布：设置。⑧耒：犁。耨：锄草工具。刺：插。⑨阖四竟：全国。阖，整个。竟，通"境"。⑩邑、屋、州、闾、乡、曲：都是古代大小不同的地方行政区域。⑪曷：何。不法：不效法。⑫田成子：齐国大夫陈恒（又称田常）于鲁哀公十年，杀了齐简公，夺取了政权。⑬圣知之法：指圣人制订的法规制度。知，同"智"。⑭十二世：当为"世世"之误。⑮龙逢斩：关龙逢是夏桀的贤臣，因直谏被杀。⑯比干剖：比干是商纣王的叔父，因忠谏被剖心。⑰苌弘胣：苌弘是周灵王的贤臣，因遭谗毁自剖而死。胣，剖肠。⑱子胥靡：子胥姓伍，名员，字子胥。他力谏吴王灭越，吴王不听，赐剑令子胥自刎。子胥尸体沉入江中，致使糜烂。靡，通"糜"。⑲何适：何往，哪一个。⑳妄意：揣摩，猜想。㉑知可否，知也：能够预测计划可否实现，这是智慧。前一"知"，预知；后一"知"，同"智"。㉒不立：指不能立功建业。㉓不行：指不能行窃下去。㉔唇竭：唇反举向上，即露齿。㉕鲁酒薄而邯郸围：有两种说法。一说是，楚国会见诸侯，鲁国和赵国都向楚王献酒。鲁国的酒味淡而赵国的酒味浓。楚国管酒的人向赵国要酒，赵国不给，于是管酒的人便把赵国的好酒换成了鲁国的薄酒。后来，楚王嫌赵国的酒不好，就出兵围困了赵国的邯郸。㉖掊击：抨击，打倒。㉗川：两山之间的流水。谷：两山间的流水道。㉘夷：平。㉙无故：无事。㉚重：重用。㉛斗斛：斗和斛都是量具，十斗为一斛。㉜权衡：指秤。权，秤锤。衡，秤杆。㉝符：符契。玺：印。㉞钩：指腰带钩。㉟逐：追逐，追随。㊱揭：举而夺之。㊲轩冕：轩车和礼帽，指高官厚禄。劝：劝止。㊳斧钺之威：指死刑的威胁。钺，大斧。

【译文】　为了防备那些开箱、掏布袋、撬柜子的小偷，就必然要捆紧绳子，加固锁钮，这是世俗间所说的聪明。然而大盗一来，就会顺手背起柜子，扛起箱子，挑起布袋而偷走，唯恐绳子锁钮不够牢固。那么以前所谓的聪明，不就是替大盗储藏财物了吗？

为此我们尝试着讨论一下：世俗的所谓聪明，有不为大盗储备积累的吗？所谓的圣人，有不为大盗守护的吗？为什么说是这样的呢？从前齐国，从邻里相望、鸡鸣狗叫之声相闻的地方，到网罟设置的地方，再到犁锄耕作的地方，方圆有两千多里。整个国境之内，凡是建立宗庙社稷，以及设置邑屋州同乡曲等各级行政管理机构的地方，何尝不效法圣人呢？但是田成子一旦杀死齐君而盗取了齐国政权，所盗取的岂止是那个国家呢？连同圣人的法规制度不也盗取了吗？所以田成子虽有盗贼的不好名声，然而身处尧、舜一般安稳的帝王地位。小国不敢非议他，大国不敢讨伐他，他却世世代代据有齐国。这件事不就是连同圣智的法制一起窃取了齐国的政权，并以此保护那盗贼的身家性命吗？

我们接着试做论析：世俗间所谓最聪明的人，有不替大盗做储备和积蓄的吗？所谓的大圣有不替大盗做守护的吗？怎么知道是这样的呢？从前关龙逢被斩首，比干被剖心，苌弘剖肠而死，伍子胥尸体沉江而糜烂，像这样的四个贤人都不免于杀身之祸。所以盗跖的门徒向盗跖问道："做强盗也有道吗？"盗跖回答说："做什么事情没有道呢？就像我们能够揣摩出屋里藏着什么好东西，这就是圣明；能够争先入室，这就是勇敢；撤出时主动断后，这就是义气；能够预测计划可否成功，这就是智慧；分赃平均，这就是仁爱。这五样不具备而能够成为大盗的人，天下还没有见过。"由此看来，善人如果不懂圣人之道就不能建功立业，盗跖如果不懂圣人之道就不能行窃下去。然而天下的善人少而不善的人多，那么圣人利于天下的作用少而害于天下的作用就多。所以说，唇亡则齿寒，鲁酒薄而邯郸被围，圣人生而大盗兴起。打倒圣人，放走盗贼，那么天下就开始太平了。

河川干涸，那么山谷就会空虚；山丘铲平，那么深渊也能填满。圣人死了，大盗就不会兴起，天下便太平无事了！如果圣人不死，大盗就不会止息。虽说重用圣人是为了治理天下，其结果却是大大有利于盗跖。圣人为了公平，制造了斗斛用来量谷物，大盗便连同斗斛也一并盗去；圣人制造了市秤来称东西，大盗便连同市秤也一并盗去；圣人制造了符契印章以便取信，大盗便连同符契印章也一并盗去；圣人宣扬仁义来矫正不正之风，大盗便连同仁义也一并盗去。为什么要这样说呢？看看那盗窃钩环的人被诛杀，而盗窃国家的人却成了诸侯就清楚了。诸侯们门前都打着仁义的招牌，这不是盗窃了仁义和圣智吗？所以那些追逐着要做大盗，去夺取诸侯之位，去窃取仁义和斗斛、市秤、符印好处的人，就是有高官厚禄的赏赐，也不能劝阻他们，用斧钺的威刑也不能禁止他们。这种大大有利于盗跖而难以禁止的局面，都是圣人的过错。

在　宥

【题解】

本篇取首句"在宥"二字为篇名。"在宥"，按宣颖解释为"在，存也，听其自存不乱之也；宥，宽也，容之宽然，不驱之也"（《南华经解》），即任由天下自然发展，不去强加约束和治理。正如篇首二句所说:"闻在宥天下,不闻治天下也。"道出了全篇的宗旨。

　　本篇全文分两部分来论述,从开头至"吾又何暇治天下哉"为主体部分,先以"闻在宥"一段总论全文无为而治的宗旨,而后编排了"崔瞿问于老聃""黄帝立为天子"和"云将东游"三个寓言故事,对前论予以生动而形象化的说明。后一部分则对前论未能尽兴之言,分别对有为之害、"睹有"与"睹无"之别、"天道"与"人道"的关系即兴阐释。其中最后一个段落"贱而不可不任者",不少的学者认为此段文意与庄子思想不类,疑为俗儒所窜入。我们选取本篇的主体部分予以介绍。

一

　　【原文】　闻在宥天下①,不闻治天下也②。在之也者,恐天下之淫其性也③;宥之也者,恐天下之迁其德也④。天下不淫其性,不迁其德,有治天下者哉⑤?昔尧之治天下也,使天下欣欣焉人乐其性,是不恬也⑥;桀之治天下也,使天下瘁瘁焉人苦其性⑦,是不愉也。夫不恬不愉,非德也;非德也而可长久者,天下无之。

　　人大喜邪,毗于阳⑧;大怒邪,毗于阴。阴阳并毗,四时不至,寒暑之和不成,其反伤人之形乎!使人喜怒失位,居处无常,思虑不自得,中道不成章⑨。于是乎天下始乔诘卓鸷⑩,而后有盗跖、曾、史之行⑪。故举天下以赏其善者不足,举天下以罚其恶者不给⑫。故天下之大不足以赏罚。自三代以下者,匈匈焉终以赏罚为事⑬,彼何暇安其性命之情哉!

　　而且说明邪⑭,是淫于色也;说聪邪,是淫于声也;说仁邪,是乱于德也;说义邪,是悖于理也;说礼邪,是相于技也⑮;说乐邪,是相于淫也;说圣邪,是相于艺也⑯;说知邪,是相于疵也⑰。天下将安其性命之情,之八者⑱,存可也,亡可也。天下将不安其性命之情,之八者,乃始脔卷㜺囊而乱天下也⑲。而天下乃始尊之惜之。甚矣,天下之惑也!岂直过也而去之邪⑳!乃齐戒以言之㉑,跪坐以进之,鼓歌以儛之㉒。吾若是何哉!

　　故君子不得已而临莅天下㉓,莫若无为。无为也,而后安其性命之情。故贵以身于为天下,则可以托天下;爱以身于为天下,则可以寄天下㉔。故君子苟能无解其五藏㉕,无擢其聪明㉖,尸居而龙见㉗,渊默而雷声㉘,神动而天随㉙,从容无为,而万物炊累焉㉚。吾又何暇治天下哉㉛!

　　【注释】　①在宥:优游自在,宽容自得。②治:统治,驾驭。③淫:乱,失。④迁:迁移,改变。⑤有:岂有,岂用。⑥恬:静,宁静。⑦瘁瘁焉:心力疲惫的样子。⑧毗:伤,害。⑨"使人"四句:失位、无常、不自得、不成章,均指人的生活失调不正常。位,尺度。常,常规。中道,中和之道。章,条理。⑩乔诘卓鸷:四字均形容不和谐之意。乔,自高自大。诘,猜忌责备。卓,孤傲高亢。鸷,凶猛严厉。⑪曾、史:即曾参、史鲷,均以仁孝闻名于世。⑫给:足。⑬匈匈:喧嚣,争先恐后之意。⑭说:同"悦",喜爱。下七"说"字同。⑮相:帮助,助长。技:技艺,伎俩。⑯艺:才能,技能。⑰疵:病,弊病。⑱之：此。八者：即指以上明、聪、仁、义、礼、乐、圣、知(智)八方面。⑲脔卷：拘束不伸的样子。狯囊：犹"抢攘"，喧闹张扬的样子。⑳岂直：岂止。㉑齐戒：即斋戒。齐，通"斋"。㉒傫：即"舞"的俗字。㉓临莅：到。这里指治理、统治。㉔"故贵"四句：引用《老子》十三章文。原文无二"于"字，王先谦《集解》引苏舆说认为是衍文，而陆西星《南华经副墨》说"而加二'于'字，亦文之奇处"。㉕无解其五藏：谓不耗散精神。解，散，裂。藏，即"脏"。五脏为精灵之宅，代指精神。㉖擢：显示。㉗尸居而龙见：形容身体如死尸般纹丝不动，而不动之中活跃着龙腾虎跃般的生机。见，同"现"。㉘渊默而雷声：形容虽然像深渊一样的静寂无声，但在无声之中蕴藏着如电闪雷鸣般的生机。㉙神动：精神活动。天随：即随天，符合天理自然。㉚炊累：形容犹如炊烟自然累积而自动升腾。一说"炊"通"吹"，动也；累，尘也。若风吹尘埃，任意飘浮。㉛以上一段为论断文，起伏呼应，环环相扣，有极强的说服力。

【译文】 只听说任天下人自由自在生活的，没有听说要治理天下百姓的。所以要任由百姓自由自在的生活，是怕他们丧失了本性；所以要让百姓能够宽松安适，是怕他们改变纯朴的德性。天下之人都不丧失本性，不改变德性，哪里还用治理天下呢！从前尧治理天下时，让人欣喜若狂、快乐不已，这就不宁静了；桀治理天下时，使人疲于奔命、痛苦不堪，这就不愉快了。让天下之人弄得不宁静不愉快，这并不是人的自然本性。违背人的自然本性而可以长久的，这是天下没有的事情。

人若过于欢乐，就会伤害阳气；人若过于愤怒，就会伤害阴气。阴阳二气都受到了伤害，四时的节气不按时而至，寒暑的交替失去调和，这不反过来要伤害到人体吗！使人喜怒无常，居无定所，思虑不安，中和之道遭到破坏。于是天下开始出现了自大、责备、高傲、凶猛等等不和谐的现象，而后也就产生了盗跖、曾参、史鳍等不同的行为。因此使用全天下的力量来奖赏善举，也还是不够；使用全天下的力量来惩罚恶行，也还是不够。所以天下之大，却不足以处理奖善罚恶的事。自从三代以后，那些国君们喧哗着竞相以赏善罚恶为能事，他们哪里还有时间顾及安定百姓的自然本性呢！

再说你喜欢目明吗？那势必要沉溺于美色之中；你喜欢耳聪吗？那势必要沉溺于乐声之中；你喜欢仁吗？那势必要扰乱了自然的天性；你喜欢义吗？那势必要违背了自然的天理；你喜欢礼吗？那势必要助长了繁琐的伎俩；你喜欢音乐吗？那势必要助长淫荡的滋长；你喜欢圣智吗？那势必要助长技艺的泛滥；你喜欢智慧吗？那势必要助长纠缠是非的弊病。如果天下之人都保持自己的自然本性，这八个方面有也可以，没有也可以。如果天下之人都不安于自己的自然本性，这八个方面就会使人拘束不伸和喧闹张扬而扰乱天下。而天下之人却尊重它们，珍惜它们。天下之人真是太糊涂了！这些人岂止只是一时的尊重珍惜而过后便丢弃呢！他们竟然斋戒后才敢虔诚地谈论它，行跪拜礼去传授它，载歌载舞去宣扬它。对待这种情况，我又能怎么样呢？

所以君子不得已而治理天下的时候，最好是无为而治。只有做到无为，而后才能使天下人的自然本性得到安宁。所以说把自身看得比天下还重的人，才可以把天下托付给他;把珍爱自身甚于珍爱天下的人,才可以把天下寄托给他。所以君子如果能够不肢解五脏而伤害真性,能够不显耀自己的聪明才智,安然不动而生机勃勃,沉静如渊而蕴藏着雷鸣般的声音,精神活动处处合乎自然,从容自在,无所作为,万物的活动就像炊气自然积累而飘升一样,我又何必多此一举去治理天下呢!

二

【原文】 崔瞿问于老聃曰①:"不治天下,安藏人心②?"

老聃曰:"女慎,无撄人心③。人心排下而进上④,上下囚杀⑤,淖约柔乎刚彊⑥,廉刿雕琢⑦。其热焦火,其寒凝冰,其疾俯仰之间而再抚四海之外⑧。其居也渊而静,其动也县而天⑨。偾骄而不可系者⑩,其唯人心乎!昔者黄帝始以仁义撄人之心,尧、舜于是乎股无胈⑪,胫无毛⑫,以养天下之形⑬,愁其五藏以为仁义⑭,矜其血气以规法度⑮。然犹有不胜也⑯。尧于是放谨兜于崇山⑰,投三苗于三峗⑱,流共工于幽都⑲,此不胜天下也。夫施及三王而天下大骇矣⑳。下有桀、跖,上有曾、史,而儒墨毕起。于是乎喜怒相疑,愚知相欺,善否相非,诞信相讥,而天下衰矣;大德不同,而性命烂漫矣㉒;天下好知,而百姓求竭矣㉓。于是乎釿锯制焉㉔,绳墨杀焉㉕,椎凿决焉㉖。天下脊脊大乱㉗,罪在撄人心。故贤者伏处大山嵁岩之下㉘,而万乘之君忧栗乎庙堂之上。今世殊死者相枕也㉙,桁杨者相推也㉚,刑戮者相望也,而儒墨乃始离跂攘臂乎桎梏之间㉛。意㉜,甚矣哉!其无愧而不知耻也甚矣!吾未知圣知之不为桁杨椄槢也㉝,仁义之不为桎梏凿枘也㉞,焉知曾、史之不为桀、跖嚆矢也㉟!故曰:绝圣弃知,而天下大治。"㊱

【注释】 ①崔瞿:虚拟人物。老聃:李耳字聃,即老子。②藏:当为"臧"字之误。臧,善。③"女慎"二句:女,同"汝",你。无,通"毋",不。撄,扰乱,触动。④排下:因受到排挤而精神消沉。进上:因受到推崇而精神振奋。⑤囚杀:拘囚杀害。⑥淖约:柔弱的样子。彊:同"强"。⑦廉:借作"劆",刺。刿:割。⑧疾:迅速,快。抚:触摸,亲临。⑨县:同"悬"。⑩偾骄:奋发骄纵,形容不可禁制的势态。⑪股:大腿。胈:大腿根部的肉。⑫胫:小腿。⑬天下之形:天下的人体。⑭愁:忧愁。五藏:即"五脏",指心性。⑮矜:苦。血气:指精力。规:建立,规范。⑯不胜:不堪。⑰放:放逐,流放。谨兜:传说是帝鸿氏之子,又称浑沌,为共工同党。崇山:在今湖南省境内。⑱投:投放。三苗:又称饕餮,尧时诸侯,封三苗之国。三苗之国在今湖南省境内。三峗:山名,也写作"三危",在今甘肃省天水一带。⑲共工:名穷奇,与谨兜、饕餮等同党。幽都:也写作"幽州",在今北京密云区境内。⑳施:延,延续。三王:指夏商周三代国君。㉑"于是乎"五句:形容种种自以为是、他人为非的猜疑和争斗。知,同"智"。否,恶,坏。诞,虚诞,谎骗。㉒烂漫:散乱,指受到伤害。㉓求竭:无以供其求。㉔釿:通"斤",斧。制:制裁,处制。㉕绳墨:指礼法、刑法。㉖椎凿:指刑具。决:断,裂。㉗脊脊:犹"藉藉",互相践踏。㉘伏处:隐居。嵁岩:深岩。㉙殊死:断头而死,身首异处。㉚桁杨:加在颈上和脚上的刑具。相推:相互拥挤。㉛离跂:翘足。攘臂:举手袒臂。

桎梏:脚镣手铐。㉜意:同"噫"。㉝楗楬:接合枷锁的横木。㉞凿枘:指用来固定枷锁的榫眼和榫头。㉟嚆矢:响箭,喻先声。㊱此段借老聃回答崔瞿之言,说明治理天下的弊端,"罪在撄人心"。矛头直指黄帝、尧、舜,并牵连儒墨之徒,嬉笑怒骂,酣畅淋漓。最后两句,从正面结"在宥"之义。

【译文】 崔瞿问老聃说:"不去治理天下,如何使人心向善呢?"

老聃说:"你要审慎,不要扰乱人心。人心如果受到人的排挤,情绪就会低落,如果受到人的推崇,精神就会振奋;人的心志在忽上忽下的无常变化中,就像被绳索囚缚,被刀剑伤害一样;当被囚缚时,柔弱的心志可以化为刚强;当被伤害时,就像用刀剑切割雕刻一般。他们的内心焦躁如烈火,而忧恐战栗又如卧寒冰,他们的心境迅速变化着,俯仰之间便能往来于四海之外。当人心未动之时,像深渊一样安静,一旦心志活动起来,飞扬飘浮,犹如悬系于天际。骄矜逞强而不可禁制的,就是人心啊!从前黄帝开始拿仁义来扰乱人心,于是尧、舜就依样效法,累得大腿上没有肉,小腿上不长毛,以养育天下人的身体;愁劳他的心思去施行仁义,苦劳他的血气去建立法度。尽管这样,然而还是不能完胜天下。于是尧把欢兜放逐到崇山,把三苗投放到三崄,把共工流放到幽州,这样做也未能完胜天下。延续到了夏商周三代君王,天下便更加惊恐不安了。下有夏桀、盗跖之小人,上有曾参、史䲡之君子,其间又有儒家和墨家纷纷兴起。于是或喜或怒互相猜疑,愚者和智者相互欺侮,善的与不善的互相非议,荒诞的与信实的彼此讥讽,天下的人性便从此衰微了;人们自然的天德出现了不同,而性命的本真也随之受到了伤害;天下都追逐智巧,百姓竭尽心力也无法应付。于是君主用斧锯制裁百姓,用礼法来杀害百姓,用椎凿来处决百姓。天下人们相互践踏大乱,其罪过就在于圣人及历代君主们扰乱了人心。所以贤者隐遁在高山深岩之下,而万乘君主忧虑惊恐于朝廷之上。如今遭遇断头之刑的人多得尸首压在一起,在脖子上和脚上钳夹着刑具的囚犯多得一个接着一个,遭受过答辱的人多得满眼都是,然而儒家和墨家之徒竟然跷着脚、举手袒臂地在囚犯中间,大谈仁义之道。唉,这也太荒唐了!他们不知惭愧、不知羞耻到了何等地步!我不知道圣智不是枷锁的横木、仁义不是枷锁的榫眼榫头,怎么知道曾参、史䲡不是夏桀、盗跖的先声呢!所以说:灭绝圣人,抛弃智慧,而后天下才能得到根本的治理。"

三

【原文】 黄帝立为天子十九年,令行天下,闻广成子在于空同之山①,故往见之,曰:"我闻吾子达于至道,敢问至道之精。吾欲取天地之精,以佐五谷,以养民人。吾又欲官阴阳②,以遂群生③,为之奈何?"

广成子曰:"而所欲问者④,物之质也⑤;而所欲官者,物之残也⑥。自而治天下,云气不待族而雨,草木不待黄而落,日月之光益以荒矣⑦,而佞人之心翦翦者⑧,又奚足以语至道!"

黄帝退,捐天下⑨,筑特室⑩,席白茅⑪,闲居三月,复往邀之⑫。

广成子南首而卧，黄帝顺下风⑬，膝行而进，再拜稽首而问曰⑭："闻吾子达于至道，敢问治身，奈何而可以长久？"

黄帝像

广成子蹶然而起⑮，曰："善哉问乎！来，吾语女至道⑯。至道之精，窈窈冥冥⑰；至道之极，昏昏默默⑱。无视无听，抱神以静，形将自正⑲。必静必清，无劳女形，无摇女精，乃可以长生。目无所见，耳无所闻，心无所知，女神将守形，形乃长生。慎女内，闭女外，多知为败⑳。我为女遂于大明之上矣，至彼至阳之原也；为女入于窈冥之门矣，至彼至阴之原也㉑。天地有官，阴阳有藏。慎守女身，物将自壮㉒。我守其一，以处其和㉓，故我修身千二百岁矣，吾形未常衰㉔。"

黄帝再拜稽首曰："广成子之谓天矣㉕！"

广成子曰："来！余语女：彼其物无穷㉖，而人皆以为有终；彼其物无测，而人皆以为有极。得吾道者，上为皇而下为王㉗；失吾道者，上见光而下为土㉘。今夫百昌皆生于土而反于土㉙。故余将去女，入无穷之门，以游无极之野㉚。吾与日月参光㉛，吾与天地为常㉜。当我缗乎，远我昏乎㉝！人其尽死，而我独存乎！"㉞

【注释】　①广成子：虚拟中的得道人物。空同：或写作"崆峒"，虚拟山名。②官：掌管。这里指调和。③遂：成，成就。群生：万物。④而：通"尔"，你。下三"而"字同。⑤质：本质。这里指道的精华。⑥残：残渣。这里指道的残余。⑦荒：昏暗，暗淡。⑧佞人：谄媚善辩的人。蕲蕲：浅薄狭隘的样子。⑨捐：弃，抛弃不顾。⑩特室：别室，独居之室。⑪席：藉，垫。⑫邀：求。⑬顺下风：处在风的下方，表示谦恭。⑭稽首：磕头到地，表示谦恭。⑮蹶然：迅速起身的样子。⑯语女：告诉你。女，同"汝"，你。下同。⑰窈窈冥冥：幽冥深远的状态。⑱昏昏默默：昏暗寂静的状态。⑲形：形体，身体。正：纯正。⑳"慎女内"三句：慎，静。内，内心，精神。外，指耳目。㉑"我为女"四句："至道"产生天地万物的阴阳二端，至阴至阳都原本于"至道"，所以这里描述的"大明之上""至阳之原""窈冥之门""至阴之原"均喻"至道"。遂，径达。大明，至阳的景象。原，本。窈冥，至阴的景象。㉒物：指道之物，即大道。㉓"我守"二句：一，指至道。和，指阴阳二气调和。㉔常：通"尝"。㉕天：自然之谓天，指合乎自然。或谓与天合德、与天合一，亦通。㉖物：指至道。下同。㉗皇："三皇五帝"之"皇"，地位崇高。王："施及三王"之"王"，地位低于皇。㉘上见光而下为土：生则见日月之光而死则为腐土。㉙百昌：百物之昌盛。犹百物。㉚无极之野：与上句"无穷之门"均指至道。㉛与日月参光：与日月共有三光，引申为"与日月同光"或"与日月争光"。参，三。㉜常：久，永久。㉝"当我"二句：当我，向我，迎我。远我，背我，离我。缗，通"冥"。昏暗。"缗""昏"均指无心无意之谓。㉞此段主要说明只有把自身看得比治理天下还重要的人才可以治理天下，并对修身养性的治身之道及延年益寿之法做出了详细描述。

【译文】　黄帝做了十九年的天子,政令通行天下,听说广成子住在空同山上,便特地去见他,对他说:"我听说先生明达至道,请问至道的精髓是什么?我想取用天地的精华来帮助五谷成熟,用来养育人民。我还想掌管阴阳二气的变化,以顺应万物的生长,这应该如何去做呢?"

广成子说:"你所想问的问题,是大道的精华;而你所想要管理的,却是大道的残渣。自从你治理天下以来,云气还没有聚集起来就下雨,草木还没有达到枯黄季节就凋零,太阳和月亮的光辉越来越暗淡,而像你这样的谄佞之人,心境浅薄狭小,又怎么能够同你谈论至道呢!"

黄帝回去后,抛弃天下政事不管,修筑了一间别室,铺垫上白茅,闲居了三个月,这才再次去请教广成子。

广成子头朝南躺卧着,黄帝从风的下方,用膝盖跪地行走,来到广成子面前,再次叩头行礼,然后问道:"听说先生明达至道,冒昧地请问,如何修身养性,才可以使生命长久?"

广成子迅速地坐起来,说道:"问得好!过来,我告诉你什么是至道。至道的精粹,幽冥深远;至道的精微,静默无声。不要外视,不要外听,静守精神,身体会自然康宁纯正。内心一定要清净宁静,不要劳累你的身体,不要摇荡你的精神,这样才可以长生不老。眼睛不见多余的东西,耳朵不听多余的声音,内心不要多余的考虑,让你的精神守护着身体,身体就可以长寿健康。让你的内心保持虚静,闭塞你的耳目以免外来的干扰,知道得太多则会败坏你的修道。我帮助你达到大明的境界,领略至阳的本原;帮助你进入深邃幽冥的门户,领略至阴的本原。天地各有自己的主宰,阴阳各有自己的居所。谨慎地守住自身的心性,大道的修养自然会日趋强壮。我固守这一贯的大道,保持体内阴阳二气的和谐,所以我修身虽有一千二百年了,而我的身体至今健康不衰。"

黄帝再次叩头礼拜,说:"广成子可以说是与天合德了。"

广成子说:"来!我告诉你:大道是无穷无尽的,而人们却都认为它有终止;大道是高深不测的,而人们却都认为它有极限。得到我所说的大道的,随着世缘在上可以为皇,在下可以为王;丧失我所说的大道的,在上只能见到日月之光,在下只能化为尘土。犹如当今万物生长都源于土而又返归于土一样。所以我将离开你,进入无穷尽的大道之门,逍遥于广漠无极的境地。我与日月同光辉,我与天地共永恒。迎着我来的,我无意它的来;背着我去的,我无意它的去。人们来来去去而不免于死,而我独存啊!"

四

【原文】　云将东游①,过扶摇之枝而适遭鸿蒙②。鸿蒙方将拊脾雀跃而游③。云将见之,倘然止④,贽然立⑤,曰:"叟何人邪⑥?叟何为此?"

鸿蒙拊脾雀跃不辍,对云将曰:"游!"

云将曰:"朕愿有问也⑦。"

鸿蒙仰而视云将曰:"吁⑧!"

云将曰:"天气不和,地气郁结,六气不调⑨,四时不节。今我愿合六气之精以育群生,为之奈何?"

鸿蒙拊脾雀跃掉头曰:"吾弗知!吾弗知!"

云将不得问。又三年,东游,过有宋之野,而适遭鸿蒙。云将大喜,行趋而进曰:"天忘朕邪⑩?天忘朕邪?"再拜稽首,愿闻于鸿蒙。

鸿蒙曰:"浮游不知所求,猖狂不知所往⑪,游者鞅掌⑫,以观无妄⑬。朕又何知!"

云将曰:"朕也自以为猖狂,而民随予所往;朕也不得已于民⑭,今则民之放也⑮!愿闻一言。"

鸿蒙曰:"乱天之经⑯,逆物之情⑰,玄天弗成⑱,解兽之群而鸟皆夜鸣,灾及草木,祸及止虫⑲。意⑳!治人之过也。"

云将曰:"然则吾奈何?"

鸿蒙曰:"意!毒哉㉑!僊僊乎归矣㉒!"

云将曰:"吾遇天难,愿闻一言。"

鸿蒙曰:"意!心养㉓!汝徒处无为㉔,而物自化。堕尔形体,吐尔聪明,伦与物忘㉕,大同乎涬溟㉖。解心释神,莫然无魂㉗。万物云云,各复其根㉘,各复其根而不知。浑浑沌沌㉙,终身不离。若彼知之㉚,乃是离之。无问其名,无窥其情,物固自生。"

云将曰:"天降朕以德㉛,示朕以默。躬身求之,乃今也得。"再拜稽首,起辞而行。㉜

【注释】　①云将:虚拟人物。②扶摇:神木,或谓风。枝:旁。鸿蒙:虚拟人物。③拊脾:拍打大腿。脾,通"髀",大腿。④倘然:惊疑的样子。⑤赘然:拱立不动的样子。⑥叟:对长者的尊称。⑦朕:我。自秦始皇始,天子自称为朕,而秦始皇前不论贵贱皆称朕。⑧吁:叹词,这里表示不屑回答。⑨六气:指阴、阳、风、雨、晦、明六气。⑩天:对鸿蒙的尊称。⑪猖狂:自由放荡、无拘无束的样子。⑫鞅掌:失容,随意而自得。⑬无妄:真实。⑭不得已:指上"不得已而临莅天下"。⑮放:通"仿",依。⑯经:常,常规。⑰逆:违背。情:本性。⑱玄天:自然造化,俗称"苍天""老天爷"。⑲止虫:即"豸虫"。止,同"豸"。一本作昆虫。⑳意:同"噫"。下同。㉑毒哉:感慨云将受毒害太深而不觉悟。毒,害。㉒僊僊:轻举的样子。僊,同"仙"。㉓心养:即"养心"。心因操劳而伤,所以应当保养它不用。㉔徒:但,只。㉕伦:类,辈。此指本身。㉖涬溟:混沌之气,自然之气。㉗莫然:无知的样子。无魂:身心俱忘,如同枯木死灰。㉘"万物云云"二句:云云,种种,众多。云云,亦通"芸芸",盛多的样子。根,自然本性,指道。《老子》第十六章有"夫物芸芸,各复归其根"之语。㉙浑浑沌沌:纯朴无心。㉚彼:指万物。之:指复根,即归于自然本性。㉛天:指鸿蒙。德:天德,天道。㉜此段通过云将与鸿蒙的对话,说明治理天下,当以无为为之。刘凤苞评说,"撰出二名,各有

【译文】　云将到东方去游历，经过神木的旁边，正巧遇上了鸿蒙。鸿蒙正在拍打着大腿，像鸟雀一样跳跃着，准备出发去遨游。云将看到这个情景，惊疑地停下脚步，恭敬地拱身站在那里，问道："老先生是什么人呀，为何这样欢喜雀跃呢？"

鸿蒙仍旧拍着腿跳跃不停，对云将说："去遨游！"

云将说："我有个问题想问一问。"

鸿蒙仰起头看了看云将，说道："唉！"

云将说："天气不调和，地气郁结不畅通，六气失调，四时失序。现在我打算调和六气的精华来养育万物，应当怎样去做呢？"

鸿蒙拍着腿跳跃着，转过头来说："我不知道！我不知道！"

云将得不到回答。又过了三年，再次东游，经过宋国的原野，恰巧遇见了鸿蒙。云将非常高兴，快步向前，说道："您忘了我吗？您忘了我吗？"再次叩头跪拜，希望听到鸿蒙的指教。

鸿蒙说："随意漂泊于世，无所贪求；随心所欲，自由奔放，不知所往；在无拘无束、无心无意的漫游中，来观察万物的本来面目。此外，我又知道些什么呢！"

云将说："我原来也是很想自由自在地随意游荡的，而百姓却总是跟着我前往；我也是没办法才去君临天下的，现在却成了百姓的依靠！希望听到您的忠告。"

鸿蒙说："扰乱了自然的规律，违背了万物的本性，苍天就不会让你成功，而群兽也会离散，禽鸟也因惊吓而夜鸣，灾难降临草木，祸害殃及昆虫。唉！这都是治理人的过错。"

云将说："那么我将怎么办呢？"

鸿蒙说："唉！你中毒太深了！我要飘扬凌空而去了！"

云将说："我能遇见您很是难得，希望您多加指点。"

鸿蒙说："唉！那就养心吧！你只要处心无为，而那万物将会自然化生。废弃你的形体，抛掉你的聪明，物我俱忘，与自然之气混同如一。解开心灵上的束缚，释放精神上的重负，漠然无知无觉，犹如死灰枯木。万物纷纭众多，往来生灭，各自归于自然的本性。这种生灭复归的过程，本是全然不知不觉的自化过程。浑然无知而不用心机，才能终身不离自然的本性。假如万物有心追求复归自然本性，本身就是离开了自然本性。不要询求万物的称谓，不要窥探万物的真情，万物本是自然而然的化生。"

云将说："先生赐予我天德，教导我以静默无为求道。由于我亲身追求，现在终于有所收获。"一再叩头行礼，而后起身告辞离去。

天　地

【题解】
本篇以篇首"天地"二字名篇，由总论和分论组成。首段为总论，包括三个层次。第一个层次，论天地运化本于自然，强调古代明君都是顺应天地自然无为的规律行事。第二个层次,也是针对统治者而言,申明"万物一府,死生同状"的道理,不要追求个人的荣华富贵,不要拘于一己之私利。第三个层次,说明道与物的关系,认为大道无所不在。分论部分由十几节杂记组成,各节内容不相关连,但其宗旨仍是崇尚自然无为,主张无为而治。

本篇除选总论外,分论部分只选了"黄帝游于赤水之北"与"子贡南游于楚"两段。这两段均为著名的寓言,寓意深刻,文字畅美。前一个寓言明喻"无心而得"的道理,暗喻治理天下不能依赖智慧,贵在无为。后一个寓言赞扬了纯真素朴的天性,说明只有去掉"机心",返璞归真,才能入道。

一

【原文】 天地虽大,其化均也①;万物虽多,其治一也②;人卒虽众,其主君也③。君原于德而成于天④,故曰:玄古之君天下⑤,无为也,天德而已矣。以道观言而天下之君正⑥,以道观分而君臣之义明⑦,以道观能而天下之官治⑧,以道泛观而万物之应备。故通于天地者,德也;行于万物者,道也⑨;上治人者,事也⑩;能有所艺者⑪,技也。技兼于事⑫,事兼于义,义兼于德,德兼于道,道兼于天。故曰:古之畜天下者⑬,无欲而天下足,无为而万物化,渊静而百姓定。《记》曰⑭:"通于一而万事毕⑮,无心得而鬼神服。"

夫子曰⑯:"夫道,覆载万物者也,洋洋乎大哉!君子不可以不刳心焉⑰。无为为之之谓天⑱,无为言之之谓德⑲,爱人利物之谓仁,不同同之之谓大,行不崖异之谓宽⑳,有万不同之谓富。故执德之谓纪㉑,德成之谓立,循于道之谓备㉒,不以物挫志之谓完㉓。君子明于此十者,则韬乎其事心之大也㉔,沛乎其为万物逝也㉕。若然者,藏金于山,藏珠于渊;不利货财,不近贵富;不乐寿,不哀夭;不荣通,不丑穷;不拘一世之利以为己私分㉖,不以王天下为己处显㉗。显则明,万物一府,死生同状。"

夫子曰:"夫道,渊乎其居也㉘,渗乎其清也㉙。金石不得无以鸣,故金石有声,不考不鸣㉚。万物孰能定之!夫王德之人㉛,素逝而耻通于事㉜,立之本原而知通于神㉝,故其德广。其心之出,有物采之㉞。故形非道不生㉟,生非德不明。存形穷生,立德明道,非王德者邪?荡荡乎!忽然出,勃然动㊱,而万物从之乎!此谓王德之人。视乎冥冥㊲,听乎无声。冥冥之中,独见晓焉㊳;无声之中,独闻和焉㊴。故深之又深而能物焉㊵,神之又神而能精焉㊶。故其与万物接也,至无而供其求㊷,时骋而要其宿㊸,大小、长短、修远。"

【注释】 ①化:生化,生长,化育。②治:指自得而治。③主:主宰。君:君主。④原:本。天:自然,指无为之道。⑤玄古:远古。君:君临,统治。⑥言:名,称谓。正:正当。⑦分:职分,名分。⑧能:才能,能力。官:官吏。治:指尽职。⑨"故通于天地者"四句:陈碧虚《庄子阙误》引江南古藏本作:"故通于天者,道也;顺于地者,德也;行于万物者,义也。"正与下文"技兼于事,事兼于义,义兼于德,德兼于道,道兼于天"五句相应,可参考。通,贯通。行,通行。⑩事:政事,指礼乐、政法。⑪艺:才能,专长。⑫兼：统，统属。⑬畜天下者：养育百姓的人，指国君。畜，养。⑭《记》曰：古书所记载，不一定确指某书。⑮一：指道。毕：尽，举。⑯夫子：当指庄子。此为门人记庄子之言。⑰刳心：谓剔除心智。刳，挖空。⑱无为为之：无所作为。天：自然，道。⑲无为言之：即《老子》"行不言之教"之意，不用教化。德：天性，天德。⑳崖异：突出而与众不同。宽：宽容。㉑纪：纲纪。㉒循：遵循，顺。备：完备，指众善皆有。㉓完：完美。㉔韬：宽，包容。事心：立心。事，立。㉕沛：充沛，充盛。逝：往。㉖拘：取，拿。私分：私有。分，分内。㉗王：称王，统治。处显：处于显要地位。㉘渊：沉静。居：安处，安定。㉙澒：清澈的样子。㉚"故金石有声"二句：钟泰《庄子发微》认为此二句乃郭象注误入正文，可参考。考，叩击。㉛王德之人：大德之人。王，盛，大。㉜素逝：抱朴而行。素，朴，真。逝，往。㉝本原：指道。知：同"智"。㉞采：牵动，感应。㉟形：形体，身体。生：生活，生命。㊱"忽然"二句：忽然、勃然，都是形容无心而行动的样子。㊲冥冥：昏暗的样子。㊳晓：晓光，光亮。㊴和：和声，应和之声。㊵能物：能主宰万物。㊶能精：能生出精气。㊷至无：指道体虚无之极。供其求：能提供万物的需求。㊸时骋：随时变化运动。要其宿：使万物有所归宿。要，约，容聚。

【译文】　天地虽然广大，但它们化育万物却是均平的；万物虽然繁多，但它们各得其所却是一样的；百姓虽然众多，但他们却要求国君来主宰。国君治理天下本于德性而成全于自然，所以说，远古的君主治理天下，出于无为，顺任天道罢了。用道来看称谓，则天下国君的地位都是正当的；用道来看职分，则君臣之间的上下贵贱的差别就分明了；用道来看才能，则天下的官吏都称职了；用道来普遍地看待各种事物，则万物无不完备。所以贯通于天地的，是德；通行于万物的，是道；君主治理百姓，凭借的是礼乐政刑之事；人们能够有所专长，凭借的是技巧。技巧统属于事物，事物统属于义，义统属于德，德统属于道，道统属于自然。所以说，古代养育百姓的君主，没有贪欲而天下富足，无所作为而万物自化，深沉静默而百姓安定。《记》中说："通彻于道而万事尽举，心无欲求而鬼神敬服。"

先生说："这个道，是覆盖和托载万事万物的，真是广阔盛大啊！君子不可以不摒弃心智去效法。无所作为这就是顺应之道，无所教化这就是顺应天性，广泛地爱人利物这就叫作仁，混同不同的事物这就叫作大，行为不与众乖戾这就叫作宽，能够包罗不同的万物这就叫作富。所以能够执守天德就算是把握了万物的纲纪，成就了德行这就是功业的确立，能够顺应大道这就叫作完备，不因外物挫折心志这就叫作德行完美。君子明了这十个方面，那么他的心地宽广而能包容万物，德泽充盈而为万物所归往。假如能够这样，便会任凭黄金藏于深山，宝珠藏于深渊；不贪图财物，不追求富贵；不以长寿为快乐，不以夭折为悲哀；不以显达为荣耀，不以穷困为羞辱；不索取世上的利益据为己有，不以称王于天下看成是自己身处显位。显耀了就要彰明，万物本为一体，生死本无两样。"

先生说："这个道，安定得像是深潭，清澈得像是泉水。金石之类的乐器如果失去道也就无从发出声响，所以金石虽然能够发声，但是没有道的叩击就不会发出声响。

万物都是如此,谁能测定它呢！大德之人,抱朴而行,以通晓俗事为耻辱,立身于大道而心智通达于不测之境,所以他的德性广大。他心志的显露,是出于对外物的感应。所以说,形体没有道就不会产生生命,生命没有德性就不会彰明。保存形体,穷尽生命,树立天德,彰明大道,这难道不是大德之人的行为吗? 浩大啊! 忽然显露,勃然行动,无心无意而万物却都依从啊! 这就是大德之人。那道啊,看上去昏暗不明,听一听无声无息。昏暗之中,却能看见光明;无声之中,却能听到和声。所以,虽然在深邃之中,却能主宰万物;虽然神妙莫测,却处处产生精气。所以它与万物接应,道体虚无却能供应万物的需求;时时变化运转,却能成为万物的归宿,无论大小、长短、深远。

二

【原文】 黄帝游乎赤水之北①,登乎昆仑之丘而南望。还归,遗其玄珠②。使知索之而不得③,使离朱索之而不得④,使喫诟索之而不得也⑤。乃使象罔⑥,象罔得之。黄帝曰:"异哉,象罔乃可以得之乎?"

【注释】 ①赤水:虚拟地名。②玄珠:虚拟珠名,喻道。③知:虚拟人名。知,同"智"。④离朱:古代明目者,喻善于明察。⑤喫诟:虚拟人名,喻善于言辩。⑥象罔:虚拟人名,喻无心。象,形迹。罔,无,忘。

【译文】 黄帝在赤水的北边游览,登上了昆仑山,向南方瞭望。在返回时,丢失了玄珠。黄帝让知寻找,而知没有找到;让离朱去寻找,而离朱也没有找到;又让喫诟去寻找,而喫诟也没有找到。于是才让象罔去寻找,而象罔终于找到了玄珠。黄帝说:"奇怪啊! 只有象罔才能找到玄珠吗?"

三

【原文】 子贡南游于楚①,反于晋②,过汉阴③,见一丈人方将为圃畦④,凿隧而入井,抱瓮而出灌,搰搰然用力甚多而见功寡⑤。子贡曰:"有械于此,一日浸百畦,用力甚寡而见功多,夫子不欲乎?"

为圃者卬而视之曰⑥:"奈何?"

曰:"凿木为机,后重前轻,挈水若抽⑦,数如泆汤⑧,其名为槔⑨。"

为圃者忿然作色而笑曰:"吾闻之吾师,有机械者必有机事⑩,有机事者必有机心⑪。机心存于胸中,则纯白不备⑫;纯白不备,则神生不定⑬;神生不定者,道之所不载也。吾非不知,羞而不为也。"

子贡瞒然惭⑭,俯而不对。

有间,为圃者曰:"子奚为者邪?"

曰:"孔丘之徒也。"

为圃者曰:"子非夫博学以拟圣,於于以盖众⑮,独弦哀歌以卖名声于天下者乎? 汝方将忘汝神气,堕汝形骸,而庶几乎! 而身之不能治⑯,而何暇治天下乎! 子往矣,无乏吾事⑰。"

子贡卑陬失色^⑱，项项然不自得^⑲，行三十里而后愈。

其弟子曰："向之人何为者邪？夫子何故见之变容失色，终日不自反邪^⑳？"

曰："始吾以为天下一人耳，不知复有夫人也^㉑。吾闻之夫子，事求可，功求成，用力少，见功多者，圣人之道。今徒不然。执道者德全，德全者形全，形全者神全，神全者，圣人之道也。托生与民并行而不知其所之^㉒，汒乎淳备哉^㉓！功利机巧，必忘夫人之心。若夫人者，非其志不之，非其心不为。虽以天下誉之，得其所谓，謷然不顾^㉔；以天下非之，失其所谓，傥然不受^㉕。天下之非誉，无益损焉，是谓全德之人哉！我之谓风波之民^㉖。"

反于鲁，以告孔子。孔子曰："彼假修浑沌氏之术者也^㉗。识其一，不知其二；治其内，而不治其外。夫明白入素^㉘，无为复朴，体性抱神，以游世俗之间者，汝将固惊邪^㉙？且浑沌氏之术，予与汝何足以识之哉？"

【注释】 ①子贡：孔子弟子。②反：同"返"。③汉阴：汉水的南岸。阴，山北与水南谓阴，而山南水北谓阳。④丈人：古代对老年人的尊称。圃畦：菜园子。⑤搰搰然：用力的样子。⑥卬：通"仰"，仰起头。⑦挈：提。⑧数：疾速。泆汤：溢出的沸汤。⑨槔：桔槔，古代用来汲水的器械。⑩机事：机动之事，此事使人操劳。⑪机心：机变之心，有了此心使人伤神。⑫纯白：指纯粹素朴之性。⑬神生：精神。生，通"性"。⑭瞒然：目无神采的样子。⑮於：夸诞的样子。⑯而：通"尔"，你。下句"而"字同。⑰无乏：无废，无妨。⑱卑陬：惭愧的样子。⑲项项然：自失的样子。⑳反：同"返"，指恢复。㉑夫人：那个人，指汉阴丈人。㉒托生：寄生在世上。并行：并存。所之：所往。㉓汒乎：即"茫乎"，茫然无知的样子。淳备：纯朴完备。㉔謷：通"傲"，自高自得的样子。㉕傥然：无心的样子。㉖风波之民：指容易被是非所牵动的人。㉗假：借，托。浑沌氏：虚拟人物，喻虚寂无为。㉘入素：达到纯白的境界。㉙固：胡，何。

【译文】 子贡往南到楚国去游览，返回晋国，经过汉水南岸时，看见有一个老人正在整治菜畦，只见他挖地道通到井中，抱着瓮从井中取水，然后来灌园子，非常费劲儿而收效很小。子贡说："有一种机械，一天能够灌溉上百畦，用力很小而功效很大，老先生不想使用吗？"

灌园子的老人抬起头看了看子贡，说道："这是什么东西啊？"

子贡说："这是用木头做成的机关，后头重，前头轻，用它提水就像从井里抽水一样，速度之快就和溢出的沸汤一样，它的名称叫作桔槔。"

灌园子的老人听了面起怒色，却笑着说："我从我的老师那里听说过，使用机械的人必定要从事机务之事，从事机务之事的人必然要存机动之心。机动之心一旦存于心中，那纯粹素朴的天性就不完备了；纯粹素朴的天性一旦不够完备，那精神就会摇荡不定；一旦精神摇荡不定，便不能容载大道了。我并非不知道那个东西，只是耻于去做罢了。"

子贡目无光彩，羞愧满面，低头不语。

过了一会儿，灌园子的老人说："你是干什么的呢？"

子贡说："我是孔丘的学生。"

灌园子的老人说："你莫非就是那个以博学多识来和圣人相比,依靠夸饰来压倒众人,独自抚琴悲歌,向天下人卖弄名声的人吗? 你倘若遗忘你的神气,抛掉你的形体,差不多就接近大道了! 你自身都不能修为,哪有工夫去治理天下呢! 你走吧,不要妨碍我的事情。"

子贡羞惭色变,怅然若失,很不自在,离开菜园子三十里路后,才恢复了常态。

子贡的弟子说："刚才见到的那个人是什么人呢? 先生为什么见了他而变容失色,整天不能恢复原来的风采呢?"

子贡说："开始我还以为天下只有我老师一个人够得上是个圣人呢,不知道还有这样的人。我从老师那里听说,事情要办得顺利,功业要求成功,用力少而功效多的,这才是圣人之道。现在才明白事情不是那样。掌握大道的德性全备,德性全备的形体健全,形体健全的精神圆满,精神圆满的便是圣人之道了。把生命寄托于世上,与民共存,而却无心考虑归宿的人,真可谓茫然不知而纯朴完备啊! 在那种人心中,功利机巧的事情肯定是不可能存在的。像那种人,不合他的心志是不会去追求的,不合他的思想是不会去做的。纵然天下之人都称赞他,与他的看法一致,他也会傲然不顾;纵然天下之人都非议他,与他的意愿不一致,他也会毫不动心,不予理睬。普天之下的诋毁与称誉,对他都毫无增益和损害,这就是天德完备的人啊! 像我这样的人,不过是个风吹草动的人。"

子贡返回到鲁国,把此事告诉了孔子。孔子说："他是个修炼浑沌氏道术的人。只知道这一个道术,不知道其他的事情;只知道持守内心的纯一,却不管身外的变化。像他这样心智明澈而达到纯白的境界,虚寂无为而复归自然本性,体悟真性、持守精神而生活在世俗之中的人,你怎么能不惊异呢? 何况对于浑沌氏的道术,我和你怎么能够识别呢?"

天　道

【题解】

此篇以篇首二字为篇名,其中心思想是论述天道与人道的关系。正像《在宥》篇所论:"无为而尊者,天道也;有为而累者,人道也。主者,天道也;臣者,人道也。"本篇在肯定了这种观点上,并有所突破,作者还从天道的秩序论及了人伦等级的合理性,这就与《庄子》内篇思想相抵触,难怪有些学者对此多有批评,认为"非庄子之旨""颇不类老庄之言"。本书所选不涉及此类内容。

本书选了五段文字。

其一为"天道运而无所积"一段,也是本篇的首段。此段说明圣人以虚静无为之心,任随天地万物运行不辍。并进一步提出"天乐"与"人乐"的区别,赞扬得到天乐的人,能够与天地同运行,与万物同转化,可以称王天下。

其二为"昔者舜问于尧"一段。此段引尧、舜之言,归结本篇"天地者,虚静无为"

国学经典文库

国学经典

庄　子

图文珍藏版

的主旨。

其三为"士成绮见老子而问"一段。此段在人物描写上所运用的漫画式笔法,颇为新鲜、幽默而辛辣。林云铭点评说:"状得肖,骂得狠,奇文至文!"宣颖则针对文章中对士成绮小丑般的描写和影射他是边境上的小偷,点明说:"士成绮之状貌志气如此,与虚静无为相去远矣,是大道之贼也,故曰其名为窃!"

其四为"世之所贵道者,书也"一段。此段纯为议论,提出"意之所随者,不可以言传""知者不言,言者不知"等论题,多有意味。

其五为"桓公读书于堂上"一段。此段以寓言小说之体裁,探讨语言文字传播中的信息量和保真度问题,"词意精微,发前人所未有","是千古教学之指归"(林云铭语)。

一

【原文】 天道运而无所积①,故万物成;帝道运而无所积②,故天下归;圣道运而无所积③,故海内服。明于天,通于圣,六通四辟于帝王之德者④,其自为也,昧然无不静者矣⑤。圣人之静也,非曰静也善,故静也;万物无足以铙心者⑥,故静也。水静则明烛须眉,平中准,大匠取法焉⑦。水静犹明,而况精神!圣人之心静乎!天地之鉴也,万物之镜也。夫虚静、恬淡、寂漠、无为者,天地之平而道德之至也⑧,故帝王、圣人休焉⑨。休则虚,虚则实,实则备矣⑩。虚则静,静则动,动则得矣。静则无为,无为也,则任事者责矣⑪。无为则俞俞⑫,俞俞者,忧患不能处,年寿长矣。夫虚静、恬淡、寂漠、无为者,万物之本也。明此以南乡⑬,尧之为君也;明此以北面⑭,舜之为臣也。以此处上,帝王、天子之德也;以此处下,玄圣素王之道也⑮。以此退居而闲游,江海、山林之士服⑯。以此进为而抚世⑰,则功大名显而天下一也⑱。静而圣,动而王⑲,无为也而尊,朴素而天下莫能与之争美。

夫明白于天地之德者⑳,此之谓大本大宗,与天和者也㉑。所以均调天下,与人和者也。与人和者,谓之人乐;与天和者,谓之天乐。庄子曰:"吾师乎,吾师乎!齑万物而不为戾,泽及万世而不为仁,长于上古而不为寿,覆载天地、刻雕众形而不为巧㉒。此之谓天乐。故曰:'知天乐者,其生也天行,其死也物化㉓。静而与阴同德,动而与阳同波㉔。'故知天乐者,无天怨,无人非,无物累,无鬼责。故曰:'其动也天,其静也地,一心定而王天下㉕;其鬼不祟,其魂不疲,一心定而万物服。'言以虚静,推于天地,通于万物,此之谓天乐。天乐者,圣人之心,以畜天下也㉖。"

【注释】 ①天道:自然之道,指自然规律。运:运行,转化。积:积蓄,停滞。②帝道:帝王之道,指建功立业之法。③圣道:圣贤之道,指制法立教、匡正时弊、感化人心的办法。④六通四辟:六合四方(东南西北上下)都通晓。辟,开辟,通达。⑤昧然:昏昏然,不知不觉的样子。⑥铙:通"挠",扰乱。⑦"水静"三句:烛,用作动词,照。中,合。取法,拿来作为效法的标准。⑧平:准则。至:实,实质。⑨休:息虑。⑩备:通行本原作"伦",据陈碧虚《庄子阙误》引江南古藏本改。⑪责:尽责,尽职。⑫俞俞:即

"愉愉",从容愉悦的样子。⑬南乡:指南向登天子之位。乡,通"向"。⑭北面:面向北而坐。⑮玄圣素王:指具有帝王之道并被天下人仰慕崇拜而无帝王爵位的人。如老子、孔子之类的人。⑯江海、山林之士:即隐士。服:信服。⑰进为:进取出仕。抚世:安抚世人,治理百姓。⑱天下一:天下一统,统一天下。⑲"静而圣"二句:"静而圣"就"内体"而言,"动而王"就"外用"而言(宣颖说),内静外动皆顺其天道的变化。⑳天地之德:天地以无为为德。㉑天:指自然。和:和谐、协调。㉒"吾师乎"六句:此六句亦见于《大宗师》,不同之处有二。一是此篇为庄子言,而《大宗师》为许由言。或称许由,或称庄子,皆为托言,其主旨无不同。二是此篇"鳌万物而不为戾",《大宗师》作"鳌万物而不为义"。戾,至,高。可参考《大宗师》注。㉓"其生"二句:天行,自然规律的运行。物化,物理的变化。㉔"静而"二句:静、动、阴、阳,古代认为静属阴,动属阳,而阴代表地,阳代表天。道家效法天地,所以说"静与阴同德,动与阳同波"。同德、同波,均指相合。㉕一心定:内心专一于静寂的境地。㉖畜:养育。

【译文】 自然之道的运行是永不停滞的,所以万物能够不断地生成;帝王之道的运行是不停顿的,所以天下人都愿意归附;圣贤之道的运行是连续不断的,所以海内百姓都愿意顺服。明白自然之道,通晓圣贤之道,又能六合四方无不通达帝王之德的,都是任天下人自由自在的生活,他们虽然懵懵懂懂,不求虚静,却无不神安心静。圣人之心总是能够清静,并非因为清静好,所以清静;而是因为万事万物都无法干扰他的心,所以他总是清静的。水面清静时,便能明澈地照见须眉,平平的水面可以作为平度的标准,高明的工匠用它来作为准绳。水静犹能明照须眉,更何况人的精神呢!虚静的圣人之心啊!它可是天地的明镜,万物的明镜。虚静、恬淡、寂寞、无为,它们是天地的准则和道德的实质,所以帝王和圣人在这境界中可以安心休息了。息心休虑而内心才会虚寂,内心虚寂而真气充盈,方能感到生命的充实,生机充实也就具备了进入大道的条件。虚寂而后才能宁静,宁静而后才有活动,活动而后无不自得。清静就会无所作为,无所作为就可以让做事的人各尽其职。无所作为方能从容愉悦。从容愉悦的人,忧患不会留在心中,所以能够长寿。虚静、恬淡、寂寞、无为,它们是万物的本原。明白了这个道理而南面登帝王之位的,尧就是这样的人;明白了这个道理而北面称臣的,舜就是这样的人。用此道理对待尊上之位,这是帝王、天子的德性;用此道理对待卑下之位,这是玄圣素王的道义。用此道理来退隐闲游,天下的隐士都会信服。用此道理来进取出仕,安抚世人,就会创立大功,名显一世,统一天下。清静则立内圣之德,行动则建外王之业,无为而能受到世人的尊崇,朴素而天下无人与他媲美。

明白天地以无为为德的,这就是认识了天地的宗本,也就能与自然相和谐。用它来均调天下,也就能与人相和谐。与人相随和,称为人乐;与天相随和,称为天乐。庄子说:"我的大宗师啊,我的大宗师啊!调和万物却不自以高明,恩泽万世却不自以为仁,早于上古却不以为长寿,覆天载地、塑造万物却不以为巧妙。这就是天乐。所以说:'体验天乐的人,他生存时便顺自然规律而运行,他死亡时便随万物而转化。清静时与地阴同隐寂,行动时与天阳共波动。'所以体验天乐的人,不怨天尤人,不为外物所牵累,不遭受鬼神的责罚。所以说:'他活动时能够与天一同运行,他宁静时能够与地一同寂默,内心安定专一而能称王天下;鬼神不为祸害,精神永不疲惫,内心安定专一而万物都来归附。'说的是,把虚寂宁静推及于天地间,通达于万物中,这就叫作天乐。所谓天乐,便是圣人用道心来养育天下。"

三

【原文】 昔者舜问于尧曰:"天王之用心何如①?"

尧曰:"吾不敖无告②,不废穷民,苦死者③,嘉孺子而哀妇人④,此吾所以用心已。"

舜曰:"美则美矣,而未大也⑤。"

尧曰:"然则何如?"

舜曰:"天德而出宁⑥,日月照而四时行,若昼夜之有经⑦,云行而雨施矣。"

尧曰:"胶胶扰扰乎⑧!子,天之合也;我,人之合也。"

夫天地者,古之所大也,而黄帝、尧、舜之所共美也。故古之王天下者,奚为哉?天地而已矣。

【注释】 ①天王:犹天子。②敖:同"傲"。傲慢。无告:有苦无处诉说的人。在古代认为鳏寡孤独四种人为无告之人。③苦:哀怜。④嘉:喜爱。哀:怜悯。⑤"美则"二句:言外之意是说还没有达到无为的大境界。⑥天德:自然之德。出宁:呈现宁静。⑦经:常则,规律。⑧胶胶扰扰:纠缠扰乱的样子。此为尧自谦多事之辞。

【译文】 从前舜问尧说:"你治理天下的用心怎么样?"

尧说:"我不怠慢鳏寡孤独等有苦无处诉说的人,不抛弃走投无路的穷苦百姓,哀怜死亡的人,喜爱儿童和怜悯妇女,这些就是我的用心所在。"

舜说:"好是很好,却不是最伟大的。"

尧说:"那要怎么样呢?"

舜说:"有自然之德的人,总是显出宁静无为的状态,就像日月照耀和春夏秋冬四季运行那样

舜帝塑像

自然,像昼夜更替那样有规律,像云行雨施那样合乎时宜。"

尧说:"我真是扰乱多事啊!你的德性与天相合,而我的用心仅仅符合人事罢了。"

天地是自古以来最伟大的,是黄帝、尧、舜等圣人共同赞美的。所以古代君临天下的人,都做了些什么呢?不过顺着天地的法则,自然无为罢了。

【原文】 士成绮见老子而问曰①:"吾闻夫子圣人也,吾固不辞远道而来愿见②,百舍重趼而不敢息③。今吾观子,非圣人也。鼠壤有馀蔬④,而弃妹之者⑤,不仁也!

生熟不尽于前,而积敛无崖⑥。"

老子漠然不应。

士成绮明日复见,曰:"昔者吾有刺于子,今吾心正却矣⑦,何故也?"

老子曰:"夫巧知神圣之人,吾自以为脱焉⑧。昔者子呼我牛也而谓之牛,呼我马也而谓之马。苟有其实,人与之名而弗受,再受其殃。吾服也恒服⑨,吾非以服有服。"

士成绮雁行避影⑩,履行遂进而问⑪:"修身若何?"

老子曰:"而容崖然⑫,而目冲然⑬,而颡頯然⑭,而口阚然⑮,而状义然⑯,似系马而止也⑰。动而持⑱,发也机⑲,察而审⑳,知巧而睹于泰㉑。凡以为不信㉒,边竟有人焉㉓,其名为窃。"

【注释】 ①士成绮:虚拟人物。②固:通"故"。③百舍:三千里,极言路途遥远。舍,古代三十里为一舍。重趼:层层厚茧。重,层,多层。趼,通"茧",脚底磨出的厚皮。④鼠壤:鼠穴。蔬:读作"糈",粮食粒。⑤弃妹:即"弃昧","弃"与"昧"同义,不知惜物而弃之。⑥积敛:积聚敛取。无崖:无限。⑦正却:正在回转,指有所觉悟。⑧脱:离,不及。⑨服:服从,接受。⑩雁行避影:像雁子斜行,侧身避影。表示对老子的恭敬。⑪履行遂进:穿着鞋子就进了老子的房间。按古人入室要脱鞋,士成绮因心里惭愧不安,慌忙之中,便忘了脱鞋,径直进室请教。⑫而:通"尔",你。下同。崖然:傲岸。⑬冲然:鼓目突视的样子。⑭颡頯:额头宽大的样子。⑮阚然:张口欲言的样子。⑯义然:高大的样子。义,读为"峨",高大。⑰似系马而止:马欲奔跑,只是因束缚而止步。⑱动而持:欲动则矜持作态。持,矜持。⑲发也机:发动如弩箭在机。⑳察而审:好明察而谨慎。审,慎。㉑知巧而睹于泰:自恃智巧而显露出骄泰傲慢之气。知,同"智"。睹,外露。泰,骄泰。㉒不信:不实,指矫情虚伪之态。㉓竟:通"境"。

【译文】 士成绮见到老子,问道:"我听说先生是一个圣人,所以我才不辞远道而来,希望见到您,一路上长途跋涉,脚底长出了厚厚茧子,也没有止步休息。现在我看先生,算不上是个圣人。鼠洞边有剩余的粮食,如此丢弃不顾,可说是不仁!面前的生熟食品都享受不尽,却还无限地聚敛不止。"

老子冷漠地不予回应。

第二天,士成绮再次去见老子,说道:"昨天我说了讽刺先生的话,今天我心里有所觉悟,不知什么缘故?"

老子说:"巧智神圣的人,我自认为不能与之相比。先前你喊我是牛,我便称之为牛;你喊我是马,我便称之为马。如果名副其实,别人给我的名称却不去接受,这是双重的罪过。我接受别人给予的名称,这是长久地接受,并非有心接受才去接受。"

士成绮侧身斜行,不敢践踏老子的足迹,慌乱之中,竟忘了脱鞋就进入了室内,问道:"怎样修身?"

老子说:"你的容貌傲岸不凡,你的眼睛鼓目突出,你的额头宽大高耸,你的嘴巴虚张欲言,你的体形巍峨高大,就像欲奔的马,只是因为被绳索系住才暂时止步。蠢蠢欲动却矜持作态,发动迅速犹如机弩,好明察却处处审慎,自恃智巧而掩饰不住骄泰傲慢之气。凡此种种,皆是矫情伪态,皆非修身之为。边境上有一种人,其名为窃贼。"

四

【原文】 桓公读书于堂上①,轮扁斫轮于堂下②,释椎凿而上③,问桓公曰:"敢问,公之所读者,何言邪?"

公曰:"圣人之言也。"

曰:"圣人在乎?"

公曰:"已死矣。"

曰:"然则君之所读者,古人之糟魄已夫④!"

桓公曰:"寡人读书,轮人安得议乎!有说则可,无说则死!"

轮扁曰:"臣也以臣之事观之。斫轮,徐则甘而不固⑤,疾则苦而不入⑥。不徐不疾,得之于手而应于心。口不能言,有数存焉乎其间⑦。臣不能以喻臣之子,臣之子亦不能受之于臣,是以行年七十而老斫轮。古之人与其不可传也死矣⑧,然则君之所读者,古人之糟魄已夫!"

【注释】 ①桓公:即齐桓公,名小白。②轮扁:制作车轮的人,名扁。斫:砍削。③释:放,放下。椎、凿:木工所用工具。④糟魄:即糟粕,指古人遗言。魄,通"粕"。⑤徐:缓。甘:滑。⑥疾:急。苦:涩。⑦数:术数,技术,窍门。⑧不可传也:指道。也,犹"者"。死:死亡,消失。

【译文】 桓公在堂上读书,轮扁在堂下砍制车轮。轮扁放下锥子凿子,走到桓公跟前,问桓公说:"请问,公所读的书,是什么人的言论?"

桓公说:"是圣人之言。"

轮扁问道:"圣人还在吗?"

桓公说:"已经死了。"

轮扁问道:"那么您所读的,不过是古人的糟粕罢了。"

桓公说:"寡人读书,造轮的人岂能随便议论!说出个道理也就罢了,说不出个道理来就得去死!"

轮扁说:"我是用我从事的工作来观察的。就说砍造车轮吧,做工太慢太细了就会因为甘滑而不牢固;做工太快太粗了就会因为苦涩而榫头难入。只有做工不缓不急,得心应手,才能恰到好处。其中的门道,口里说不出来,却有难言的心术存在其中。这心术,我无法明示给我的儿子,我的儿子也不能从我那里获得传授,因此我都七十岁了还在制造车轮。古时的人和他不可言传的东西都已经消失了,那么你所读到的,不过是古人留下的糟粕罢了!"

天　运

【题解】

本篇的主题仍是讲自然之道的,但它与前几篇不同的是,这里首次从发展变化的角度来认识宇宙万物的规律,把内篇中所阐述的玄而又玄的道,拉近了与社会生活的距离,具有了实践性的内涵。这种认识主要反映在首段"天其运乎"及后面"孔子西游于卫"两段,我们予以选录,加以介绍。

"天其运乎"一段,作者把天地万物的运行和变化,归结为"六极五常"的作用,已经蕴含了朴素的唯物认识论思想。可贵的是,作者还把这"六极五常"的物质性、自然性的存在,作为人类社会生活的准则,指出"帝王顺之则治,逆之则凶"。

"孔子西游于卫"一段,则完全从社会发展变化的角度来探讨古代的礼乐制度。作者批评了孔子循规守旧,不懂得事物的运动变化并无常规,以及不懂得人类应该顺应万物的变化而没有穷尽的道理,并明确指出了"故礼义法度者,应时而变"的精辟论断,与《韩非子·五蠹》"世异则事异,事异则备变"的观点相似,无疑具有积极的意义。此外,本段为了说明"无方之传"与"应物而不穷"的道理,所杜撰的"桔槔俯仰随人""猨狙衣周公之服""丑人捧心而矉"等寓言故事,寓意隽永,形象鲜明,具有很高的艺术价值。

一

【原文】

"天其运乎?地其处乎①?日月其争于所乎②?孰主张是③?孰维纲是④?孰居无事推而行是⑤?意者其有机缄而不得已邪⑥?意者其运转而不能自止邪?云者为雨乎?雨者为云乎?孰隆施是⑦?孰居无事淫乐而劝是⑧?风起北方,一西一东,在上彷徨⑨,孰嘘吸是⑩?孰居无事而披拂是⑪?敢问何故?"

巫咸祒曰⑫:"来,吾语女。天有六极五常⑬,帝王顺之则治,逆之则凶。九洛之事⑭,治成德备⑮,监照下土,天下戴之,此谓上皇⑯。"

【注释】

①"天其"二句:运,运转。处,止,静止。②所:处所,轨道。③孰:谁。主张:主宰而施行。是:此。④维纲:维持纲纪。⑤"孰居"句:此句针对"日月其争于所乎"而言。推而行:推动它们运行。⑥"意者"句:此句针对"天其运乎"而言。意,估计,猜想,推测。机,机关。缄,闭。⑦隆:兴起。施:降。是:此,指云雨。⑧淫乐:过度的快乐。劝:助长,助成。是:此,指云雨。⑨在:通行本误作"有",据陈碧虚《庄子阙误》引张君房本改。彷徨:回转、往来的样子。⑩嘘吸:呼吸。嘘,吐气。⑪披拂:摇荡,煽动。⑫巫咸:神巫名咸。祒:借为"招",招呼。⑬六极:即"六合",指四方和上下。五常:即"五行",指金、木、水、火、土。⑭九洛之事:有二解,一指九州聚落之事,一指《洛书》九畴之事。译文从前一说。⑮治成德备:治定功成,道圆德备。⑯上皇:指道德超过了三皇。

【译文】

"天是自己在运转吗?地是自己在静止不动吗?太阳和月亮是自己在争夺运行的轨道吗?是谁主宰着而如此安排呢?是谁维持着纲纪而使它们成为这个

样子呢？是谁闲居无事推动着它们如此运行呢？莫非有机关控制着它们而使它们不能停止吗？莫非它们自己运转而根本不会停止吗？是云造成的雨呢？还是雨造成的云呢？是谁在兴云降雨呢？是谁闲居无事，为了追求过度的快乐而助成这云兴雨施呢？风在北方兴起，忽西忽东，在空中不断地回旋飘荡，这是谁在大口地吸气吐气而造成如此之风呢？是谁闲居无事而煽起这样的大风呢？请问这究竟是怎么回事？"

巫咸招了招手，说："过来，我告诉。天有六极五常，帝王顺着它便能太平安定，违逆它便生祸殃。顺着这自然之理，九州百姓安居的事情，就会大功告成而德性完备，光辉普照天下，天下百姓都会拥戴他，这样方能称得上超越三皇。"

二

【原文】 孔子西游于卫①，颜渊问师金曰②："以夫子之行为奚如？"

师金曰："惜乎，而夫子其穷哉③！"

颜渊曰："何也？"

师金曰："夫刍狗之未陈也④，盛以箧衍⑤，巾以文绣⑥，尸祝齐戒以将之⑦。及其已陈也，行者践其首脊，苏者取而爨之而已⑧。将复取而盛以箧衍，巾以文绣，游居寝卧其下，彼不得梦⑨，必且数眯焉⑩。今而夫子亦取先王已陈刍狗⑪，聚弟子游居寝卧其下。故伐树于宋⑫，削迹于卫⑬，穷于商周⑭，是非其梦邪？围于陈蔡之间⑮，七日不火食，死生相与邻，是非其眯邪？夫水行莫如用舟，而陆行莫如用车。以舟之可行于水也，而求推之于陆，则没世不行寻常⑯。古今非水陆与？周鲁非舟车与？今蕲行周于鲁⑰，是犹推舟于陆也！劳而无功，身必有殃。彼未知夫无方之传⑱，应物而不穷者也。且子独不见夫桔槔者乎？引之则俯，舍之则仰。彼，人之所引，非引人者也。故俯仰而不得罪于人。故夫三皇五帝之礼义法度⑲，不矜于同而矜于治⑳。故譬三皇五帝之礼义法度，其犹柤梨橘柚邪！其味相反而皆可于口。故礼义法度者，应时而变者也。今取猨狙而衣以周公之服㉑，彼必龁啮挽裂㉒，尽去而后慊㉓。观古今之异，犹猨狙之异乎周公也。故西施病心而矉其里㉔，其里之丑人见之而美之，归亦捧心而矉其里。其里之富人见之，坚闭门而不出；贫人见之，挈妻子而去走。彼知矉美而不知矉之所以美。惜乎，而夫子其穷哉！"

【注释】 ①游：游说。卫：春秋时卫国。②颜渊：孔子最得意的学生。姓颜名回，字子渊。师金：鲁国太师，名金。③"惜乎"二句：惜，可怜。而，通"尔"，你。穷，窘困。④刍狗：用茅草扎成的狗，用于祭祀。⑤箧：箱子。衍：笥，小方竹箱。⑥巾：用作动词，用巾帛包裹。文绣：刺有花纹的巾帛。⑦尸祝：主祭的巫师。齐：通"斋"。将：送。⑧苏者：取草烧饭的人。爨：烧火做饭。⑨彼：指复取刍狗的人。⑩且：将。眯：屡次。眯：被妖魔惊吓。⑪先王：指尧、舜、禹、汤、文王、武王等儒家推崇的帝王。已陈刍狗：比喻先王那一套政教礼法。⑫伐树于宋：孔子与其弟子曾在宋国的一棵大树下讲习礼法。宋司马桓魋想杀孔子，孔子逃走后，桓魋一气之下，把那棵大树砍掉了。⑬削迹于卫：决意不再去卫国。孔子曾到卫国做官，后怕被人谋害，于是转去陈国。在途经卫国匡地时，被拘捕。削迹，绝迹。⑭穷于商周：指不得志于宋、卫二国。商周,指宋与卫。宋为商的后裔,卫开国国君为周武王同母少弟。⑮围于陈蔡之间:孔子与其弟子曾经住在陈与蔡两地之间,与陈、蔡两地的士大夫主张不合。后来楚昭王派使臣聘孔子到楚国去做官。陈、蔡的士大夫怕孔子到楚国做官对自己不利,便发兵把孔子一行围住,围了七天,断粮七天,弟子们饿得不能起行。⑯寻常:古代长度单位,八尺为寻,二寻为常。⑰蕲:期求。⑱彼:指孔子。无方之传:谓运转无常规。方,常。传,转,运动。⑲三皇:指燧人、伏羲、神农(见《尚书大传》)。亦指伏羲、神农、黄帝(见孔安国《尚书序》)。五帝:有三种说法,一指黄帝、颛顼、帝喾、唐尧、虞舜(《世本》);二指太皞、炎帝、黄帝、少皞、颛顼(《礼记·月令》);三指少昊、颛顼、高辛、唐尧、虞舜(孔安国《尚书序》)。第三种说法与《庄子》所说同。⑳矜:尚,崇尚。㉑周公:姓姬,名旦,周武王之弟,周成王之叔父。武王崩,成王年幼,周公摄政,创制了周朝的礼乐制度。㉒龁:啃。啮:咬。挽裂:扯裂。㉓慊:满意。㉔矉:通"颦",皱眉。其里:疑涉下句"其里"二字而衍。下"归亦捧心而矉其里"之"其里"二字亦疑为衍文。

【译文】 孔子往西到卫国去游说,颜渊向师金问道:"你认为我的老师此次出行将会怎么样?"

师金说:"可怜啊,你的老师将要遭受困厄!"

颜渊说:"为什么这样说呢?"

师金说:"当茅草扎的刍狗还没有陈设在神位的时候,把它放在竹筐里,用刺有花纹的巾帛包裹着,主祭的巫师斋戒沐浴后才可以把它护送到神位上行祭。等到陈列献祭完毕,刍狗被抛了出去,路人可以随便地践踏它的头和脊背,打柴的人把它捡去烧火做饭用了。若是有人把它捡来,重新放在竹筐里,重新用刺有花纹的巾帛包起来,游乐寝卧在它的旁边,那么即使他们不会做噩梦,也将屡屡受到妖魔的惊扰。现在你的老师不也是取用先王为祭神早已陈列过的政教礼法的刍狗,召集弟子游乐寝卧在它的旁边。所以在宋国遭遇到伐树的屈辱,在卫国被禁止居留,不得志于宋、卫等国,这些难道不是在做噩梦吗?再说师徒们被围困在陈、蔡之间,七天没有烧火做饭,与死亡相伴,这些难道不是妖魔的惊扰吗?走水路没有使用船只更方便的了,而要在陆上行走,没有使用车辆更为便利了。以为船只可以行于水上,便希望把它推行到陆地上来,那么就会终生走不了多远。古代与今天的不同,不就像河水与陆地的不一样吗?西周时代与鲁国的不同,不就像船只与车辆的不一样吗?现在期望把西周的典章制度搬到鲁国去实行,这就好比把船只推到陆地上去行走!只能徒劳无功,自身必定还要遭殃。孔子不懂得事物总是运动发展着,没有一成不变的事物,只能不断地顺应万物的变化。再说你偏偏没有看见过桔槔汲水的情形吗?人们牵引绳子,它便俯下;人们放开绳子,它便仰起。它是被人所牵引的,不是牵引人的,所以它任人俯仰,而不会得罪人。所以三皇五帝的礼义法度,不珍贵于相同,而珍贵于能够治理天下。因而三皇五帝的礼义法度,就好比是山楂、梨、橘、柚呀!味道全然不同而都可口。可见礼义法度,是随着时代变化而改变的。现在如果让猿猴穿上周公的衣服,它一定会连啃带咬,把衣服扯裂脱光,而后才痛快。观察古与今的不同,就像猿猴不同于周公一样。所以美女西施有心病而皱眉头,邻里的丑女见了觉得很美,回家后也学

秋 水

【题解】

本篇是《庄子》书中倍受称道的篇章之一,其鲜明的思想特色和隽永的文字魅力都堪称精品。本篇取篇首二字命题,其主旨探讨了人对万事万物价值判断的无限相对性,表现了庄子哲学中颇有影响的相对论的观点。作者认为一切事物的大小、是非都是相对的,人生的贵贱、荣辱也是无常的,因而要求人们"无以人灭天,无以故灭命,无以得殉名,谨守而勿失,是谓反其真",即不执着于人为得失而伤害自然本性,一切顺应自然而返归人生的真谛。

本篇全文分前后两大部分,前一部分描述海神与河神的对话,总共七问七答,分别就关于多与少的自我判断、时空的无穷性与事物变化的不定性、"言之所不能论"与"意之所不能察致"、大小贵贱的不同审视、自然之道的可贵性等作了精细而形象的讨论,最后以"无以人灭天"等三"无以"一"谨守"给全部对话作结。这也是全文的总论部分。

本篇的后一部分,也是分论部分,则是通过看似不相关联的六则寓言故事,分别对总论进行了进一步的形象化诠释。如"夔怜蚿"一则,意在阐发"无以人灭天"之旨;"孔子游于匡"一则,意在申明"无以故灭命"之旨;"公孙龙问于魏牟"一则,意在申发"无以得殉名"之旨;而"庄子钓于濮水"与"惠子相梁"二则,再次申发"无以得殉名"之旨;而"庄子与惠子游"一则,则是申发了"反其真"之旨。

一

【原文】 秋水时至①,百川灌河。泾流之大②,两涘渚崖之间③,不辩牛马④。于是焉河伯欣然自喜⑤,以天下之美为尽在己。顺流而东行,至于北海,东面而视,不见水端。于是焉河伯始旋其面目⑥,望洋向若而叹曰⑦:"野语有之曰:'闻道百,以为莫己若者。'我之谓也⑧。且夫我尝闻少仲尼之闻而轻伯夷之义者⑨,始吾弗信。今我睹子之难穷也,吾非至于子之门则殆矣,吾长见笑于大方之家⑩。"

北海若曰:"井蛙不可以语于海者,拘于虚也⑪;夏虫不可以语于冰者,笃于时也⑫;曲士不可以语于道者⑬,束于教也⑭。今尔出于崖涘⑮,观于大海,乃知尔丑,尔将可与语大理矣⑯。天下之水,莫大于海,万川归之,不知何时止而不盈,尾闾泄之⑰,不知何时已而不虚;春秋不变,水旱不知。此其过江河之流,不可为量数。而吾未尝以此自多者,自以比形于天地⑱,而受气于阴阳⑲,吾在于天地之间,犹小石小木之在大山也⑳。方存乎见小,又奚以自多!计四海之在天地之间也,不似礨空之在大泽乎㉑?计中国之在海内,不似稊米之在大仓乎㉒?号物之数谓之万㉓,人处一焉。人卒九州㉔,谷食之所生,舟车之所通,人处一焉㉕。此其比万物也,不似豪末之在于马体乎㉖？五帝之所连㉗，三王之所争，仁人之所忧，任士之所劳㉘，尽此矣㉙！伯夷辞之以为名，仲尼语之以为博，此其自多也，不似尔向之自多于水乎？"

【注释】 ①秋水：秋雨。时至：按时而降。②泾流：水流。泾，借为"巠"，水脉。③涘：河岸。渚崖：水洲岸边。渚，小洲。崖，边。④辩：通"辨"。⑤焉：犹"乎"，句中语助词。河伯：黄河之神。⑥旋：转。面目：脸面，指态度。⑦望洋：仰视的样子。若：海神名，取其若有若无之意。⑧"以为"二句：莫己若，即"莫若己"。我之谓，即"谓之我"。均为倒装句。⑨少：以……为少。轻：轻视。伯夷：孤竹君之子，不受君位，不食周粟，饿死于首阳山。义：义气，气节。⑩大方：大道。⑪拘：局限。虚：同"墟"，居处。⑫笃：固，浅陋不通，局限。⑬曲士：一曲之士，浅陋偏执之人。⑭束于教：束缚于世俗之学。⑮尔：你。崖涘：指黄河岸边。⑯大理：大道理，指大道。⑰尾闾：指海水出口处。⑱比：借为"庇"，寄托。⑲气：元气。阴阳：指天地，自然。⑳大山：即泰山。㉑礨空：小穴。礨，借作"罍"，酒器。㉒稊米：稊的果实，与谷子相似。稊，形似稗的草。大仓：储粮的大库。㉓号物：称呼物类。㉔卒：借为"萃"，聚。按"卒"如读为本字，"人卒"即指人众，亦通。㉕人处一焉：此处是以个人对众人而言。㉖豪：通"毫"。㉗连：读为"禅"，禅让。㉘任士：操劳务事之人。㉙此：指如同毫末。

【译文】 秋雨按时而降，大小溪水都灌入了黄河。水流的浩大宽广，两岸及河中水洲之间，连牛马都不能分辨。于是乎河伯欣然自得，以为天下的盛美都集中在自己身上了。它顺着水流向东前进，到达了北海，面向东方望去，不见大海的尽头。于是乎河伯这才改变自得的态度，仰起头对着海神若，感叹说："俗话说：'听了很多道理，总觉得都不如自己高明。'说的就是我这种人啊。而且我还曾经听说过认为孔子的见闻很少和轻视伯夷气节的话，当初我还不信。现在我亲眼看见了你那望不到边的海水，难以穷尽，我若不是来到你的门前，那就危险了，我将永远被得道的人讥笑。"

北海若说："对于井中之蛙不能和它谈论大海，这是由于它局限在井中很小的地方；对于夏生秋死的昆虫不能和它谈论结冰的事情，这是由于它的生命局限在很短的时间；对于浅陋偏执人士不能和他谈论大道，这是由于他被世俗之学所束缚。现在你从河岸走了出来，看到了大海，方知你自己的孤陋寡闻，这将可以同你谈论大道了。天下的水域，没有比海更广大了，千万条江河之水归入这里，不知何时休止，但大海从来未见满溢；海水从尾闾地方排泄，不知道什么时候停止，然而大海不会空虚；不论春秋季节的更替，大海不会有所变化；不论水灾旱灾的降临，大海全然不受影响。它的蓄水之多远远超过江河的水流，根本无法计量。对此，我却从来没有感到自满，自认为寄托形体于天地，禀受元气于阴阳，我在天地之间，犹如一块小石头、一根小树枝放在泰山上一样。正存有自以为渺小的想法，哪里还会感到自大自满呢！计量四海在天地之间所占的分量，不就像在大泽中的一个蚁窝吗？计量中国在四海之内所占的分量，不就像在大粮仓中的一粒小米吗？物类名称的数目有万种之多，而人类只是其中的一种。人类聚居于九州，凡是粮食所生长的地方，舟车所通行的地方，都有人类，而个人只是人类中的一分子。这样说来，一个人与万物相比，不就像毫毛之末长在马身上那样微不足道吗？诸如五帝的相继禅位，三王的互相争位，仁人为天下安危而忧虑,实干家为治理天下而操劳,都如毫末一样微不足道。伯夷辞让王位以此取得声名,孔子游说以此显示渊博,他们的自满,不就像刚才你对于河水的自满一样吗?"

【原文】　河伯曰:"然则吾大天地而小毫末,可乎?"

北海若曰:"否。夫物,量无穷①,时无止②,分无常③,终始无故④。是故大知观于远近⑤,故小而不寡,大而不多,知量无穷。证曏今故⑥,故遥而不闷⑦,掇而不跂⑧,知时无止。察乎盈虚,故得而不喜,失而不忧,知分之无常也。明乎坦涂⑨,故生而不说⑩,死而不祸,知终始之不可故也。计人之所知,不若其所不知;其生之时,不若未生之时;以其至小,求穷其至大之域,是故迷乱而不能自得也。由此观之,又何以知毫末之足以定至细之倪⑪,又何以知天地之足以穷至大之域!"

【注释】　①量:物体的量数。②时无止:时间、时序的流逝是没有止境的。③分:得与失的分际。无常:无定。④故:通"固",固定。⑤大知:指得道的人。知,同"智"。观于远近:远近都能看到。⑥曏:明,明察。今故:犹古今。故,读为"古"。⑦闷:郁闷。⑧掇:拾取。跂:向往,企求。⑨涂:同"途"。⑩说:同"悦",欣喜。⑪倪:读为"仪",尺度,标准。

【译文】　河伯说:"那么我以天地为大而以毫末为小,这样可以吗?"

北海若说:"不可以。那物体,器量各不相同,千差万别,没有穷尽;时间的流逝也永无止境;贵贱贫富等等一切得与失的分际根本上就没有定准;一切都是变化不定的,没有所谓的开始,也没有所谓的终结。所以有大智慧的人能够观察到事物的远近,因而小的不以为小,大的不以为大,这是因为知道物量无穷的道理。验证和察明古今变化无穷的情况,所以对于流逝的遥远的过去并不感到郁闷,对于俯拾可得的未来并不心存企望,这是因为懂得时间的流逝永远不会停止的道理。明察自然万物盈亏的变化,所以得到什么并不欣然自喜,失掉什么并不忧愁烦恼,这是因为知道得与失是没有定准的道理。明白了生死不过是人生旅行中的一条平坦大路,所以生存时不特别欣喜,死亡时不以为祸害,这是因为懂得终始没有固定不变的道理。计算一下人所知道的事情,远不如人所不知道的事情多;计算一下人的生存时间,远比不上他没有生命时的时间长;想用极少的知识和极短的生命去追究无限发展变化的世界,因此只能造成心思迷乱而茫然若失。由此看来,又怎么知道用毫末就足以判定最小的尺度,又怎么知道用天地就足以穷尽最大的领域呢!"

【原文】　河伯曰:"世之议者皆曰:'至精无形①,至大不可围②。'是信情乎③?"

北海若曰:"夫自细视大者不尽,自大视细者不明。夫精,小之微也;垺④,大之殷也⑤。故异便⑥,此势之有也。夫精粗者,期于有形者也⑦;无形者,数之所不能分也⑧;不可围者,数之所不能穷也。可以言论者,物之粗也;可以意致者⑨,物之精也;言之所不能论,意之所不能察致者,不期精粗焉⑩。是故大人之行⑪,不出乎害人,不多仁恩⑫;动不为利⑬,不贱门隶;货财弗争,不多辞让;事焉不借人⑭,不多食乎力⑮,不贱贪污;行殊乎俗,不多辟异⑯;为在从众,不贱佞谄;世之爵禄不足以为劝⑰,戮耻不足以为辱⑱;知是非之不可为分,细大之不可为倪⑲。闻曰:'道人不闻,至德不得,大人无己⑳。'约分之至也㉑。"

【注释】 ①精：细小。②围：范围。③信情：实情。④垺：大，宏大。⑤殷：大。⑥异便：谓物虽相异却各有自己的所宜。⑦期：限，限于。⑧数：度数。⑨意致：意识到，意会。⑩不期精粗：指不能用精细和粗大来限定的事物。期，不限于。⑪大人：指得道的人。行：行为。⑫多：赞美。⑬动不为利：举动做事并非为了私利。⑭事焉不借人：做事不借助别人之力。⑮不多食乎力：不赞美自食其力。⑯辟：邪僻。异：乖异，怪异。⑰劝：劝勉，勉励。⑱戮耻：刑戮和罢官的耻辱。辱：羞辱。⑲倪：限定，区别。⑳"道人"三句：道人、至德、大人，均指体道之人。成玄英《疏》说，"体道圣人，和光韬晦，推功于物，无功名之可闻"；"造极之人，均得千丧，既无所丧，亦无所得"；"大圣之人，有感斯应，方圆任物，故无己也"。㉑约分：依守本分。

【译文】 河伯说："世俗中的议论者都说：'最细小的东西是没有形状的，最大的东西是无法限定范围的。'这是真实情况吗？"

北海若说："从小的方面去看大的东西，这是看不到尽头的；从大的方面去看小的东西，这是看不分明的。精细之物，这是小物中的小物；巨大之物，这是大物中的大物。所以各物大小不相同却有着自己的相宜之处，这是势态不同的必然现象。所谓精细与粗大，都是局限于有形的东西；对于小到无形的东西，是无法用度数进行测量区分的；对于大到不可范围的东西，是无法用度数测量穷尽的。可以用言语谈论的事物，那是事物中比较粗大的；可以意识到却无法用言语表达的事物，那是事物中比较精微的；用言语无法谈论而用意识又不能沟通的，那是无法用精细和粗大来称谓的事物。因此，体道之人的行为，不做危害他人的事，但也不赞许对他人施恩行惠；行动做事不为获取利益，不轻贱家奴；不与他人争夺财物，也不赞许把财物辞让给人；遇事不借助他人之力，也不赞许自食其力的人，也没有轻贱贪污之人的念头；一举一动与世俗大为不同，却也不赞许乖僻邪僻的行径；凡有所为，不过随众人而已；也不卑贱奉承谄媚的人，世间的高官厚禄不足以为劝勉，杀戮蒙耻也不足以为羞辱；知道是非的界限不可以确定，知道大小的标准也无法限定。我听说：'得道的人不扬名，至德的人不索取，体道的人不存己。'依守本分到了极致罢了。"

【原文】 河伯曰："若物之外，若物之内，恶至而倪贵贱？恶至而倪小大？"

北海若曰："以道观之，物无贵贱；以物观之，自贵而相贱；以俗观之，贵贱不在己。以差观之①，因其所大而大之，则万物莫不大；因其所小而小之，则万物莫不小。知天地之为稊米也，知毫末之为丘山也，则差数睹矣②。以功观之③，因其所有而有之，则万物莫不有；因其所无而无之，则万物莫不无。知东西之相反而不可以相无，则功分定矣。以趣观之④，因其所然而然之，则万物莫不然；因其所非而非之，则万物莫不非。知尧、桀之自然而相非⑤，则趣操睹矣⑥。昔者尧、舜让而帝，之、哙让而绝⑦；汤、武争而王⑧，白公争而灭⑨。由此观之，争让之礼，尧、桀之行，贵贱有时，未可以为常也。梁丽可以冲城而不可以窒穴⑩，言殊器也；骐骥骅骝一日而驰千里⑪，捕鼠不如狸狌⑫，言殊技也；鸱鸺夜撮蚤⑬，察毫末，昼出瞋目而不见丘山，言殊性也。故曰：盖师是而无非⑭，师治而无乱乎？是未明天地之理，万物之情者也。是犹师天而无地，师阴而无阳，其不可行明矣！然且语而不舍，非愚则诬也！帝王殊禅，三代殊继。差其时⑮，逆其俗者,谓之篡夫;当其时,顺其俗者,谓之义之徒。默默乎河伯,女恶知贵贱之门,小大之家!"

【注释】 ①差:指万物的大小差别。②差数:数量的差别。③功:功能。④趣:趋向,取向。⑤尧、桀:唐尧和夏桀。尧为圣人,桀为暴君。自然:自是,自以为是。⑥趣操:志趣和情操。⑦之,哙让而绝:指燕王哙将王位禅让给子之,子之即位,国人不服。齐宣王兴师伐燕,杀死哙与子之,燕国几乎灭绝。让,禅让。⑧汤、武争而王:指商汤伐桀,周武王伐纣,都因争战获胜而称王。⑨白公争而灭:指白公胜因郑人杀其父,请兵报仇,不许,遂自起封邑之兵反楚。楚王派叶公子高伐而灭之。白公,名胜,楚王平之孙,太子建之子。⑩梁丽:梁栋。丽,通"栭",屋栋。冲城:冲击城防。窒穴:堵塞小洞。⑪骐骥骅骝:四种良马,一般骐骥连称,骅骝连称。⑫狸狌:野猫和黄鼠狼。⑬鸱鸺:猫头鹰。一说,"鸺"字为衍文。撮:抓取。蚤:跳蚤。⑭盖:通"盍",何不。师:效法。无:通"毋",不要,抛弃。下同。⑮差其时:不合时宜。

【译文】 河伯说:"假若在物体的表面,假若在物体的内部,又怎样来区分贵贱,怎样来区别大小呢?"

北海若说:"用自然之道来观察,万物原本没有贵贱之分;从万物自身的角度来看,都是自以为贵而彼此相贱;用世俗之人的眼光来看,贵贱的判定并非自己能够操控。按照万物的大小差别来考察,顺着大的角度来看而认为是大的,那么没有一物不是大的;顺着小的角度来看而认为是小的,那么没有一物不是小的。知道了像天地那么巨大的东西,比起更巨大的东西,也不过是一粒小米;知道了像毫末那么细小的东西,比起更细小的东西,就犹如一座大山;那么万物之间的数量差别也就看清了。从事物的功能来考察,从有功能的角度来看而认为它有功能,那么万物之中都有功能;从没有功能的角度来看而认为它没有功能,那么万物之中都没有功能。懂得了东与西两个方向相互对立,而又彼此不能相缺,那么事物的功能与分量就可以确定了。从人们对事物的取向来看,依着它可肯定的地方去肯定它,那么万物之中没有不可肯定的;依着它可否定的地方去否定它,那么万物之中没有不可否定的。知道了尧和桀各自为是而相互否定,那么人们的取向和情操便可以看清了。从前尧和舜因禅让而称帝,而燕王哙和燕相子之因禅让而灭绝;商汤和周武王因争战而称王,白公胜却因为争讨而灭亡。由此看来,争斗和禅让的礼制,唐尧和夏桀的行为,他们的高贵与卑贱是因时而异的,并没有一定的常规。梁栋之大可以用来冲撞城墙,但不能用来堵塞鼠穴,说明使用的器具不同;像骐骥骅骝一类的良马,它能一日奔驰千里,但让它捕鼠远不如野猫和黄鼠狼,说明各自的技能不同;猫头鹰夜间能够抓取跳蚤,明察秋毫,但白天出来,瞪着眼睛却看不见大山,说明各自的性能不同。人们总是说:为什么效法正确的而丢掉错误的,效法治理好的而抛弃混乱的呢?这是不明白天地间事物变化的道理,和万物发展的实际情况。这好比是说只师法天而抛弃地,只效法阴而抛弃阳一样,这种说法行不通是很明显的。然而有的人还在不停地游说,这种人不是愚昧就是在欺骗人!古代帝王的禅让情况各不相同,夏商周三代相继承的情况也各自相异。凡是不合时宜,违背民众意愿的,称他为篡夺之人;凡是合乎时宜,顺从民众意愿的,称他为高义之人。沉默住口吧,河伯,你哪里知道贵贱的分别,和大小的真谛呢!"

【原文】 河伯曰:"然则我何为乎?何不为乎?吾辞受趣舍①,吾终奈何?"

北海若曰:"以道观之,何贵何贱,是谓反衍②;无拘而志,与道大蹇③。何少何多,是谓谢施④;无一而行⑤,与道参差。严乎若国之有君⑥,其无私德;繇繇乎若祭之有社⑦,其无私福;泛泛乎其若四方之无穷⑧,其无所畛域⑨。兼怀万物,其孰承翼⑩?是谓无方⑪。万物一齐,孰短孰长?道无终始,物有死生,不恃其成。一虚一满,不位乎其形⑫。年不可举,时不可止。消息盈虚⑬,终则有始。是所以语大义之方⑭,论万物之理也。物之生也,若骤若驰,无动而不变,无时而不移。何为乎?何不为乎?夫固将自化。"

【注释】 ①辞受趣舍:辞让、接受、趋就、舍弃。②反衍:向相反的方向发展,犹转化。③蹇:阻塞,违碍。④谢施:谓相互转化。施,移,转。⑤无:通"毋",不要。一:执一,固守。⑥严:庄重威严。有:语助词,无义。下句"有"字同。⑦繇繇:即"悠悠",悠然自得的样子。社:社神,即土地神。⑧泛泛:广阔、周遍的样子。⑨畛域:界限。⑩孰:谁。承翼:得到庇护。承,受。翼,羽翼,庇护。⑪无方:无所偏向。⑫不位乎其形:形无定位,没有固定不变的形态。⑬消息盈虚:消亡、生息、充盈、亏虚。⑭大义:指大道。方:指精义、奥旨。

【译文】 河伯说:"那么我在哪些事情上可以做,哪些事情上不可以做呢?我将如何辞让、接受、进取和舍弃呢?我到底怎样做好呢?"

北海若说:"从道的观点来看,什么是贵什么是贱,可以说贵与贱是相互转化的;不要拘执你的心志,造成与大道背离。什么是少什么是多,可以说多少是相互转化的;不要固执偏见行事,造成与大道不合。像国君一样庄重威严,对谁都没有偏爱;像被祭祀的土地神一样悠然自得,对谁都没有偏私的福佑;像四方无限伸展的大地那样广阔无垠,没有什么东西可以界限。包容万物,谁受到庇护?可以说是无所偏向。万物都是一样的,谁是短的谁是长的呢?大道是没有开始与终止的,而万物却有死生的变化,即便一时有所成就,也是不足依赖的。大道在一虚一盈中变化着,没有固定不变的形态。往昔的岁月不可回转,逝去的时间无法挽留。万物在消亡、生息、充盈、亏虚之中,终而复始地变化着。明白了以上的道理,方能谈论大道的奥义,讨论万物变化的道理。万物的生长,犹如快马拉车奔腾驰骤一般,没有一个动作不在变化,没有一个时间不在移动。什么事可以去做,什么事不可以去做呢?万物原本就在自行变化着,何须你有意去做什么呢!"

【原文】 河伯曰:"然则何贵于道邪?"

北海若曰:"知道者必达于理,达于理者必明于权①,明于权者不以物害己。至德者,火弗能热,水弗能溺,寒暑弗能害,禽兽弗能贼。非谓其薄之也②,言察乎安危,宁于祸福③,谨于去就,莫之能害也。故曰:'天在内,人在外④,德在乎天。'知天人之行⑤,本乎天⑥,位乎得⑦,蹢躅而屈伸⑧,反要而语极⑨。"

曰:"何谓天?何谓人?"

北海若曰:"牛马四足,是谓天;落马首⑩,穿牛鼻,是谓人。故曰:'无以人灭天,

国学经典文库

国学经典

庄子

图文珍藏版

无以故灭命⑪,无以得殉名⑫,谨守而勿失,是谓反其真。'"

【注释】 ①权:权变,应变。②薄:迫近,逼近。③宁:安。祸福:指穷困和通达。④"天在"二句:天,天性,自然本性。人,人事,人为。⑤天人:自然与人。行:指活动规律。⑥本乎天:以自然为根本。⑦位乎得:处于自得的境地。⑧蹢躅:同"踯躅",进退不定的样子。⑨反要:返回道的枢要。语极:谈论万物的至理。⑩落:通"络",指套上马笼头。⑪故:有心而为,造作。命:天理。⑫殉名:为追求虚名而丧生。

【译文】 河伯说:"那么为什么还要尊重大道呢?"

北海若说:"明白大道的人必定通达万物之理,通达万物之理的人必然知道如何应变,知道如何应变的人就不会让外物伤害自己了。有最高修养的人,火不能让他感到灼热,水不能让他淹溺,寒冷和酷暑不能伤害他,禽兽也不能偷袭他。这些并非说他迫近它们而不会受到损害,而是说他能明察安危,安于祸福,能够谨慎对待进退,所以没有什么东西能够伤害他。所以说:'天性存于内心,人事显露于身外,道德本于自然。'懂得自然与人类活动的规律,方能以自然为根本,处于自得的境界,进退适宜而屈伸得当,返归道的枢要而谈论万物的至理。"

河伯说:"什么叫作天然?什么叫做人为?"

北海若说:"像牛马长着四只脚,这就叫天然;像给马套上笼头,给牛鼻穿上缰绳,这就是人为。所以说:'不要用人为的东西来损害天性,不要有心造作而毁灭天理,不要为追求名利而丧生,谨慎守住这三句话而不失误,这就叫作返归纯真的本性。'"

二

【原文】 夔怜蚿①,蚿怜蛇,蛇怜风,风怜目,目怜心。

夔谓蚿曰:"吾以一足趻踔而行②,予无如矣。今子之使万足,独奈何?"

蚿曰:"不然。子不见夫唾者乎?喷则大者如珠,小者如雾,杂而下者不可胜数也。今予动吾天机③,而不知其所以然。"

蚿谓蛇曰:"吾以众足行,而不及子之无足,何也?"

蛇曰:"夫天机之所动,何可易邪?吾安用足哉!"

蛇谓风曰:"予动吾脊胁而行,则有似也④。今子蓬蓬然起于北海⑤,蓬蓬然入于南海,而似无有,何也?"

风曰:"然,予蓬蓬然起于北海而入于南海也,然而指我则胜我,鳍我亦胜我⑥。虽然,夫折大木,蜚大屋者⑦,唯我能也。"

故以众小不胜为大胜也⑧。为大胜者,唯圣人能之。

【注释】 ①夔:传说中的野兽,形似牛,无角,一足。怜:爱慕。蚿:马蚿,又名百足虫。②趻踔:跳着走。③天机:天然的本能。④有似:谓像是有足行走的样子。⑤蓬蓬然:风吹的声音。⑥鳍:又作"蹹",踢踏。⑦蜚:通"飞",指吹卷。⑧以众小不胜:谓不与众小争胜。

【译文】 夔羡慕蚿,蚿羡慕蛇,蛇羡慕风,风羡慕眼睛,眼睛羡慕心思。

夔对蚿说:"我只能用一只脚跳着行走,我不如你啊。现在你使用那么多的脚行走,究竟是怎么走法呢?"

蚿说:"不是这样的,我并非有心用万足行走。你没见到过那唾沫吗?喷出来,大的如珠子,小的如水雾,夹杂着散下,不可胜数。现在我也像唾沫一样,只是动用我的自然本能,并不知道为什么这样。"

蚿对蛇说:"我用众多的脚行走,却不及你没有脚走得快,这是为什么呢?"

蛇说:"我依靠天然的机能而行走,怎么能够改变它呢?我哪里还要用脚呢!"

蛇对风说:"我扭动着脊背和胁下而行走,还像是用脚行走的样子。现在你'呼'的一声从北海兴起,又'呼呼'的吹入南海,而看起来好像什么也没有,这是为什么呢?"

风说:"是的,我是'呼呼'地从北海兴起而又进入南海,然而有人用手指我,用脚踢我,就都能战胜我。尽管这样,像吹折大树、席卷大屋这样的事情,只有我最能干。"

所以说,只有任听自然天机,不与众小争胜,才能成就大胜,能够成就大胜的,只有圣人才能做到。

三

【原文】 孔子游于匡①,宋人围之数匝②,而弦歌不惙③。子路入见,曰:"何夫子之娱也?"

孔子曰:"来,吾语女④。我讳穷久矣⑤,而不免,命也!求通久矣,而不得,时也!当尧、舜而天下无穷人,非知得也⑥;当桀、纣而天下无通人,非知失也⑦:时势适然。夫水行不避蛟龙者,渔父之勇也;陆行不避兕虎者⑧,猎夫之勇也;白刃交于前,视死若生者,烈士之勇也;知穷之有命,知通之有时,临大难而不惧者,圣人之勇也。由,处矣⑨!吾命有所制矣⑩!"

无几何,将甲者进⑪,辞曰⑫:"以为阳虎也,故围之。今非也,请辞而退。"

【注释】 ①匡:卫国邑名。②宋人:当作"卫人"。鲁国阳虎曾经暴虐匡人,孔子游宦到此地,因长相颇像阳虎,所以匡人误会把孔子包围起来。匝:层,圈。③惙:通"辍",止,停。④语女:告诉你。女,同"汝",你。⑤讳:忌讳,躲避。⑥知得:指智慧高超。知,同"智",智慧。⑦知失:智慧丧失,智慧低下。⑧兕:犀牛一类的野兽。⑨由:即子路,名仲由。处矣:谓安然处之,安居。⑩制:控制,管制。⑪将甲者:率领士兵的人。甲,士兵。⑫辞:转告,解说,含有道歉之意。

【译文】 孔子游宦到了卫国匡地,卫国人把他围了好几层,而孔子仍然抚琴歌吟,并不停止。子路进屋拜见孔子,说:"先生为什么这样快乐呢?"

孔子说:"过来,我告诉你。我避免穷厄的局面已经很久了,但是还是不可摆脱,这是命运不好啊!我追求通达已经很久了,而却一直没有实现,这是时运不好啊!当时在尧、舜的时代,天下没有困窘失志的人,并非他们的智慧高明;当时在桀、纣的时代,天下没有通达得志的人,并非他们的智慧低下:这都是时代形势造成的。在水中行走而不躲避蛟龙,这是渔夫的勇敢;在陆地上行走而不躲避兕虎,这是猎人的勇敢;刀剑逼近眼前而无所畏惧,视死如归,这是壮士的勇敢;明白困窘是命运的安排,知道通达是由时运所决定，面临大灾大难而无所畏惧，这是圣人的勇敢。仲由，你安心呆着吧！我的命运自有一定的限数。"

没过一会儿，一个带兵的人进来，表示歉意说："我们还以为您是阳虎呢，所以就围了起来。现在知道弄错了，请让我表示歉意，随后我们退去。"

四

【原文】　公孙龙问于魏牟曰①："龙少学先王之道，长而明仁义之行；合同异，离坚白；然不然，可不可②；困百家之知，穷众口之辩，吾自以为至达已。今吾闻庄子之言，汒焉异之③，不知论之不及与④？知之弗若与？今吾无所开吾喙⑤，敢问其方。"

公子牟隐机大息⑥，仰天而笑曰："子独不闻夫坎井之蛙乎⑦？谓东海之鳖曰：'吾乐与！出跳梁乎井干之上⑧，入休乎缺甃之崖⑨。赴水则接腋持颐，蹶泥则没足灭跗⑩。还虷蟹与科斗⑪，莫吾能若也⑫。且夫擅一壑之水，而跨跱坎井之乐⑬，此亦至矣。夫子奚不时来入观乎？'东海之鳖左足未入，而右膝已絷矣⑭。于是逡巡而却⑮，告之海曰：'夫千里之远，不足以举其大；千仞之高，不足以极其深。禹之时，十年九潦，而水弗为加益；汤之时，八年七旱，而崖不为加损⑯。夫不为顷久推移，不以多少进退者，此亦东海之大乐也。'于是坎井之蛙闻之，适适然惊⑰，规规然自失也⑱。且夫知不知是非之竟⑲，而犹欲观于庄子之言，是犹使蚊负山，商蚷驰河也⑳，必不胜任矣。且夫知不知论极妙之言，而自适一时之利者㉑，是非坎井之蛙与？且彼方跐黄泉而登大皇㉒，无南无北，奭然四解㉓，沦于不测；无东无西，始于玄冥㉔，反于大通㉕。子乃规规然而求之以察㉖，索之以辩，是直用管窥天，用锥指地也，不亦小乎？子往矣！且子独不闻夫寿陵馀子之学行于邯郸与㉗？未得国能，又失其故行矣，直匍匐而归耳㉘。今子不去，将忘子之故㉙，失子之业。"

公孙龙口呿而不合㉚，舌举而不下，乃逸而走。

【注释】　①公孙龙：姓公孙，名龙，字子秉，战国时期赵国人，著名的名家。著有《公孙龙子》，今存六篇。魏牟：魏国公子，名牟，故称公子牟。按，此借他人之名，编自家故事，不可用信史看待。②"合同异"四句：这是公孙龙的著名论题。合同异，把事物的同与异合而为一。离坚白，把一物的坚硬与白色分出来。然不然，可不可，把不是说成是，把不可说成可。③汒焉：自失的样子。汒，通"茫"。④论：指辩论的水平。与：通"欤"。⑤喙：鸟嘴，代指人嘴。⑥隐机：依靠在几案上。机，通"几"，几案。大息：叹息。⑦坎井：浅井。⑧跳梁：即"跳踉"，腾跳。井干：井栏。⑨甃：堆砌井壁的砖。崖：指破损的井壁边。⑩蹶：踏。跗：脚背。⑪还：回顾。虷：孑孓，蚊子幼虫。科斗：即"蝌蚪"，蛙的幼虫。⑫莫吾能若：即"莫若吾能"的倒置。⑬跨跱：盘踞。⑭絷：绊住。⑮逡巡：小心退却的样子。⑯崖：海岸，指水位。⑰适适然：惊惧的样子。⑱规规然：拘谨自失的样子。⑲知不知：智慧不足以知道。竟：通"境"。⑳商蚷：马蚿，俗称百足虫。㉑自适：自以……为乐。㉒彼：指庄子。跐：蹈，踏。大皇：皇天，苍天。㉓奭然：释然，毫无阻碍的样子。四解：四面通达。㉔玄冥：万物产生前的混沌状态。㉕大通：无所不通的大道。㉖规规然：经营的样子。㉗寿陵：战国时燕国地名。馀子：少年人。邯郸：赵国国都，在今河北邯郸。㉘直：只不过，只能。㉙忘子之故：与下句"失子之业"互文见义，"忘"与"失"同义，"故"与"业"同义。㉚呿：口张开的样子。

【译文】 公孙龙向魏牟问道："我少年时学习先王之道，长大后通晓仁义道德的行为，提出了'合同异，离坚白'、'然不然，可不可'的命题，使各家各派的智士感到困惑，让众多的善辩之人理屈词穷，我自认为达到了最通达的境界。现在我听说了庄子的言论，感到茫然怪异，无所适从，不知道是我辩论的才能不及他呢？还是我的智慧赶不上他？总之现在我是无法开口了，敢问这其中的道理。"

公子魏牟听了，靠在几案上长长叹了一口气，仰着头笑着说："你就没有听说过浅井中青蛙的故事吗？它对东海的大鳖说：'我好快乐呀！想出来玩耍，就在井栏上面跳来跳去，想休息就回到破损的井壁边。跳入水中，水便托住我的腋窝，撑起我的下巴；踏进泥浆里，烂泥就会淹没我的脚背。回头看看那些孑子、小蟹和蝌蚪，没有能像我这样的。而且我独占一坑之水，盘踞浅井的快乐，这也是最大的幸福了。先生你为什么不常过来看看呢？'东海的大鳖左脚还没有伸进井里，而右膝已经被井口绊住了。于是小心地退到原处，向浅井之蛙告诉大海的情况，说：'那大海辽阔深邃啊，说有千里之远，不足以形容大海之大；说有八千尺的高度，不足以量尽大海之深。大禹时代，十年就有九年闹水灾，可是海水并不曾增多；商汤时代，八年就有七年闹旱灾，可是海水并不曾减少。不因为时间的长短而有所变化，不因为雨量的多少而有所增减，这也是东海的最大快乐。'于是浅井之蛙听了，惊慌失措，若有所失。再说，你的智慧不足以了解是非的究竟，还想观察庄子的至理之言，这就好像让蚊子背山，让马蚿过河一样，必定不可能胜任。而且你的智慧尚且不能谈论精妙的理论，自己却满足于一时口舌上的胜利，这不就像浅井之蛙一样吗？况且庄子的学说正可以下蹈黄泉而上登苍天，不分南北，四通八达，进入到深不可测的境地；不分东西，原始于天地未分的混沌状态，返归于无所不通的大道。你却不断地用洞察的眼光去探讨它，用雄辩的口气去谈论它，这简直是用竹管窥视苍天，用锥尖测量大地，不也是太渺小了吗？你走吧！你就没有听说寿陵少年到邯郸学步的故事吗？他不但没有学会赵国走路的步法，而且连原来的步法也忘掉了，结果只好爬着回去。现在你还不快点走开，将会忘掉你原来的学业。"

公孙龙呆呆地张着嘴，翘起的舌头放不下来，心神恍惚，悄悄地溜走了。

五

【原文】 庄子钓于濮水①。楚王使大夫二人往先焉②，曰："愿以境内累矣③！"

庄子持竿不顾，曰："吾闻楚有神龟，死已三千岁矣。王巾笥而藏之庙堂之上④。此龟者，宁其死为留骨而贵乎？宁其生而曳尾于涂中乎？"

二大夫曰："宁生而曳尾涂中⑤。"

庄子曰："往矣！吾将曳尾于涂中。"

【注释】 ①濮水：在今山东濮县。②楚王：楚威王。往先：往见之，先述其意。有试探的意思。③境内：国内，指国家政务。④巾笥：巾、笥皆用作动词。巾，即用巾包装。笥，装入竹箱里。⑤曳：拖。涂：泥。

【译文】 庄子在濮水垂钓。楚威王派遣了两位大夫先去试探庄子的心意，说："大王愿意把国内的政务委托先生。"

庄子头也不回，仍然拿着鱼竿钓鱼，说："我听说楚国有一只神龟，已经死了三千年了。国王把它用丝巾包起来，安放在竹箱里，珍藏在庙堂中。请问这只龟，宁可死了留下一把骨头让人尊贵呢？还是愿意活着而拖着尾巴在泥巴里爬呢？"

两位大夫说："宁愿活着而拖着尾巴在泥巴里爬。"

庄子说："你们走吧！我也是愿意拖着尾巴在泥巴里爬。"

六

【原文】 惠子相梁①，庄子往见之。或谓惠子曰："庄子来，欲代子相。"于是惠子恐，搜于国中三日三夜。

庄子往见之，曰："南方有鸟，其名为鹓鶵②，子知之乎？夫鹓鶵发于南海而飞于北海，非梧桐不止，非练实不食③，非醴泉不饮④。于是鸱得腐鼠⑤，鹓鶵过之，仰而视之曰：'吓！'今子欲以子之梁国而吓我邪？"

【注释】 ①惠子：惠施。梁：魏国都城大梁，故址在今河南开封。这里代指魏国。按，因魏国以大梁为都，所以又称梁国。②鹓鶵：凤凰一类的鸟，喻庄子。③练实：竹子的果实。④醴泉：甜美的泉水。醴，甜酒。⑤鸱：猫头鹰，喻惠子。腐鼠：喻相位。

【译文】 惠子做了梁国的宰相，庄子去看望他。有人对惠子说："庄子过来，是想取代你当宰相。"于是惠子十分恐惧，在国都中连续寻找了三天三夜。

庄子前往去见惠子，说："南方有一种鸟。名叫鹓鶵，你知道吗？这鹓鶵从南海起飞，一直飞到北海，不是梧桐树它不栖息，不是竹子的果实它不食用，不是甜美的泉水它不饮用。这时有一只猫头鹰得到了一只腐烂的老鼠，刚好鹓鶵从上空飞过。猫头鹰仰起头，望着鹓鶵，唯恐失掉腐鼠，大声怒斥道：'吓！现在你想用你的梁国来怒斥我吧？'"

七

【原文】 庄子与惠子游于濠梁之上①。庄子曰："儵鱼出游从容②，是鱼之乐也。"

惠子曰："子非鱼，安知鱼之乐？"

庄子曰："子非我，安知我不知鱼之乐？"

惠子曰："我非子，固不知子矣；子固非鱼也，子之不知鱼之乐，全矣③！"

庄子曰："请循其本④。子曰'汝安知鱼乐'云者，既已知吾知之而问我⑤。我知之濠上也。"

【注释】 ①濠：濠水，在今安徽凤阳境内。梁：桥。②儵鱼：白条鱼。③全矣：完全如此。④循：顺，追溯。本：始。⑤"子曰"二句：庄子把惠子"子非鱼，安知鱼之乐"的反诘句，改换成一般的问句，把否定的意思转换成肯定的意思，所以反驳说："既已知吾知之而问我。"

【译文】　庄子与惠子在濠水桥上游玩。庄子说："儵鱼游来游去,从容自在,这是鱼的快乐。"

惠子说:"你不是鱼,怎么会知道鱼的快乐?"

庄子说:"你不是我,怎么会知道我不知道鱼的快乐?"

惠子说:"我不是你,固然不知道你的想法;你原本也不是鱼,你也不知道鱼的快乐,这就完整准确了!"

庄子说:"请追溯你原来问我的话,你说的'你怎么会知道鱼的快乐'这句话,说明你已经知道我知道鱼的快乐才来问我的。现在我来告诉你吧,我是在濠水桥上知道的。"

达　生

【题解】

本篇取篇首二字为篇名。本篇由十一则寓言故事与篇首一段短论组成。篇首一段论述了养形与养神的重要性,在肯定了养形的作用上,更加强调了养神的意义,提出了"形全精复,与天为一"的观点,反映了作者对养生较为全面、辩证的认识。这也是本篇的中心思想。其余十一则寓言故事,则是从不同的角度,或明或暗,或远或近,说明"守气全神"的道理和作用。如本书所选的"仲尼适楚"一段,就赞扬了痀偻丈人因其"用志不分,乃凝于神",便在承蜩技艺上达到了出神入化的境界。又如所选的"纪渻子为王养斗鸡"一段,作者一反常人的常理思维,写纪渻子驯养斗鸡,非但不培养它的斗性,恰恰要消磨它的斗性,从养神全性的角度把它培养成不战而胜的形似呆若木鸡的"守气全神"之鸡。作者从反现实生活现象中,让读者体悟养生的真谛。

一

【原文】　达生之情者①,不务生之所无以为②;达命之情者,不务命之所无奈何③。养形必先之以物④,物有馀而形不养者有之矣;有生必先无离形,形不离而生亡者有之矣。生之来不能却,其去不能止。悲夫!世之人以为养形足以存生,而养形果不足以存生,则世奚足为哉!虽不足为而不可不为者,其为不免矣!

夫欲免为形者,莫如弃世⑤。弃世则无累,无累则正平⑥,正平则与彼更生⑦,更生则几矣⑧!事奚足弃而生奚足遗?弃事则形不劳,遗生则精不亏。夫形全精复⑨,与天为一⑩。天地者,万物之父母也;合则成体,散则成始⑪。形精不亏,是谓能移⑫。精而又精,反以相天⑬。

【注释】　①达:通达,通晓。情:实,实情。②务:求,务求。无以为:无以为用,无所用。③命:原误作"知",依武延绪、马叙伦、刘文典诸家之说及本文文义改。无奈何:指无能为力。④形:形体,身体。物:物质,如衣食住行等物质条件。⑤弃世:谓抛弃世间繁杂之事而心超世外(刘凤苞《南华雪心编》)。⑥正平:心正气平。⑦彼:指大自然,造化。⑧几:庶几,近,差不多。这里指大道。⑨精复:精神康复不亏。⑩天:指天然。为一:融为一体。⑪"合则"二句:谓天地阴阳二气相结合就会生成某一物体，如若阴阳二气离散就会复归于无物之初。体，物体。始，初始。⑫能移：能够与自然一起变化迁移。⑬相：助，辅。天：指大自然。

【译文】 通达生命实情的人，不去追求生命所不必要的东西；通晓寿命实情的人，不去做对寿命无能为力的事情。保养身体，一定先要具备物质条件，物资有余而不能保养身体的人也是有的；保住生命，必须先让形体不要离去，形体不离而生命已经死亡的人也是有的。生命的降临是无法拒绝的，它的离去也无法阻止。可悲啊！世俗之人认为保养身体就完全可以保存生命，然而保养身体果真不足以保存生命，那么世人还有什么事情可做呢！虽然不值得去做，却也不得不去做，这样的作为便不免于操劳了！

要想避免了身体而操劳，便不如抛弃世俗之事。抛弃世俗之事就没有拖累，没有拖累就会心正气平，心正气平就能和大自然一同发展变化而生生不息，生生不息就接近大道了！世事为什么值得抛弃，而生命值得遗忘呢？因为抛弃世事就能让身体不操劳，遗忘生命就能让精神不亏损。形体得到保全，精神复归凝聚，就能与自然融合一体。天地，是万物的父母；阴阳二气的相合就形成万物之体，阴阳二气的离散就又复归于万物的初始。形体与精神都不亏损，这叫作能够随着自然变化而更新。精神修养到了极高处，反过来可以辅助大自然的化育。

二

【原文】 仲尼适楚，出于林中①，见痀偻者承蜩②，犹掇之也③。

仲尼曰："子巧乎，有道邪？"

曰："我有道也。五六月累丸二而不坠，则失者锱铢④；累三而不坠，则失者十一；累五而不坠，犹掇之也。吾处身也，若厥株拘⑤；吾执臂也，若槁木之枝。虽天地之大，万物之多，而唯蜩翼之知。吾不反不侧⑥，不以万物易蜩之翼⑦，何为而不得！"

孔子顾谓弟子曰："用志不分，乃凝于神⑧。其痀偻丈人之谓乎⑨！"

【注释】 ①出：经过。②痀偻：驼背。承：用杆去粘。蜩：蝉。③掇：拾取。④失：失误。锱铢：古代重量单位，六铢为一锱，四锱为一两。此喻极少。⑤厥：通"橛"，竖。株拘：即"株枸"，树根盘错处。⑥不反不侧：指身心都不变化。反、侧，均指活动。⑦易：改变。⑧凝于神：精神凝聚专一。⑨丈人：对老人的尊称。

【译文】 孔子到楚国去，经过树林中，看见一位驼背老人用竹竿粘蝉，就像用手拾取那样容易。

孔子说："你真灵巧啊，这里有什么门道吗？"

驼背老人回答说："是的，我有门道。我在竹竿上累放两个弹丸，经过五六个月的练习就不会掉下来，那么粘蝉失手的次数就很少了；如果练到累放三个弹丸也掉不下来，那么粘蝉失误的概率也就是十分之一了；如果再继续练习到累放五个弹丸也掉不下来，那么粘蝉就如拾取那样容易了。当我粘蝉时，身体站在那里一动不动，就像一个竖立的木桩；我伸臂执竿，如同枯槁的树枝。虽然天地无限广大，万物纷纭繁多，而我眼心中只有蝉翼。我身心不变不动，不因纷杂的万物改变我对蝉翼的关注，为什么得不到蝉呢!"

孔子回头对弟子们说:"用心不分散,精神凝聚专一,不就是说的这位驼背老人嘛!"

<h2 style="text-align:center">三</h2>

【原文】 纪渻子为王养斗鸡①。

十日而问:"鸡已乎②?"曰:"未也,方虚恃而恃气③。"

十日又问,曰:"未也,犹应向景④。"

十日又问,曰:"未也,犹疾视而盛气⑤。"

十日又问,曰:"几矣,鸡虽有鸣者,已无变矣,望之似木鸡矣,其德全矣⑥。异鸡无敢应者,反走矣⑦。"

【注释】 ①纪渻子:姓纪,名渻子。王:《列子·黄帝篇》所载,指周宣王。②已:已经,可以,指可以竞斗。③恃:通"骄",骄矜。恃气:自恃意气。④应:反应。向:通"响",指鸡的叫声。景:影子,指鸡的身影。⑤疾视:目光犀利。盛气:指斗志旺盛。⑥德全:德性完备。⑦反走:转身逃跑。反,同"返"。

【译文】 纪渻子给周宣王驯养斗鸡。

十天后,周宣王问道:"这鸡可以斗了吗?"纪渻子回答说:"不行,正虚浮骄矜,自恃意气呢。"

过了十天,周宣王又问,纪渻子回答说:"不行,它听到了鸡的声音,见到了鸡的影子,还是有反应。"

过了十天,周宣王又问,纪渻子回答说:"不行,目光还是锐利,心气还是旺盛。"

过了十天,周宣王又问,纪渻子回答说:"差不多了,虽然有的鸡鸣叫,它也没有一点变化,看上去就像一只木头雕成的鸡,它的德性已经完备了。别的鸡没有敢于应战的,见到它转身就跑了。"

知北游

【题解】

本篇以篇首三字命题,由十一则寓言故事和一段议论组成,其主题在于论道。我们选了两则寓言故事予以介绍。其一,"知北游于玄水之上",这则寓言先写道体虚无,纯任自然,不可言传,得出"知者不言,言者不知"的论断。次写人的生死问题,指出"人之生,气之聚也。聚则为生,散则为死",并断言包括人之生死在内的万物的发展变化,都源于"通天下一气"的元气的变化。这种认识,反映了道家可贵的唯物思想和卓越的思辨能力。其二,"东郭子问于庄子",这则寓言主要说明了主宰万物的道是无处不在的,大至天地,小至瓦甓和屎溺,鲜明地阐述了作为自然规律的道的普遍性。

<h2 style="text-align:center">一</h2>

【原文】 知北游于玄水之上①,登隐弅之丘②,而适遭无为谓焉③。知谓无为谓

曰："予欲有问乎若④：何思何虑则知道？何处何服则安道⑤？何从何道则得道⑥？"三问而无为谓不答也。非不答，不知答也。

知不得问，反于白水之南⑦，登狐阕之上⑧，而睹狂屈焉⑨。知以之言也，问乎狂屈。狂屈曰："唉！予知之，将语若。"中欲言而忘其所欲⑩。

知不得问，反于帝宫，见黄帝而问焉。黄帝曰："无思无虑始知道，无处无服始安道，无从无道始得道。"

知问黄帝曰："我与若知之，彼与彼不知也⑪，其孰是邪？"

黄帝曰："彼无为谓真是也，狂屈似之，我与汝终不近也。夫知者不言，言者不知，故圣人行不言之教⑫。道不可致，德不可至⑬。仁可为也，义可亏也，礼相伪也。故曰⑭：'失道而后德，失德而后仁，失仁而后义，失义而后礼。'礼者，道之华而乱之首也⑮。故曰⑯：'为道者日损，损之又损之，以至于无为。无为而无不为也。'今已为物也，欲复归根，不亦难乎！其易也，其唯大人乎⑰！生也死之徒，死也生之始，孰知其纪⑱！人之生，气之聚也⑲。聚则为生，散则为死。若死生为徒，吾又何患！故万物一也⑳。是其所美者为神奇，其所恶者为臭腐。臭腐复化为神奇，神奇复化为臭腐。故曰：'通天下一气耳㉑。'圣人故贵一㉒。"

知谓黄帝曰："吾问无为谓，无为谓不应我，非不我应，不知应我也；吾问狂屈，狂屈中欲告我而不我告，非不我告，中欲告而忘之也；今予问乎若，若知之，奚故不近㉓？"

黄帝曰："彼其真是也㉔，以其不知也；此其似之也㉕，以其忘之也；予与若终不近也，以其知之也。"

狂屈闻之，以黄帝为知言㉖。

【注释】 ①知：虚拟人物。玄水：虚拟水名。玄，黑，深奥的意思。②隐弅：虚拟丘名。弅，突起。③无为谓：虚拟人名。取其无所为、无所谓的意思。④若：你。⑤处：居。服：行，事。安：守，符合。⑥何道：何由。⑦反：同"返"。白水：虚拟水名。⑧狐阕：虚拟丘名，取其阕疑的意思。⑨狂屈：虚拟人物，取其狂放屈伸之意。⑩中：心中。⑪彼与彼：指无为谓和狂屈。⑫"夫知者"三句：夫，发语词。圣人，指老子。知者不言，言者不知，出于《老子》第五十六章。⑬"道不"二句：致，得。至，达。郭象《庄子注》云："道在自然，非可言致也。不失德故称德，称德而不至也。"⑭"故曰"以下四句：出于《老子》第三十八章。⑮华：装饰，引申为假象。⑯"故曰"以下四句：出于《老子》第四十八章。⑰大人：指自然无为的得道之人。⑱纪：始末，终结。⑲气：指元气。⑳一：同一，指一气。㉑通：贯通。一气：谓一气为之。㉒贵：看重。一：指生死的同一性。㉓不近：指不接近大道。㉔彼：指无为谓。真是：指真正知道大道。㉕此：指狂屈。似之：指近似于知道大道。㉖知言：明白道理的言论，中肯之言。

【译文】 知到北方的玄水边游览，登上了隐弅之丘，恰巧遇上了无为谓。知对无为谓说："我想问你一个问题：怎样思索怎样考虑才能懂得道？怎样生活怎样做事才能符合道？依从什么采用什么途径才能得到道？"知三问而无为谓皆不回答。不是不回答，而是不知道回答。

知得不到解答，返回白水的南边，登上了狐阙之丘，看见了狂屈。知便把问无为谓的话，转问于狂屈。狂屈说："唉，我知道这些问题，等一会儿我告诉你。"狂屈心中想说，突然却忘记了想要说的话。

知又没有得到解答，便返回帝宫，见到了黄帝便问他。黄帝说："无所思考、无所顾虑方能知道道，无所处身、无所行事方能符合道，无所依从、无所选择方能得到道。"

知问黄帝说："我和你知道了这些说法，可无为谓和狂屈却不知道，那么谁是对的呢？"

黄帝说："那无为谓是真正对的，狂屈差不多，我和你始终没有能够接近大道。知道的人不说出，说出的人不知道，所以圣人实行的是不用言传的教育。道本于自然，不能依靠言传获得；德根于修养，不能凭着称述达到。仁爱是有作为的，义理是有缺欠的，礼仪是有虚伪的。所以说：'丧失道而后才有德，丧失德而后才有仁，丧失仁而后才有义，丧失义而后才有礼。'礼，是道的假象，祸乱的开始。所以说：'修道的人要天天减损华伪的形迹，减损了再继续减损，一直达到无所作为的程度。无所作为也就是无所不作为了。'现在世人已经被物化而丧失了真性，想要复归大道，不是很难了嘛！如果说容易的话，那只有悟道的大人了！生是死的伴侣，死是生的开始，谁能知道生死的始末呢！人的出生，是元气的聚合。元气聚合，人即有了生命；元气散失，人即走向死亡。若是死生相为伴侣的话，我又有什么可忧患的呢！所以说万物是一体的，并无差别。只是世人把自己所喜欢的所欣赏的事物称为神奇，把自己所厌恶的所痛恨的事物称为臭腐。就像死生相伴随一样，臭腐的东西将会重新转化为神奇的东西，而神奇的东西也将会转化成臭腐的东西。所以说：'贯通天下生死的，是一气为之而已。'因此，圣人所重视的是生死的同一性。"

知对黄帝说："我问无为谓，无为谓不回答我，不是不回答我，是不知道回答我；我问狂屈，狂屈心中想告诉我却没有告诉我，不是不告诉我，心中想告诉我而忘记了；现在我来问你，你知道，是什么原因不能接近大道呢？"

黄帝说："说无为谓是真正知道大道，就是因为他不知道什么是大道；说狂屈好像明白大道，就是因为他忘记了什么是大道；说我和你始终没有接近大道，就是因为我们知道了什么是大道。"

狂屈听说后，认为黄帝的这番话算是对大道理解比较深刻的话。

二

【原文】 东郭子问于庄子曰①："所谓道，恶乎在？"

庄子曰："无所不在。"

东郭子曰："期而后可②。"

庄子曰："在蝼蚁③。"

曰："何其下邪④？"

曰："在稊稗⑤。"

曰："何其愈下邪？"

曰:"在瓦甓⑥。"

曰:"何其愈甚邪?"

曰:"在屎溺⑦。"

东郭子不应。

庄子曰:"夫子之问也,固不及质。正、获之问于监市履狶也⑧,'每下愈况⑨'。汝唯莫必⑩,无乎逃物。至道若是,大言亦然⑪。周遍咸三者,异名同实,其指一也。尝相与游乎无何有之宫,同合而论,无所终穷乎⑫!尝相与无为乎!澹而静乎!漠而清乎!调而闲乎!寥已吾志⑬。无往焉而不知其所至⑭,去而来而不知其所止。吾已往来焉而不知其所终。彷徨乎冯闳⑮,大知入焉而不知其所穷。物物者与物无际⑯,而物有际者,所谓物际者也。不际之际,际之不际者也⑰。谓盈虚衰杀⑱,彼为盈虚非盈虚,彼为衰杀非衰杀,彼为本末非本末,彼为积散非积散也。"

【注释】　①东郭子:因住在东郭而取以为名。②期:限,谓要求确指。③蝼蚁:蝼蛄和蚂蚁。④下:低下。⑤稊、稗:两种相似的杂草。⑥甓:砖。⑦溺:通"尿"。⑧正、获:主管饮射的官名。监市:管理市场的官。履狶:用脚踩猪。狶,同"豨",大猪。按,买猪时要挑肥的,踩一下猪腿就可以辨别猪的肥瘦了。因为猪腿的下部最难肥,如果猪腿肥了,那么整只猪是肥的就没问题了。⑨每下愈况:这是监市回答如何检查猪的肥瘦的方法。以此比喻检验大道也是如此。⑩汝唯莫必:谓你不要限定道在何处。必,拘限,限定。⑪大言:大的言辞,大话。⑫"尝相与"三句:林云铭云:"十九字作一句读,言试与游于虚无之中,合万为一,而论无所底止学乎!"尝,试。无何有之宫,指虚无的境界。⑬寥已吾志:即"吾志寥已"的倒装。寥,虚。已,矣。⑭无:疑为"吾"字音误,马叙伦谓"无"为衍文。⑮彷徨:徜徉。冯闳:空虚开阔的样子。⑯物物:主宰万物,指道。际:边际,界限。⑰"不际"二句:王先谦云:"道本不际,而见于物际;见于物际,而仍是无际也。"⑱盈:满。虚:亏。衰:败。杀:降。

【译文】　东郭子问庄子说:"所谓道,在什么地方?"

庄子说:"无所不在。"

东郭子说:"必须指出一个地方来才可以。"

庄子说:"在蝼蛄和蚂蚁中。"

东郭子说:"怎么这样卑下呢?"

庄子说:"在稊稗这类的杂草中。"

东郭子说:"怎么越说越低下了呢?"

庄子说:"在砖瓦中。"

东郭子说:"怎么更加低下了呢?"

庄子说:"在屎尿中。"

东郭子不再说话。

庄子说:"先生所问的,原本就没有问到实质上。司正和司获向市场管理员询问踩猪验肥的方法,市场管理员便说'每下愈况',猪的下腿肥了,猪的全身还能不肥吗?你不要限定道在何处,没有脱离物外的道。大道原本就是无处不在的,使用再大的言辞来说明它，也是一样。'周'、'遍'、'咸'这三种称谓，名称不同而实质是相同的，它们所指的是同样的意思。试让我们一起游于虚无的境界，合万物为一，见道之同源，所论之大道是无法穷尽的！试让我们一起率性无为吧！若能如此，便能恬淡而平静！寂寞而清澄！调和而悠闲！这样一来，我的心志也就虚寂了。我随着自然前往，却不知要到什么地方；去而复回，而又不知在什么地方停止。我来回往返，却从来没有想到归于何处。徜徉于虚旷之中，虽有大智之人进入其中，也不能得知大道的止境。主宰万物的大道，与万物融为一体，是没有边际的，就一物而言是有边际的，即所谓某一物的边际而已。没有边际的边际，乃是边际中没有边际。说到盈虚衰杀，大道能使万物盈虚，而大道并不盈虚；大道能使万物衰杀，而大道并不衰杀；大道能使万物有始终，而大道并非有始终；大道能使万物有积散，而大道并非有积散。"

杂　篇

庚桑楚

【题解】

本篇取首句人名为篇名，由十二段文字杂纂而成，每段文字所表现的主题不尽相同，文字风格也是不尽相同，其中有的文字艰涩破碎，与《庄子》一书整体上的流美风格大异。我们选录此篇的首段予以介绍。首段主旨是论道，作者采取的表现手法不是直面的阐述，而是通过体道者庚桑楚的待人处事来表现。如待人上，辞退炫智矜仁的弟子，只与拙笨、不重外表的弟子相处；处事上，坚决反对当地百姓把自己当成圣人、贤人来敬奉。作者还通过庚桑楚之口，说明"春气发而百草生，正得秋而万宝成"，一切事物的发展变化都是大道无为而自然运行的结果。值得注意的是，作者还借庚桑楚之口，对尧、舜所倡导的举贤任智，从而诱导人们对私利的过分追逐，因而造成的恶果，做出了惊世骇俗的判断，他说："大乱之本，必生于尧、舜之间，其末存乎千世之后。千世之后，其必有人与人相食者也。"大乱的根源是否在于尧、舜，我们且不论，但人类私欲的无限膨胀，对功名无限的追逐，确实酿造了无数的战争、瘟疫，甚至自然灾害，人与人相食的现象屡有发生，我们应当从历史悲剧中汲取方方面面的教训。

【原文】　老聃之役有庚桑楚者①，偏得老聃之道②，以北居畏垒之山③。其臣之画然知者去之，其妾之挈然仁者远之④。拥肿之与居⑤，鞅掌之为使⑥。居三年，畏垒大壤⑦。畏垒之民相与言曰："庚桑子之始来，吾洒然异之⑧。今吾日计之而不足，岁计之而有馀。庶几其圣人乎！子胡不相与尸而祝之，社而稷之乎⑨？"

庚桑子闻之，南面而不释然⑩。弟子异之，庚桑子曰："弟子何异于予？夫春气发而百草生，正得秋而万宝成⑪。夫春与秋，岂无得而然哉⑫？天道已行矣。吾闻至人，尸居环堵之室⑬，而百姓猖狂不知所如往⑭。今以畏垒之细民，而窃窃焉欲俎豆予于贤人之间⑮，我其杓之人邪⑯？吾是以不释于老聃之言。"

弟子曰："不然。夫寻常之沟⑰，巨鱼无所还其体，而鲵鳅为之制⑱；步仞之丘陵⑲，巨兽无所隐其躯,而孽狐为之祥^⑳。且夫尊贤授能,先善与利,自古尧、舜以然,而况畏垒之民乎!夫子亦听矣!"

庚桑子曰:"小子来!夫函车之兽^㉑,介而离山^㉒,则不免于网罟之患;吞舟之鱼,砀而失水^㉓,则蚁能苦之。故鸟兽不厌高,鱼鳖不厌深。夫全其形生之人^㉔,藏其身也,不厌深眇而已矣^㉕。且夫二子者,又何足以称扬哉!是其辩也^㉖,将妄凿垣墙而殖蓬蒿也,简发而栉^㉗,数米而炊,窃窃乎又何足以济世哉^㉘!举贤则民相轧,任知则民相盗。之数物者^㉙,不足以厚民。民之于利甚勤,子有杀父,臣有杀君,正昼为盗,日中穴阫^㉚。吾语女^㉛:大乱之本,必生于尧、舜之间,其末存乎千世之后。千世之后,其必有人与人相食者也。"

【注释】 ①役:门徒。古代做门徒的要为师父服杂役,故称役。庚桑楚:老子弟子,姓庚桑,名楚。②偏得:独得。③畏垒:虚拟山名。④"其臣"二句:臣、妾,指随从。画然,明察的样子。知,同"智"。挈然,显示,标举。⑤拥肿:指呆笨无知的人。⑥鞅掌:指不修仪容的人。⑦壤:通"穰",丰收。⑧洒然:惊异的样子。⑨"子胡"二句:尸、祝、社、稷皆作为动词用。尸,主,牌位。祝,祝祷,赞颂。为他设立牌位而祝颂。社,土神。稷,谷神。为他建立社稷。⑩释:通"怿",悦,高兴。⑪万宝:各种果实。宝,指果实,唐写本正作"实"。⑫得:德。⑬尸居:像尸主一样静寂而居。环堵:一方丈大的小屋。堵,一丈。⑭猖狂:任性放纵。如:往。⑮窃窃:私下议论的样子。俎、豆:皆为祭祀所用的器皿。这里作动词,奉祀的意思。⑯其:岂。杓之人:即"人之杓"的倒装句,谓人们的榜样。杓,标准,榜样。⑰寻常:八尺为寻,两寻为常。⑱鲵鳅:小鱼。鳅,泥鳅。制:折,曲折。⑲步仞:六尺为步,七尺或八尺为仞。⑳孽:妖,妖孽。祥:善。㉑函:通"含",吞。㉒介:独。㉓砀:流荡,流出。㉔生:通"性",本性。㉕眇:远。㉖辩:通"辨",辨别,分别。㉗简:择,选择。栉:梳理头发。㉘窃窃乎:小心计较的样子。㉙数物:数事,指尊贤授能等事。㉚穴阫:挖墙。穴,挖。阫,墙。㉛女:同"汝",你。

【译文】 老聃的弟子中,有一个叫庚桑楚的,独得老聃之道,往北去住在畏垒山中。在他左右服役的徒仆,凡是要小聪明和标举仁义的都让他们远离自己。却与朴拙的住在一起,留下不修饰外表的使用。住了三年,畏垒大丰收。畏垒的百姓相互说:"庚桑子初来时,我对他的行为颇感惊异。现在我按天来计算收益虽感不足,但按一年下来计算,却富富有裕。他大概就是个圣人吧!我们为什么不为他设立神位,来祝颂他的德政,为他建立社稷,把他当作国君来敬奉呢?"

庚桑子听说要面南为君,很不高兴。弟子们对庚桑子的反应感到诧异,庚桑子说:"弟子们对我的态度有什么可诧异的呢?春气勃发而百草繁盛,时逢秋天而百果收成。那春与秋,难道就没有功德可言吗?这一切不过是大道自然运行的结果罢了。我听说得道的人,像木头人一样住在方丈大的陋室之中,而百姓任性放纵,随心所欲,不知所往。如今畏垒的小民私下议论,想把我当作贤人来侍奉,我难道是人们推崇的榜样吗?想起老聃的教诲,所以我不痛快。"

弟子说:"不是这样的。那小水沟里,大鱼不能转身,而小鱼可以曲折回旋;那小丘陵上，巨兽没有地方隐蔽身体，而对于妖狐却是藏匿的好地方。再说尊重贤人，重用能人，赏善施利，自古尧、舜就是这样，何况畏垒的百姓呢！先生还是听任他们的做法吧！”

庚桑子说：“小子们过来！你们没有听说过，那吞车的野兽，一旦独个出山，就难免遭到网罗的灾患；吞舟的大鱼，一旦流荡出水，连蚂蚁都能伤害它。所以说鸟兽不厌山高，鱼鳖不厌水深。为了保存自己的身体和本性的人，要敛藏自己，也不厌深远幽邃罢了。至于像尧和舜两人，又有什么好称颂的呢！像他们那样的分别善恶贤愚，就像妄想凿开垣墙来种蓬蒿那样愚昧；像他们那样，挑着一根根头发来梳理，数着一粒粒米来下锅，斤斤计较着又怎么能够救世呢！推举贤能之人，就会使百姓相互倾轧；任用智能之人，就会使百姓相互欺诈。这些方法，不足以使百姓淳厚。百姓对于私利一旦过于勤勉用心，就难免有子杀父，臣杀君，白天抢劫，晌午挖墙打洞的现象发生。我告诉你们：天下大乱的根源，必定生于尧、舜之间，而流弊将会存留于千载之后。千载之后，其社会必有人吃人的现象发生。”

徐无鬼

【题解】

本篇取其篇首人名为篇名，全篇由十四则寓言故事和一段议论所组成，内容虽稍嫌庞杂，然大体还是宣扬道家自然无为的思想，只是少了些玄虚的阔论，多了些现实生活的体验。在艺术表现上，除了以往的犀利潇洒的风格外，更增添了讽刺的笔触。

本书选录了三个段落。其一，“知士无思虑之变则不乐”，此段文字历数十九种人，皆因执着于才能、个性、爱好、事业、功名、利禄，而追逐竞争，终生不能自拔。正如宣颖所评：“一笔写出十九种人情，溺于所向，各不自禁，披靡一生，无由拔脚，真觉可哂可涕！”（《南华经解》）其二，“庄子送葬”，这则寓言故事表现了庄子对亡友的深情追念，说明了辩论的对手观点上的对立，并不妨碍真挚的友情。其三，“管仲有病”，这则寓言故事否定了为政廉洁而斤斤计较的鲍叔牙，肯定了有所不闻、有所不见而上不逆君、下不违民的隰朋，其个中的消息，无非在于鲍叔牙离自然之道太远，而隰朋离自然之道稍近而已。

一

【原文】 知士无思虑之变则不乐[1]，辩士无谈说之序则不乐[2]，察士无凌谇之事则不乐[3]，皆囿于物者也[4]。

招世之士兴朝，中民之士荣官，筋力之士矜难，勇敢之士奋患，兵革之士乐战，枯槁之士宿名[5]，法律之士广治，礼教之士敬容，仁义之士贵际。

农夫无草莱之事则不比[6]，商贾无市井之事则不比，庶人有旦暮之业则劝，百工有器械之巧则壮。

钱财不积则贪者忧，权势不尤则夸者悲[7]。势物之徒乐变[8]，遭时有所用，不能无为也。此皆顺比于岁[9]，不物于易者也[10]。驰其形性，潜之万物，终身不反，悲夫！

【注释】 ①知：同"智"。变：指机变之事。②序：条理，逻辑。③凌谇：凌辱和责问。④囿：拘限。⑤宿：守。⑥草莱：杂草，指耕耘等农事。比：和乐。⑦尤：出众。⑧势物：权利。⑨顺比：随顺。⑩不物于易：即"不易于物"的倒装句，谓各自拘守一物而不能变通。

【译文】 智谋之士如果没有提供思虑的机变之事是不快乐的，口辩之士如果没有谈论的话题与程序是不快乐的，好察之士如果没有欺凌与责难事情的发生是不快乐的，他们都是被外物所局限的人。

招摇于世的人好在朝廷中炫耀自己，中等资质的人以做官为荣，体格强健的人以排险解难自夸，勇敢无畏的人喜欢奋身地排除祸患，披甲戴盔的人以参战为快乐，隐居清修的人留意自己的名声，注重法律的人大力推广法治，讲究礼教的人重视外表的修饰，崇尚仁义的人看重人与人之间的交际。

农夫如果没有耕田除草的事情就不会和乐，商人如果没有商业买卖的事情就不会和乐，百姓如果早晚都有事做就会很勤勉，工匠如果有了灵巧的工具就会气壮。

钱财积累不多而好贪图的人就会忧愁，权势不够强大而好夸耀的人就会悲哀。追逐权力的人们喜欢变乱，遇到时机来临，就要铤而走险，不能清静无为。这些人都是随时竞逐，局限于一事一物而不能脱身的人。他们身心驰骛，沉溺外物，终生不能自拔，岂不悲哀！

二

【原文】 庄子送葬，过惠子之墓，顾谓从者曰："郢人垩慢其鼻端若蝇翼①，使匠石斫之②。匠石运斤成风③，听而斫之④，尽垩而鼻不伤，郢人立不失容。宋元君闻之⑤，召匠石曰：'尝试为寡人为之。'匠石曰：'臣则尝能斫之，虽然，臣之质死久矣⑥！'自夫子之死也⑦，吾无以为质矣，吾无与言之矣！"

【注释】 ①郢：楚国都城，今湖北江陵。垩：白土，可用于涂饰。慢：通"墁"，涂。②匠石：名叫石的工匠。斫：砍削。③运：挥动。斤：斧。④听：任，听任。⑤宋元君：即宋元公，宋平公之子。⑥质：对手，指施展技艺的对象。⑦夫子：指惠施。

【译文】 庄子送葬，经过惠施的坟墓，回头对随从说道："郢都有一个人，不小心让一星点白灰粘在鼻子上，这点白灰就像苍蝇的翅膀那样又薄又小，他让匠石替他削掉。匠石挥起斧子，随斧而起的风声呼呼作响，任凭斧子向白灰点削去，泥点尽除而鼻子安然不伤，郢都人站立不动，神色不变。宋元君听说此事后，把匠石召去，说道：'试着替我再做一遍。'匠石说道：'臣下确实曾经砍削过鼻尖上的泥点，不过现在我的对手已经死了很久了！'自从先生去世，我也没有对手了，我再也找不到辩论的对象了！"

三

【原文】 管仲有病①，桓公问之曰"仲父之病病矣②，可不讳云③，至于大病，则寡人恶乎属国而可④？"

管仲曰:"公谁欲与⑤?"

公曰:"鲍叔牙⑥。"

曰:"不可。其为人洁廉,善士也;其于不己若者不比之⑦;又一闻人之过,终身不忘。使之治国,上且钩乎君⑧,下且逆乎民。其得罪于君也,将弗久矣!"

公曰:"然则孰可?"

对曰:"勿已,则隰朋可⑨。其为人也,上忘而下不畔⑩,愧不若黄帝,而哀不己若者。以德分人谓之圣,以财分人谓之贤。以贤临人,未有得人者也;以贤下人,未有不得人者也。其于国有不闻也,其于家有不见也。勿已,则隰朋可。"

【注释】 ①管仲:管子,姓管,名仲,字夷吾,曾任齐相,齐桓公尊之为仲父。②病矣:病危了。③讳:原误作"谓",江南古藏本作"讳",《列子·力命篇》亦作"讳",据以改正。④恶:何。属:嘱托,托付。⑤公谁欲与:读作"公欲与谁"。⑥鲍叔牙:姓鲍,字叔牙,齐国大夫。⑦不若:即"不若己"。不比:不亲近。⑧钩:逆,触犯。⑨隰朋:姓隰,名朋,齐国贤人。⑩不:原脱,据《列子·力命篇》补。畔:界岸。

【译文】 管仲生了病,齐桓公问他说:"仲父的病已经很危险了,还可以忌讳不说吗?一旦病危,我将把国家托付给谁才好呢?"

管仲说:"你想托付给谁呢?"

齐桓公说:"鲍叔牙。"

管仲说:"不可以。他为人处事廉洁,是个好人。但是他对于不如自己的人不够亲近,又听说了人家的过错就终身不忘。如果让他治理国家,对上会触犯君威,对下会违背民意。他将得罪于国君,不会太久了。"

齐桓公说:"那么谁可以呢?"

管仲回答说:"不得已的话,隰朋还可以。他为人处事,对上能够忘记权贵的荣位,对下能够不区分地位的卑贱,自愧不如黄帝,而又怜悯不如自己的人。以道德来感化人,称得上是个圣人;以钱财来分给人,称得上是个贤人。以贤人的身份凌驾于众人之上,没有能够获得人心的;以贤人的身份礼遇众人,没有不能够获得人心的。他对于国事有所不闻,他对于家事有所不见。如果不得已的话,隰朋还可以。"

外 物

【题解】

本篇取篇首二字为篇名,全篇由十来段文字组成,多是反映社会生活及其处世养性经验,尤其对外来的没有定准的,防不胜防的祸端患害给予了特别的关注。本篇中有些讽刺性的寓言小品写得极为精彩,我们选录了三则予以介绍。如"庄周家贫"一段,有人从道的角度去体会,认为此篇说明了"道不可离,犹鱼之于水"(刘凤苞《南华雪心编》);而我们从直观体验上,更多地感到了世间人情的虚伪,以及庄子文笔的锋利辛辣。又如"儒以《诗》《礼》发冢"一段,不足百字的短文,却对打着儒者旗号、拖着饱学腔调而干着盗墓劣行的大小贼,做出了惟妙惟肖、活灵活现的描述,堪称寓言小品的典范。正如宣颖所评,此则寓言摹写师徒两人相为谋利,"以贪鄙行残忍,以残忍成贪鄙,读之使人喷饭"(《南华经解》)。又如刘凤苞所评:"诗礼是儒者所务,发冢乃盗贼之所为。托名诗礼而济其盗贼之行,奇事奇文,读之使人失笑!"(《南华雪心编》)再如"宋元君夜半而梦"一段,通过神龟虽神,却遭遇网捕和剖肠的遭遇,说明"知有所困,神有所不及",只有保持天性,顺应自然,才有可能避免意外祸害。

一

【原文】 庄周家贫,故往贷粟于监河侯①。监河侯曰:"诺。我将得邑金②,将贷子三百金,可乎?"

庄周忿然作色曰:"周昨来,有中道而呼者③。周顾视车辙,中有鲋鱼焉④。周问之曰:'鲋鱼来⑤,子何为者耶?'对曰:'我,东海之波臣也⑥。君岂有斗升之水而活我哉!'周曰:'诺,我且南游吴越之王,激西江之水而迎子⑦,可乎?'鲋鱼忿然作色曰:'吾失我常与⑧,我无所处。我得斗升之水然活耳⑨,君乃言此,曾不如早索我于枯鱼之肆⑩。'"

【注释】 ①监河侯:监管河工之官。②邑金:封地的赋税。③中道:半路。④鲋鱼:鲫鱼。⑤来:语助词,无义。⑥波臣:水波中的臣子,即水族中的一员。⑦激:引发。⑧常与:经常相依存的,指水。⑨然:则。⑩曾:竟,还。肆:市场。

【译文】 庄周家境贫穷,所以前往向监河侯借贷粮食。监河侯说:"好吧。等我收到封地的赋税,我就借给你三百金,可以吗?"

庄周气得脸色都变了,说:"我昨天来时,半路上听到呼叫声。我回头看了看车辙沟,里面有只鲫鱼。我向它问道:'小鲫鱼啊,你在这里做什么?'它回答说:'我是东海水族中的一个臣子,你能用斗升之水来救我吗?'我说:'好的。等我去南方游说吴、越两国的国王,再引出西江的水流来迎接你,可以吗?'鲫鱼气得脸色大变,生气地说:'我丧失了时常伴随我的水,已经无处存身。我只要有斗升多的水就可以存活,你却如此说话,还不如早点到干鱼市场里找我。'"

二

【原文】 儒以《诗》《礼》发冢①,大儒胪传曰②:"东方作矣③,事之何若?"

小儒曰:"未解裙襦④,口中有珠。《诗》固有之曰:'青青之麦,生于陵陂。生不布施,死何含珠为⑤?'"

"接其鬓⑥,压其顪⑦,而以金椎控其颐⑧,徐别其颊,无伤口中珠。"

【注释】 ①发冢:盗发坟墓。②大儒:有声望的儒者,或指带头的儒者。胪传:传话。③作:指太阳将要升起,东方将要发亮。④襦:短衣。⑤"青青"四句:《诗》中文字,不见今本《诗经》,或为逸诗,或为作者自撰。⑥接:揪。⑦压其顪:按住死人的胡须。顪,胡须。⑧而:原误作"儒",据王念孙说及文义改。控:敲。颐:下巴。

【译文】 儒士用《诗》《礼》中的话来盗掘坟墓。大儒传话说:"太阳快出来了,事情做得怎么样?"

小儒说:"衣裙没有脱下,发现口中含珠。《诗》中原本就有这样的话:'青青的麦穗,长在山坡上。生来不施舍,死去含珠做什么?'"

大儒说:"揪住他的鬓发,按住他的胡须,再用金椎敲打他的下巴,慢慢地分开他的两颊,千万不要弄坏他口中的珠子。"

三

【原文】 宋元君夜半而梦人被发窥阿门①,曰:"予自宰路之渊②,予为清江使河伯之所③,渔者余且得予④。"

元君觉,使人占之⑤,曰"此神龟也"。

君曰:"渔者有余且乎?"

左右曰:"有。"

君曰:"令余且会朝。"

明日,余且朝。君曰:"渔何得?"

对曰:"且之网得白龟焉,其圆五尺。"

君曰:"献若之龟⑥。"

龟至,君再欲杀之,再欲活之,心疑,卜之。曰:"杀龟以卜吉。"乃刳龟⑦,七十二钻而无遗筴⑧。

仲尼曰:"神龟能见梦于元君⑨,而不能避余且之网;知能七十二钻而无遗筴⑩,不能避刳肠之患。如是则知有所困,神有所不及也。虽有至知,万人谋之。鱼不畏网而畏鹈鹕⑪。去小知而大知明,去善而自善矣。婴儿生,无硕师而能言,与能言者处也。"

【注释】 ①宋元君:即宋元公,宋平公之子。阿门:旁门。②宰路:渊名。③使:出使。河伯:黄河水神。④余且:渔夫名。⑤占:占卜,占梦。⑥若:你。⑦刳:挖空。⑧钻:每次占卜时需让占卜者以所卜之事来灼龟背。遗筴:失策,失算。筴,同"策"。⑨见梦:托梦。见,"现"的古字。⑩知:同"智",智慧,智力。下四"知"字同。⑪鹈鹕:捕鱼吃的水鸟。

【译文】 宋元君半夜里梦见有个披头散发的人在侧门窥视,还说:"我来自宰路之渊,为清江出使河伯那里,被渔夫余且捕获。"

宋元君醒来,让人占卜,占卜结果说是"神龟托梦"。

宋元君说:"渔夫中有叫余且的吗?"

左右随从说:"有。"

孔子像

宋元君说:"叫余且来朝见我。"

第二天,余且来朝。宋元君说:"你捕到什么?"

余且回答说:"我用网捕获一只白龟,周边有五尺多长。"

宋元君说:"把你的白龟献出来。"

白龟送来,宋元君又想杀掉它,又想放掉它,心里犹豫不定,于是让人占卜测问,结果是:"杀龟,用此龟占卜,大吉。"于是把龟剖开挖空,用它占卜了七十二次,没有一次不灵验的。

孔子说:"神龟能够给宋元君托梦,却不能逃避余且的渔网;它的智力能够占卜七十二次而不失算,却不能逃避剖肠的患害。如此看来,智者也有困惑的时候,神灵也有考虑不到的地方。虽然有极高的智慧,也敌不过万人的谋算。鱼不知道畏惧渔网,却知道畏惧鹈鹕。只有抛弃小智慧,才能发挥大智慧;只有去掉自以为善的心理,才能体现真正自善的本性。婴儿生来没有大师的教导便能说话,这是他与会说话的人在一起。"

寓　言

【题解】

本篇取篇首二字为篇名,全篇由六段文字组成。其中第一段说明《庄子》一书的写作手法和语言特色,申明"寓言""重言""卮言"的各自含义,及其在文章中所起的作用,相当于全书的序例,对了解该书的风格特色,具有重要的作用。正如刘凤苞所指出的,"此篇是庄子揭明立言之意。寓言、重言、卮言,括尽一部《南华》,读者急需着眼,方不致刻舟求剑,买椟还珠"(《南华雪心编》)。我们予以选录,请读者务必了明。

其余则为五则寓言故事,委婉而曲折地反映了学道中的问题。如下面所选的"曾子再仕而心再化"一则寓言故事,指出像曾子那样虽然已经淡漠了俸禄,但尚未做到哀乐不入于胸次,距离真正脱离世俗之念的体道之人还差得很远。又如所选"众罔两问于景"一则寓言故事,通过罔两有待影子,影子有待形体,形体势必也要有待什么的思考,说明只有领悟大道,才能无所依赖,逍遥于绝对自由的境界。

一

【原文】　寓言十九①,重言十七②,卮言日出③,和以天倪④。

寓言十九,藉外论之,亲父不为其子媒。亲父誉之,不若非其父者也。非吾罪也,人之罪也⑤。与己同则应,不与己同则反。同于己为是之,异于己为非之。

重言十七,所以已言也⑥,是为耆艾⑦。年先矣,而无经纬本末以期来者⑧,是非先也。人而无以先人,无人道也⑨。人而无人道,是之谓陈人⑩。

卮言日出,和以天倪,因以曼衍⑪,所以穷年⑫。不言则齐⑬,齐与言不齐,言与齐不齐也,故曰:"言无言⑭。"言无言,终身言,未尝言;终身不言,未尝不言。有自也而可⑮,有自也而不可;有自也而然⑯,有自也而不然。恶乎然?然于然;恶乎不然;不然于不然。恶乎可？可于可；恶乎不可？不可于不可。物固有所然，物固有所可。无物不然，无物不可。非卮言日出，和以天倪，孰得其久！万物皆种也，以不同形相禅^⑰，始卒若环^⑱，莫得其伦^⑲，是谓天均^⑳。天均者，天倪也。

【注释】 ①寓：寄托。"意在此而言寄于彼。"（王先谦《庄子集解》）十九：十分之九。②重言："借古人之名以自重，如黄帝、神农、孔子是也。"（林希逸《南华真经口义》）一说庄重之言。按：寓言占全书的十分之九，与重言占全书的十分之七并不矛盾，因《庄子》书中许多文字既属寓言，又属重言，二言往往并用。③卮言："卮满则倾，卮空则仰，空满任物，倾仰随人，无心之言，即卮言也。"（成玄英《庄子疏》）"指事类情，如卮泻水，谓来则应之，不豫先拟议。"（刘凤苞《南华雪心编》）一说，支离之言。卮，酒器。日出：日新。④和：合。天倪：自然的分际，自然。⑤"非吾"二句：谓不是父亲称誉儿子有过错，而是听者往往怀疑不实，致使不信的过错。⑥已言：止人争辩之言（王夫子《庄子解》）。已，止。⑦耆艾：长老，对老人的尊称。⑧经纬本末：指真才实学。期：待。⑨人道：为人之道。⑩陈人：老朽无用之人。⑪曼衍：随事物引申发挥。⑫穷年：尽年，指消磨岁月而穷尽天年。⑬齐：齐同。⑭言无言：原作"无言"，脱一"言"字，据高山寺本补。⑮自：根由，缘故。⑯然：是，正确。⑰禅：传续，传承。⑱始卒：始终。⑲伦：端绪，结果。⑳天均：自然均衡。

【译文】 寓言占了十分之九，重言占了十分之七，卮言日新，合于自然的变化。

寓言所占的十分之九，借外人外物来说明，就像父亲不为亲生儿子做媒一样。父亲称赞亲生儿子，不如外人称赞更好。这并非我的过错，这是人家怀疑不信的过错。与自己看法相同的便响应，不与自己相同的便反对。同于自己看法的便认为是正确的，异于自己看法的便认为是错误的。

重言占的十分之七，为的是止住别人的争辩之言，这些都是长老的话，可师可信还有什么可争辩呢？如果仅是年岁大于别人，而没有道德才智令后来人期待，这算不上是先辈长老。这样的人在道德才智上不能居人之先，也就丧失了为人之道。人若是没有为人之道，只能称为老朽之人。

卮言日新，合乎自然的变化，随着事物变化而不断引申生发，所以可以消磨岁月而享尽天年。不说话而事理自然是齐同的，齐同的事理与分辨事理的言论是不齐同的，由于分辨之言与齐同的事理不是齐同的，所以："要说没有分辨的话"。说些没有分辨的话，虽然终身在说，实际上从来也没有说；虽然终身不曾说，但是未尝没有说。有理由可以认可，有理由也可以不认可；有理由可以说是，有理由也可以不说是。什么叫是？是就是是；什么叫不是？不是就是不是。什么叫可以？可以就是可以；什么叫不可以？不可以就是不可以。万物本来就有可称为是的，万物本来就有可以认可的。没有事物不可以称是的，也没有事物不可以认可的。不是卮言日新，符合自然的分际，什么言论可以传之久远呢！万物都是种类的延续，以不同的形体相继承，开始和终端如同圆环那样循环往复，永远看不到端绪，这就叫作自然的均衡。自然的均衡，也就是自然的分际。

二

【原文】 曾子再仕而心再化①，曰："吾及亲仕，三釜而心乐②；后仕，三千钟而不洎③，吾心悲。"

弟子问于仲尼曰："若参者，可谓无所县其罪乎④？"

曰："既已县矣！夫无所县者，可以有哀乎？彼视三釜、三千钟⑤，如观雀蚊虻相过乎前也。"

【注释】 ①曾子：曾参，孔子弟子。化：指心境的变化。②釜：古代量器，六斗四升为一釜。③钟：古代量器，六斛四斗为一钟。洎：及。④县：同"悬"，系。⑤彼：指无所悬挂的人。

【译文】 曾子再次做官时，他的心境又有了变化，说："我当双亲在世时做官，俸禄只有三釜而心里非常快乐；后来做官，俸禄虽有三千钟，却不及奉养双亲，我心里非常悲伤。"

弟子问孔子说："像曾参这样的人，可以说没有利禄的牵累之罪了吧？"

孔子说："他已经受到牵累了！要是心中没有牵累，能够心怀悲哀吗？对于那心无所系的人来说，他们看到三釜或三千钟的俸禄，就像看到鸟雀、蚊虻从眼前飞过一样。"

三

【原文】 众罔两问于景曰①："若向也俯而今也仰②，向也括撮而今也被发③，向也坐而今也起，向也行而今也止，何也？"

景曰："搜搜也④，奚稍问也⑤！予有而不知其所以⑥。予，蜩甲也⑦，蛇蜕也，似之而非也。火与日，吾屯也；阴与夜，吾代也⑧。彼⑨，吾所以有待邪？而况乎以无有待者乎！彼来则我与之来，彼往则我与之往，彼强阳则我与之强阳⑩。强阳者，又何以有问乎？"

【注释】 ①罔两：影外微阴。景：同"影"。②若：你。向：从前。③括撮：束结头发。被：同"披"。④搜搜：犹言"区区"。⑤奚稍问：何足问。奚，何。稍，读作"屑"。⑥有：指俯仰行止等行为。⑦蜩甲：蝉蜕的皮壳。⑧代：谢，消失。⑨彼：指形体。⑩强阳：徜徉，运动的样子。

【译文】 影外微阴们问影子说："刚才你俯身而现在又仰头，刚才你还束结着头发而现在又披起发来，刚才你还坐着而现在站了起来，刚才你还走路而现在又止步不动，这是什么原因呢？"

影子说："区区小事，何须问呢！我是有那些举止，但不知道其中的缘故。我，像那蝉壳，像那蛇皮，有点像却又不是。火光和太阳一旦出现，我就聚起显现；阴天和夜晚一旦到来，我就被取代而消亡。那有形的东西真是我所依赖的吗？何况那没有任何可依赖的事物呢！它来我就随之而来，它去我就随之而去，它活动我就随之而活动。我不过是个活动的影子，你们有什么好问的呢？"

盗跖

【题解】

本篇由三个篇幅较长的寓言体故事所组成,其主旨在于抨击儒家所推崇的尧、舜以至汤、武等古圣先贤的作为,批评儒家提倡的礼教规范,讽刺世俗儒士对荣华富贵的追逐,主张尊重人的自然本性,提倡顺天之理,轻利全生。本篇第一个故事是写盗跖的,便以盗跖这个人名作为篇名。跖是起义军的领袖,因反对当时的政权,劫富济贫,所以冠之"盗"字。跖为何时人,各家说法不一,一说黄帝时人,一说秦时人,作为小说家言,不必当作信史去读。盗跖的故事,是以盗跖与孔子的对话为纲目的,然而就在这几个回合的对话中,盗跖慷慨陈词,痛斥孔子的虚伪和尧、舜、汤、武的罪行,可谓酣畅淋漓。而至圣孔子却在盗跖的强辩之下,只能心灰意冷地溜走,"出门上车,执辔三失","色若死灰","不能出气"。可以说,这段大盗与至圣的对话,是一篇杰出的古代文言小说,它的艺术特色及其成功之处,开启了后代小说的先河。特别是小说中蕴含的"愤俗之情",成了后代小说反映现实生活的积极要素。我们选录了故事的开篇部分,予以介绍,以见一斑。

【原文】

孔子与柳下季为友①,柳下季之弟名曰盗跖。盗跖从卒九千人,横行天下,侵暴诸侯。穴室枢户②,驱人牛马,取人妇女。贪得忘亲,不顾父母兄弟,不祭先祖。所过之邑,大国守城,小国入保③,万民苦之。

孔子谓柳下季曰:"夫为人父者,必能诏其子④;为人兄者,必能教其弟。若父不能诏其子,兄不能教其弟,则无贵父子兄弟之亲矣。今先生,世之才士也,弟为盗跖,为天下害,而弗能教也,丘窃为先生羞之。丘请为先生往说之。"

柳下季曰:"先生言为人父者必能诏其子,为人兄者必能教其弟,若子不听父之诏,弟不受兄之教,虽今先生之辩,将奈之何哉?且跖之为人也,心如涌泉,意如飘风,强足以距敌,辩足以饰非⑤。顺其心则喜,逆其心则怒,易辱人以言⑥。先生必无往。"

孔子不听,颜回为驭,子贡为右⑦,往见盗跖。

盗跖乃方休卒徒大山之阳⑧,脍人肝而铺之⑨。孔子下车而前,见谒者曰⑩:"鲁人孔丘,闻将军高义,敬再拜谒者。"

谒者入通⑪。盗跖闻之大怒,目如明星,发上指冠,曰:"此夫鲁国之巧伪人孔丘非邪?为我告之:尔作言造语,妄称文、武,冠枝木之冠⑫,带死牛之胁⑬,多辞缪说,不耕而食,不织而衣,摇唇鼓舌,擅生是非⑭,以迷天下之主,使天下学士不反其本⑮,妄作孝弟⑯,而侥幸于封侯富贵者也。子之罪大极重,疾走归⑰!不然,我将以子肝益昼铺之膳。"

孔子复通曰:"丘得幸于季,愿望履幕下⑱。"

谒者复通。盗跖曰:"使来前!"

孔子趋而进,避席反走⑲,再拜盗跖。盗跖大怒,两展其足,案剑瞋目,声如乳虎⑳,曰:"丘来前!若所言顺吾意则生,逆吾心则死。"

【注释】

① 柳下季:姓展,名获,字季禽,鲁国人。他年长孔子八十多岁,不可能

与孔子为友，当作虚构故事来读。②枢：当作"抠"，挖。③保："堡"的古字。小城。④诏：教，教育。⑤饰非：掩饰错误。⑥易辱人以言：即"易以言辱人"。易，轻易。⑦右：指在车右边陪乘的人。⑧大山：即泰山。阳：山南水北谓阳。⑨铺：食。⑩谒者：指接待人员。⑪入通：进去通报。⑫冠：戴。枝木之冠：谓修饰华丽繁多如枝叶的帽子。⑬带：系。死牛之胁：死牛皮做的大革带。⑭擅：专。⑮反：同"返"。本：自然本性。⑯弟：同"悌"。⑰走：快速行走，犹"跑"。⑱履：登。⑲避席：让开所到席位。反走：退行几步。⑳乳虎：哺乳的母虎。

【译文】　孔子和柳下季交为朋友，柳下季的弟弟就是盗跖。盗跖手下的士卒有九千人，横行天下，侵犯诸侯，穿墙入室，牵走牛马，抢人妇女，无所不为。贪求财物，不顾亲戚，丢下父母兄弟不管，不祭祀祖先。他们经过的地方，大的国家死守城池，小的国家就躲进城堡，成千上万的人饱受着盗跖掠夺的痛苦。

　　孔子对柳下季说："做父亲的，必定能教育他的儿子；做兄长的，必定能教导他的弟弟。如果做父亲的不能教育好自己的儿子，做兄长的不能教导好自己的兄弟，那么父子兄弟之间的亲情就无珍贵可言了。现在先生你，是当世的贤能之人，而弟弟盗跖正为害天下，你却不能教导他，我私下为先生感到羞耻。我希望为先生去说服他。"

　　柳下季说："先生说为人父亲必能教育其子，为人兄长必能教导其弟，倘若儿子不听父亲的教育，弟弟不接受兄长的教导，尽管先生能言善辩，又能怎么样呢？而且跖的为人处事，往往心如涌泉，意如飘风，强悍足以抗拒敌人，巧辩足以掩饰错误。别人顺着他心意去做，他就高兴；别人逆着他的心意去做，他就发怒，轻易地用言语去侮辱人。先生一定不要去。"

　　孔子不听柳下季的劝告，颜回驾车，子贡在车右边陪着孔子，一起去见盗跖。

　　盗跖带着士卒正在泰山南边休息，把人肝切细而食用。孔子下了车，向前走，对接待传达的人说："鲁国人孔丘，听说将军道义高尚，恭敬地来拜见。"

　　管接待传达的人进去通报。盗跖听了大怒，双目闪烁犹如明星，头发竖立向上冲冠，说："这个人莫非就是鲁国的巧伪之人孔丘吗？替我转告他：你花言巧语，假托文、武，戴着树枝般的哗众取宠的帽子，系着用死牛皮做的带子，满口废话歪理，不耕而食，不织而衣，摇唇鼓舌，无端制造是非，以此迷惑天下的君主，使得天下的读书人不能返归自然的本性，虚伪地宣传孝悌理念，妄想侥幸地得到封侯富贵。你的罪行极为严重，还是快点回去吧！否则，我将用你的心肝添补我们的午餐。"

　　孔子再次请求通报，说："我有幸结识了柳下季，希望能亲到你的帐幕之下。"

　　管接待通报的人于是再次通报。盗跖说："让他进来！"

　　孔子快步走进去，让开座席，又退了几步，再拜盗跖。盗跖大怒，叉开两脚，按剑瞪眼，声如母虎，说："孔丘过来！你的话我听着顺耳就让你活着出去，如若违逆我的心意就让你死在脚下。"

渔 父

【题解】

这也是一篇结构完整的小说,通篇塑造了一个须眉交白的得道隐士的渔父形象,通过他的视角,指出孔子"苦心劳形,以危其真",教导孔子要"谨修而身,慎守其真",把身外之物归还社会,这样才可能免除祸害,鲜明地表现了道家"法天贵真"、崇尚自然的主张。这种观点与《逍遥游》等篇中"真人"的精神境界相比,虽然显得层次不高,但正是它的世俗气息,给予普通人更多的裨益。下面节略本文,予以介绍。

【原文】 孔子游乎缁帷之林①,休坐乎杏坛之上②。弟子读书,孔子弦歌鼓琴。奏曲未半,有渔父者,下船而来,须眉交白③,被发揄袂④,行原以上,距陆而止,左手据膝,右手持颐以听。曲终而招子贡、子路,二人俱对。

客指孔子曰:"彼何为者也?"

子路对曰:"鲁之君子也。"

客问其族。子路对曰:"族孔氏。"

客曰:"孔氏者何治也?"

子路未应,子贡对曰:"孔氏者,性服忠信,身行仁义,饰礼乐,选人伦⑤。上以忠于世主,下以化于齐民⑥,将以利天下。此孔氏之所治也。"

又问曰:"有土之君与?"

子贡曰:"非也。"

"侯王之佐与?"

子贡曰:"非也。"

客乃笑而还行,言曰:"仁则仁矣,恐不免其身。苦心劳形,以危其真⑦。呜呼!远哉,其分于道也。"

子贡还,报孔子。孔子推琴而起,曰:"其圣人与?"乃下求之,至于泽畔,方将杖挐而引其船⑧,顾见孔子,还乡而立⑨。孔子反走⑩,再拜而进。

客曰:"子将何求?"

孔子曰:"曩者先生有绪言而去⑪,丘不肖,未知所谓,窃待于下风⑫,幸闻咳唾之音,以卒相丘也。"

客曰:"嘻!甚矣,子之好学也!"(下略)

孔子愀然曰:"请问何谓真?"

客曰:"真者,精诚之至也。不精不诚,不能动人。故强哭者,虽悲不哀;强怒者,虽严不威;强亲者,虽笑不和。真悲无声而哀,真怒未发而威,真亲未笑而和。真在内者,神动于外,是所以贵真也。其用于人理也⑬,事亲则慈孝,事君则忠贞,饮酒则欢乐,处丧则悲哀。忠贞以功为主,饮酒以乐为主,处丧以哀为主,事亲以适为主。功成之美,无一其迹矣⑭;事亲以适,不论所以矣;饮酒以乐,不选其具矣;处丧以哀,无问其礼矣。礼者,世俗之所为也;真者,所以受于天也,自然不可易也。故圣人法天贵真,不拘于俗。愚者反此,不能法天而恤于人⑮,不知贵真,禄禄而受变于俗⑯,故不足。

惜哉,子之蚤湛于人伪而晚闻大道也[17]!"

孔子又再拜而起曰:"今者丘得遇也,若天幸然[18]。先生不羞而比之服役[19],而身教之。敢问舍所在,请因受业而卒学大道。"

客曰:"吾闻之,可与往者与之[20],至于妙道;不可与往者,不知其道,慎勿与之,身乃无咎。子勉之,吾去子矣,吾去子矣!"乃刺船而去[21],延缘苇间[22]。(下略)

【注释】 ①缁帷:虚拟地名。缁,黑色。②杏坛:传说孔子聚徒讲学处。坛,高台。③交:皆。④揄袂:挥袖。⑤选:序。⑥齐民:齐等之民,平民。⑦真:天然的本性。⑧杖擎:持篙。引:撑。⑨乡:通"向"。⑩反走:后退。⑪曩者:刚才。绪言:不尽之言。⑫下风:风的下方,表示谦卑。⑬人理:人伦。⑭迹:形迹,指形式、方法。⑮恤于人:忧心于人事。恤,忧。⑯禄禄:读作"碌碌"。⑰蚤:通"早"。湛:沉溺。⑱幸:宠孝。⑲服役:仆役,指弟子。⑳往:指能够迷途知返的人。与:交往。㉑刺:撑,划。㉒延:缓,慢行。缘:顺,沿。

【译文】 孔子在缁帷之林游玩,坐在杏坛之上休息。弟子读书,孔子弹琴吟唱。曲子还没有弹到一半,有一个渔父从船上下来,胡须眉毛都是白的,披着头发,挥着袖子,沿着河岸上来,到了陆地便停住了,左手按着膝盖,右手托着下巴,听着那曲子。曲子奏完,渔父便招子贡、子路过去,子贡两人便回答了渔父的问话。

渔父指着孔子说:"他是干什么的?"

子路回答说:"他是鲁国的君子。"

渔父问他的姓氏。子路说:"他姓孔。"

渔父说:"姓孔的做什么事呢?"

子路没有回应。子贡回答说:"孔氏这人,思想上信守忠信,行为上推行仁义,修治礼乐,确定人伦关系。对上效忠于世主,对下教化平民,将会给天下带来利益。这就是孔氏所做的事业。"

渔父又问道:"他是据有土地的君主吗?"

子贡说:"不是。"

"那么他是侯王的辅佐吗?"

子贡说:"不是。"

于是渔父笑着往回走,边走边说:"说他是仁吗? 还算是仁,不过恐怕难以避免自身的祸害了。他内心愁苦,形体劳累,因此就要危害他的真性了。唉! 他离开大道,实在太远了!"

子贡回来,报告了孔子。孔子忙放下琴,起身说:"这不是个圣人吗?"于是下了杏坛去寻找,到了河岸,渔父正拿着船篙撑船,回头看见孔子,便转过身来面向孔子站着。孔子退了几步,拜了又拜,这才向前靠近。

渔父说:"你有什么事相求吗?"

孔子说:"刚才先生说话,没有说完就走了,我很愚笨,不知什么意思,我私下在此恭候先生,希望有幸听到先生的高论,以便终能有助于我。"

渔父说:"好哇,你谦虚好学竟然到了这样的程度!"(下略)

孔子惶恐惭愧地问道："请问什么叫真？"

渔父说："所谓的真，就是精诚到了极高境界。如果不精纯、不诚实，就不能感化人。所以勉强哭泣的人，虽然悲啼却不哀伤；勉强发怒的人，虽然严厉却没有威力；勉强亲爱的人，虽然笑容满面却不和美。真的伤悲，就是不出声也让人哀恸；真的愤怒，就在没有发作前就已经令人畏惧；真的亲爱，用不着笑就已经和美。真性存于内心，精神就会显露在外，这就是贵真的原因。把真运用到人伦关系上，侍养双亲就会孝慈，侍奉君主就会忠贞，饮酒时便会欢乐，处理丧事时就会悲哀。对君主的忠贞以建立功绩为主，饮酒时以欢乐为主，处丧时以悲哀为主，侍奉双亲以安适为主。功业的完满建立，没有一定途径；侍奉双亲使他们安适，不讲究用什么方法；饮酒达到快乐，不在于选择什么器具；处理丧事体现悲哀，不管使用什么礼节。礼节是世俗之人设计出来的，真性是禀受于自然的，是自然而然而不可改变的。所以圣人取法于自然，贵重纯真，不受世俗的拘束。愚昧的人却与此相反，不能取法自然而体恤人，不明白贵真的道理，匆匆碌碌随着世俗而变化，所以永远感觉不到满足。可惜啊，你早就沉溺于世俗的虚伪之中，听到大道太晚了！"

孔子又拜了两次而起身说："现在我能够遇见先生，好像天赐良机。先生不以为羞辱，把我当作门徒，亲自教导我。敢问居所何处，让我跟着受业而最终能够学到大道。"

渔父说："我听说，可以和迷途知返的人交往，直至传授他玄妙之道。不能迷途知返的人，不会懂得大道，慎勿与他交往，这样自己才可以免于祸害。你好自为之吧，我要离你而去了，我要离你而去了！"于是撑船而走，慢慢地顺着芦苇丛划向远处。（下略）

列御寇

【题解】

本篇以篇首人名为篇名，全篇由十来段文字编纂而成，其中多为寓言故事。大抵阐述去智养神，葆光存真，安贫乐道，纯任自然。

本篇为《庄子》书的倒数第二篇，由于列于最后一篇的《天下》篇实为全书的"序例"，或称之为"总结"，颇有独立于全书结构之外的意味，因此可以把本篇视为《庄子》书的末篇。而末篇中的末段"庄子将死"一段又恰恰为我们提供了曲终言尽的联想与信息，正如陆西星所指出的，"此篇的为庄子著述将、毕之语，观末段自见"（《南华经副墨》）。

"庄子将死"一段，表面看似是反对厚葬，其实根本精神是张扬庄子超脱生死而顺应自然的旷达思想。这种顶天立地的旷达思想，并非是夜郎自大的张狂，也非泯灭个性丧失自我的无奈，而是"我"对自然母亲的认可。我伟大是因之自然母亲伟大而伟大，我愉悦是因之自然母亲的仁慈胸怀而愉悦，我回归自然母亲的怀抱犹如从自然母亲怀抱中出来旅行一样自然而然。明白了这个道理，也就明白了庄子旷达思想的真谛。这段寓言故事还阐明了"以不平平，其平也不平；以不征征，其征也不征"这一深刻的哲理,从自然本性的角度即自然均衡的规律,揭示了人类社会频仍的战争、动乱、对立的根源。

与庄子有关的故事,我们还选了"宋人有曹商者""人有见宋王者"两则寓言故事。这两段写的内容都是属于得宠获利的小人恬不知耻地在庄子面前炫耀,却让庄子不冷不热地捅破了这层虚伪的功利网,揭示了内在的本质,给迷途者敲起了警钟。此外,还选录了"孔子曰"一段,此段作者借孔子之口表达了对当时社会人际关系的复杂,"人心险于山川,难于知天"的感慨和痛心,为此还提出了"九征",即九种考察人心的方法。这种关于如何鉴别和分辨人的问题研究,在先秦时代相当发达,如在《六韬》中,姜太公在回答周武王关于如何解决人的"外貌不与中情相应"的问题,提出了"八征"的考察方法(内容与本段大同小异);又如《吕氏春秋·论人》提出了根据当事人的处境、行止、情绪等方面进行"八观六验"的考察方法。而纵横家书《鬼谷子》更是专就谋略诸方面问题进行了论述。可见,如何识别人的问题,在先秦时代是普遍受到关注的问题,这种现象在《庄子》书中有所反映,也是可以理解的。

一

【原文】 宋人有曹商者,为宋王使秦①。其往也,得车数乘。王说之,益车百乘。反于宋,见庄子曰:"夫处穷闾厄巷②,困窘织屦,槁项黄馘者③,商之所短也;一悟万乘之主而从车百乘者,商之所长也。"

庄子曰:"秦王有病召医,破痈溃痤者得车一乘④,舐痔者得车五乘⑤,所治愈下,得车愈多。子岂治其痔邪?何得车之多也?子行矣!"

【注释】 ①使秦:出使秦国。②厄:通"隘"。狭窄。③槁项:脖颈瘦细无肉。黄馘:面孔黄瘦。④痈、痤:皆为脓疮、毒疮一类病。⑤舐:舔,用舌舔物。

【译文】 宋国有个叫曹商的人,为宋王出使秦国。他出发时,得到了好几辆车。秦王喜欢他,又赠送他一百辆车。曹商回到宋国,见了庄子,说道:"像有人那样,住在穷街窄巷,窘困地编织草鞋度日,一副面黄肌瘦的样子,这是我所不及的;一夜之间说服万乘君主,从而获取一百辆车的恩赐,这是我的特长啊。"

庄子说道:"秦王得了病召集大夫来医治,凡是能破除毒疮的人就可以获得一辆车,愿意用舌舔治痔疮的就可以获得五辆车,所治疗的病越是卑污,获得的车辆就越多,莫非你给秦王治疗痔疮了吗?为什么获得这么多的车辆呢?你还是走远点吧!"

二

【原文】 孔子曰:"凡人心险于山川,难于知天。天犹有春秋冬夏旦暮之期,人者厚貌深情①。故有貌愿而益②,有长若不肖③,有顺懁而达④,有坚而缦⑤,有缓而钎⑥。故其就义若渴者⑦,其去义若热。故君子远使之而观其忠,近使之而观其敬,烦使之而观其能,卒然问焉而观其知⑧,急与之期而观其信,委之以财而观其仁,告之以危而观其节,醉之以酒而观其侧⑨,杂之以处而观其色⑩。九征至⑪,不肖人得矣。"

【注释】 ①厚貌:指貌相多样难识。深情:情性深藏不露。②愿:谨慎。益:通

"溢",骄溢。③长:长者,尊长。不肖:不才,不贤。④懁:急。⑤缦:绵弱。⑥釬:通"悍",强悍。⑦就义:追求仁义。⑧卒:同"猝",突然。知:同"智",智慧。⑨侧:当作"则",仪则。按,《释文》云:"侧,不正也。"又云:"侧,或作则。"⑩杂之以处:指男女混杂在一起。⑪九征:九种验证方法。

【译文】 孔子说:"人心比山川还要险恶,比了解天气变化还要困难。天象犹有春夏秋冬日夜周期的变化规律,而人却面貌多样难测,情性深藏不露。所以有外貌谨慎而行为骄横,有貌似长者而品行不端,有表面急躁而内心通情达理,有貌似坚强而内心绵弱,有貌似和缓而内心强悍。所以有追求仁义如饥似渴的,一旦抛弃仁义就像逃避热火一样急速。所以考察君子,把他派到远方去来观察他是否忠诚,把他安排在眼前工作来观察他是否恭敬,给他繁难的工作考察他是否有能力,突然间让他回答问题来观察他的智慧高低,给他急促的期限来观察他是否讲信用,把钱财委托他来保管观察他是否廉洁,告诉他所面临的危险观察他是否有节操,让他喝醉酒来观察他是否有仪则,把他安排在男女杂处的地方来观察他是否好色。这九种征验都能得到,那么不肖之人就可以大白于天下了。"

三

【原文】 人有见宋王者,锡车十乘①。以其十乘骄稚庄子②。庄子曰:"河上有家贫恃纬萧而食者③,其子没于渊④,得千金之珠。其父谓其子曰:'取石来锻之⑤!夫千金之珠,必在九重之渊而骊龙颔下⑥。子能得珠者,必遭其睡也。使骊龙而寤,子尚奚微之有哉!'今宋国之深,非直九重之渊也⑦;宋王之猛,非直骊龙也。子能得车者,必遭其睡也;使宋王而寤,子为鳌粉夫⑧。"

【注释】 ①锡:通"赐",赠送。②稚:骄。③恃:依靠。纬萧:编织芦苇。萧,芦苇。④没:潜入。⑤锻:砸碎。⑥骊龙:黑龙。颔:下巴。⑦直:但,止。⑧鳌:捣碎。

【译文】 有个人因拜见宋王而得到赏车十辆。这个人便用这十辆车向庄子炫耀。庄子说:"河边有户贫穷的人家,依靠编织芦苇来生活。他的儿子潜入深渊之中,获得了一枚价值千金的宝珠。他的父亲对这个儿子说:'把石头拿来,砸碎它!这个千金之价的宝珠,必定在极深的九重之渊中的骊龙颔下。你所以能够得到它,必定是遇到骊龙在睡觉。假使骊龙醒着,你哪里有些微的机会呢!'现在宋国之水深,不止于九重的深渊;宋王之凶猛,不止于骊龙。你能得到车子,必定是在宋王的昏睡中,假使他一旦醒过来,你就要粉身碎骨了。"

四

【原文】 庄子将死,弟子欲厚葬之。庄子曰:"吾以天地为棺椁,以日月为连璧①,星辰为珠玑②,万物为赍送③。吾葬具岂不备邪?何以加此!"

弟子曰:"吾恐乌鸢之食夫子也④。"

庄子曰:"在上为乌鸢食,在下为蝼蚁食,夺彼与此,何其偏也。"

以不平平⑤,其平也不平;以不征征⑥,其征也不征。明者唯为之使⑦,神者征之⑧。

夫明之不胜神也久矣,而愚者恃其所见入于人⑨,其功外也⑩,不亦悲乎!

【注释】 ①连璧:并连双璧。②玑:不圆之珠。③赍送:指送葬品。④乌:乌鸦。鸢:老鹰。⑤以不平平:以不公平使之公平。谓不顺从自然本性的公平使它公平,而是根据一己私念的不公平使它公平。⑥征:征验。⑦明者唯为之使:自以为聪明的人被外物役使。⑧神者:指精神健全者,保持自然天性的人。⑨人于人:指沉溺于人为之事中。⑩功外:指耗精费神所费的功力都是被外物所役使,对自身毫无益处。

【译文】 庄子快要死的时候,弟子们打算厚葬他。庄子说:"我把天地作为棺木,把日月作为双璧,把星辰作为珠宝,把万物当作送葬礼物,我的送葬的器物难道还不够齐备吗?还有什么能够超过这些呢?"

弟子们说:"我们恐怕乌鸦老鹰吃你的身体。"

庄子说:"在上面被乌鸦老鹰吃,在下面被蝼蛄蚂蚁吃,夺了那一个的食物给了这一个吃,多么偏心眼啊。"

用不公平的办法来达到公平,这种公平还是不公平;用不能够征验的东西来做征验,这种征验的结果还是未能征验。自以为聪明的人只会被外物所役使,精神健全的人才能顺其自然而得到征验。自以为聪明的人早就不如精神健全的人了,而愚昧的人还凭恃着自己的偏见陷入人为的事情中,他的功力耗费在身外之物上,不也是很可悲嘛!